D1722494

WEISHEIT DER ERDE

WEISHEIT
DER
ERDE

Eine spirituelle Ökologie

Dolores LaChapelle

NEUE ERDE

Titel der amerikanischen Originalausgabe:
EARTH WISDOM
Finn Hill Arts, Publishers
P. O. Box 542
Silverton, Colorado 81433, USA

Übersetzung:
Andreas Lentz
Titelseite:
Foto von Stephen J. Meyers
Gestaltung von Andreas Lentz

Printed in Germany

Gesetzt auf Linotype aus der Times
Satzdienst NEUE ERDE, P. G.
Gesamtherstellung:
Fuldaer Verlagsanstalt GmbH, Fulda

ISBN 3-89060-401-3
NEUE ERDE Verlags- und NaturwarenvertriebsGmbH
Försterstr. 22, D-6600 Saarbrücken
Deutschland – Planet Erde

Inhalt

Bildnachweis

Alle Lichtbilder aus dem Himalaya von Vittorio Sella, 1939, mit Ausnahme der Bilder auf Seite 107 (S. K. H. Herzog der Abruzzen), Seite 209 (A. F. R. Wollaston, London), Seite 222 und 371 (Foto Pini, München). Foto Seite 118 von Andreas Lentz.

QUELLENNACHWEIS

Für die Erlaubnis, längere Zitate wiederzugeben, danken wir den folgenden Autoren:

»Gehauen und abgespalten von diesem Fels« von Holmes Rolston III. Aus *Main Currents in Modern Thought*, January-February, 1971. Mit freundlicher Genehmigung des Autors und *Main Currents in Modern Thought*.

»Offener Brief an das Volk« von Ian (Sandy) Thompson. Aus *Deep Creek Review*, Sommer 1975. Mit freundlicher Genehmigung des Autors.

»Future Primitive« von Jerry Gorsline und Linn House. Aus dem North Pacific Rim Alive Bundle vom PLANET DRUM. Mit freundlicher Genehmigung der Autoren.

»Divine Madness«, Tonband von Alan Watts. Big Sur Recordings. Mit freundlicher Genehmigung von Mark Watts und der Electronic University, Box 361, Mill Valley, Calif., 94941, USA.

»Part of a Winter« von Goerge Sibley. *Mountain Gazette, No. 40. Mit freundlicher Genehmigung des Autors und der Mountain Gazette.*

The Tewa World: Space, Time, Being and Becoming in a Pueblo Society von Alfonso Ortiz. Copyright © 1969 University of Chicago Press. Mit freundlicher Genehmigung des Verlages.

A Quest for Vision von Tom Pinkson. Mit freundlicher Genehmigung des Autors.

»The Memorial« von der Unsoeld-Familie. Mit freundlicher Genehmigung von Willi Unsoeld.

The Tao of Painting, A Study of the Ritual Disposition of Chinese Painting von Mai-Mai Sze. Bollingen Series XLIX, copyright © 1956, 1963 bei Princeton University Press. Nachdruck mit freundlicher Genehmigung der Princeton University Press.

Search for Gods von Vincent Vycinas. Copyright © Martinus Nijhoff Boekhandel en Uitgeversmaatschappij B. V., Den Haag. Mit freundlicher Genehmigung.

Zwischen Himmel und Erde von Gaston Rébuffat. Erschienen bei Müller-Rüschlikon. Mit freundlicher Genehmigung des Autors.

Die magische Welt des Kindes von Joseph Chilton Pearce. Copyright © 1977 bei Joseph Chilton Pearce. Mit freundlicher Genehmigung von E. P. Dutton, Inc.

The Meaning of Shinto von J. W. T. Mason. Copyright © 1935 bei E. P. Dutton, Inc. Mit freundlicher Genehmigung von E. P. Dutton, Inc.

The Earth, the Temple, and the Gods: Greek Sacred Architecture von Vincent Scully. Copyright © 1962 bei der Yale University. Mit freundlicher Genehmigung. »Am Frazier-Wasserfall« von Gary Snyder. *Schildkröteninsel.* Copyright © 1974 Gary Snyder. Für die deutsche Fassung bei Frank Schickler Verlag, Berlin. Übersetzung Bernd Vollmar.

The Ecology of Imagination in Childhood von Edith Cobb. Columbia University Press. Mit freundlicher Genehmigung.

Frei wie ein Baum von Wilfred Pelletier und Ted Poole. Copyright © bei Diederichs Verlag.

The Death of Classical Paganism John Holland Smith. Copyright © 1976 Charles Scribner's Sons. Mit freundlicher Genehmigung.

The Tender Carnivore and the Sacred Game von Paul Shepard. Copyright © 1973 bei Charles Scribner's Sons. Mit freundlicher Genehmigung.

Riprap and Cold Mountain: Poems von Gary Snyder. Four Seasons Foundation. Mit freundlicher Genehmigung des Autors.

Eleusis: Archetypical Image of Mother and Daughter von C. Kerenyi (übersetzt von Ralph Manheim). Bollingen Series LXV, 4. Copyright © 1967 bei Princeton University Press.

The Long-Legged House von Wendell Berry. Hartcourt Brace Jovanovich, Inc. Mit freundlicher Genehmigung des Autors.

Masked Gods von Frank Waters. Copyright © 1950 bei Frank Waters. Mit freundlicher Genehmigung von Joan Daves.

The Way and the Mountain von Marco Pallis. Veröffentlicht bei Peter Owen, London. Mit freundlicher Genehmigung.

Rechenschaft vor Greco von Nikos Kazantzakis. Copyright © bei Herbig, München. Mit freundlicher Genehmigung.

Der Weg der weißen Wolken von Lama Anagarika Govinda. Copyright © bei Scherz-Verlag, Bern und München. Mit freundlicher Genehmigung.

Der Verlag

Ich möchte den folgenden Bibliotheken und ihren Mitarbeitern für ihre Hilfe danken: King County Library of Washington und Margaret Baunsgard; University of Washington Libraries, Tom Kaasa von der East Asia Library und Helen Eilertson im Katalog; Ft. Lewis College Library, Dr. Harrold S. Shipp Jr. und Mrs. Schilling; Silverton Public Library und Stanna Meyers.

Ich möchte auch Beverly Bradley, Deborah und Tom Hart, Nancy und Jerry Hoffer, Ed LaChapelle und Dottie Smith für ihren besonderen Beistand danken.

Dolores LaChapelle

Einführung

Als *Weisheit der Erde* im November 1978 erschienen war, gewann es unvermittelt Bedeutung und Anerkennung als Quellenwerk; sowohl für Einzelne als auch für Schulklassen und Umweltschutzgruppen, die an den wachsenden Bemühungen beteiligt sind, ein neues gesellschaftliches Paradigma zu schaffen, das einer Harmonie zwischen dem Menschen und der Natur besser dient. Selbst als das International College sich von seinem Verlag trennte und das Buch vergriffen war, bestand sein Einfluß fort. Jetzt, mit dem Dringlicherwerden der »Tiefen Ökologie« – ein Schritt auf dieses neue gesellschaftliche Paradigma hin – hat die wachsende Nachfrage sowohl eine zweite Auflage hier in den Vereinigten Staaten als auch eine deutsche Ausgabe zur Folge.

Diese neue Einführung zur zweiten Auflage (in den USA) gibt mir die Gelegenheit, die Vorgeschichte der Bewegung der »Tiefen Ökologie« zu skizzieren.

Neue Naturphilosophie

Im Frühjahr 1977, als ich an dem Manuskript für *Weisheit der Erde* arbeitete, fuhr ich nach Claremont, Kalifornien, um Paul Shepard und Joe Meeker zu Gesprächen zu treffen, die schließlich zur Bildung der Gruppe für »Neue Naturphilosophie« führten.

Der ursprüngliche Anstoß zu dieser Bewegung erfolgte 1971, als Joe Meeker ein Jahr lang die Mittel für die Erforschung der Berührungspunkte zwischen Literatur, Philosophie und Ökologie bewilligt wurden. In jenem Jahr arbeitete er nicht nur in den USA, sondern auch mit Konrad Lorenz am Max-Planck-Institut bei München und mit Arne Naess vom Öko-Philosophie-Programm an der Universität von Oslo. Während der nächsten Jahre lehrte Meeker Umwelt-Philosophie an der Universität von Santa Cruz, arbeitete an seinem Buch *The Comedy of Survival: In Search of an Enviromental Ethic* und war Tutor an der Athabasca-Universität. Paul Shepard ist Professor der Human-Ökologie am Pitzer College in Claremont und Autor zahlreicher Bücher über die Mensch-Natur-Interaktion. Sein jüngstes Buch ist *Nature and Madness*, das der Sierra Club herausgebracht hat.

Der Begriff »Neue Naturphilosophie« entwickelte sich aus einem anregenden Sonntagmorgengespräch zwischen Meeker und Shepard im Januar 1977. Die Naturphilosophie im alten Griechenland – eine Suche nach der göttlichen Ordnung wie sie sich in der natürlichen Schöpfung offenbart – bestand bis zum Aufstieg der empirischen Wissenschaft vor etwa 300 Jahren. Die *Neue Naturphilosophie*, wie Meeker und Shepard sie verstanden, ist die Suche nach Wegen, wie das menschliche Denken und Verstehen wieder mehr der Natur angepaßt werden kann; wie Meeker in seiner Einleitung zum Programm der *Neuen Naturphilosophie* erklärt: »Der Mensch darf sich nicht mehr eine gottgleiche Rolle als Gesetzgeber und Manipulator der Natur anmaßen, sondern muß sich als eingeweihter Teilnehmer an den natürlichen Abläufen, die in ihm und um ihn her stattfinden, eine neue Rolle schaffen.« [*Dieses Programm ist unter dem Titel* Frieden mit der Natur *bei NEUE ERDE erschienen.*] Als Meeker diese Vorstellung Paul Proehl und Linden Leavitt vom International College vortrug, wurde ein Treffen in Claremont für April vereinbart. Ich kam von Colorado und Arne Naess kam aus Norwegen zu dem Treffen. Außer den Genannten waren an dem Neue-Naturphilosophie-Programm beteiligt: Vine Deloria jr., David Klein, Sigmund Kvaløy, Paul Lee, Peter Marin, Loree Rackstraw, Paolo Soleri und Gary Snyder.

Öko-Philosophie

Diese Bewegung an der Universität von Oslo, zu der Sigmund Kvaløy und Arne Naess, ein Kenner der Philosophie Spinozas, gehören, ist von Arne Naess als »Philosophie der ökologischen Harmonie oder des ökologischen Gleichgewichtes« definiert worden. In einem Interview im Jahre 1982 stellte Arne Naess fest, daß wir eine ungeheure Erweiterung des ökologischen Denkens auf das, was ich *Ökosophie* nenne, brauchen. *Sophie* kommt vom griechischen Begriff *sophia*, »Weisheit«, der sich auf Ethik, Normen und Regeln und ihre Anwendung bezieht. Ökosophie beinhaltet dann eine Verlagerung von Wissenschaft auf Weisheit. *Öko* ist vom griechischen *oikos* abgeleitet, was *Haushalt* bedeutet und letztlich den Erdhaushalt oder die Biosphäre meint. Die Änderung der Benennung von *Ökophilosophie* in *Ökosophie* ist ein nützlicher Schritt, weil das Wort *Philosophie*, genaugenommen »Liebe zur Weisheit«, den Begriffsinhalt von *Weisheit* einzig aus intellektuellen

Leistungen von Menschen bezieht, während das Wort *Ökosophie* eine Weisheit umfaßt, die aus dem Ganzen der Biosphäre hervorgeht.

Tiefe Ökologie

Arne Naess' erste Erwähnung der *Tiefen Ökologie* erfolgte in seinem Einführungsvortrag beim dritten »Weltkongress Zukunftsforschung« in Bukarest 1972, als er den Unterschied zwischen »einer oberflächlichen, aber gegenwärtig ziemlich starken Bewegung« und »einer tiefen, aber gegenwärtig weniger einflußreichen Bewegung« erklärte. Er definierte die oberflächliche Bewegung als »ein Kampf gegen Umweltverschmutzung und Rohstoffvergeudung. Im Mittelpunkt steht die Gesundheit der Menschen in den entwickelten Ländern.« Die Bewegung der *Tiefen Ökologie* definierte er als »Ablehnung der Vorstellung vom Menschen in der Umwelt zugunsten der Vorstellung vom Beziehungsgeflecht, vom vernetzten System.« Zu den wichtigsten Anliegen der *Tiefen Ökologie* gehören: »Jede Form des Lebens hat das gleiche Recht zu leben und zu gedeihen; Verschiedenheit und Symbiose; regionale Autonomie und Dezentralisierung.«

Kurz nachdem Arne Naess' Vortrag in Bukarest 1973 in der Zeitschrift *Inquiry* veröffentlicht worden war, begann George Sessions, Philosophieprofessor am Sierra State College in Kalifornien, mit der Herausgabe seines *Ökophilosophischen Rundbriefes*. Diese Publikation ist immer noch die einzige und ein wichtiger Beitrag zur wachsenden Bewegung der *Tiefen Ökologie* in den USA. Bill Devall, Professor für Soziologie am Humboldt State College, der zuerst mit Sessions zusammentraf, als sie beide am Humboldt College lehrten, schrieb eine tiefgehende Untersuchung »Die Bewegung der Tiefen Ökologie«, die im Frühjahr 1980 im *Natural Resources Journal* veröffentlicht wurde. Im Jahre 1980 richtete die Universität von Denver das Colloquium zum »10. Tag der Erde« aus, auf dem von 23 Gelehrten aus Universitäten der ganzen USA der Fortschritt der Ökologie-Bewegung seit dem »1. Tag der Erde« 1970 untersucht wurde. Zwei Abhandlungen, Georg Sessions »Tiefe und oberflächliche Ökologie: Eine Betrachtung der philosophischen Literatur« und meine Abhandlung »Das Denken mit dem Organismus und Tiefe Ökologie: Ein geschichtlicher Überblick«, brachten den Begriff »Tiefe Ökologie« einem breiten akademischen Publikum näher.

In dem Jahrzehnt, das Arne Naess' Vortrag in Bukarest folgte, ist die Tiefe Ökologie durch dezentrale Aktionen vor Ort gewachsen. Die sich daraus ergebenden Zeitschriften sind von einzelnen, nicht von Institutionen begründet worden. Die jüngste Publikation ist *The Deep Ecologist* von John Martin aus Australien. Drei weitere Bücher über Tiefe Ökologie sind geplant.

Geist

Jedem Aspekt des entstehenden neuen gesellschaftlichen Paradigmas liegt die Aufwertung des Geistes als solchem zugrunde. Gregory Bateson, vielleicht der originellste Denker dieses Jahrhunderts, erklärte, daß »die interessanteste – jedoch noch unvollkommene – wissenschaftliche Entdeckung des zwanzigsten Jahrhunderts die Entdeckung der Natur des Geistes ist.« Neue Forschungen, die aus einer Anzahl verschiedener Gebiete beigesteuert werden, bieten uns immer mehr Informationen über die Wechselwirkung zwischen dem Geist im Menschenwesen und dem Geist im Großen, in der Umwelt. Ein Verständnis dieser wechselseitigen Abhängigkeit des Geistes wird zwangsläufig zu einer Änderung unserer Vorstellungen vom Land führen. Und, wie Aldo Leopold vor langer Zeit schrieb: »Die Vorstellungen darüber, wozu Land gut ist, zu ändern heißt, die Vorstellung darüber, wozu überhaupt etwas gut sei, zu verändern.«

In der Natur gehen ständig Prozesse vonstatten – Manifestationen von simultanen Energiemustern – die so vielschichtig sind, daß der menschliche Geist sie im Ganzen nicht ansatzweise begreifen kann und noch viel weniger die Intelligenz besitzt, all die Geschehnisse zu kontrollieren; und dennoch hat man uns weisgemacht, daß die menschliche Kultur uns dies erlaube! Aldo Leopold verbrachte fast vierzig Jahre seines Lebens damit, das Land zu untersuchen, und kam zu dem Schluß: »Dieses Land ist zu vielschichtig, als daß seine Bewohner es verstehen könnten.« In jüngster Zeit berichtet John Todd, daß man in seinem Institut für Neue Alchemie »zu erkennen begann, daß niemand von uns und keiner, den wir kannten, das Wissen oder gar die Weisheit besaß, auch nur ein winziges Stück der Welt in Gang zu bringen.«

Jeder dieser Männer kam zu der Erkenntnis, daß nur die Erde selbst die Weisheit hat, uns zu lehren, was wir wissen müssen. Obgleich die Weisheit der Erde aus Jahrmilliarden der Erfahrung uns noch zur Verfügung steht, haben wir das Wissen darüber, wie wir uns mit ihr verständigen können, verloren. Jahrtausende lang verständigten sich traditionelle Kulturen mit der Erde und all ihren Wesen durch Rituale und Zeremonien. *Weisheit der Erde* ist eine erster Schritt, diese verlorene Verständigung wieder aufzunehmen.

»Die Herausforderung, der wir gegenüberstehen, ist, uns diesem Ort anzupassen... damit unsere Kulturen wieder eine Zeremonie der Interaktion zwischen Spezies und Ökosystem sind... Eine Gemeinschaft, die durch Luft und Wasser, Nahrungskette und Zeremonie zusammengehalten wird. Wir werden von Regenwürmern und Plankton Unterricht bekommen. Wir werden jene Autoritäten studieren, die dem Ort inne-wohnen, und unser Leben entsprechend ausrichten. Es gibt kein abgetrenntes Dasein.« aus: *Future Primitive* von Lynn House und Jerry Gorsline.

Die Anlage dieses Buches

TEIL I beginnt mit der besonderen Erfahrung meines Lebens, die sowohl meinem Gefühl zur Erde feste Form gab, wie zu einem intuitiven Verständnis der engen Beziehung zwischen den Bergen und dem Geist führte, die am Anfang der Hauptreligionen stand. Nachdem ich diese Beziehung dokumentiere, erforsche ich den entscheidenden Bruch in dieser Beziehung, der Teil unseres europäischen Erbes ist.

TEIL II untersucht die Natur und die Grenzen des Geistes in Beziehung zur Natur.

TEIL III schildert die praktischen Ergebnisse der Heilung dieser Spaltung zwischen dem menschlichen Bewußtsein und der Natur als Ganzer.

TEIL IV liefert unmittelbare Hilfestellung für jene von uns, die leben möchten, wie es die Natur bestimmt hat, und nicht, wie unser beschränktes Wissen der linken Gehirnhälfte unser Leben zu programmieren versucht. Wir müssen uns der vielschichtigen Wechselbeziehung eines Ortes gewahr werden, bevor wir mit einer in einem bestimmten Ökosystem verantwortlichen Lebensweise vorankommen können; deshalb müssen wir uns die Zeit nehmen, vom Land selbst zu lernen.

Die völlige Verantwortlichkeit primitiver Völker für ihr Leben und ihr Land ist seit der Zeit der ersten Zivilisation schrittweise abgebaut worden, so daß heute die meisten Menschen jegliche Fähigkeit verloren haben, verantwortlich zu handeln. Wahre Verantwortlichkeit – die Fähigkeit zu antworten – beruht auf dem völligen Gewahrsein der Umgebung, auf unserer Lernbereitschaft, uns mit der ökologischen Weisheit der Erde selbst zu verständigen. Wenn dies erreicht ist, kommt die Erkenntnis, daß niemand – nicht der Bürokrat in seinem Bonner Büro oder der Experte im Universitäts-Forschungslabor – mehr weiß, als das, was dein eigener Ort dich darüber lehren kann, *wie an jenem Platz zu leben ist.*

Schließlich sollte dieses Buch in keiner Weise als eine abschließende Untersuchung betrachtet werden, sondern vielmehr als vorläufiger Bericht darüber, wie wir noch einmal anfangen können, von der Erde zu lernen.

Bemerkung an die Leserin/den Leser

Es ist schwierig, durch lesen und schreiben in Prosaform, welches vor allem Aktivitäten der linken Gehirnhälfte sind, ein Verständnis für ganzheitliche Zusammenhänge zu vermitteln. Im Bemühen, diese Einschränkungen aufzuheben, mache ich Gebrauch von Gedichtzitaten, welche dasselbe Material behandeln – jedoch in einer völlig anderen Weise. Das Nebeneinanderstellen der beiden wird, wie ich hoffe, größeres Verständnis bringen. Deshalb gehe, wenn eine bestimmte Stelle unverhältnismäßig schwierig scheint, zum nächsten Meditationsabschnitt (angezeigt durch die Fotos), um die beiden Gehirnhälften zu verbinden. Wenn du dann zum vorangehenden Abschnitt zurückgehst, kann es sein, daß die Probleme gelöst sind, weil du einige der Beschränkungen des bruchstückhaften Denkens hinter dir gelassen hast.

Im allgemeinen habe ich den etwas unbeholfenen Ausdruck Menschenwesen benutzt, anstatt Mensch oder Menschheit, nicht bloß, um die sexistische Nebenbedeutung zu vermeiden (die nur im Original, *man* = Mensch aber auch Mann vorkommt. A. d. Ü.); sondern eigentlich mehr um die Tatsache zu betonen, daß wir Menschenwesen nur *eine* Art von Wesen auf dieser Erde sind und nicht notwendigerweise klüger oder wichtiger für den ganzen Organismus, die Erde, als irgendein anderes Wesen.

Weil dieses Buch für eine breite Leserschaft bestimmt ist, habe ich ein etwas ungewöhnliches Verweissystem benutzt, um den Fluß der Schilderung nicht unnötigerweise zu unterbrechen, aber gleichwohl eine sofortige Information über die benutzten Quellen zu geben. Die Zahlen in den eckigen Klammern beziehen sich auf die numerierte Liste der Verweise am Ende des Buches. Wenn eine zweite Zahl in der Klammer steht, ist das die Seitenzahl. (Die Zahlen hinter dem Schrägstrich, meist mit einem kleinen Buchstaben dahinter, verweisen auf die ggf. vorhandene und benutzte deutsche Veröffentlichung. A.d.Ü.)

Dolores LaChapelle
Way of the Mountain Center
Silverton, Colorado

1. Die Glorie

Sechzehn Jahre lang lebte ich jeden Sommer auf einem kleinen Felsausbiß, der vom Eis und Schnee des *Blue Glaciers* umschlossen war; 2700 Meter hoch am Hang des Mount Olympus, der in der Mitte des Olympic National Parks im Staate Washington auf einer Halbinsel im äußersten Nordwesten der USA liegt. Wir hielten uns dort auf, um im Rahmen eines langfristigen Forschungsprojektes, das mit der Universität von Washington in Verbindung stand, den Gletscher zu untersuchen. Während all der Jahre kletterten wir jeden Abend auf die Spitze des Panic Peaks und betrachteten das Untergehen der Sonne. Während des Tages, wann immer ich keine anderen Verpflichtungen hatte, begab ich mich dort hinauf, um die Flora zu untersuchen, um Tai Chi zu machen oder auch nur, um den Anblick der Berge zu genießen.

Eines Morgens im Jahre 1971, es war sehr neblig, kletterte ich zu meinem gewohnten Platz hinauf. Doch als ich den Gipfel erreichte, war da, den ganzen Himmel ausfüllend, eine riesige schemenhafte Gestalt, die von der Glorie dreier kreisförmiger Regenbögen umgeben war. Es war ein so überwältigender Anblick, daß ich stolperte und beinahe hinstürzte. Der Gefahr bewußt – so nahe am 800 Meter tief abfallenden Steilhang – setzte ich mich hin. Ich saß eine ganze Weile wie betäubt da, bevor ich plötzlich erkannte, was das sein mußte. Um es zu überprüfen, stand ich auf und erhob meine rechte Hand. Die riesenhafte, drei Meilen hohe Gestalt erhob ebenfalls ihren Arm. Meine Geste reichte über eine Meile Gletscher, erhob sich über das Tal bis zum nächsten Gletscher und gab mir ein Gefühl unglaublicher Macht über alles, was unterhalb von mir war. Unvermittelt kamen mir all die Geschichten aus religiösen Überlieferungen in den Sinn, vom »Teufel«, der den

Heiligen mit »Allmacht über die Welt« von der Höhe der Berge in Versuchung führte. So geschah es mir, daß ich, obgleich ich die wissenschaftliche Erklärung für die Glorie kannte, von dem »Gesicht« doch überaus beeindruckt und sogar etwas geängstigt war. Für eine Person, die von einer Glorie noch nicht einmal etwas gehört hat, würde eine solche Erscheinung um so beängstigender, ja ein Wunder sein. An jenem Punkt erkannte ich, daß dieses meteorologische Phänomen möglicherweise der Ursprung gewisser religiöser Visionen war; daß es darüber hinaus wahrscheinlich auch der tiefere Grund für den Heiligenschein bei Heiligen war.

Die Glorie verblaßte allmählich, als ich hinabrannte, um den anderen davon zu erzählen. Als ich in die Hütte stürzte, rief ich: »Ich habe oben eine dreifache Glorie gesehen!« Ihre erste Bemerkung dazu war: »Hast du eine Aufnahme davon gemacht?« Als ich zugab, daß mir in dem Augenblick nichts ferner gelegen hätte, als an eine Aufnahme zu denken, erklärte man mir, daß ich mein Glück hätte machen können, denn es sei bisher noch niemanden gelungen, ein Foto von einer dreifachen Glorie aufzunehmen. Ich mußte lachen. Dies war seit je die Reaktion auf eine Vision der Höhe: eine weltzugewandte, praktische Feststellung – »Du hättest dein Glück machen können.« Genaugenommen wußte ich natürlich, daß es keine Vision war, was ich gesehen hatte; vielmehr erfuhr ich die Auszeichnung, Zeuge eines sehr seltenen natürlichen Wetterphänomens gewesen zu sein.

Der einzige Mensch, den ich kannte, der auch schon eine Glorie gesehen hat, ist Ron Lindsay, der zwei Jahre nach diesem Ereignis auf der Forschungsstation am Blue Glacier arbeitete. Als ich ihn danach fragte, bestätigte er, daß es ein dreifacher Regenbogen gewesen war und er darin die schemenhafte Gestalt hatte sehen können. Die Glorie dauerte ziemlich lang – fast eine halbe Stunde. Dann verdeckten die Wolken die Sonne. Er erzählte mir von seiner großen Aufregung, als er die Glorie zuerst sah. Und dann machte er sich klar, welches Glück er gehabt hatte, dieses seltene Phänomen gesehen zu haben, und daß er eine gewisse Vorstellung von seinen Ursachen hatte. Nachdem er dann seine Arme geschwenkt hatte, um es zu überprüfen, habe er gedacht: »Aha, jetzt weiß ich auch, wo der Brauch, die Köpfe von Menschen mit Heiligenscheinen zu umgeben, herrührt.«

Die zutreffendste Beschreibung in der Literatur findet sich in Henry Millers *Big Sur und die Orangen des Hieronymus Bosch*, wo er schreibt: »An einem nebligen Morgen, kurz nach Sonnenaufgang, als der Nebel die Straße unten verhüllt, sehe ich ein seltenes Schauspiel. Ich blicke die Küste nach Nepenthe hinauf... Die hinter mir aufsteigende Sonne wirft meinen Schatten vergrößert in den in Regenbogenfarben schillernden Nebel unter mir. Ich erhebe meine Arme wie im Gebet und erreiche eine Flügelspannweite wie sie kein Gott je besessen hat, und dort unten in den ziehenden Nebelschwaden bildet sich ein Heiligenschein um meinen Kopf, ein

Strahlenschein, den Buddha selbst mit Stolz tragen könnte. Im Himalaya, wo dieselbe Erscheinung vorkommt, sollen sich fromme Jünger Buddhas von einem Gipfel hinunterstürzen – ›in die Arme Buddhas‹.« (220, 95/ 220a, 88)

Erst Jahre später, als ich ein Buch über den Berg Omei, einen der vier buddhistischen heiligen Berge in China, las, fand ich einen geschriebenen Bericht von einer Vision des Abtes von Chieh yin Tien:

Unvermittelt wurde mir gewahr, daß der Boddhisatva Samanthabhadra seine Manifestation dieser Menschenwelt hinterlassen hat, die viele Arten sichtbarer Phänomene umfaßt. Vielleicht ist dies ein Fall vorherbestimmter Verursachung. Das einzigartige Wunder ist, daß jedesmal, wenn Wind und Wolken sich plötzlich und wunderlich verändern, da unerwartet ein riesiger, runder, strahlender Kranz erscheint, der über den Berg gleißt, voll fremdartiger Farbenpracht. In dem Augenblick sind die Gipfel und Bergketten, das Gras und die Bäume alle frisch, glänzend und herrlich. Selbst wenn Wolken und Dunst sich schon verflüchtigt haben, leuchtet diese Sphäre aus sich heraus weiter. Gewiß ist dies die allumfassende strahlende »Glorie Buddhas«, in deren Mitte eine Welt kreisender Wolken erscheint. Ein weiteres Wunder ist, daß bevor dieser farbenfrohe Kreis erscheint, erst Wolken und Dunst zu sehen sein müssen... Wieder ist dies eine weitere Bewahrheitung, daß der Boddhisatva Samanthabhadra allen lebenden Dingen vielsagende Offenbarungen gibt. (130)

Der englische Herausgeber der heutigen Ausgabe des Buches hat eine Fußnote angefügt, die lautet: »Fu Kuang (das chinesische Wort für ›Buddhas Glorie‹): eine Korona in den Regenbogenfarben, die auf dem Wolkenteppich liegt, auf die der Schatten des Betrachters geworfen wird, unterhalb der Felsenklippe, von der die ›Glorie Buddhas‹ gewöhnlich zu sehen ist.« (130)

Auf diese Weise fand ich endlich einen Nachweis, daß eine von diesen, dem buddhistischen Abt gesandten religösen Visionen, in Wirklichkeit eine Glorie war. Die Geschichte des Berges Omei ist eng mit dieser Vision verflochten, die zuerst in der Regierungszeit von Ming Ti (58–75 v. Ztr.) aufgezeichnet wurde, als ein Beamter die unteren Hänge des Omei auf der Suche nach Kräutern bestieg. Durch den Dunst sah er die Spuren eines Rehs, aber es war kein gewöhnliches Reh. Er folgte den Spuren den Berg hinauf. Sie führten ihn zum Gipfel, und am Rand eines schauerlichen Abgrunds verschwanden sie. Als er über den Rand blickte, gewahrte er einen wundersamen Anblick, »eine Sphäre kreisenden Lichts; um seine Kontur waren fünf Farben in sieben Schichten.« [130] Von diesem übernatürlichen Anblick in Schrecken versetzt, eilte er den Berg hinab zu einem alten Einsiedler und berichtete ihm von diesem merkwürdigen Erlebnis. Der alte Einsiedler erzählte ihm: »Was du gesehen, ist nichts anderes als eine besondere Manifestation der Glorie des großen Boddhistava P'uttsien für dich; daher steht es an, daß dieser Berg die Mitte sein soll, von der seine Lehre verbreitet werden soll. Der Boddhisatva hat dich gewiß allen

Menschen vorgezogen.« Auf dem Fleck, wo der Beamte die Glorie zuerst gesehen hatte, baute er den ersten buddhistischen Tempel, die »Halle der allumfassenden Glorie«. Seitdem hat die Hoffnung, die Glorie Buddhas zu schauen, viele Pilger zu dem Berg gelockt, aber die Mönche sagen: »Man kann ihrer nicht ansichtig werden, wenn man nicht das vorherbestimmte Glück hat.« [130]

Adam's Peak, ein Berg auf Ceylon, der vier Religionen heilig ist, zeitigt ein »Schatten des Gipfels« genanntes Phänomen, Sir James Tennent behauptet in einem 1859 veröffentlichten Buch, daß Phänomene dieser Art »den früheren Malern die Vorstellung des Heiligenscheines – der Glorie –, die die Köpfe seeliger Heiliger umgibt, eingegeben« haben mag. Er fügt dieser Beschreibung an: »Dem Betrachter erscheint seine eigene Gestalt, aber insbesondere sein Kopf, von einem Strahlenkranz umgeben, so leuchtend als wie von Diamanten umstrahlt. Die Buddhisten haben möglicherweise von diesem schönen Objekt ihre Vorstellung der *Agni* oder des Emblems der Sonne übernommen, von dem der Kopf des Buddha gekrönt wird. Doch da sie nicht in der Lage waren, eine *Halo* in der Skulptur darzustellen, verdichteten sie sie zu einer Flamme.« [317, 72]

In Coleridges Gedicht »Treue zu einem idealen Gegenstand«, das er 1862 verfaßte, bezieht er sich auf ein ähnliches Phänomen, das Heiligenschein genannt und von der Sonne auf einem Schneeschleier verursacht wird. Das Gedicht handelt von einem Holzfäller, der eine Bergschlucht hinaufwandert:

> Unsichtbare Schneeschleier weben glitzernden Dunst,
> da schaut vor seinen Augen, gleitend ohne Tritt,
> ein Bildnis er mit einer Glorie um das Haupt;
> wie gebannt der Landmann, er betet an des Bildnis reine Farbe,
> nicht wissend, daß er wirft den Schatten, dem er folgt!

Coleridge hat selbst ein solches Phänomen erlebt und bezieht sich auf ein Buch das *Aids to Reflection* heißt, 1925 erschien und darlegt: »Der Beobachter erkennt entweder, daß es die projezierte Form seines eigenen Wesens ist, welche sich mit einer Glorie um das Haupt vor ihm her bewegt, oder er weicht vor ihr, da er sie für eine Geistererscheinung hält, zurück.« [60]

Unter Bergsteigern nennt man sie gewöhnlich »Geistererscheinung vom Brocken.« Der erste Engländer, der dieses Phänomen sah, wanderte mit einem Führer auf einen Berg namens *Brocken*. In Goethes *Faust* gibt es eine Zeile: »Die Hexen zu dem Brocken ziehen.« Die unterschiedliche Bedeutung der Worte *Geistererscheinung* und *Glorie* bezeichnen die verschiedenen Geistesverfassungen jener, die dasselbe Phänomen sehen. Offensichtlich religiöse Geister, wie der chinesische Abt, oder jene, die die Natur lieben, nennen es Glorie. Jene, die die Berge fürchten, wie der bäuerliche Führer, oder jene, die die Natur erobern wollen, wie der englische Bergsteiger, nennen es eine Geistererscheinung und geben ihm damit einen dämonischen Begriffsinhalt. In den frühen Tagen der Alpenbesteigung war es nicht allgemein bekannt, daß die im kreisförmigen Regenbogen geschaute Gestalt jene des Betrachters ist.

Nach der erfolgreichen Erstbesteigung des Matterhorn im Jahre 1865 befanden sich Whymper und sechs andere auf dem Abstieg, als ein Mitglied der Seilschaft abglitt. Er fiel gegen einen der Führer, stieß ihn hinab und zog zwei weitere mit sich, bevor das Seil riss, und Whymper und die zwei verbleibenden Führer zurückließ. Langsam und voller Angst kletterten die drei unversehrt gebliebenen Männer den Berg hinab. Um sechs Uhr abends hatten sie den Schnee auf dem nach Zermatt abfallenden Kamm erreicht »und alle Gefahr war vorüber...«. Sie blickten über die Schneefläche, immer noch auf der Suche nach einem Lebenszeichen von ihren Freunden. Whymper schreibt: »In der Überzeugung, daß sie zumindest nicht in Sicht oder Hörweite waren, ließen wir von unseren vergeblichen Anstrengungen ab; und zu niedergeschlagen um zu reden, sammelten wir schweigend unsere Sachen zusammen und die wenigen Habseligkeiten jener, die wir verloren hatten, um uns auf den weiteren Abstieg vorzubereiten. Als, siehe!, ein mächtiger Bogen erschien und sich über den Lyskamm hoch in den Himmel erhob. Blaß, farblos und geräuschlos, aber gestochen scharf und klar, außer dort, wo sie sich in den Wolken verlor, schien diese unirdische Erscheinung eine Vision aus einer anderen Welt zu sein; und geradezu entsetzt beobachteten wir mit Erstaunen die allmähliche Ausbuchtung von zwei riesenhaften Kreuzen auf beiden Seiten...

Die Taugwälder meinten, dies hätte etwas mit dem Unfall zu tun, und ich glaubte nach einer Weile, daß sie eine Beziehung zu uns in sich barg... Die geisterhafte Form verharrte bewegungslos. Es war ein furchterregender und unbeschreiblicher Anblick; einmalig nach meiner Erfahrung und unbeschreiblich eindrucksvoll, besonders in einem solchen Augenblick.« [357, 399]

Das Titelblatt von Whympers Buch *Scrambles Amongst the Alps* ziert eine Zeichnung, die er von diesem Anblick anfertigte. Sie zeigt einen fast vollständigen Kreis mit einem Halbkreuz oder einer Linie in der Mitte und zwei vollständigen Kreuzen auf beiden Seiten. Weil es sich um drei Männer handelte, würden ihre Schatten die drei Gestalten bilden. Die Schatten dürften ziemlich undeutlich gewesen sein, denn Whymper nennt den Bogen blaß und farblos.

Einen der unglaublichsten Berichte von einer Glorie, den ich jemals gelesen habe, beschreibt jene, die im Frühjahr 1953 im Grand Canyon auftrat. In einem Artikel, der »The Brocken-Spectre of the Desert View Watch Tower, Grand Canyon« überschrieben war, schrieb Donald Black in der Zeitschrift *Sience*, daß sie zuerst um etwa neun Uhr morgens bemerkt wurde, aber den ganzen Tag währte. Die Glorie blieb mit dem Schatten des Turmes verbunden, der sich mit dem Höhersteigen der Sonne verkürzte und sich mit dem Lauf der Sonne von Westen nach Osten bewegte. »Noch um vier Uhr nachmittags war die Geistererscheinung in einem kleinen Seitencanyon, der sich in ostnordöstlicher Richtung vom Turm erstreckte, sichtbar; der Schatten war da etwa 130 Meter lang.« Nach der Beschreibung des Autors bestand die Erscheinung aus einer Reihe von Farben, die sich um den Schatten des Turmes legten. [30] Er weist darauf hin, daß sie selten zu sehen ist. Die gewaltige, den Himmel erfüllende Gestalt, die ich sah und auf die ich im folgenden Kapitel wieder eingehen werde, wenn ich auf die Einzelheiten der Visionen religiöser Gestalten zu sprechen komme, kann auf Fotografien nicht erkannt werden. Die überwältigende Höhe der Gestalt ergibt sich aus der Tatsache, daß man das Tal oder niedrigere Klippen hinter dem Nebel erkennt. Die Gestalt, die ich sah, schien drei Meilen hoch zu sein, weil sie das ganze Land zwischen der Klippe, auf der ich stand, und dem Ende des White Glacier in etwa drei Meilen Entfernung bedeckte. Natürlich erkannte ich später, daß sie nicht so hoch war, aber das intuitive Gefühl in dem Augenblick ist, daß sie drei Meilen hoch ist, weil sie drei Meilen bedeckt. Das ist der Grund, weshalb sowohl Ron Lindsay wie auch ich, als wir die Gestalt sahen, ihre Erscheinung durch das Schwenken unserer Arme prüften. Es ist kaum zu glauben, daß die riesige Gestalt der eigene Schatten ist.

In der Neuen Welt ist es sehr wahrscheinlich, daß der kleine Regenbogen, der auf indianischen, visionären Zeichnungen über dem Kopf von Gestalten abgebildet wird, in Wirklichkeit für eine Glorie steht. Die Visionen wurden im allgemeinen auf Bergen gesucht. Die einzige Zeichnung, die offenkundig macht, daß es sich um eine Glorie handelt, stammt von Geronimo; sie zeigt eine Gestalt in der Luft, die von einem Kreis umgeben ist.

Bis vor kurzem war die Glorie ein seltenes Schauspiel, weil sie ein ungewöhnliches Verhältnis zwischen der Sonne, dem Beobachter und einer aus Tröpfchen gleicher Größe gebildeten Wolke erforderte. Jetzt, da Flugreisen etwas alltägliches sind, ist die Glorie öfters zu sehen, weil die Sonne den Schatten des Flugzeugs auf die darunterliegenden Wolken projizieren kann. Dies ist eine Anordnung, die zur Erscheinung einer Glorie beiträgt.

Der erste wissenschaftliche Bericht von einer Glorie stammt von einer französischen Expedition nach Peru im Jahre 1735. Es folgt eine freie Übersetzung dessen, was Pierre Bougner schrieb: »Die kurze Entfernung ermöglichte es, daß man alle Teile des Schattens unterscheiden konnte; man sah die Arme, die Beine und den Kopf. Was uns am meisten erstaunte, war die Erscheinung einer Glorie oder Aureole, die den Kopf umgab und aus drei oder vier konzentrischen Ringen von intensiver Farbe bestand; jeder Ring hatte dieselbe Farbverteilung wie der Hauptregenbogen mit dem Rot außen.« [327]

Die ersten wissenschaftlichen Bemühungen, die Glorie zu verstehen, gehen auf das Jahr 1895 zurück, als C. T. R. Wilson die erste Wolkenkammer baute, um zu versuchen, eine Glorie im Labor zu reproduzieren. Er hatte 1894 vom Gipfel des Ben Nevis in Schottland eine solche gesehen.

Einfach gesagt, wird die Glorie von der Lichtstreuung durch Wassertröpfchen erzeugt, die das Licht reflektieren und es so verstärken. Es ist dieses verstärkte Licht, welches das Tal unterhalb der Glorie in psychedelisch strahlenden Farben erscheinen lassen kann, wie solches vom Abt auf dem Berg Omei geschildert wird, wenn er schreibt: »Die Gipfel und Bergketten, das Gras und die Bäume sind alle frisch, glänzend und herrlich.« Man kann die Rückstreuung sehen, wenn zum Beispiel die Autoscheinwerfer nachts die Augen einer Katze treffen. Das Licht der Scheinwerfer wird auf der Netzhaut der Katze gebündelt, und dann wird ein Teil davon auf die Linse des Katzenauges zurückgestreut und reflektiert, so daß die Augen der Katze von innen her zu glühen scheinen.

In einer Glorie wird das Licht, statt von den zwei Augen der Katze, von der runden Innenhaut hunderter Wassertröpfchen zurückgestreut. Nach Bryant und Jarmie, den Autoren von »Die Glorie« im *Scientific American* »nähern wir uns einigen heute gültigen Grenzen der Optik und der Teilchenphysik,« wenn wir erklären wollen, wie das vor sich geht. Im Jahre 1908 wies der Physiker Gustav Mie nach, daß die Intensität des zurückgestreuten Lichtes »als die Summe einer Reihe von algebraischen Gliedern dargestellt werden kann.« Aber die Komplexität dieser Methode ist gigantisch. Es bedürfte etwa 6300 algebraischer Glieder, die berechnet und addiert werden müßten, um die Wellenlängen nur einer Farbe von nur einem Tröpfchen zu berechnen.

Die moderne Technik erlaubt uns, die Schwierigkeiten der Berechnung dieser Reihen zu überwinden. Es ergibt sich, daß die Glorie durch Zusammenwirken zweier Vorgänge entsteht; das eine sind die Reflexionen innerhalb des Tröpfchens (Regenbogen höherer Ordnung), das andere sind die Lichtwellen an der Oberfläche.

Die Reflexionen auf der Innenhaut haben vielschichtige Winkelmomentberechnungen zur Folge. Um das tatsächliche Muster der Streuung der Lichtstrahlen zu verfolgen, erwähnen Bryant und Jarmie die Forschungen an der Universität von New Mexico: »Wenn wir diese Forschungsergebnisse auswerten, so erhalten wir die Wahrscheinlichkeit, ein bestimmtes Lichtpartikel (Photon) an einem gegebenen Punkt im Raum zu finden, ... Die Spitzen und Mulden in der Wahrscheinlichkeitskurve können als Wellen verstanden werden, die im Inneren des Tropfens hin und her reflektiert werden und sich gegenseitig konstruktiv (die Spitzen) oder destruktiv (die Mulden) beeinflussen. Diese Wellen entsprechen den Lichtstrahlen, die im Tröpfchen in der Nähe des kritischen Winkels herumspringen.«

Die Wege des Lichtes in den Wassertröpfchen, die eine Glorie bilden, unterscheiden sich von jenen, die einen Regenbogen bilden. Bei einer Glorie »bestehen diese Wege aus Licht, das wiederholt in einem Winkel von 82,8° innerhalb des Tropfens reflektiert wird, und aus kleinen Segmenten von Oberflächenwellen, in denen das Licht auf der Oberfläche des Tropfens festgehalten und den Rest des Weges im Tropfen herum zur jenseitigen Richtung befördert wird. Wenn eine Anzahl verschiedener Wege gleichschwingende Lichtwellen bewirken, gibt es im zurückgestreuten Licht eine Resonanz oder Verstärkung. Man glaubt, daß die Glorie im Grunde durch die Wege, auf denen das Licht einhalb und jenen, auf denen das Licht dreieinhalb Mal im Tröpfchen herumwandert, bevor es gerade zurückgeworfen wird, entsteht.« [43] Die Farben der Glorie sind demnach das Ergebnis der verschiedenen Wellenlängen des Sonnenlichtes, die in verschiedenen Winkeln Zyklen maximaler und minimaler Leuchtkraft durchlaufen.

Was die Oberflächenwellen zur Glorie beitragen, wird durch das Konzept der Regge-Pole beschrieben. Wie Nussenzweig in seinem Artikel »Die Theorie des Regenbogens« ausführt: »Statt mit einer Vielzahl von Termini kann man mit nur wenigen, Pole und Sattelpunkte genannt, arbeiten. In den letzten Jahren haben die Pole ein großes theoretisches Interesse in der Elementarteilchenphysik hervorgerufen. In jenem Zusammenhang werden sie meist Regge-Pole genannt. . . Vielfältige innere Reflexionen, die wie Sterne geformte Vielecke bilden, spielen eine große Rolle und führen zu Resonanzen oder Verstärkung der Intensität.« [235]

In der Zusammenfassung ihres Artikels schreiben Bryant und Jarmie: »Daher finden wir, daß eine wichtige Komponente zur Erklärung der Glorie einem Konzept der Theorie von den Elementarteilchen ganz ähnlich ist.« [43] In der Quantenmechanik werden den Elementarteilchen nämlich die Charakteristika von Wellen zugeschrieben; diese Charakteristika beziehen sich auf die Wahrscheinlichkeit, ein Teilchen an bestimmten Punkten in Raum und Zeit anzutreffen. Ich will das für jene mit wenig Physikkenntnissen vertiefen. Licht wie Materie verhalten sich auf der subatomaren Ebene einerseits wie Teilchen und zugleich wie Wellen. Capra erklärt dies in »Der kosmische Reigen« näher: »Licht wird in Form von ›Quanten‹ oder ›Photonen‹ ausgestrahlt und absorbiert, aber wenn diese Lichtteilchen sich durch den Raum bewegen, erscheinen sie als schwingende elektrische magnetische Felder, die sich genauso wie Wellen verhalten.« [48, 150] Die Heisenbergsche Unschärferelation oder das Unsicherheitsprinzip stellt fest, daß wir niemals sowohl den Aufenthaltsort eines Teilchens als auch seinen Impuls gleichzeitig genau feststellen können. Je genauer wir seinen Aufenthaltsort bestimmen, desto ungenauer erkennen wir seinen Impuls und umgekehrt. Heisenberg erklärte, was diese Relation bedeutet: »Die Naturwissenschaft beschreibt und erklärt die Natur nicht einfach so, wie sie ›an sich‹ ist. Sie ist vielmehr Teil des Wechselspiels zwischen der Natur und uns selbst.« [122, 81]

Bryant und Jarmie beschließen ihren Artikel, indem sie die Glorie als einen »schlagenden Beweis für die Wellennatur des Lichtes und eine farbenprächtige Erinnerung an die der physischen Welt zugrunde liegende Einheit charakterisiert.« [43] Wenngleich der Hinweis auf die »zugrunde liegende Einheit« sich bei diesen wissenschaftlichen Autoren auf die Dualität von Wellen und Teilchen bezieht, die sich in Licht genauso darstellt wie bei den Elementarteilchen, aus denen die Materie besteht, so wird eine noch tiefere Ebene dieser zugrunde liegenden Einheit durch die *Bezogenheit* zwischen dem Menschen, dem Berg und dem Himmel (Sonne und Wolke) augenscheinlich, eine Bezogenheit, die es der Glorie ermöglicht, ein sichtbares Phänomen zu *sein*. Wenn das Menschenwesen, der Berg, die Sonne und Wolken zu dem Zeitpunkt nicht in einer bestimmten Bezogenheit zueinander stünden, dann gibt es einfach *keine* Glorie. Das folgende Kapitel erklärt einige bestimmte Bezogenheiten zwischen Menschenwesen, Bergen und Himmel, die in der Menschheitsgeschichte wichtig waren.

2. Die Glorie,
der Berg und Gott

Das menschliche Auge, die Sonne und die Wolkentröpfchen müssen in einer bestimmten Stellung zueinander stehen, damit die Glorie entstehen kann. Die Glorie erscheint der Sonne gegenüber, und da die Sonne meist über dem Beobachter steht, folgt daraus, daß die Glorie unterhalb von ihm zu sehen ist. Daher ist der Berg und die damit verbundenen Gefühle von Einheit, Macht und Ehrfurcht, die meist »religiös« genannt werden, unabdingbar für die Erscheinung der Glorie. Wenn wir dies näher betrachten, so finden wir eine feste Verbindung zwischen Bergen und Religionstiftungen.

Nach unserer europäischen Tradition traten die höchsten Leistungen des religiösen Denkens in den »Offenbarungs«-Religionen hervor. Wenn wir zu den Anfängen der ältesten Offenbarungsreligionen zurückgehen, dann finden wir die geheimnisvolle, halb legendäre Gestalt Spitama Zarathustras, gemeinhin als Zoroaster bekannt.

Zoroaster

Nach den heiligen Schriften der zoroastischen Religion dem *Zend-Avesta**, wanderte Zoroaster zehn bis fünfzehn Jahre lang auf der Suche nach der Wahrheit. Dann begegnete Zoroaster auf dem »Berg der in Heiligkeit Vereinten« [133, 33] der »Seele der Erde«. Vom hohen Berg aus schaute Zoroaster über das verödete, überweidete Land und stimmte sein erstes Gáthá an: »Zum Gebet um Unterstützung

---

* richtiger: *Avesta*. Zend-Avesta bedeutet *kommentiertes Avesta*; die Gáthás, von denen im folgenden die Rede ist, sind *authentische* Teile des Ur-Avesta mit Originaläußerungen Zoroasters. (Anm. d. Üb.)

die Hände ausstreckend will ich um seine, des heiligen Geistes Werke, o Mazda, vor allem zuerst bitten, o Asa, auf daß ich den Willen des VohuManah befriedige und die Seele des *Stiers*.«*

Er hörte die »Seele der Erde« zum Himmel klagen: »Für wen habt ihr mich gestaltet? Wer hat mich geschaffen? Raserei bedrückt mich und Gewalttat und Mißhandlung und Roheit. [133, 224/ 133 a]

Die »Seele der Erde« (oder der Stier) beklagt sich über die Zustände, die vom nomadischen Zweig des arischen Stammes über sie gebracht wurden. Nach Haug:

»Die arischen Stämme führten, nachdem sie ihre ursprüngliche Heimat, die aller Wahrscheinlichkeit nach ein kaltes Land war, verlassen hatten, hauptsächlich ein Hirtenleben und kultivierten nur gelegentlich einige Landstriche für ihre eigene Versorgung... Sie führten dieses Wanderleben so lange, wie sie im oberen Teil des Punjab siedelten... Einige dieser Stämme, die wir schon als Iraner ansprechen können, wurden dieser ständigen Wanderungen bald überdrüssig... und sie gaben das Hirtenleben ihrer Vorfahren und ihrer Bruderstämme auf und wurden Ackerbauern. Infolge dieser Veränderungen entfremdeten sich die Iraner von den anderen arischen Stämmen, die weiter derselben Beschäftigung wie ihre Vorfahren nachgingen... (und) jene Siedlung als bevorzugte Ziele ihrer Überfälle und Beutezüge betrachteten. [111, 292–293)

Zoroaster, der zum iranischen Zweig der arischen Stämme gehörte, setzte das »gute« mit dem seßhaften Leben, mit dem Kultivieren und Pflegen der Erde gleich. Während der der ersten Vision folgenden sieben oder acht Jahre, hatte Zoroaster noch sechs weitere Gesichte auf mindestens vier verschiedenen Bergen. Der Bericht von diesen Gesichten ist den frühen Gáthás (Liedern) enthalten, in denen häufig darauf hingewiesen wird, daß die wahre Religionsausübung die Verehrung des Feuers und die Landwirtschaft sei. [111, 165]

Die Erde wird gepriesen: »Ich preise die breite, weite, energisch schaffende, segensreiche Erde, deine Erhalterin... [111, 184/111a, 35]

Man glaubt, daß nur die Gáthás das Werk Zoroasters waren, aber auch nach seiner Zeit wird die Erde im *Zam Yǎst* direkt angerufen. Das Wort *Zam* bedeutet

---

* Fußnote d. Üb.: LaChapelle beruft sich auf folgende (irreführende) Übersetzung ins Amerikanische (abgedruckt in: A.V.W. Jackson: *Zoroaster, the Prophet of Ancient Iran*, New York, Macmillan Co., 1901, S. 212 und 224: »With hands in prayer ulifted / To Mazda the quickening spirit / I fain would give due honour / To all who, by good works, win favour / From Him the Good, the Holy (Ahura Mazda) / And from the s o u l o f e a r t h (s i c !), our m o t h e r.« Diese Übersetzung ins Amerikanische spricht (fälschlicherweise) von der »soul of earth« (Seele der Erde) anstatt der »Seele des Stiers« – gemeint ist der göttliche Ur-Stier der Parsen. Der Begriff »the earth our mother« kommt in den Gáthás nicht vor (anders in den Yasnas und Yǎsts).

die Erde. Dieses Yǎst »behandelt hauptsächlich den Lob der Glorie (quareno)« (lt. Wolff: Avesta, Straßburg 1910: Xaranah = Herrlichkeit, besonders von einer Art Glorienschein der kavischen Könige).

Diese Glorie ist eng mit Bergen, die »Schöpfer des Lichts« und »Lichtraum« heißen, verknüpft, was die tatsächliche Wettererscheinung einer Glorie anzeigen könnte, doch nach so langer Zeit gibt es keine Möglichkeit, die Tatsachen festzustellen. Der Zam Yǎst beschreibt den Ursprung aller Berge im Herzen des zentralen und uranfänglichen Berges Alborz. [111, 216]

Die grundlegende Dualität Zoroasters spiegelt sich in den Begriffen *Ahuras*, die »Lebenden« (Zoroasters Volk), im Gegensatz zu den *Devas*. Das höchste Wesen, Ahura Mazda, meint den Ahura, der Mazda heißt. Im heutigen Persisch wird dieses Wort zu Hormazd oder Ormazd. »Ahura Mazda erschafft alles, was gut, hell und strahlend ist.« [111, 216]

Es gibt eine große Ähnlichkeit zwischen den religiösen Riten des brahmanischen Indien und des Volkes von Zoroaster. Der grundlegende Unterschied betrifft das Wort *Deva*. In den Veden, der heiligen Schrift Indiens, werden die Götter *Devas* genannt; in den zoroastrischen Schriften jedoch bedeutet dasselbe Wort, persisch *div*, den bösen Geist – einen Dämonen oder Teufel. [111, 267]

Das Wort Teufel fand in der Zeit, als die Hebräer in Babylon gefangen waren, in der jüdischen Religion Eingang und von da aus im Christentum.[*]

Nach Zoroaster sind Devas oder Teufel (engl. *devils* A.d.Ü.) »die Verursacher alles Bösen... und sie denken ständig darüber nach, wie sie die Felder und Bäume zerstören könnten.« Diese Begriffsbestimmung hat ihren Ursprung in der Tatsache, daß ihre früheren Stammesgenossen, die Inder, ihre Rinder, Schafe und Ziegen über ihre Felder trieben und sie so zerstörten. [111, 267]

Am Anfang der Liste der Devas stand, nach Zoroaster, Daevanam Daevo oder Erzdämon. Auf ihn folgte Indra (der der König der vedischen Götter Indiens war) und der dritte war Saurva (der Shiva der Hindus).

Die Anhänger Zoroasters zäunten ihre Felder zum Schutz gegen diese Zerstörung ein, was weitere Auseinandersetzugen mit den »Deva-Anbetern« verursachte. Das persische Wort *paiori-daêza,* das »ein schöner eingezäunter Garten« bedeutet, wurde in das Alte Testament als *Paradies* übernommen und verbreitet sich von da

---

[*] Ernesto Buonainti, früher Professor für die Geschichte des frühen Christentums an der Universität von Rom, faßt die Bedeutung Zoroasters wie folgt zusammen:»Heute bestreitet niemand mehr den Einfluß des zoroastrisch-iranischen Kultes auf die post-exilische hebräische Religion – oder vielmehr ganz allgemein auf die gesamte spirituelle Entwicklung des mediterranen Bereiches vom Ende des 6. Jahrhundert an.« (aus: Eranos Jahrbuch Band 14: »Geist und Natur«, Rheinverlag Zürich 1946)

aus über die ganze zivilisierte Welt. [111, 5] Der Ursprung der Worte, die bis zum heutigen Tage unsere Vorstellung von Gut und Böse vermitteln, ergeben sich aus der Behandlung der Erde vor langer Zeit, zur Zeit Zoroasters im siebten oder sechsten Jahrhundert v. Chr.

Dieser grundlegende Dualismus der guten Schöpfung und der bösen Schöpfung, die Herrschaft über die Erde zu erlangen sucht, bleibt in späteren heiligen Schriften bestehen. Seine Wurzeln können bis zur Erfahrungswelt des Zoroaster zurückverfolgt werden: durch Schafe verwüstete, trockene, öde, felsige Berghänge, wo die Nomaden wanderten, auf der einen Seite und wohlbewässerte, gepflegte, umhegte Gärten (Paradies) der Iraner. Der Landbau wurde für die Anhänger Zoroasters eine religiöse Pflicht.

Die *Vidévdát* enthält diesen Gesang:

> Wenn das Getreide (zum Ausdreschen) zurechtgelegt wird,
> Dann fangen die Daéva's vor Angst zu schwitzen an;
> Wenn die Mühle (zum Mahlen des Getreides) zurechtgelegt wird,
> Dann verlieren die Daévas die Fassung.
> Wenn das Mehl (zum Teigmachen) zurechtgelegt wird,
> Dann heulen die Daévas«
>
> (111, 232/111a, 330)

Die *Vidévdát*, was eigentlich »gegen die Devas« bedeutet [11, 173], führt die bösesten Handlungen auf »das Verbrennen (der Toten) und Götzendienst, Unterdrückung verursachen und Bäume fällen« [111, 217]. Erde und Feuer waren gleichermaßen heilig, also konnten die Toten weder verbrannt noch begraben werden, was zu dem Brauch führte, die Leichen auf Gerüste zu legen, damit Vögel sie verzehren konnten. Auch manche indianische Stämme legten ihre Toten auf Gerüste – vielleicht aus demselben Grund, weil nämlich die Mutter Erde heilig ist.

Wie merkwürdig, daß gerade die Landstriche, die die alten Zoroasteranhänger so sorgfältig hegten, jetzt zu den am stärksten erodierten der Erde gehören! Wir sehen die Anfänge jedoch in der späteren *Vidévdát*, wo die Furcht und der Haß der Anhänger Zoroasters auf die Devas, nun nicht mehr auf ein vorhandenes nomadisches Volk bezogen, zu einem abstrakten Konzept von Teufeln und Dämonen mit einer sich daraus ergebenden Vielfalt von Riten, Ritualen und Teufelsaustreibung wird. Als die Religion die Verbindung mit der Erde von Zoroasters ursprünglicher Lehre verlor, büßten die Leute ihr Gewahrsein der Bedürfnisse der Erde ein. Zusammen mit einer Zunahme der Bevölkerung führte dies zur Zerstörung des Bodens.

Die Bedeutung von Bergen und heiligen Felsen im Anfang der jüdischen Religion

Die biblische Offenbarung begann mit Abraham (ungefähr 2000 – 1500 v. Ztr.), dem Vater der jüdischen Religion. [212, 6] Sein Vater und alle Mitglieder seines Klans verließen das Ur der Chaldäer um nach Kanaan zu gehen. Sie ließen sich für einige Jahre in Haran nieder, wo Abrahams Vater starb, und setzten dann ihren Weg nach Kanaan fort. Sie gelangten bis Sichem, was »Bergschulter« bedeutet. [212, 797] Die Genesis erzählt, wie an der berühmten Eiche zu More Abraham der HERR erschien und ihm sagte, daß er seinen Nachkommen das Land geben würde. »Und er baute da einen Altar dem HERRN, . . . Danach brach er von dort auf ins Gebirge östlich der Stadt Bethel. . . und baute dort dem HERRN einen Altar und rief den Namen des HERRN an.« Heutige Ausgrabungen bei Sichem legten einen großen Tempel mit fünf Meter dicken Wänden frei, der wahrscheinlich ein Tempel der Baal-Berith war. Dies war eine kanaanitische Sekte, die Religion der Menschen, die das Land vor der Ankunft Abrahams bewohnten: »Vor dem Tempel wurden aufrechte Steine gefunden; diese sind die Kultsymbole, die im Alten Testament so häufig genannt werden.« [212, 798] Mehr über diese Steine weiter unten.

Bei der letzten in einer langen Reihe von Prüfungen, verlangte Gott von Abraham, daß er seinen Sohn nähme, in das Land Morija ginge und ihn dort als Brandopfer darbringe »auf einem Berg, den ich dir sagen werde.« Abraham wanderte drei Tage, und am dritten Tag »hob Abraham seine Augen auf und sah die Stätte von ferne.« Dann begab er sich mit seinem Sohn und dem Holz und dem Messer zum Berg. Unterwegs sagte sein Sohn: »Siehe, hier ist Feuer und Holz; wo ist aber das Schaf zum Brandopfer?« Abraham sagte: »Mein Sohn, Gott wird sich ersehen ein Schaf zum Brandopfer.« Auf dem Gipfel des Berges, als Abraham eben Hand an seinen Sohn legte, rief ihn der Engel des Herrn an und sagte, er solle seinen Sohn nicht opfern. ». . . denn nun weiß ich, daß du Gott fürchtest und hast deines einzigen Sohnes nicht verschont um meinetwillen.« Er sah einen Widder, der mit seinen Hörnern in einer Hecke festhing und Abraham brachte ihn an seines Sohnes statt zum Opfer dar. »Und Abraham nannte die Stätte ›Der Herr sieht‹. Daher man noch heute sagt: Auf dem Berge da der Herr sieht.« Dann sagte der Engel des Herrn zu Abraham: »Ich will dein Geschlecht segnen und mehren wie die Sterne am Himmel und wie der Sand am Ufer des Meeres.« [Gen. 22, 17]

Der große Felsen auf dem Gipfel des Tempelberges, »Abrahams geheiligter hoher Platz«, die Stätte, an der er Isaak aufopferte, wurde der Altar und der Mittelpunkt, um den Salomon etwa 1000 v. Ztr. den großen Tempel errichtete. Später wurde dort von den Kreuzrittern eine Kirche erbaut. Schließlich, vor 1200 Jahren, »baute Halif

El Melek eine Moschee an dieser Stelle und beließ die nackte Spitze des steilen Berges leer, da fromme Muslims glauben, daß Mohammed von hier aus in den Himmel fuhr. Dieser Felsen, 17 Meter lang und 13 Meter breit, wird von einem reich verzierten Geländer umgeben und befindet sich unter einer edlen Kuppel... Dies ist der geschichtsträchtigste Felsen der Welt... jungfräulicher Fels, der dreizehn Jahrhunderte lang unverändert erhalten geblieben ist, von allen Glaubensrichtungen wohlbehütet.« [340, 234]

Wenden wir uns nun wieder den »stehenden Steinen«, den *Masseben* zu. Aufrechte Steinsäulen aus rohem, unbehauenem Fels, waren sie nach McKenzie die Symbole für Baal.»Der Baal wurde auf den hochgelegenen Stätten verehrt.« Das Alte Testament spricht von Baals oft in der Mehrzahl, weil der Gott Baal an verschiedenen Orten unterschiedliche Formen annahm.»Die Baalanbetung kam in Israel früh auf; die Israeliten verehrten den Baal – Peor von Moab... Mehrere Könige von Israel und Judäa erlaubten oder begünstigten den Kult von Baal. Jahwe wurden manchmal die Eigenschaften des Baal zugesprochen und mit den Riten des Baal verehrt.« [212, 72] In den ersten Teilen des Alten Testaments wurde die Sprache der Baalverehrung gebraucht, desgleichen ihre Stätten und ihre Altäre. Die Baalanbetung blieb eine Bedrohung für den israelitischen Glauben, und das Alte Testament enthält Spuren der nachwirkenden Ehrfurcht der alten Religion vor den heiligen Stätten auf den Bergen. In Psalm 21: »Ich hebe meine Augen auf zu den Bergen. Woher kommt die Hilfe? Meine Hilfe kommt vom Herrn, der Himmel und Erde gemacht hat.« Das Fragezeichen in diesem Psalm wird heutzutage nicht beachtet; die wahre Bedeutung wird jedoch klar, wenn wir Jeremias 3,23 betrachten: »Wahrlich, es ist nichts als Betrug mit den Hügeln und mit dem Lärm auf den Bergen. Wahrlich, es hat Israel keine andere Hilfe, als am HERRN, unserem Gott.«

Abraham kannte Gott unter dem Namen El Shaddai, der Name, unter dem der Gott den Israeliten bis zur Zeit Moses bekannt war. Viele Fachleute übersetzen ihn als »Der Eine vom Berg.« In der kanaanitischen Philosophie galt der Norden als Sitz der Gottheit, »der Berg des Nordens«, und der Gott lebte auf diesem Berg. [212, 316 und 260]

In späteren biblischen Schriften, und eigentlich bis zum heutigen Tag, wird der Gott der jüdischen Religion als der Gott Abrahams, Isaaks und Jakobs bezeichnet. Ein kurzer Blick ins Alte Testament zeigt, daß jedesmal, wenn der Gott sich diesen Patriarchen gezeigt hat, es an einem bestimmten Platz geschah. Die Offenbarung ergab sich aus einer besonderen Beziehung zwischen dem Menschen und dem *Platz*. Abraham sollte drei Tage wandern, bis Gott den Berg bestimmte, wo die Opferung Isaaks sich ereignen sollte. Für Isaak hieß der *Platz* später Gerar. Es gab eine Hungersnot und der Herr erschien Isaak und sagte: »Zieh nicht hinab nach Ägypten, sondern bleibe in dem Land, das ich dir sage. Bleibe als Fremdling in diesem Land, und ich will mit dir sein und dich segnen; denn dir und deinen Nachkommen will ich all diese Länder geben... So wohnte Isaak zu Gerar.« Jakob, der Sohn Isaaks und jüngerer Bruder Esaus, zog nach Haran, zum Teil aus Furcht vor der Rache seines Bruders und zum Teil, weil sein Vater wollte, daß er eine Frau aus seiner Verwandtschaft und keine Kanaaniterin heiraten sollte. Jakob machte sich auf den Weg. Als die Sonne untergegangen war, rastete er über Nacht. Er nahm einen Stein als »Kopfkissen« und träumte von einer Leiter, die von der Erde zum Himmel reichte und auf der Engel waren. Der Herr stand oben darauf und sprach: »Ich bin der HERR, der Gott deines Vaters Abraham, und Isaaks Gott; das Land, darauf du liegst, will ich dir und deinen Nachkommen geben... Und siehe, ich bin mit dir und will dich behüten... und will dich wieder herbringen in dieses Land.« Dann wachte Jakob auf und sprach: »Wie heilig ist diese Stätte! Hier ist nichts anderes als Gottes Haus, und hier ist die Pforte des Himmels.« Früh am nächsten Morgen nahm Jakob den Stein, auf dem er geschlafen hatte, richtete ihn als ein Steinmal auf und übergoß ihn mit Öl. Er nannte die Stätte Bethel, oder *bet el,* Haus von El (Gott).« [212, 91]

Als Cyrus der Große die Juden befreite und ihnen erlaubte, in ihr Heimatland zurückzukehren, brachten sie Einflüsse des Zoroastrismus mit. Der Prophet Hesekiel, der von Nebukadnezar im Jahre 597 v. Ztr. nach Babylon ausgewiesen wurde, war das Bindeglied zwischen dem Israel vor der Vertreibung und dem Judaismus der Wiedervereinigung. Hesekiels Gesicht erschien ihm im Monat des alten Gottes Tammuz zur Zeit der Sommersonnenwende, wenn der Abstieg des Sonnengottes beginnt. Die entscheidende Stellen der Visionen stehen im ersten Kapitel bei Hesekiel: »Und ich sah, und siehe, es kam ein ungestümer Wind von Norden her, eine mächtige Wolke und loderndes Feuer, und Glanz war um sie her... Ihre Flügel berührten einer den anderen. Und wenn sie gingen... sie brauchten sich im Gehen nicht umzuwenden. Und in der Mitte... sah es aus, wie wenn feurige Kohlen brennen, und wie Fackeln, die zwischen den Gestalten hin- und herfuhren. Das Feuer leuchtete und aus dem Feuer kamen Blitze... siehe, da stand je ein Rad auf der Erde... und sie waren so gemacht, daß ein Rad im anderen war... und auf dem Thron saß einer, der aussah wie ein Mensch... etwas wie Feuer und Glanz ringsumher. Wie der Regenbogen steht in der Wolke, wenn es geregnet, so glänzt es ringsumher. So war die Herrlichkeit des HERRN anzusehen. Und als ich sie gesehen hatte, fiel ich auf mein Angesicht.«

Hesekiel schaute einen von einer regenbogenartigen Form umgebenen Menschen. Es könnte das Wetterphänomen einer Glorie gewesen sein, aber im Zusammenhang des Bibeltextes weist nichts darauf hin, daß er sich auf einem Berg befand. Es ist wahrscheinlicher, daß er einen Halokomplex gesehen hat.

Nachdem das Volk Israel von Moses aus Ägypten in die Wüste geführt wurde, erschien die Herrlichkeit des Herrn oftmals, als die Israeliten zum Beispiel über Hunger klagten oder über die Vertreibung aus Ägypten. Das zweite Buch Mose berichtet:»Und als Aaron noch redete zu der ganzen Gemeinde der Kinder Israel, wandten sie sich zur Wüste hin, und siehe, die Herrlichkeit des HERRN erschien in der Wüste.« Das berühmteste Ereignis war, als Moses den Berg Sinai bestieg und die Wolke den Berg bedeckte.

»... die Herrlichkeit des HERRN ließ sich nieder auf dem Berg Sinai... Und die Herrlichkeit des HERRN war anzusehen wie ein verzehrendes Feuer auf dem Gipfel des Berges vor den Kindern Israel.« »Die Herrlichkeit des HERRN erschien vor der ganzen Gemeinde«, heißt es mehrmals im dritten und vierten Buch Mose.

Auch an anderen Bibelstellen, wie Mc Kenzie ausführt, »erscheint die Herrlichkeit von Jahwe gerade wie ein glänzendes Licht, und es ist den Menschen nur sichtbar, wenn es von einer Wolke verhüllt ist, die von dem, was sie in sich trägt, zum Leuchten gebracht wird... In späteren Büchern verliert die Vorstellung der Glorie etwas von ihrer einfachen greifbaren Wirklichkeit, und die Herrlichkeit Jahwes zu schauen bedeutet, Zeuge seiner heilbringenden Handlungen zu werden.« [212, 313] Dies könnte jedoch bedeuten, daß mit dem zunehmenden Verlust der Verbindung zur Natur, die Glorie dem Menschen nicht mehr als Realität erschien. Sie konnten sie sich nur noch als geistige Aktivität Gottes vorstellen. Was diese Erscheinungen wirklich waren – Glorien oder Halos – können wir nicht feststellen, aber die Tatsache, daß die Israeliten in enger Verbindung mit den Bergen und dem Himmel durch die Wüste wanderten, legt es nahe, daß sie diese Art optischer Phänomene sehen konnten, eher als zu späteren Zeiten der Geschichte, als sie ein ortsgebundenes Leben führten.

Bevor wir das Alte Testament verlassen, muß dem Propheten Elia eine Erwähnung getan werden und dem bekannten Gottesurteil auf dem Berg Karmel. Elia lebte zur Zeit der Herrschaft König Ahabs über Israel, dessen Frau, Isebel, dem Gott Baal diente. Der Regen fiel seit einiger Zeit spärlich. Elia sprach zu Ahab, daß er die Gebote des Herrn verlassen habe und den falschen Göttern, den Baals gefolgt wäre. Elia behauptete, daß »Jahwe über der Natur steht« [212, 232] und forderte Ahab auf, die 450 Propheten des Baal auf dem Berg Karmel zu versammeln, einem der heiligen Berge der Palästinenser, der der Anbetung von Baal geweiht war. Karmel ist nur 60 Meter hoch, aber er erhebt sich steil über das Mittelmeer. Er stellt eine senkrechte Erscheinung dar und die Besteigung ist schwierig.

Elia schlug vor, daß man den Propheten des Baal einen Stier gäbe und ihm einen anderen; daß jeder Stier in Stücke geschnitten und auf das Holz gelegt werde, daß aber kein Feuer darüber entzündet würde. Die Priester des Baal, so berichtet das

Buch der Könige, »riefen den Namen Baals an vom Morgen bis zum Mittag... Als aber der Mittag vergangen war, waren sie in Verzückung... aber da war keine Stimme noch Antwort... Darauf bereitete Elia sein Opfer und rief den HERRN.»Da fiel das Feuer des HERRN herab und fraß Brandopfer, Holz, Steine und Erde...« Elia scheint klüger gewesen zu sein als die Priester des Baal, weil Wolken sich mit größerer Wahrscheinlichkeit am Nachmittag um einen Berg sammeln.

Der Name Karmel ist seither im mystischen Schrifttum als Synonym für die Erhebung zu Gott tradiert worden, wie es der spanische Karmeliter, St. Johannes vom Kreuz, zum Beispiel in seinen berühmten Versen »Ein Gedicht für die Besteigung des Berges Karmel« tut. Der ursprüngliche Orden der Karmeliter wurde am Berg Karmel von dem Kreuzfahrer Berthol im zwölften Jahrhundert gegründet. Die spanische Mystikerin, St. Teresa von Avila, war eine karmelitische Nonne.

Jesus und die Berge im Neuen Testament

Sechs Berge sind mit bedeutsamen Ereignissen im Leben von Jesus eng verknüpft. Der erste ist der Berg der Versuchung, auf dem er zu Beginn seines öffentlichen Wirkens vierzig Tage und Nächte fastete und mit dem Teufel rang. Der Überlieferung nach war es der Jebel-Quarantal [42, 80], ein kahler, felsiger Gipfel, der sich westlich von Jericho dreihundert Meter über die Jordanebene erhebt. Heute ist am Hang des Berges ein griechisches Kloster dort in den Felsen gehauen, wo Jesus angeblich gesessen hatte. Von diesem Felsen blickte Jesus über das unter ihm liegende Tiefland bis zur arabischen Wüste. Die eigentliche Versuchung fand auf dem Gipfel des Berges statt. Vom Gipfel ist die Oase von Jericho mit ihren Obsthainen und Wasserquellen zu sehen. Zwischen den Schilfgürteln sind der Jordan, der sich zum Toten Meer schlängelt, und die Berge von Moab auf dem östlichen Ufer zu sehen. »Das alles will ich dir geben, so du vor mir niederfällst und mich anbetest,« sagte der Teufel. Jesus widerstand ihm zum dritten Mal: »Hebe dich weg von mir, Satan! Denn es steht geschrieben: ›Du sollst anbeten Gott, deinen HERRN, und ihm allein dienen‹.« Die Ähnlichkeit mit Zoroasters Blick über fruchtbare Felder und öde überweidete Hänge ist verblüffend.

Am westlichen Ufer des Sees Genezareth liegt der »Hörner von Hattin« genannte Berg. »Der hornartige Kamm (aus schwarzem Basalt) erhebt sich gegen den Himmel, dazwischen der geschwungene Bogen des Hochtales.« [340] Im grünen Tal zwischen den Hörnern mit Blick auf den nur drei Meilen entfernten See Genezareth, sprach Jesus dem wartenden Volk von den Seligpreisungen, die die Grundsätze des christlichen Lebens darlegen.

Das Wort *Horn* im Namen des Berges und seine Form zeigen an, daß er wahrscheinlich ein altes Heiligtum der Muttergöttin war, also seit alters her für die Umgebung ein heiliger Berg. Jesus, der in einer engen Bezogenheit zur Erde lebte, wird natürlich einen solchen »Platz der Kraft« ausgesucht haben, um eine so wichtige Lehre wie die Seligpreisung zu erteilen. Hier sprach er und lehrte »wie einer, der die Vollmacht hat... Sechsmal erschollen die Worte über den Hang: ›Ihr habt gehört, daß zu den Alten gesagt ist... Ich aber sage euch... ‹. So machte der große Gesetzgeber, der Moses des Neuen Bundes, mit Israels Sinai ein Ende und erhob den Berg der Seligpreisung zum Sinai der ganzen Menschheit.« [42, 118]

Die Berge waren von wilden Blumen übersät und von ihnen sagte Jesus: »Schauet die Lilien auf dem Felde, wie sie wachsen: sie arbeiten nicht, auch spinnen sie nicht. Ich sage euch, daß auch Salomo in all seiner Herrlichkeit nicht bekleidet gewesen ist wie derselben *eine*.« Jesus hatte Vertrauen in die Güte der Natur: »Sorget nicht um euer Leben, was ihr essen und trinken werdet; auch nicht um euren Leib, was ihr anziehen werdet... Sehet die Vögel unter dem Himmel an: sie säen nicht, sie ernten nicht, sie sammeln nicht in die Scheuern; und euer himmlischer Vater nährt sie doch...«

Für den Berg der Verklärung kommen zwei in Frage, der Berg Tabor und der Berg Hermon, aber da McKenzie vom Berg Tabor behauptet, »daß in der Zeit des Neuen Testaments sich wahrscheinlich ein Dorf auf dem Gipfel befunden hat, so ist diese Annahme unwahrscheinlich.« [212, 865]

Der Berg Hermon, 2814 Meter hoch, wird von einem immer schneebedeckten Gipfel gekrönt. Er ist die Quelle des lebensspendenden Jordanflusses und für fast ganz Palästina eine Landmarke, da er sogar noch vom Roten Meer aus zu sehen ist. [340, 208] Er war für eine Anzahl von Völkern schon vor den Israeliten ein heiliger Berg. Die Amoriter nannten ihn Senir, die Phönizier Sirion; und die Hethiter siedelten an seinem Fuß und nannten ihn Sariyana. Sariyana gehörte zu einer Reihe von Gottheiten, die den Vertrag zwischen dem Hethiterkönig Murzilis und dem Duppe Teshub von Amurun bezeugten.

Bald nach seiner ersten Leidensankündigung im Neuen Testament ging Jesus zum Meditieren in die Berge und nahm Petrus, Jakobus und Johannes mit.

Auf dem Berggipfel geschah die Verklärung. Matthäus schrieb: »Sein Gesicht leuchtete wie die Sonne, und seine Kleider wurden weiß wie das Licht.« Da gesellten sich zwei Gestalten zu Jesus, die gleichfalls verklärt schienen. Die Jünger sagten, es war Moses, der Überbringer des alten Gesetzes auf dem Berg Sinai und Elia, der große Prophet und Vorläufer des Messias. Aber dann überschattete sie eine Wolke und verbarg sie. Die Stimme des Herrn war zu hören, und die Jünger fielen auf ihr Angesicht und erschraken sehr. Erst als Jesus sie anrührte, wagten sie es, aufzublicken, aber sie sahen niemanden als Jesus allein, wie sie ihn kannten.

Besonders Petrus war von der Verklärung ergriffen. Wo immer er ging, kündete er von der Verklärung des Herrn. In seinem zweiten Brief schreibt er: »Wir haben seine Herrlichkeit selber gesehen. Denn er empfing von Gott, dem Vater, Ehre und Preis durch eine Stimme, die zu ihm kam von der großen Herrlichkeit: Dies ist mein lieber Sohn; . . . und diese Stimme haben wir gehört vom Himmel kommen, als wir mit ihm waren auf dem heiligen Berge.«

McKenzie sagt: »Die Petrus, Jakobus und Johannes gegebene Offenbarung in diesem Abschnitt hat keine Parallele, nicht im Alten und nicht im Neuen Testament.« [212, 897] Es gibt einige interessante Entsprechungen zum Wetterphänomen der Glorie. Der leuchtende Glanz von Jesu Kleidung erinnert uns an die strahlenden Farben der Landschaft, wie sie durch die Glorie des Berges Omei zu sehen waren. Die Vision endete plötzlich mit dem Aufziehen einer Wolke, die »sie überschattete«, was oft geschieht, wenn eine Glorie durch das Herannahen der Wolke zerstört wird. Schließlich waren drei Männer unterhalb der Stelle, an der Jesus betete; wenn es eine Glorie war, so wären drei Gestalten in der Glorie zu sehen gewesen.

Der Ölberg ist der Hauptberg östlich Jerusalems. Er wird im Alten Testament bei Samuel erwähnt: »Als David auf den Gipfel kam, wo Gott verehrt wurde... Der triumphale Einzug Jesu in Jerusalem erfolgte von diesem Berg aus, und Gethsemane lag auf seinen niedrigen westlichen Hängen. Er war der Hintergrund für den Todeskampf im Garten und Jesu Gefangennahme, wie der Hintergrund für seine Himmelfahrt. Der Ölberg ist von allen Teilen Jerusalems aus deutlich sichtbar. Golgatha, auch Kalvarienberg genannt, bedeutet »Ort des Schädels«. Er liegt vor den Toren Jerusalems. Der Überlieferung nach war die Stätte von Jesu Kreuzigung ein Berg, aber es gibt keinen gesicherten Beweis für die tatsächliche Lage. [340, 319]

Nicht nur während der letzten drei Jahre seines Lebens, als er tätig das Volk lehrte, sondern auch in seiner Jugend, wurde Jesus von Bergen beeinflußt. Nazareth, wo er etwa dreißig Jahre lebte und seine Mission begann, »liegt eingeschlossen in einem Tal, umgeben und umhegt von Bergen.« [42, 49]

Mohammed

Mohammed, »der Gepriesene«, wird als Begründer der letzten der Stifterreligionen betrachtet. Er wurde etwa im Jahre 570 in Mekka geboren. Viele Jahre lang verbrachte er den Monat Ramadan fastend und betend in einer Höhle auf dem Berg Hara.

Der Hara ist ein kegelförmiger Berg, etwa zwei Meilen von Mekka entfernt. Im Jahre 610 brachte der Engel Gabriel Mohammed während der Nacht das Gebot Gottes. Gabriel zeigte den beschriebenen Brokat und befahl: »Lies!« Mohammed verstand nicht, wurde aber vom Engel gezwungen, zu lesen, also tat er es, und die Worte waren wie in sein Herz geschrieben:

»Lies im Namen deines Herrn, der schuf,
den Menschen schuf aus zähem Blut.
Lies, dein Herr ist's, der dich erkor,
der unterwies mit dem Schreiberrohr;
den Menschen unterwies er
in dem, was er nicht weiß zuvor.«

96. Sure des Koran

Mohammed erwachte aus seinem Schlaf und war sehr verstört, weil er Gefühlsaufwallungen verabscheute und glaubte, er sei besessen. So lief er hinaus, um sich vom Gipfel des Berges hinabzustürzen, um von dieser Besessenheit befreit zu werden, doch...
»Als ich halben Weges auf dem Berge war, hörte ich eine Stimme vom Himmel sprechen: ›O Mohammed! Du bist der Gesandte Gottes und ich bin Gabriel.‹ Ich hob meinen Kopf zum Himmel, um zu sehen (wer sprach), und siehe, Gabriel in der Form eines Menschen mit Füßen, die sich zum Horizont erstreckten, sprach: ›O Mohammed! Du bist der Gesandte Gottes und ich bin Gabriel.‹« [183, 106] Die Gestalt war so groß, daß sie den Himmel erfüllte. Mohammed stand und starrte auf diese Erscheinung, bis seine Frau Boten schickte, um nach ihm zu sehen und ihn nach Haus zu holen. Sie versicherte ihm, daß er nicht besessen, sondern wahrlich ein Prophet sei. Sie ging zu ihrem Vetter (Schwager), der ein Christ geworden war und die Thora und das Evangelium gelesen hatte, und der erzählte ihr, daß Gabriel, der schon Moses erschienen war, nun auch zu Mohammed gekommen sei und daß er »der Prophet seines Volkes« sei.

Von der ersten Gestalt eines Religionsstifters, Zoroaster, bis zur letzten geschieht die Begegnung auf einem Berg. Und im Fall Mohammeds ist von besonderem Interesse, daß die Gestalt den Himmel erfüllte und damit an die Gestalt einer Glorie erinnert. Es kann sein, daß er, weil er sicher war, daß er besessen sei und die Vision böse wäre, er deshalb ihre Schönheit nicht bemerkte, wie auch viele der ersten Bergsteiger in den Alpen die Erscheinung als Geistererscheinung bezeichneten und ganz versäumten, ihre Schönheit zu erwähnen. Auf den Berg Safa bezieht sich die berühmte Legende von Mohammed. Drei Jahre nachdem seine Sendung begann, wurde er aufgefordert, ein Wunder als Nachweis zu erbringen. Da befahl er dem Berg Safa, zu ihm zu kommen, und als er sich nicht bewegte, sagte er: »Gott ist gnädig, hätte er auf meine Worte gehört, so wäre er auf uns gefallen und hätte uns zermalmt. Ich werde deswegen zu dem Berg gehen und Gott danken, daß er Gnade walten ließ einem halsstarrigen Geschlecht.« [25, 675]

Bevor wir diesen Bericht von bedeutenden Männern der Religion und ihren Erlebnissen mit Bergen abschließen, ist es einer Bemerkung wert, daß der Buddha dem Geschlecht der Sakya entstammte, das in den Vorbergen des Himalaya lebte, und im Angesicht der Berge aufwuchs. Zur genauen Ortsangabe von Buddhas Heimat stellt Thomas in seinem Buch: *Das Leben des Buddha* fest: »Die moderne Forschung hat sie in den nordöstlichen Teil der Indischen Union und entlang der Grenzen von Nepal zwischen Bahraich und Gorakhpur verlegt.« [318, 16] Der Buddha begründete keine Religion; er lehrte eine Methode, Gewahrsein zu üben, die seine Anhänger zu einer Religion umformten.

Die kurze Darstellung dieser geschichtlichen Gestalten offenbart, daß die ursprüngliche Einsicht eines jeden sich aus der intensiven Beziehung zu einem Berg an einem bestimmten Platz bezog. Später formten ihre Anhänger aus ihren Lehren die strukturierten Religionen, die wir als Zoroastrismus, Judentum, Christentum und Islam kennen.

3. Die heiligen Berge Chinas und Japans

Um die Bezogenheit zwischen dem Menschenwesen, dem Berg und der Religion in ihrer ganzen Tiefe zu verstehen, ist es erforderlich, daß wir uns Chinas heiligen Bergen zuwenden. Wegen des Einflusses des Taoïsmus in China ist die ursprüngliche Beziehung zwischen Menschenwesen und Bergen durch die Jahrhunderte unmittelbar auf uns gekommen. Außerdem wurden, wegen des sehr frühen Gebrauchs der Schrift in China, seit etwa 1600 v. Ztr. [228, 86] diese Dinge betreffende schriftliche Aufzeichnungen schon vorgenommen, bevor irgend ein Einfluß aus dem Westen die Kontinuität unterbrechen konnte.

Der Grundaufbau der Welt wurde in der chinesischen Astronomie durch eine zentrale Polarregion und vier periphere Regionen versinnbildlicht. Auf der Erde wurden diese Himmelssäulen durch die fünf heiligen Berge symbolisiert, die die Wiege der chinesischen Zivilisation bezeichneten und für die Harmonie aller Natur unter dem einen Himmel standen. Heng Shan im Norden, Tai Shan im Osten, Hua Shan im Westen und Heng Shan im Süden kennzeichneten die vier Ecken der Erde und fanden ihre Mitte in Shang Shan, der das *T'ai Chi* (den großen Firstbalken), die Achse und der ruhende Mittelpunkt war. [313, 87] Die Symbolik der Eins und der Vier ist die Offenbarung der Eins des Himmels auf dem Quadrat der Erde. Aus der Bedeutung dieser fünf Punkte, wurde die Fünf den Chinesen eine heilige Zahl. Fünf Elemente, fünf Planeten und fünf Tugenden gab es. [313, 25]

Das chinesische Schriftzeichen für fünf, *wu* 𝔛 , zeigt die Kardinalpunkte der vier Richtungen und die Mitte an. Die Linien, die in die vier Richtungen gehen und sich in der Mitte treffen, zeigen Vollständigkeit und Vollkommenheit an. Tatsächlich kann man sehen, daß die obere und die untere Hälfte dieses Zeichens aus zwei Dreiecken besteht, eines nach oben weisend, das für den heiligen Berg der Erde steht, und das andere nach unten weisend, das für den heiligen Berg des Himmels steht. Die Dreieckform ist das ursprüngliche Symbol für Berg. Drei Dreiecke bildeten die alte Form des chinesischen Schriftzeichen *shan* (Berg).

alte Form

heutiges Chinesisch

heutiges Japanisch

Die fünf heiligen Berge des Taoismus

Der berühmteste der fünf Berge des Taoismus ist Tai Shan, der heilige Berg des Ostens, im Westteil der bergigen Halbinsel von Shantung, einer Küstenprovinz, gelegen. Der Ruhm dieses Berges war so groß, daß die Provinz Shantung (Ostberg) genannt wurde. [97, 46] Die Verehrung dieses 1360 Meter hohen Berges geht mindestens bis auf das Jahr 2000 v. Chr. zurück. [75, 228]

Der Name Tai Shan ist als »der Ehrwürdige« übersetzt worden, denn er steht am Sitz der Ehre, im Osten, von dem alles Leben entspringt. Tatsächlich bedeutet sein alter Name Tai Tsung, nach Dysons Quelle »erster Schoß« oder »Anfang«, was als erster Anfang oder Berg Genesis zu übersetzen wäre. [75, 46] Nach frühen geschichtlichen Aufzeichnungen in China wurde er von den Begründern der drei ältesten Dynastien Chinas aufgesucht: von Jü 2205 v. Ztr., Ch'eng-t'ang von Shang 1741 v. Ztr. und König Wu von Chon 1117 v. Ztr. [75, 220] Er ist mit dem chinesischen Element Holz und der Farbe Grün verbunden.

In alter Zeit unternahmen die Kaiser alle fünf Jahre Inspektionsreisen in die vier Viertel des Reiches und führten die Reichszeremonie des Fêng und Shan an jedem der fünf heiligen Berge aus. Am Tai Shan wurde die Fêng und Shan-Zeremonie – die die Verehrung von Himmel und Erde war – dem Himmel nah gefeiert, auf einem auf dem Gipfel aufgehäuften Erdhügel, und der Erde nah, auf einem niedrigen Hügel am Fuß des Berges. [97, 62]

Konfuzius und Menzius schrieben über die Bedeutung und Schönheit des Berges, und Konfuzius machte eine Pilgerfahrt auf den Berg. Geil schrieb: »Man kann weder die Zahl der Pilger, die hierherkamen, noch den Einfluß, der von diesem Ort ausging, kaum überschätzen. Ich vermute, daß während der Jahrtausende seiner Geschichte alles in allem Milliarden von Menschen am Fuß des Berges zusammengekommen sind.« [97, 47] Lane berichtet, daß »im frühen 20. Jahrhundert jeden Tag 10.000 Menschen auf den Berg stiegen.« Der den Berg hinaufführende Pfad wird

»Himmelsstraße« genannt, und auf diesem Pfad sind 6.700 in den gewachsenen Fels gehauene Stufen zu finden. [168, 262]

Auf den meisten der heiligen fünf Berge gibt es einen »Stürze-den-Leib-Abgrund«, wo die Pilger, von ihrer Ekstase übermannt, sich in die Tiefe stürzten, um das Paradies zu erlangen. Der Tai Shan besaß einen solchen »Stürze-den Leib-Abgrund«. [97, 107]

Geil zitiert den Beamten und Lehrer, Wan Kung, in Bezug auf die höchste aller Bergspitzen, die den Namen des Großen Friedens trägt: »Im Jahr Jen-shen, 9. Affe von Lung-ch'in, als meine Arbeit über den Gelben Fluß vollendet war, war der Sohn des Himmels erfreut und gab mir einen Befehl mit folgendem Wortlaut: ›Du sollst im Osten ein reines Opfer darbringen.‹ Dem folgend, opferte ich im 8. Mond auf dem Tai Shan... ich durchwanderte das Auf und Nieder, sprang über die Gefahren, berührte die Chin-Tafel, bestieg den Sonne umglänzten Gipfel und kletterte endlich auf die äußerste Spitze des Berges, wo ich den Tempel des Himmels besuchte.« Eine schwarze, in einen Mantel gehüllte Gestalt begrüßte ihn und sagte: »Dieses ist der alleroberste Stein des Tai Shan«. »Erstaunt blickte ich auf den Felsen und sah, daß er fest auf die Spitze zementiert und unveränderlich in der Erde am Grund eingebettet war... Ich tat einen tiefen Seufzer und sprach zu mir selbst: ›O weh! Tai Shan beansprucht den Ehrenplatz unter den fünf Gipfeln, und dieser oberste Stein beansprucht den Ehrenplatz auf dem Tai Shan. Doch er wurde überbaut, eingeebnet und mit Füßen getreten. Wenn ich nicht erreiche, daß dieses verehrungswürdige Relikt erhoben und sein geistiger Wert offenbart wird, so werde ich arg zu tadeln sein.‹« So ließ er den Tempel und die Erde vom Felsen entfernen und der oberste gewachsene Fels trat jetzt wieder hervor. Er war verborgen gewesen, fährt Wan Kung fort, »doch jetzt ist er zum Vorschein gekommen und kehrt schließlich zu seiner wahren Stellung auf dem Tai Shan zurück und hält seine Würde aufrecht. Wir vertrauen darauf, daß jene zukünftigen Geschlechter, die kommen werden, ihn zu betrachten, davon Abstand nehmen, das zu behauen, zu beschädigen oder abzumeißeln, was der Himmel in Vollendung geschaffen hat«. [97, 112] Zur Linken der Eingangspforte auf dem Gipfel steht ein mindestens 2000 Jahre altes Steinmonument mit der aus nur einem einzigen Wort bestehenden Inschrift *Ti* (Gott). [168, 262]

Der heilige Berg des Nordens und der heilige Berg des Südens haben Namen, die genau gleich klingen, wenngleich die Schriftzeichen verschieden sind. Um Verwechslungen zu vermeiden, wird der südliche meist Nan Jo oder Südgipfel genannt. Er ist etwa 600 Meter hoch und erhebt sich eben westlich vom Hsiang-Fluß südlich des Tungthing-Sees. Nach Dyson bestimmte der Kaiser Huang Ti, der den Thron im Jahre 2697 v. Ztr. bestieg, den Hêng Shan (dessen Name »kreuzweiser Berg« bedeutet) zum Schutzgott des Südens. [75, 22] Ihm wird das chinesische Element Feuer und die Farbe Rot zugeordnet. [7, xvi]

43

Der heilige Berg des Westens ist Hua Shan. Er befindet sich südlich von Tungkuan an der großen Schleife des Gelben Flusses in der Provinz Shensi. Der Name Hua Shan bedeutet »Blumenberg«, denn die verschiedenen Gipfel des Berges öffnen sich wie Blütenblätter. [54, 476] Hua Shan ist der steilste der fünf heiligen Berge. Es sind nicht nur die gewohnten Treppenstufen in den Fels gehauen, sondern auch Kletterhilfen zum Festhalten. Er beherbergt Hunderte von Einsiedlerhöhlen. Einige sind von den Shan-jen richtiggehend selbst ausgehöhlt worden. Shan-jen ist ein Begriff, der »Bergmensch« bedeutet, aber in alten Schriften als Titel für große Denker im allgemeinen gebraucht wird, unabhängig davon, ob sie in der Bergabgeschiedenheit lebten. [97, 253] Luft ist das Element des heiligen Berges des Westens, und seine Farbe ist Weiß. [97. xvi]

Heng Shan, 2200 Meter hoch, ist der heilige Berg des Nordens. Er erhebt sich am äußersten nördlichen Ende der Taihang Shan-Kette, nicht weit von Peking in der Provinz Hopei. Sein Element ist Wasser und seine Farbe Schwarz. [97, xvi]

Sung Shan, der letzte der heiligen Fünf, ist der Gipfel in der Mitte, 680 Meter hoch und in der Provinz Honan gelegen. Er ist ein Ausläufer des Funiu Shan südlich von Loyang. *Sung* bedeutet hoher Berg oder großer Berg. [97, 172] Ihm ist das Element Erde und die Farbe Gelb zugeordnet.* [97, xvi]

Seit frühesten Zeiten wurde die kaiserliche Fêng und Shan-Zeremonie an der Stätte jedes der fünf heiligen Berge vollzogen. Der Zweck dieser Rituale war, das Leben in der Gemeinde durch Anbetung, Sühneopfer und Feierlichkeiten mit den Naturkräften in Einklang zu bringen. Das alte *Buch der Riten* erklärt, daß, während die Regeln für die Zeremonie »ihren Ursprung im Himmel haben, ihre Wirkungen die Erde erreichen. Ihre Ausstrahlung dehnt sich auf die Aktivität allen Lebens aus... Sie stellen Kanäle dar, durch die wir die Wege des Himmels begreifen und so handeln, wie es die Gefühle der Menschen erfordern.« [173] Diese Vorstellung von der Harmonie mit allen Naturkräften steht im taoistischen Denken im Mittelpunkt.

Taoismus

Der Taoismus hat zwei Quellen: Die ältere Wurzel des Taoismus war der frühe Einfluß des Schamanismus, der Erde, Religion und Magie umfaßte und »in einem sehr frühen Stadium aus seinen nördlichen bzw. südlichen Ursprüngen in die chinesische Kultur Eingang fand.« [229, 3] Den neueren Aspekt trugen die Philoso-

---

* Wenn nicht anders vermerkt, stammen die allgemeinen Informationen über die heiligen fünf Berge von Couling [64] und die genauen Ortsangaben von Needham. [228, 55]

phen der sich bekriegenden Staaten bei, die einem Tao der Natur statt einem Tao der menschlichen Gesellschaft folgten. Sie zogen sich in die Berge und Wälder zurück und suchten in der Meinung nach Naturverständnis, daß nur durch die tiefe Kenntnis der Natur die Menschenwesen hoffen konnten, in der Ordnung zu leben. Sie mieden die Höfe und feudalen Prinzen – nicht so sehr, weil sie sich, wie die christlichen Asketen, der Welt versagten, sondern weil sie die Erde so sehr liebten, daß sie den Wunsch verspürten, mit aller Natur im Einklang zu leben. Für den Taoisten hatte das Tao, oder der Weg, nicht nur mit dem rechten Leben in der menschlichen Gesellschaft zu tun. Dies war ihnen viel zu eng auf den Menschen bezogen. Sie befaßten sich mit etwas viel größerem – der Art und Weise nämlich, wie das Weltganze wirkte.

Indem sie ihre vorgefaßten Meinungen nicht auf die Natur übertrugen, sondern der Natur willfährig waren, soweit sie diese verstehen konnten, hofften sie zu lernen, wie sie ihr Leben in das größere Leben der Natur einfügen könnten.

Der große Einklang ist mit dem Wort *Tao* bezeichnet, einem grundlegenden Begriff der chinesischen Philosophie. »Das Tao. . . blieb unaussprechlich – buchstäblich jenseits des intellektuellen Begreifens – und war nicht zu definieren, gleichwohl bezog man sich ständig darauf.« [313, 15] Das Tao Te King, »Kanon der Macht des Tao« führt in die Tiefe des Tao, aber begrenzt es niemals, indem es versucht der Vorstellung eine gültige Definition zu geben. »Das Tao tut nichts und läßt nichts ungetan.« [Tao Te King XXXVIII] Mai Mai Tze widmete sich in ihrem Buch *Tao of Painting* der Untersuchung der zugrunde liegenden chinesischen Schriftzeichen, die das Wort *Tao* bilden:

Im Chinesischen veranschaulicht ein einziges Schriftzeichen oder eine Folge von zwei oder mehr Schriftzeichen einen Gegenstand, eine Handlung oder einen Gedanken mit einer Lebendigkeit, die nur in der Bilderschrift möglich ist. Gedankenverknüpfungen tragen Untertöne zur Bedeutung bei und erweitern in starkem Maße den Sinn der Worte. Der Erwählung von *Tao* (Straße, Pfad oder Weg) und nicht eines anderen Schriftzeichens, das einen Pfad oder Weg bezeichnet, müssen deshalb Vorstellungen zugrunde liegen, die dem Bildzeichen wesensinnerlich sind. . .

Das Schriftzeichen für *Tao*

besteht aus zwei Bildzeichen:
Ch'o stellt einen Fuß dar, der einen Schritt tut, und
Shûn einen Kopf. Der Gebrauch von Tao in seinem einfachsten Sinn von »Pfad« kann leicht aus *Ch'o* (Fuß) hergeleitet werden.

Tao: Straße, Pfad; Vorgehensweise,
Grundsatz, Richtmaß, Lehre; der große Weg.
Ch'o: ein Fuß macht einen Schritt,
Schritt für Schritt.
Shoŭ: Kopf
Ch'ih: mit dem linken Fuß
einen Schritt tun.
Chih: haltmachen;
Fuß, Fußabdruck
Ch'ŭan: Haar
Shoŭ: Kopf

Es ist nachweisbar, daß die Verbindung von *Shoŭ* (Kopf) und *Ch'o* (Fuß) die Vorstellung der Ganzheit versinnbildlicht... wie von Seele, Geist und Gefühlen. Die Zerlegung des *Ch'o* (Fuß)-Bildzeichens unterstreicht diese Bedeutung von *Tao,* denn es besteht aus *Ch'ih* (mit dem linken Fuß einen Schritt tun) und *Chih* (anhalten). Ein Voranschreiten Schritt für Schritt erfordert Vorsicht und Behutsamkeit und, sinngemäß erweitert, vorsichtige und bedachtsame Führung oder ein Verhalten aus einem inneren Antrieb heraus. [313, 8-9]

Soweit Mai Mai Sze in ihrer Untersuchung des Schriftzeichens für Fuß. Für uns ist hier von großem Interesse: die einzige Betätigung, wo diese besondere Art zu gehen gebräuchlich ist – mit einem Fuß einen Schritt tun und dann innehalten –, ist das Bergsteigen. Hier nennen wir es *Verhaltschritt.* Beachte oben in der alten Form von *Ch'o,* daß ein Fuß unten ist und der andere in die Luft gehalten wird. Ohne den Verhaltschritt erfordert das Besteigen selbst kleiner Gipfel große Anstrengungen. Bei hohen Bergen ist er eine Notwendigkeit. Außerdem muß der Verhaltschritt mit dem Atem in Einklang gebracht werden. Auf hohen Bergen, wo die Luft dünner wird, muß das Ein- und Ausatmen stärker beachtet werden.

Alte Bergführer in der Schweiz sind für ihre Fähigkeit bekannt, den ganzen Tag mit einer stetigen Geschwindigkeit zu wandern, unabhängig von der Höhe und ohne Rast. Junge Menschen *scheinen* viel schneller zu gehen, aber sie brauchen Pausen, so daß sie in derselben Zeit nicht dieselbe Entfernung zurücklegen wie die alten Bergführer. Ich kenne viele starke Männer, die nicht die für den Verhaltschritt notwendige Erfahrung haben und entweder höhenkrank werden oder die Spitze von 4.200-Meter-Gipfeln nicht erreichen. Nach meiner Erfahrung mit alten Bergsteigern, oft sogar in den Siebzigern oder Achtzigern, die den Verhaltschritt kennen und anwenden, ist ihre Leistung geradezu ein Wunder. Ich glaube, daß der gewöhnliche Mann im alten China den alten Weisen gegenüber, die so ohne Anstrengung auf Berge steigen konnten, ein ähnliches Gefühl empfanden: daß es ein Zauber sei. Es ist der Berg, der diesen Verhaltschritt lehrt.

Wenn der Verhaltschritt richtig ausgeführt wird, fließt das Menschenwesen mit dem Berg, mit der Natur zusammen; ohne den Verhaltschritt bringt das Menschenwesen eine große Menge Kraft auf; es wird viel *getan*, aber wenig erreicht. Tatsächlich ist es so, daß auf einem Viertausender, wenn der Verhaltschritt vom Tal an automatisch ausgeführt wurde, der *Fluß* der Besteigung besser und besser wird und immer weniger Mühe aufgewendet werden muß, je höher man kommt. Ohne den Verhaltschritt wird das Gehen ab einer Höhe von 3.600 Metern immer beschwerlicher und verursacht schwergehenden Atem und schnellen Puls und womöglich die Höhenkrankheit – viel *Tun* mit wenig Erfolg. Das Gegenteil ist das Herzstück des *Wu wei*, »Nicht−tun«.

Obgleich *Wu wei* gewöhnlich als »Nicht-handeln« oder »Untätigkeit« übersetzt wird, glaubt Needham, daß »die meisten Sinologen sich hier geirrt haben« und daß die wahre Bedeutung, zumindest was die früheren taoistischen Philosophen betrifft, die ist, »sich gegen die Natur gerichteter Handlungen zu enthalten«, [229, 68] wie es durch den Verhaltschritt verdeutlicht wird. Needham fährt mit einem Zitat aus dem Tao Te King fort: »Laßt keine Handlung (gegen die Natur) zu, und es gibt nichts, was nicht wohl geregelt wäre.« Etwa 300 n. Ztw. schrieb Kuo Hsiang in seinem Kommentar zum *Dschuang Dsi*: »Nicht-tun bedeutet nicht, nichts zu tun und still zu bleiben. Laß allem erlaubt sein zu tun, was es natürlicherweise tut, damit seine Natur befriedigt wird.«

Gemeinhin wird das Schriftzeichen *Tao* einfach als die Zeichnung eines Kopfes (eine Person darstellend) irgendwo auf einer Straße, also als »Weg«, als »der rechte Weg« angesprochen. So Needham (Bd. 2), der sich auf Karlgren bezieht. [149] Dies ist die übliche Deutung, aber die Schwierigkeit dabei ist, daß das Schriftzeichen für Fuß nicht näher untersucht wird, so daß also ein kritischer Punkt in Bezug auf den Ursprung des Schriftzeichens *Tao* ausgelassen wird. Mai Mai Sze bezieht sich in der weiteren Analyse des Schriftzeichens für Fuß auf Gies [97] und Wieger. [358]

Zur Bedeutung der Berge für die Untersuchung des Schriftzeichens *Tao* kommt hinzu, daß die Berge auch für die Entstehung einer anderen wichtigen Vorstellung, des *Yin* und *Yang*, im Mittelpunkt stehen. In der alten Form dieser chinesischen Schriftzeichen wird *Yang* von der Sonne mit ihren Strahlen, zusammen mit dem Zeichen *Fu*, das Hügel oder Berg bedeutet, dargestellt. Das Schriftzeichen für *Yin* war eine spiralförmige Wolke mit dem Zeichen *Fu*. Nach der Definition des Êrh Ya, eines Wörterbuchs der Chou-Zeit, beschreibt *Yang* »die Sonnenseite des Berges« und *Yin* »die Schattenseite«. Hier wird eine direkte Verbindung zu der sich wandelnden Beziehung zwischen Sonne und Berg hergestellt. Am Morgen, wenn die Sonne hinter dem Berg steht, sind die Bäume dunkel – fast schwarz; am Nachmittag, wenn die untergehende Sonne unmittelbar auf dieselben Bäume scheint, sind sie hell und lichtdurchflutet.

Das gebräuchliche Symbol für *Yin* und *Yang* ist die Tai-Chi-Scheibe. Nach Mai Mai Sze »könnte die Tai-Chi-Scheibe als Blick von oben auf ›den Berg‹ beschrieben werden, auf den sich die Definitionen der Schriftzeichen *Yin* und *Yang* beziehen, so daß das Ergebnis die stilisierte Form seiner Sonnen- und Schattenseite wäre. . . . Der Berg verkörpert auch den heiligen Mittelpunkt oder den Gipfel der Mitte, den mittleren der heiligen fünf Gipfel, . . . der das Tai Chi anzeigt, den Kern und festgelegten Bezugspunkt, das Tao.« [313, 38 – 39]

Durch Erweiterung des Begriffs kamen *Yin* und *Yang* zu der Bedeutung, daß das Wesen des Himmels *Yang* und das der Erde *Yin* sei; männlich ist *Yang*, weiblich *Yin*; Licht, die Sonne ist *Yang*; Dunkelheit, die Nacht, ist *Yin*. Diese Eigenschaften sind fließend, ständig in Bewegung, geradeso wie die Sonnen- und Schattenseite eines Berges nicht etwas Festliegendes und Beständiges ist, sondern abhängig von der Bewegung der Sonne in Beziehung zum Berg und zum Menschenwesen.

Die chinesische Malerei fing damit an, daß sie die Ritualgegenstände, die in den religiösen Zeremonien verwendet werden sollten, »heilig machte«. Auch in ihrer späteren Entwicklung, als chinesische Landschaftsmalerei als *Shan shui*, Berg-Wasser, bezeichnet wurde, blieb sie ein Akt der Ehrerbietung zum Lob und Preis der Harmonie von Himmel und Erde. Konfuzius schrieb: »Der Weise erfreut sich des Wassers, der Gute erfreut sich der Berge. Denn die Weisen bewegen sich, die Guten stehen still. Die Weisen sind glücklich, aber die Guten gesichert.« [345, 120]

Die chinesischen Gemälde von Bergen sind bemerkenswerte Beispiele für »die Fähigkeit der akkuraten Beobachtung und Darstellung geologischer Formen«. [230, 592] Schon seit 1100 und dem Maler der Sung-Zeit, Li Kung-Lin, sind chinesische Abbildungen von Bergen von einer so realistischen Genauigkeit, daß Geologen heute die Gesteinsart sowie den geologischen Ursprung bestimmen können. Sie bildeten die wirkliche Welt ab, wie sie diese in ihrer genauen Beobachtung wahrnahmen.

Der Nachdruck, der auf die genaue Beobachtung der Natur gelegt wurde, erweist sich in der Tatsache, daß taoistische Tempel auch als *Kuan* bekannt waren, was »schauen« bedeutet. [229, 56] Wie Needham feststellt: »An ihrem Anfang waren

Magie, Divination und Wissenschaft nicht zu trennen«. So finden wir die Wurzeln des wissenschaftlichen Denkens in China bei den Taoisten. [229, 57] Needham begann sein monumentales, mehrbändiges Werk über *Wissenschaft und Zivilisation in China*, als er in einem chinesischen Dokument aus dem Jahre 1088 einen Abschnitt las, der den Magnetkompaß betraf. Das war mehr als ein Jahrhundert bevor wir irgend eine Erwähnung des Kompasses in Europa finden können. Needham schreibt in einer Fußnote:»Ich werde nie die Aufgeregtheit vergessen, die mich ergriff, als ich diese Worte las. Wenn irgend ein Text das Schreiben dieses Buches anregte, so war es dieser.« [231, 250] Er widmete seiner Arbeit viele Jahre, und im Verlauf entdeckte er immer wieder, daß auf vielen Gebieten, angefangen bei Mathematik bis zu vielen anderen Wissenschaften, die Chinesen Entdeckungen machten, die ähnlichen europäischen Entdeckungen um drei bis sechs Jahrhunderte voraus waren. In der späten Thang-Periode (8. oder 9. Jht.) kannten die Chinesen die Deklination und wußten von den Polen eines Magneten, und sie waren damit dem europäischen Wissensstand um etwa sechs Jahrhunderte voraus. [231, 333] Die Entdeckungen der Chinesen erreichten Europa möglicherweise in früheren Jahrhunderten über arabische Mittler und dann häufiger durch Briefe jesuitischer Missionare im späten 16. Jahrhundert.

Needham zeigt, daß der »mystische Naturalismus« der Taoisten für ihre wissenschaftlichen Entdeckungen entscheidend war, und er betont den Unterschied zwischen mystischem Naturalismus und anderen Formen der Mystik. Der mystische Naturalismus erklärt, »daß es im Weltall vieles gibt, was die menschliche Vernunft hier und jetzt übersteigt... aber... die Summe der Unbegreiflichkeit wird sich auflösen, wenn der Mensch die ... Bezogenheit der Dinge... erforschen wird... Die religiöse Mystik... schwärmt vom willkürlichen Rest und sucht den Wert der Untersuchung der Naturerscheinung herabzusetzen oder zu verleugnen.« [229, 97] Needham führt auch ins Feld, daß es manchmal eher die die »Autorität ablehnende Mystik« als der Rationalismus war, die zur Förderung der experimentellen Wissenschaft beigetragen hat.

Die Taoisten bevorzugten eine einfache, undifferenzierte Gesellschaftsform und waren gegen den Feudalismus eingestellt. Die Wurzeln dieser Einstellung gehen auf die matrilinearen Kulturen zurück, die auf den alten chinesischen Mythen von der Schöpfergöttin beruhen. Sie empfanden, daß auf politischem Gebiet das *Wei* die Dinge in das private Gewinninteresse lenkte, während *Wu wei* hieß,»die Dinge ihre eigene Bestimmung in Übereinstimmung mit den ihnen innewohnenden Prinzipien entwickeln zu lassen.« [229, 71]

Die vier heiligen Berge des Buddhismus

Die vier heiligen Berge werden als die vier Ecksteine des Buddhismus angesprochen und bringen sie auf diese Weise mit den vier Elementen des buddhistischen Kosmos in mythische Verbindung: Erde, Luft, Feuer und Wasser. [231, 243]

Der Berg Omei, Sitz der Glorie Buddhas, ist der heilige Berg des Westens und mit dem Feuer verbunden. In der Provinz Szetschuan gelegen, heben sich seine Klippen aus Permbasalt steil aus der 1800 Meter hoch gelegenen Ebene empor. [229, 596] Vom Gipfel, der 3.098 Meter hoch ist, sind die einhundert Meilen entfernten östlichen Wände des Himalaya zu sehen.

Der älteste noch bestehende Bergtempel, Waunnien (zahllose Jahre), wurde im 4. Jhr. erbaut. Auf dem Gipfel des Berges liegt das Kloster des goldenen Gipfels, das mit der Halle der Patriarchen verbunden ist. Dahinter erstreckt sich die »Terrasse der Buddha-Vision«, von wo man in den 1.800 Meter tiefen Abgrund schauen und – unter entsprechenden Voraussetzungen – die Glorie des Buddha sehen kann:

> Etwas, nicht Wolken noch Nebel, erhebt sich durch die Schichtungen des Raums.
> Unirdisch irisierende, geheimnisvolle Lichter schweifen in fremdartigen Figuren.
> Wirst du nicht versuchen, auf der hohen Ebene der Steinterrasse zu stehen
> und Ausschau halten?
> Denn ein jeder ist in der Glorie des Buddha.
>
> [130]

Chao Hsün-Pai schreibt im Vorwort zum *Omei Illustrated Guide* (Omei-Führer): »Seit der Zeit, als der Buddhismus vor fast dreitausend Jahren erstmals nach China kam, ist der Berg Omei von seinem glorreichen Ruhm erfüllt worden. Nahezu einhundert Tempel, große und kleine, die an dem ganzen Weg vom Fuß des Berges bis zu seinem höchsten Gipfel verstreut sind und zur Schönheit des Berges beitragen, bezeugen diese Tatsache. Ihr Ruf ist glücklicherweise von den zahllosen Mönchen und ›Verehrern des Berges‹ bewahrt worden.« [130]

Jeder Abschnitt des langen Weges zur Spitze trägt einen besonderen Namen, wie »Brücke der murmelnden Wasser«, »düsterer Drachenschlund«, »Teich des leuchtenden Mondes« oder »Kloster der Donnerhöhle«. Sie alle haben ihre eigene Legende. Einer der steilsten Abschnitte des Pfades ist der »himmelstürmende Berg«. Seine mehreren tausend Stufen sind aus dem festen Kalkstein gehauen. Der kaiserliche Inspektor Shóu P'u beschreibt ihn: »Beim Abstieg gehen die Reisenden krebsartig, die Füße des einen auf den Schultern des anderen. Beim Aufstieg gehen sie wie Ameisen, aneinanderhängend, der eine den Fuß des anderen im Munde haltend. Die hohen Winde heulen böse und wild wie ein wütender Tiger. Die großen Felsen ragen vor, zornig wie Wutteufel.« [130]

Legenden offenbaren, daß der Berg Omei schon lange, bevor der Buddhismus nach China kam, ein heiliger Berg war. Ein besonderer Platz ist als die »Stätte wo Hsuan Yuan, der Gelbe Kaiser, den Weg erfragte«, bekannt. Hsuan Yuan war ein legendärer Herrscher im Jahre 2.697 v. Ztr., der der Überlieferung nach vermutlich den Berg Omei besucht hat. Kommentare zu den taoistischen Büchern besagen, daß Omei Ti Ch'i Tung T'ien sei, die siebte Höhlung des Himmels. [130]

Die Lolos – ein primitives Volk, das in den im Süden gelegenen Bergen lebt –, die keine Buddhisten waren, beteten eine eigene Dreiheit von Gottheiten auf dem Berg Omei an. Im frühen 19. Jht. konnte man sie, nach Johnston, als Pilger auf dem Berg Omei sehen. [135, 55] Diese Leute verließen als Folge einer Stammesfehde um 1850 das unabhängige Lololand. Ihnen wurde in China Land zugeteilt, für das sie Pacht zahlten. Bei ihrer Einwanderung behielten sie den Brauch bei, ihre Götter mitzunehmen und ihnen eine neue Stätte zu geben, und so erwählten sie den Berg Omei.

Johnston berichtet von der Glorie: »Sie war in ihrer Art wie die berühmte Brocken-Erscheinung oder wie die Gipfelschatten auf Ceylon, doch die leuchtenden und verschiedenen Farben der ›Buddha-Glorie‹ – fünf Farben wie die Chinesen sagen – gibt ihr eine regenbogenartige Schönheit, die jene Erscheinungen nicht besitzen.« [135, 101] Johnston kletterte in der Hoffnung, sie zu erleben, auf den Gipfel, doch der Tag war klar, und er konnte sie deshalb nicht sehen.

Der buddhistische heilige Berg des Nordens ist Wu-t'ai Shan, was fünf Terrassen bedeutet und daher kommt, weil er fünf hohe Spitzen hat. Er ist ungefähr 3.000 Meter hoch und dem *Boddhisatva Wênshu*, der die Weisheit verkörpert, zugeordnet. Sein Element ist die Luft. Der heilige Berg des Südens ist Chin-hua Shan, in der Provinz Anhui. Sein Name bedeutet »Neun prächtige Blüten«. Li Po beschrieb ihn beim Anblick aus der Ferne als neun Hibiskusblüten. [54] Der mit ihm in Verbindung stehende *Boddhisatva* ist Ti-tsang und sein Element die Erde. Der letzte der buddhistischen heiligen Berge, der östliche, ist P'u-T'o Shan auf der Insel Chusan. Daher ist er auf natürliche Weise mit Wasser verbunden und mit Kuan Yin, der Göttin der Barmherzigkeit. Das vierte buddhistische Element, Feuer, steht in Beziehung zum Berg Omei.

Die heiligen Berge Japans

Der berühmteste heilige Berg ist der Fuji-no-yama. Fuji kommt von *Huchi* oder *Fuche*, dem Ainu-Wort für die Feuergöttin. [328] O Yama bedeutet »verehrungswürdiger Berg«. Nach Mariana besteigen mehr als 100.000 Menschen jeden Sommer den Fuji. [199, 113]

In allen Teilen Japans gibt es eine lokale Berggottheit; außerdem gibt es eine besondere religiöse Sekte, Shugendō, die im siebten Jahrhundert gegründet wurde und Elemente des Shinto, des Taoismus und des Buddhismus verknüpft. Die Anhänger dieser Sekte werden *Yamabushi* genannt, »jene, die auf den Bergen schlafen«. Vor langer Zeit waren die *Yamabushi* Schamanen ähnliche Bergeinsiedler, die große Enthaltsamkeit übten. Noch heute besteigen die *Yamabushi* Berge, weil das zu ihrer Religion gehört. [198, 84]

Wegen des Shinto-Einflusses sind heilige Berge in Japan noch wichtiger als in China; um jedoch die Bedeutung dieser Berggottheiten ansatzweise zu verstehen ist es nötig, mehr über Shinto zu wissen. Dies wird im Kapitel 10 behandelt.

Berge sind in der japanischen Literatur seit den ersten Anfängen der geschriebenen Geschichte ein wichtiger Gegenstand gewesen. Die erste japanische Gedichtsammlung des Manyoshu (8. Jhdt.) ist voll von lyrischen Bezügen auf Berge. Zum Beispiel:

> Von morgen an für immer
> betracht' als Bruder ich
> den zwiegipfligen Berg von Futagami...
>
> Prinzessin Oku [197, xvi]

4. Krafterfüllte Felsen und heilige Berge

In der ältesten Religion war alles belebt, nicht übernatürlich, sondern natürlich belebt. Es gab nur tiefere und tiefere Lebensströme, weiter und weiter ausschwingende Lebensschwingungen. Die Felsen waren belebt, aber ein Berg hatte ein tieferes, weiteres Leben als ein Felsen, und es war für den Menschen viel schwerer, seinen Geist oder seine Energie mit dem Leben des Berges in Verbindung zu bringen...Und er mußte eine größere religiöse Anstrengung aufbringen.

D. H. Lawrence [170]

Die in China und Japan ungebrochene Tradition der Verehrung von Bergen, die auf die frühesten Zeiten zurückgeht, macht es leichter, die Geschichte der heiligen Berge zurückzuverfolgen. Einzelheiten einer solchen Tradition sind in anderen Weltteilen nicht so ohne weiteres festzustellen; gleichwohl gibt eine kurze Übersicht über heilige Felsen und Berge auf der ganzen Welt eine Vorstellung davon, wie grundlegend und wie weit verbreitet solche Glaubensinhalte in der menschlichen Kultur sind.

Die Menschenwesen haben schon seit den ersten Anfängen in der Altsteinzeit empfunden, daß gewisse Berge heilig sind. Die australischen Aborigines begreifen Felsen manchmal als ihre Ahnen, »die auf diesem Weg in die Traumzeit dahingingen«. Aber die Aborigines mochten, wie Coon in *Hunting Peoples* ausführt, das Wesen ihrer heiligen Felsen in keiner Weise erklären, sondern nur sagen: »Du siehst jenen Felsen? Er hat Kraft.« [63, 194]

Die Vorstellung, daß Steinen eine gewisse Kraft innewohnt, wurde dahingehend erweitert, daß man Steine aufstellte, um einen heiligen Platz zu schaffen, wo der Geist durch Rituale zugänglich wurde. Der Stein selbst war auch ein Altar, auf dem die Verehrer sich mit dem Geist des Steines verständigten, indem sie Öl oder Blut über ihn gossen. Blut bedeutet, Leben zu teilen, während Öl Fruchtbarkeit und

Fülle des Lebens versinnbildlicht. [274, 124] Heilige Menhire waren nicht nur ein »Zeichen, daß der Ort von einem Gott besucht wird, sondern (zugleich) eine ständige Bitte, daß er an diesem Platz einwilligt, in dauerhafte Bindungen mit den Menschen zu treten.« [155, 207] Mircae Eliade vermittelt eine tiefere Einsicht in den Menhir, indem er darauf hinweist, daß er eine »Grenze« ist, an der sich zwei Bereiche treffen. Das Menschenwesen hat durch den Stein Zugang zu einer anderen Welt. In Kulturen, die drei kosmische Regionen annehmen, Himmel, Erde und die Unterwelt, ist der (Stein)Pfeiler der Zugang zu allen drei Welten. [274, 40]

Später wurden Gruppen von Steinpfeilern aufgestellt: manchmal Doppelpfeiler, wie in der phönizischen Kultur, und manchmal Säulengruppen, die Hainen nachgebildet waren. Auf der nächsten Stufe wurden drei Pfeiler so angeordnet, daß zwei Pfeiler die Stützen für einen dritten abgaben, der oben darüber gelegt wurde. In manchen Kulturen galt dies als ein Opfertisch, in anderen wurde es als Pforte zur Totenwelt angesehen. In der Megalithzeit wurde es der Eingang zu den Tempeln und Grabstätten, wie auch Markierungen für die Sonnenwenden und Tagundnachtgleichen.

Von wo genau die Megalithkultur ausging, ist nicht bekannt, aber man nimmt an, es war irgendwo in Kleinasien. Von dort verbreitete sie sich über das Mittelmeer nach Afrika und auch an der Südküste Asiens zur nordöstlichen Meeresküste hinauf und nach Alaska und Japan hinüber und zu den Inseln des Südwestpazifik. [180, 151 und 155, 149]

Die klassischen Zivilisationen von Griechenland und Rom beruhten auf einer Grundlage aus dem Megalithikum. Die Griechen kennen viele Bezüge auf Menschen, die einst »Steine« waren. In Italien verehrte man eine Anzahl Erdgöttinnen, deren Name die Wurzel *la*, für Stein, enthält. Laverna, Göttin einer Kluft im Felsen von Aventino, ist ein Beispiel dafür. Aus dieser selben Wurzel stammen die Worte *Lapidär*, Steinschneider; *Labrys*, Steinaxt; und *Labyrinth*, was ein »Platz aus Steinen« bedeutet. [155, 149]

Manchmal hat der lebende Stein selbst einen maßgebenden Einfluß darauf, wie er benutzt wird. Stonehenge, der erste Bau der megalithischen Religion, hätte nicht ohne die Inspiration gebaut werden können, die die großen Sarsen-Steine hervorriefen. Jacquetta Hawkes beschreibt in *The Land* [114, 132–133] die Geologie dieser berühmten Steine. Die Ebene von Salisbury und die »Downs« von Wessex (Ketten von niedrigen Kalkbergen, d. Ü.) in England sind hauptsächlich aus Kreide, die aus den Überresten kleiner Seelebewesen, die am Grund eines früheren Meeres abgelagert wurden, bestehen. Als dieses Meer von Erdkräften angehoben wurde, wurde der Boden vom Wasser etwas abgetragen, und so entstanden die »Downs« von England, sanft gerundete, niedrige Berge. An einigen Stellen gab es jedoch eine Schicht viel härteren Gesteins über der Kreideschicht. Als diese Schicht verwitterte, bildete sie Steinblöcke mit geraden Kanten und Winkeln, völlig verschieden von der darunterliegenden Kreide. Mit ihren ungeeigneten Werkzeugen aus Stein und Horn können die Megalithiker diese Steine nicht aus dem festen Grundgestein geschnitten haben, aber Wasser, Frost und Wind hatten dies schon für sie getan. Sie konnten ihnen weiter Form geben und sie aufrichten und ihre Monumente, wie Stonehenge, bauen. Blöcke dieser riesigen kantigen Felsen, die zu späterer Zeit entdeckt wurden, wurden von den eingesessenen Bauern »graue Wetter« genannt, weil sie aus der Entfernung wie Schafherden aussahen. Später wurden die Monolithen in der alchemistischen Tradition zum »Stein der Weisen«, so Knight. [155, 168]

Felsen sind in den meisten Religionen von Bedeutung gewesen. Zum Beispiel ist der große Felsen auf dem Gipfel des Tempelberges in Jerusalem, wo Abraham Isaak opferte, den Juden, Christen und Moslems heilig. Der »Schwarze Stein« in der Kaaba in Mekka, dem heiligsten Ort der Moslems, ist ein Meteorit. Bis zum heutigen Tag vollführen fromme Muslims das rituelle Herumgehen um diesen Stein. Das Gehen oder Tanzen um einen heiligen Stein ist ein in vielen Weltteilen verbreiteter Ritus. Es gibt den wenig greifbaren, aber immer wiederkehrenden Nachweis in Mythen und Legenden wie aus der Erfahrung heutiger »Sensitiver«, daß Menschenwesen mit einer wirklichen, physikalischen Energie des Steines in Berührung kommen können. Andere auf dieser Linie liegende Zeugnisse kommen aus der Untersuchung von Ley-Linien in Britannien und den Energieströmen in China, die vom Feng-Shui (der chinesischen Geomantie) »Grüner Drache« *(Yang)* und »Weißer Tiger« *(Yin)* genannt werden. [229, 360]

Francis Hitching, Mitglied des Königlichen Instituts für Archäologie, verbrachte lange Jahre mit der Untersuchung der megalithischen Steinmonumente in Britannien. Er glaubte, daß die Kraft der Steine »etwas mit Elektromagnetismus zu tun hat... Das könnte etwas mit den einzigartigen Eigenschaften des Quarzes zu tun haben, der... ein Bestandteil jedes aktiven Steins zu sein scheint. Die molekulare Struktur von Quarz ist spiralförmig... Er ist auch piezoelektrisch. Das heißt, er dehnt sich, wenn er einen leichten Stromstoß erhält, leicht aus. Wenn er unter Druck gesetzt wird, – wie es geschieht, wenn er in anderem Gestein eingeschlossen belastet wird – geben die gegenüberliegenden Enden seines Prismas positive und negative Spannung ab, die ein dramatisches Maß erreichen kann: Wenn ein Druck von 1.000 Pfund auf jede Seite eines 13 mm großen Quarzkristalls ausgeübt wird, erzeugt das 25.000 Volt.« [124, 285]

Als er der Wirkung von Elektrizität auf Menschen nachging, kam James Beal in einem Aufsatz über *Elektrostatische Felder und Gehirn-Körper-Umwelt-Beziehungen* zu der Annahme, daß Schamanen beispielsweise »die Kraft eines Ortes«

gefühlt haben könnten, und zwar aufgrund einer Reihe von Faktoren, von denen einige mit Änderungen im örtlichen Magnetfeld der Erde zu tun haben, welche Veränderungen in der Stärke des elektrostatischen Feldes verursachen, und anderen Faktoren, die mit der Konzentration negativer Ionen in Verbindung stehen. Er fährt fort, daß der Schamane »diese Dinge nicht wußte – er konnte sie nicht wissen –, aber er spürte sie in den reizenden elektrochemischen Prozessen in seinem Nervensystem, die ihrerseits die Neuronen und Synapsen in den Windungen seines Gehirns aktivierten.« [22] Diese »Orte der Kraft« wurden nicht nur von primitiven Schamanen und Medizinmännern früherer Zeiten gespürt, sondern in allen Zeiten bis zum heutigen Tag konnten und können bestimmte Menschen sie erspüren.

Erfahrene Bergsteiger empfinden manchmal gewisse, sehr bestimmte, aber unerklärliche Wirkungen. Als ich einmal in Kanada eine selten gekletterte Route ging und mich eine recht schwierige Passage hinaufgearbeitet hatte, kam ich an eine ebene Stelle, von der ein sehr leicht zu nehmender Kamin in die Höhe führte. Aber ich konnte mich nicht dazu bringen, meinen Fuß auf die erste Stütze zu stellen (was so einfach war wie ein Schritt auf einer Treppe). Ich versuchte es mehrmals, schaffte es aber einfach nicht. In der Annahme, ich sei müde, bat ich meinen Begleiter, er solle am Seil die Führung übernehmen. Kaum hatte er sich in den Kamin begeben, da brachen die Wände lawinenartig los. Er war nicht ernsthaft verletzt, aber arg mitgenommen worden. Ich weiß nicht, wie ich erklären soll, was ich empfand, aber heute, nach Jahren, glaube ich, daß es möglicherweise etwas mit dem Druck zu tun gehabt haben könnte, der im Gestein entsteht, wenn es zusammengepresst wird, und so viel Spannung erzeugt, daß mein Körper sie spüren konnte. Ich weiß allerdings, daß man auf den Fels eingestimmt und ihm gegenüber ganz gelöst sein muß – was sich erst nach langer Klettererfahrung einstellt –, um es überhaupt zu fühlen.

Rituale, die Felsen einbeziehen, kommen an weit voneinander entfernten Orten vor, z. B. im alten Griechenland und im heutigen Tibet. Hermes war der Gott der Reisenden und Boten. Seine Säulen wurden in der Nähe von Straßen errichtet und als Landmarken benutzt. Vorüberfahrende Reisende warfen den Säulen Steine zu Füßen. [343,67] In Tibet ist es Brauch, daß jeder Reisende, der einen hohen Bergpaß überschreitet, einen Stein auf den Steinhaufen an der Paßhöhe legt.

Der Felsen von Ishi in Japan stellt vielleicht das reinste Beispiel für die religiöse Präsenz eines Felsens in einer Religion dar. Im Ishi-Heiligtum gibt es überhaupt keinen Schreinbau, nur einen Zaun, der einen großen Felsen umschließt. Die Leute verneigen sich voller Hochachtung vor ihm. Er ist so alt, daß seine frühere Geschichte nicht mehr bekannt ist. Man sagt, er sei des »göttlichen Geistes Kami Sitz«. Mason führt aus: »Der Felsen von Ishi, der die schöpferische Göttlichkeit des Erdbodens verkörpert, empfing der Menschen Huldigung eigentlich für die Rolle, die er in der shintoistischen Symbiose bei der Hilfe des Menschen spielt... beide arbeiten zusammen daran, die schöpferische Entwicklung des göttlichen Geistes im Weltenall voranzubringen... Mit dem Felsen von Ishi verkündet der Shintoismus, daß der Mensch im Weltall kein Gesetzloser ist, sondern eins mit der allumfassenden Göttlichkeit.« [208, 211-12]

Bis zum heutigen Tage sind Steine die zentralen Bezugspunkte für die Meditation in den Gärten des Zen, wie zum Beispiel beim berühmten Ryonji-Tempel in Kyoto, wo ein paar sorgsam angeordnete Steine aus dem Meer von geharktem Sand ragen und so die Illusion unermeßlichen Raumes vermitteln. Später wurde es bei den Adeligen Mode, ähnliche Gärten zu besitzen, und Adelige und Samurai waren dafür bekannt, daß sie riesige Summen Geldes für einen kraftvoll geformten Stein als Mittelpunkt für ihren Garten zahlten. [175, 94]

Felsen in der indianischen Kultur

»Inyan – die Felsen – sind heilig«, sagte Lame Deer. »Jeder Mann braucht einen Stein, der ihm hilft.« [167, 133] Lame Deer, ein Medizinmann der Sioux, führte weiter aus: »Außerdem hebst du ständig seltsam geformte Steine auf, Kiesel und Fossilien, und sagst, du machst das, weil du Spaß daran hast, aber ich weiß es besser. Tief in dir drin mußt du die Macht der Steine wahrnehmen oder die Geister in ihnen, sonst würdest du sie nicht aufheben und sie tätscheln.« [167, 275]

Für die Oglala Sioux ist eine der vier Kräfte, die zusammen *Wakan tanka* (Großer Geist) genannt werden, »der Felsen«, der schon vor der Erschaffung der Erde *war* und das älteste der stofflichen Dinge ist. Der Fels ist die Kraft der immerwährenden Berge und der Geflügelten, die Donner sind ihm zugeordnet. [4, 43 und 166] Natürliche Monolithe sind die Sinnzeichen von Injan, dem Fels. Der *Standing Rock* in Süd-Dakota und *Inyan Kara* in Wyoming, den der weiße Mann Teufelsturm nannte, sind zwei besonders bemerkenswerte Beispiele.

Die Gesänge der »Kiesel-Gesellschaft« der Omaha, die von Alice Fletcher mit Hilfe von La Flesche, einem Omaha, aufgezeichnet wurden, sind ein deutliches Beispiel für die Bedeutsamkeit »des Felsens« für den Stamm. Die Kiesel-Gesellschaft führte Heilungs-Rituale aus. Beispiele für zwei solcher Gesänge sind:

> Fürwahr, einer allein von all diesen war der größte,
> Alle Gemüter beseelend,
> Der große weiße Fels,
> Der steht und reicht so hoch wie die Himmel, umhüllt von Nebeln,
> Fürwahr wo hoch wie die Himmel. [90/570]

He! Alter, *Ecka*,
Du Fels, *Ecka*,
Alter, *Ecka*.
He! Unbewegt seit endloser Zeit, fürwahr
Du sitzest,
Inmitten der verschiedenen Pfade der kommenden Winde
Inmitten der Winde sitzest du
Alter. . .
He! Dies ist der Wunsch deiner Kleinen,
Daß an deiner Stärke sie teilhaben mögen
Deshalb wünschen deine Kleinen eng an deiner Seite zu wandeln,
Ehrwürdiger.

[90, 572]

Das Wort *Ecka* bedeutet »ich wünsche« oder »ich erflehe«. »Die Kleinen« sind die Mitglieder der Gesellschaft. Der Felsen, der inmitten der Winde steht, bezieht sich auf die Vorstellung von den Winden als »den Boten lebenspendender Kräfte«. Die in der Schwitzhütte verwendeten Steine verkörpern den »Alten«, den Felsen.

Die Bedeutung von Gestein in C. G. Jungs Leben

Jung hatte eine solch starke Beziehung mit einem Stein, als er ein kleines Kind war, daß sie ihn sein ganzes Leben begleitete. Einige Einzelheiten sind aus zwei Gründen wichtig: Erstens zeigen sie klar, daß auch in unserer Kultur die Kraft eines Steines im Leben eines kleinen Kindes ebenso groß sein kann wie in anderen Kulturen, die stärker auf die Natur eingestimmt sind; und zweitens vermittelt Jung, da er sein ganzes Leben mit der Erforschung des Unbewußten zubrachte, ein unmittelbares Zeugnis aus erster Hand von der Tiefe der Beziehung eines Kindes zur Natur.

In seinem Buch *Erinnerungen, Träume, Gedanken* erzählt Jung von der Periode seines Lebens, vom siebten bis zum neunten Lebensjahr, als er in der kleinen Höhle spielte, die von den Zwischenräumen zwischen den großen Steinblöcken in einer alten Felsenmauer des heimischen Gartens gebildet wurde. Er versuchte, in einer dieser winzigen Höhlen ein ständiges Feuer am Leben zu erhalten. Vor dieser Mauer war ein Abhang mit einem herausragenden Stein, auf dem er oft alleine saß. Zu diesen Zeiten spielte er ein Gedankenspiel, das etwa so lautete: »Ich sitze auf diesem Stein. Ich bin oben und er ist unten.« – Der Stein könnte aber auch sagen: »Ich« und denken: »Ich liege hier auf diesem Hang und er sitzt auf mir.« – Dann erhebt sich die Frage: »Bin ich der, der auf dem Stein sitzt?« – Diese Frage verwirrte mich jeweils, und ich erhob mich zweifelnd an mir selber und darüber nachgrübelnd, wer jetzt was sei.« [140, 26]

Eine endgültige Antwort gab es nie, aber es gab immer sein starkes Gefühl einer geheimen Verbindung mit dem Felsen. Er fährt fort und erzählt, daß er dreißig Jahre später, als er ein verheirateter Mann war und Kinder hatte und im Leben gut vorankam, wieder an jenem selbigen Abhang stand. Mit einem Schlag war er wieder jenes Kind, das das geheime Feuer entzündet hatte und sich fragte, ob das Feuer er, oder ob er das Feuer sei. Sein Erwachsensein in Zürich schien ihm weit entfernt und völlig ohne Verbindung mit ihm zu sein. Er erklärt, daß es furchterregend war, denn: »Die Welt meiner Kindheit, in die ich eben versunken war, war ewig, und ich war ihr entrissen und in eine weiterrollende, immer weiter sich entfernende Zeit hineingefallen.« [140, 27] Nur mit einer gewaltigen Anstrengung konnte er sich von diesem Ort abwenden.

Als Jung älter wurde, nahm er diese enge Beziehung zu Felsen wieder auf. Im Jahre 1923 begann er mit der Arbeit am Steinturm in Bollingen am oberen Züricher See. Wie er schrieb: »Wort und Papier waren mir... nicht real genug... Ich mußte... gewissermaßen... ein Bekenntnis in Stein ablegen.« [140, 227]

Im Laufe der Jahre baute er am Turm weiter. Nach dem Tod seiner Frau im Jahre 1955 baute er auf den Mittelabschnitt ein oberes Geschoß, das, wie er entdeckte, ihn selbst verkörperte. Von Zeit zu Zeit arbeitete er an bestimmten Steinen. Auf die vier Seiten eines vollkommen geformten Würfels ritzte er alchemistische Verse und alte griechische Buchstaben ein. Die Schlußworte, die er einritzte, lauteten: »In Erinnerung an seinen 75. Geburtstag hat C. G. Jung ihn aus Dankbarkeit gemacht und gesetzt im Jahr 1950.« [140, 231-232]

Und so empfand Jung, möglicherweise der am meisten mit seinem Unbewußten in Verbindung stehende heutige Mensch, im Alter die Notwendigkeit eines fühlbaren Kontaktes mit den lebendigen Knochen der Mutter Erde – den Felsen.

Bedeutsame heilige Berge anderswo in der Welt

Indien

»Vor langer Zeit rief ein Weiser der Hindus, dessen Geist in Erinnerung an den vereisten Himalaya erglühte, aus: In einhundert Jahren der Götter könnte ich dir nicht von den Herrlichkeiten von Himachal erzählen, wo Shiva lebte und wo der Ganges von den Füßen Vishnu herabfällt wie der schlanke Staubfaden der Lotusblume.« [186, vii] Der Berg Kailas (sprich Kailasch) wird als der Thron des Gottes Shiva angesehen und ist das geistige Herz der Welt genannt worden. In den alten indischen Schriften des *Mahabharata* finden sich Bezüge auf die »Gipfel des gepriesenen Kailasa«. Indien verdankt, nach K. M. Panikkar, die »Beständigkeit der Zivilisation« der Verehrung des Himalaya. [197, xvi]

Lama Govinda, Deutscher und damit europäischer Herkunft, wurde vor langer Zeit ein buddhistischer Mönch und verbrachte einen großen Teil seines Lebens in Tibet, das er zur Zeit der chinesischen Invasion verließ. Er sagte: »So kommt es, daß der Ruhm des Kailas' sich ausbreitete und alle anderen heiligen Berge der Welt überstrahlte. Seit undenklichen Zeiten ist er das Ziel frommer Pilger.« [103, 305] Der Kailas »bildet die Nabe« der beiden bedeutensten Zivilisationen der Welt, China und Indien, und ist für die Hindus und die Buddhisten das Zentrum der Welt. Sein Sanskrit-Name ist Meru, und er wird nicht nur als der physische, sondern auch als der metaphysische Mittelpunkt der Welt angesehen. »Der Kailas bildet den höchsten Punkt des ›Drachens der Welt‹, wie das tibetanische Plateau genannt wird, und von diesem geographischen Zentrum streben eine Anzahl großer Flüsse nach allen Himmelsrichtungen, vergleichbar den Speichen eines Rades, die von der Nabe ausgehen. Diese Flüsse sind der Brahmapûtra, der Indus, der Satlej und der Karnali.« [103, 306] Der Berg steht so völlig für sich in der Mitte eines Plateaus, daß es möglich ist, ihn in zwei oder drei Tagen zu umwandern. Jede Seite der riesigen Pyramide erhebt sich hunderte von Metern unmittelbar vom Talgrund. Die Pyramide ist so gleichmäßig, daß Lama Govinda sie beschreibt als »die Kuppel eines gewaltigen Tempelbaues«. [103, 308] Wie wir in Kapitel 5 sehen werden, ist dieser Berg eine Form der Muttergöttin.

Der bekannte Reisende Sven Hedin meint, daß der Kailas »ohne Vergleich der berühmteste Berg der Welt sei«. [168, vii] Lama Govinda nennt ihn den »heiligsten Bezirk dieser Erde«. [103, 312] und verspricht, daß der Pilger, der die Gefahren und Mühen der Pilgerreise auf sich nimmt, »mit dem unbeschreiblichen Erlebnis höchster Glückseligkeit belohnt [wird]. Seine geistigen Fähigkeiten scheinen wie verwandelt und um ein Vielfaches vermehrt zu sein; seine Wahrnehmungsfähigkeit, seine seelische Empfänglichkeit und Feinfühligkeit sind unendlich gesteigert, und sein Bewußtsein ist einer neuen Dimension der Wirklichkeit geöffnet,. . . Es ist, als ob sein individuelles Bewußtsein, das seinen Ausblick auf die Welt verdunkelt und entstellt hatte, plötzlich zurückgetreten wäre, um einem allumfassenden, kosmischen Bewußtsein Platz zu machen«. [103, 313]

Lama Govinda fährt fort und erklärt mehr von der Kraft heiliger Berge:

Die Macht eines solchen Berges ist so groß und zugleich so subtil, daß Menschen von nah und fern. . . sich von ihm angezogen fühlen, wie von einem unsichtbaren Magneten, und unsagbare Mühen und Entbehrungen auf sich nehmen in dem unerklärlichen Drang, sich dem Zentrum dieser heilversprechenden Macht zu nähern und ihr Verehrung darzubringen.

Um die Größe eines Berges wahrnehmen zu können, müssen wir Distanz von ihm halten; um seine Form in uns aufzunehmen, müssen wir ihn umwandeln; um seine Stimmungen zu erleben, müssen wir ihn zu allen Tages- und Jahreszeiten beobachten: bei Sonnenaufgang und Sonnenuntergang, zur Mittagszeit und in der Stille der Nacht, an trüben Regentagen und unter blauem Himmel, im Winterschnee und im Gewittersturm. Wer den Berg in dieser Weise kennenlernt, kommt seinem Wesen nahe, das ebenso intensiv und vielfältig ist wie das eines Menschen. Berge wachsen und zerfallen, sie atmen und pulsieren von Leben. Sie sammeln unsichtbare Kräfte aus ihrer Umgebung: die Kräfte der Luft, des Wassers, der Elektrizität und des Magnetismus; durch sie entstehen Wolken und Winde, Gewitter und Regen, Wasserfälle und Flüsse. Sie füllen ihre Umgebung mit tätigem Leben und bieten unzähligen Wesen Nahrung und Schutz. Darin besteht die Größe eines Berges.

[103, 303 - 304]

Marco Pallis war vor langer Zeit an einer britischen Bergsteigerexpedition beteiligt, als er die Tradition des tibetischen Buddhismus entdeckte und einige Zeit in einem Kloster in Tibet verbrachte. In seinem Buch *The Way and the Mountain* (Der Weg und der Berg) schreibt er von der Wirkung der Höhenluft und des Höhenlichtes von Tibet:

...während des Aufenthalts dort wurde man sich sehr oft einer geheimnisvollen Gegenwart bewußt, ich gebrauche diese Bezeichnung jedoch ohne jede sensationelle Nebenbedeutung, sondern vielmehr entsprechend ihrer einfachen Bedeutung von etwas, was sich nicht äußern läßt, etwas, das nur ein Objekt des ungebrochenen Schweigens der Seele bleiben kann.

Alles, was man tun kann, ist, zu wiederholen, daß man sich mehr als einmal einer eigentümlichen Durchsichtigkeit bewußt wird, die die ganze Atmosphäre des Umkreises durchwirkt; es war, als wären die Hemmnisse, die das Durchdringen gewisser Einflüsse verhinderten, hier zu etwas ganz Lichtem und Durchscheinendem verdünnt... sobald man auf dem Plateau ist... findet man sich in einer Landschaft von einer solch unbeschreiblichen beschaulichen, heiteren Ruhe, daß alle getrennten Eindrücke sich in einem einzigen Gefühl verbinden, einem Gefühl von – wie kann man das beschreiben? – ja, von Unbefangenheit...

Wenn manche Leser geneigt sind, diesen Eindruck von Tibet als ziemlich schwärmerisch zurückzuweisen und in jeder Weise als erklärbar, als einen Effekt des Höhenklimas auf eine phantasiereiche Natur – die Täler liegen alle mehr als 3600 Meter hoch, und die Luft wirkt auf Körper und Gemüt unbeschreiblich aufheiternd – so kann der Schreiber nur antworten, daß, obgleich vieles vernünftigerweise einer solchen Ursache zugeschrieben werden kann, dies nichtsdestoweniger die Überzeugung nur unzulänglich erklären kann,... daß Tibet in bestimmtem und objektivem Sinne – und unabhängig von irgendeiner eigenen Kraft zu reagieren oder ähnliches, wie es der Fall sein mag – ein Brennpunkt spiritueller Einflüsse ist. Im wesentlichen ist dies eine Frage, die zu dem gehört, was richtigerweise die Wissenschaft der heiligen Geographie genannt werden könnte, und Tibet ist in keiner Weise das einzige Beispiel dieser Art, wenngleich es eines der bemerkenswertesten und ausgedehntesten ist. [244, 112 - 113]

Aus der Erfahrung, die ich in vielen Jahren des Bergsteigens in verschiedenen Teilen der Welt gemacht habe, kann ich Marco Pallis nur beipflichten. Ich habe solche Bedingungen, wie er sie beschreibt, an bestimmmten Plätzen in den Bergen Kanadas, der USA und Japans vorgefunden.

Die westliche Hemisphäre

In der Neuen Welt wird ein Berg in den kanadischen Rocky Mountains, der geographisch eine vergleichbare Stellung wie Kailas einnimmt, *Snowdome* (Schneekuppel) genannt. Er ist etwa 3.600 Meter hoch und der hydrographische Scheitelpunkt des Erdteils. Von diesem einen Berg entspringen die Hauptzuströme des Columbia, der in den Pazifik fließt, des Saskatchewan, der in die Hudson Bay und also in den Atlantik mündet, und der Athabaska, der in den Mackenzie fließt, der in das Nordpolarmeer mündet. Wenn man auf dem *Snowdome* steht und über die ungeheure Weite des *Columbia Icefield* blickt, hat man das Gefühl, genau auf der Spitze der Welt zu stehen und daß alles, was man unter sich sieht, zu den Rändern der Welt abfällt. Der Snowdome ist gewiß ein heiliger Platz und würde in anderen Teilen der Welt als solcher anerkannt werden; doch in unserer Kultur bleibt er unbeachtet.

Der Orizaba, 5.700 Meter hoch, wurde von den Azteken verehrt, die ihn Citlaltepetl nannten, »Berg des Sterns«, was sich höchstwahrscheinlich auf die Venus, den Morgenstern bezieht. Der Orizaba ist der beeindruckendste der vielen heiligen Berge Mexicos.

Der Mount McKinley in Alaska wurde Denali genannt und als heilig erachtet. Der Mount Rainier hieß Tach-ho-ma (Tachoma) »Der Berg, der Gott war«. Das Gebiet auf der Südseite, das jetzt den Namen Paradiestal trägt, wurde von den Indianern »Land des Friedens« genannt. Jeder Flüchtling, der in Schwierigkeiten geraten war und es schaffte, dieses Gebiet zu erreichen, war vor Strafe und Verfolgung sicher. Das Paradiestal ist ein offenes Gebiet mit wilden Blumen. Diese aufs Geratewohl erfolgte Zusammenstellung zeigt, daß die Vorstellung von heiligen Bergen weit verbreitet ist; um jedoch zu verstehen, was alles mit der Beziehung der Menschenwesen zu heiligen Bergen zusammenhängt, müssen wir uns in den Südwesten der Vereinigten Staaten begeben, wo fast jeder Stamm eine Anzahl heiliger Berge kennt, die ihr Stammesgebiet markieren.

> Innerhalb und außerhalb der Erde,
> innerhalb und außerhalb der Berge,
> deine Macht kehrt stets zu dir zurück.
>
> [231, 13]

Die heiligen Berge der Navajos sind der Berg des Ostens, der sowohl als der Mont Blanca in Colorado, wie auch als Wheeler Peak oberhalb von Taos in der Sangre de Christo-Kette oder als Pelado Peak in der Nähe des Paeblo von Jemez identifiziert worden ist. Der Berg des Südens ist der Mount Taylor in der San-Mateo-Kette. Der Berg des Westens besteht aus den San-Francisco-Peaks in Arizona, und einer der Gipfel in der La-Plata- oder in der San-Juan-Kette ist der Berg des Nordens. Wenngleich die Indianer einen festimmten Namen für jeden ihrer heiligen Berge verwenden, ist es nicht immer möglich, übereinstimmend festzustellen, welcher Berg auf einer heutigen Landkarte gemeint ist. [350, 164]

Die San-Francisco-Peaks sind auch den Hopi heilig. Was diese heiligen Berge den Navajo und Hopi bedeuten, wird aus den Aussagen deutlich, die vor der Cocomino Landplanungs- und -aufteilungs-Kommission im Jahre 1974 in Hinblick auf eine ins Auge gefaßte Erschließung des Gebietes der San-Francisco-Peaks für Wohn- und Erholungszwecke gemacht wurde.

Ein 75 Jahre alter Hopi des Kachina-Klans, Forest Kaye, sagte aus:»Es wurde mir von der Alten gesagt, daß die Gottheit der Kachinas in dem Gebiet der San-Francisco-Peaks wohnt. Seit undenklichen Zeiten sind unter und an diesen Gipfeln Schreine errichtet worden; diese Schreine werden für Gebetsopfer benutzt.

Seit den Anfängen der Zeit haben Hopis zu diesen Gipfeln Pilgerfahrten unternommen, um immergrüne Zweige und Opfergaben zu holen – immergrüne Zweige, die für alle Zeremonien wesentlich sind, bei der Darbringung von Gebetsfedern in der Hoffnung, für die ganze Menschheit Harmonie zu schaffen. . . Jetzt fordern ich und das Volk der Hopi euch auf, unsere bescheidenen Wünsche anzuerkennen und davon Abstand zu nehmen, das Gebiet der San Francisco Peaks zu entweihen. Eure fortgesetzten Übergriffe auf die Gipfel um des Geldes Willen werden nicht nur die Heiligkeit der Gipfel zerstören, sondern auch den Grund, warum die Hopi existieren.« Alton Honahni, Sen., ein anderes Mitglied der Kachina-Gesellschaft, fügte hinzu:»Für uns Hopi sind sie unsere Mutter; wir nähren uns von diesen Gipfeln für unser religiöses Überleben. Wenn ihr darauf aus seid, die Existenz der Hopi zu zerstören, dann hört nicht auf uns.«

Robert Fulton, Medizinmann der Navajo, erklärte:»Wenn wir es dem Weißen Mann erlauben, von unseren Heiligen Bergen etwas abzugraben,. . . zerstört er im Grunde unsere Seele. Wir dürfen dem Weißen nicht erlauben, unsere Religion und damit unsere Seele zu entweihen. . . wir werden die Wolken nicht mehr von Dokó o-sliid herbeiziehen sehen, die uns Regen bringen, noch werden wir im Anblick unseres heiligen Berges Erquickung finden können, denn wir würden ihm Gewalt angetan haben und seiner Kräfte nicht würdig sein.«

Fred Kaye, Navajo-Medizinmann, ergänzte:»Diese heiligen Berge sind mit Pflanzen, Nahrung und Medizin übersät. Sie bringen den Leuten Harmonie und Gleichgewicht. Die Leute leben den Bergen entsprechend.

Der Berg ist auch ein Lehrer. Er lehrt die Menschen das rechte Leben. Wenn der Weiße Mann die Berge entweiht, zerstört oder erschließt, wird seine Lehre den Menschen verloren sein. Die Götter haben verfügt, daß diese Berge die Körper und das Leben der Menschen sind. . . Viele Male, als alles andere fehlschlug, heilte

Medizin von diesen Bergen Kranke und Verwundete und stellte das Gleichgewicht und die Harmonie unter den Bewohnern wieder her. Die Berge haben uns vor zerstörerischen Kräften bewahrt.

Wer sind die Weißen, die diese die Berge betreffenden Pläne machen? Haben diese Menschen Blütenstaub? Haben diese Menschen den Bergen eine Gabe darzubringen? Kennen diese Menschen die Gebete, Legenden und Lieder vom Fuß des Berges bis zu seinem Haupte?« [276, 174 - 176] Dieser letzte Satz erinnert uns an die chinesischen heiligen Berge, Omei und Tai Shan, von denen jeder Fußbreit des den Berg hinaufführenden Pfades Legenden bereithält und poetische Namen für Felsen und Schreine, dem Berg zu Ehren.

So wird deutlich, daß jeder Stamm seinen heiligen Berg oder heilige Berge verehrte und der Stamm sorgte durch seine fortwährende Bezogenheit auf den Berg für seinen Bestand.

Auch die Stämme der großen Ebenen hatten ihre heiligen Berge, und jene, die eine Vision suchten, stiegen auf den Berg. Vielleicht die wichtigste indianische Vision auf einem Berg in heutiger Zeit war die von Schwarzer Hirsch, als er neun Jahre alt war. Als der berühmte Medizinmann der Sioux sehr alt war, nahm er John Neihardt, seinen Biographen, mit zum Gipfel des Harvey Peak in den Black Hills hinauf, dem Ort, wo er vor langer Zeit seine Vision hatte. In jener Vision sah er die sechs Großväter, und diese Mächte der Welt hatten ihm den »heiligen Kreis der Welt« gezeigt. Ganz am Ende dieser Vision rufen die sechs Großväter und die Menge der Gesichter in der Wolke alle aus: »Er hat gesiegt«; Schwarzer Hirsch aber glaubte am Ende seines Lebens, daß er versagt hätte. Deshalb wollte er hinaufgehen und den sechs Mächten der Welt eine letzte Botschaft übermitteln. Er und John Neihardt kletterten während einer anhaltenden Trockenzeit auf den Berg. Schwarzer Hirsch vollzog seine Zeremonie und sagte sein letztes Gebet: »In Trauer schick' ich eine schwache Stimme, o Sechs Mächte der Welt. Hört mich in meiner Trauer, denn ich werde vielleicht nie wieder zu Euch rufen. O laßt mein Volk leben!« [234, 254] Regen fiel, und es donnerte, während Schwarzer Hirsch weinend auf dem Berg stand. Als Neihardt sein Buch *Black Elk Speaks* (Schwarzer Hirsch, Ich rufe mein Volk) im Jahre 1932 schrieb, hinterließ es keinen Eindruck. Aber 1961, als es wieder aufgelegt wurde, hatten sich die Zeiten geändert, und die Worte von Schwarzer Hirsch haben seitdem die Herzen tausender weißer Menschen gewandelt. Sie lernen jetzt die Verehrung der Indianer für die Erde, und deshalb schließt sich der heilige Ring all der Menschen, wie es die sechs Mächte Schwarzem Hirsch gesagt hatten.

Meditation:
Gehauen und abgespalten von diesem Fels
von Holmes Rolston, III

Der Weg nach Innen hat mich nach rückwärts getragen, zehntausend Jahre mit jedem Schritt, und hier muß ich ausruhen, denn ich ging in der Überfülle der Zeit verloren. Pardee Point soll ein Ebenezer sein, ein *Helferstein*. Vor mir ist die mir zugeneigte Fühlung, die in dem Felsspalt wohnt; kann ich jetzt meinen Ertrag aus dem präkambrischen Kontakt festhalten?... Ich bin der empfindsame Abkömmling dieses Felsens; in dieser schwindenden Begegnung soll der Staub heimkehren und in der Rückschau dem Staub begegnen, aus dem er kam. »Im Körper der Mutter kennt der Mensch das Weltall, bei der Geburt vergißt er es.« Wenn ich mich meiner vorgeburtlichen Vergangenheit wieder erinnern kann, als Embryo im Mutterbauch der Erde, meiner Abstammung, dann werde ich wissen, wer ich bin und wo ich bin...

Wie das Blut in meinen Adern nichts als ein Binnenmeer ist, so ist der Stein in meinen Knochen nur von der unterirdischen Matrix geborgt, in die ich wieder eingetaucht bin. Hinter der Feindseligkekt der plutonischen Tiefen und eingebunden in diese Sedimente und gelöst im Meer befinden sich die nährenden Stäube des Lebens. Die Wasser des Ozeans müssen, wenn ich recht urteile, jugendlich der Erde entsprungen sein. Urfelsen erzeugten das Meer. Flüchtige Magmas spien fruchtbare Dämpfe und Gase. Regen fiel aus dem mit Methanammoniak geladenen Himmel, und fiel wieder, um das Meer mit den Salzen der Erosion von Jahrmilliarden anzureichern. Aus der Lithosphäre: Atmosphäre und Hydrosphäre und Biosphäre. Das Karbonat und Apetit der Erde hat mich mit Kohlenstoff, Kalzium und Phosphor beschenkt, das mein Knochengerüst erhält. Des Eisen der Hornblende und des Augit ist das Eisen meines Blutes, in dem mein Leben kreist. Diese Farbkörper aus Linomit (Brauneisenstein) und Hämatit (Blutstein), die jetzt diesem verwitterten Spalt Farbe geben, werden morgen das Hämoglobin sein, das mein Gesicht von Rot erglühen lassen wird. So will ich, dieser Felsparasit, jetzt dazu zurückkehren, meine natürlichen Eltern zu preisen. Kurzlebig und andersartig, falls ich so bin, belesen, bewußt und stolz, ich kann es nicht länger unterdrücken, sondern lasse es zu, erfreue mich daran und bekenne demütig noch eine andere primitive Eingebung, die von meiner intellektuellen Bildung nur bereichert worden ist. Hier ist meine Wiege. Meine Seele ist verborgen im Spalt dieses Felsens...

Ich werde verweilen und warten in Staunen. Ich werde meine Geogenesis feiern, mein in Freiheit sein. Indem ich mit diesem blutsverwandten Felsen, aus dem ich gehauen ward, spreche... um hier an dieser heiligen Linie meiner Verehrung Ausdruck zu verleihen. Ich bin *Homo admirans*. Wissen nimmt im Staunen seinen Anfang, wie die Weisen Griechenlands beobachteten. Aber er erzeugt es auch, und in Ehrfurcht schwelgend bin ich, der ich bin. So finde ich jetzt meinen Frieden, meinen Platz als edler und schöner Sprößling des Steines.

5. Höhlen und Berge im religiösen Erbe Europas

In vielen Kulturen auf der ganzen Welt hat sich eine fortdauernde Beziehung zwischen den Menschen, den Bergen und der Religion bis in die heutige Zeit erhalten; in Europa wurde die Kontinuität jedoch unterbrochen. Die beiden nächsten Kapitel behandeln einige der Geschehnisse, die zu diesem Bruch in unserem europäischen Erbe geführt haben, welcher zu dem »Naturhaß« beigetragen hat, der unter der Oberfläche unserer modernen Kultur lauert.

Altsteinzeitliche Religion

In der Altsteinzeit war die Religion in Europa, wie in Asien, auf das tiefste mit der tatsächlichen stofflichen Beschaffenheit der Erde verwoben. Dies beweist die bemerkenswerte Höhlenkunst, die von Völkerschaften der jüngeren Altsteinzeit geschaffen wurde, die mindestens 20.000 Jahre lang, von etwa 30.000 – 10.000 v. Ztr., ihre Blütezeit hatten, also während der Zeit der letzten der vier großen Eiszeiten des Pleistozän. Der größte Teil des nördlichen Europa war von großen Eismassen bedeckt und die Gletscher dehnten sich von den Alpen und Pyrenäen weit aus; doch begannen unter diesen bedrohlichen Lebensbedingungen die sehr erfolgreichen Jäger mit der »Höhlenmalerei«, die in den Höhlen an den französischen Pyrenäenhängen und in den Kantabrischen Bergen Nordspaniens gefunden wurden. »Ihre besten Arbeiten können durchaus an dem gemessen werden, was seither erreicht wurde. Sie erfanden das Zeichnen, das Malen mit Schablonen, das Malen, das Modellieren und Bildhauen im Relief wie als plastische Figur – fast jedes Verfahren, das uns heute bekannt ist . . . sie zeigten eine erstaunliche Erfindungsgabe. Die Körper der Tiere waren schön geformt, jeder Knochen und jeder schwellende Muskel, jede Falte und Vertiefung wurde voll berücksichtigt.« [113] Sie entwickelten große Fertigkeit in der Verwendung vieler Farben aus Mineralien und vermochten damit eine körperliche, dreidimensionele Wirkung zu erzeugen.

Diese sakrale Kunst ist tief in den innersten Bereichen der Höhlen zu finden, und um dorthin vorzudringen ist es oft erforderlich, gefährliche Klüfte und Wasserfälle zu überqueren und durch enge Felsspalten zu kriechen. Der Grund dafür, daß die Höhlenmaler durch solche langen Gänge gingen, um ihre sakralen Bilder zu verstecken, hängt mit der Idee vom Totemtier zusammen. Nach Levy ist das Totemtier eine Bündelung der Lebensenergie, die im unsterblichen Urahn verkörpert wird. Meist wird es als menschlich gedacht, aber als fähig, Tiergestalt anzunehmen, um das irdische Leben der Nachfahren zu sichern, die Inkarnationen seines Geistes sind. So wird das Bild des Totemtieres, wenngleich eine Abstraktion, als der Wirklichkeit näher empfunden, als das eigene Leben. Darum muß das Bild versteckt und geschützt werden, und es wird daher tief im Innern der unwandelbaren Festigkeit der Höhle angebracht. [180, 39] Auch wurde nach Scully durch des Abbilden dieser Tiere »in den herrlichen Bewegungen des vollen Lebens. . . die Erde durch sie befruchtet.« [286, 10]

Diese Bilder zeigten nach Levy »die geistige und wahrhaft religiöse Vorstellung von einer ursprünglichen, auf dem Bedürfnis nach Nahrung beruhenden Verbindung, eine Vorstellung, die in befriedigender Weise den gesellschaftlichen und wirtschaftlichen Zusammenhalt sicherte.« [180, 35] Einige der Bilder waren insofern magisch, als sie die Tiere durch Waffen niedergestreckt zeigten, aber die meisten waren tief empfunden religiös. Levy definiert die beiden Begriffe wie folgt: »Magie kann als die Anwendung nicht-physikalischer Kraft engesehen werden, um ein bestimmtes Resultat zu erzielen. Religion ist die Aufrechterhaltung einer dauerhaften Beziehung.« [180, 35]

Levy nennt als Beispiel aus heutiger Zeit die australischen Aborigines, die bei ihrem Prozessionstanz einem gewundene Pfad zu einer Höhle folgen, wo sie heilige Gegenstände versteckt haben. Dieser gewundene Pfad entspricht den Wanderungen ihrer göttlichen Ahnen auf dem Weg zur Erde. Sowohl dieses Beispiel bei einer lebenden Rasse wie auch die Abbildungen von Spirallabyrinthen außen an altsteinzeitlichen Höhlen bezeugen die Vorstellung eines Weges zwischen den zwei Welten, der verworren und schwierig ist. Spiralen und Labyrinthe sind bis in die heutige Zeit ein wichtiger Bestandteil von religiösen Tänzen und Ritualen.

Tanzende Figuren mit Tiermasken, wie in den Felsbildern dargestellt, »waren ein bewußt angewandtes Mittel, sich der Tiernatur und also dem Göttlichen zu nähern. ›Sie sind für uns, was für euch Gebete sind‹, erklärt ein alter Buschmann.« [180, 42] Levy faßt es so zusammen: ». . . eine wechselseitige Verbindung war ihr Ziel, eine Teilhabe an der Großartigkeit des Wildtieres, das der gleichen Natur war wie die Religion selbst.«

Jungsteinzeit

Später, in der mittleren Steinzeit, entwickelte sich der Brauch, die Toten in massiven Gemeinschaftsgräbern zu bestatten. Hawkes sagt, daß diese Gräber »nicht einfach für einen rückwärtsgewandten Totenkult oder für die Beschwichtigung der Ahnen gedacht waren; sie sollten eine Rückkehr zur Mutter Erde zum Zwecke der Wiedergeburt darstellen, eine Verbindung von Tod mit Fruchtbarkeit, die alle Mythen von der Göttin und dem sterbenden Gott inspiriert haben. In diesem Sinne stellten die Gräber die nicht der Zeit unterworfene Einheit des Stammes dar. Seine Mitglieder, ob tot, lebendig oder ungeboren, waren alle von ihrem gemeinsamen Mutterboden, dem Fels und der Erde, umschlossen.« [114, 159]

Die geschliffene Steinaxt (auch Steinhacke), »Emblem des friedlichen Lebens auf gerodeten Waldstücken mit reifender Ernte wie auch Opferung des duldsamen Tieres,« war ein wichtiges Sinnbild der Jungsteinzeit. Sie war sowohl mit dem Aspekt der Religion verbunden, der die jahreszeitliche Fruchtbarkeit betraf, als auch mit der sich entwickelnden Symbolik von Steinen – Steinsäulen und Steinaltären.« [180, 86]

Die Muttergöttin verband diese beiden Aspekte der jungsteinzeitlichen Religion. Die Göttin trug in Asien und Afrika Kuhhörner und zeigte damit an, daß die wechselseitige Beziehung des Menschen mit den Tieren, die in der Steinzeit begann, sich mit den domestizierten Tieren fortsetzte. Die Göttin behielt weiterhin tragende Bedeutung als die Erde, aus der alle Geburt kommt und in die im Tode alles Leben eingeht; doch wurde zu dieser Vorstellung die neuere vom wachsenden Korn hinzugefügt, das der Mutter Erde entsprießt, abgemäht und vom Menschen verzehrt wird, aber immer aufs neue aus der fruchtbaren Erde emporwächst.

Als sich die Menschen bewußt wurden, daß die Himmelserscheinungen, wie Sonne und Wind, den Wechsel der Jahreszeiten verursachten, entwickelte sich die Vorstellung von Sonnen- und Windgottheiten. Eine weitere Vorstellung ist die vom sterbenden männlichen Gott, dem Vegetationsgott, der mit dem jährlichen Wachstum und Verfall der Vegetation wiedergeboren wird und stirbt. So entwickelte sich die Steinzeitreligion der Wechselbeziehung, die mit den Zeremonien begann, die mit der Geburt und dem Tod des gejagten Tieres verbunden waren, weiter zur rituellen Einstimmung in die Rhythmen des jahreszeitlichen Wechsels der Erdvegetation. Es wurden Zeremonien entwickelt, mit denen die Menschen auf rituelle Weise dem neuen Jahr zu seiner Geburt, der Ernte zu einem guten Schnitt und der Sonne zu ihrem Aufgang oder zu ihrer Rückkehr aus ihrem Winterhaus und zum Zurückbringen der Wärme verhalfen.

Frühe Kulturen

Levy beschreibt, wie in den Anfängen der frühen Kulturen von Sumer und Ägypten Völkerschaften wegen Trockenheit aus dem bergigen Hochland in das fruchtbare, sumpfige Tiefland zogen. In Ur, dem Zentrum der sumerischen Kultur, gab es einen Tempel der Göttin Ninkhursag, »Frau des Berges«. Unter diesem Namen wurde die Muttergottheit in allen Städten von Sumer verehrt, »ein weiteres Anzeichen für das Heimweh der in die sumpfigen Ebenen Eingewanderten, die doch in ihrer Vorstellung ihre Augen zu den Bergen erhoben.« [80, 95] Die späteren Nachfahren dieser Völkerschaften bauten Zikkurats, künstliche Berge für Rituale. [134, 73] Nach James bedeutet das akkadische Wort *Ziqquratu* »Gipfel« oder »Bergspitze«. An der alten Stätte von Nippur hieß der Tempel »Haus des Berges«, um den verlorenen Berg der Ahnen darzustellen. [180, 168] In Ägypten vollzog sich eine ähnliche Bewegung von Völkerschaften vom Hochland hinab auf die Terrassen oberhalb der sumpfigen Niltäler. Hathor geht aus der Steinzeit als die gehörnte Muttergottheit hervor. Ihr Name bedeutet Wohnstatt des Gottes. Sie war sowohl die umhegende Umschließung für den jungen Gott Horus, wie auch der Körper, aus dem er hervorgeht. Hathor hat eine Beziehung zu Bergen (*Man beachte die Wortgleichheit im Deutschen: Berg – und bergen = schützend umschließend. Anm. d. Übers.*) – wodurch wieder das Heimweh der früheren Hochlandbewohner deutlich würde. Auf ägyptischen Abbildungen ist sie zwischen zerklüfteten Bergen zu sehen, »das gehörnte Tor, welches den Todesschlaf und das Erwachen der Sonne scheidet und der Berg selbst ist, welcher seine Grabeshöhle umschließt.« [180, 119] Levy erwähnt die Möglichkeit nicht, aber es scheint naheliegend, daß ebenso wie die Sumerer ihre Zikkurats aus Heimweh nach ihren verlorenen Bergen erbauten, die Ägypter ihre Pyramiden aus ähnlichen Gründen errichteten.

Landschaftsformen der Muttergottheit

Besondere Bergformen, allgemein Berge der Muttergöttin genannt, spielten in den Religionen anderer Kulturen ebenfalls eine wichtige Rolle, und sie üben bis zum heutigen Tag einen beträchtlichen Einfluß auf der unbewußten Ebene aus. Zwei Aspekte der altsteinzeitlichen Höhlenbildkunst tragen zu einem Verständnis der Symbolik dieser Bergformen bei. Der erste ist jener der kleinen weiblichen Figuren mit sehr betonten Hüften und Brüsten und kleinen Köpfen, die aus Stein gehauen in vielen Höhlen gefunden worden sind. Sie werden allgemein als Darstellungen der Mutter Erde betrachtet. Der zweite Aspekt ist die Betonung der Hörner der Tiere auf den Felsbildern.

Levy führt aus, daß eine der bemerkenswertesten Abbildungen eines Horns »das feine Relief einer Frau von kleinem Wuchs (sei), die das Horn eines Ur-Rinds hebt; das Horn, durch dessen Spitze nach der Vorstellung späterer religiöser Kulte die Schöpferkraft des Tieres ausgestoßen wurde.« [180, 59] In verschiedenen Kulturen sind Hörner Sinnbild für Kraft, Mannhaftigkeit, Stärke und Ungestüm gewesen. Zum Thema Geweihe und Hörner schreibt Róheim: »Sie scheinen einfach der aufwärts versetzte Penis zu sein, und es scheint, daß diese Verlagerung nach oben, diese auf den Kopf versetzte Erektion, bei einigen Tieren eine notwendige Vorspielphase zur Einleitung des Koitus ist.« [362, 352] Die meisten Tierhörner sind gebogen oder gekrümmt und kommen gewöhnlich paarweise vor. Nach Zeckel »mußte die menschliche Vorstellung sich ein Horn schaffen, das ohne viel Einbildungskraft der nach oben versetzte Penis war; ein einziges, gerade, stark und lang. . . das Horn des Einhorns.« [362, 352] In Italien wurde das Einhorn *licorno* genannt. *Corno* bedeutet »Phallus«. [362, 355] Aus all diesen Gründen wurde das Horn bei Initiationsriten und jahreszeitlichen Festen als Symbol für Fruchtbarkeit und Überfluß verwendet. Helmbüsche und Kopfbedeckung für Zeremonien, wie bei der britischen Garde, sind Weiterentwicklungen dieser ursprünglichen Hornsymbolik.

Die breite Basis mancher Berge deutet die fruchtbare weibliche Form an, wie sie sich in den breiten, vollen Hüften und Brüsten der Steinfiguren zeigt, während die hornartige Spitze des Gipfels die Kraft des in Höhlenmalereien gefundenen Tierhorns darstellt. Archäologische Zeugnisse von den Bauplätzen kretischer Paläste weisen deutlich auf die Bedeutung dieser Bergformen in der Bronzezeit hin. In seinem Buch »The Earth, the Temple and the Gods« erklärt Scully die Beziehung zwischen Palast und Berg der Muttergöttin. Ein Palast wurde in einem abgeschlossenen Tal erbaut und so ausgerichtet, daß im Norden oder Süden ein sanft ansteigender oder kegelförmiger Berg lag und in einiger Entfernung dahinter auf derselben Achse ein zweigipfeliger oder zerklüfteter Berg. Ein sanft sich erhebender oder kegelförmiger Berg symbolisiert die versorgenden, nährenden Aspekte der Muttergottheit. Der zweigipfelige oder zerklüftete Berg versinnbildlicht ihre Kraft sowie ihren nährenden Aspekt. Der zweigipfelige Berg ähnelt einem Hörnerpaar, aber er deutet auch erhobene Arme oder Flügel an, ferner die weibliche Öffnung, durch die das Baby bei der Geburt kommt, oder manchmal Brüste. Der Blick findet in dem Tal oder der Vertiefung zwischen den beiden Hörnern natürlicherweise Ruhe. Scully sagt, dies sei der Schoß der Göttin, dem Schoß der gehörnten Isis ähnlich, auf dem die Pharaonen saßen. [286,14]   Die Kombination des kegelförmigen mit dem zwiegehörnten Berg ist die eindrucksvollste von allen Formen der Muttergöttin, wenn der Bergkegel unmittelbar hinter der Kluft oder dem Einschnitt im Gipfelkamm gesehen wird. Paul Shepard nennt diese Kluftkämme »cross valleys«, Kreuztäler. Er interpretiert diese Kreuztäler als »Ströme oder Flüsse, die Gebirgstäler durchschneiden. Sie sind das Ergebnis von mindestens vier Möglichkeiten: vom Überlaufen eines Beckens, vom langsamen Auskerben eines abgesunkenen Bergrückens, wenn des Stromes Erosion Material wegschwemmt, von der Fähigkeit des Stromes, seine Lage beizubehalten, wenn der Berg sich durch Auftrieb erhebt, oder von der Erosion einer Bergseite, die so stark wirkt, bis der Kamm eingekerbt ist.« [290] Für ein Verständnis der Symbolik, die in der Kombination des Kegels mit dem zwiegehörnten Berg liegt, müssen wir noch einmal auf die weiblichen Steinfiguren zurückkommen. Scully weist darauf hin, daß diese »gehauen sind, wie ein Kind die Mutter wahrnimmt, alles Brüste, Hüften und *mons veneris*, voll und rund.« [286,10] Man beachte das lateinische Wort *mons* (für Berg) in dieser anatomischen Bezeichnung für die weibliche Genitalregion. Die Verbindung des sanft gerundeten *mons veneris* mit den zwei Hüften ist dieselbe Kombination wie der Bergkegel zwischen den Hörnern des Kluftberges, dem »Kreuztal«. Möglicherweise hat die Aussagekraft dieser Landschaftsformenkombination etwas mit der tatsächlichen Geburt eines Kindes zu tun. Jüngste Entdeckungen von Leboyer und anderen haben den Beweis erbracht, daß das Neugeborene (vorausgesetzt, daß weder das Kind noch seine Mutter medikamentös behandelt worden sind) das Gesicht der Mutter sehen und es später wiedererkennen kann. Dies könnte darauf hinweisen, daß die erste Formenkombination, die das Baby nach der Geburt erblickt, die sanft gerundete *mons veneris* zwischen den beiden Brüsten ist.

Scully führt aus, daß die V-Kluft in der Alt- und Jungsteinzeit mit den weiblichen Teilen der Muttergöttin in Verbindung gebracht wurde und dieses V ebenfalls »eine stilisierte Form« der Hörner war. »Man kann daher zu Recht annehmen, daß der gehörnte oder Kluftberg manchmal als Verkörperung des *mons veneris* angesehen wurde.« [286,15] Mit anderen Worten, der Kluftberg ist sinnbildlich mit dem Gebären verbunden; darüber hinaus verbindet der geologische Ursprung solcher Berge sie tatsächlich mit Fruchtbarkeit und Geburt. Kluftberge werden durch die Überschneidung von drei oder mehr Gletscherkaren gebildet. Diese Kare entstehen, weil der Gletscher den darunter liegenden Felsen abschleift. Wenn der Gletscher tiefer in den Fels scheuert und feiner zerriebene Felsteile fortträgt, werden die Kare breiter und tiefer und lassen gelegentlich nur einen schmalen Kamm zwischen sich stehen, um zu einem noch späteren Zeitpunkt auch diesen abzutragen, bis die beiden Kare sich schließlich vereinen. Der höhere Felsen, der zurückbleibt, nachdem drei Kare sich überschneiden, bildet den »gehörnten Berg«; auf diese Weise erfüllt solch ein Berg wahrhaftig die Funktion einer nährenden Mutter, denn der feine Staub vom Felsgrund, der vom Gletscher und seinen Schmelzwasserströmen hinabgetragen wird, sorgt schließlich für den Boden, der für das Leben unabdingbar ist.

Vulkane, fast vollkommene Kegelformen der Muttergottheit, bringen fortwährend neues Urmaterial in den Zyklus des Felsgesteins. Leveson erklärt diesen Vorgang so: »Im Wirken der realen Erde liegt die Quelle des meisten vulkanischen Materials weit unterhalb der oberen Schichten, wo Erosion, Verwitterung, Sedimentbildung und Gesteinsumwandlung stattfinden. Die beiden letzteren Vorgänge treten in den äußeren rund dreißig Meilen des viertausend Meilen Radius' der Erde auf. Die meisten Flüssiggesteine aber stammen nicht aus der Kruste, sondern aus dem darunterliegenden Mantel, und sie machen sich von dort aus auf den Weg hinauf zur Oberfläche.« [179, 44] Wieder nährt eine Bergform der Muttergottheit, der wie eine Brust geformte Vulkankegel, alles Leben auf der Erde, indem er wertvolle Elemente aus der Tiefe der Erde liefert, um den Boden, den letztlichen Lebensquell für alle Pflanzen und Tiere, anzureichern.

Beide Formen der Muttergottheit sind auch in der Kunst der Neuzeit dargestellt worden, wenngleich die christliche Kultur die zugrunde liegende Bedeutung nicht erkannt hat. El Grecos Meisterwerk »Blick auf Toledo« verbildlicht eine vollkommene Kombination von Formen der Muttergöttin. Der kegelförmige Berg im Hintergrund ist durch den Einschnitt zu sehen, der vom Tajo gebildet wird, der zwischen zwei abgerundeten Bergen hindurchfließt. El Greco kam in seinen Dreißigern von Kreta nach Spanien. Das »Toledo«-Bild ist seine einzige reine Landschaftsdarstellung, und die Aussagekraft des Bildes spiegelt zweifellos die Prägung seiner Jugendzeit unter den Bergformen der Muttergottheit von Kreta wider. In den Alpen ist übrigens häufig eine kleine Bergkapelle auf der Spitze von kegelförmigen Bergen anzutreffen.

In Japan steht auf einem kegelförmigen Berg stets ein Shinto-Schrein. Landschaftsformen der Muttergottheit fanden auch beim *Feng-Shui* in China besondere Berücksichtigung. Im *Feng-Shui* wurden Paläste und Gräber so angelegt, daß sie mit den Energielinien in der Erde in Übereinstimmung waren, und das war für die fließenden Linien und die Schönheit der chinesischen Landschaft, wie wir sie heute sehen, verantwortlich. Ein interessantes geschichtliches Beispiel für die Einbeziehung der Formen der Muttergottheit in China ist der König Yüeh, der den König Wu im Jahre 471 v. Ztr. besiegte und die erste Mauer seiner neuen Hauptstadt an einem besonders ausgewählten Platz an einem See (jetzt Nanking) erbaute. Der Staat von Yüeh erhielt seinen Namen von der frühen Yüeh-Kultur, die die Verehrung heiliger Berge und eine matriarchale Gesellschaftsform in China einführte (siehe Kapitel 3). Der Blick vom heutigen Nanking zeigt zwei markante Formen der Muttergottheit – eine gehörnte und eine kegelförmige. [54]

Die Formen der Muttergottheit und die Religion auf Kreta

Die minoische Kultur der kretischen Bronzezeit baute keine Tempel; ihre Kunst und Kultur erreichte gleichwohl einen hohen Stand. Statt in Tempeln wurden die Rituale zu Ehren der Muttergottheit auf Berggipfeln, in Höhlen und in einfachen Schreinen vollführt, um mit Hilfe der Höhle, der Steinsäule und des Baumes engen Kontakt mit der Erde zu halten. Zum Beispiel gibt eine Höhle nahe beim Fluß Karteros – die wahrscheinlich Homers Höhle von Eileithya war, der Geburtsgöttin (ein Aspekt der Muttergottheit) – Zeugnis vom fortdauernden Ritualgebrauch bis hin zur römischen Besatzung. Sich windende Gänge führen zu einem Raum, der einen einzigen Stalagmiten enthält, der von einem aus kleinen Steinen gebildeten Viereck umschlossen wird. [180, 214] Ein Stalagmit, wenngleich von gänzlich anderer geologischer Herkunft, hat dieselbe Symbolik wie eine Steinsäule. Im Berg Dikte gibt es eine weitere Höhle, die mit einem Stalagmiten in Zusammenhang steht, und die ist vermutlich der legendäre Geburtsort von Zeus, dem Gott der Griechen. [180, 215]

Die Beziehung der Paläste und Landschaftsformen der Muttergottheit ist, wie Scully meint, solcherart, daß »das Natürliche und das von Menschen Geschaffene ein in sich geschlossenes Ritual bilden, in dem die Rolle des Menschen von den Landschaftsformen festgelegt und bestimmt wird und sich ihrem Rhythmus unterordnet.« [286, 11]

Dies wollen wir am Beispiel der Anlage des Palastes von Knossos erläutern: Um nach Knossos zu gelangen, müssen wir vom alten Hafen aus durch niedrige Berge hinaufsteigen. Genau an der Stelle, wo sich das Tal öffnet, erblickt man den Palast, der so angelegt ist, daß der Berg Jouctas genau hinter ihm liegt. Der Weg zum Palast führt über einen schmalen, erhabenen Pfad aus Stein. Wenn man auf diesem Pfad weitergeht, kann man plötzlich entlang der langen Achse des Hofes zu dem kegelförmig sich erhebenden Berg, der das Tal abschließt, und weiter zum zweigehörnten Gipfel des Jouctas in der Ferne blicken. Der Palast schein behütet auf dem Körper der ruhenden Erde zu liegen. [286, 12]

Knossos war besonders erdbebengefährdet, und eben diese Tatsache mag zum Teil der Grund dafür gewesen sein, daß Knossos als so heilig angesehen wurde. Weil die Minoer im Einklang mit der Natur lebten, vertrauten sie ihr, und so konnten sie »den chthonischen (unterweltlichen) Charakter des Ortes voll nutzen, der als Erdbebenzentrum die Macht der Göttin oder ihrer Kreatur – des gehörnten Stieres als ›Erderschütterer‹ – manifestierte.«

Der Stiertanz war auf Kreta ein einzigartiger Ritus. Er wird auf vielen Kunstgegenständen des alten Kreta gezeigt. Der Tänzer, oft auch eine Tänzerin, faßt die Hörner des Stieres mit den Händen und springt über den Rücken des Stieres. Wie erwähnt, sah man die Hörner als mit der schöpferischen Kraft des Tieres geladen an. Nach Scully »feierten in diesem Ritual Männer und Frauen zusammen die Annahme und Verehrung des Naturgesetzes, dessen Kraft sie ihrer eigenen Kraft in genau dem Maße hinzufügen konnten, wie sie es erfaßten und ihre Rhythmen seiner Kraft anglichen.« [286,13] Eine Form dieses Tanzes ist in den Corridas von Südfrankreich Brauch. Die Tänzer warten, bis der Stier seinen Kopf zum Angriff senkt, »worauf sie ihren Fuß auf die Stirn des Stieres setzen und sich behende in die Luft stoßen lassen, um in sicherer Entfernung wieder auf den Füßen zu landen.« [215,55]

Der Stiertanz hat auch etwas mit dem Labyrinth zu tun. Die Verwendung des Labyrinths für rituelle Tänze, die bis auf die Höhlen der Altsteinzeit zurückgeht, setzt sich in labyrinthähnlichen Tanzfiguren, wie sie in Volkstänzen vorkommen, bis heute fort.

Der Stierkampf ist mit der griechischen Sage von Theseus verbunden, der erfolgreich zum Mittelpunkt des Labyrinths vordringt und Ariadne gewinnt, deren Name die »sehr Heilige« bedeutet, auf Zypern ein Name für die Göttin Aphrodite. Er verliert Ariadne wieder, denn sie war eine Göttin, aber er errichtete ein Abbild von ihr in Delos, Griechenland, und lehrte die Burschen und Mädchen vor ihrem gehörnten Altar in labyrinthischenWindungen zu tanzen. Ein solcher labyrinthischer Tanz wurde auch ausgeführt, um eine zweite magische Schutzmauer um Troja zu ziehen. [155, 202-249]

Griechenland

Der erste der indoeuropäischen Stämme, die in Griechenland (etwa 1900 v. Ztr.) eindrangen, waren die Achäer. Diese patriarchalen Hirten brachten ihre männlichen Götter mit, mit dem Ergebnis, daß die Verehrung des Himmelsvaters, des Donnergottes, einige der Hoheitsrechte der ansässigen Muttergöttin-Verehrung übernahm. Doch selbst Zeus, der Herr der Götter, trug noch Züge der alten Religion: Es wird erzählt, er sei von der Großen Mutter in einer kleinen kretischen Höhle geboren und von einem gehörnten Tier gesäugt worden. Auf jeden Fall kehrte die alte untergegangene minoische Religion viel später in den Mysterienreligionen des jüngeren Griechenland wieder.

Das Verhältnis zwischen der gegebenen Lage des Tempels, also den Landschaftsformen der Muttergottheit, die von diesem Platz sichtbar waren, und jener Gottheit, der dieser Platz geweiht war, bestimmte die ganze Auffassung, die man von dieser Gottheit hatte. Die Griechen richteten ihre Tempel nicht nur auf Muttergottheitformen der Erde aus, sondern oft auf den Punkt, an dem die Sonne am Festtag des bestimmten Gottes im Jahr der Weihung des Tempels aufging. [286,44] Um diese vielfältige Beziehung zu verdeutlichen, sei nur auf die Göttin Artemis verwiesen, die die Mutter der wilden Tiere und Hüterin der unberührten Wildnis war. An den Stätten, die vorher der Muttergöttin geweiht waren, bauten die Griechen oft einen der Artemis, der »Jungfrau der Berge«, geweihten Tempel. Sie stellte die Göttin als Mutter der wilden Tiere dar, was dem ältesten Aspekt der Göttin nahekam, als die altsteinzeitlichen Menschen die Tiere tief in der Mutter Erde malten. Um Artemis in den olympischen Pantheon zu bringen, wurde sie selbst eine Jägerin, Göttin des Mondes und der Jagd. Sie war die Tochter von Zeus und Leto (wieder eine Art Muttergöttin) und Zwillingsschwester von Apollo. Sie ist die Mutter, die die Heirat ablehnt und frei bleibt von der Domestizierung durch die Männer und ihre Gesetze. »Auf diese Weise schützt sie die Wildnis vor dem Zugriff des Menschen, und ihre Stätten in Griechenland sind von ihrer wachsamen und gefahrbringenden Gegenwart durchdrungen.« [286,80] Manchmal wurde sie »die Bergmutter« genannt. Die niedrigeren Bergrücken, die sich aus dem Hauptmassiv mancher Berge vorstrecken, scheinen den ausgestreckten Armen einer »Bergmutter« zu ähneln, die alle Wesen schützt, die unterhalb der Bergrücken wohnen. Diese besondere Symbolik wird auf der berühmten böotischen Vase zum Ausdruck gebracht, die Artemis zeigt, wie sie Vögeln, Schlangen, Bären, Wölfen und Fischen unter ihren weit ausgebreiteten Armen Zuflucht bietet. Der Artemistempel in der Nähe des Berges Artemision stellt eine vollkommene Ansicht der »Kreuztal« genannten Muttergottheitform dar. Der Kegel Mukhli steht in der Mitte zwischen den beiden von den Hängen der Schlucht gebildeten Hörnern. [286,84]

Artemis war auch die Mondgöttin, ihr Bruder Apollo war der Sonnengott. Delphi, der Sitz seines größten Orakels, war vormals eine Stätte der Muttergottheit. Hier setzt die Anlage des Tempels die Öffnung der Erde durch das »V« der Berge ins Bild. In Delphi markieren die Felsen der Kluft den Sitz von Gaia, der Erdgöttin. Es war diese Spalte, aus der die Pythia ursprünglich orakelte.

Die Stätte des Tempels von Bassae zeigt klar die Aussöhnung, die Apollo zwischen der alten wilden Natur und dem Rationalismus der Griechen bewirkte. Aus großer Entfernung ist die gehörnte Kluft klar zu erkennen; aber der Tempel selbst, der zwischen den Hörnern liegt, ist unsichtbar. Man sieht nur die großen Formen der dahinterliegenden Berge. Kurz nachdem man eine Wasserquelle erreicht, taucht der Tempel plötzlich gegen den Himmel auf. Er ist so plaziert, daß seine Säulen sich langsam, buchstäblich Schritt für Schritt, über den zerbrochenen Felsen des Berges erheben. Beim Näherkommen bewegt sich die Achse des Tempels langsam über die entfernten Hörner. Damit schließt er die ganze Landschaft mit ein. Tempel und Landschaft sind so zu *einer* Architektur geworden, die in ihren Formen klar eine zwiefache Verehrung ausdrückt: sowohl für die mächtige Erde mit all ihrer Kraft, wie für den Menschen mit seinem Gott. [286] Die Säulen des Tempels sind korinthisch, in ihrer Form baumartig, und erinnern so an das Symbol Apollos, die Palme, die in Kreta ein Symbol für die Muttergottheit war. Bei Apollos Geburt hatte Leto, seine Mutter, zur Unterstützung die Palme umklammert. Im Tempel von Bassae stehen die baumartigen Säulen sowohl für den Gott wie für die Erdkräfte, die Apollo unter seine Herrschaft gebracht hat.

Zeus, der donnergrollende Himmelsgott, wurde der höchste Gott der Griechen und der Bezwinger der alten Göttin, deren Macht er durch die Heirat mit Hera übernahm. Zeustempel wurden auf Berggipfeln angelegt, auf jenen Plätzen, die der alten Muttergottheit am heiligsten waren.

Allgemein versuchten die griechischen Tempel die Orientierung auf den Himmelsgott mit der Landschaft, der Erdmutter, zu versöhnen. Auf Samos z. B. wird eine Mauereinfriedung, ein höhlenartiger Raum für die Göttin, von einem mit Säulen versehenen äußeren Bereich umgeben, der die Augen zu den Muttergottheitbergen hinaus lenkt. Samos wurde »das Labyrinth« genannt, weil die vielen Säulen eine Art Raum schufen, durch den sich wie von selbst ein labyrinthischer Tanz bewegte. In den großen ionischen Tempeln vermitteln die Säulen einem das Gefühl, in einem Hain von Bäumen zu stehen. In alten Zeiten fanden die Rituale natürlich in Hainen statt. Als diese nach und nach gefällt oder durch grasendes Vieh zerstört wurden, errichtete man hölzerne Säulen. Diese wurden später durch Steinsäulen ersetzt. Die Kapitelle der ionischen Säulen erinnern an Hörner, aber zugleich wegen ihrer gewundenen Ranken an Pflanzen. [286,51 und 54]

Die imposanteste aller Tempelanlagen ist jene des Poseidon in Sunion. Für den griechischen Seefahrer, der über das ägäische Meer zurückkehrte, war sie das erste Zeichen der Heimat. Die gehörnte Klippe erhebt sich direkt oberhalb des Vorgebirges, auf dem die Tempelanlage steht. Wenn man den Tempel von der Landseite her betritt, fällt die Erde plötzlich ab und man blickt geradewegs hinab ins Meer. Wenn man sich umdreht, sieht man, eingerahmt von den Säulen, den Bergkegel der Muttergottheit und die Hörner der Erde; auf diese Weise werden die Erde und das Meer gleich gewichtet, die alte Macht der Göttin und der meeresglänzende Gott Poseidon. Letztlich kippte das Gleichgewicht, das im Tempel von Sunion dargestellt wird, in Richtung auf eine vollständige Vorherrschaft des Himmelsgottprinzips. Dies ging mit wachsendem Mißtrauen gegen das Erdmutterprinzip einher, das zur dunklen Nacht wurde, die die Helligkeit der menschlichen Vernunft bedrohte. Als die Vorstellung vom Menschen als »Maß aller Dinge« an Einfluß gewann, wurde die Natur entweder als belanglos oder als feindlich angesehen. Die verschiedenen Stadien der Verehrung der Göttin Demeter in Eleusis veranschaulichen uns, wie sich die Vorstellungen von den griechischen Göttern wandelten.

Die eleusischen Mysterien

Zwar wird es nicht allgemein anerkannt, aber der berühmteste aller religiösen Riten, die eleusischen Mysterien, sind nicht nur auf das engste mit der Erde verknüpft, sondern sie stellen außerdem ein außergewöhnliches Beispiel für die Kraft dar, die aus der fortdauernden Beziehung menschlicher Wesen zu einem bestimmten Ort gewonnen werden kann. So bestätigen sie Levys Definition von Religion als eine bleibende Beziehung. Weil diese Mysterien von den Schriftstellern des klassischen Griechenland und Rom als die reinste religiöse Erfahrung betrachtet wurde, die dem Menschen zugänglich war, hat ihr Einfluß sich in zwei verschiedenen Formen der Überlieferung bewahrt: in der Literatur und durch die kirchliche Übernahme von einigen der eleusischen Riten in das christliche Ritual. (Siehe im 17. Kapitel, es bringt mehr Informationen über christliche Rituale.)

Zwar glaubten die klassischen Schriftsteller, daß die eleusischen Mysterien in der Menschheit ganz einzig dastünden, aber wir werden weiter unten sehen, daß sie in Wirklichkeit *eine* Form einer ganz grundlegenden menschlichen Ritualbeziehung zur Natur sind, wie es insbesondere indonesische und indianische Rituale zeigen.

»Innerhalb der griechischen Religion waren die eleusischen Mysterien in ihrer Art einmalig, und diese Einzigartigkeit war ihr charakteristisches Merkmal, das in der Tat hervorstach«, stellt Kerényi, die überragende Autorität auf diesem Gebiet, fest. Er erklärt: »Wie in der Religionsgeschichte Doktrine und Kulte die eine und einzige Wahrheit beanspruchten, so hielt man Eleusis für den einzigen Platz, wo das, was vor den Augen der Initianden geschah, möglich und wirklich war.« [151, 115] Im Mittelpunkt dieses »heiligen Platzes« stand das Plutonische, die Höhle, die den Eingang zur Unterwelt darstellte. In dieser Höhle war ein *omphalos*, was »Nabel« bedeutet, eine Verbindung zwischen der Unterwelt auf der einen und Himmel und Erde auf der anderen Seite.« [151, 80]

Die Riten der eleusischen Mysterien drehen sich um die Gestalten der Göttin Demeter und ihrer Tochter. Obwohl sie einen indogermanischen Namen trägt, war Demeter in Wirklichkeit eine alte minoische Fruchtbarkeits- und Erdgöttin. Nach einer gewissen Zeit als Teil des olympischen Götterpantheons, wurde sie später wieder in ihrem eigentlichen Wesen, als Muttergottheit, verehrt, als sie die Kultfigur der Mysterien wurde.

Der Ritus von Eleusis wurde der berühmteste der alten Mysterien, weil namhafte Griechen und Römer wie Homer, Plutarch, Cicero, Aristides, Sophokles und Euripides ihn priesen. Sein Ruhm war so groß, daß ein ptolomäischer König von Ägypten, als er im 3. Jhdt. v. Ztr. einen griechisch-ägyptischen Kult (des Gottes Serapis) in Alexandria begründen wollte, nach einem Sohn eines der hohen Priester von Eleusis sandte, um dem Kult vorzustehen.« [284, 97] Die frühen Väter der christlichen Kirche, wie Clement von Alexandria, hatten großen Respekt vor der Macht der Mysterien.

Das älteste die Mysterien betreffende schriftliche Zeugnis, ist die Hymne Homers an Demeter. Sie schildert, daß die Mysterien von der Göttin selbst begründet worden waren, und jene, die an ihnen teilnahmen, konnten einen seeligen Zustand nach dem Tode erwarten. Die Menschen werden in dem Hymnos die »Seeligen« genannt, und Sophokles nannte sie »dreifach gesegnet«. Nach Isokrates (4. Jhdt. v. Ztr.) gab Demeter zwei Dinge, als sie nach Eleusis kam: »Zuerst die Frucht des Feldes, der wir unseren Übergang von einem tierischen zum menschlichen Leben verdanken; und zweitens die Riten, daran die Teilnahme uns mit freudiger Hoffnung auf das Ende des Lebens blicken läßt und auf das Dasein als Ganzes.« [243, 14–15] Im Jahre 59 v. Ztr. wies Cicero, als er eine Abordnung aus Athen in Rom empfing, darauf hin, daß Athen es war, »wo Menschlichkeit, Religion und Ackerbau ihren Ursprung nahmen.« [243, 15]

Korn spielte in den Mysterien eine wichtige Rolle. So heißt es nicht nur, daß das erste Korn auf der Ebene nahe bei Eleusis gesät und geerntet worden sei, sondern der Legende nach gaben auch die Göttinnen dem eleusischen Helden Triptolemus, mit dem Auftrag, es in der ganzen Welt zu verteilen, als erstem das Korn. James weist nach, daß die Demeter-Mysterien in Eleusis ursprünglich zur Saatzeit des Korns im Herbst abgehalten wurden, wenn der Beginn des Winterregens es erlaubte, die ausgedörrten Felder zu bestellen. Ursprünglich war Demeters Fest im Mittelmeerraum mit Fruchtbarkeitsriten verbunden, bei denen Frauen Lauben aus Blättern und Zweigen bauten und sich darin auf den Boden setzten, um das gesäte Korn zu befruchten. [134, 136] Heutige Gelehrte meinen jedoch, daß der ackerbauliche Aspekt in der späteren Entwicklung der Mysterien seine Bedeutung verlor.

Es ist gesichert, daß mehrere verschiedene Mythen sich in der Legende von Demeter verbinden. Die zugrunde liegende griechische Sage, wie sie bei Homer steht, berichtet, daß Persephone oder Kore, »die Maid«, auf einer Wiese Blumen pflückte, als Pluto, der Herrscher der Unterwelt, sie zu sich in die Unterwelt entführte. (Ursprünglich war dies Plouton, der Gott des Reichtums der fruchtbaren Erde, der später mit Pluto verwechselt wurde.) [134, 137] Persephones Mutter, Demeter, suchte sie überall und gelangte auch nach Eleusis, wo sie sich als alte Frau verkleidet auf einen Felsen setzte, um ihre verlorene Tochter zu beweinen. Sie wurde von der Familie des Herrschers, Keleos, aufgenommen und die Amme des Säuglings der Familie. Als sie heimlich versuchte, ihn unsterblich zu machen, wurde sie entdeckt. Bevor sie fortging, befahl sie den Bewohnern von Eleusis, ihr ein Heiligtum zu bauen. Nachdem Persephone gefunden worden war, wurde vereinbart, daß sie einen Teil ihrer Zeit unter der Erde verbringen sollte. Demeter ließ Regen fallen und Korn wachsen, solange Persephone auf der Erde weilte; wenn sie unter der Erde war, verdorrte das Land und wurde unfruchtbar.

Robert Graves macht darauf aufmerksam, daß, wenn eine griechische Legende von Raub oder Entführung einer Göttin handelt, dies gewöhnlich mit dem Versuch der patriarchalen Griechen zusammenhängt, einen männlichen Gott an die Stelle einer Gestalt der Muttergottheit zu setzen. Bei Persephone handelt es sich sowohl um Raub wie um Entführung. Eine mögliche Erklärung ist, daß die fruchtbringende Rolle der Muttergottheit teilweise durch einen männlichen Gott, Plouton, übernommen wurde. [243, 19]

Früher glaubte man, das Verschwinden von Persephone sei der Grund, weshalb die Erde ihre Fruchtbarkeit verliert. Doch dann stellte man fest, daß die Fruchtbarkeit versiegte, nachdem Demeter ihre Tochter in Eleusis beweint hatte. In Euripides' Helena zieht sich Demeter aus Zorn über das, was ihr angetan worden war, in die Berge zurück und läßt die Vegetation verdorren und nichts auf der Erde wachsen. Im Chor dieses Schauspiels wird Demeter »die Bergmutter« genannt und damit auf die gleiche Stufe wie die »Große Mutter« gestellt. [243, 18]

Hier handelt es sich um eine uralte Mythe von der Erdmutter, die zornig ist, vielleicht über die Absetzung durch patriarchale Götter. In der Tat machte Demeter das wirkliche Geschenk des Korns erst nach Persephones' Abstieg in die Unterwelt. Dies stimmt mit dem weiter oben erwähnten Glauben im Megalith überein: die Rückkehr zur Mutter Erde zum Zwecke der Wiedergeburt und die Verknüpfung von Tod und Fruchtbarkeit. Mit der Gabe des Ackerbaus schenkte Demeter der Menschheit ein Ritual und die Aussicht auf Seeligkeit nach dem Tode.

Aristides war ein in die eleusischen Mysterien Eingeweihter. Er sagt, daß die Mysterien das »schrecklichste und leuchtendste« aller göttlichen Dinge seien und sprach von den »unbeschreiblichen Visionen«, die viele Generationen von Menschen dort gehabt hatten. Da den Eingeweihten verboten war zu offenbaren, was bei der eigentlichen Einweihung geschah, sind nur Informationen über die vorausgehenden Rituale verfügbar.

Zuerst wurde, wie die meisten Quellen bestätigen, eine tagelange Prozession mit Gesang und Tanz von Athen nach Eleusis unternommen, die von der heiligen Kultfigur des Iacchos angeführt wurde (eine Gestalt des jung sterbenden Vegetationsgottes). [38] Hartley Burr Alexander stellt fest, daß die Teilnahme Athens an den Mysterien Teil eines Bündnisvertrages war, der in sehr alten Zeiten die Feindseligkeiten beendet hatte. [4, 127] Nach Herodot ging wenige Tage vor dem Fest der Ruf »Auf zur See, oh Mystai!« durch alle Straßen von Athen. [284, 101] Die Prozession begann mit der Besteigung des Passes von Daphni. Scully weist darauf hin, daß die Prozession auf dem ganzen Weg Stätten berührte, die Landschaftsformen der

Muttergottheit berührten. Zuerst kam man zu einem kegelförmigen Berg, der nährenden Göttin zugeordnet, der den Paß auf der attischen Seite überragt. Auf der Höhe des Passes sah man die Hörner des Berges Kerata, dessen Name »Horn« bedeutet. Sowie sich der Weg vom Paß hinabwindet, »versinken die Hörner von Kerata wieder aus dem Blickfeld: der gefundene und wieder verlorene mystische Gegenstand.« [286, 75] Der Weg hinab war felsig und trocken. Herodot erwähnt, daß der Staub der großen Menge von weitem zu sehen war. Ein Stück abwärts öffneten sich die Berge zur Linken plötzlich, und eine Felsmasse ragte zwischen ihnen empor, eine weitere der Muttergottheit zugeordnete Form. An dieser Stelle gibt es ein der Aphrodite geweihtes Heiligtum. Genau hier wendet sich auch der Weg, und statt der Hörner von Kerata sieht man die Hörner von Salamis. Wenn sie die Küste des Golfes erreichten, nahmen die Initianden ein rituelles Bad im Meer, bevor sie an der Küste weiterzogen, um abends in Eleusis anzukommen. Scully erklärt: »Eleusis ist eindeutig dieser Durchgang zwischen den Welten, das ›Horntor‹, das in der Odysee und von Vergil gerühmt wird...« [286, 74] Kerata, der gehörnte Berg, erhebt sich unmittelbar oberhalb des Heiligtums von Eleusis. Den meisten Fachleuten nach bedeutete der Name Eleusis im Altertum »Durchgang« oder »Tor«. Kerény meint, daß der tatsächliche Name der Mysterienstätte, Eleusis, sich grammatikalisch durch Betonung und Flexion vom griechischen Wort *eleusis*, »Ankunft« unterschied, wenngleich die Worte verwandt waren. Der Ortsname Eleusis »bezieht sich auf die Unterwelt im positiven Sinne und könnte als ›Ort der glücklichen Ankunft‹ übersetzt werden.« [251, 23] Graves meint, das Wort habe dieselbe Bedeutung wie *Advent* gehabt und sich auf die Ankunft des göttlichen Kindes, des Gottes Iacchos, bezogen. Und die Christen hätten dieses Wort Advent für die Wochen vor der Geburt Jesu, des göttlichen Kindes zu Weihnachten, übernommen. [104, 159] Ein weiterer interessanter Punkt ist, daß die Adventszeit in der christlichen Kirche diese Bedeutungsebenen verknüpft hat – einesteils Freude über die erwartete Ankunft des Christkindes und damit die Erlösung der Menschheit, andernteils eine mit feierlichem Ernst verbundene Vorfreude auf den eigenen Tod. Der feierliche Ernst erwächst aus dem Bewußtsein der Vorbereitung auf einen »glücklichen Tod« durch ein gutes Leben; die Freude gründet sich auf der Erwartung, daß der Tod der Anfang des zukünftigen himmlischen Lebens sei. Die Fortdauer dieser Themen vom alten Griechenland bis zum heutigen Christentum ist leicht zu erkennen.

Die Initianden betraten »das Tor« und versammelten sich bei Fackellicht in einem Wald aus Säulen, der einen geheimnisvollen, schattigen labyrinthischen Hain bildete. [151, 89] Der Schlußritus fand tief im höhlenartigen Innern statt, wo die Initianden den heiligen Trank zu sich nahmen, den Demeter selbst getrunken hatte, wie die homerischen Gesänge berichten. Dieses zentrale Heiligtum war unmittelbar auf der Stätte eines mykenischen Megaron erbaut und verknüpfte Demeter auf diese Weise unmittelbar mit der kretischen Muttergottheit. [134, 151]

Der Höhepunkt des Ritus ist nicht bekannt. Er hat mit einem Gegenstand zu tun, der den Initianden gezeigt wurde: »Glücklich, wer ihn gesehen hat«, berichten die Gesänge Homers. In seinem »Über die Seele« vergleicht Plutarch den Schrecken des Todes, der plötzlich in Seligkeit verwandelt wird, mit der Verwandlung, die die Teilnehmer am Mysterium erfahren, sobald sie den Gegenstand gesehen haben. Der Bischof Hippolytus sagt, daß auf dem Höhepunkt der Mysterien eine Weizenähre gezeigt werde, die »in Stille« geerntet wurde. Er schreibt weiter: »Die ungeheure, lebensspendende Kraft der Mutter Erde prägte sich unmittelbar in die Seele des Mysten ein.« Otto führt aus, daß es wahrscheinlich ein Pflanzenwunder war, wie es bei den Naturfesten der primitiven Völker vorkommt: »Die Weizenähre, die plötzlich emporwächst, schweigend geerntet und dem Mysten gezeigt wird, ist dann wirklich eine Offenbarung und ein Unterpfand der Göttin, die diese Frucht durch die Eleusier der Menschheit gab. . . Mehr als das: es ist eine Epiphanie [Erscheinung] von Persephone selbst, ihr erstes mythisches Auftreten in Gestalt des Korns nach ihrem Abstieg in das Reich der Toten.« [243, 25]

Demeter und Persephone können als zwei Aspekte der Muttergottheit betrachtet werden. »Denn die Große Göttin konnte eben dies tun: sie konnte in einer einzigen Gestalt, die zugleich Mutter und Tochter war, die Triebkräfte darstellen, die in allen Müttern und Töchtern zum Ausdruck kommen, und sie konnte die weiblichen Attribute der Erde mit der Unbeständigkeit des wandelnden Mondes verbinden. Als Gebieterin über alle Lebewesen zu Lande und zu Wasser konnte sie sich von der Unterwelt bis zum Himmel erstrecken.« [151, 32] Tatsächlich herrschte sie über alle drei Bereiche der Welt: Himmel, Erde und Unterwelt; so war sie eine Verkörperung von Robert Graves »dreieiniger Göttin«.

Am letzten Tag der Feier der Mysterien wurde das »Strömen der Fülle« mit dem Ausgießen von Flüssigkeit aus Ritualkesseln begangen, die durch eine besondere Vorrichtung gekippt wurden. Nach Kerényi fand dies wahrscheinlich in der Höhle statt, im Ploutonium, und die Flüssigkeit rann in einen Spalt in der Erde, den »chthonischen Chasma« (unterweltlichen Abgrund). [151, 141]

Der Mythos stand in engem Zusammenhang mit dem Kult. Die alte Geschichte, die aus vergangenen Zeitaltern überliefert war, wurde nicht nur in Erinnerung gerufen, sondern beim Kultritual wieder zum Leben erweckt. »Der Kult der Erdmutter Demeter weist alle Merkmale eines festverwurzelten Sippenkultes auf, der zu einem bestimmten Stück Boden gehört.« [152] James fährt fort, daß das »jährliche Kultgeschehen seit uralten Zeiten in Eleusis stattgefunden hat« und im wesentlichen ein alter Sippenkult der Eumolpidäer und damit ein sorgfältig gehüteter, geheimer Ritus für einen ganz bestimmten Ort und eine bestimmte Gelegenheit war. [134, 151]

Der neuplatonische Schriftsteller Proklus berichtete im 5. Jhdt., daß die Initianden eine heilige Gebetsformel hersagten, während sie in den Himmel hinaufblickten: »Regen (oh Himmel) empfange (oh Erde), sei fruchtbar.« Dies bezieht sich unzweifelhaft auf das »ursprüngliche ›Gold‹ einer alten Religionsschicht, die umso mehr strahlt, da sie auf einem Abfallhaufen der neuplatonischen Metaphysik gefunden wurde.« [134, 151]

Das eleusische Mysterium ist an einen wirklichen Ort auf der physischen Ebene, an vorhandene Erdformen (Berge und Meer) und an eine wirkliche Gabe der Erde, den Weizen, gebunden. In all den Jahrhunderten haben die Schriftsteller, die über das Mysterium staunen und nach okkulten Erklärungen suchen, diese ganz realen Bindungen mit der Erde übersehen, aber erst aus diesen Bindungen mit der Erde wirkt die Kraft des Rituals. Um dies zu verstehen, ist es jedoch erforderlich, sich den indianischen Ritualen zuzuwenden, denn diese haben ihre Bedeutung ohne Verwirrung durch »neuplatonische Metaphysik« bewahrt.

Die indianischen Rituale des Hako und der »vielen Kinder«

Tahirussawichi, der Pawnee-Medizinmann, sagt über jenen Teil des Rituals »Viele Kinder«, der die Wanderungen der Pawnee beschreibt: »Mutter Mais, die unseren Geist auf den Pfad führte, den wir jetzt wandeln müssen, führe uns weiterhin, da wir in unseren Körpern über das Land wandern... Sie leitete unsere Väter und sie führt uns heute, denn sie ward aus der Mutter Erde geboren und kennt alle Orte und alle Völker.« Der zweite Teil des Rituals umfaßte die Lieder, die auf den Wanderungen gesungen wurden. Unter anderen ein »Lied an die Bäume und Flüsse«, ein »Lied beim Überqueren der Flüsse«, ein »Lied an den Wind« und ein »Lied beim Herannahen an Berge«. [90] Die Pawnee singen allen verschiedenen Teilen ihres heimatlichen Gebietes, das sie durchziehen, Lieder, geradeso wie die Mysten auf ihrer Fahrt von Athen nach Eleusis sangen, als sie unter den Muttergottheitformen des Berges Kerata hindurchzogen.

Der Ritus der Pawnee heißt »Viele Kinder«; der entsprechende Ritus der Sioux ist nach den beiden Stäben, die Erde und Himmel verkörpern, »Hako« benannt. Hartley Burr Alexander erklärt, daß diese Riten mit der »Erlaubnis, daß der Mensch auf seine eigene Art fortbestehen und in seiner Weise sich fortpflanzen dürfe«, zu tun haben. [4, 101] Daher sind diese Riten mit der Fruchtbarkeitsreligion der Höhle verwandt. In diesen Riten spielt ein Kind eine wichtige Rolle, genau wie Iacchos in den eleusischen Mysterien. Tahirussawichi sagte: »Auf diese kleine Kind legen wir die Male der Versprechungen, die Mutter Mais und Kawas bringen, das Versprechen von Kindern, von Vermehrung.«

Zum Ritus der Pawnee gehörte die Reise eines Stammes, »die Väter« genannt, zu einem anderen Stamm, »die Kinder« genannt, die den Zweck hatte, eine freundschaftliche Beziehung zu halten. In den eleusischen Mysterien wanderten die Initianden von Athen nach Eleusis und erfüllten damit einen alten Freundschaftsbund. In Eleusis war der Weizen von Bedeutung; im Ritual der Pawnee war der Maiskolben, Sinnbild der Maismutter, heilig. Nach Tahirussawichi »stellt der Maiskolben die übernatürliche Kraft dar, die in der H'Uraru wohnt, der Erde, die die Nahrung hervorbringt, die das Leben erhält.«

Wenn sie im Dorf des anderen Stammes ankommen, ist die Sonne untergegangen und es ist dunkel (wie in Eleusis). Die Hako werden erhoben, und die Sänger vollführen die Anrufung der Visionen:

> Heilige Gesichte
> Kommt hierher, wir bitten euch,
> kommt über uns
> und bringt Freude mit;
> kommt, oh kommt, heilige Gesichte
> und bringt Freude mit.

Tahirussawichi fährt fort, daß die Visionen von oben herabkommen und: »Wie wir gehen, wandern die Gesichte; sie füllen den ganzen Raum in der Hütte aus; sie sind überall um uns herum... berühren die Kinder... und geben ihnen durch ihre Berührung Träume ein, die ihnen Kraft, Gesundheit, Glück und alle guten Dinge bringen werden...« Am Ende der Ritualen gewidmeten Nacht, wenn das Morgenlicht langsam aufsteigt, singen sie die Geburt der Morgendämmerung:

»Wir rufen Mutter Erde an, dargestellt durch den Maiskolben. Während der Nacht schlief sie und ruhte sich aus. Wir bitten sie zu erwachen, sich zu regen, sich zu erheben, denn die Zeichen der Morgendämmerung sind im Osten zu sehen, und der Atem des neuen Lebens ist hier...«

Beim Erscheinen des Morgensterns, nach dem ein Gehilfe Ausschau gehalten hatte, wird das zweite Lied gesungen, »langsam, mit hingebungsvollen Gefühlen, denn wir singen von sehr heiligen Dingen.« Zum Abschluß seines Berichtes erzählt Tahirussawichi vom letzten Ritual, bei dem ein Kind als Repräsentant des Stammes enthüllt und zum Spielen fortgeschickt wird, und ein Segnungslied wird über ihm gesungen. Nachdem Tahirussawichi damit geendigt hat, dieses Lied Alice Fletcher vorzusingen, sagte er: »Wenn ich dieses Lied mit dir singe, kann ich nicht anders, als Tränen zu vergießen. Ich habe es bisher nie gesungen, außer wenn ich dastand und auf das Kind schaute und in meinem Herzen für es betete... Dies ist eine ganz geweihte Handlung.« Die innere Bewegung, die durch das Wiedererzählen des

Rituals aufkommt, erinnert uns an die tiefen Gefühle der Griechen und Römer, wenn sie sich auf die Ereignisse von Eleusis bezogen.

Im Mittelpunkt des Hako stand das Mysterium der heiligen Hochzeit von Himmel und Erde und die Geburt eines heiligen Kindes. Tahirussawichi berichtet: »Das Leben der Menschen beruht auf der Erde, der Mutter. *Tirawa atius* durchwirkt es. Das Korn wird in die Muttererde gesät, und sie bringt den Maiskolben hervor, gleich wie Kinder empfangen und geboren werden von Frauen.«

Ein ähnlicher Ritus der Sioux trägt viele Züge des Ritus von Eleusis, wie es der Bericht von Schwarzer Hirsch vom *Hunkapi*, dem »Verwandtschaftmachen« zeigt. Schwarzer Hirsch beginnt damit, daß er vom Kulturbringer der Lakota-Sioux, Mato Hokschila (Bärenknabe) berichtet, der ein Gesicht vom Mais hatte. Bald darauf fand er ein kleines Stück mit Mais bewachsenen Landes, und so brachte er seinem Volk den Maisanbau. Er wußte nicht, daß der Mais, den er gefunden hatte, den Feinden der Sioux, den Rie oder Arikari, gehörte. Als die Rie ihren Mais zurückforderten, ging Mato Hokschila zu den Rie und bat sie, einen Ritus zum Wohl des ganzen Volkes zu begründen, welcher ihm vom Großen Geist in einem Gesicht gegeben worden war. Er sagte: »Er, der unser Altvater und Vater ist, hat eine Verwandtschaft mit meinem Volk, den Sioux, begründet. Es ist unsere Pflicht, einen Ritus zu machen, der diese Verwandtschaft auf andere Stämme ausdehnt... Möge das, was wir hier tun, ein Beispiel für andere sein.« [41, 145] Während des Rituals steckt Mato Hokschila einen Stock in einen Maiskolben; diesen Stock mit dem Maiskolben setzt er mit dem Lebensbaum gleich, der sich vom Himmel zur Erde erstreckt und alle Menschen und alle Dinge des Weltalls versinnbildlicht. »Es ist gut, sich daran zu erinnern, wenn wir die Riten verstehen wollen, die folgen sollen.« [41, 154] Später gibt es einen rituellen Kampf mit dem Zählen von Coups, darauf werden Geschenke, Lebensmittel und Pferde unter den Sioux und Rie ausgetauscht. Dann wird ein Zug gebildet, den die Rie anführen, denen fünf rituell gefangene Sioux folgen, unter ihnen ein kleiner Junge und ein kleines Mädchen. Die Prozession hält viermal an bestimmten Stellen, und es werden Lieder gesungen.

An ihrem Endpunkt, der heiligen Hütte, werden die Gefangenen bemalt. Schwarzer Hirsch erklärt: »Durch die Bemalung werden die Leute verändert; sie haben sich einer Neugeburt unterzogen und besitzen damit eine neue Verantwortung, neue Pflichten und eine neue Verwandtschaft. Diese Verwandlung ist so heilig,

---

(Alle Zitate des Pawnee-Medizinmannes aus dem Report des Amtes für amerikanische Ethnologie. Siehe unter Ziffer 90 im Literaturverzeichnis.)

daß sie im Dunkeln vollzogen werden muß; sie soll vor den Blicken des Volkes verborgen werden.« [41, 157]

Die weiteren Einzelheiten des Rituals würden hier zu weit führen, aber am Ende des Rituals singen die Sioux:

> »Alle diese sind verwandt [hunka].
> Alle diese sind Verwandte.«
>
> [41, 157]

Beim rituellen Fleischmal sagt Mato Hokschila, daß sie den Willen des Großen Geistes getan hätten und »damit haben wir eine Verwandtschaft und einen Frieden begründet, nicht nur zwischen uns, sondern in uns selbst und mit allen Mächten des Weltalls.« [41, 160]

Schwarzer Hirsch faßt das Ritual mit den Worten zusammen, »daß mit diesem Ritus ein dreifacher Friede gestiftet war. Der erste Friede, der wichtigste, ist jener, der in die Seelen der Menschen einzieht, wenn sie ihre Verwandtschaft, ihr Einssein mit dem Weltall und all seinen Mächten gewahren und inne werden, daß im Mittelpunkt des Weltalls Uakan-Tanka wohnt und diese Mitte tatsächlich überall ist; sie ist in jedem von uns. Dies ist der wirkliche Friede, und die anderen sind lediglich Spiegelungen von ihm.« [41, 161] Der zweite Friede ist jener zwischen einzelnen, und der dritte ist der zwischen Stämmen und Nationen.

Otto berichtet uns in seinem Aufsatz »Die Bedeutung der Eleusischen Mysterien«, daß der altüberlieferte Mythos nicht nur in Erinnerung gerufen, vielmehr im Kult wieder zum Leben gebracht wird. »Die Götter sind gegenwärtig... nicht bloß als ehrfurchtheischende majestätische Figuren, sondern als das, was sie sind: höhere Wirklichkeiten des Hier und Jetzt, ursprüngliche Erscheinung der Seinsbewegung, schaffende und leidende Mächte des lebendigen Augenblicks, der auch den Tod einschließt. Ohne Tod kann es kein Leben geben; ohne Sterben keine Fruchtbarkeit.« [243, 29] Diese Vorstellung wird Initiationsmuster genannt. Das Wort *Initiation* »kommt von einem besonderen Gebrauch des lateinischen Wortes ›inire‹ (eintreten), um ›das rituelle Eintreten in die Erde‹ zu bezeichnen.« [155, 176]

Wenn wir verstehen wollen, weshalb dieses Initiationsmuster, das eine Art Leiden, Tod und Wiederauferstehung beinhaltet, in solch verschiedenen Gegebenheiten wie den Mysterien des klassischen Griechenlands und Roms, in Pupertätsriten, die den Zutritt zu Geheimgesellschaften erlauben, und selbst im persönlichen Leben von Mystikern auftreten, ist es erforderlich, auf die zugrundeliegende Bedeutung zu schauen. Eliade schreibt in seinem Aufsatz *Mysterium und geistige Erneuerung in außereuropäischen Religionen*: »Vor allem erkennen wir dieses: der primitive Mensch strebte nach Überwindung des Todes, indem er ihm solche Bedeutung zumaß, daß er letztlich aufhörte, ein Ende zu sein und zum Ritus eines Durchgangs wurde.« Die Primitiven spürten, daß der Tod zu etwas hinführte, das seinem Wesen nach etwas anderes als das profane Leben war.»Kurz gesagt, der Tod wird zu einer höchsten Initiation, also zum Beginn eines neuen, geistigen Daseins. Und darüber hinaus wurden Entstehen, Tod und Wiedererstehen als die drei Momente von ein und demselben Mysterium begriffen, und das ganze geistige Leben des archaischen Menschen lief darauf hinaus zu zeigen, daß es zwischen diesen Momenten keine Zäsur geben muß. Man kann nicht in einem der drei Momente stehenbleiben, man kann sich nicht darin niederlassen, weder im Tod, noch im Werden. Die Bewegung, die Wiedererstehung geht in einem fort... Folgerichtig darf Unsterblichkeit nicht als ein Weiterleben nach dem Tode aufgefaßt werden, sondern als eine Situation, die man fortwährend erzeugt, auf die man sich vorbereitet und an der man selbst hier und jetzt, in dieser Welt teilnimmt.« [77, 35–36] »Riten des Durchgangs« können zur Erleichterung einer jeden Wandlung des Lebens, wie Pubertät, Hochzeit, Geburt eines Kindes usw., angewandt werden wie auch bei den Veränderungen der physischen Umwelt, die die Erde verursacht, wenn sie sich durch die Jahreszeiten bewegt.

In den alten Zeiten haben mehr ursprüngliche Menschen in völliger Einheit mit Mutter Erde gelebt, doch für die gebildeten Philosophen der letzten Zeit der klassischen Periode dienten die Mysterienrituale, wie jenes von Eleusis, eher dazu, die verlorene Einheit der Menschen mit der Muttergottheit, der Erde, neu zu begründen,»deren Körper nicht mehr Tag und Nacht und immerwährend, sondern nur während der Zeit absichtlicher Vereinigung mit ihr die ganze Zuflucht für den Menschen war.« [286, 49] Jetzt ist es auch möglich zu erkennen, warum die Durchführung eines uralten Ritus, der den Gläubigen durch die Muttergottheitfigur Demeter unmittelbare Verbindung zur Erdkraft gab, eine solch befreiende Erfahrung war, derer mit Freude sich zu erinnern sie niemals aufhörten.

Eleusis wurde im Jahre 369 von Alarich und seinen Goten völlig zerstört, aber wir sollten uns erinnern, daß Alarich ein Freund der Christen war, die im späten imperialen Rom hohe Ämter erreicht hatten. John Holland Smith weist darauf hin, daß »es unser Verdacht sein muß, daß Alarich selbst irrigerweise den Angriff als Rache an den Römern (im weitesten Sinne) ansah für die Geringschätzung, die sie seinem Volke entgegenbrachten... und als eine Art Ausweitung des Religionskrieges..., denn in Griechenland hingen viele den alten Göttern an; die Mysterien lebten dort noch fort, und für Alarich und seine kirchlichen Freunde muß jenes Land die ganze Vergangenheit der helleno-romanischen und heidnischen Welt dargestellt haben.« Smith berichtet weiter, daß in »den heiligen Sanktuarien von Eleusis, der Heimstatt der Göttinnen und ihres Mysteriums... die Zerstörung so vollständig war, daß kaum ein Stein auf dem anderen blieb und Eleusis, einer der klangvollsten Namen der Religion, seither für den Besucher eine der ödesten Stätten war.« [297, 188–189]

Die mächtigen Hörner des Berges Kerata bezeichnen noch die Stätte von Eleusis, von dem viele Fachleute glauben, es sei das berühmte »Horntor«, der kontroverse Angelpunkt in Vergils epischem Gedicht »Aeneis«.

Vergils Aeneis

Vergil (70–19 v. Ztr.), der sich vermutlich auf seine eigene Erfahrung der Eleusischen Mysterien bezog, verwendete das Sinnbild der Höhle für den Höhepunkt am Ende des sechsten Gesanges der Aeneis. In Knights Buch *Cumaean Gates* (Die Tore von Kumae), das sich mit den Zusammenhängen der Höhle von Kumae bei Vergil befaßt, stellt er fest, daß man glaubt, das sechste Buch, das den Abstieg des Aeneas in die Höhle schildert, sei im Grunde eine Beschreibung eines Teiles der Einweihung in die Eleusischen Mysterien. Gegen Ende des Buches schreibt Knight: »Des weiteren sind die Grundsätze der Höhlenriten klarer, so daß man von der Höhle von Kumae annehmen darf, sie rufe zu anderen Höhlenriten gehörende Muster in unser Gedächtnis, aus denen – neben vielen anderen – die Mysterien hervorgegangen waren.« [155, 226]

Darüber hinaus sind, weil Vergils Aeneis Dante inspiriert und Dantes Werk seinerseits die Literatur bis heute beeinflußt hat, die Ereignisse im sechsten Gesang von vornehmster Bedeutung. Ich will kurz die Hauptereignisse der Aeneis schildern, damit die Schlüsselstellung der Höhlenszene klar wird, denn was hier in Frage steht ist nicht nur die Bedeutung des *Ortes* versus die Herrlichkeit des Imperiums, sondern auch die Sinnlosigkeit der Opferung von Menschen für das Imperium.

Nachdem Troja von den Griechen eingenommen und niedergebrannt ist, flieht Aeneas mit seinem Weib, seinem Sohn und seinem Vater Anchises in der Absicht, nach Italien zu gehen, von wo die Familie herstammte. Sein Weib geht verloren, Anchises stirbt auf der Fahrt, aber nach vielen Gefahren erreichen Aeneas und sein Sohn Italien. Latinus, der herrschende König, nimmt die Exilianten gastfreundlich auf und verspricht seine Tochter Lavinia dem Aeneas zur Frau. Aber Lavinias Mutter hat sie schon dem Prinzen Turnus versprochen, der sich weigert, von ihr zu lassen. Latinus befiehlt den Rivalen, die Angelegenheit im Kampf zu regeln. Turnus wird getötet, Aeneas heiratet Lavinia, und das ist der Anfang von Rom.

Vergil verbrachte die letzten elf Jahre seines Lebens mit der Arbeit an seiner großen epischen Dichtung und starb, bevor sie gänzlich überarbeitet war. Vergils Leben umfaßte die Zeit des Augustus am Ende der römischen Republik und am

Beginn des Weltreiches. In der Zeit wurde das Gedicht – wie manchmal noch heute – als Verherrlichung des römischen Weltreiches und Augustus' angesehen. Aber andere Kritiker denken urteilsschärfer wie Di Cesare:»Der Gedanke, dieser intelligente, empfindsame, tiefschürfende Dichter habe sich auf der Höhe seines Schaffens und in der Reife seiner späteren Jahre einem begrenzten politischen Programm als Grundlage seines Epos verschrieben – gewiß, der Gedanke wäre aufgesetzt und widersinnig... Zu glauben, daß Vergil eindeutig und beharrlich ›die Absicht hatte‹ Rom und Augustus zu verherrlichen, hieße, den Dichter herabsetzen.« [71,ix]

Kehren wir nun zum entscheidenden sechsten Gesang zurück. Aeneas erreicht endlich die Küsten Italiens, landet in Kumae in Kampanien. In der Nähe Kumaes war ein Apollo und Diana geweihter Tempel. In diesem Tempel hütet eine Sibylle eine Höhle, die angeblich der Eingang zur Unterwelt war. Am Anfang des sechsten Gesanges steht Aeneas vor dem Tor, das von Daedalus, der von Griechenland kam, geschnitzt worden war. Vergil benutzt hier Daedalus, um Kumae direkt mit der alten minoischen Muttergottheitreligion Kretas in Verbindung zu bringen. [155,263] Aeneas untersucht die labyrinthischen Formen des Tores, als die Sybille ihn findet. Sie gibt ihm Anweisungen zum Auffinden des goldenen Zweiges, den er braucht, um weiter voranzukommen. Aeneas findet den goldenen Zweig und steigt mit diesem leblosen Symbol des Lichtglanzes in die Unterwelt hinab. Er unterhält sich mit seinem toten Vater Anchises, der ihm eine Schau der künftigen Herrlichkeit Roms eingibt, die mit der Herrschaft des Augustus, dem Erneuerer des goldenen Zeitalters in Italien, ihren Höhepunkt erleben würde. Der letzte Vers vom letzten Gesang ist der entscheidende, der Angelpunkt der Kontroverse:

»Siehe, da sind zwei Tore des Traums, von Horne das eine, sagt man, wo leicht hindurch die wahren Träume entschweben: Aber von glänzendem Elfenbein das andere gebildet, hier versenden die Manen zur Welt die falschen Gesichte. Dorthin geleitet Anchises den Sohn und zugleich die Sybille. Immer noch redend, entläßt er durchs elfenbeinerne Tor sie.«

Vergil baute seinen Epos nach dem Muster der Ilias und der Odyssee auf. Dieser sechste Gesang ist soviel bewegender als seine Parallele in der Odyssee, weil wir irgendwie den Eindruck gewinnen, daß Aeneas nicht nur in die Unterwelt gegangen ist, sondern daß in gewisser Weise sein wahres Selbst dort gestorben ist. Diese Wirkung wird zum einen durch den merkwürdigen Zweig erzeugt, der die entfärbte Aura des Goldes hat. Er glitzert, aber er ist leblos, denn er knistert im Wind. (In Frasers monumentalem Werk »The Golden Bough« ist das zentrale Thema dieser Zweig, der mit der Mistel verglichen wird.) Die Mistel, ein Schmarotzer, haftet am Baum, hat aber keine lebendige Beziehung zu ihm. »Ein mächtiger Gegensatz«, so Parry [245] »zu dem Bild des Höhepunktes in der Odyssee, jenem großen, verborgen wurzelnden Baum, aus dem das Schlafgemach, das Haus und das Königtum Odysseus' dauerndes und organisches Leben zog.« Als Aeneas aus dem merkwürdigen Tor herauskommt, ist er nicht mehr ein ganzer, lebendiger Mensch, sondern nurmehr ein Instrument, das römische Weltreich zu errichten.

Die fragliche Szene, jene, in der Aeneas vom Elfenbeintor, dem Tor der falschen Träume auf seinen Weg geschickt wird, hat in den Jahrhunderten seit Vergil viele verschiedene Deutungen erfahren; in jüngster Zeit scheinen mehr Kritiker der Ansicht zuzuneigen, daß Vergil durch die Darstellung dieses Tores der falschen Träume in Wirklichkeit einen Angriff auf Augustus' Weltreich versteckt.

Da sind zwei Tore, eines aus Horn und eines aus Elfenbein. Das aus Horn hat die Macht zu wahren Träumen zu führen. Zu diesem Tor bemerkt Scully: »Eleusis ist eindeutig der Durchgang zwischen Welten, jenes ›Tor aus Horn‹, in der Odyssee und von Vergil gepriesen, von dem Levy geschrieben hat.« [286, 75] (Levys Tor aus Horn wurde bereits im Abschnitt über Eleusis behandelt.) Das andere Tor, das aus poliertem, glänzendem Elfenbein, bringt falsche Träume in die Welt oben. Drei der wiederholten Themen dieses Kapitels bieten weitere Einsichten in die Bedeutung dieses »Horntores«. Sie betreffen die Macht des Tieres, die im Horn ihren Sitz hat; die Höhlen tief in der Erde als Orte der Wiedergeburt; und Religion zur Aufrechterhaltung einer bleibenden Beziehung. Durch das »Horntor«, durch die »alten Götter«, verbleibt das Menschenwesen in einer dauernden Beziehung zur Erde, der Quelle allen Lebens. Diese Beziehung sorgt für das Fortbestehen des Lebens: physisch durch den Tod und die Geburt neuer Einzelwesen im Stamm und geistig durch die Wiedergeburt des Einzelwesens. Das »Elfenbein« auf der anderen Seite könnte sich auf Augustus' Vesuch beziehen, sich selbst als Gott einzusetzen, eine neue Ära der Vergottung des Reiches einzuführen. Er hatte den ganzen Reichtum des Imperiums zur Verfügung – Gold und Elfenbein, um Statuen reich zu schmücken. Doch diese Zeichen von Macht und Reichtum des Augustus haben für das wirkliche Leben des Landes oder der Menschen auf diesem Land keine Bedeutung, denn das wirkliche Leben ruht vielmehr auf der »bleibenden Beziehung« zwischen der Erde und den Menschwesen.

Allen Mandelbaum unterstützt diese These, wenn er über den siebten Gesang der Aeneis schreibt: »Es handelt sich um mehr als einen geistigen Blick zurück: Aeneas wird Turnus und die Leute der ›alten Wege‹ besiegen, aber Vergil kennt den Preis, den der Sieg der positivistischen Rechtsordnung über das Naturrecht kostet.« [195, 271] In einem Abschnitt, der vordergründig mit dem Tod des Umbrom, einem Führer der Maryser, zu tun hat, schreibt Vergil:

> Dich aber haben beweint Angitias Hain
> und die klaren Silberfluten des Fucinussees.

Adam Parry erzählt uns, daß die lateinischen Worte hier einen fließenden, klagenden Klang haben. Er fährt fort:»Wenn wir die Gründe für diese Klage ganz verstehen könnten, die in ihrer Kürze dermaßen ausgefeilt ist, und was sie so eindringlich macht und weshalb sie so vergilianisch ist, dann hätten wir, glaube ich, viel von Vergils Kunst erfaßt.« [245] Die Orte, die in diesem Abschnitt genannt werden, befinden sich im Bergland der Marser östlich Roms. Wenige Generationen vor Vergil lebten die Marser unabhängig als Roms Verbündete. Im marsischen Krieg von 91–88 v. Ztr. wurden sie besiegt und verloren ihre Unabhängigkeit. Für Vergil verkörperten die Marser das ursprüngliche Volk und den wahren römischen Geist.»Sein Gefühl für sie hat mit dem Gefühl der Amerikaner für die Indianer manches gemein.« [245] Vordergründig scheint die Aeneis darzustellen, daß das römische Reich aus einer glückhaften Verbindung der natürlichen Gaben der heimischen italischen Völker und der zivilisierten Trojaner hervorging, aber die wachsende Tragik der letzten Gesänge der Aeneis scheint doch etwas anderes auszusagen. Nicht der Tod Umbros ist in diesem Abschnitt bedeutsam, sondern »die wirkliche Ergriffenheit gehört den Orten, die ihn beweinen. Sie sind die wahren Opfer von Aeneas' Krieg...« [245] Commager, ein weiterer Vergilkenner pflichtet dem bei:»Aus geschichtlicher Sicht mögen wir zugeben, daß die Entwicklung von den Hütten von Euander zu den Marmorpalästen des Forums einen Triumph der Zivilisation über die Primitivität darstellt, und der achte Gesang geht ausführlich auf den Gegensatz zwischen den beiden ein. Nichtsdestotrotz empfinden wir weniger den Fortschritt als vielmehr den Verlust; wir sind ständig Zeugen der Vergewaltigung des Landes. In einem außergewöhnlichen Gleichnis wird Aeneas in der Endschlacht mit einem Sturm gleichgesetzt, der den Saaten und Bäumen Verderbnis bringt.« [62,10] In der Endschlacht verfehlt Aeneas' Speer seinen Hauptfeind, Turnus, und trifft einen Ölbaum in einem heiligen Hain. Damit wird die Zerstörung der Geisteskultur des alten Latium versinnbildlicht.

Höhlen und menschliches Bewußtsein heute

Ein kürzlich durchgeführtes Experiment, das die den Höhlen innewohnende Kraft erneut bestätigt, wurde in den Vereinigten Staaten unternommen und von Franklin Merrell-Wolff in seinen *Pathways Through to Space* (Durchgänge zum Raum) geschildert. Um sein Experiment zu verstehen, sind einige Vorbemerkungen zum Lebenslauf des Autors erforderlich. Er graduierte 1911 »Phi Beta Kappa« an der Stanford Universität im Hauptfach Mathematik und in den Nebenfächern Philosophie und Psychologie. Er verfaßte seine Habilitationsschrift in Harvard und lehrte für kurze Zeit in Stanford Mathematik, bevor er die akademische Welt verließ, um seine Zeit der Suche nach dem zu widmen, was er »grundlegende Gegenwärtigung« (*im Orig.: fundamental realization*) nannte. Er erschien vierundzwanzig Jahre später mit einem erfolgreichen Ergebnis, das er ohne Förderung durch einen sichtbaren Guru erreicht hatte. Kürzlich begab sich Dr. John Lilly, der Delphine und das menschliche Bewußtsein erforscht, auf die Suche und fand Merrell-Wolff auf einer Höhe von etwa 3.200 m am Hang des Mount Whitney, des höchsten Berges der Vereinigten Staaten, wo er lebte. Es ist wichtig zu begreifen, daß Merrell-Wolff bei seiner Suche nach der grundlegenden Gegenwärtigung nach einer strengen, nahezu »wissenschaftlichen« Methode vorging und seine Unternehmung sorgfältig dokumentierte.

Seine ersten tatsächlichen Empfindungen vom »Gegenwärtigkeitszustand« traten eines Abends nach dem Essen auf, nachdem er tagsüber unterirdisch in einer alten Goldmine in der Nähe der Stadt Michigan Bluff im Mother Lode-Land in Kalifornien gearbeitet hatte. Bei der Arbeit allein unter der Erde sann er oft über das Werk Shankaras nach, des alten Kommentators der indischen Brahmasutras. Nach dem Essen an eben jenem Tage glitt er in einen Zustand der Kontemplation hinüber, der sich durch eine »elixierartige Qualität der Luft auszeichnete... die überall eine ruhige Empfindung von Freude verbreitete.« [216,2] Durch spätere Ereignisse nach diesem auslösenden Geschehnis kam er dazu, es das wahre Ambrosia zu nennen.

Die körperlichen Abläufe jener Zeit beschreibt er so: »Ich wußte nicht, daß es im Orient eine gebräuchliche Übung war, Anwärter auf die Transformation zu bestimmten Zeiten in Höhlen gehen zu lassen, und dies oft für sehr lange Zeit. Es scheint tatsächlich so, als gäbe es manche Beziehung zwischen der Transformation der ›Wiedergeburt‹ und dem Eintreten in die Erde.« [217,79]

Er berichtet weiter, daß die indische und tibetische tantrische Literatur und auch der westliche Ritualismus auf der Vorstellung beruhen, daß es eine »geheimnisvolle gegenseitige Beziehung« zwischen dem körperlichen Zustand und dem gewünschten Bewußtseinszustand gibt. »Da ich selbst niemals auf Ritualismus ausgerichtet war und darin nie einen persönlichen Wert gesucht habe, ist der Schluß, der sich mir aufdrängte, daß er wichtige transformative Werte besitzt, ganz objektiv, umso mehr, da ich rückblickend feststellte, daß ich tatsächlich eine Übung ausführte. Ich war mir nicht bewußt, was ich tat, während es im Orient eine bewußt angewandte Praxis ist.« [217,79] Die Zeit, die Merrell-Wolff unter der Erde zubrachte, erwies sich für ihn als Reifezeit, die für die Erreichung des Zustandes, nach dem er suchte, notwendig war. Damals war er etwa neunundvierzig Jahre alt. John Lilly fand ihn 1972.

In den Schriften C. G. Jungs finden wir eine weitere Erhellung der Höhle als Symbol des Unbewußten: »Die Höhle oder Unterwelt stellt eine Schicht des Unbewußten dar, in der es keinerlei Unterscheidung gibt, nicht einmal eine Trennung des Männlichen und des Weiblichen.« [137,132]

Sowohl Kalksteinhöhlen, von fließendem Wasser geschaffen, als auch Höhlen, die durch Verwerfungen entlang von Bruchlinien entstanden, sind die ursprünglichen labyrinthischen Durchgänge, die in den altsteinzeitlichen Bildern und in späteren Labyrinthen zu finden sind. Der Lauf des Wassers und die Bruchlinien von Felsen sind gewunden und verworren. Beim Betreten einer Höhle erfährt man ein Gefühl der Geborgenheit, aber beim tiefer Hineigehen folgt diesem manchmal die Angst. Ich persönlich habe in Höhlen das Gefühl, daß nur ein Stück weiter ein unheimliches Geheimnis bloß darauf wartet, entdeckt zu werden. Dieses Gefühl lockt mich immmer weiter in die Tiefe.

6. Der Tod der Götter

Die römische Religion bestand Jahrhunderte lang aus einer großen Zahl örtlicher Kulte, die mit der Landschaft eines bestimmten Gebietes verbunden waren. In den späteren imperialen Zeiten, als sich die Religion mehr auf die Macht des römischen Kaisers als auf die Macht des Landes ausrichtete, blieb der wahre religiöse Hunger der Menschen unbefriedigt. Dies trug zum Anwachsen der orientalischen Mysterienreligion bei, die nach Rom hereingebracht worden waren.

Am Ende der klassischen Periode waren die Römer Stadtbewohner, aber sie blieben in der Erde verwurzelt. Diese Wurzeln stammten von den alten Muttergottheitreligionen her, denn diese Religionen bildeten die Grundlage der »Mysterien«. Die Charakteristiken der Muttergottheit waren noch mit solchen Gestalten wie Demeter in Eleusis, Cybele in Rom, Isis und selbst mit dem männlichen Gott Dionysos verbunden. Die beiden anderen Hauptmysterienreligionen waren mit Mithras (einem Sonnen- und Vegetationshelden, der in Persien seinen Ursprung hatte) und Orpheus verknüpft. Diese universellen Mysterienkulte schwächten die Bezogenheit der Menschen auf den örtlichen Gott des Haines oder der Höhle; was aber schließlich die heilige Bezogenheit von Mensch und Natur gänzlich durchtrennte, das war das Aufkommen des Christentums.

»Von Anfang an waren die Christen darauf aus, die Götter der klassischen Welt zu zerstören. Sie hatten fast auf der ganzen Linie Erfolg. Und es kann keinen Zweifel geben, daß von all den im Namen des Christentums begangenen Verbrechen dieses in seinen Folgen das verheerendste war. Bei ihrem Versuch, die Götter zu töten, zerstörten die Christen die Welt jener, die sie liebten.« [297,3]

Die Christen meinten natürlich, daß die Zerstörung der alten Götter lobenswert sei, weil sie glaubten, daß die Götter Teufelsbrut seien. Die Christen gaben der

Verehrung der römischen Götter schließlich den Namen *Paganismus* (Heidentum). Das Wort war von *pagani* abgeleitet, das ursprünglich einen ungebildeten bäurischen Landmann, der den »alten Wegen« seiner Vorfahren anhing, bezeichnete. Die Christen fügten dem die zuerst von Soldaten gebrauchte Nebenbedeutung von Feigling hinzu und meinten damit jene, die nicht im Heer Christi kämpfen wollten. [297, 81] Es gab in Wirklichkeit nichts, was man römische Religion nennen konnte; es gab nur die Anbetung in vielen verschiedenen Arten und Weisen, die eine Bezogenheit zwischen der Person, den göttlichen Kräften, dem Platz, an dem er lebte, und dem Staat herstellten.

In den Zeiten des römischen Imperiums, als viele Rassen und Kulte zueinanderkamen, gründeten Menschen mit einer starken Persönlichkeit, »die den Namen des Meisters gehört und ein paar eingängige Sätze aus seinen Lehren aufgeschnappt hatten«, ihre eigenen religiösen Kulte oder Schulen, die die eine oder andere Art Erlösung versprachen. Diese Menschen wurden Gnostiker genannt, »Männer des Wissens«, deren Leben so erwählt und esoterisch war, daß sie alles bedeuten konnten oder gar nichts. Eine andere Art der Religion war die Theurgie (aus *theos* = Gott und *ergon* = Tat, Werk). Ursprünglich beruhte sie auf Magie, aber später kamen Erkenntnisse aus der Philosophie hinzu. Ihr Zweck war es, göttliche Kraft für menschliche Zwecke zu binden. Vor allem suchte sie nach den letztgültigen, geheimen Namen Gottes. [297, 13] Spuren dieser eklektischen Systeme sind in einigen der okkulten Bewegungen in den heutigen USA zu finden.

Nach John Holland Smith war der einflußreichste dieser römischen Kultführer wahrscheinlich Mani, der im dritten Jahrhundert lebte und im Persischen Reich eine bedeutende Persönlichkeit war, aber später exekutiert wurde. Er war ein gebildeter Scharlatan und ein Eklektiker, dessen »Ideen zu späteren Zeiten bis zur Regierungszeit von Papst Innozenz III. und darüber hinaus Millionen tief beeinflußt haben«. [297, 13] Dieses dualistische System des Manichäismus, welches die Welt als böse betrachtete und nach der das ganze Leben aus einem Kampf zwischen Gut und Böse bestand, spielte eine entscheidende Rolle bei der Abwendung der Menschenwesen von der Natur.

Als die Christen politische Macht gewannen und sich anschickten, auch hohe Staatsämter zu übernehmen, verloren die heidnischen Götter allmählich ihren Platz und ihre Macht. Das letzte öffentliche heidnische Gebäude wurde in Rom im Jahre 340 errichtet. Eifernde Christen begannen, heidnische Tempel zu zerstören. In der Regierungszeit von Theodosius wurde ein fanatischer Christ, Cynegius, zum Präfekten ernannt, und er begann die Tempel mit großer Gründlichkeit zu zerstören. Litanius, ein kultivierter und hochgebildeter Heide, hielt im Jahr 386 eine Rede »Zum Schutze der Tempel« vor dem Kaiser, in der er ausführte, daß die ersten von den frühen Menschen errichteten Bauwerke Tempel für die Götter waren; und wenn die Städte angelegt wurden, wurden hinter den Mauern zuerst die Tempel gebaut, doch jetzt »stürzen sich Männer in Schwarz auf die Tempel und tragen Holzbalken, Steine und das Feuer fort... Dächer werden abgeschlagen, Mauern untergraben, Schreine umgeworfen, Altäre völlig zerstört... So stürzen sie durch die Orte des Landes wie die Wasser einer Flut – sie verwüsten sie, eben weil es die Tempel sind, die sie zerstören. Denn jeder Ort des Landes, in dem sie einen Tempel zerstören, ist ein geblendeter Ort: ein geschlagener Ort, gemordet. Denn die Tempel, mein Kaiser, sind die Seelen des Landes... sie sind durch die Generationen auf uns gekommen.« [297, 166]

Nachdem ein Tempel zerstört worden war, suchten oft Mönche diese Stätte auf, um die Anhänger davon abzuhalten, dort zu beten. Der örtliche Bischof führt den christlichen Mob »mit Soldaten in der Hinterhand«. In den meisten Fällen war der Einsatz von Soldaten nicht notwendig, denn das Volk verhielt sich dem Staat und den römischen Beamten gegenüber, die die Zerstörung tolerierten oder gar anordneten, loyal, aber wenn die örtliche Bevölkerung Widerstand leistete, wie in Alexandria zum Beispiel, rückten Soldaten an. Johannes von Chrysostom, der in Antiochia im Jahre 386 Priester wurde, war der eifrigste Christ bei dem Zerstörungswerk und die »Kirchengeschichte« (Ecclesiastical History) lobt ihn für sein Werk der »völligen Verwüstung der Teufelstempel, die noch erhalten geblieben waren«. [297, 174] Alarich und die Westgoten suchten Griechenland heim und öffneten die heiligen Stätten für das Werk der »Männer in Schwarz«, und »das ganze heilige Griechenland wurde in voller Absicht und unwiederbringlich vernichtet«. [297, 290]

Die berühmte Eroberung Roms durch Alarich im Jahre 410 zerstörte schließlich nicht nur die Stadt, sondern sicherte auch die Vorherrschaft der Christen. Alarich erließ den Befehl, daß die Basilika des Apostels Petrus, die von Konstantin dem Großen auf dem Berg des Vatikan begründet worden war, verschont werden sollte. Der Bericht des Christen Sozomen besagt, daß Alarich seinen Befehl »aus Ehrerbietung« gab. Auf jeden Fall bewahrte er, nach Sozomen, die Stadt vor der völligen Zerstörung, und was übrig geblieben war, wurde zum Wiederaufbau der ganzen Stadt verwendet. [297, 217]

Die Vorstellung Augustinus' von der Gottesstadt, die, wie er glaubte, Rom darzustellen bestimmt war, beeinflußt die europäische Geschichte jahrhundertelang, denn »er sah seinen Gott die Welt trotz ihrer Schlechtigkeit unermüdlich erlösen, und die Annahme dieses grundlegenden augustinischen Lehrsatzes war es, die die Fesselung des mittelalterlichen Europa verstärkte«. [297, 220]

Augustinus' Vorstellung von Sünde und Erlösung mit seinem Gebet zu Gott: »Gib mir, was du willst«, verneinte die menschliche Freiheit völlig. Außerdem schufen seine Ideen, weil er vom Manichäismus beeinflußt war, eine unüberbrückbare Kluft zwischen dem Menschen und der Natur; und die Natur geriet dabei in die Rolle des Widersachers und wurde ein Hindernis für die Erlösung.

Die alten Götter waren besiegt und für den christlichen Imperialismus keine Bedrohung mehr, aber sie weilten noch an geheimen Orten in den Bergen und Wüsten und kamen gelegentlich in organisierten Gruppen, wie den Katharern, an die Oberfläche. Die tieferen Rituale überdauerten und wurden im 15. Jhdt. und auch später als »Hexerei« bezeichnet, wie etwa »das Darbringen von Opfergaben an Bäumen, Felsen und Quellen, die Segnung von Feldern usw.« [297, 293]

In den Pyrenäen und in Nordwestspanien zum Beispiel hielten die Bewohner, obwohl vorgeblich Katholiken, an den »alten Wegen« fest. Doch als Martin, der Bischof von Braga, mit der Bekehrung des arianischen Königs der Sueben, die die Gegend beherrschten, Erfolg hatte, entdeckte er ihre Ketzereien. Er berief einen Rat nach Braga, um den örtlichen Bischöfen vorzuschreiben, wie sie mit diesen heidnischen Relikten zu verfahren hätten. Nachdem die Bischöfe nach Hause zurückgekehrt waren, schrieb ihn einer um weitere Hilfe an. In seiner Antwort wird klar, daß Martin das Böse überall sah. Er behauptete, daß die gefallenen Engel, Anhänger Luzifers, die Namen von »bösen und verschlagenen Wesen von der Rasse der Hellenen« angenommen hätten, der griechischen Götter, um die Menschheit zu täuschen und zum Bösen zu verleiten. Der Brief fährt mit der Auflistung vieler der alten römischen Götter als Teufel fort: »Für viele waren die Teufel aus dem Himmel vertrieben. So herrschten manche in den Meeren oder Flüssen, in den Brunnen oder Wäldern... und sie waren alle bösartige Teufel und böse Gesichter, die ungläubigen Menschen schadeten und sie verwirrten, die sich nicht durch das Zeichen des Kreuzes zu schützen wußten.« [297, 240]

Wieder einmal sehen wir, daß Wesen, die von der einen Gruppe als Götter verehrt, von einer anderen als Teufel bezeichnet wurden, genau wie zu Zoroasters Zeiten. Nur dieses Mal ist es direkter auf die Natur selbst gerichtet, und auf diese Weise werden die Menschen von jeder Art einer tiefen Naturbeziehung abgeschnitten. Doch es sollte noch schlimmer kommen. Bis dahin war alles, was die Kirche tat, zu drohen, zu verdammen und zu stören; doch von nun an zahlten jene, die den »alten Wegen« einer wirklichen Bezogenheit zur Natur folgten, mit ihrem Leben. Das kleine Königreich von Suebi wurde vom westgotischen Spanien im Jahre 585 erobert, und später wurde der König der Westgoten ein Katholik. Das dritte Konzil von Toledo wurde im Jahre 589 abgehalten, um für die schnelle Bekehrung der ganzen Nation zu sorgen. In dem einundzwanzigsten angenommenen Kanon erklärte das Konzil: »...die heilige Synode verfügt das Folgende: Daß jeder Priester in seinem Gebiet zusammen mit einem Magistrat des Distriktes sorgfältige Befragungen durchführe nach Relikten der Frevel, und nicht zögern solle zu zerstören, was immer er fände. Und jene Leute, die in solchen Irrtum verfielen, sollen vor dieser Gefahr für ihre Seelen durch jegliche erforderliche Verwahrung gezwungen werden.« [297,242] So begann die gefürchtete Inquisition, die in der einen oder anderen Form wohl über tausend Jahre dauern sollte.

Weil jeder Baum oder Felsen, weil jede Quelle verdächtigt wurde, der Sitz eines Teufels zu sein, und weil über den Häuptern jener, die zur geistigen Erquickung zu ihnen gingen, der Tod hing, ist es kein Wunder, daß alle derartigen Plätze gefürchtet und gemieden wurden. In Europa wurden Berge, die als heilig erachtet worden waren, zu Orten, die gefürchtet, ja oft gehaßt wurden. Auf den frühesten Karten von den Alpen gab es in den Berggebieten große weiße Flecken. Frühe Landkarten von Savoyen zum Beispiel wiesen das Gebiet um den Mont Blanc, den höchsten Gipfel der Alpen, unter dem Namen Mont Mallet (*maledictus* oder verflucht) aus. Ungeheuer und Kobolde lebten vermeintlich in den Hochtälern. Das Wetterphänomen der Glorie, von der chinesische Mönche glaubten, es sei eine glückverheißende Erscheinung der Freude des Boddhisattva, wurde von Bergbauern »Geistererscheinung vom Brocken« genannt. Ein weiterer Aspekt der kirchlichen Verfolgung, um die Macht der alten Götter zu untergraben, war der Bau von St. Michael geweihten kleinen Kirchen und Kapellen auf entlegenen Bergspitzen und an wilden Orten an der Meeresküste. [124,241] St. Michael ist das Oberhaupt der Erzengel und der vornehmste Widerstreiter des Teufels. Hier, an diesen wilden Orten, vermittelten die ihm geweihten Kirchen der Bevölkerung den Eindruck, daß diese Plätze wirklich des Teufels waren.

Obgleich die christliche Kirchengewalt jede Anstrengung unternahm, alle Spuren der alten heiligen Bezogenheit zu bestimmten Plätzen zu zerstören, so hatten sie doch nie wirklichen Erfolg. C. G. Jung verfolgte die bleibende Bedeutung besonderer heiliger Brunnen und Quellen für die örtliche Landbevölkerung. Er erklärt gewisse Aspekte von Brunnen und Quellen wie folgt:

»Die Krypta in Chartres war früher ein altes Heiligtum mit einem Brunnen, wo eine Jungfrau verehrt wurde – nicht die Jungfrau Maria wie heute, sondern eine keltische Göttin. Unter jeder christlichen Kirche des Mittelalters befindet sich ein geheimer Ort, an dem in alten Zeiten die Mysterien gefeiert wurden...« [137,122] Jung wies auch darauf hin, daß die wichtigste religiöse Zeremonie des Mithras-Kultes in höhlenartigen Räumen stattfand, die halb in der Erde lagen und *Mythraeum* hießen. Diese befanden sich auch immer in der Nähe einer Quelle. Jung schrieb: »Diese Heiligtümer waren immer ein großes Ärgernis für die ersten Christen. Sie haßten all diese naturhaften Anordnungen, da sie keine Freunde der Natur waren. In Rom ist zehn Fuß unter der Kirche von San Clemente ein Mythraeum entdeckt worden. Es ist noch in gutem Zustand, aber mit Wasser angefüllt, und wenn man es auspumpt, fließt das Wasser wieder herein... Die Quelle ist nie gefunden worden. [137, 125]

Die Zerstörung römischer Tempel durch die Christen endete erst, als Gregor der Große (540–604) Papst wurde und verfügte, die heidnischen Tempel in christliche zu verwandeln. Gesegnetes heiliges Wasser wurde über die Tempel verspritzt, die Reliquien eines Heiligen oder Märtyrers in den Altar gegeben, um ihn vor den Einflüssen von Teufeln zu bewahren, und der heidnische Tempel war zu einer Kirche geworden. Der erste heidnische Tempel, der tatsächlich in eine Kirche verwandelt wurde, wurde von Papst Bonifazius IV. fünf Jahre nach Gregors Tod, geweiht. Auf diese glückhafte Weise blieb das eindrucksvolle Pantheon (was »alle Götter« bedeutet) erhalten.

Es war im Jahre 27 v. Ztr. zu Ehren der olympischen Götter errichtet worden. Von den Christen wurden viele äußerliche Veränderungen vorgenommen, aber das Innere ist im Wesentlichen so erhalten geblieben, wie es durch den Kaiser Hadrian (117–138 n. Ztr.) nach einem Brand wiederhergestellt worden war. Die große kreisförmige Halle (42,75 Meter im Durchmesser) wird von einer halbkugeligen Wölbung überdacht, die in der Mitte eine Öffnung von 9 Metern Durchmesser hat, aus der der Rauch der Opferfeuer abziehen konnte. Michelangelo rühmte: »...es war der Entwurf nicht eines Menschen, sondern eines Engels.« [65, 48] Es gibt in dem gewaltigen Innenraum, der dieselbe Form wie eine Kiva der Pueblo-Indianer hat, überhaupt kein Fenster. Als ich im Pantheon war, schienen die Sonnenstrahlen schräg durch die Öffnung in die große Halle hinab, und sie bewegten sich mit der Bewegung der Sonne. Diese Tatsache in Verbindung mit der alten heiligen Kreisform schuf ein Gefühl der Verbindung mit den Kräften von Erde und Himmel. Gerade als ich mir dieses Gefühls bewußt wurde, fing jemand an, in donnernden Tönen die große Orgel zu spielen, was mir die Macht des Windes erfahrbar machte.

Für mich war die Erfahrung im Pantheon »religiöser« als irgendeine, die ich in den Kathedralen Europas empfunden hatte; obgleich auch diese Kathedralen von der Natur inspiriert waren. Sie erschaffen die Erfahrung des Waldes neu, wenn das Sonnenlicht durch die bunten Glasfenster schräg durch den Hain aus Säulen scheint, die mit Stein gewordenen Blättern und Blüten verziert sind. Paul Shepard weist in *Man in the Landscape* (Der Mensch in der Landschaft) darauf hin, daß »die große Zeit des Kathedralenbaues auf den Höhepunkt der Waldrodungen in Europa folgte ... Ein bildhafter Ausdruck von Formen und Räumen im Inneren lassen ein Heimweh und ein tiefgehendes Gefühl vermuten, das die Kathedrale mit dem nacheiszeitlichen Wald verknüpft.« [291, 172] Auch die Orgel, die im europäischen Geist sowohl mit der Kathedrale als auch mit der Religion verbunden ist, war durch den Wald beeinflußt. Oswald Spengler schreibt in *Der Untergang des Abendlandes*: »Die Geschichte des Orgelbaues, eines der tiefsinnigsten und rührendsten Kapitel unserer Musikgeschichte, ist eine Geschichte der Sehnsucht nach dem Walde, nach der Sprache dieses eigentlichen Tempels der abendländischen Gottesverehrung.« [304, 514] Jahrhundertelang haben Kathedralen und Orgeln gemeinsam die Höhen des religiösen Gefühls in Europa hervorgerufen. Wenn wir die Gründe dafür näher betrachten, erfahren wir einiges über jenen kritischen Schritt in der europäischen Geschichte, nämlich den von der Verehrung und Ehrfurcht für die Natur zum »Naturhaß«.

Die Orgel kann als »Anrufung« der Winde betrachtet werden, die in den meisten früheren Kulturen als Götter angesehen werden. Für den frühen Europäer war der Wind mit der Waldgottheit verbunden, die ihn mit allem versorgte, was er brauchte – Nahrung, Unterkunft, Schutz und Werkzeuge – und »der ihn mit dem ›ewigen Gesang‹ umgab, mit dem Klang von Bäumen im Wald, welche ihm das eindringliche Gefühl von Ganzheit und Heiligkeit und die Stimmung, in Gottes Hand zu sein, vermittelte«. [343, 14]

Der sumerische Windgott war Enlil, der »Herr des Atems«. Vycinas erklärt:

Stärke und Vorherrschaft scheinen in Enlils Spitznamen, »ein riesiger Berg«, auf. Berge widerstehen, wie wir wissen, mächtigen Angriffen des Windes, und durch diesen Widerstand rufen sie das weit hörbare Geheul des Windes hervor. Auf der anderen Seite bricht der Berg die Macht des Windes und schafft ein geschütztes Gebiet an seinem Fuß für Wälder, Pflanzen, Tiere und Menschen. Die Wirklichkeit von Obdach und Unterkunft gehört in das Reich des weit schallenden Geheuls des Windes und hier wird sie bedeutungsvoll.

Enlil trug durch seinen befruchtenden Regen zum Wachstum der Pflanzen bei, aber er brachte manchmal auch mit Stürmen und Sturmfluten den Menschen Tod und dem Wald oder den Feldern Verheerung. Diese Macht des Lebens und des Todes, aber auch des Schützens und Unterkunftgebens, hat den Aspekt des Schicksals; daher »wurde Enlil die ›Schicksalsverordnung‹ genannt, und er wurde als Eigner der ›Tafeln des Schicksals‹ betrachtet, nach denen nicht nur das Schicksal der Menschen, Tiere oder Dinge, sondern auch das der Götter ausgeführt wurde. Der Wind wird von verschiedenen mythischen Kulturen als Sinnbild für die Schicksalsmächte angesehen, die das Leben und Glück aller Dinge bewegen... vergleichbar mit dem Wind, der ein Blatt herumwirbelt und es dort hinlegt, wo es hingehört.« [343, 164-165]

In der klassischen Mythologie war Aeolus der Gott des Windes, den er in einer Höhle gefangenhielt und freiließ, wie es ihm beliebte. Um die Fahrt des griechischen Helden Odysseus zu unterstützen, gab ihm Aeolus einen Ledersack, der alle schlechten Winde enthielt und zugebunden war, so daß sie harmlos waren; doch später befreiten die Gefährten von Odysseus die Winde. Boreas, der Nordwind, war Aeolus' Sohn. Wie in Kapitel 2 erwähnt, kannte Abraham seinen Gott als El Shaddai, was »der Eine vom Norden« bedeutet. In der kanaanitischen Mythologie war der Gott des Nordens mit dem Nordwind verbunden. *El* bedeutet Kraft, die sich auf die Kraft des Windes bezieht [212, 316] In der indianischen Mythologie bezogen sich die Omaha auf den Urfelsen, der »in der Mitten von verschiedenen Pfaden der kommenden Winde (steht) – in der Mitten der Winde da du sitzest.« Alice Fletcher bemerkt, daß dies mit »der religiösen Vorstellung von der lebenspendenden Kraft des Windes« zu tun hat. [90, 573]

Im alten China »pfiffen« die Schamanen mit Hilfe von Brummrohren oder *Lü* »nach dem Wind«. Auf diese Weise konnten sie einen guten Wind herbeirufen. Needham zitiert aus einem alten chinesischen Klassiker, wonach die Wirkung derart war, daß »die acht Winde den Stimmpfeifen [*pitch-pipes*, Pfeifen mit nur einem Ton] gehorchen«. In der Han-Zeit wurden Bemerkungen zur Stimmpfeife mit jedem der Winde und seiner Himmelsrichtung in Beziehung gesetzt. Diese Pfeifen aus Bambus wurden in der alten Musik eingesetzt und bildeten das Grundmuster für den rituellen Tanz. »Jeder Wind, so glaubte man, konnte durch einen bestimmten Tanz herbeigerufen werden, und jeder Tanz wurde von einem bestimmten Musikinstrument beherrscht.« [231, 150 – 151] Aus ethymologischen Erwägungen meint Needham folgern zu können, daß die Schritte für die Ritualtänze, die von Schamanen festgelegt wurden, auf die Anweisungen für die Verwaltung und andere vom Herrscher festgelegte Verhaltensweisen angewendet wurden. *Lü* ist auch das Wort für »Statuten« oder »Regeln« im chinesischen Gesetz. [231, 550 – 551] In diesem Zusammenhang hat das chinesische Wort für »Regel« eine Beziehung zu den Mustern der Natur (den Winden) und zeigt an, daß die Menschenwesen sich irgendwie in die größeren Grundmuster der Natur einpassen müssen.

Die chinesischen Stimmpfeifen ähnelten der griechischen Panflöte. Der Legende nach, jagte der griechische Gotte Pan einer Wassernymphe hinterher. Als er sie eingeholt hatte und seine Arme um sie warf, hatte er plötzlich ein Schilfbüschel in der Hand. Als er vor Enttäuschung seufzte, strich die Luft über das Rohr und erzeugte einen liebreizenden Ton. Der Gott nahm einige Schilfrohre von ungleicher Länge und fügte sie aneinander; so schuf er die »Panflöte«.

In einigen Kulturen, etwa bei den Zunis, bringt der Wind nicht nur den lebenspendenden Regen, sondern sogar den Boden. Im Frühling gibt es, nach Cushing, den Monat der »großen Sandstürme«. [67, 154] Der vom Wind herbeigewehte Staub ergibt den fruchtbaren Boden, den die Zunis bebauen. Cushing stellt fest, »daß die Zuni-Überlieferung dir erzählen wird, daß ›die Samen der Altvorderen nur vom Geliebten gesät wurden‹, was bedeutet, daß er [der Zuni] den von den Winden und dem Regen kultivierten Samen sammelte...« [67, 222] Für jene, die den Wind nur als erodierend kennen, ist es schwierig, sich ihn als Fruchtbarkeitsgott vorzustellen. Auf Malta jedoch bohrten die Einwohner Löcher in den Fels der Insel, um etwas von dem Boden, den der Schirokko von Afrika heranwehte, einzufangen, und in vierzehn Jahren sammelte sich für den Anbau genug Boden an. [202]

Im Südwesten der USA ist der Wind die Hauptursache für die Erosion, auf die die phantastischen Felsbögen und Naturdenkmale zurückzuführen sind. Das kann man sich vielleicht schwer vorstellen; aber ich lagerte einmal auf der Spitze einer roten Sandsteinklippe in einem geschützten Kessel, der vom Wind und dem mitgeführten Sand ausgeschliffen worden war. Dieses Loch war unser einziger Schutz vor dem Wind einer aufziehenden Sturmfront. Wir konnten in der Ferne lautes Heulen hören. Wir kletterten zum Rand eines 300 Meter tiefen Steilhangs. Als wir unseren Kopf vornüber streckten, lagen wir flach auf dem Boden. Die Klänge, die uns aus dem Abgrund entgegenschollen, waren jenseits von allem, was ich jemals gehört hatte – hohe, schrille Töne und tiefe, polternde Klänge waren es, die die Klippe vom Grund bis zur Spitze erschütterten, und unsere Körper hallten von diesen Tönen wider. Wir waren völlig in einen zauberischen Bann geschlagen – das ist die einzige Weise, um die absolute Klangekstase zu beschreiben, die uns in sich hineinsog, bis wir uns fast genötigt fühlten, uns in diesen Klang hineinzuwerfen. Wortlos begannen wir, zurückzukriechen, bis wir dem hypnotischen Klang entronnen waren, und gelangten sicher zu unserem schützenden Kesselloch zurück. Mich verlangte nach einem Seil, damit ich mich an einem tiefverwurzelten Wacholder hätte anbinden und wieder zum Rand des Abgrundes hätte gehen können, um die Klangorgie ohne Gefahr, mich hinabzustürzen, genießen zu können. Ich bin auf Hunderten von Bergen gewesen und habe niemals auch nur im Entferntesten den Wunsch gehabt, mich in den Abgrund zu stürzen (wie es die Chinesen von ihren »Stürz-den-Leib-Abgründen« auf heiligen Bergen taten), aber dieser Klang war äußerst zwingend. Es war die Erfahrung des Windes als eine ehrfurchtheischende Macht, die die Altvorderen als einen Gott kannten.

Die Orgel fängt die Kraft des Windes ein, so daß, wenn die Orgel in einer Kirche ertönt, die Menschenwesen wieder die jahrhundertealte Ehrfurcht vor dieser Macht erfahren, und dies von den in Stein gehauenen Darstellungen der Baumsäulen, des Blattwerks, der Vögel und Tiere eines urtümlichen Waldes umgeben. Wenn das Sonnenlicht schräg durch die bunten Fenster einfällt, erfahren sie aufs neue die Ehrfurcht und Ehrerbietung, die der Mensch in früheren Jahren für die Natur hegte. So wurde die Kathedrale ein heiliger Ort. Der Ort der Natur, besonders der Wildnis, wurde mit der Zeit »als eine *Person* [betrachtet], als eine Ausdehnung des Bösen, des Feindes, der sich der Ausbreitung des Königreiches Gottes entgegenstellte.« [218]

Die große Natur stößt ihren Arm aus, man nennt ihn Wind. Jetzt eben bläst er nicht; bläst er aber, so ertönen heftig alle Löcher. Hast du noch nie dieses Brausen vernommen? Der Bergwälder steile Hänge, uralter Bäume Höhlungen und Löcher: sie sind wie Nasen, wie Mäuler, wie Ohren, wie Dachgestühl, wie Ringe, wie Mörser, wie Pfützen, wie Wasserlachen. Da zischt es, da schwirrt es, da schilt es, da schnauft es, da ruft es, da klagt es, da dröhnt es, da kracht es. Der Anlaut klingt schrill, ihm folgen keuchende Töne. Wenn der Wind sanft weht, gibt es leise Harmonien; wenn ein Wirbelsturm sich erhebt, so gibt es starke Harmonien. Wenn dann der grause Sturm sich legt, so stehen alle Öffnungen leer. Hast du noch nie gesehen, wie dann alles leise nachzittert und webt?

Dschuang Dse

7. »Die Berge rufen und ich muß gehen.«

John Muir

Die Entdeckung der Bergschönheit

Der Wendepunkt in der europäischen Einstellung zu den Bergen und der Natur im allgemeinen setzte mit dem italienischen Dichter und Gelehrten Petrarca (1304–1374) ein. Die Sehnsucht nach der Natur, die in der Errichtung der vom Wald inspirierten Kathedralen ihren Ausdruck fand, war noch von der durch die Kirche eingeflößten Furcht vor der Wildnis beherrscht. Mit Petrarca jedoch, und dem Wiederaufleben der lateinischen Sprache, begann das Interesse an die Stelle der Furcht vor den alten Göttern zu treten. Petrarca und seine Schüler belebten nicht nur den Gebrauch der lateinischen Sprache wieder, sondern auch das Studium der lateinischen und griechischen Literatur, und sie leiteten ein Interesse an Altertümern ein, das zur Erhaltung dessen führte, was von den vorchristlichen Altertümern noch erhalten geblieben war. [297, 247]

Petrarcas Interesse an den Klassikern veranlaßte ihn dazu, im Jahre 1335 seine berühmte Besteigung des Mt. Ventoux in Frankreich zu unternehmen. Der Historiker Jakob Burkhardt sagt, daß Petrarca »einen unbestimmten Drang nach einer weiten Rundsicht« hatte. Dieser steigerte sich in ihm, »bis endlich das zufällige Treffen jener Stelle im Livius, wo König Philipp, der Römerfeind, den Hämus besteigt, den Entscheid gibt.« [45, 278] Er mag auch von Dantes Werk beeinflußt worden sein.

Ein anderer berühmter früher Bergsteiger war Conrad Gesner, ein Philosophieprofessor an der Universität von Zürich, der schrieb: »Ich habe mich entschieden, solange Gott mir Leben gibt, jedes Jahr, wenn die Pflanzen auf der Höhe ihrer Entwicklung sind, einen oder mehrere Berge zu besteigen – einesteils um sie kennenzulernen, andernteils zur Übung des Körpers und des Geistes... Dann sage ich, daß kein Liebhaber der Natur ist, der nicht hohe Berge erklimmt, die des Nachsinnens wohl wert sind.«

Gesner schrieb einen schönen Bericht von seiner Besteigung des Pilatus: »Alles entzückte ihn, die Anstrengung, die Freude der im Gedächtnis behaltenen Mühen und Gefahren, der Ausblick vom Gipfel und die Stille der Höhen, in denen man ›die Echos der Harmonien himmlischer Sphären vernimmt‹« [99]

Gesner war einer der wenigen, die zur dieser Zeit Berge bestiegen. Eine wahre Würdigung der Berge wurde durch die voll erblühte Renaissance mit ihrer Betonung der klassischen griechischen Haltung, daß »der Mensch das Maß aller Dinge« sei, gehemmt. Die Schriften von Gesner und anderen führten zu einer erhöhten Wert-schätzung der Bergwelt; etwa zweihundert Jahre, bevor die englischen Romantiker sich der Schönheit der Berge zuwandten. Außerdem waren die Engländer nicht die ersten Besteiger der Alpengipfel, wie allgemein angenommen wird. Im Jahre 1492 befahl Karl VIII. von Frankreich seinem Chamberlain, De Beaupré, den Mont Aiquille bei Grenoble zu besteigen, der immer noch als so schwierig erachtet wird, daß man angeseilt in einer Seilschaft gehen muß. Der Berg Titlis (3.239 m) wurde von vier Bauern aus Engelberg im Jahre 1744 bezwungen. Viele der ersten Berg-steiger waren Priester. Der erste der höheren Alpengipfel, der Velan (3.734 m), wurde von einem Kanonikus des St. Bernhard-Hospizes bestiegen, der Groß-glockner (3.798 m) in Österreich im Jahre 1800 von Bischof Gurk. Der berühmteste der kirchlichen Bergsteiger und jener, den Arnold Lunn als »den Vater der Bergstei-gerei« betrachtete, war Pater Placidus, ein Mönch des Benediktinerklosters von Disentis in der Schweiz. Zwischen 1788 und 1824 führte er die Erstbesteigungen von Gipfeln von über 3.300 m durch. [191,28] 1804 bestieg ein österreichischer Gamsjäger den Ortler, (3.902 m), den höchsten Gipfel Österreichs.

Rousseaus politische Philosophie wurde in hohem Maße von Albrecht von Hallers Gedicht über die Alpen, verfaßt im Jahre 1732, beeeinflußt, ein Loblied auf den Bergbauern, der von Ehrgeiz und Gier noch nicht verdorben war. Trotz seiner Liebe zur Bergwelt, wagte es Rousseau niemals, sich ihr zu nähern. Seine Berge waren Idealberge, denn Rousseau, obgleich in Genf geboren, erwähnte den Mont Blanc nie, der so eindrucksvoll in Genfs Panorama aufragt. Rousseaus Buch *Nouvelle Heloise*, das im Jahre 1760 veröffentlicht wurde, rief eine große Begeisterung für die Alpen hervor, und die Menschen fuhren in die Alpen und suchten nach Rousseaus idealisierter Landbevölkerung. Die Berge wurden im frühen 19. Jahrhundert Mode, größtenteils als Folge der romantischen Gedichte von Byron und Wordsworth, die von den Bergen des englischen Seenlandes inspiriert waren oder, wie im Fall von Byrons dramatischem Gedicht »Manfred«, durch einen Besuch des Berner Ober-landes (im Jahre 1816).

Ruskins Einfluß auf die Würdigung der Berglandschaft war immens, aber er bestieg die Berge niemals selbst. Lunn meint, das sei so, weil er genußsüchtig war. In seinem *Sesame and Lilies* griff er den Alpenverein an: »Die französischen Revolutionäre machen Ställe aus den Kathedralen; ihr habt Rennbahnen gemacht aus den Kathedralen der Erde ... den Alpen, welche eure Dichter so hingebungsvoll zu lieben pflegten.« [191,24]

Die erste Besteigung aus sportlichem Ehrgeiz erfolgte 1854 mit der Bezwingung des Wetterhorns durch einen Engländer. Damit wurde das Bergsteigen zu einem richtigen Sport, und dies führte schließlich zur Besteigung von praktisch allen Gipfeln der Erde.

Die Mystik des Bergsteigens

Seit dem Beginn der Bergsteigerära in Europa hat es bis in die heutige Zeit immer wieder Hinweise auf das »Etwas mehr« gegeben, das neben der bloßen Gipfelbezwingung gewonnen wird. Diese »Etwas mehr« kann nachempfunden werden, indem wir einige Einsichten zusammenfügen; nicht nur von Bergsteigern, sondern aus sehr verschiedenen Quellen. Beginnen wir mit C. G. Jung, dem Schweizer Psychologen.

Als Jung noch ein Kind war, lebte seine Familie am Rhein. Als er vierzehn Jahre alt war, nahm ihn sein Vater mit in die Berge, wo sie mit der Zahnradbahn auf einen Berg namens Rigi fuhren. Wie Jung in seinen *Erinnerungen, Träume, Gedanken* schreibt:»Ich war sprachlos vor Glück, dieser gewaltige Berg, so hoch, wie ich noch nie zurvor etwas gesehen hatte.« Als die Bahn den Gipfel erreicht hatte, stand er in der klaren Höhenluft und schaute in die weite Ferne. Er war hingerissen:»Ja, dachte ich, das ist sie, die Welt, meine Welt, die eigentliche Welt, das Geheimnis, wo es keine Lehrer, keine Schule, keine unbeantworteten Fragen gibt, wo man ist, ohne zu fragen.« Da fühlte er das Bedürfnis,»höflich und still (zu sein), denn man war in der Gotteswelt... Das war ein Geschenk, das kostbarste und beste, das mein Vater mir je gegeben hat.« [140,83] Später, nach jahrzehntelanger Arbeit auf diesem Gebiet, schrieb Jung, daß der Berg im Unterbewußten »das Ziel der Wanderschaft und des Aufstiegs (darstellt), darum bedeutet er psychologisch oft das Selbst.« [144,403] Das Selbst bedeutet in dem Sinne, wie es Jung hier gebraucht, das große Selbst, von dem unser eigenes erfahrendes Selbst ein Teil ist.

Fosco Mariani hat über dieses »Etwas mehr« klarer geschrieben als die meisten Bergsteiger. Er ist Italiener, der sich bald nach Japan wandte, um die Ainu zu erforschen. Dort verbrachte er beinahe vierzig Jahre und er drang tief in die japanische Kultur ein. In einer Einleitung zu einem Bergsteigerbuch *On Top of the World* (Auf dem Gipfel der Welt) weist er darauf hin, daß wir, wenn ein Gipfel einmal betiegen worden ist, wissen, was da ist, »warum also es noch einmal machen? Klarerweise ist das nicht nur eine Frage des Abenteuers und der Bezwingung, sondern eine Frage der Liebe; wir haben es mit einer Art magnetischer, irrationaler, unwiderstehlicher Anziehungskraft zu tun, die von den Bergen ausgeht, eine geheime und tief lohnende Verbindung, die Mensch und Felsspitze, Mensch und Stein, Mensch und Himmel, Mensch und Wind verbindet.« [197, xvi] Er beschließt seine Einleitung so: »Man könnte auch sagen, daß das Klettern eine religiöse Handlung ist – wobei dies in einem sehr weiten Sinne gemeint ist, in Sinnzusammen-hängen, die vielleicht erst von künftigen Entwicklungen definiert werden. Nur eine religiöse Komponente, die die Einzelperson übersteigt, kann erklären, weshalb ein Bergsteiger bereit ist, so viel – sein Leben eingeschlossen – aufs Spiel zu setzen und dabei von sich und anderen als völlig bei Verstand angesehen wird.« [197, xx]

Maraini schrieb dies im Jahre 1966; einige dieser »zukünftigen Entwicklungen« wurden von dem Dichter Gary Snyder 1977 aufgezeigt. Als er in einem Interview gefragt wurde, wer seine Lehrer waren, antwortete er: »Meine Lehrer sind die Berge.« Später erzählte er: »Eine andere wichtige Unterweisung erhielt ich von einigen älteren Männern, die alle Ausübende einer wenig bekannten und im Westen heimischen mystischen Schule, Bergsteigen genannt, waren. Sie hat ihre eigenen Rituale und Einweihungen, die sehr streng sein können. Die Zielsetzung des Bergsteigens ist sehr eigen – nicht notwendigerweise, auf den Gipfel zu gelangen oder ein einsamer Stern zu sein. Bergsteigen ist Gemeinschaftsarbeit. Ein Teil der Freude und des Vergnügens ist die Arbeit mit zwei anderen Menschen an einem Seil . . . In großer Harmonie und mit großer Rücksichtnahme aufeinander beziehen sich deine Bewegungen auf das, was jeder andere zum Aufstieg beitragen muß und kann. Die wirkliche Mystik des Bergsteigens ist die Körper-Geist-Übung der Bewegung auf einer senkrechten Ebene, in einem Bereich, der für Menschenwesen ganz unwirtlich ist.« [57]

Ich würde noch etwas weiter gehen. Ich gebe zu, daß Berge – im gewöhnlichen Sinne – für Menschenwesen ganz unwirtlich sein können, aber irgendwie scheint es mir, genau an dieser Stelle liegt die Crux der Beziehung zwischen dem Menschen-wesen und den Bergen/der Erde. Selbst in diesem schwierigen und gefährlichen Teil der Erde ist das menschliche Leben nicht nur möglich, sondern oft erhöht oder eher auf eine tiefere Seinsebene gerichtet. Selbst wenn das Schlimmste geschieht und man von einem rasenden Sturm überrascht wird, ist man entweder so unbeschreib-lich vollkommen glücklich, wenn man einen notdürftigen Unterschlupf vor dem tobenden Wind findet, oder man gleitet in den glückseligen Zustand des Erfrierens hinüber. Der verführerische Reiz des letztgenannten Zustandes wird in *Der Zauberberg* von Thomas Mann sehr schön geschildert, wo der Held, Hans Castorp, in einen Schneesturm geraten ist und sich zum Schutz gegen die Wand eines Heuschobers lehnt. Er gleitet widerstandslos in einen seligen Traum, aus dem er sich nur mit Mühe befreien kann, und sagt zu sich: »Das ist ein Trank, mein Traumwort – besser als Portwein und Ale, es strömt mir durch die Adern wie Lieb und Leben, daß ich mich aus meinem Schlaf und Traum reiße, von denen ich natürlich sehr wohl weiß, daß sie meinem jungen Leben im höchsten Grade gefährlich sind... Auf, auf! Die Augen auf! Es sind deine Glieder, die Beine da im Schnee! Zusammenziehn und auf! Sieh, da – gut Wetter!« [196,704] Und er kann sich so weit zusammenreißen, daß er sicher ins Tal gelangt.

Der plötzliche Tod ist ein ständiger Begleiter. Hier drei Berichte mit verschiedenen Aspekten des Todes am Berg. Der erste ist von dem früheren Richter am Obersten Gerichtshof, William O. Douglas, der beschreibt, was er lernte, als er vierzehnjährig den Kloochman-Felsen bestieg und nur knapp dem Tod entrann.

Der schmale Sims, auf dem der junge Douglas stand, brach ab, und da hing er 60 Meter hoch in der Luft. Er konnte sich festhalten, bis sein Freund ihn erreichte und ihm half, dreißig Zentimeter höher einen Halt zu finden. Douglas schrieb: »Wenn ein Mann gefährlich zu leben weiß, hat er keine Angst vor dem Tod. Wenn er keine Angst vor dem Tod hat, dann ist er, merkwürdigerweise, frei zu leben. Wenn er frei ist zu leben, dann kann er kühn, mutig und zuverlässig sein.« [74,328]

Der zweite Bericht stammt aus einem anonymen Brief an eine Zeitung in Seattle von einem Bergsteiger nach dem Tod seines Freundes:

Dan Raish ist tot, gestorben in seinem achtundzwanzigsten Lebensjahr.

Am Mittwoch, dem 10. Mai, stürzten er und ein Freund, Barry Klettke, dreihundert Meter tief zum Fuß eines Wasserfalles hinab, in eine Schlucht in der Nähe des Mt. Garfield.

Ich versuche, diesen Fall zu *sehen*, nicht ihn *anzugucken*.

Der Weiße, Castaneda, fragte den indianischen Schamanen, Don Juan, was er empfand, als sein Sohn starb. Don Juan antwortete: »Als ich zu dem Ort der Sprengung kam, war er fast tot, aber sein Körper bewegte sich noch. Ich stand vor ihm und sagte den Jungs vom Straßenbautrupp, sie sollten ihn nicht mehr anrühren; sie gehorchten mir und standen da, umringten meinen Sohn und schauten auf seinen Körper. Ich stand auch da, aber ich *guckte* nicht. Ich verstellte meine Augen, damit ich *sehen* konnte, wie sein Leben sich auflöste und sich unkontrollierbar über seine Grenzen ausdehnte wie ein Kristallnebel, denn so vermischen sich Leben und Tod und dehnen sich aus.«

Wenn ich meine Augen jetzt verstelle, sehe ich, was für mich wirklich ist, die Bewegung all der Tage seines Lebens, die ich kannte.

Er war voller Leben. Das Leitmotiv des Lebens machte er gegenwärtig, so einfach wie gehen.

Ich habe ihn lachen gefühlt. Er lachte immer, und ich fühlte es immer.

Er liebte sich. Er hörte auf seinen Körper, und er hatte aufgehört, Furcht zu haben. Ich glaube, deshalb fühlte man sein Lachen immer. Manchmal löste er sich einfach in Heiterkeit auf. Ich kenne nicht einmal die Tatsachen. Ich weiß, da ging eine Lawine ab. Ich weiß, da gab es ein rein zufälliges Geschehen zwischen zwei Menschen allein und der Erde. Ich weiß, es gibt Menschen, die sterbend sterben, und Menschen, die lebend sterben. Ich glaube, das ist alles, was ich wissen muß.

Das Unglück ist, daß er so jung war. Aber zu fallen, tausend Fuß durch das Sonnenlicht, hoch auf einem Berg, ist für einen, der lebend stirbt, ein *schöner* Tod. Laßt uns also die Gnade dieses Sturzes *sehen*. [6]

Der dritte Bericht betrifft Devi Unsoeld und den Nanda Devi (7.817 m), einen Berg im Himalaya, vollkommen der Form der Muttergottheit entsprechend. Mythen umranken diesen Berg seit langen Zeiten. Der Legende nach, rührte sein Name von der Prinzessin Nanda her, die von einem Prinzen aus der Familie, die ihren Vater auf dem Gewissen hatte, verfolgt wurde. Sie nahm auf der Spitze des Berges Zuflucht und bewahrte so ihre Jungfräulichkeit, »und von diesem Tage an wurde sie eins mit mit dem Berg, der ihren Namen erhielt – Nanda Devi, die Göttin Nanda.« [312, 153] Die ersten europäischen Bergsteiger verknüpften den Berg mit Artemis, der griechischen Göttin der wilden Natur. Der Nanda Devi hat dieselben »ausgestreckten Arme oder Flügel« wie die Berge in Griechenland, die mit Schreinen der Artemis in Verbindung stehen. Solche Berge versinnbildlichen ihre Rolle als Mutter der wilden Tiere und Hüterin der unberührten wilden Lande. Artemis ist eine Göttin ferner Reinheit und Klarheit. Nach Otto »wohnt sie im klaren Äther der Berggipfel... im Blitzen und Flimmern der Eiskristalle und Schneeflächen, im schweigenden Erstaunen der Felder und Wälder, [wo] das Mondlicht sie überglänzt und glitzernd von den Baumblättern tropft... Das ist der göttliche Geist der sublimen Natur, die hohe schimmernde Herrin, die Reine, die zum Entzücken hinreißt... Todbringend, wenn sie den goldenen Bogen spannt, fremdartig und unnahbar wie die wilde Natur, und doch, wie sie, ganz Zauber und frische Regung und blitzende Schönheit. Das ist Artemis!« [242, 82–83]

Die jungfräuliche Natur, wie sie von Artemis verkörpert wird, entzieht sich ständig jedem Versuch, sie in Besitz zu nehmen. Sie ist wirklich, aber immer außer Reichweite.

Nanda Devi wird von einem gewaltigen Gebirgsmassiv aus schierem Fels und Eis geschützt, das sie fast gänzlich umschließt. Das Massiv hat einen Umfang von 70 Meilen und ist nirgends weniger als 5.400 m hoch. Es gibt nur einen Einschnitt, den man lange für unpassierbar hielt. Im Jahre 1883 begannen die ersten Bergsteiger zu versuchen, dieses Gebirgsmassiv zu überwinden. Im Jahre 1905 fand Dr. Langstaft, später Präsident des *Alpine Club*, einen Paß hinauf und schaute in das innere

Heiligtum des Berges, aber vom Paß hinab und ins Heiligtum selbst konnte er nicht gelangen. Später schrieb er:»Die Besteigung des schönen und einsamen Gipfels wäre ein Frevel, allein der Gedanke daran ist schrecklich.« [312, 175] Seine Worte sind typisch für die Gefühle, die der Berg hervorruft, und zeigt die gewaltige Anziehung, die Nanda Devi auf viele Bergsteiger ausübte. Man fühlt die Macht, welche nach der Muttergottheit geformte Berge durch die Jahrhunderte ausgeübt haben. Nanda Devi ist ein vollendetes Beispiel für einen solchen Berg.

Im Jahre 1934 gelang zwei Engländern, Shipton und Tilman, der Durchstieg durchs Massiv, und sie sahen die vollen 3.000 m Schnee und Eis, die die Südseite des Berges Nanda Devi bilden. Die erste Besteigung wurde schließlich im Jahre 1936 von Tilman und Odell geschafft. Es war der bis dahin höchste bestiegene Gipfel.

Willi Unsoeld, ein amerikanischer Bergsteiger, sah den Nanda Devi 1949 zum ersten Mal. Er schreibt:»Die reine Schönheit des Gipfels war solcher Art, daß ich augenblicklich beschloß, meine erste Tochter nach ihm zu benennen – vorausgesetzt, ihre Mutter hätte keine Einwände.« Er heiratete erst zwei Jahre später, und seine Tochter wurde erst drei Jahre danach geboren. Doch dann wurde sie Devi genannt. Im Jahre 1976, als Devi zur Universität ging, begleitete sie ihren Vater und eine Gruppe anderer amerikanischer und indischer Bergsteiger auf eine Expedition zur Besteigung des Nanda Devi. Sie war schon vorher im Himalaya gewesen und sehr glücklich darüber, wieder dort zu sein. Sie schrieb:»In vieler Hinsicht schien es ein Traum zu sein, den ich nie verlassen hatte.« Devi erzählte Reportern in Neu-Delhi kurz vor der Abreise zum Gipfel:»Ich empfinde eine sehr enge Verwandtschaft mit Nanda Devi. Ich kann das nicht beschreiben, aber es gibt bezüglich dieses Berges seit meiner Geburt etwas in mir.«

Devi starb am 8. September 1976 an akuten Unterleibsbeschwerden, die von der Höhe verstärkt worden waren, auf 7.300 m am Nanda Devi, und ihr Körper wurde »am Berg, den sie liebte, zurückgelassen.« Ihre Familie schickte Freunden eine Denkschrift als Andenken an Devi, die dieses Gedicht enthielt, das in Devis Tagebuch aus dem Sommer 1971 gefunden worden war:

> Am Ende ist es das Land
> das zählt – sei es trocken oder
> überschwemmt, fruchtbar oder öd',
> Sandberge oder blauer See.
>
> Die Flüsse mit dem kleinmundigen
> Barsch, die grünen Meere, die rote
> Erde – dies sind die Dinge,
> auf die es ankommt.

Denn mir ist gegeben eine Liebe zu
diesem Land, ein unstillbarer Durst,
der nie gelöscht werden kann.

Ich wandere zwischen den Hügeln
über die marmorierten Ebenen.

Ich stehe auf einem windbestrichenen Kamm
des nachts mit den hellen Sternen
droben, und ich bin nicht mehr allein,

sondern ich verschmelze mit all
den Schatten, die mich umgeben.

Ich bin ein Teil des Ganzen
und ich bin ganz zufrieden.

[334]

Die häufigere Todesursache ist der Absturz. Meine Erfahrung beim Fallen und die Erfahrung meiner engeren Freunde sind derart, daß es ein zeitloser, erhöhter Zustand eindringlichen Gewahrseins (Seins) ist und selten anders. Glücklicherweise starben wir nicht; aber als wir durch die Luft stürzten, waren wir sicher, daß der Tod nahe war, so stehen unsere Gefühle hiermit in Zusammenhang.

Ob man in einem gefährlichen Sturm gefangen ist oder abstürzt, – die beiden größten Gefahren der Berge – man ist nicht gelangweilt... oder ängstlich oder befremdet, was den gewöhnlichen Elendszuständen der heutigen Menschheit entspricht. Vielmehr *sorgt* die Erde für das Menschenwesen im letztlichen Sinne, denn der Berg erlaubt es einem, ganz da zu *sein*, wenn man diese Erfahrung nicht bekämpft, sondern mit dem Berg zusammenwirkt. Nicht bloßes Überleben, vielmehr ganzes *Sein* ist das Wesen des Lebens. Dieses ist die wichtigste der Unterweisungen, die von unseren Lehrern, den Bergen, anzunehmen ist: Die Erde ist nicht unser Feind oder etwas, was wir überlisten müssen, sondern sie ist unser Urgrund, unsere Mutter, wesensgut und vertrauenswürdig.

Der letzte Bericht gilt dem Meer. Zwar ist das Meer vom Berg himmelweit verschieden, aber seine Weite hält für uns die im Grunde gleiche Unterweisung bereit und im wesentlichen aus denselben Gründen, wie Robert Pirsig zeigt, der über »das Kreuzen ins Blaue hinein« schreibt:

Doch jenseits dessen scheint es eine noch tiefere, wertvolle Lehre zu geben, die sich aus dem langsamen Selbstentdeckungsprozeß ergibt, nachdem man durch eine Anzahl von Wellen aus

115

Gefahr und Niedergeschlagenheit gegangen ist und sich nicht mehr solche überwältigenden Sorgen über sie macht... Da man Tag für Tag auf der Oberfläche des Ozeans lebt und ihn manchmal riesigweit und gefahrvoll, manchmal entspannt und träge sieht, aber immer, jeden Tag und jede Woche, endlos in jeder Richtung, beginnt langsam ein gewisses Verstehen des eigenen Selbst durchzubrechen, das von der See widergespiegelt wird, oder vielleicht auch von ihr sich herleitet.

Dies ist das Verstehen, daß, seist du gelangweilt oder aufgeregt, niedergeschlagen oder übermütig, erfolgreich oder erfolglos, seist du gar lebendig oder tot, all dies ist *absolut und wie auch immer ohne Folgen*. Die See erzählt dir das mit jedem Wellenschlag. Und wenn du dieses Verständnis deiner Selbst annimmst und dem zustimmst, und gleichwohl weitermachst, dann stellt sich eine wirkliche Wertfülle und wirkliches Selbstverstehen ein. Und manchmal wird dieser Augenblick, da es sich einstellt, von einem heiteren Lachen begleitet. [261]

Unser Sein als Menschenwesen im Verhältnis zum *Sein* des Berges oder zum *Sein* der See zu verstehen, erfordert weitere Klärungen. Wir werden das im nächsten großen Abschnitt des Buches fortsetzen. Teil I befaßte sich mit der »fortdauernden Bezogenheit« von Menschenwesen und Bergen; Teil II wird die weiteren Verzweigungen dieser »fortdauernden Bezogenheit« erforschen, indem wir darin die Beziehung von Menschenwesen zum *Sein* selbst untersuchen. Dies erfordert zunächst ein Verständnis der in den Vorstellungen vom *Geist* beschlossenen Möglichkeiten.

ZWEITER TEIL

8. Der Geist

»Die Beziehung des Geistes zur Natur ist die entscheidende Frage für die Ökologie des Menschen. Wenn wir so tun, als ob der Geist nichts anderes braucht als andere Geister, so hieße das, daß die Qualität der natürlichen Umgebung [für den Geist] nicht sehr wichtig ist und daß der Lebensraum tatsächlich aufbrauchbar wäre.«

Paul Shepard und Daniel McKinley [293, 122]

Meine Erfahrungen mit Pulverschnee verschafften mir den ersten Schimmer von den künftigen Möglichkeiten des Geistes.

Ich lernte das Skilaufen in Pulverschnee ganz unvermittelt, als ich einmal wegen des starken Schneefalls einen steilen Winkel im Abhang nicht rechtzeitig erkennen konnte. Da entdeckte ich nämlich, daß nicht ich die Skier drehte, sondern daß der Schnee das tat – oder eher Schnee und Schwerkraft gemeinsam. Da gab ich den Versuch auf, die Skier beherrschen zu wollen, und überließ sie diesen Kräften.

Wenn ich jetzt eine Abfahrt beginne, brauche ich nichts weiter zu tun, als die Skier hangwärts zu richten. Sobald sie anfangen, sich zu bewegen, drücke ich meine Fersen herunter, so daß sich die Spitzen eben genug anheben, um über den Schnee zu gleiten. Wie ich dieses Anheben spüre, reagiere ich mit dem ganz sanften Drehen der Skispitzen aus der Fallinie nach rechts. Sogleich spüre ich, wie der Schnee sie dreht, und dann wirkt die Schwerkraft und beendet die Drehung. An einem bestimmten Punkt in diesem Ablauf habe ich ganz und gar abgehoben, aber dann, wenn ich mich hinabgezogen fühle, wirke ich mit der Schwerkraft zusammen und drücke mich wieder auf meine Fersen und spüre, wie der Schnee meine Skier wieder vorne anhebt. Dieses Mal fange ich an, die Skier nach links zu bewegen und wieder vollenden der Schnee und die Schwerkraft die Drehung. Wenn diese rhythmische Beziehung zum Schnee und zur Schwerkraft einmal an einem steilen Hang entstanden ist, gibt es kein »Ich« mehr noch Schnee oder Berg, sondern eine fortwährend fließende Wechselwirkung. Ich *weiß*, dieser fließende Ablauf hat keine Grenzen. Meine Handlungen bilden mit den Einwirkungen des Schnees und der Schwerkraft ein Kontinuum. Ich kann nicht genau sagen, wo meine Handlungen aufhören und wann und wo der Schnee oder die Schwerkraft anfängt zu wirken.

Je öfter ich in dieser Art Schnee Ski gelaufen bin, um so faszinierter war ich davon. Zu jener Zeit gab es wenige Skiläufer, und wir sprachen nicht viel darüber; aber wir lernten eine Menge. Wir lernten, wie leicht wir die vielschichtige Wechselwirkung zerstören konnten, indem wir bewußt Forderungen stellten oder unseren Willen aufzuzwingen versuchten.

Wenn man dieses Abhandenkommen der Ego-Grenzen einmal erfahren hat, bewirkt das einen grundlegenden Umschwung im Bewußtsein, der allmählich weitreichender und tiefer wird. Als ich diese Art der Beziehung zur Umwelt zum ersten Mal erlebte, da waren es nur die Schriften der Mystiker, in denen ich eine vergleichbare Erfahrung wiederfand; doch als die Jahre vergingen, begannen – mit dem zunehmenden Gebrauch von Psychedelika in den Sechzigern – immer mehr Menschen derartige Zustände zu erfahren, und es wurde möglich, über sie zu schreiben. 1963 hielt Alan Watts eine Vorlesung an der Universität von Harvard, die später in der *Psychedelic Review* veröffentlicht wurde. Darin führte er aus, daß dem Einzelnen von unserer Kultur beigebracht würde, sich selbst als ein Einzelwesen, in seiner Haut von der Umwelt abgeschlossen, zu empfinden. Aber die Biologie, Ökologie und Physiologie zeigten, daß das einfach nicht wahr sei. Watts stellte fest:

Wenn man genau beschreiben will, was ein beliebiger individueller Organismus tut, wird man nicht weit kommen, ohne zugleich zu beschreiben, was die Umgebung tut. Einfacher gesagt, wir können ohne solche Ausdrücke wie »was das Einzelwesen tut« oder »was die Umwelt tut« auskommen und brauchen nicht so zu tun, als sei das Einzelwesen eine Sache und das Tun eine andere. Wenn wir die ganze Angelegenheit einfach auf den Ablauf des Tuns zurückführen, finden wir, daß das Tun, welches wir das Verhalten des Einzelwesens genannt haben, *zu gleicher Zeit* das Tun ist, welches das Verhalten der Umwelt genannt wird...

Wir haben hier den offenkundigen Beweis (wir *starren* darauf), daß uns eine gänzlich andere Vorstellung vom Einzelwesen gibt, als die, welche wir gemeinhin empfinden... eine Vorstellung vom Einzelwesen einerseits nicht als ein in der Haut abgeschlossenes Ego, noch andererseits als ein bloß passiver Teil einer Maschinerie, sondern als eine gegenseitige Wechselwirkung zwischen allem, was in der Haut ist, und allem, was außerhalb der Haut ist. Und es ist nicht das eine dem anderen etwa überlegen, sondern sie sind gleich wie die zwei Seiten einer Münze.«

[354]

Wenn das Einzelwesen eine bestimmte Beziehung zwischen allem ist, was sich in der Haut befindet, und dem, was sich in der Umwelt befindet, die außerhalb von der Haut ist, was ist dann der Geist? Die Bemühungen, auf diese Frage Antworten zu finden, sind die aufregendsten Forschungen in dieser Zeit; außerdem geschehen laufend überwältigend neue Durchbrüche. In diesem Kapitel kann ich nur versuchen, ein paar Hinweise auf die Richtung zu geben, in die die Ereignisse auf diesem Feld sich bewegen. Die Erforschung der Wirkung von Luftionen auf den menschlichen Geist sind schon am längsten im Gange, folglich werde ich damit beginnen.

Die Wirkung von Luftionen auf den menschlichen Geist

Der erste Teil verfolgte die Anfänge der wichtigsten gestifteten Religionen bis zu einem Schlüsselerlebnis der Religionsstifter auf einem Berg zurück. Durch die Jahrtausende haben sich einzelne, die geistiges Wachstum oder »höheres« Bewußtsein suchten, auf Bergen niedergelassen, an Wasserfällen oder in der Nähe des Meeres. Der alte griechische Arzt Hippokrates bemerkte vor etwa 2.300 Jahren, daß bestimmte Arten Luft auf seine Patienten heilsam wirkten. Er verordnete ihnen lange Spaziergänge an der See oder in den Bergen. [55, 349]

»Ich habe gehört, daß die Kristallwasser heilige Menschen erheben,« bemerkt T'an Chung-yo kurz und bündig von den Wassern am Berg Omei. [130] Eine Taufe in »lebendigem Wasser« steht am Beginn des Christentums, als Johannes der Täufer Jesus im Jordan taufte. In Japan werden Wasserfällen besonders mächtige *Kami*, göttliche Geister, zugeschrieben. Dieses intuitive Wissen des Shintoismus spiegelt die von der heutigen Forschung erwiesenen Tatsachen richtig wider. Wasserfälle haben die höchste Konzentration an negativen Ionen; außerdem ist das Vorhandensein großer Konzentrationen von negativen Ionen der Umweltfaktor, den hohe Berge, schnell strömendes Wasser und dichte Vegetation gemeinsam haben. Ende der neunziger Jahre des letzten Jahrhunderts fand man heraus, daß die atmosphärische Elektrizität auf dem Vorhandensein von gasförmigen Ionen in der Luft beruht. Das Wort *Ion* leitet sich vom Griechischen her und bedeutet »gehen«, »bewegen«. Ein Ion ist ein Atom, das nicht elektrisch neutral ist, sondern positiv oder negativ geladen. Wenn ich hier auch nur von einem Atom spreche, so gilt das für Atomgruppen oder Moleküle genauso. Ein Atom ist elektrisch neutral, wenn die Anzahl der Elektronen, die den Zellkern umkreisen, der Atomzahl entspricht. Es wird ein positives Ion, wenn ein oder mehrere Elektronen fehlen; es wird ein negatives Ion, wenn es ein oder mehrere Elektronen zuviel hat. Um ein Atom zu ionisieren, muß ihm auf irgendeine Weise Energie zugeführt werden. Dies kann durch kinetische

(Bewegungs-) Energie geschehen, durch den Zusammenstoß mit einem sich schnell bewegenden Molekül, Ion oder Elektron, oder durch Wechselwirkung mit einem Photon, etwa wenn Sonnenenergie einwirkt. Eine Ionisierung wird auch durch kosmische Strahlen und Radioaktivität bewirkt.

Berge erheben sich höher in die Atmosphäre als das sie umgebende Land und sind daher mehr der Sonnenkraft und kosmischen Strahlen aus dem Weltraum ausgesetzt. In der Atmosphäre kommen Sauerstoff und Stickstoff meist als Moleküle vor, die zwei Atome enthalten, O_2 und N_2. Kosmische Strahlen ionisieren die Moleküle leicht und erzeugen so freie Ionen. Selbst das Sonnenlicht kann die Moleküle so weit erregen, daß die äußeren Elektronen ausbrechen. In der Nähe einer Bergspitze werden positive Ionen, also jene, die ein Elektron verloren haben, vermittels der Kraftfelder der Erde zum Berg hinauf- und dann am Berg herabgezogen, während die negativen Ionen oben bleiben, da diese dazu neigen, in die Atmosphäre aufzusteigen. Im allgemeinen haben Bergspitzen daher eine größere Konzentration negativer Ionen.

Es ist wichtig, sich klarzumachen, daß die Worte *negativ* und *positiv*, wenn sie auf die Ionen angewandt werden, mit der elektrischen Ladung von plus und minus zu tun haben und nicht mit ihrer Wirkung auf das Menschenwesen. Negative elektrische Ladung hat eine gute Wirkung auf Menschen, positive im allgemeinen schlechte. Nach Schischewskij, einem russischen Forscher, sind die höheren Konzentrationen von Luftionen in der Nähe von Vegetation durch die große Oberfläche der Blätter zu erklären, die durch das Blattwerk radioaktives Wasser aus dem Boden abgeben. »Die Blattfläche von Wäldern und Wiesen beträgt das mehrzehnfache der Bodenfläche, die die Pflanzen bewachsen; auf der Wiese, die wir untersucht haben, ist sie im Schnitt 25 mal und im Alfalfa-Feld 85,5 mal so groß«. [55,384] Ein Wald mit seinen Milliarden von Blättern gibt viel mehr Ionen ab als Gras. Bewachsene Flächen, wie auch Pflanzen in Wohnräumen, haben daher eine wohltuende Wirkung auf Menschenwesen.

Bei schnell fließendem Wasser, insbesondere bei einem Wasserfall, reißt die Bewegungsenergie im Wasser die locker gehaltenen äußeren Valenzelektronen ab. Die losen Elektronen vebinden sich leicht mit anderen Molekülen und bilden so negative Ionen. Die verbleibenden positiven Ionen neigen, da sie weniger dicht sind, dazu, sich in dem turbulenten Luftstrom, der den Wasserfall umgibt, zu zerstreuen. Sich bewegendes Wasser hat allgemein mehr negative Ionen als positive, ein Wasserfall hat noch weitaus mehr.

Seit Jahrhunderten ist die krankmachende Wirkung des Föhns in der Alpenregion bekannt. Dieser Wind strömt vom Süden herauf und bringt warme Luft und positive Ionen mit sich, die bei Mensch und Tier eine Ruhelosigkeit hervorrufen, auch

Kopfweh, Niedergeschlagenheit, Depressionen und Arbeitsunfähigkeit. Als ich mich in den Alpen aufhielt, war ich erfreut, daß solche Beschwerden dort in Rechnung gestellt wurden und man sagen konnte: »Ich habe Kopfweh vom Föhn«, und man dann früher nach Hause gehen konnte. Manchmal fiel die Schule aus, und man war zu solchen Zeiten geduldiger miteinander. Bei uns (in den USA) gibt es ähnliche Winde – Chinooks im ganzen Westen und der Santa-Ana-Region in Kalifornien –, aber wir leben nicht in einer Kultur, wo die überlieferte Volksweisheit uns für solche Wirkungen auf Menschenwesen Worte gegeben hat. Daher leiden die Menschen nicht nur daran, sondern sie suchen die Schuld für Depressionen oder schlechte Laune auch nur bei sich selber, da sie den Grund nicht kennen. Wetterfühlige Menschen sind dankbar, wenn man ihnen den Zusammenhang zwischen diesen Winden und ihrer Wirkung aufzeigen kann.

Das Ionengleichgewicht der Atmosphäre wird auch von einer herannahenden Sturmfront beeinflußt. Die Ionen in einer Wolke verhalten sich ganz ähnlich wie die Ionen in einem Wasserfall. Die kinetische Energie in der wirbelnden Luft reißt die Elektronen ab, so daß positive Ionen zurückbleiben. Diese freien Elektronen werden von anderen Atomen oder Molekülen leicht aufgenommen und erzeugen negative Ionen, was zu einem Unterschied in der Dichte führt. Diese wiederum führt zum Absinken der negativen Ionen und zum Aufsteigen der positivene Ionen; daher ist der untere Teil einer Wolke negativ geladen. Diese negativ geladene Wolkenunterseite induziert auf die Erdoberfläche eine positive Ladung und veranlaßt auf diese Weise die positiven Ionen von einem beträchtlichen Gebiet, sich zur negativ geladenen Wolkenunterseite zu bewegen. Dieses Übergewicht positiver Ionen unterhalb herannahenden Sturmfront verursacht nach Beal bei wetterfühligen Menschen »Kopfschmerzen, allgemeine Niedergeschlagenheit und Unlust«. [22] Sobald der Sturm da ist, ist das normale Gleichgewicht zwischen der Erde und der Atmosphäre wieder hergestellt und die Menschen fühlen sich besser.

In anderen Teilen der Welt heißen diese Winde Schirokko, Zonda, Khamsim und Mistral. Die Richter in Frankreich behandeln Verbrechen, die während des Mistral aus Leidenschaft begangen wurden, milder, Chirugen verschieben, wenn möglich, Operationen.

In Jerusalem entdeckten Forscher, daß bei wetterfühligen Menschen der Serotoninspiegel im Gehirn kurz vor und während Wüstenwinden, die positive Ionen mit sich brachten, zunahm. Wenn diese Personen in negativ-ionisierte Räume gebracht wurden, fiel er jedoch schnell. Die Symptome umfaßten Depressionen, Anspannung, Migräne und Asthma. [132]

In Frankreich, Deutschland, Italien und Russland sind viele Forschungen über die Ionen in der Umgebung von Heilbädern betrieben worden, besonders von Bädern, die in der Nähe von Wasserfällen liegen. In Russland werden solche Orte, nach Schisheswkij, »Elektrizitätskurorte« genannt, und sie sind dafür bekannt, daß dort die negativen Ionen die positiven ständig überwiegen. [55, 354]

Schisheswkijs Forschungen über negative Ionen und rote Blutkörperchen – die mit der Körperabwehr und der Absorption von Giften und Drogen zu tun haben – zeigten, daß die Einatmung negativer Ionen dazu führte, das System der roten Blutkörperchen zu stabilisieren und seine Fähigkeit, die Krankheit abzuwehren und die Heilung zu fördern, zu unterstützen. [339] Das Zentrallabor für Ionisation wurde 1931 in Moskau begründet und Schisheswkij beschreibt dessen Forschungen als »medizinische Untersuchungen, die die regenerierende, stärkende, belebende, vorbeugende und heilende Wirkung negativer Ionen erhärtet«. Er behauptet, daß zahlreiche Krankheiten in 85 Prozent der Fälle durch negative Ionen erfolgreich behandelt werden können. [55, 359]

Die Forschungen der letzten Jahrzehnte über die Ionisierung bieten uns eine wissenschaftliche Basis für den intuitiven Glauben »heiliger Menschen« aus vielen alten Kulturen, die empfanden, daß Berge, Wasserfälle und Wälder einer guten Geistesverfassung förderlich sind. Nach James Beal fühlte ein Schamane die wohltuenden elektrischen Wirkungen »in den gereizten elektrochemischen Prozessen in seinem eigenen Nervensystem, und diese lösten ihrerseits die Neuronen und Synapsen in seinen Gehirnwindungen aus. Er spürte, daß eine göttliche Eingebung, eine Offenbarung auf ihm war und daß die Götter zu ihm sprachen – unmittelbar. Und so wurden die alten heiligen Plätze ... gebaut«. [22] Außerdem deuten alle Indizien darauf hin, daß negative Ionen das Entscheidende sind, was die besondere Luftqualität ausmacht, die für verschiedene geistige Disziplinen in vielen Kulturen von Bedeutung ist.

In *Der Weg der weißen Wolken* erklärt Lama Govinda die Vorstellung von *Lung*, die sich im hochgelegenen Tibet entwickelt hat. Das Wort *Lung* steht sowohl für die Luft, die wir atmen, wie für »die subtile, vitale und psychische Kraft (Skt.: prâna)«. Er weist darauf hin, daß das griechische Wort *pneuma* sowohl Luft als auch Geist bedeutet. [103, 135]

Auch Ornstein glaubt, daß das *Prana* der indischen Yogalehre etwas mit negativen Ionen zu tun hat. [239, 214] In der chinesischen Bewegungsmeditation Tai Chi muß die Chi-Energie, die mit dem Atem verbunden ist, »frei durch alle seelischen Energiebahnen kreisen«. [131, 458] Die 108 Tai-Chi-Formen sind dazu bestimmt, dieser Zirkulation der Chi-Energie vom *Tan Tien* (der Bauchgegend) durch den Körper zu unterstützen. Die *Ki*-Energie im Aikido aus Japan ist dieselbe Art Energiesystem. All diese Disziplinen haben mit der Erlangung eines besonderen Bewußtseinzustandes zu tun – allgemein Erleuchtung genannt.

Franklin Merrell-Wolff stellte fest, daß er es schwierig fand, – als er angefangen hatte den Zustand, den er als »Bewußtsein ohne Objekt« beschreibt, zu erfahren – diesen Zustand in tiefer gelegenen Regionen aufrechtzuerhalten. [216,30 und 142] Er lebte in etwa 2.700 Meter Höhe am Mt. Whitney, als John Lilly ihn fand. Lilly selbst erklärte auf einem Workshop 1972 in San Francisco, daß er oberhalb von 2.700 Metern am besten arbeiten konnte.

Suchende, die in Tibet unterwegs waren, haben über die aufheiternde Wirkung der Luft berichtet. Marco Pallis schreibt in *The Way and the Mountain*: ». . . die Luft ist für den Körper wie für den Geist unbeschreiblich aufheiternd. . . . Tibet ist ein Brennpunkt geistiger Einflüsse in einem besonderen und objektiven Sinne und unabhängig von jeglicher eigener Empfänglichkeit, wie man annehmen könnte.« [224,113] Dasselbe Gefühl tritt in anderen Weltgegenden in großer Höhe auf. Möglicherweise hat dieses besondere Gefühl auch etwas mit dem Übergewicht von negativen Ionen in großen Höhen zu tun. Ich persönlich habe bemerkt, daß das allgemeine Gefühl von der Luft in diesen Höhen dem Geschmack der Luft nach einem Gewitter ähnlich ist. Blitze ionisieren die Luft, und unmittelbar nach einem Blitz gibt es viel mehr freie Ionen. Die Indianer haben in vielen Fällen von Visionen berichtet, die mit Donner und Blitz in Verbindung standen.

Joel Kramer, einer der führenden Hatha-Yoga-Fachleute in den USA heute, stellte fest, daß man es als notwendig ansieht, dorthin zu gehen, wo »gute« Luft ist, sobald man ernsthaft mit Yoga zu arbeiten beginnt. Er lebt in Bolinas, Kalifornien, auf einer Klippe, an deren Fuß die Wellen branden. [159] Allgemein stimmen die Menschenwesen, denen am meisten an dem höchsten dem Menschen möglichen Bewußtsein liegt, darin überein, daß die Qualität der Luft wichtig ist, und diese Qualität hat etwas mit der physikalischen Tatsache der Anwesenheit von negativen Ionen zu tun. Damit haben wir, im Verein mit den Beweisen der modernen Wissenschaft, den unumstößlichen Nachweis, daß zumindest ein Aspekt der Natur, die Luftionen, unmittelbar mit dem menschlichen Geisteszustand zu tun hat. Wie kann der Geist dann auf das beschränkt sein, was sich *im* Schädel befindet? Und wenn nicht, wo ist dann die Grenze des Geistes?

Die Grenzen des Geistes

Ich glaube, die interessanteste – wenn auch noch unvollständige – wissenschaftliche Entdeckung des zwanzigsten Jahrhunderts ist vielleicht die Entdeckung der Natur des *Geistes*.

Gregory Bateson [16a,617]

Ich entdeckte Gregory Batsons *Steps to an Ecology of the Mind*, (deutsch: *Ökologie des Geistes*) als ich mein erstes Buchprojekt *Earth Festivals* schon aufgeben wollte. Ich hatte es begonnen als eine Darlegung, wie das Feiern von »Festen der Erde« Kindern hilft, aber es bewegte sich bald auf einer tiefergehenden Ebene, die eine gründliche Revision der Vorstellung von der Beziehung zwischen Menschenwesen und der Welt erforderte. Ich fand, daß diese Änderung der gedanklichen Vorausset-zungen damals zu tiefgreifend waren und daß ich genausogut aufhören könnte. Da fand ich bei einem Freund das Buch von Bateson und war elektrisiert. Hier war das, wonach ich tastend suchte, und er hatte es zusammengefügt. Ganz aufgeregt versuchte ich, andere dazu zu bewegen, das Buch zu lesen, aber ganz ohne Erfolg. Später in jenem Herbst las ich Stewart Brands Artikel im Rolling Stone, der so anfing: »Dieses Buch ist mir wichtig genug, daß ich aus meiner Zurückgezogenheit hervorkomme, um darüber zu schreiben...« Aber ich wußte, daß selbst Stewart Brand nur ein paar Leute überzeugen würde. So schrieb er denn ein ganzes Buch, um Menschen dazu zu bewegen, Bateson zu lesen. Es heißt *II Cybernetic Frontiers*, und auf einer der ersten Seiten druckt Brand das ganze Inhaltsverzeichnis von Batesons Buch ab.

Auf der ersten Textseite berichtet Brand, warum er von dem Buch so beeindruckt war: »Die Kybernetik ist die Wissenschaft von Kommunikation und Kontrolle. Sie hat wenig mit Maschinen zu tun... Sie hat hauptsächlich mit dem Leben zu tun, mit der Aufrechterhaltung der Kreisläufe. Zur Kybernetik kam ich durch die Beschäfti-gung mit der Biologie, der Rettung der Welt und der Mystik. Was meiner Meinung nach fehlte, war jegliche klare konzeptionelle Verbindung des kybernetischen Ganz-heitsdenkens mit dem religiösen Ganzheitsdenken...« Drei Jahre des Suchens brachten in dieser Hinsicht wenig. »Es bestärkte – und das war alles – meine Überzeugung, daß systematische, gelegentliche und moralische Klarheit wieder in Übereinstimmung gebracht werden müßten... und daß eine mittelbare und sich selbst Geltung verschaffende Ethik hervorgebracht werden müßte, die klarstellt, was heilig und was für das Leben richtig ist. Große Ordnung. Im Sommer 1972 erfüllte mir ein Buch diese Sehnsucht: *Steps to the Ecology of Mind.*« [37,9] Ich stimme mit allem überein, was Brand hier sagt. Ich würde nur hinzufügen, daß ich nicht nur drei Jahre, sondern mein ganzes Leben auf der Suche nach einem solchen Weg war; jetzt, nachdem ich Batesons Buch gefunden habe und erkenne, welche Schwierigkeiten selbst sehr intelligente Menschen haben, es zu lesen, werde ich hier den Versuch unternehmen, einige von Batesons Ideen, die den stärksten Bezug zu meinem Buch haben, zusammenzufassen; also jene, die mit der Bezogenheit zwischen dem Menschenwesen und der Erde zu tun haben. Bevor ich fortfahre, möchte ich sagen, daß meiner Meinung nach der Grund dafür, daß die Leser

Batesons Buch so schwer zu lesen finden, erstens der ist, daß sie noch nicht die richtigen Fragen gestellt haben; und zweitens, daß Bateson für die meisten zu sehr ein »Herumtreiber« ist. Sein ganzes Leben lang hat er es abgelehnt, in einer Disziplin lange zu verweilen, sondern er geht einfach weiter zu dem, was für sein weiteres Verständnis wichtig ist, was es auch sei. Wenn er seine Einsichten aus fünf oder sechs Disziplinen in einem unerbittlich folgerichtigen Satz zusammenfaßt, so zerstört der die kleinen hübschen Kategorieschachteln der meisten Leser völlig, mit denen zu arbeiten sie gewohnt sind, und sie lesen nicht weiter. Es bringt sie zu sehr aus dem Konzept.

Auf der nächsten Seite von Brands Buch gibt er ein paar seiner bevorzugten Zitate wieder. Das eine, das für den Gegenstand Geist besonders wichtig ist, lautet:»Wenn der Eriesee verrückt geworden ist, ist seine Verrücktheit in dem größeren System deines Denkens und deiner Erfahrung verkörpert.« [37, 10] Später erklärte Bateson in Brands Buch, nach einer Tonbandaufzeichnung eines Gesprächs, weshalb viele wichtige, das menschliche Verhalten betreffende Dinge, nicht in einem Labor untersucht werden können. Er meint, dies sei so, »weil das Experiment« dem Zusammenhang, in dem du stehst, immer seinen Stempel aufdrückt«. Es sei sogar zweifelhaft, ob man mit Hunden im Labor ein gültiges Experiment durchführen könne. »Du kannst draußen in der freien Natur bei einem Tier keinen Pawlovschen Nervenzusammenbruch – wie nennen sie es: ›experimentelle Neurose‹ – hervorrufen.« Brand sagt fröhlich: »Das wußte ich nicht.« Bateson lacht und sagt: »Du mußt ein Labor haben... Denn der Geruch des Labors, das Gefühl der Anspannung, unter der das Tier steht, das alles sind Merkmale, die dem Tier sagen, was in dieser Situation geschieht; daß man von ihm erwartet, daß es das Falsche oder Richtige tut, zum Beispiel.« Bateson erzählt von einem hypothetischen Experiment, das zum Zusammenbruch des Hundes führt, und Brand fragt dann, was draußen in derselben Situation geschieht. Bateson antwortet: »Nichts geschieht. Zum einen zählen die Stimuli nicht. Die Elektroschocks, die sie anwenden, sind etwa so stark wie das Gefühl, das das Tier bekommen würde, wenn es sich einen Dorn in die Pfote stechen würde.«

»Angenommen, du hättest ein Tier, dessen Lebenssinn darin besteht, Steine umzudrehen und die Käfer darunter zu fressen. In Ordnung, unter einem von zehn Steinen ist ein Käfer. Es kann keinen Nervenzusammenbruch bekommen, etwa weil unter neun Steinen kein Käfer ist. Aber im Labor kann das passieren, weißt du.« Und Brand fragt:»Glaubst du, daß wir alle in einem von uns selbst gemachten Labor sind, in dem wir uns gegenseitig verrückt machen?« Bateson sagt: »Das hast du gesagt, Bruder, nicht ich,« und lacht vergnügt, »natürlich«. [37, 25–26]

»Sich gegenseitig verrückt machen« und den »Eriesee wahnsinnig machen« sind zwei Blickwinkel desselben Problems. Bateson hat dieses Problem länger als kaum jemand sonst untersucht. In seinem Buch *Naven* (1936) geht es um seine Arbeit mit dem Stamm der Itamul in Neu-Guinea, wo er jenen Vorgang beobachtet hat, den er Schismogenesis (Spaltung erzeugen) nannte. Dieser hat mit Situationen zu tun, die die Unterschiede zwischen Menschen vergrößern. Ein Beispiel dafür ist das Prahlen. Wenn ein zweiter Mann auf die Prahlerei des ersten mit mehr Prahlen antwortet, wird jeder den anderen zu immer größeren Prahlereien treiben. Dies führt schließlich zur Feindschaft und vielleicht sogar zum vollständigen Bruch der Beziehung. Ein weiteres Beispiel für ein schismogenetisches Verhaltensmuster ist die Konkurrenz zwischen den Dinosauriern, die zu immer schwereren Panzern und Waffen und schließlich zur Vernichtung der ganzen Spezies Dinosaurier führte. Die heutige Parallele im Rüstungswettlauf, bei dem die eine Nation versucht, bessere Waffen als die andere Nation zu bauen, ist offenkundig.

Später schrieb Bateson: »Die Arbeit an *Naven* hatte mich bis an die Grenzen dessen gebracht, was später zur Kybernetik wurde, es fehlte mir aber noch der Begriff der negativen Rückkoppelung.« [16a, 10] Die berühmten Macy-Konferenzen, »die die Kybernetik erfanden«, wurden auf Batesons Betreiben hin von 1947 bis 1953 abgehalten. [36]

Steward Brand arrangierte im März 1976 ein Treffen von Margaret Mead und Gregory Bateson mit ihm, um ein Gespräch über diese Anfänge der Kybernetik aufzuzeichnen, das in Brands *Coevolution Quarterly* abgedruckt wurde. Es ist ein bemerkenswerter, persönlicher Bericht von Teilnehmern an einer der zentralen Entwicklungen in der menschlichen Geschichte. Wie wichtig, das zeigt Batesons Bemerkung im Jahre 1951, das Wieners Statement »die größte einzelne Verschiebung im menschlichen Denken seit den Tagen Platos und Aristoteles markiert, denn sie vereint die Natur- und Sozialwissenschaften und löst endlich die Probleme der Teleologie [Lehre, daß die Entwicklung von vornherein zweckmäßig und zielgerichtet angelegt sei] und der Geist-Körper-Dualität, die das westliche Denken vom klassischen Athen geerbt hat«. [21, 177]

Wiener, der das Buch *Kybernetik* im Jahre 1948 schrieb, hatte bewiesen, daß die Begriffe »Information« und »negative Entropie« gleichbedeutend sind.

In dem Gespräch mit Steward Brand, das in der *Coevolution Quarterly* abgedruckt wurde, sagte Bateson, daß das erste kybernetische Modell 1856 beschrieben worden sei. In jenem Jahr, noch vor Darwins *Entstehung der Arten*, »erlebte Wallace eine psychedelische Verzauberung, die auf seine Malaria folgte. In diesem Zustand entdeckte er das Prinzig der natürlichen Auslese«. Er schrieb an Darwin, daß die natürliche Auslese mit einer Dampfmaschine mit einem Regulator zu vergleichen sei. Bateson fährt fort, daß Wallace selbst nicht wußte, daß »er wirklich das

Aussagekräftigste gesagt hatte, das im 19. Jahrhundert gesagt worden war«. Mit dieser Vorstellung stand jene von Claude Bernard von 1890 über die innere Matrix des Körpers in Verbindung, die die Temperatur, den Blutzuckerspiegel usw. kontrolliert, die später als Homöostase bekannt wurde.»Aber niemand fügte diese Dinge zusammen und sagte, dies sind die formalen Beziehungen, die für die natürliche Auslese gelten, die für zielgerechtes Handeln gelten, die für die Katze gelten, die versucht eine Maus zu fangen, die für mich gelten, wenn ich den Salzstreuer nehme. Dies wurde wirklich erst von Wiener, Rosenblueth, Mc Culloch und Bigelow geleistet.« Und Bateson fügt hinzu: »Wenn Wiener nicht Biologe gewesen wäre, hätte er es nicht getan.« [36]

Zur selben Zeit sahen die meisten Kybernetik nur im Zusammenhang mit Maschinen; nur wenige sahen, was Bateson tat, denn sie hatten nicht die richtigen Fragen gestellt. Dies ist noch heute so, über dreißig Jahre später.

Batesons Grundvoraussetzung ist, daß die mentale Welt, der Geist – die Welt der Informationsprozesse – nicht durch die Haut begrenzt ist. Das System, das wir gewöhnlich »Selbst« nennen, hat nicht eine Grenze, die mit der Haut aufhört. Die Information, die zu diesem Selbst gelangt, umfaßt alle äußeren Bahnen, auf denen Informationen fließen, wie die Gedanken anderer, Licht, Klang, Temperatur und die ganzen Aspekte von Erde und Himmel.

Was das Einzelwesen tut, das Selbst genannt wird, ist nichts anderes, als aus dieser riesigen Menge an eingehenden Informations»bits« eine ganz kleine Anzahl auszuwählen, die für eben jenes Einzelwesen zur gegebenen Zeit wichtig sind. Um die ganzen Auswirkungen klarer zu machen, spricht Bateson von einer unendlichen Zahl von Unterschieden zwischen einem Stück Kreide und dem Rest des Weltalls; die Unterschiede zwischen diesem und Sonne und Mond, zwischen dem, wo die Moleküle des Kreidestücks sind und wo sie hätten sein können. Aus dieser riesigen Zahl von Unterschieden sucht ein bestimmtes Einzelwesen, das wir Selbst nennen, eine ganz kleine Anzahl heraus, die für dieses Individuum zu der Information wird. »Was wir tatsächlich mit Information meinen... ist ein *Unterschied, der einen Unterschied ausmacht*.« [16a,582] Bateson fügte später hinzu: »in einem späteren Geschehen«. [19,381] Doch dieser Unterschied kann nicht lokalisiert werden. »Es gibt einen Unterschied zwischen der Farbe dieses Schreibtisches und der Farbe des Kissens. Aber der Unterschied liegt weder im Kissen noch im Schreibtisch, und ich kann ihn auch nicht dazwischen festmachen.« [17] Die Grenzen zwischen Mensch und Umwelt sind rein künstliche, fiktive Linien. »Sie sind Linien *durch* die Wege, auf denen Informationen oder Unterschiede übermittelt werden. Sie sind keine Grenzen des Denksystems. Was denkt, ist das Gesamtsystem, das sich auf Versuch und Irrtum einläßt, nämlich der Mensch plus die Umgebung.« [16a,620]

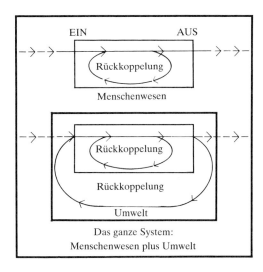

EIN   AUS

Rückkoppelung

Menschenwesen

Rückkoppelung

Rückkoppelung

Umwelt

Das ganze System:
Menschenwesen plus Umwelt

»Ein Ereignis hier wird von einem der Sinnesorgane aufgenommen und bewirkt etwas, das hier eingeht. Dann schneidest du nun hier und da ab und sagst, hier ist ein Eingang und ein Ausgang. Dann arbeitest du an dem Kasten. [36] ... Das macht alles sehr einfach. Aber du kannst nicht eben mal den Kasten aus dem ganzen Bild herausnehmen, weil die Kreisläufe weitergehen. Da mag es Kästen jeder Art in dem ganzen Ökosystem geben, aber im wesentlichen muß dein Ökosystem, dein Organismus-plus-Umwelt, als ein einziger Kreislauf betrachtet werden. Du bist in Wirklichkeit nicht mit dem Ein- und Ausgang befaßt, sondern mit den Ereignissen innerhalb des größeren Kreislaufs, und du bist ein *Teil* des größeren Kreislaufs.« [36] Die willkürlichen Grenzen, die wir zwischen dem Menschen und der Umwelt ziehen, sind rein künstliche, fiktive Linien. »Sie sind Linien *durch* die Wege, auf denen Informationen oder Unterschiede übertragen werden. Sie sind keine Grenzen des Denksystems. Was denkt, ist das Gesamtsystem, das sich auf Versuch und Irrtum einläßt, nämlich der Mensch plus die Umgebung.« [16a, 620] Bateson gebraucht die Analogie von dem blinden Mann, der mit seinem Stock die Straße hinabgeht. »Wo beginnt das Selbst des Blinden? An der Spitze des Stocks? Am Griff des Stocks? Oder irgendwo in der Mitte des Stocks? Diese Fragen sind unsinnig, weil der Stock ein Weg ist, auf dem Unterschiede übermittelt werden..., so daß eine Grenzlinie *durch* diesen Weg zu ziehen bedeutet, einen Teil des systemischen Kreislaufs abzuschneiden, der die Fortbewegung des Blinden bestimmt.« [16a, 411]

Dasselbe lernte ich beim Skilaufen. Manche lernen es nie, im Pulverschnee zu fahren, ohne gewaltige Anstrengung und Kraft aufzuwenden, weil sie es ihrer rationalen, linken Gehirnhälfte erlauben, die ganze Situation zu beherrschen. Sie schneiden nicht nur die Informationsstränge an ihrer Haut ab, sondern schneiden auch alle möglichen Informationen auf ihren eigenen inneren Strängen ab und verlassen sich nur auf dieses eine winzige Teil des Gehirns. Das Ergebnis ist das: wenn solch eine Person anfängt, durch Druck auf die Skier die Drehung zu vollziehen, dann weiß sie nicht, wann sie damit aufhören muß, weil kein fester Untergrund da ist, der sie zwingt, aufzuhören. Ihre Skier sinken nur immer weiter ein, bis sie hinfällt. Wenn sie die geistigen Informationskreisläufe nicht durchgetrennt hätte, die sie mit dem Schnee und der Schwerkraft verbinden, würde der Schnee – mitbestimmt durch die Tiefe und Konsistenz des Schnees und durch die Schwerkraft (in Bezug auf genau den Neigungswinkel des Hanges) – die Spitze der Skier aufgenommen und für sie gedreht haben. Das Abtrennen all dieser ineinandergreifenden geistigen Kreisläufe begrenzt die zur Verfügung stehende Information und führt, zwangsläufig, zu Angst, die ihrerseits zu weiteren Versuchen führt, mit dem rationalen Gehirn das zu kontrollieren, was ihr bedrohlich ist. Diese einen besonderen Zwiespalt hervorrufende Situation ist eine gute Analogie für die gegenwärtige technologische Katastrophe, die die Erde bedroht. Die Rationalität ist für sich allein »notwendig pathogen und lebenszerstörend; und ... ihre Virulenz [folgt] besonders aus dem Umstand, daß Leben auf eng ineinandergreifenden Kreisläufen von Zufälligkeiten beruht«. Das rationale, zweckgerichtete Gehirn »kann nur so kurze Bögen solcher Kreisläufe sehen, wie sie die menschlichen Zwecke festlegen können«. Da das rationale Gehirn die viel umfassenderen Kreisläufe des Lebens an einem willkürlichen Punkt abgeschnitten hat und in ein »Selbst« genanntes Objekt einkastelt, neigt das rationale Gehirn zum Haß, denn »das Individuum, welches nur Kreislaufbögen sieht, [ist] ständig überrascht und notwendig verärgert«, wenn die Dinge nicht so laufen, wie es dachte. [16a, 204–205]

Die weitergehenden Kreisläufe von Umwelt-plus-Organismus abzuschneiden und in einen Kasten zu sperren, der von den eigenen Interessen begrenzt wird, so daß man nur die Bögen sieht, die dem eigenen Zweck entsprechen, ist sonderbar. Um zu zeigen, wie sonderbar, laßt uns einmal annehmen, daß ein rationaler, krakenartiger Organismus aus dem Weltraum auf der Erde landet. Dieses Wesen sieht einen Menschen, der einen Ball aufhebt und denkt: »Das ist anders. Ich kann das nicht so machen.« So schneidet es willkürlich den Daumen von der Menschenhand ab und nimmt ihn mit, um ihn zu untersuchen. Wenn es in sein Labor auf Arcturus zurückkehrt, begreift es nicht, weshalb der Daumen den Ball nicht aufheben will oder kann. Das rationale Gehirn befindet sich immer in einer ähnlichen Lage. Warum wollen oder können die Dinge nicht gehen? Vielleicht deshalb, weil unser rationales Gehirn in ähnlicher Weise vom Rest des Organismus, der Umwelt, abgetrennt ist.

Bateson faßt die fortwährende Kreislaufnatur des Geistes wie folgt zusammen:

»Wir erhalten damit ein Bild vom Geist, nach dem dieser mit einem kybernetischen System gleichbedeutend ist – die relevante, totale, informationsverarbeitende, Versuch und Irrtum durchlaufende Einheit. Und wir wissen, daß sich innerhalb des Geistes im weitesten Sinne eine Hierarchie von Subsystemen finden wird, von denen wir jedes einzelne als individuellen Geist bezeichnen können... Etwas, das ich als ›Geist‹ bezeichne, siedele ich nun als dem großen biologischen System – dem Ökosystem – immanent an. Oder, wenn ich die Grenzen des Systems auf einer anderen Ebene ziehe, dann ist der Geist der gesamten Evolutionsstruktur immanent.« [16a, 590–591] Später sagt er: »Wenn ich recht habe, muß unser ganzes Denken über das, was wir sind und was andere Menschen sind, umstrukturiert werden ... und ich weiß nicht, wieviel Zeit wir haben, um es zu erledigen.« [16a, 594] Die Zeit läuft ab, denn der heutige Mensch muß erkennen, daß jede Schlacht, die er gegen die Umwelt gewinnt, ihn der Katastrophe näherbringt. Das ist deswegen so, weil »die Überlebenseinheit – sei es in der Ethik oder in der Evolution – ... nicht der Organismus oder die Gattung (ist), sondern das umfassendste System oder die größte ›Macht‹, innerhalb deren das Geschöpf lebt. Zerstört das Lebewesen seine Umgebung, so zerstört es sich selbst.« [16a, 429]

Jetzt ist die Frage – wie sind wir in einen solchen Zustand des Wahnsinns geraten? Können wir ehrlicherweise glauben, daß das Menschenwesen, das Ergebnis einer drei Milliarden Jahre währenden Evolution, völlig abgeschnitten von diesem ganzen Prozeß in diese Welt kommt? Das ist nicht wahrscheinlich; und doch wird aus dem Baby wieder ein entfremdetes Menschenwesen. Im nächsten Abschnitt will ich mich dahinein vertiefen, was unsere Kultur mit diesem neuen Menschenwesen anstellt, um es zu zwingen, sich selbst vom Ganzen abzutrennen.

Der Geist des Kindes

Die Entfremdung von der Natur beginnt, sobald das Kind im Krankenhaus geboren wird. Anstatt bei der Mutter zu bleiben, wie von der Natur vorgesehen, wird das Baby entfernt und von seiner natürlichen, schützenden Schmiere gesäubert und mit Puder versüßt und dann ein paar Stunden später zur Mutter zurückgebracht. Dadurch ist die Wirksamkeit seiner ersten Bindung mit der Mutter zerstört. Nach Josef Chilton Pearce in seinem Buch *The Magical Child* (Die magische Welt des Kindes) ist dies erst der Anfang. Als er begann, das Buch zu schreiben, fand er heraus, daß »sich brennende Fragen aufdrängten: Was läuft in dem hochtechnisierten Ländern heute so falsch, daß Autismus und Hirnschäden sich epidemienartig ausbreiten, daß Jahr für Jahr mehr Kinder sich das Leben nehmen ... daß die

Schulen immer unproduktiver werden und bei den Schülern zu traumatischen Erlebnissen führen?« Pearce glaubt, daß es darum geht, »welcher Natur das ist, was in denen Köpfen der Kinder vorgeht, was hat es mit der menschlichen Intelligenz auf sich, und wie sieht unsere biologische Verknüpfung mit dem Erdganzen aus, auf der die Entwicklung des Geistes und des Gehirns basiert.« [250, 5–6] Seine These ist, daß »Intelligenz ... wächst ... durch Fortschreiten vom Bekannten zum Unbekannten und durch Rückbezug auf Bekanntes.« Das Bekannte nennt er *Matrix*, abgeleitet vom lateinischen Wort für Schoß, und er führt aus, daß der Schoß dem werdenden Leben »eine Quelle des Möglichen, eine Quelle der Kraft, dieses Mögliche zu erforschen, und einen sicheren Ort, dieses Mögliche zu erforschen, bereitstellt.« [250, 28] Nachdem das Kind geboren ist, wird die Mutter dieser »sichere Ort« oder diese Matrix für die weitere Entwicklung des Neugeborenen, aber nur, wenn das Kind sofort nach der Geburt wieder an die Mutter »angeschlossen« wird. [Der amerikanische Terminus ist *Bonding* und *bond*. Damit wird die Verknüpfung oder der Brückenschlag bezeichnet, das sich Anschließen oder Anknüpfen. Der Einfachheit halber gebrauchen wir hier auch im Deutschen den Begriff *Bonding*. A. d. Ü.] Pearce definiert Bonding als »eine außersprachliche Form der Kommunikation, die jenseits des gewöhnlichen linearen und rationalen Denkes und Wahrnehmens auf einer intuitiven Ebene stattfindet.« [250, 51] Zu ihr gehört auch, was er »Ur-Prozeß« nennt. Als Beispiel für ein erfolgreiches Bonding nennt er die Kinder in Uganda. Marcelle Geber fand die fortgeschrittene Entwicklung dieser Kinder erstaunlich. Sie lächelten schon am vierten Lebenstag, während amerikanische Babies erst mit einem Monat bis sechs Wochen lächeln. Die allgemeine Entwicklung dieser Babies war der europäischer Kinder um Monate voraus, und der Vorsprung in der intellektuellen Entwicklung hielt die ersten viere Jahre an, bis das Band des Kindes mit der Mutter gewaltsam zerbrochen und es dem Stamm übergeben wurde.

Im Gegensatz zu der üblichen Vorstellung, können Neugeborene ein menschliches Gesicht scharf sehen und erkennen. Da diese Fähigkeit stufenspezifisch ist, kann sie nur während einer sehr kurzen Zeitspanne nach der Geburt auftreten und muß fortwährend angeregt werden. Das Baby sollte nicht von der Mutter entfernt werden, weil diese Fähigkeit, wenn sie einmal abhanden gekommen ist, erst nach Wochen wieder erlangt werden kann und dies das Wachsen der Intelligenz ernsthaft stört, weil dann in der kritischen Zeit gleich nach der Geburt keine sichere Muttermatrix vorhanden ist.

Etwa im Alter von vier Jahren vollendet der *Corpus callosum*, ein Geflecht aus Nervenzellen, das die beiden Hemisphären des Gehirns verbindet, sein Wachstum, so daß im Alter von sieben Jahren die Gehirnteile anfangen können, sich zu sondern: Sprache und lineares Denken in der linken Gehirnhälfte und Körperwissen und

Erdwissen (Ur-Prozeß) in der rechten Gehirnhälfte. Wenn das erreicht ist, kann der Geist die Information so leiten und ordnen, daß sie den drei unterschiedlichen Bewußtseinsfunktionen entsprechen, die gesondert, aber aufeinander angewiesen sind.

Die eine Bewußtseinsfunktion ist die von einem Selbst, das sich als einzigartiges und von der Welt gesondertes Einzelwesen begreift; die zweite ist die, daß der Körper durch die Wechselwirkung mit der Welt erhalten wird (Ur-Prozeß) und die dritte Funktion ist jene, die Jung das kosmische Bewußtsein oder allgemeines umfassendes Feld des Gewahrseins nannte. [250, 141]

Im Alter von sieben Jahren kann sich das Kind, das seit der Geburt sicher mit der Mutter verbunden ist, leicht in die nächste Matrix begeben. Das Kind wird mit der Erde verknüpft. Auf dieser Stufe, von etwa sieben bis elf Jahren, ist »nichts außer der körperlichen Wechselbeziehung mit der Welt wichtig.« Das körperliche Handeln ist mit dem Denkprozeß eins. »Wenn ein Kind nicht handelt, denkt es auch nicht.« [250, 130] Während das Kind eine neue Handlung ausprobiert, strukturiert das Gehirn das Handlungsmuster.

Dieser Wechsel der Matrix von der Mutter zur Erde im Alter von sieben Jahren ist ebenso kritisch wie der der Geburt, aber wegen der Zwänge in unserer Kultur, besonders der abstrakten Vorstellung vom Tod, erfolgt er praktisch nie. Der Dichter Kenneth Rexroth ist, glaube ich, einer der wenigen, der den Wechsel der Matrix zur Erde erfolgreich vollzog, während er weiterhin auf den drei oben genannten Bewußtseinsebenen arbeitete. In seiner Biographie schrieb er:

> Von frühester Kindheit an habe ich nicht selten, sondern oft die Art von Erfahrungen gehabt, die visionär genannt werden ... Des ersten Erlebnisses erinnere ich mich ganz klar ... Ich war ungefähr vier oder fünf Jahre alt und saß auf dem Kantstein vor unserem Haus in der Marion Street in Elkhart, Indiana. Es war Frühsommer. Ein Wagen, der hoch mit frischgemähtem Heu beladen war, fuhr auf der Straße dicht an mir vorbei. Es war kein Gefühl, sondern ein Gewahrsein von zeitloser und raumloser allumfassender Seligkeit, das ganz von mir Besitz ergriff, von dem ich Besitz ergriff. Ich möchte Begriffe wie »überwältigte mich« oder »ich wurde fortgerissen« nicht gebrauchen oder irgendeinen anderen, der die Besessenheit meiner durch etwas außerhalb von mir oder noch viel weniger etwas Außerergewöhnliches ausdrückt. Im Gegenteil, dies schien mein gewöhnliches und natürliches Leben zu sein, das alle Zeit fortging und mein plötzlich geschärftes Bewußtsein von ihm schien nur eine Sache der Aufmerksamkeit zu sein. Dies ist die gebildete Beschreibung mit den Worten eines Erwachsenen, aber als fünfjähriges Kind hatte ich keinen Zweifel, daß dies ich sei – nicht mein »wirkliches Ich«, von einem illusorischen Ego unterschieden, sondern einfach ich ... [273, 337]

Rexroth fährt fort, daß er von derselben Art Erfahrung in den Werken so verschiedener Autoren wie Richard Jeffries, H. G. Wells und Rousseau gelesen hat,

»einschließlich des frischgemähten Heus.« Dieser letzte Faktor wird bei solchen Erfahrungen so oft erwähnt, daß manche nach einem Hypnose auslösenden Stoff unter den Estern und Glykositen, die im reifen Gras vorkommen, gesucht haben. Aber vielleicht war das Heu auch nur das Naturelement, welches dem Bewußtsein, das sich als gesondertes Selbst empfand, und dem Bewußtsein, daß sich als Teil des »Geistes im Großen« und der Erde empfand, erlaubte, zusammenzukommen und den Zustand »völliger Seligkeit« zu erfahren. Rexroths unglaubliche Kreativität ist wohlbekannt. Sein völliges Vertrauen in die Erde erweist sich besonders deutlich in einer Unternehmung, die er in seinem Buch beschreibt, als er vor rund vierzig Jahren seine junge epileptische Frau auf eine Rucksacktour durch die Wildnis der Cascade Mountains in Washington und an der Westküste entlang nach Kalifornien mitnahm. Zu der Zeit gab es in den Cascades keine Straßen und an der Küste nur wenige.

Beim kritischen Wechsel der Matrix, von der Mutter zur Erde, der mit vier Jahren beginnt, haben Kinder Erfahrungen, die wir übersinnliche oder PSI-Phänomene nennen. Sie sind aber, wie Pearce richtig sagt, weder okkulte noch seelische Verirrungen. Diese Ur-Wahrnehmungen sind »so biologisch wie jede andere Form der Wahrnehmung.« [250, 130] Aber wenn sie nicht entwickelt werden, verschwinden sie wie atrophierende Muskeln. Weil Eltern und Lehrer meistens alles zurückweisen, was die Kinder ihnen von diesem Bereich erzählen, und weil ihre Bestätigung so wichtig ist, lernt ein Kind, nicht darüber zu sprechen, und daher atrophieren diese Ur-Erfahrungen.

Kinder werden vom Spiel völlig gefangengenommen. Eltern und Lehrer zwingen das Kind ständig, das zu tun, was sie für richtig halten, aber »das Spiel dient dem Überleben«, wie Pearce es bezeichnet. Junge Hunde kämpfen im Spiel und Katzen greifen alles an, was in ihrer Reichweite liegt, um die Rolle zu lernen, die sie als Erwachsene spielen müssen. Das Spiel ist für das Menschenkind die Welt plus Geist-Gehirn. Im Spiel verändert das Kind ständig seine eigene Welt. Imagination, Phantasie, Nachahmung, Arbeit und Spiel sind miteinander verschmolzen. Das Kind lernt am besten durch das Spiel. Wenn wir ein Kind zwingen zu lernen, und es das Lernen als *Arbeit* erfährt, dann verstoßen wir gegen sein biologisches Erbe und vermindern die Intelligenz dadurch, daß wir Versagensangst und Furcht einflößen.

Furcht ist etwas anderes als der Schreck. »Der Schreck ist eine natürliche Reaktion, ein biologischer, ›Aufrüttlungs‹-Effekt. Aber Furcht ist eine vergedanklichte Form dieser ›Schreckensart‹ ... die Furcht ist eine gelernte Reaktion ... Angst ist die Furcht vor dem, was uns nach unserer Erwartung in der Zukunft geschehen könnte.« Die Wurzeln der Angst liegen in der Vorstellung von einem feindseligen Universum. [249, 50, 51 und 56]

Die von der Kultur dem Kind eingeflößte Angst ist der vom Labor erzeugten Neurose des Hundes sehr ähnlich, von der Bateson und Brand sprachen. Für ein kleines Kind ist es eine angsterregende Sache, das Zählen in einem Klassenraum zu lernen. Kürzlich wurde eine Freundin von mir, Beverly, von einem fünfjährigen Kind besucht. Dieses Kind war seit drei Monaten im Kindergarten. Weil es in einer freien Umgebung natürlich aufgewachsen war, litt es darunter. Beverly wußte, daß man von ihm erwartete, daß es zählen lernte. Also nahm sie ein paar Murmeln und zählte sie in die Hände des Kindes, wobei sie laut mitzählte: »Eins, zwei, drei, vier, fünf.« Das Kind spielte und zählte für eine Weile allein weiter. Dann sagte Beverly, die gerade kochte: »Gib mir mal drei Murmeln.« Das Kind wollte ihr alle geben und Beverly sagte: »Nein, du zählst sie.« Also zählte das Kind ab: »Eins, zwei, drei.« Beverly sagte: »Danke für die drei Murmeln.« Das Kind sagte sehr verwirrt: »Ist das alles, was ich tun muß?« Beverly sagte: »Ja«, und das Kind war höchst erstaunt. Es konnte zählen. Es war gar kein Problem. Die in der künstlichen Umgebung hervorgerufene Angst zu versagen, war verschwunden, denn sie war im Haus von Freunden und im wirklichen Leben, so war es ihr ein leichtes zu zählen.

Wenn ein Kind zu früh gezwungen wird, mit abstrakten Gedanken umzugehen, so verhindert dies tatsächlich das spätere intelligente abstrakte Denken. Die ersten zehn Jahre müssen dem Lernen über die Erde gewidmet werden – indem körperlich mit ihr umgegangen wird, mit allen fünf Sinnen – und nicht nur theoretischen Erklärungen. Es muß dem Kind gestattet werden, mit dem Erdboden zu spielen, damit zu matschen und sogar, sich darin zu wälzen. Ein sehr aufgewecktes vierjähriges Kind rief einmal erfreut aus: »Ich habe gerade herausgefunden, daß Erde und Wasser Schlamm geben.« Diese Entdeckung ist eine ebenso ureigene und ursprüngliche Entdeckung, wie jeder wissenschaftliche Durchbruch. Etwa im fünften oder sechsten Lebensjahr fängt das Kind an, »abstrakte Verbindungen herzustellen, das heißt ›Möglichkeiten in seinem Kopf‹ zusammenzufügen, die keinen Bezug zu Gegenständen oder Symbolen haben.« [249,24] Es kann dann auf das spielerisch Geschaffene einwirken. Die Natur richtete das Gehirn auf dieser Stufe so ein, daß es schöpferisch auf die Natur einwirkt und umgekehrt die Natur auf sich einwirken läßt, und nicht so, daß es von der Natur abgeschnitten würde. »Es gibt einen Riesenunterschied zwischen der kreativen Wechselbeziehung mit dem Fluß der Natur – um sie zu wandeln, wozu die Logik vom Leben entwickelt wurde – und dem Erzeugen des Puffers gegen die Natur, der aus Angst besteht. Und doch wird das logische Denken für diese beiden kreativen Handlungen benutzt.« [249,25]

Mit sieben Jahren sind die balinesischen Trancetänzerinnen fähig, auf rot glühenden Kohlen zu tanzen. Wenn das kleine Mädchen die Kraft fühlt, steht es auf und geht – ganz in Nachahmung seiner Vorbilder in dem verschlungenen Tanz befangen und ohne sich zu verbrennen – über die Kohlen; der Tanz ist das Spiel. Nachher kehrt das Mädchen zu seinem Platz zurück und nimmt am Fest teil, aber es weiß, daß es sich die Hände verbrennen würde, wenn es die Kohlen anfassen würde. Dies ist ein sehr eindrückliches Beispiel für die Kräfte des *Umkehrdenkens*. Diese Vorstellung wird von Piaget als die Fähigkeit, »jeglichen Zustand entlang eines Kontinuums von Möglichkeiten potentiell als jeglichem anderen Zustand hypothetisch gleich zu betrachten, und zum selben Zustand zurückzukehren, von dem aus der genannte Vorgang begann.« [257, 175] Diese höchste Form des operativen Denkens wird im Alter von sechs oder sieben Jahren funktional möglich. Piaget nennt dies die seltenste Form von gedanklichen Handlungen. Es »atrophiert als eine offengelassene Möglichkeit durch Vernachlässigung und Verdrängung etwa mit der Adoleszenz.« [249, 26]

Mit etwa neun oder zehn Jahren fängt das Kind an, nach der kulturellen Logik zu funktionieren. In Piagets Begriffen ist diese »Realitätsangleichung« das Ende des kindlichen »magischen Denkens« und der Anfang der eigentlichen Reifezeit. Piaget war nur am linken Gehirn, dem verbalen und linearen Denken, gelegen. Die Tatsache, daß unsere Kultur die Kinder zwingt, das genannte Ur-Prozeß-Denken aufzugeben, verursacht die Abspaltung des Geistes von der Erde, denn der Ur-Prozeß ist die Verknüpfung mit der Erde. Einige Kinder wehren sich auf unbewußter Ebene gegen diesen Spaltungsprozeß. Dies ist wahrscheinlich die Ursache für die Poltergeisterscheinungen. Das Kind läßt die Flaschen nicht bewußt zerspringen oder die Bretter spalten, aber es tut es. Wir können vielleicht sagen, daß der Ur-Prozeß des Kindes vorführt, daß das Gehirn nicht an der Schädeldecke endet.

Es ist kein Zufall, daß Schwarzer Hirsch seine berühmte Vision hatte, als er neun Jahre alt war. Diese Vision trat nach einer Zeit außerordentlicher Schwäche auf, als er sich nicht bewegen konnte. In der Vision wurde er in den Himmel erhoben und sah dort den »heiligen Kreis der Welt« heil – was bedeutet, daß alle Menschen auf der Welt wirklich ein Volk sind. Die sechs Großväter, die Mächte der vier Himmelsrichtungen und des Oben und Unten, sprachen zu ihm. Später, als er erwachsen war, erkannte er, daß er versuchte, sein Volk und die Weißen durch seine Vision zu vereinen; aber er starb in dem Glauben, daß er versagt hatte. Als Schwarzer Hirsch ein Kind war, zerschnitten die Eisenbahnen die großen Büffelherden, und die letzten wurden abgeschlachtet. Die letzten Indianerkriege wurden ausgetragen. Seine Welt zerbrach in Stücke, weil sein Geist aber nicht durch seine Kultur aufgespalten worden war, war er der Ganzheit seiner Bezogenheit zur Erde noch nicht entfremdet. Eine machtvolle Vision war das Ergebnis.

Paranormale Erfahrungen haben jene Art Wissenschaft, die das menschliche Gehirn als durch den Schädel begrenzt definiert hat, immer durcheinander gebracht;

doch seit neuestem geben uns die neuen Theorien der Physik mehr Spielraum. Dr. Brian Josephson von den Cavendish Labors der Universität Cambridge, Nobelpreisträger der Physik von 1973, führte einige Untersuchungen an Matthew Manning durch, einem englischen Teenager, der, wie Uri Geller, Metall verbiegen konnte, seit er elf Jahre alt war. Pearce zitiert Josephson: »Wir brauchen eine neue Definition des Realen und Nicht-Realen. Wir stehen vor Entdeckungen, die für die Physik von ungeheurer Bedeutung sind. Wir haben es hier mit einer neuen Art Energie zu tun...« [250, 184] Dr. Joel Whiton aus Toronto entdeckte bei seiner Arbeit mit Manning, daß der ältere Teil des Gehirns, das Kleinhirn und der Hirnstamm, mit Mannings psychokinetischen Fähigkeiten zu tun hatte. Whitton glaubt, daß es sich »um angeborene Funtionen und Fähigkeiten handelt, die bis in die Anfänge der Menschheitsgeschichte zurückreichen.« [250, 192] Diese Hypothese vermittelt uns einen Einblick in die drei Milliarden Jahre der Bezogenheit von Geist und Erde.

Im selben Jahr, 1977, als Pearces *Magical Child* veröffentlicht wurde, erschien auch Edith Cobbs *The Ecology of Imagination in Childhood* (Die Ökologie der Vorstellungskraft in der Kindheit), das die Bezogenheit des Geistes des Kindes zur Erde noch in weiteren Zusammenhängen dokumentiert.

Die Erde und der Geist des Kindes

In ihren Untersuchungen von dreihundert Autobiographien schöpferischer Denker – sowohl schon lange gestorbener wie noch lebender – fand Edith Cobb heraus, daß der Genius des Erwachsenen seine Wurzeln in der Bezogenheit des Kindes zur Natur hat. [59] Dreißig Jahre lang war sie so sehr damit beschäftigt, dieses Material zusammenzustellen – sie beobachtete Kinder beim Spiel, um neue Tatsachen aufzuspüren, und betrieb weitere derartige Forschungen –, daß sie keine Zeit hatte, mehr als ein paar Artikel zu schreiben. Zum Glück gelang es Margaret Mead, ihr Material herauszubringen. Das Buch wurde in jenem Jahr veröffentlicht, in dem Edith Cobb starb.

Edith Cobb glaubt, daß »Kinder als Tiere geboren werden und biologisch reifen, sich kulturell aber zum menschlichen Einzelwesen entwickeln.« Der Unterschied zwischen dem Tier und dem Menschen sei dann »die Einzigartigkeit jedes menschlichen Individuums als eine eigene Spezies.« [59] Pearce stimmt hier mit Cobbs Aussage überein, wenn er schreibt: »Der Grund für die lange Abhängigkeit liegt darin, daß ein Kind sein Wissen von der Welt selbst aufbauen muß und daß es praktisch bei Null anfängt.« [250, 20] Ein Tier andererseits wird mit dem Instinkt geboren, der den größten Teil seines Verhaltens festlegt.

Der Schlüssel zum späteren Genius des erwachsenen Menschen liegt nach den Worten Cobbs in der »Formbarkeit der Reaktion auf die Umwelt und der ursprünglichen, ästhetischen Anpassung des Kindes an die Umwelt.« Sie bemerkt, daß diese eigentliche Kindheitserfahrung »mit Hilfe der Erinnerung auf eine lebenslange Erneuerung der frühen Kraft zu lernen und sich zu entfalten, ausgedehnt« werden kann. Dies gilt für die immer frische Freude an neuen Entdeckungen, die gewisse geniale Menschen bis ins fortgeschrittene Alter zeigen, während gewöhnlich die Menschen verdrießlich zu der Aussage neigen: »Nichts Neues mehr unter der Sonne.« [58, 25] Sie stellt weiter fest, daß sich der Genius nicht aus einer Anhäufung von Informationen ergibt, sondern aus der beständigen Offenheit des ganzen Organismus für neue Informationen und für die Außenwelt.

Ihre Befunde decken sich völlig mit Pearce, wenn sie auf die Bedeutung einer besonderen Zeitspanne, nämlich von fünf oder sechs bis elf oder zwölf Jahren hinweist, in der »die Natur in einer sehr evokativen . . . Weise erfahren wird, die im Kind ein Gefühl von einer grundlegenden Fortdauer und Einbezogenheit in natürliche Abläufe hervorruft.« [59] Man rufe sich Kennth Rexroths Erfahrung mit dem frischgemähten Heu in Erinnerung, als er fünf Jahre alt war: ein »Gewahrsein . . . einer zeitlosen, raumlosen, allumfassenden Seligkeit ergriff von mir Besitz, . . . dies schien mein gewöhnliches und natürliches Leben zu sein, das die ganze Zeit fortging, und mein geschärftes Bewußtsein von ihm schien nur eine Frage der Aufmerksamkeit zu sein.« In seiner Autobiographie *Surprised by Joy* (Von Freude überrascht) gebraucht C. S. Lewis für die Beschreibung seiner Erfahrung eines Johannisbeerbusches ähnliche Worte: »Als ich an einem Sommertag neben einem blühenden Johannisbeerbusch stand, erstand ohne Vorankündigung in mir . . . ein Gefühl . . .« Er bemerkt, daß es »schwierig ist, Worte zu finden, die stark genug für diese Empfindung waren, die mich überkam; Miltons ›gewaltige Seligkeit von Eden‹ . . . kommt dem im etwa nahe . . . Es hatte nur einen Augenblick gedauert, aber im Vergleich dazu war, in gewissem Sinne, alles andere, was mir je geschehen ist, unbedeutend.« [181, 19] Dieses ist eben jene Zeitspanne, in der nach Pearce das Kind seine Matrix mit der Erde entwickelt. Außerdem bemerkt Cobb in ihrer Sammlung von Autobiographien, daß sich diese kreativen Denker »in ihrer Erinerung« zu dieser besonderen Zeitspanne »zurückwenden, um ihre Kraft und den Antrieb für die Kreativität aus der Quelle zu erneuern.« Sie faßte diese frühen Kindheitserfahrungen in ziemlich denselben Worten wieder wie Kenneth Rexroth, als sie schrieb, daß das Kind beides zu erfahren scheint, »ein Gewahrsein seiner einzigartigen Gesondertheit und Getrenntheit und zugleich eine Fortdauer, eine Erneuerung der Bezogenheit mit der Natur als Prozeß.« [59]

Aus ihrer Untersuchung der Herkunft des Wortes *Genius* folgert sie, daß es sich auf die mentale Energie und auf das Lebenspenden, die »Beseelung« bezieht; aber wichtiger noch: in seinem früheren Gebrauch bezog sich das Wort meist auf den Geist eines Ortes, den *Genius loci*, »den wir jetzt so verstehen können, daß er eine lebendige ökologische Bezogenheit zwischen einem Beobachter und der Umgebung, einer Person und einem Platz benennt.« Weiter stellt sie fest, »daß der Genius in der beständigen Fähigkeit besteht, die Intuition von Raum und Zeit aus der Ur-Wahrnehmung des Kindes in Erinnerung zu rufen und anzuwenden.« [59] Die Autobiographie von Giordano Bruno (1548–1600) gibt uns nicht nur ein herausragendes Beispiel dieser »beständigen Fähigkeit«, sondern außerdem bezieht es die Berge mit ein und ist zugleich das früheste Beispiel für ein europäisches nicht-dualistisches Denken. Aus all diesen Gründen werde ich hier nähere Einzelheiten aus seinem Leben schildern, als sie in Edith Cobbs Beitrag enthalten sind.

Brunos Heimat war ein kleines Dorf außerhalb von Nola, auf den niedrigen Hängen des Cicada, einem Vorgebirge des Apennin ungefähr zwanzig Meilen östlich von Neapel. In seiner Autobiobraphie erzählt Bruno von dem schönen, fruchtbaren Land, in dem er lebte, und den scheinbar öden Hängen des Vesuv in der Ferne. Offenbar fing er eines Tages an, sich zu fragen, ob der Vesuv wirklich so kahl war. Er berichtet uns, daß ihn der Berg Cicada darin bestärkte, daß der »Bruder Vesuv« nicht weniger schön wäre; um sich also Gewißheit zu verschaffen, wanderte er zum fernen Vesuv und fand wahrhaftig, daß auch er schön war. »Auf diese Weise lehrten seine Eltern [die beiden Berge] den jungen Burschen zuerst das Zweifeln und offenbarten ihm, wie die Entfernung das Angesicht von Dingen verändert.« [295, 6] Diese Erfahrung blieb ihm sein ganzes Leben lang erhalten und veranlaßte ihn, weiterhin »die Tiefe der inneren Möglichkeit auf die Erhabenheit der Handlung zu beziehen«, und hielt ihn in einem »Zustand von Verzauberung selbst bis zu seinem Tod auf dem Scheiterhaufen.« [59]

Bruno nahm nicht nur Kopernikus' neue Konzeption von der Sonne als Mittelpunkt des Sonnensystems an (1543), sondern er ging viel weiter zu der Vorstellung von einer »vollständig neuen kosmischen Ordnung.« Er nahm Galiläi und Kepler vorweg. Seine Biographin, Dorothea W. Singer, faßt seine Vorstellungen zusammen: »Die ganze Philosophie Brunos beruht auf seiner Schau des endlosen Universums mit einer Unendlichkeit von Welten. Er begriff das Weltall als eine riesige Wechselbeziehung durch Zeit und Raum, die alle Erscheinungen, stoffliche und geistige, umfaßte. So kam er dazu, die Teile unter dem Modus der Relativität zu betrachten . . . Bruno stellte sich vor, daß jede der unendlich vielen Welten sich in Bezug zu anderen Welten auf ihrem Kurs bewegten, angetrieben von ihrer zweifältigen Natur als Einzelwesen und als Teil des Ganzen. Alle Annahmen von Richtung, Lage und Gewicht müssen innerhalb des Ganzen relativ sein.« [295, 50] Der Einfluß seiner beiden Berge ist in dem Gesichtspunkt der Relativität, der hier ausgedrückt wird, zu erkennen, wie in der Vorstellung von dem Zusammentreffen von Gegensätzen.« Die letztere war mit seiner Konzeption von der Identität von Subjekt und Objekt verbunden, welche der Dualität entgegengesetzt war, die praktisch dem ganzen europäischen Denken inbegriffen war. [295, 87]

Das letzte und größte Werk Brunos wurde 1591 in Frankfurt kurz vor seiner Rückreise nach Italien veröffentlicht, wo er von der Kirche verhaftet und eingesperrt wurde. In seiner *Widmung* für seinen Gönner, den Grafen von Braunschweig, schrieb er:»So daß die Verhinderung des natürlichen Wissens und der Hauptgrund für die Unwissenheit in der Unfähigkeit liegt, in den Dingen die Harmonie zwischen Substanzen, Bewegungen und Qualitäten wahrzunehmen... Es sind diese Dinge, von denen viele von ferne gesehen als abscheulich und absurd erachtet werden, wenn man sie aber von näherem betrachtet, wird man sie schön und wahr finden, und wenn man sie von ganz nah... kennt, dann werden sie gänzlich angenommen, höchst lieblich und überdies gewiß...« [295, 156] Noch hier, in seinem letzten Werk, das er mit 43 Jahren schrieb, können wir den Einfluß aus der Kindheitsbeziehung mit den beiden Bergen, dem Cicada und dem Vesuv, erkennen. Hier sehen wir auch, wie offenbar es für ihn war, daß die Dinge aus verschiedenen Blickwinkeln verschieden gesehen werden. Er war dermaßen überzeugt, daß dies jeder verstehen müsse, wenn man es ihm richtig erklärte, daß er während der acht Jahre seiner Gefangenschaft wiederholt versuchte, diese Dinge seinen Inquisitoren und Gefängniswärtern zu erklären.

Er kehrte zu seiner Gerichtsverhandlung in Venedig nach Italien zurück – und acht Jahren Gefängnis. Bei seiner Verhandlung zitierte er diese Worte aus Vergils *Aenäis*: »Der Geist bewegt die ganze Form und mischt selbst sich in den Körper.« Er hatte dieses Zitat schon in einem seiner Werke über den »universalen Intellekt« verwendet, »... ein einzelnes Ganzes, das das Ganze erfüllt, das Weltall erleuchtet und die Natur regiert...« [295, 89] Schließlich erklärte 1599 der Papst seine Werke als ketzerisch und daß – wenn er sich weigerte, sie als Irrlehre zu widerrufen – er »zu der Behandlung verdammt [würde], die gewöhnlich für verstockte und hartnäckige Personen Anwendung findet...« Die Verbrennung wurde auf dem großen Blumenplatz in Rom, am 19. Februar 1600, vollzogen. Ein zeitgenössisches Manuskript, die früheste Form des Flugblattes, berichtet, daß Bruno erklärt habe, daß er freiwillig den Märtyrertod sterbe. [295, 178 – 179] Eine frühe Schrift zeigt, warum er den Tod mit solchem Gleichmut annehmen konnte: »... wir werden entdecken, daß nicht nur wir selbst oder irgend eine Substanz, sondern daß alle Dinge, die durch den endlosen Raum wandern, der Wandlung unterworfen sind.« [295, 72]

Seine Werke beeinflußten die ganzheitlichen Denker in Europa, etwa Leibniz und

Spinoza. Needham erwähnt in seinem monumentalen *Sciene and Civilisation in China*, (Wissenschaft und Zivilisation in China) jene wenigen europäischen Denker, »die gegen die Orthodoxie des rationalen Intellekts revoltierten ... ganz besonders Giordano Bruno ... bei denen es von taoistischen Anklängen wimmelt.« Nach Needhams Meinung »kam Brunos Weltsicht der organischen Kausalität näher als die irgend eines anderen europäischen Denkers; eben diese ›organische Kausalität‹ haben wir für das Denken des klassischen chinesischen Denkes als chakteristisch gefunden.« [229, 95 und 540] Da wir überzeugt sind, daß Bruno keinen unmittelbaren Einfluß aus China gehabt haben kann, zieht Needham eine Parallele, die die Verknüpfung von Naturmystik und Wissenschaft betrifft, wie sie bei den Taoisten und Brunos Werk zu sehen ist. [229, 95] Ich möchte insbesondere den direkten Einfluß von Bergen sowohl auf Brunos junge Jahre wie auf das taoistische Denken im allgemeinen, wie ich es in Kapitel 2 dargestellt habe, hinweisen.

Wenden wir uns nun vom Leben eines Europäers des 16. Jahrhunderts dem eines heutigen Amerikaners zu, Bernhard Berenson, so finden wir eine ähnliche andauernde Integration mit der Natur. Berenson erzählt von einem Sommermorgen, als er »auf einen Baumstumpf kletterte und sich plötzlich in die Wesenseinheit [*Itness*, ›Esheit‹ heißt es im Original. *A. d. Ü.*] eingetaucht fühlte. Ich nannte es nicht bei diesem Namen, ich brauchte Worte nicht. Es und ich waren eins.« Dieser Bewußtseinszustand »war nicht aus mir, sondern aus dem Nicht-Ich, von dem ich kaum mehr als ein Subjekt im grammatikalischen Sinne war.« [26, 18] Er fügt hinzu, daß »ich jetzt als Erwachsener, in dieser Hinsicht derselbe bin, der ich nach meiner Erinnerung am Ende meines sechsten Lebensjahres war...« Er wurde sich nicht verbal dessen gewahr, daß, mit Cobbs Worten, »die formschaffende Harmonie seines wahrnehmenden Körpers und die formschaffende Harmonie der Natur ein und derselbe Prozeß waren.« [59]

Berensons Gefühle während dieser Erfahrung mit dem Baumstumpf ähneln wieder denen von Kenneth Rexroth mit dem frischgemähten Heu. Als ich ein kleines Kind war, geschah mir ein ebensolches Ereignis in Verbindung mit einer Heuwiese. Ich lag im Gras und betrachtete die Rispen, die im Winde schwankten, als ich plötzlich von einem vollständigen Glücksgefühl erfaßt wurde. Ich fühlte mich mit allem ganz eins und doch ganz ich selbst – und unendlich bedeutend. In diesem Erleben schien es mir, wie Rexroth, daß dies die Wirklichkeit war, die immer da war; ich war mir nur plötzlich ihrer gewahr geworden. Ich habe nie jemandem davon erzählt, da ich nicht wußte, wie ich es erklären sollte; auch war ich nie in der Lage, es mit meinem katholischen Glauben in Einklang zu bringen, wenngleich ich es versuchte. Es war nicht übernatürlich oder okkult oder eine Vision; ich hatte das Gefühl, es war eben nur so, wie die Dinge wirklich sind.

Mein Sohn hatte eine ebensolche Erfahrung, als er vier Jahre war. Es war ein klarer, strahlender Herbsttag auf 2.650 m Höhe. Er kam herein und erzählte mir ganz aufgeregt davon; aber als junge, in einem christlichen System befangene Mutter, meinte ich das Erlebnis mit der Vorstellung von Gott verknüpfen zu müssen und erzählte ihm: »Das ist wie Gott.« Ich hatte diesen Vorgang vergessen, bis Randy, der jetzt erwachsen ist, mich daran erinnerte. Sofort war mir die Geschichte wieder im Gedächtnis, und ich war verblüfft über die Ungeheuerlichkeit dessen, was ich getan hatte, als ich eine solche Erfahrung in Worte faßte und versuchte, sie in einen mit »Gott« bezeichneten Schubkasten zu tun. Als ich ihm sagte, was ich gerade erkannt hatte, antwortete er, daß es ihm jahrelang große Verwirrung bereitet hatte, denn er hatte versucht, ein solches Empfinden in der Religion zu finden, aber es gelang ihm nie. Schließlich versuchte er, gar nicht mehr daran zu denken. Die Tatsache, daß ich ein solches wichtiges Ereignis vergessen hatte, zeigt natürlich meine eigene Unsicherheit über das, was ich getan hatte.

Cobb sagt, daß ein solches Erlebnis eine »direkte Sinnesreaktion auf die Natur« sei. Sinne, das ist das Schlüsselwort, und eine Sinnesreaktion kann nur geschehen, wenn ein Kind mit allen Sinnen in unmittelbarer körperlichen Berührung mit der Welt ist. In den meisten Fällen ist das Kind zu der Zeit allein; gelegentlich auch mit ein oder zwei anderen zusammen. Kazantzakis, der Autor von *Zorbas, der Grieche* erzählt in seiner Autobiographie von seiner Berührung mit dem Meer als er sehr klein war.

Eines anderen Tages nahm ein Mann mit stacheligem Bart mich auf den Arm und brachte mich zum Hafen hinunter. Ein Ungeheuer hörte ich brüllen und stöhnen, als drohe es, oder als sei es verwundet. Und ich fürchtete mich, bebte vor Angst im Arm des Mannes, wollte weglaufen und schrie wie ein Vogel. Plötzlich strömte mir ein scharfen Geruch von Johannisbrot, Pech und faulen Zitronen entgegen. Mein Körper schien sich zu öffnen, um all das aufzunehmen. Ich zappelte in den behaarten Armen, die mich trugen, und an einer Straßenbiegung ... erschien das ungeheure Meer, dunkelblau, brodelnd, voller Stimmen und Düfte und stürzte sich schäumend in mein Inneres und füllte es zugleich mit Salzgeschmack und Furcht.« [149,42/ 149a,37] Kazantzakis hat gleichermaßen eindrücklich erste Berührungen mit der Erde, der Frau und dem Himmel. Im Alter schrieb er: »Und jetzt noch in den tiefsten Augenblicken meines Lebens, erlebe ich diese vier fürchterlichen Elemente mit demselben unveränderten Empfinden, als sei ich immer noch der Säugling. ... Ich preise Gott, daß in mir vielfarbig, vieltönend, frisch, diese kindliche Vision noch lebt. Das läßt meinen Geist nicht welken, nicht versiegen.« [149,43 + 49/149a,38 + 44–45]

Das Leben in der modernen Stadt verhindert den innigen, persönlichen Kontakt mit der Natur und somit jede Möglichkeit für eine solche Erfahrung. Die gegenwärtige Tendenz, die Schule und das Lesen immer Jüngeren überzustülpen – drei und vier-

143

jährigen – entmutigt ein solches ganzheitliches Gehirn/Körper-Lernen noch mehr. Das Lesen und derartige Fähigkeiten beschränken das Lernen auf die linke Gehirnhälfte. Solches Lernen in der Schule wird von »Furcht und Widerwillen« begleitet. Beim ganzheitlichen Gehirn/Körper-Lernen wird das Kind immer wieder, wie C. S. Lewis sagt, »von der Freude überrascht.« Edith Cobb erklärt: »Die freudige Erregung, die das Kind empfindet, ist eine leidenschaftliche Antwort auf ein Gewahrwerden seiner eigenen seelischen Wachstumsmöglichkeiten in der Kontinuität der Natur. Dieses Reaktionsmuster ist inniglich mit den Voraussetzungen für geistige Gesundheit verbunden.« [58, 33] Das Kind bedarf dringend einer Wechselbeziehung mit der ganzen Welt, während wir erwarten, daß es sich auf den engen Raum eines Klassenzimmers beschränkt. Es ist kein Wunder, daß sich Kinder in eine trotzige Apathie flüchten und die Lehrer ganz verrückt werden, wenn sie versuchen, jene unterdrückte Energie unter Kontrolle zu halten.

Edith Cobb fand in autobiographischen Erinnerungen aus Afrika, Asien, Europa und Amerika Erfahrungen, die jenen von Rexroth und Berenson ähnlich waren: »Diese lebensvollen Erfahrungen, die im Rückblick von Erwachsenen geschildert werden, scheinen allgemein zu sein und legen den Gedanken von einem allgemeinen Bindeglied zwischen Geist und Natur nahe, das noch nicht kodifiziert, aber in intuitiver Gestalt im Bewußtsein verborgen ist.« [58, 88] Weitere Zeugnisse dieses »allgemeinen Bindeglieds« finden sich wiederholt in dem Denken, das vielen wissenschaftlichen Durchbrüchen zugrunde liegt. In seinem Buch *Einstein – An Intimate Study of a Great Man*, erzählt Dimitri Marianoff, Einsteins Schwiegersohn, wie er mit Einstein eines Abends noch spät beisammensaß und es sehr still war, und Einstein schien ungewöhnlich friedvoll zu sein. Marianoff fragte: »Wie war das, Albert, daß du zu deiner Theorie kamst?« »Durch eine Vision,« sagte er.

Er erzählte, daß er eines Abends mit einer tiefschwarzen Mutlosigkeit ins Bett gegangen war, die kein Argument durchdringen konnte. »Wenn einer dem Gedanken der Verzweiflung anheimfällt, so nützt ihm nichts mehr, nicht seine Stunden der Arbeit, nicht seine vergangenen Erfolge – nichts. Alle Beteuerungen sind dahin. Es ist zuende. Ich sagte mir, es ist nutzlos. Es gibt keine Ergebnisse. Ich muß aufgeben.« Dann geschah dies: Mit unendlicher Präzision legte sich das Weltall mit seiner zugrunde liegenden Einheit aus Maß, Struktur, Entfernung, Zeit und Raum, langsam und Stück für Stück wie ein monolithisches Bilderpuzzle, in Albert Einsteins Geist zurecht. Auf einen Schlag klar, wie ein riesiger Prägestock, der einen unauslöschlichen Eindruck hinterläßt, konstruierte sich eine gewaltige Landkarte des Weltalls in einer geläuterten Vision. Und da war es, daß der Friede sich einstellte, daß die Überzeugung kam, und mit diesen Dingen brach eine allmächtige Ruhe herein, die nichts wieder erschüttern konnte, nicht solange Albert Einstein lebte ... [200]

Das berühmteste und oft zitierte Beispiel einer solchen intuitiven Einsicht in die

Natur ist Friedrich August Kekulés Ringtheorie der Zusammensetzung von Benzol, die nach der *Encyclopedi Britannica*, die »brillanteste Vorhersage auf dem gesamten Gebiet der organischen Chemie ist.« Außerdem »beruht drei Viertel der heutigen organischen Chemie auf dieser Entdeckung.« Kekulé schreibt von seinem Erlebnis, das sich während einer Busfahrt bei einem Besuch in London auftat: »Ich verfiel ins Träumen und, hoppla!, die Atome hüpften vor meinen Augen! Wann immer mir bis dahin diese winzigen Wesen erschienen, waren sie stets in Bewegung, aber bis zu diesem Zeitpunkt hatte ich die Natur dieser Bewegung niemals entdecken können. Jetzt jedoch sah ich, wie sich zwei kleinere Atome häufig vereinten, um ein Paar zu bilden, wie ein größeres kleinere umschlang, wie noch größere sich mit dreien oder vieren der kleineren verbanden, während sich das Ganze in einem wirbelnden Tanz weiterdrehte. Ich sah, wie die größeren eine Kette bildeten.« [147] In jener Nacht entwarf Kekulé seine Vision von den Atomen, die sich zu einem Formelgebilde entwickelte, die den Aufbau organischer Verbindungen darstellten. Später, in Gent, träumte er von Atomketten in schlangenartigen Windungen. Eine dieser Schlangen biß sich in den eigenen Schwanz; als er erwachte, entwickelte er das, was Chemiker heute den Benzolring nennen. [247]

Edith Cobb stimmt mit Pearce darin überein, wie wichtig das Spielen in der Kindheit ist. Nach der Zusammenfassung der Forschung über das Spiel von Kindern, stellt sie fest: »Wenn, wie ich vermute, sich alle kulturelle Erneuerung aus dem Anstoß entwickelt, den das Spiel während der Zeitspanne des Wachstums und Ausfüllens der biologischen Form in der Kindheit erzeugt, dann können über ›wirkliches Spiel‹ ... in diesem Zusammenhang von kultureller Entwicklung Thorpes Worte gestellt werden.« [58, 104] Thorpes Definition lautet wie folgt: »Wirkliches Spiel ist dort zu erwarten, wo das Appetenzverhalten sich aus den Restriktionen löst, die durch die Notwendigkeit, ein bestimmtes Ziel zu erreichen, gegeben ist. Solches Spiel kann zu einer gewaltigen Erweiterung der Wahrnehmungshorizonte führen (und scheint in der Evolution bei Vögeln und Säugetieren dazu geführt zu haben) und auf diese Weise zur Entwicklung des Forschungstriebs. Daher erweitert der Vorgang, das Appetenzverhalten von den Grundbedürfnissen zu lösen, die Wahrnehmung und Meisterung der Umwelt, und dies muß eine der ersten und vielleicht die wichtigste der Verhaltensänderungen gewesen sein, die die Entwicklung eines Soziallebens bei Wirbeltieren und letztlich das mentale und geistige Leben des Menschen ermöglichte.« [321] Ich möchte meinen, daß im Falle der Menschenwesen es durch »wirkliches Spiel« möglich ist, die »Beherrschung der Umwelt« zugunsten einer lebendigen Bezogenheit mit der Umwelt hinter sich zu lassen. Wie oben gezeigt, ist die spielerische Beziehung zur Welt eine Voraussetzung für schöpferisches Denken im Erwachsenenalter, aber das Problem für das

Menschenwesen ist, in der Offenheit dieses Spielstadiums zu bleiben und sich nicht den Forderungen der rationalen Gehirnhälfte nach Herrschaft über die Umwelt anheimzugeben. Gegen Ende des Buches faßt Edith Cobb die Einsichten zusammen, die sie aus ihrer Forschung gewonnen hat: »In den schöpferischen Wahrnehmungen des Dichters wie des Kindes sind wir der Biologie des Denkens nahe – tatsächlich der Ökologie der Vorstellungskraft nahe, in der die Energien des Körpers und des Geistes eine Einheit sind, ein Ökosystem, und die Energien der Natur verbinden sich in dem wechselseitigen Bestreben, sich der Natur, der Kultur und den Gesellschaften – die vom Menschen hinterlassen wurden, um Kultur zu verkörpern – anzupassen« [58, 109] Das »wechselseitige Bestreben sich anzupassen« ist in unserer Kultur zusammengebrochen. Die Einsichten von Pearce und Cobb machen die Stufen dieses kulturell veursachten Zusammenbruchs klar, der in der Entwicklung des Individuums in der Kindheit auftritt. Im nächsten Abschnitt will ich einen Überblick über einige der neuen Entdeckungen der Gehirnforschung geben, die uns verdeutlichen, wie das geschieht. Mehr über die zukünftigene Möglichkeiten eines »wechselseitigen Bestrebens sich anzupassen« wird in den nächsten drei Kapiteln und in Teil IV dieses Buches gesagt werden.

Die rechte und die linke Gehirnhälfte

> Etwas schuld' ich dem Boden, dem es entwuchs
> Mehr dem Leben, daß mich nährte – Doch das meiste Allah, der mir am
> Haupte zwei verschiedene Seiten gewährte.

> Ich würde gehen ohne Hemd oder Schuh',
> Freunde, Tabak oder auch Brot
> Eher, als daß nur kurz ich entbehrte
> Eine der Seiten von meinem Kopf.

> *Kim* von Rudyard Kipling

In den meisten menschlichen Kulturen überall auf der Erde hat es ein Gewahrsein dessen gegeben, daß es zwei Arten des Denkens gibt. Verschiedene Wortpaare wurden gebraucht, um diese beiden gegenüberzustellen, wie rational *versus* intuitiv, logisch – analytisch *versus* gestalt – synthetisch. Mit den neueren Forschungen der jüngeren Zeit unmittelbar am Gehirn ist es jetzt möglich, die physiologische Basis dieser beiden verschiedenen Denkweisen festzustellen.

Das Gehirn der höheren Säugetiere, einschließlich des Menschen, ist ein Doppelorgan, das aus einer rechten und einer linken Hemisphäre besteht, die durch das *Corpus callosum* verbunden sind, ein kleines Geflecht aus Nervenzellen. Die rechte Seite des äußeren Großhirns kontrolliert die linke Körperhälfte, und die linke Seite des äußeren Großhirns kontrolliert die rechte Körperhälfte. In den frühen fünfziger Jahren entdeckten Myers und Sperry durch Versuche an Katzen, daß, wenn das *Corpus callosum* zerschnitten war, jede Gehirnhälfte unabhängig funktionieren konnte, so als sei es ein vollständiges Gehirn.»Wenn das Tier mit einem Auge an einer Aufgabe arbeitete, konnte es normal reagieren und lernen, die Aufgabe zu lösen; wenn jenes Auge abgedeckt und dieselbe Aufgabe dem anderen Auge gestellt wurde, so bekundete das Tier kein Wiedererkennen der Aufgabe und mußte sie von Anfang an mit der anderen Gehirnhäfte neu zu bewältigen lernen.« [96]

Einige Jahre später, als es offenbar wurde, daß das Durchtrennen des *Corpus callosum* die mentalen Fähigkeiten nicht ernsthaft schädigte, entwickelten J.E.Bogen und P.J.Vogel vom *California College of Medicine* eine Technik zur Durchtrennung des *Corpus callosum*, die bei Menschen mit unkontrollierbarer Epilepsie angewandt wurde. Wie Bogen ausführte, hatten einige dieser Menschen bis zu vierzig Narben von Verletzungen, die sie sich bei epileptischen Anfällen zugezogoen hatten, und keine Hoffnung mehr auf Hilfe. Es ist ein beängstigende Situation, nie zu wissen, wann du alle Kontrolle über deine Muskeln verlieren würdest. [31] Die Operationen erwiesen sich als sehr erfolgreich. Bogen behauptete, daß es »zu einem praktisch gänzlichen Verschwinden aller Anfälle kommt, einschließlich einseitiger.« Es ist, als wenn das intakte *Corpus callosum* bei diesen Patienten die Anfälle ermöglicht hätte. [96] Die folgenden Jahre der Forschung erbrachten den Nachweis, daß jede dieser beiden Gehirnhälften tatsächlich als ein ganzes Gehirn für sich betrachtet werden kann, das mentaler Funktionen fähig ist.

Schon 1861 ordnete man die Sprache der linken Hemisphäre zu, daher ist darüber, wie das Gehirn das lineare und das Sprachdenken steuert, viel mehr bekannt als über die Funktionen des rechten Gehirns. [31] Es ist wichtig zu erkennen, daß die Unterschiede zwischen den beiden Gehirnen in den kognitiven Fähigkeiten und Denkprozessen liegen – es ist nicht der Unterschiede zwischen Denken (Intellekt) und Gefühl (Affekt). Bogen erklärt dies, indem er darauf hinweist, daß »jede Hemisphäre ihren eigenen affektiven Apparat hat.« [35]

Das beste Denkmodell, das ich gefunden habe, um zu zeigen, wie jede dieser beiden Gehirnhälften funktioniert, wurde mir von Ornstein in einer Vorlesung vermittelt. Danach gibt es in der linken Gehirnhälfte eine vertikale Organisation des Denkens. Das Bewußtsein ist an einem Ort lokalisiert und die Dinge kommen eines nach dem dem anderen. Die Sprache, die Logik und die wissenschaftliche Analyse beruhen auf dieser Art zu denken. In der rechten Hemisphäre findet horizontales

Denken statt. Viele verschiedene Dinge können zur gleichen Zeit stattfinden. Diese Art zu denken ist meist auf die Synthese ausgerichtet, nonverbal und intuitiv. Künstlerische Tätigkeiten, Musik und räumliche Aktivitäten im allgemeinen, wie das Wiedererkennen von Gesichtern, werden in der rechten Gehirnhälfte ausgeführt. [238] Pearce bemerkt, daß »das Denken [der rechten Gehirnhälfte] eine Beziehung zum Ur-Prozeß [hat], zum Fluß der Dinge, und es findet seinen Ausdruck in der Einheit und der Verbindung mit der Erde.« [250, 201]

Die beiden Gehirnhälften gehen verschieden mit der Zeit um.

Wir erfahren dauernd, wie die augenblickliche Gegenwart vorbeigeht, die Zeit, die immer JETZT ist. Dies ist die Zeit unserer unmittelbaren Berührung mit der Welt, ein kurzes, sich ständig wandelndes Entschwinden, das immer durch ein neues JETZT ersetzt wird... In der linearen Betrachtung ist Zeit gerichtet, eine Dauer, die uns von der Vergangeheit in die Zukunft trägt; die Gegenwart fließt immer hinter uns fort... In der nicht-linearen Betrachtung jedoch existiert die Gegenwart, und nichts als die Gegenwart.   [239, 82]

Kleine Dosen gewisser Drogen wie Marihuana und LSD können die »beschränkende Klappe« unseres normalen sensorischen Systems (Sinnensystems) grundlegend verändern. Die Zunahme der Bewußtseinsinhalte erweckt den Eindruck, daß uns mehr Informationen erreichen, so daß in dieser Zwischenzeit mehr als normal erlebt wird. Dies ähnelt dem Träumen, wenn viele Dinge auf einmal geschehen, es aber keine Ordnung von Dauer darin gibt. Die lineare Betrachtungsweise ist wirklich nur »*eine* mögliche Konstruktion«, sie herrscht aber in unserer Kultur vor. [239, 92] Die nicht-lineare Betrachtung, die intuitive, ganzheitliche, ist bei Völkern wie den Hopi vorherrschender, auch in mystischen Erfahrungen und in unseren Träumen. Da die Dinge nicht »eines zur Zeit« und in einer Reihenfolge geschehen müssen, können viel mehr Informationen auf einmal in »Gestalten« – oder »strukturierten Ganzen« – bewältigt werden. Die Zeit scheint in solchen Kulturen nicht so wichtig zu sein, es herrscht da nicht diese Hektik, denn die Gesamtheit des Alls ist in jedem Augenblick gegenwärtig. Bogen glaubt, daß »die wichtigste Unterscheidung zwischen den Betrachtungsweisen der linken und der rechten Gehirnhälfte sehr wohl in dem Ausmaß liegen könnte, in dem eine lineare Zeitvorstellung am Ordnen der Gedanken teilhat.« [33]

Eine Kultur wie die unsere, die Kinder einer frühen Ausbildung im Lesen und Schreiben unterzieht, achtet das Denken mit der linken Gehirnhälfte hoch und entmutigt verdeckt das Denken im rechten Sinne. Daher herrscht selbst dann das Denken im Sinne der linken Hemisphäre vor, wenn es sich um Aufgaben handelt, wo dies nicht angebracht ist. Kinder, die in einer Kultur ohne Bücher aufwachsen, wie bei den Hopi, erhalten eine Ausbildung, die sie befähigt, ohne Probleme im Ganzen und intuitiv zu denken. [84]

In einem Test, bei dem es darum geht, Teile zu einem Bild zusammenzulegen, erreichen Hopi die höchste Punktzahl – viel höher als Weiße oder Schwarze. Dabei muß der Geist das Ganze – die Gestalt – sehen können, um den Gegenstand zu erkennen. Wenn er sein Augenmerk nur auf die unzusammenhängenden Teile richtet, kann er überhaupt keine Figur erkennen. Der Ähnlichkeitstest wurde eingesetzt, um die linke Hemisphäre zu prüfen. Dieser Test arbeitet mit Fragen wie: Was ist die Gemeinsamkeit zwischen einer Orange und einer Banane? Hier kommt es auf das Abstraktionsvermögen an. Zum Beispiel wird die Antwort, »beides sind Früchte«, höher bewertet, als »beide haben eine Schale«. Hier erreichten die Weißen viel höhere Punktzahlen als die Hopis; jedoch zeigte die Punkterelation zwischen diesen beiden Tests bei den Hopis ein ausgeglicheneres Verhältnis als bei den Weißen. [34]

Auf einer Konferenz in Los Angeles berichtete Bogen, wie er mit Banyaca, einem Führer der Hopis, zu den Felsbildern in der Nähe von Oraibi ging (die oft als Hopi-Bibel bezeichnet werden). Banyaca wies ihn darauf hin, daß die Figuren zwei Paar Beine haben: eins zum Gehen und eins zum Tanzen, und zwei Münder: einen zum Reden und einen zum Singen. Die Hopi-Kachinas sind alle zwiegesichtig. Auf diese Weise erkannten die Hopis an, daß es zwei Arten gab, Informationen zu verarbeiten, und sie sind daher viel besser in der Lage, »das Ganze« zu sehen, was zu ihrer Friedfertigkeit beitragen mag. Der Hopi, sagt Bogen, ist kaum fähig zu individueller Aggression. [31]

Die gegenwärtigen Erziehungsprobleme werden nach Bogens Ansicht durch die fast völlige Betonung der linken Hemisphäre verursacht, das den Schülern hilft, erfolgreiche Schüler zu sein, nicht aber erfolgreich zu *leben*. Bogen sagt, Schülern »geht es nicht nur um die Rationalität, sondern auch um die Sensivität. Ihnen geht es weniger um den Lebensunterhalt, sondern mehr um das Leben selbst. Sie sehen eine Welt mit sorgenvollen Erwachsenen, die auf Kosten des Seins damit beschäftigt sind, etwas zu werden, und die wollen, daß sie auf dieselbe halbhirnige Art unglücklich werden. Der Kampf mit der Natur ums Überleben ist gewonnen, so haben sie das Gefühl; und es ist an der Zeit zu lernen, als beidseitig gebildete, ganze Menschen in der Natur zu leben.« [35]

Bogen vermutet, daß die Asymmetrie der Hemisphären prozeßspezifisch sei. »Eine geometrische Deutung von Prozeßspezifik wird vorgeschlagen – namentlich, daß beide Hemisphären die jeweils andere und die Welt in komplementären Strukturen darstellt: die linke stellt das Selbst als Untergliederung der Welt und die rechte die Welt als Untergliederung des Selbst dar.« [32] Offensichtlich haben wir, wenn die Funktionen des rechten Gehirns unterentwickelt sind, Schwierigkeiten, uns als Teil der Welt zu betrachten, und es wird uns viel leichter fallen, die Umwelt zu zerstören, während es für die Hopis klar ist, daß – in Batesons Worten – »der Organismus, der seine Umwelt zerstört, sich selbst vernichtet.«

Die Möglichkeiten, die in einer ausgeglicheneren Entwicklung der beiden Gehirnhälften liegen, sind faszinierend, denn der *Corpus callosum*, der die Hemisphären verbindet, enthält 200 Millionen Nervenfasern – mehr Nervenfasern pro Quadratzentimeter als jeder andere Teil des Gehirns. Gleichwohl scheinen jene Menschen, denen dieser Corpus callosum durchgetrennt wurde, mehr oder weniger normal zu sein – so Bogen, der fragt: »Wofür *benutzen* wir also jene 200 Millionen Nervenzellen normalerweise?«. Seine Antwort ist, daß wir sie *nicht* benutzen, daß wir aber vielleicht *lernen* könnten, sie zu gebrauchen. [31] Es ist möglich, daß die Entwicklung der beiden Hemisphären in einer ausgeglicheneren Weise, unter stärkerer Einbeziehung des verbindenden Corpus Callosum, den Zugang zu zwei getrennten, doch in sich vollkommenen Informationssystemen ermöglichen würde. Das Selbst und die Welt könnten dann als Teil desselben Ganzen betrachtet werden.

In einem früheren Buch, *Crack in the Cosmic Egg* (Der Sprung im kosmischen Ei), verdeutlicht Pearce die Einengungen, die in einer zu starken Betonung des linkshirnigen Denkens liegen:

Seht ihr nicht, wie das logische Denken, um überhaupt zu funktionieren, sich auf etwas Spezifisches einengen muß, und daß dieses Spezifische dann die scheinbar einzige Wirklichkeit ist – und wie diese bruchstückhafte Art zu denken sich automatisch auf die Wahrnehmung von *Mangel* richtet, auf die Vorstellung, daß wir, um etwas zu haben, wir dies anderen wegnehmen müssen, weil eben nur eine begrenzte Menge gesehen wird? Seht ihr nicht, daß bruchstückhaftes Denken alle anderen zu Feinden macht... Könnt ihr nicht sehen, daß, den ganzen Geist zu öffnen, bedeutet, sich der immerwährenden Fülle zu öffnen, die ständig verfügbar ist? ... Unser Universum ist keine festgefügte Maschinerie, die sich immer mehr verbraucht. Sie kann stets das sein, was unserem Bedürfnis entspricht. Das ewige mentale Leben von Gott und Mensch hat genug, um sich immer weiter zu drehen – ewig – und es bewegt sich mit und nicht gegenan.

In einer Fußnote in *Die magische Welt des Kindes* bezieht sich Pearce auf Gazzaniga, der sich fragt, weshalb das Gehirn seine komplizierteste und schwierigste Konstruktion, die Sprache, in beiden Hemisphären aufbaut, wie es beim Kind zu beobachten ist, nur um diese Konstruktion in der rechten Hemisphäre irgendwann vor dem zwölften Lebensjahr wieder zu demontieren. Gazzaniga weist darauf hin, daß es in der Natur sonst nirgends einen solchen unökonomischen Vorgang gibt. Pearce schreibt, daß diese Trennung nur eine »funktionelle Teilung zugunsten einer Interaktionsbeziehung« sein sollte. Sie wird jedoch durch »Angstkonditionierung eine unüberbrückbare Spaltung. Gewiß,« sagt Pearce, »die logische Reifung und die

Entwicklung des abstrakten Denkens verlangen eine Trennung von Wort und Ding, von Selbst und Welt, aber in dem gleichen Sinn, wie sich das Kind vom Mutterschoß trennt – nicht Isolation und Preisgabe sollen daraus erwachsen, sondern eine größere und reichere Beziehung.« [250, 266] Der alte Ausspruch: »Du hirnrissiger Idiot!« erweist sich als zutreffend für den Nachdruck, den unsere Kultur auf das Denken mit der linken Hemisphäre legt, das uns wirksam von der übrigen Erde abtrennt.

Das holographische Modell der Gehirnfunktion

Vor mehr als fünfundzwanzig Jahren fand der Psychologe Karl Lashley heraus, daß mindestens 80 Prozent des sichtbaren Kortex (Großhirnrinde) einer Ratte zerstört werden konnten, ohne daß sie die Fähigkeit verlor, auf vorgegebene Muster richtig zu reagieren. (Jüngere Untersuchungen an Katzen kamen sogar auf 98 Prozent). [259] Gleichgültig, wo er den Schnitt ansetzte, das Engramm oder die Erinnerung blieb bestehen; es wurde nur zerstört, wenn man fast das ganze Gehirn entfernte. Niemand konnte das Engramm jemals finden. Seit ungefähr 1965 hat der Neurologe Karl Pribram an Forschungen gearbeitet, die vermuten lassen, daß vielleicht eine Funktionsweise im Gehirn dem holographischen Prozeß in optischen Systemen ähnelt, daß sich die Erinnerung also im ganzen Gehirn verteilt. Dies könnte erklären, wie das Gedächtnis trotz großer Gehirnschäden erhalten bleibt. Pribram stellte fest, daß diese Theorie »die Gestaltpsychologie, existentielle Belange, das gesellschaftliche Miteinander und transzendentale Fragen berührt. Sie ist jedoch in den Disziplinen der Informatik und Systemanalyse verwurzelt.« [226] In der Ausgabe des *Brain Mind Bulletin* vom 4. Juli 1977, die sich ganz der neuen Theorie widmet, schreibt Marilyn Ferguson, daß Pribrams Theorien, mit den Theorien des Physikers David Bohm an der Universität von London, »alle transzen-dentalen Erfahrungen, paranormale Geschehnisse und sogar ›normale‹ Wahrneh-mungsverschiebungen zu erklären scheint.« [84]

Auch wenn es sicher ist, daß die hinter dieser neuen Theorie der Gehirnfunktion stehenden Ideen zu einem besseren Verständnis der Bezogenheit zwischen dem Menschenwesen und der Erde beitragen wird, so bedeutet die Tatsache, daß die Theorie so neu ist, daß wir hier erst Erklärungsversuche vor uns haben. Heute kann man nur ein paar grundlegende Vorstellungen darlegen und auf einige Möglichkeiten hinweisen. Wir wissen ja nicht, was die weiteren Forschungen erbringen.

Auf dem fotografischen Film in einer Kamera hält jeder Teil des Films den Bildausschnitt vom entsprechenden Teil des Gesichtsfeldes fest, der Film sieht also so aus wie die aufgenommene Szenerie. Beim holographischen Vorgang ist es das vom Objekt verbreitete Lichtwellenfeld, und nicht das Objekt selbst, das aufgenommen wird. Der Lichtstrahl wird von einem halbversilberten Spiegel in zwei Komponenten aufgespalten. Ein Teil des Strahls verläuft direkt und ungehindert weiter, während der andere Teil auf einen zweiten Spiegel zurückgeworfen und dann erst auf die Fotoplatte gebracht wird. Weil der ungehinderte Strahl, Referenzstrahl genannt, direkt auf die Fotoplatte gelangt, während der reflektierte Strahl, Arbeitsstrahl genannt, zuerst zurückgeworfen wird und dann auf die Platte kommt, ist er mit dem Referenzstrahl nicht mehr phasengleich, weil er um einen Sekundenbruchteil später auf die Platte trifft. Später, wenn die Fotoplatte vom Laser angestrahlt wird, ist es das von dieser Interferenz der beiden Wellen geschaffene Muster, welches das Hologramm erzeugt. Das Bild ist dreidimensional zu sehen. Wenn das Hologramm in Stücke geschnitten wird, kann jedes der Stücke das ganze Bild reproduzieren.

Die holographische Gehirntheorie besagt nicht, daß das Gehirn genauso arbeitet, wie der holographische Prozeß. Pribram sagt: »Es geht vielmehr um die Analogie zwischen den Wegen, auf denen die Energie verläuft, um die Interaktionen zwischen diesen Wegen und den sich daraus ergebenden Aufbau der so erzeugten ›Informationen‹.« [266] Die Phasendifferenz ist der entscheidende Punkt – die zwei »Wege« des Lichts sind nicht phasengleich und die Wechselbeziehung oder Kreuzkorrelation zwischen diesen beiden Phasen ist es, die die Information erzeugt. Eine weitere Erklärung erhalten wir von Paul Pietsch: »Die Gründe sind mathematische. Aber grundsätzlich beruht der Hologrammcode auf im Medium bestehenden Verhältnisproportionen, nicht auf absoluten Werten. Wie ein Winkel besteht der Code aus Verhältnissen...« [259] Ein rechter Winkel (wie bei einer Straßenkreuzung) ist immer ein rechter Winkel, ob er nun in Holz geritzt ist oder aus zwei im rechten Winkel zusammengelegten Ziegelsteinen besteht. Die Verhältnisse zwischen den beiden verschiedenen Strahlen, die von den Wellenfronten des Lichtes gebildet werden, sind es, die das rekonstruierte Bild in einem Hologramm erzeugen.

Im Gehirn verbinden sich die verschiedenen Wege, auf denen die Nervenimpulse durch die Gehirnzellen wandern, und erzeugen so ein neues Stück Information.

Wenn jede einzelne Erinnerung sich überall im Gehirn verteilt, wie geht das Gehirn dann mit den vielen Erinnerungen um? Holographen erzeugen vielfache Hologramme – die Codes vieler verschiedener Szenen überlagern sich. Sie werden auseinander gehalten, indem »Eigenschaften wie die Farben oder der Winkel des Aufbaustrahles manipuliert werden;« [259] und dann kann der Holograph beim Decodieren, indem er die nötigen Einstellungen vornimmt, ein ganzes Bild verschwinden und ein anderes erscheinen lassen.

Nach Pribram belegt beträchtliches Beweismaterial, daß sich das rechte Gehirn mit Bildern befaßt, während das linke Gehirn mehr auf die Programmverarbeitung, etwa wie ein Computer, eingerichtet ist. Pribram bringt Beweise, die zeigen, daß »das Sehsystem für die räumlichen Frequenzen im Muster des Lichtes in etwa derselben Weise empfindlich ist, wie das Hörsystem für die zeitlichen Frequenzen in den Mustern des Lautes.« [266] Bis vor kurzem befaßte sich die Neurophysiologie hauptsächlich mit der Übertragung von Signalen von einem Teil des Nervensystems zum anderen. Diese Übertragung geschieht durch Nervenimpulse, die durch Neurite wandern, die mit den Verbindungsleitungen von elektrischen Kreisen verglichen werden können. Das Endneurit verästelt sich in kleinere Zweige, die den Kontakt mit den Eingangsterminals einer Anzahl anderer Neuronen herstellen. Die Eingangsterminals eines Neurons bestehen aus ihren Dendriten und ihren Zellkörpern. Die Verbindung zwischen dem Neuriten eines Neurons und dem Dendriten einer anderen Zelle wird Synapse genannt. Die Übertragung über diese Verbindungen geschieht elektrisch. Diese Art der Gehirntätigkeit kann mit der eines Computers verglichen werden.

Die bildschaffende Gehirnfunktion auf der anderen Seite hat mit der langsam reagierenden, mikrostrukturellen Umgebung dieser Verbindungen zu tun. Sowohl vor als auch hinter der Synapse können solche langsam wirkenden Wellen die Bewegung des elektrischen Signals durch die Synapse hemmen oder fördern. Diese Interaktionen können auftreten, weil sich die Neuriten an ihren Enden verzweigen und zu vielen winzigen Fasern werden. Die Enden der Dendriten der nächsten Zelle sind auch eine Vielzahl kleiner Fasern. Wenn man die elektrischen Ströme »von solch feinen Fasernetzen verschlungener Verästelungen von Neuriten und Dendriten extrazellal aufzeichnet, findet man heraus, daß die Nervenimpulse sich auf langsame Wellen mit geringer Schwingungsweite abgeschwächt haben, die sich – wenn überhaupt – nur über geringe Entfernungen fortpflanzen.« Diese langsamen Wellen sind für alle möglichen Einflüsse empfindlich, die es ihnen erlauben, die computermäßige Arbeit im Gehirn zu verrichten. Zusammengefaßt stellt Pribram fest, daß »die Interaktionen unter langsamen Potentialen für die Verteilung von Information im Sehsystem verantwortlich sind . . . Denn die Gehirnfunktion fanden wir dem Aufbau nach in Form eines Programms (computerartig), die Verteilung in Form eines Hologramms. Ist das übrige physische Universum ebenfalls nach diesem Schema aufgebaut?« [266]

Optische Informationsvermittlungssysteme, wie der holographische Prozeß, erzeugen Bilder, während ein Computer mit Programmen arbeitet. »Weder Programme noch Bilder verbleiben als solche im Informationsvermittlungssystem – sie sind Konfigurationen, die durch den Aufbau des Systems ermöglicht werden.« [266] Wenn diese Bilder oder Programme außerhalb ihres Verarbeitungssystems aufbewahrt werden, gibt es keine Ähnlichkeit zwischen der Art, wie sie sich in der Aufbewahrung befinden, und ihrem Bild, wenn sie gezeigt werden. Die Markierungen auf einem Computerstreifen haben keine Ähnlichkeit mit der im Computerprogramm enthaltenen Information. Die Information ist implizit; die Weise, wie sie gezeigt wird, ist explizit.

Pribram, dessen Theorie auf Bertrand Russells Vorstellungen beruht, glaubt, daß die wissenschaftliche Forschung, wie sie heute durchgeführt wird, uns Kenntnis von den »äußeren Eigenschaften (den Regeln, Strukturen usw.) der physischen Welt« vermittelt. Auch wenn Russell glaubte, daß die »inneren Eigenschaften« (die er z.b. als die »Steinheit« des Steines bezeichnete) nicht wißbar seien, sagt Pribram, daß sie tatsächlich »der ›Grund‹ sind, in den die äußeren Eigenschaften eingebettet sind, um erkannt zu werden.« [266] Künstler, Handwerker und Ingenieure verwirklichen diese inneren Programme, indem sie sie in einem physischen Medium gründen. In einem anderen Artikel – *Vorschläge für einen strukturellen Pragmatismus: Einige neuropsychologische Überlegungen zu Probleme der Philosophie*, gibt Pribram dieses Beispiel: »Die Beethoven-Symphonie, der ich im Augenblick lausche, ist nicht auf die Mechanik der Partitur zu reduzieren oder auf die der Schallplattenaufnahme, des Empfängers, Verstärkers oder Lautsprechersystems, die sie ausstrahlen; noch ist sie durch die Verkrümmungen in meinem Hörapparat vollständig zu beschreiben, welche die beschreibbaren Wellenmustern erzeugen, die auf meine Ohren einwirken. All dies und noch mehr sind Komponente – aber etwas mehr als diese bildet die Symphonie. Dieses Etwas ist nicht mystisch. Musiker nennen es Baugesetz.« [268, 495] Die inneren Eigenschaften der Symphonie, der Satz der Musik, die mentale Struktur kann durch ein physisches Medium wie ein Orchester oder eine Schallplatte realisiert werden. Diese Struktur, »durch Bezugsglieder auf Ebenen hierarchisch angeordnet..., ist das, was der Biologe als Prozeß oder Mechanismus bezeichnet.« Die weitreichenden Implikationen, die dies für die Geist-Erde-Beziehung hat, werden durch folgende Aussage von Pribram deutlich: »Sobald Kommunikationsebenen als solche erkannt und die Möglichkeiten und Grenzen zwischen ihnen akzeptiert werden, ist die einzige Lösung, ein wahrhaft monistisches, nur scheinbar pluralistisches, vielschichtiges *strukturelles* Geisthirn (mindbrain) anzunehmen. Wie ein Wissenschaftsphilosoph es geglückt formulierte: ›Damit es einen Geist geben kann, müssen mindestens zwei Gehirne verhanden sein.‹« [268, 494]

Auf Pietschs Vorstellung von einem Winkel zurückkommend, der immer ein Winkel ist, unabhängig davon, woraus er besteht – denn ein Winkel befaßt sich mit der Beziehung, nicht mit dem Stoff an sich –, können wir jetzt erkennen, daß diese inneren Eigenschaften vor allem mit einem Code von Beziehungen verknüpft werden können. Es ist möglich, diese Informationen auf andere Formen des Stoffes zu übertragen – und das menschliche physische Gehirn ist eine andere stoffliche Form.

Das menschliche Gehirn kann »das Ganze durch Codierung und Decodierung erfassen. Sprachen, verbale (sprachliche) und nichtverbale (kulturelle), bestehen aus diesen Bestandteilen.« [267, 384] Wenn diese menschlichen Sprachen den wirklichen Kontakt mit der Erde verlieren, fangen sie an, für sich zu leben und selbst Endpunkte zu werden statt Mittler, und dies führt zu Neurosen, Kriegen und Umweltkatastrophen.

Eine zu große Abhängigkeit vom Wissen nach Art des linearen linken Gehirns in sowohl der linguistischen wie der kulturellen Sprache, schränkt das Menschenwesen in großem Maße ein, denn die Natur ist nicht linear. Unsere heutige Kultur neigt dazu, die Dinge durch Linien miteinander zu verbinden. Du gehst hier los, gehst zu dem Gebäude an der Ecke, biegst rechts ab und gehst weiter. Die Primitiven andererseits dachten multidimensional. Sie konnten jeden Fleck in ihrer Gegend visualisieren und davon erzählen. Der Buschmann in der Kalahari-Wüste konnte ein vergrabenes Straußenei, das mit Wasser für den Notfall gefüllt war, in der gestaltlosen Kalahari-Wüste orten, stracks dorthin gehen und es ausgraben. Er hat es vielleicht vor drei Jahren dort vergraben. An einer bestimmten Stelle und zu einer bestimmten Zeit kommt der Hirsch an die Wasserstelle. Es ist ein Sinn für ein allumfassendes Muster, eher holographisch als linear. Dies schließt allumfassendes Fühlen ein – wie der Wind gegen die rechte Wange weht, wenn man den Grat erreicht; wie sich die Kühle der Talsenke anfühlt, wenn man sich nach Anbruch der Dunkelheit vom warmen Hochland dorthin begibt.

Diese Art allumfassenden Fühlens der Umgebung spricht dafür, daß die Primitiven weit mehr als unsere fünf Sinne haben, die für sie arbeiten. In meinem begrenzten Rahmen kann ich keine weiteren Belege aus der Anthropologie anführen, aber ich kann von einem besonderen persönlichen Vorfall berichten, um die Implikationen aufzuzeigen.

Als ich ein Teenager war, kletterte eine Gruppe von uns auf alle 3.000er Gipfel in Colorado. Im Hochgebirge von Colorado gibt es im Sommer fast jeden Nachmittag um zwei Uhr ein Gewitter, und es klart dann zwischen vier und fünf Uhr wieder auf. Wir gewöhnten uns an Blitz und Donner. Ohne viel über die zugrunde liegenden wissenschaftlichen Fakten zu wissen, hatten wir die Theorie entwickelt, daß sich die Elektrizität solange harmlos in kleinen Mengen entlädt, wie wir mit erhobenen Händen eine summende Entladung der Elektrizität spüren konnten; erst wenn es absolut still war, machten wir uns Sorgen. Wir gingen dann davon aus, daß sich eine große Entladung aufbaute, und nur dann suchten wir Schutz. Das war natürlich völlig falsch, und wir hätten umkommen können, wie ich heute weiß. Wir kletterten jeden Sommer während dieser Gewitter, dadurch entwickelten wir eine besondere Empfindsamkeit für ihr Herannahmen und wußten schon einige Zeit, bevor sie uns erreichten, daß ausreichend Ladung in der Luft war. Wir spürten diese Ladung durch eine besondere Art tiefen Kopfschmerzes, der unmöglich mit Worten zu beschreiben, aber in einem kleinen Bereich genau zu lokalisieren war. Wenn einer von uns dies empfand, beeilten wir uns, so weit wie möglich zu kommen, bevor das Gewitter uns erreichte. Den abschließenden Beweis, daß wir ein spezifisches empfindungsartiges Wissen entwickelt hatten, erfuhren wir Jahre später. Ganz selten gibt es im Winter Blitz und Donner. Die meisten Menschen haben vorher keine Ahnung. Es schneit, und sie sind erstaunt, wenn es dann blitzt und donnert. Ich wußte es immer lange im Voraus und beeilte mich dann, zum Sessellift zu gelangen. Ich wollte noch einmal abfahren, bevor der Lift geschlossen wurde. Das machte man immer, wenn es Gewitter gab. Eines Tages lief ich mit einer guten Freundin aus jenen gemeinsamen Klettertagen Ski. Wir waren mit dem Lift gefahren. Gerade als ich von der Rampe losfuhr, bemerkte ich den Kopfschmerz, und genau da sagte meine Freundin zu mir: »Ich habe Blitz-Kopfschmerzen.« Und ich antwortete: »Ich auch. Laß uns schnell abfahren und noch eine Fahrt machen, bevor sie den Lift schließen.« Ein Mann, der in der Nähe stand, starrte uns an, als seien wir verrückt, und schüttelte den Kopf. Wir waren den Hang noch nicht weit abgefahren, da gab es einen heftigen Donnerschlag. Wir schafften keine Fahrt mehr nach oben, sie schlossen den Lift. Wir wußten es so klar, als sei es an den Himmel geschrieben, daß ein Gewitter unterwegs war, während alle anderen Skiläufer, die ich kenne, es nicht einmal in der Atmosphäre spüren, bevor es den ersten Donnerschlag gibt. Wenn es in der richtigen okkulten Ausdrucksweise erzählt wird, würde diese Fähigkeit als paranormal angesehen werden, das ist es aber nicht. Es ist eine ganz normale menschliche Fähigkeit, die die Menschen wahrscheinlich dadurch verloren haben, daß sie nie Gebrauch von ihr machten. Es ist sicher, daß die Primitiven über eine große Anzahl derartiger Sinne verfügen – viel mehr als wir. Eine menschengemachte Welt, wie die unsere, ist eine beschränkte Welt – und viele Dinge entwickeln sich wegen mangelnden Gebrauchs zurück. Die Gefahr, wenn wir ganz in einer menschengemachten Umwelt leben, besteht darin, daß sie nur das Wissen enthält, das der Mensch schon besitzt.

Ein weiteres Beispiel nennt uns Mounty West, ein Anthropologe, der in Australien mit den Aborigines zusammenlebte. Er berichtet, daß ein Aborigine beim Jagen ein Auge dazu gebraucht, den ganzen Horizont zu erfassen und nach etwas Ausschau zu halten, das ein Tier sein könnte. Wenn er ein solches entdeckt hat, richtet er ein Auge auf jenen Fleck, um die Bewegung oder nähere Merkmale zu beobachten, um genau herauszufinden, was es ist, während das andere Auge weiterhin die Landschaft überblickt. Auf diese Weise werden die beiden Augen für völlig verschiedene Funktionen eingesetzt. [355] Glaubt man den Fachleuten, so können die Augen des Menschen nicht so arbeiten.

Ein großer Vorzug der holographischen Theorie des Gehirns besteht darin, daß es ein mögliches Modell zum Verständnis jener Wissensweisen bereithält, die bisher als paranormal, okkult oder mystisch angesehen werden. Der folgende Abschnitt über das »dreifältige Gehirn« bringt einige Hinweise auf die weiteren Dimensionen dieser Art des Wissens.

Das »dreifältige Gehirn« und Rituale

Das Bewußtsein existiert schon seit der Zeit der friedlichen Zellmasse im austrocknenden Schlamm, existiert in den Reptilien, die auf den Ästen der Bäume äsen und in den kleinen Säugetieren, die auf den Bäumen durch die Blätter huschen. Es verläuft bis hin zu Proust mit seinem ausgezeichneten, kämpferischen Gedankengewebe... Das Bewußtsein geht bestimmt bis auf die Felsen zurück – jene Felsen, die da waren, seit das Leben begann, und daher einen Schnittpunkt für die Wurzeln des Lebens in Zeit und Raum abgeben, die ersten und die einfachsten.

Jacquetta Hawkes [114, 38]

Das Wissen um die Funktionen des rechten und des linken Gehirns in der Großhirnrinde, die jüngste evolutionäre Entwicklung, ist im Wachsen begriffen. Weniger gut bekannt ist die Beziehung zwischen dem älteren Gehirn und den neuen Gehirn. Paul MacLean, Neurologe und Leiter des Laboratoriums für Gehirnevolution und Verhalten, hat an der Theorie des »dreifältigen Gehirns« gearbeitet. Wenn wir uns das Gehirn als eine Zwiebel vorstellen, die oben auf der Wirbelsäule sitzt, so ist die innerste Lage, die die Spitze der Wirbelsäule umgibt, das reptilische Gehirn, der Hirnstamm, das sich wahrscheinlich vor ein paar hundert Millionen Jahren entwikkelte. Dieses älteste Gehirn wird in der nächsten Schicht vom limbischen System umhüllt (altsäugetierhaft, Kleinhirn), und die äußere Lage der Zwiebel ist das Neocortex, die Großhirnrinde. Das Wort limbisch bedeutet, »eine Begrenzung enthaltend oder den Charakter einer Grenze haben,« weil es eine Begrenzung um das älteste Gehirn darstellt.

MacLeans Terminus »dreifältig« deutet an, daß die drei Gehirne Teile von einem sind – und die Summe ist größer als die Teile. Er hat gefolgert, daß das menschliche Gehirn »aus drei miteinander verbundenen biologischen Computern besteht«, jeder mit »seiner besonderen Intelligenz, seiner eigenen Subjektivität, seinem eigenen Gedächtnis, Antrieb und anderen Funktionen.« [193] Die drei Gehirne sind in ihrem

Aufbau verschieden und in evolutionärer Zeit Millionen von Jahren auseinander. Tatsächlich erfahren wir die Welt durch drei verschiedene Mentalitäten, »von denen zwei der Sprache ermangeln.« Das limbische und das reptilische Gehirn haben untereinander vielfältige Verbindungen, aber eine nur indirekte Kommunikation mit dem Großhirn, dem Neocortex.

Der Hirnstamm, das reptilische Gehirn, spielt nach MacLean eine wichtige Rolle bei aggressivem Verhalten, bei der Revierverteidigung, bei Ritualen und beim Errichten gesellschaftlicher sozialer Hierarchien. Die Vorstellung eines reptilischen Gehirns scheint den Menschen im Westen unannehmbar; in Indien jedoch gibt es das Konzept, daß vermittels besonderer Yogatechniken die Kundalinikraft, »Schlangenkraft«, veranlaßt werden kann, vom Ende der Wirbelsäule in das Gehirn aufzusteigen und eine starke Energie zu erzeugen, manchmal auch die bleibende Erleuchtung. Tatsächlich würde diese »Schlangenkraft« das sympathische Nervensystem, das »Unterleibsgehirn« der östlichen Kulturen, mit dem dreifältigen Gehirn im Schädel verbinden. Das besondere Unterleibsatmen im chinesischen Taoismus soll die im Unterleib wohnende »Drachenkraft« aufsteigen lassen und vermittels der »Großen, himmlischen Zirkulation« zum Scheitel schicken.

Der untere Teil des limbischen Gehirnsystems scheint mit den grundlegenden Belangen befaßt zu sein, die den individuellen Organismus in Gang halten; der obere Teil hat mit Gefühlen zu tun. Die Hauptdrüse, die Gehirnanhangdrüse, die andere Drüsen beeinflußt, befindet sich in diesem limbischen Bereich. Die Anfänge des Altruismus und des Einfühlungsvermögens können auch zum limbischen Gehirn zurückverfolgt werden. Dieser Teil des Gehirns ist die Quelle der säugetierhaften Interaktion, und da für alle Säugetiere, den Menschen eingeschlossen, die Beziehung wichtiger ist als alles andere [19, 412–413], folgt daraus, daß das limbische Gehirn die Quelle der Überzeugungen ist für das, was wahr und wichtig ist. Der Geruchsinn ist mit dem limbischen System verknüpft, wie es aus der hervorragenden Bedeutung des Geruchs für die Beziehungsmuster von Hunden hervorgeht und, gleichermaßen, aus der weitgehend unerkannten Bedeutung des Geruchs bei sexuellen Zu- und Abneigungen.

Diese älteren Gehirnteile befinden sich häufig im Widerstreit mit den Ansprüchen des Großhirns; und MacLean glaubt, daß die Neurose, einige Arten der Psychose und der Alkoholismus auf die eher automatischen Abläufe des reptilischen Gehirns zurückzuführen sind. Obwohl die beiden älteren Gehirne der Sprache im üblichen Sinne nicht mächtig sind, so spielen sie im menschlichen Geist offensichtlich eine wichtige Rolle. Bateson sagt, daß das Unbewußte, das mit diesen älteren Gehirnen gleichgesetzt werden könnte, in Begriffen des *Ur-Prozesses* arbeitet. Dem *Ur-Prozeß* ermangelt das Negative und der Zeitbegriff, und er handelt in Metaphern. Ein

Beispiel für die mit dem Mangel an Negativem im Ur-Prozeß verbundenen Schwierigkeiten ist in zwei Hunden zu sehen, die sich zum ersten Mal begegnen. Die einzige Art und Weise, in der sie »sagen« können, daß sie nicht kämpfen wollen, besteht darin, die Gesten zur Einleitung eines Kampfes zu machen, etwa die Zähne zu fletschen und die Ohren zurückzulegen, sich dann aber auf den Rücken zu rollen und die Beine in die Luft zu strecken. Dieses Fehlen des Negativen trägt zu den Schwierigkeiten bei der Deutung von Träumen bei. Außerdem brauchen im Ur-Prozeß die Personen und Dinge nicht indentifiziert zu werden, denn es geht um die Beziehungen zwischen diesen Einheiten, und nicht um die Einheiten als solche, wie es in der üblichen verbalen Kommunikation der Fall wäre. [20]

Der Geist als Ganzes ist ein integriertes Netz aus Kreisen, aber was das Bewußtsein registriert, sind nur die Abschnitte und Teile der fortlaufenden Kreise, die durch alle drei Ebenen gehen. In unserer Kultur neigen die Menschenwesen dazu, ihr ganzes Bewußtsein in diesem kleinen Bogen des Kreises zu suchen, der sich im obersten Gehirn, dem Großhirn zeigt. Diesen Irrtum betreffend, schreibt Bateson, »daß die bloße zweckgerichtete Rationalität ohne die Zuhilfenahme solcher Mittel wie Kunst, Religion, Traum und dergleichen unausweichlich krankhaft und lebenszerstörend ist...« [20] Das Leben beruht auf dem ineinandergreifenden Ganzen.

Es könnte sein, daß die holographische Theorie der Gehirnfunktion zum Verständnis der möglichen Beziehungen zwischen diesen drei Gehirnen beitragen kann. Wie im vorigen Abschnitt zitiert, sagte Pribram: »Was ernst zu nehmen ist, das ist die Analogie zwischen den *Wegen*, die die Energie nimmt, die Interaktionen zwischen diesen Wegen und der sich daraus ergebende Aufbau der so erzeugten ›Informationen‹.« [266]

Da es verschiedenartige Kommunikation zwischen den drei Gehirnen gibt, kann die Interaktion der »Energiewege« zwischen diesen drei Gehirnen die tiefreichendsten Eindrücke erzeugen. Nur als Beispiel: Proust, der oben im Zitat von Jaquetta Hawkes erwähnt wird, aß einen Madeleine-Kuchen. Plötzlich überkam ihn ein riesiges in sich zusammenhängendes Gewebe von Beziehungen und Bildern – so viele, daß er Jahre brauchte, sie niederzuschreiben, und das fertige Buch brachte es auf mehr als zweitausend Seiten. Der Geruch von Weißdorn spielte in diesen Erinnerungen eine Rolle. Es war der im limbischen Gehirn sitzende Geschmacks- und Geruchssinn, der die Erfahrung auslöste. Es scheint mir, daß die einzigartige Kraft von Ritualen in den Kulturen von Menschwesen in eben dieser Erleuchtung der Kommunikation zwischen jedem der Teile des dreifältigen Gehirns liegt. Die Zeichnungen von dem tanzenden, maskierten Medizinmann aus dem Aurignac in der Höhle von Trois Fréres in Frankreich, die mindestens 15.000 Jahre alt sind, zeigen, daß Menschenwesen die Kommunikation zwischen diesen Bewußtseinsebenen durch rituelle Tänze verwirklichten, in denen sie die Erscheinung und Verhaltensweisen der Tierwelt (des alten Säugetierhirns) annahmen. Durch solche Rituale kann das Menschenwesen mit der Information in Berührung kommen, die sich über die Jahrmillionen der Entwicklung des menschlichen Gehirns angesammelt hat. Außerdem könnte das Menschenwesen vielleicht dadurch, daß es das Bewußtseins dieser beiden älteren Gehirne durch Rituale leichter audrückt, besser in der Lage sein, mit dem Bewußtsein anderer Wesen, wie Tieren und Pflanzen, zu kommunizieren – vielleicht sogar bis hin zu den Steinen.

Diese Kommunikation mit anderen Arten des Bewußtseins wird in indianischen Ritualen deutlich. Schwarzer Hirsch erzählt bei der Beschreibung des Sonnentanzes der Sioux wie »eines der immer stehenden Völker dazu erwählt [ist], in unserer Mitte zu sein: es ist der Uagatschun, der rauschende Baum oder Baumwollbaum...« [41, 98-99] (Der Baumwollbaum oder Cottonwood ist eine auch in Europa eingeführte Pappelart – nicht mit dem eigentlichen Baumwollstrauch zu verwechseln. *Anm. d. Übers.*) Im Schlangentanz der Hopi-Indianer wird das Reptilgehirn in der engen Beziehung gegenwärtig, die vor dem Tanz zwischen dem Menschenwesen und der Schlange aufgebaut wird. In Tänzen der Pueblo-Indianer werden Menschen vom Geist des Rehs ergriffen und tanzen, wie ein Reh tanzen würde, oder der Geist des Kürbis erblüht und spricht wie die lebensspendende Kürbisform. Der Omaha-Stamm sang in seinem Kieselgesellschafts-Ritual:

> Wahrlich, einer allein von all diesen war der größte,
> Alles Bewußtsein erhebend,
> Der große weiße Felsen,
> Stand und reichte hoch zum Himmel, in Nebel eingehüllt..
> He! Dies ist der Wunsch der Kleinen,
> Daß sie teilhaben an deiner Stärke... [90,572]

Frank Waters berichtet von der Vereinigung der drei Teile des »dreifältigen Gehirns« in den rituellen Tänzen der Indianer des Südwestens, die mit ihren Fichtenzweigen wedeln und wie der in den Bäumen seufzende Wind singen. »Sie stampfen rhythmisch nach dem Schlag der Trommel, beständig wie der Puls der Erde. Nicht mehr teils Mensch, teils Tier, teils Vogel; sondern Kräfte, die die kauernden Berge wiegen, welche die Wolkenberge darüber formen... Es ist alles eins; die tanzenden Götter, die pulsierenden Schreie und die singende Trommel, der wirbelnde Horizont, die Berge und der Himmel, die weißen Wolken, die auf der Ebene liegen. Und niemand ... glaubt, daß alles vorbei sei, fertig oder beendet, denn in dieser Anrufung des raumlosen Raums und der zeitlosen Zeit, die die Illusion eines gradlinigen Fortschritts von einem bestimmbaren Anfang zu einem geordneten

Ende zunichte macht, nichts ist jemals ganz vorbei, fertig, beendet ... alles verschmilzt in einem wirbelnden Kreis, der eine ungeteilte, ununterschiedene, immer lebende Ganzheit umschließt.« [350,162]

C. G. Jung und die Beziehung zwischen Geist und Erde

C. G. Jungs Untersuchungen über das Unbewußte gingen den modernen Theorien vom »dreifältigen Gehirn« und der holographischen Theorie der Gehirnfunktion im Jahrzehnte voraus; doch manche seiner Vorstellungen, wie die »Seelenenergie«, die vormals als wissenschaftlich unhaltbar galten, werden erst jetzt langsam verstanden. Indem sie die Vorstellungen der modernen Physik und der Gehirnforschung verknüpfen, fangen Physiker endlich an, sich mit Problemen des menschlichen Bewußtseins zu befassen. In einem Interview im *Brain Mind Bulletin* erklärt der Physiker David Bohm: »Denken ist ein materieller Vorgang – nicht eine Feststellung darüber, wie Dinge sind, sondern eine Aktivität«. [87] In einer anderen Ausgabe des *Brain Mind Bulletins* steht in einem Artikel, der die zunehmende Bedeutung der Physik für die Psychologie zusammenfaßt: »Durch welche Mittel ein mentales Ereignis den physischen Körper auch immer berührt, es muß ein subatomarer Energieaustausch erfolgen... Die verhältnismäßig groben Messungen der Gehirnaktivität durch das EEG hat eine Grundlage in der Quantenphysik.« [86]

Jungs Konzept von seelischer Energie umfaßt das, was Freud Libido nannte, es ist in seinen Implikationen aber noch weitergehend. Nach Jung empfand der primitive Mensch die Kanalisierung seelischer Energie als eine so konkrete Sache, daß er die Erschöpfung von der Arbeit als einen Zustand des »Ausgesogenseins« durch den Dämonen des Feldes empfand. Alle Hauptbeschäftigungen, wie das Bestellen des Bodens, die Jagd und Kriege, wurden stets mit Zeremonien oder Liedern eingeleitet, die »ganz offensichtlich den psychologischen Zweck [haben], die Libido auf die notwendig gewordene Tätigkeit überzuleiten.« Komplexe Zeremonien der Pueblo-Indianer zeigen, »wessen es bedarf, um die Libido aus ihrem natürlichen Strombett – nämlich der alltäglichen Gewohnheit – abzuleiten und einer ungewohnten Tätigkeit zuzuführen. Der moderne Verstand glaubt dies mit einem bloßen Willensentschluß erreichen und dabei aller magischen Zeremonien entraten zu können.« [143,48–49] Doch immer, wenn ein ungewöhnliches Ereignis vorkommt, das unsere Kräfte übersteigen oder leicht fehlschlagen könnte, »dann legen wir mit dem Segen der Kirche einen feierlichen Grundstein, wir ›taufen‹ das vom Stapel laufende Schiff...«[143,49]

Dieser besonderen seelischen Energie oder Kraft sind von primitiven Völkern viele Namen gegeben worden: die Dakota nennen sie *Wakanda*, die Irokesen *Obi*, die Algonkin *Manitu*. Lovejoys klassische Definition von *Wakanda* ist die Wahrnehmung einer »allseits ausgedehnten, unsichtbaren, aber zu gebrauchenden und übertragbaren Lebensenergie oder allumfassende Kraft.«

Die Huichol in Mexiko wußten, daß eine Kraft durch Menschen, Ritualtiere und Pflanzen zirkuliert. Die melanesische Vorstellung vom *Mana* ist ähnlich. Jung zitiert Condrigtons Definition von *Mana*: »Es wird in der Tat von Personen erzeugt, obgleich es durch das Medium des Wassers wirkt, oder vielleicht durch einen Stein oder einen Knochen.« In der Zusammenfassung seiner langen Erörterung seiner seelischen Energie oder Kraft schrieb Jung: »Die fast universale Verbreitung der primitiven Energieanschauung ist ein deutlicher Ausdruck für die Tatsache, daß das menschliche Bewußtsein schon auf frühen Stufen das Bedürfnis fühlte, den wahrgenommenen Dynamismus des seelischen Geschehens anschaulich zu bezeichnen. Wenn wir daher in unsrer Psychologie einen Nachdruck auf die energetische Betrachtungshinweise legen, so geschieht dies in Übereinstimmung mit seelischen Tatsachen, die dem menschlichen Geiste seit Urzeiten eingegraben sind.«

Jung erforschte die in dieser energetischen Betrachtungsweise enthaltenen Vorstellungen länger als zwanzig Jahre; außerdem sind sie eng mit den Vorstellungen von der Synchronizität verknüpft. Sein Kontakt mit den Physikern Bohr und Pauli gab den Anstoß, die Einzelheiten seiner Hypothese in dem Aufsatz »Synchronizität als Prinzip akausaler Zusammenhänge« zu formulieren, als er fünfundsiebzig Jahre alt war. Viele Jahre früher hatte er geschrieben, daß »das Psychische in einer anscheinend nichtpsychischen Natur eingebettet [liegt]. Obschon wir letztere nur als psychische Gegebenheit wahrnehmen, so bestehen doch hinreichende Gründe, von ihrer objektiven Realität überzeugt zu sein.« Jung fährt fort, die zugrunde liegenden Vorgänge auf der Ebene der Atome zu erörtern und faßt es in der Feststellung zusammen: »Die Existenz dieser bemerkenswerten Korrelation zwischen Bewußtsein und Erscheinungswelt, zwischen der subjektiven Wahrnehmung und den objektiv realen Vorgängen, d.h. deren energetischen Wirkungen brauchen wohl nicht weiter bewiesen zu werden.« [145, 481] Später weist er in demselben Beitrag darauf hin, daß sein »Energiebegriff um die Wirksamkeit der Seele auszudrücken, nicht die Konstruktion einer mathematisch-physikalischen Formel hat, sondern nur eine Analogie derselben darstellt. Diese ist aber zugleich eine ältere Anschauung, aus welcher der physikalische Energiebegriff sich ursprünglich entwickelt hat.« [145, 588] Die primitive Vorstellung ging der modernen Physik voraus. Am Ende seines Beitrages schreibt er: »Bestehen diese Überlegungen zu Recht, so würden sich daraus folgenschwere Schlüsse für das Wesen der Psyche ergeben, indem dann deren Objektivität nicht nur in engstem Zusammenhang mit den physiologischen und biologischen Phänomenen, sondern auch mit den physikalischen stünde, und zwar, wie es scheint, zu allermeist mit denjenigen der Atomphysik.« [145, 490]

Im Jahre 1927 führt Jung in »Die Erdbedingtheit der Psyche« aus, daß »die Seele als ein aus den irdischen Umweltbedingungen hervorgehendes Anpassungssystem zu verstehen wäre... Vom kollektiven Unbewußten als einer zeitlosen und allgemeinen Seele dürfen wir Reaktionen erwarten auf die allgemeinsten und stets vorhandenen Bedingungen psychologischer, physiologischer und physikalischer Natur.« [141, 83 und 98] Das kollektive Unbewußte und das persönliche Unbewußte sind zwei getrennte Teile der Seele. Das persönliche Unbewußte enthält das, was einmal bewußt war, was aber vergessen oder verdrängt wurde; der Inhalt des kollektiven Unbewußten jedoch ist nie im Bewußtsein gewesen und deshalb niemals individuell erworben. Das kollektive Unbewußte besteht aus Archetypen. »Sie [die Archetypen] sind so recht eigentlich der chthonische [unterweltliche] Anteil der Seele... jener Anteil, durch den sie an die Natur verhaftet ist oder in dem wenigstens ihre Verbundenheit mit Erde und Welt am faßbarsten erscheint. In diesen Urbildern tritt uns die seelische Wirkung der Erde und ihrer Gesetze wohl am deutlichsten entgegen.« [139, 45] Jung sagt, daß wir einen Archetypen immer dann erkennen können, wenn eine seelische Reaktion mit dem scheinbaren Anlaß in keinem Verhältnis steht.

Als ein Beispiel des unmittelbaren Einflusses des Landes auf die Menschenwesen nennt er die Kolonisierung des nordamerikanischen Kontinents durch die Europäer »das große Experiment der Verpflanzung einer Rasse in neuerer Zeit.« Die Vermischung mit indianischem Blut ist so gering, daß sie keinen bedeutenden Anteil haben kann, trotzdem enthält das amerikanische Unbewußte definitiv Symbole, die mit dem indianischen Symbolsystem zusammenhängen. »So bietet uns der Amerikaner ein seltsames Bild: ein Europäer mit... indianischer Seele. Er teilt das Schicksal aller Usurpatoren fremder Erde... Denn im fremden Boden leben fremde Ahnengeister, und so würden die Neugeborenen fremde Ahnengeister inkarnieren. Darin steckt eine große psychologische Wahrheit. Das fremde Land assimiliert den Eroberer.« [139, 60 und 64]

Inana-Yoga

Wir haben einen Blick auf einige der neuen Dimensionen des Geistes geworfen, wie die heutige Forschung sie offenbart. Trotz des Beweismaterials, das auf einen umfassenden Geist hindeutet, fährt unsere Kultur damit fort, den Menschenwesen die Meinung vorzusetzen, daß *Geist* jener winzige Teil des ganzen Gehirns sei, der als *rationaler* Geist bezeichnet wird. Um eine Vorstellung von den in diesem Irrtum beschlossenen Gefahren zu geben, möchte ich hier Joel Kramers Geschichte von der Kobra wiedergeben.

Stelle dir vor, du befindest dich in einem Raum ohne Fenster und nur mit einem vagen Lichtschimmer, der auf eine Tür hinweisen könnte, aber du bist nicht ganz sicher, ob es eine Tür ist. Das einzige andere in diesem Raum ist eine riesige Kobra. Was würdest du tun? Es gibt keinen Weg hinaus – was kannst du tun? Du würdest jede Bewegung beobachten, wenn sie schläft und wenn sie aufwacht. Du würdest jede Bewegung beobachten, die sie macht.

Joel Kramer beginnt seine Arbeitsgruppe mit dieser Geschichte und fährt dann fort zu erklären, daß wir tatsächlich in einem solchen Raum mit einer tödlichen Kobra leben. Jene Kobra ist unser rationales Denken. Dieses rationale Denken ist drauf und dran, uns zu töten, und ist genauso gefährlich wie eine Kobra. Warum?

Die Antwort auf diese Frage ist das, worum sich im Inana-Yoga alles dreht. Die Sutras von Patanjali, die aus dem fünften Jahrhundert stammen, sind die älteste schriftliche Quelle. Das Wort *Yoga* kommt von der Wurzel *Jui*, was *verbinden* bedeutet – das Individuum und das *All* zu verbinden. Die zweite Sutra der Patanjali lautet:»Yoga ist jener innere Zustand, in dem die seelisch-geistigen Vorgänge zur Ruhe kommen.« Eine spätere Sutra (die 6.) sagt, daß diese seelisch-geistigen Vorgänge »gültiges Wissen, Irrtum, Vorstellung, Schlafbewußtsein und Erinnerung« sind. [314, 14] Man beachte, daß rechtes Wissen genauso schädlich ist wie falsches Wissen. Der Grund dafür ist, daß ich in dem Glauben, daß ich etwas *weiß*, den Gegenstand oder die Person nicht mehr in ihrem wirklichen Sein *sehe*. Ich habe sie eingegrenzt. Krishnamurti war viele Jahre lang der einzige Lehrer für Inana-Yoga im Westen. Erst kürzlich haben andere damit begonnen, es zu lehren. Joel Kramer kam durch den Körper- oder *Hatha*-Yoga zum Inana-Yoga und suchte Krishnamurti auf, um mehr zu lernen. Der andere Hauptzweig wird Vipassana oder Innenschau-meditation genannt, die der Buddha lehrte und die von den alten Sutras beeinflußt wurde.

Die Kenntnis der frühen Jugend von Krishnamurti ist nicht nur für ein Verständnis des Inana-Yoga von größter Bedeutung, sondern auch für die Einsicht der Rolle, die die Weisheit der Erde in seinem Leben gespielt hat. Er war das Kind einer armen brahmanischen Familie in Indien. Der Leiter der Theosophen, Leadbeater, sah ihn am Strand spielen und sagte, der Junge hatte »die wunderbarste Aura, die er je gesehen hätte.« [192, 21] Leadbeater kam zu dem Schluß, daß der Junge zum kommenden Avatar der Welt bestimmt war, und er, Leadbeater, solle ihn darauf vorbereiten. Also bildete er 1911 den Orden des »Star of the East«, um die Welt auf die Ankunft des nächsten großen Lehrers vorzubereiten... [192,45] Krishnamurti wurde für seine Ausbildung nach England geschickt, und von da an blieb er bis zu seinem zweiunddreißigsten Lebensjahr unter der vollständigen Aufsicht der Theosophen, die ihm einimpften, welche Mission er angeblich in der Welt hätte. Nach allen üblichen Maßstäben hätte es darauf hinauslaufen müssen, daß er ihre Erwartungen erfüllt und die Leitung des Ordens übernimmt. Die Tatsache, daß er seine angetragene Rolle nicht übernahm, sondern stattdessen sein Leben der Aufgabe widmete, anderen zu zeigen, wie sie bewußter werden, und daß sie nicht irgendwelchen Glaubenslehren zu folgen brauchen, widerspricht allen Regeln der seelischen Konditionierung.

Das Buch, das sich mit seinen jungen Jahren befaßt, *Krishnamurti – Jahre des Erwachens* wurde von Mary Lutyens zusammengestellt, der Tochter einer der frühen Theosophen, die eine enge Freundin Krishnamurtis und für ihn beinahe wie eine Mutter war. Das Buch besteht hauptsächlich aus Briefen, Tagebucheintragungen und aus gedrucktem Material, was seine frühen Jahre betrifft. Lutyens versucht nicht, selbst Bericht zu geben. Die Zeugnisse von Krishnamurtis Kinderzeit weisen jedoch, zusammen mit einem immer wiederkehrenden Thema in seinen späteren Lehren, auf den wesentlichen Einfluß seiner Naturbezogenheit hin. Lutyens geht auf den Bericht von Krishnas Vater von seiner Kinderzeit ein, daß er, wegen häufiger Umzüge von Stadt zu Stadt und Krishnas Fieberanfällen, in der Schule weit hinter seinen Altersgenossen zurückblieb. »Außerdem haßte er das Buchwissen. Und er war so verträumt, daß er zeitweise wie geistig zurückgeblieben wirkte. Doch konnte er mit wacher Aufmerksamkeit beobachten, wenn sein Interesse einmal geweckt war. Er konnte lange dastehen und Bäume oder Wolken beobachten oder am Boden kauern und Pflanzen und Insekten betrachten. Diese genaue Naturbeobachtung ist ein weiterer Zug, den er heute noch hat.« [192,14] Später erzählt sie, daß selbst Leadbeater »zu Zeiten durch Krishnas offensichtliche Einfalt aufgebracht war. Während der Unterrichtsstunden stand der Knabe oft mit offenem Mund am Fenster, ohne den Blick auf irgend etwas bestimmtes gerichtet zu haben. Immer wieder hörte er, er solle den Mund schließen, was er dann auch tat, aber im nächsten Augenblick ging der Mund wieder auf.« [192,39] In diesen kurzen Zitaten kann man verschiedene Dinge bemerken. Krishna beobachtete die Natur bei jeder Gelegenheit unmittelbar und wich dem Schulunterricht aus. Er mochte ihn nicht und war daher nicht durch eine zu starke Betonung der linken Gehirnhälfte geschädigt. Außerdem ist wichtig, daß berichtet wird, daß sein Mund immer offen stand. Die heutigen Anschauungen vom Körper stimmen alle darin überein, daß ein geschlossener Kiefer für den Blutkreislauf im Kopf sehr schlecht ist, da dies die Arterien, die hinter dem Kiefer in den Kopf aufsteigen, einquetscht. Bei dem

Gewicht, das in unserer Kultur auf Selbstbeherrschung gelegt wird, wird ein geschlossener Kiefer geschätzt, daher das Insistieren der englischen Theosophen, daß Krishna seinen Mund gut geschlossen hielt.

Diese Einblicke in seine Kindheit allein wären noch nicht schlüssig, aber in den zahlreichen Büchern von Krishnamurtis auf Tonband aufgenommenen Unterweisungen und in fast jeder anderen Unterweisung macht er seine Zuhörer auf die Natur aufmerksam, indem er etwa sagt: »Die Sonne war gesunken, die breiten Kronen der Bäume standen schwarz vor dem dunkler werdenden Himmel, der weite mächtige Strom floß still und friedlich dahin. Eben erschien der Mond über dem Horizont, er stieg zwischen zwei Bäumen langsam höher...« [161, 18] Dies sind nicht bloß dichterische Ausschmückungen; wieder und wieder geht er daran, seine Gedanken unmittelbar aus solchen Bezügen mit der Natur zu entwickeln. Es gibt jedenfalls keinen Zweifel, daß, mit Pearces Begriff, der junge Krishna mit der Erde »gebonded« wurde. Außerdem bestätigt sein Leben Edith Cobbs Idee, daß »die Wahrnehmung der Ganzheit für alle Individuen charakteristisch war, die intensiver mit dem Instrument des Körpers gedacht haben.« [59] In all den Jugendjahren in Europa waren Krishnas einzige Freuden Golf und sein Motorrad, beides Erfahrungen mit dem ganzen Körper. Krishna lernte es unmittelbar von der Erde mit der Gänze seines Geistes zu denken; so war er später in der Lage, die Falle des rationalen Denkens zu erkennen und zu vermeiden, sich darin fangen zu lassen.

Ein erstaunliches Anzeichen für seine enge Bindung mit der Natur trat in einem sehr kritischen Augenblick seines Lebens auf, 1922, als er siebenundzwanzig Jahre alt war und durch eine seelische Krise ging, die von tagelangen heftigen Schmerzen begleitet wurde. Er erfuhr endlich Besserung, als ihm jemand vorschlug, hinauszugehen und sich unter einen jungen blühenden Pfefferbaum zu setzen. Während dieser Tage hatte er das, was er als eine »höchst außerordentliche Erfahrung« beschrieb. »Es war da ein Mann, der den Weg ausbesserte, dieser Mann war ich selbst, die Hacke, die er hielt, war ich selbst, sogar der Stein, den er herausbrach, war ein Teil meiner selbst, ... der Wind... die Ameise auf dem Grashalm... die Vögel... der Staub...,« alles war ein Teil von ihm. »Ich war in allem, oder vielmehr alles war in mir...« [192, 187]

Mehrere Jahre lang hatte er häufig Anfälle mit unerträglichen Schmerzen, die mit seinem seelischen Zustand zu tun hatten. Dann endlich, 1927, sprach er es auf einem theosophischen Lager in Eerde, Holland, aus: »Sie müssen frei werden, nicht wegen, sondern trotz mir.« Sein ganzes Leben lang, aber besonders in den letzten Monaten habe er darum gerungen, frei zu werden – »frei von meinen Freunden, meinen Büchern, Verbindungen.« Er wollte nicht als Autorität betrachtet werden, niemand kann Freiheit geben; man muß sie in sich finden. Die Befreiung ist nicht auf die wenigen beschränkt, sondern allen möglich. Das Problem ist, daß die meisten Menschen »an ihrer Individualität, an ihrem Ich-Gefühl« hängen. [192, 285–286]

Diese Ansprache rief unter den führenden Theosophen große Bestürzung hervor, da sie ihren eigentlichen Lebenssinn zerstörte. Krishnamurti, der gegenüber den führenden Theosophen stets Folgsamkeit zeigte, war voller Anteilnahme und Sympathie, blieb aber seiner Entscheidung ganz sicher. In einem Brief aus der Schweiz an Frau Besant, die lange Zeit das Haupt der Theosophen war, schrieb er: »...jetzt wird es schwierig. Es liegt alles in der Tagesarbeit. Ich bin immer gewisser in meiner Vision von der Wirklichkeit. Die Berge und die klare Luft hier sind wunderbar...«[192, 293]

Der ganze Vorgang war in vielen Ländern eine Sensation. Zeitungsreporter interviewten Krishnamurti und versuchten herauszufinden, wie er so leichthin Geld, Macht und Prestige, die eine solche Rolle mit sich brachten, abtun konnte, aber sie vermochten es nicht zu verstehen. Im Jahre 1929 löste er den »Order of the Star« in Anwesenheit von Frau Besant und mehr als dreitausend Mitgliedern auf. In seiner Rede, die vom holländischen Rundfunk übertragen wurde, sagte er unter anderem, daß er keine Anhänger um sich scharen und daß er keine Religion gründen wolle. Vielmehr wolle er, daß die Menschen »frei sein sollen von allen Ängsten – von der Angst vor Religionen, von der Angst vor Befreiung, ... der Angst vor dem Leben.« [192, 319] Er beendete seine Ansprache mit der Ankündigung, daß er seinen Entschluß zwei Jahre lang überdacht habe, und daß er nun den Orden auflöse. Es kümmere ihn nicht, welche neuen Organisationen sie gründen wollten. »Mein einziges Anliegen ist es, die Menschen absolut und bedingungslos zu befreien.« [192, 321] Mary Lutyens berichtet, daß er innerhalb weniger Jahre die körperliche Agonie überwunden hatte, an der er all die Jahre (seit 1922) gelitten hatte, und daß er einen Zustand der Extase erreicht hatte, der ihn nie mehr verließ.

Seit seinem Bruch mit den Theosophen hat Krishnamurti versucht, anderen zu erklären, wie sie wirklich lernen zu sehen und wie sie sich von Angst befreien. Jahrzehnte, bevor die Forschungen über das rechte und linke Gehirn erbrachten, daß das rationale, lineare Denken aus sich heraus immer bruchstückhaft bleibt, hatte Krishnamurti gesagt, daß »alles was man denkt, bruchstückhaft ist.« Alles, sagte er, wird in Stücke gebrochen – Gut und Böse, Haß und Liebe – alles wird von einem bestimmten Glaubenssystem heraus betrachtet. »Um also etwas im Ganzen zu sehen, sei es ein Baum oder eine Beziehung oder eine Tätigkeit, muß der Geist frei von allen Begrenzungen sein, und die eigentliche Ursache der Begrenzung ist der Mittelpunkt, von dem aus man betrachtet ... was immer das Denken untersucht muß unausweichlich bruckstückhaft bleiben.« [163, 24–25]

Aber wie *kann* man lernen, im Ganzen zu sehen? Um zu zeigen, wie das möglich ist, erzählt Joel Kramer eine andere Geschichte, die ich hier kurz wiedergeben will. Ich gehe früh am morgen alleine in den Wald. Plötzlich sehe ich einen Sonnenstrahl, der sich in einem Tautropfen auf einem Blatt fängt. Einen Augenblick lang ist der Abstand zwischen dem Beobachter und dem Gegenstand aufgehoben. Es gibt keine Trennung – nur die Erfahrung. Es ist eins. Das heißt im Ganzen sehen. Aber fast augenblicklich bricht der Gedanke ein. Ich sage zu mir selbst: »Oh, ist das groß-artig!« Oder: »Ich werde meinen Freunden davon erzählen.« Oder: »Ich werde jeden Morgen hierher kommen.« Du willst die Erfahrung noch einmal machen. Das ist Freude. Die Erfahrung selbst *ist*, und du bewertest sie nicht. Sie zu bewerten oder wiederholen zu wollen ist Freude. Diese Art Freude gilt es zu vermeiden, denn sie ist nicht die Wirklichkeit. Dieser vertrackte Punkt wurde uns durch Jeol Kramer endlich klargemacht. Fast alle östlichen Disziplinen »verdammen« die Freude, und das ist schwer zu verstehen. Der Fehler liegt darin, daß wir glauben, daß mit Freude alles gemeint ist, was uns Spaß macht. Aber ganz und gar nicht. Intensiv zu leben, im Augenblick, im Hier und Jetzt zu leben, das ist der Kernpupnkt. Aber diese Intensität verschwindet in dem Augenblick, in dem das Denken einsetzt; dann hat man die Erinnerung an die Intensität, die ist Freude. Doch wann immer du dich in der Freude ergehst, kannst du sicher sein, daß ihr Gegenteil, das Leid auftritt. Wir suchen fortwährend das eine und vermeiden das andere, mit all den Konflikten, die das mit sich bringt.

Das Denken, der Intellekt kann nichts lösen. »Er kann Theorien erfinden; er kann erklären; er kann die Aufsplitterung erkennen und weitere Unterteilungen schaffen; aber der Intellekt, selbst ein Bruchstück, kann nicht das ganze Problem der menschlichen Existenz lösen... Das Denken, die intellektuelle Fähigkeit der Folgerung, beendet, auch wenn es gesund ist, nicht das Leid.« [164, 12 und 79]

Wenn du aber keine Trennung von Beobachter und Gegenstand hast, wie z. B. bei der Tautropfenerfahrung, dann gibt es keinen Widerstreit. Das Problem entsteht durch den Konflikt zwischen dem, was ist, und dem was wir darüber denken. Das Problem, wie Krishnamurti es ausdrückt, ist folgendes: »Ich erkenne, daß meine Art zu leben widersprüchlich ist, doppelschichtig, getrennt, und ich weiß, ich habe auf diese Weise gelebt, mit all ihrem Schmerz und Elend, und sage mir: was soll ich *tun*? Wie komme ich da heraus? Es geht darum, es ruhig anzuschauen – in der Stille findet eine andere Tätigkeit statt, die dieses Problem lösen kann.« Einer der Zuhörer fragte Krishnamurti, was er mit Stille meint, Krishnamurti antwortete: »Ihr wißt, was physikalisch Stille ist... Ihr wandert durch den Wald und am Abend ist alles sehr still; ihr kennt die physikalische Stille mit all ihrer Schönheit, ihrem Reichtum, ihrer Ruhe, ihrer unermeßlichen Herrlichkeit, ihrer Würde – ihr kennt sie. Und offenbar wißt ihr nicht, was seelische, innere Ruhe ist. Also sagt ihr: ›Bitte erzähle uns davon, fasse sie in Worte.‹ Warum sollte ich? Warum findet ihr nicht selbst heraus, ob es eine solche Stille gibt?« [164, 121–122]

Der Geist kann aber nicht still sein, wenn es eine irgendwie geartete Störung gibt. Deshalb muß jede Art von Konflikt verstanden werden – auch der Konflikt in einem selbst – zwischen Wunschvorstellung und Wirklichkeit oder zwischen dem, was man tun und was man nicht tun »sollte«. »Sich völlig auf das einlassen, ›was ist‹, enthebt uns jeder Form der Dualität, demzufolge gibt es keinen Konflikt.« [164, 93]

Wenn du dich völlig auf etwas einläßt – indem du deinen Geist, dein Herz, alles hineingibst – so kommt kein Gedanke hinein. Dies ist vollständiges Gewahrsein und geschieht nicht oft, denn wenn wir versuchen, uns gewahr zu sein, dann ist die Dualität da: so wie wir sind und so, wie wir zu sein versuchen, und dieser Konflikt bringt Gewalt hervor. »Gewalt zerbricht die Welt in das Innere und das Äußere und behandelt den anderen als ›anderen‹, als ›nicht Ich‹. Das tun wir sogar mit uns selbst.« [164, 121] Was also tun? Sei dir deiner Unaufmerksamkeit bewußt. Siehe, daß du nicht achtgibst, aber beobachte es sehr sorgfältig. Versuche nicht, es zu ändern, beobachte es lediglich.

Krishnamurti sagt, daß die Beobachtung der Bewegung unseres Geistes einen freien Geist erfordert, nicht einen, der ständig urteilt. Dies ist »schwer zu vollziehen, denn die meisten Menschen wissen nicht, wie sie auf ihr eigenes Leben schauen oder wie sie ihm lauschen sollen, ebensowenig wie sie es verstehen, die Schönheit eines Flusses in sich aufzunehmen oder dem flüchtigen Wind zwischen den Bäumen zu lauschen«. [162, 22] Dieses der Natur lauschen, der Erde zuhören, darauf kommt Krishnamurti immer wieder zurück. Er nimmt unmittelbaren Bezug auf die Art, wie der Himmel aussieht oder der Fluß sich bewegt oder die Bäume sich bewegen, davon geht er aus und er kehrt stets zur Natur zurück in dem Bestreben, seinen Zuhörern zu helfen, sich von ihrem rationalen Geist frei zu machen und das Ganze zu sehen – gewahr zu sein. Dies ist die Vorstellung, die hinter dem berühmten Zitat steht: »Wildheit ist der Zustand völligen Gewahrseins. Deswegen brauchen wir sie.« Um diesen Punkt weiter zu verdeutlichen, zitiere ich Gary Snyder, der darauf hinweist, daß »in der Welt des Schamanen die Wildnis und das Unbewußte gleichgesetzt werden; wer das eine kennt und ungezwungen damit umgeht, wird im anderen zu Hause sein . . . « [300, 12]

Auch Kramer befaßt sich mit diesem Problem, einen ruhigen Geist zu erlangen. Er geht auf einige der Arten ein, mit denen wir versuchen, Widersprüche aufzulösen, indem wir an eine Sache oder Autorität glauben. Dies schafft nur mehr Widersprüche – einen Widerspruch zwischen dem, was wir tun möchten und dem, was die Autorität oder unser Glaube von uns verlangt. Er sagt: »Es ist schwierig, sich von allen Autoritäten loszusagen, bringt das einen doch in eine Position der Angst. Es gibt nun nichts mehr, woran man sich halten könnte. Doch echtes Lernen ... kommt nicht zustande, wenn wir uns nicht von den Autoritäten lossagen.« [159, 16] Außerdem: »An etwas, was auch immer es sei, zu glauben, heißt, im Stande der Gewalt zu sein – äußerer und innerer Gewalt.« [159, 19] In einer seiner Arbeitsgruppen erkärte er eine einfache Technik, wie wir uns rückversichern können, um festzustellen, wann wir an etwas glauben, statt eine Tatsache zu sehen. Dabei saß er auf einem braunen Teppich. Er sagte: »Wenn ich sagen würde, daß dieser Teppich grün ist, wirst du vielleicht sagen: ›Nein, er ist in Wirklichkeit braun‹. Wenn ich dabei bliebe, daß er grün ist, wirst du eben denken, ich sei farbenblind oder verrückt oder nähme dich auf den Arm, aber du würdest dich nicht herausgefordert fühlen, dein Wissen, daß er braun ist, zu verteidigen. Aber wenn du etwas aus einem Buch weißt oder aus einem Glaubenssystem, dem Christentum oder irgendeinem anderen, dann wirst du sehen, daß du es verteidigst. Wenn du siehst, daß das geschieht, daß du irgend etwas verteidigst, dann weißt du, daß es ein Glaube ist und keine Tatsache. Wenn du immer darauf achtest, dann wirst du merken, daß dich der Drang, andere zu überreden, ›verläßt‹.« [160]

Kramers bevorzugter Begriff lautet, »es verläßt dich«. Die Menschen fragen ihn immer: »Wie kann ich es ändern? Wie kann ich jene schlechte Angewohnheit ablegen?« Und er hält ihnen vor Augen, daß eine solche Handlung Gewalt ist – Gewalt gegenüber dir selbst. Es gibt eine Trennung zwischen dem, was du bist und dem, was du sein möchtest, und das bedeutet Gewalt. Irgendwo las ich einmal, daß Yoga nicht die Anstrengung, etwas zu werden ist, sondern die Entdeckung des Eins. Du versuchst nichts zu ändern, du achtest nur sorgfältig darauf, was dein Denken mit dir macht – beobachtest es, wie du die Kobra beobachten würdest. Wenn du die Ergebnisse deines Tuns immer wieder siehst, denn »verläßt es dich« irgendwann.

»Das Leben ist Bewegung«, ist ein weiterer Kramer-Satz. Er erklärt, daß, wenn du durch einen Wald gehst und einen Baum im Wind knacken und langsam umstürzen hörst, du nicht stehenbleibst, um darüber nachzudenken, welchen Weg du einschlagen oder was du tun sollst – du bewegst dich. Genauso ist es, wenn du wirklich siehst, was dir etwas antun will, dann gibt es keinen Widerstreit – du bewegst dich einfach.

»Es gibt Augenblicke im Leben, die sich durch eine Energiequalität auszeichnen, die nicht in der Zeit lebt, wo es keine Spaltung gibt, keine Trennung zwischen dem Erfahrenden und der Erfahrung. Seligkeit und Heiterkeit wird so etwas normalerweise genannt.« [159, 39] Und, was für Krishnamurtis Beispiele galt, die meisten von Kramers Beispielen sind aus der Erde bezogen. »Wenn ich mich selbst kennenlerne, dann erkenne ich auch, daß das, was ich bin, ein Wesen ist, das in Beziehung steht.

Im Grunde ist das, was wir sind, Teil eines Energiesystems. Es ist ein Gewahrsein, ein Gewahrsein des Hier und Jetzt, das zu der Sicht der Ganzheit und Verbundenheit der Dinge miteinander führt.« [159, 145]

Wenn diese letzten paar Seiten etwas schwer zu verstehen waren, so liegt das nicht an der Idee selbst, sondern in dem vom rationalen Gehirn aufgerichteten Widerstreit. Eines der ersten Dinge, die man lernt, wenn man mit Inana-Yoga anfängt, ist, wie sehr dich jenes winzige rationale Gehirn bekämpft – dagegen ankämpft, sich mit dieser Art zu denken zu befassen, denn es bedroht die absolute Kontrolle, die das rationale Gehirn ausübt. So möchte ich mich noch einmal einem »Primitiven« zuwenden, einem Beispiel für Kramers »Sicht der Ganzheit und Verbundenheit aller Dinge.« Wilfred Pelletier ist kein echter Primitiver, was seinen Bericht um so wertvoller macht. Er ist ein heutiger Odawa-Indianer, der die Insel seiner Reservation verließ und in der Welt der Weißen mit dem Betrieb eines Restaurants in einer großen Stadt in Kanada finanziellen Erfolg hatte. Er hörte nicht auf, bei jeder Gelegenheit zu jagen und zu fischen, und aus diesem Gewahrsein der Natur heraus fing er an zu verstehen. Er kehrte in die Reservation zurück und gab das Spielen auf. »Das soll nicht heißen, daß ich in solchen Spielen nicht gut wäre. Ich hatte ja, weiß Gott, genug Übung ... kann sie ... nicht länger ernst nehmen ... Die Spiele gingen weiter, der Film spulte sich immer noch ab, aber ich spielte nicht mehr darin mit ... Ich war da, aber es gab keinen Beobachter und keinen Beobachteten mehr, kein ›Ich‹ und ›Du‹ kein ›Selbst‹ und ›Nicht-Selbst‹, keine getrennten und isolierten Individuen. Es gab nur eine umfassende Ganzheit, die nichts ausließ. All diese Millionen einander entgegengesetzter Stücke des Films flossen irgendwie in einer Einheit zusammen, und es gab nichts, was draußen blieb. Alles war im Fluß. Alles lebte. Es gab nichts Totes. Reine Lebensenergie, die Berge hinauf- und herunterströmte, sich zu Gipfeln türmte, sich in Mulden sammelte – Wolken und Regen, Berge und Täler, Leidenschaft und tiefe Ruhe. Und ohne Namen. In diesem Strom gab es keine Einteilungen, keine Klassen, keine Rassen, nur das kristallklare Gefühl des Wissens. Und sobald ich versuchte, dieses Gefühl auf irgendeine Weise in Worte zu fassen, sobald ich versuchte, es mit Worten wie ›Realität‹ oder ›Totalität‹ zu beschreiben, dann verließ ich den Strom, war draußen, als ob ich – knips! – einen Schalter betätigt hätte. Aber solange ich in diesem Fluß blieb, gab es nichts, was ich nicht wußte. Das war das Gefühl – ich wußte alles, nichts davon lag in Vergangenheit oder Zukunft; alles stand direkt vor meinen Augen. Aber ich konnte auf nichts ein Etikett kleben, nicht auf ein einziges Ding. Es gab weder Worte noch Irrtümer – Fehler waren ausgeschlossen. Alles war genau richtig. Vollkommen. Und wunderschön ... Und so kam ich endlich zu der Erkenntnis, wer ich war.« [251, 191–193]

Gregory Bateson, der aus einer ganz anderen Richtung, nämlich von der System-
und Informationstheorie her kommt, hat dieselben Konzepte ergriffen, wie sie
letzten Endes im Inana-Yoga enthalten sind; Learning III der logischen Kategorien
des Lernens. Learning I kann als das zusammengefaßt werden, »was in psychologischen Laboratorien ganz allgemein als ›Lernen‹ bezeichnet wird.« Learning II
könnte als »Lernen, wie man lernt« bezeichnet werden. Es »entscheidet weitgehend
über das Beziehungsverhalten aller menschlichen Wesen und datiert (a) aus der
früheren Kindheit und ist (b) unbewußt.« [16a, 388] Einige der für die Art von
Beziehungen verwendeten Begriffe lauten *dominant, unterwürfig, hilfsbereit* und
abhängig und haben mit dem Rollenverhalten einer jeden Person in deren Beziehung
zu tun. Bateson geht davon aus, daß unsere Erfahrungen aus Learning II »darauf
hindeuten, daß Learning III als schwierig und selten [angesehen werden muß].«
Diese Art des Lernens findet manchmal in der Psychotherapie, bei Religionsüber-
tritten und bei »einer Reihe anderer Ereignisse [statt], wo eine tiefergreifende
Umstrukturierung des Charakters stattfindet.« [16a, 390]

Learning III, das Lernen über das Lernen, führt zu einer Freiheit von der Knechtschaft der Gewohnheiten von Learning II. »Aber jede Freiheit von der Knechtschaft
der Gewohnheit muß auch eine tiefgreifende Neudefinition des Selbst kenn-
zeichnen. Wenn ich auf der Ebene des Lernens II stehenbleibe, bin ›Ich‹ die
Gesamtheit derjenigen Charakteristika, die ich als meinen ›Charakter‹ bezeichne.
›Ich‹ bin meine Gewohnheiten, im Kontext zu handeln und die Kontexte zu gestalten
und wahrzunehmen, in denen ich handle. Individualität ist ein Resultat oder eine
Ansammlung aus Lernen II. In dem Maß, wie ein Mensch Lernen III erreicht, und
es lernt, im Rahmen der Kontexte von Kontexten wahrzunehmen und zu handeln,
wird sein Selbst eine Art Irrelevanz annehmen. Der Begriff ›Selbst‹ wird nicht mehr
als ein zentrales Argument in der Interpunktion der Erfahrung fungieren.« [16a, 393]

Bateson fährt fort: »Schon der Versuch, auf die Ebene III zu gelangen, kann
gefährlich sein, und einige werden dabei scheitern.« [16a, 395] Solche Personen
werden von Fachleuten oft als psychotisch bezeichnet, aber für die Schöpferischen,
die diese Ebene erreichen, »offenbart die Auflösung der Gegensätze eine Welt, in
der die persönliche Identität in all den Beziehungsprozessen in einer umfassenden
Ökologie oder Ästhetik der kosmischen Interaktionen aufgeht.« [16a, 395]

Bateson meint, daß schon der Versuch von Learning III gefährlich ist. Das ist
wahr, aber das volle Verständnis, warum dies wahr ist, gewinnt man, wenn man
schon ein Stück auf dem Weg ist. Durch das Skilaufen im Pulverschnee hatte ich
etwas von dem begriffen, was es alles bedeutet, wenn es »keine Grenzen« gibt und
»keine Trennung zwischen dem Beobachter und dem Beobachten.« Aber irgendwie
dachte ich, daß es nur bei ganz besonderen Gelegenheiten eintritt, daß es ein nicht

beabsichtigtes Geschenk oder ein Segen sei und nur selten vorkommt. Ich kam nie auf den Gedanken, daß es eine Art sei, wie man tatsächlich und immer lebt. Jetzt weiß ich, daß es Angst war, die mich davon abhielt, hier tieferen Einblick zu gewinnen. Auch Krishnamurti rang lange Jahre mit diesem Problem, bevor er den »Order of the Star« auflöste, und als er es tat, fing er an zu leben. Joel Kramer sprach in seinen Arbeitsgruppen von seinen früheren Erfahrungen. Er hatte angefangen, einige der Implikationen bei der Ausübung des Hatha-Yoga zu sehen, aber er mochte nicht darüber nachdenken. Auf einer Party hörte er ein Tonband von Krishnamurti und er merkte, daß er da nicht zuhören konnte. Am nächsten Tag war er aber neugierig genug sich zu fragen, warum er nicht hatte zuhören können; also ging er zurück, borgte sich das Tonband aus und zwang sich, zuzuhören. Dann wußte er es. Auf dem Band sprach Krishnamurti das aus, wovor er Angst hatte, was er sich nicht eingestehen wollte und was sein bewußter rationaler Geist anzuhören sich weigerte, was ihn verwirrte. [160]

Was geschieht, wenn man anfängt zu verstehen? Robert Pirsig gibt in *Zen and the Art of Motorcycle Maintenance* (Zen und die Kunst ein Motorrad zu warten) die einleuchtendste Erklärung. In dem Buch nähern sich der Protagonist und sein Sohn, Chris, dem Gipfel des Berges, den sie besteigen. Sie hören ein paar kleinere Felsrutsche. Nichts Besorgniserregendes. Das ist auf Bergen nichts Ungwöhnliches. Aber dann, auf einmal, ist er ganz besorgt. »Wenn er da oben ist, eine psychische Wesenheit, irgendein Geist...« Er denkt an Phaedrus, an denjenigen, der auf seiner Suche nach »Qualität« seinen Verstand verlor. Er zwingt seinen widerstrebenden Sohn umzukehren, und sie steigen den Berg hinab. Pirsig schreibt, daß sie jetzt weit genug auf Phaedrus Pfad gegangen seien und es nun Zeit sei, ihn zu verlassen und die eigenen Ideen zu entwickeln. Dann erzählt er von den letzten Phasen von Phaedrus' Zusammenbruch. Aus einer Ahnung heraus hatte Phaedrus sein altes Exemplar des *Tao-Tê-King* hervorgeholt und fing an, es zu lesen, wobei er das Wort *Qualität* für *Tao* einsetzte und plötzlich erkannte, daß »er den Code geknackt hatte.«

»Dann schaute sein inneres Auge auf und erblickte sein eigenes Bild und erkannte, wo er war und was er sah und ... ich weiß nicht, was wirklich geschah ... aber das Nachgeben und Abgleiten, das er schon früher empfunden hatte, diese innere Teilung seines Geistes, wurde unversehens schneller und immer schneller, wie die Steine, die auf dem Gipfel eines Berges ins Rollen kommen. Ohne daß er etwas dagegen tun konnte, schwoll diese plötzlich von irgendwoher aufgetauchte Bewußtseinsmasse in Sekundenschnelle zu einer unaufhaltsamen Lawine von Gedanken und Bewußtseinsinhalten an; in jedem weiteren Anschwellen riß die herabstürzende Masse das Vielhundertfache ihres eigenen Volumens mit sich, und diese Massen entwurzelten abermals das Vielhundertfache ihres eigenen Volumens und dann das Vielhundertfache davon, und so immer schneller, in immer breiter stürzendem Strom, bis nichts mehr da war, worauf er hätte stehen können. Überhaupt nichts mehr. Alles gab unter seinen Füßen nach.«

[262,254/262a,262]

Dies ist genau das Gefühl, wenn einen die Erkenntnis übermannt, daß es wirklich keine Trennung zwischen dem Betrachter und dem Betrachteten gibt, daß wir wirklich unsere Welt erschaffen und ganz dafür verantwortlich *sind*. Es gibt keine Grenzen mehr. – »Überhaupt nichts mehr.«

Gewöhnlich erscheint uns dieser Bewußtseinszustand, wenn wir die mystische Literatur oder Berichte vom Nirwana lesen, als vollkommene Seligkeit. Und es ist vollkommene Seligkeit, da bin ich sicher, nachdem man durch die Erkenntnis durch ist und dein rationales Gehirn damit aufhört, gegen dich anzukämpfen; aber bis dahin zerbröckeln alle deine Strukturen und Spiele und alles, von dem du meintest, daß es dich zusammenhält. Zum Zwecke größerer Klarheit über die tatsächliche Bedeutung von Nirwana, komme ich wieder auf Franklin Merrill-Wolff zurück, den ich in Kapitel 5 erwähnte und dem es gelang, das »Gewahrsein« ohne jeden Lehrer und mit einer streng wissenschaftlichen Methode zu erreichen.

Merrill-Wolff schreibt, daß »etymologisch das Wort Nirwana ›ausgeblasen‹ bedeutet, und dies wiederum den gebräuchlichen Sinn von Vernichtung in sich trägt ... es ist die Vernichtung einer *Phase* oder einer *Art* des Bewußtseins, nicht des Bewußtseins als solches. Ein sorgfältiges Studium des buddhistischen Kanon offenbart ganz klar, daß Buddha mit ›Nirwana‹ niemals die Zerstörung des Prinzips des Bewußtseins meinte, sondern nur eine Bewußtseinsoperation in einer bestimmten Art und Weise.« [217,198–199] Er nannte dieses nirwanaartige Bewußtsein »Bewußtsein ohne Gegenstand«. In diesem Zustand ist »die Trennung zwischen dem bewußten Subjekt und dem Objekt des Bewußtseins aufgehoben.« Für unser gewöhnliches Bewußtsein »muß das vollkommene Gleichgewicht des vollkommenen Bewußtseins als eine Leere erscheinen« und daher scheint es keinen Wert zu haben. Aber als er diesen Zustand einmal erreicht hatte, erschien er ihm weder als fremdartig noch von einer anderen Welt. Tatsächlich schreibt er: »Ich habe niemals einen anderen Bewußtseinszustand kennengelernt, der so natürlich, normal und richtig erschien. Ich schien zu wissen, daß dies die Natur war, die der Wirklichkeit eigen sein mußte, und irgendwie hatte ich es immer gewußt.« [217,24,64,70] Diese Worte sind fast mit Kenneth Rexroths Beschreibung des Zustandes identisch, den er mit dem frisch gemähten Heu erfuhr, als er fünf Jahre alt war.

Zusammenfassung

Ich habe in diesem Kapitel über den Geist ein großes Gebiet ziemlich schnell durcheilt, um viele verschiedene Aspekte zusammenzufassen, die zu der Bezogenheit des menschlichen Geistes mit der Umwelt gehören. Ich begann mit wissenschaftlichen Beweisen, die die Wirkung von positiven bzw. negativen Ionen in der Atmosphäre auf den Geist betrafen. Ein volles Verständnis dieser Wirkung führt zu der Frage, wo die Grenzen dieses Geistes sind. Batesons Arbeit bietet die notwendigen Schlüssel für eine klare Erfassung der Tatsache, daß der rationale Teil des Geistes für sich genommen – mit Batesons Worten – »notwendigerweise krankhaft und lebenszerstörend« ist. Der nächste Abschnitt, »Der Geist des Kindes«, gibt einige Anhaltspunkte dafür, wie unsere Kultur dem Kind eine solche zerstörerische Haltung aufzwingt; außerdem zeigen dieser und der folgende Abschnitt die Bedeutung der unmittelbaren Interaktion des Kindes mit der Erde, um das Ungleichgewicht zu vermeiden, das durch zu starke Betonung des Lernens mit dem linken Gehirn entsteht.

Als nächstes zeigte ein kurzer Überblick über die Forschungen vom rechten und linken Gehirn und die neuesten holographischen und dreifältigen Gehirntheorien, wie diese Forschungsgebiete erste Schritte auf dem Weg zur Nutzbarmachung des *ganzen* Gehirns sind; des weiteren liefert der Abschnitt über C.G.Jung Beweise dafür, wie die Erde selbst auf den unbewußten Geist einwirkt. Der letzte Abschnitt, der sich mit dem Inana-Yoga befaßt, zeigt die Gewahrwerdung der Tatsache auf, daß das Menschwesen ein Wesen-in-Verbundenheit ist, die dem engen, antropozentrischen Denken des linken Gehirns entgegensteht und zu einem Denken mit dem ganzen Körper, und vielleicht sogar mit dem ganzen Geist, führen wird.

Im Jahre 1927, demselben Jahr, in dem C.G.Jung seinen Aufsatz über *Seele und Erde* verfaßte, schrieb er auch über »seelische Kompensationsprozesse«, die in der Weltgeschichte oft aufgetreten sind. Das hervorstechendste Beispiel, das er gab, war das von der »merkwürdigen Melancholie und Erlösungssehnsucht des kaiserlichen Rom«, das, wie er sagt, »eine direkte Folge des Skaveneinflusses« war, »und die explosionsartige Ausbreitung des Christentums, das sozusagen aus den Kloaken Roms aufstieg, ... war eine urplötzliche Reaktion, welche die Seele des letzten Sklaven der Seele des göttlichen Caesar an die Seite stellte. Ähnliche, vielleicht weniger wichtige psychologische Kompensationsvorgänge haben sich wohl oftmals in der Weltgeschichte wiederholt. Wenn irgendeine psychische oder soziale Monstrosität sich aufbaut, so bereitet sich auch entgegen aller Gesetzgebung und allen Erwartungen eine Kompensation vor.« [146,143–144]

Der *Club of Rome* stellt in »Die Grenzen des Wachstums« fest, daß eine kopernikanische Wende des Geistes erforderlich ist, um die ökologische Katastrophe abzuwenden, die uns droht. In diesem Kapitel über den Geist habe ich einige Hinweise auf die Richtung gegeben, in die, wie ich glaube, diese kopernikanische Revolution sich bewegen muß – zu einer Wiedererkenntnis des Geistes-im-Großen oder, wie John Todd es ausdrückt, eine Bezogenheit von Geistschaft und Landschaft.

Der Inana-Yoga, wie er von Menschen wie Krishnamurti und Joel Kramer, die ihn vom generellen Überbau der konventionellen Religion und der elitären Einstellung von den »Erwählten« befreit haben, ist das konkreteste Hilfsmittel für die Befreiung des individuellen Geistes. Sein Wert wurde durch die moderne Gehirnforschung weiter bestärkt, wie ich aufgezeigt habe; aber es ist ein schwieriger Vorgang, weil der rationale Teil des Gehirns dem zu viele Hindernisse in den Weg legt. Der Lawine des Verstehens, die alle deine vorherigen Begrenzungen der inneren Struktur wegreißt, ins Angesicht zu sehen, ist erschreckend, wenn man es allein versucht; wenn aber eine ganze Gruppe die Sache vermittels täglicher Rituale angeht, dann geschieht das Wachsen des Gewahrseins schrittweise und fast unvermeidlich. In dieser Weise wirkte die Kultur durch die Jahrtausende menschlicher Geschichte. Ein grundlegender Wiederaufbau der Kultur ist notwendig – vom Nichtgewahrsein zum Gewahrsein. Unsere gegenwärtige Kultur ist auf Nichtgewahrsein begründet, denn sie umgibt alle mit einem Übermaß an Unterhaltung, Ablenkungen und einfach Lärm, so daß man nicht gewahr sein kann. Und deshalb kann man leichter für solche Zwecke gebraucht werden, wie etwa mehr Geld oder Macht zu erlangen. Auf der anderen Seite ist es, nach Joel Kramer, »Gewahrsein, ein Gewahrsein des Hier und Jetzt, das zu einer Sicht der Ganzheit und der Verbundenheit der Dinge miteinander führt.« Außerdem stellt er fest: »Wenn ich mich selbst kennenlerne, dann erkenne ich auch, daß das, was ich bin, ein Wesen ist, das in Beziehungen steht.« [159, 145]

Für ein Verständnis dessen, was es bedeutet als ein »Wesen, das in Beziehungen steht« zu leben, ist es nötig, sich Martin Heidegger zuzuwenden, dem einzigen westlichen Philosophen seit vorplatonischer Zeit, der die Bedeutung des Seins und der Beziehung des Wesens untersucht; der einzige Philosoph, der das Reich das »ganz anderen« als die Subjekt-Objekt-Polarität erforschte, die sich in unserer Kultur so zerstörerisch auswirkt. Die Wahrheit wird nicht im Geist als Antwort des Geistes auf etwas Äußeres lokalisiert; noch ist Wahrheit »da draußen« und wartet auf den Geist, sie zu entdecken. Sie ist weder Subjekt noch Objekt. Sie ist selber Welt. Da die Welt nach Heideggers Konzept »die Wechselbeziehung von Erde, Himmel, Göttlichen und Sterblichen ist, darum ist diese wechselseitige Verbundenheit, dieses Spiegel-Spiel, die Uroffenbarung, die Urwahrheit.« [341, 235]

Oder, wie Joel Kramer kurz feststellt: »Echte Meditation ist eine Art zu leben, eine Art die Welt zu sehen, denn das ist alles, was es tatsächlich gibt – in der Welt sein.«

Die nächsten drei Kapitel sind Heideggers Ideen gewidmet, um zu einigen Richtlinien für die notwendige »kopernikanische Revolution des Geistes«, zu einer Kultur des Gewahrseins, zu finden.

9. Martin Heidegger und die Suche nach dem Sein

Lange bevor ich von Martin Heidegger gehört habe, das weiß ich jetzt, habe ich erfahren, was er den »Reigen des Ereignens«, die Wechselbeziehung des Vierfältigen genannt hat: Erde, Himmel, Göttliche und Sterbliche in meiner Welt des Pulverschnee-Skilaufens – eine der wenigen Subkulturen in der modernen Industriegesellschaft, die für das Vierfältige noch offen ist.

Das »Welten« der Welt des Pulverschnee-Skiläufers beginnt mit der gegenseitigen »Eignung« von Erde und Himmel, wenn mit Feuchtigkeit geladene Wolken vom Pazifischen Ozean sich landeinwärts über die Wüsten Kaliforniens bewegen und bis zur Erhebung der Wasatch Mountains in Utah auf kein Hindernis stoßen. Dann bringen die Berge die Wolken dazu, ihre Schneegabe auf die untenliegenden hohen, steilen Hänge fallenzulassen und damit zur höchsten Freude der Skiläufer zu werden – zu Pulverschnee. Aber nach Heidegger tritt das Welten der Welt nicht auf, bis nicht das »Ding« (in diesem Fall die Skier) die »einigen Vier, Erde und Himmel, die Göttlichen und die Sterblichen« zusammenfügt. [117, 178/117a, 170] Wie geschieht das?

Es ist ein klarer Wintermorgen, als die Sonne eben hoch genug gestiegen ist, daß ihre Strahlen von der Seite her waagerecht durch die Bäume scheinen und jeden Zweig und jede Nadel, umstrahlt von Feuer, ans Licht bringen. Jede verzweigte Facette der Schneekristalle ist deutlich unterschieden und glitzert in vielfarben Lichtern, jede Kontur und Vertiefung des Landes wird deutlich vom sich anschmiegenden Schnee umrissen, jede Tierspur ist scharf und klar, ruhig lege ich meine Spur durch den Schnee – ein stiller, das Sein erwartender Lauscher. Und das Sein antwortet. Durch die Skier bewege ich mich so leise und schnell, daß Reh, Kaninchen und Wiesel überrascht und in ihrem inneren Leben befangen sind; so schnell und leise, daß sie nicht fliehen, sondern innehalten in ihrem Sein. Jedes Baumwesen, Espe und Fichte, von innen erleuchtet, hält inne. Die Form der Landschaft zeigt sich klarer als im Sommer, wenn ihre Konturen durch den Bewuchs getarnt und verborgen sind. Der Himmel ist, gegenüber dem kontrastierenden weißen Schnee, blauer und tiefer. Die Erde ist gegenwärtiger, der Himmel ist gegenwärtiger, ich, die Sterbliche, bin in vollkommenem Gewahrsein, bin gegenwärtiger, und es werden diese drei von Heideggers Geviert durch die fast greifbare Gegenwart der Götter vervollständigt. »Zu wohnen heißt, die Erde zu retten, den Himmel zu empfangen, die Göttlichen zu erwarten und die Sterblichen zu geleiten.« [341, 15]

Don Juan sagt, daß der Krieger »mit dem Tod an seiner rechten Schulter« lebt. Der Tod selbst, die Sterblichkeit, ist nach Heidegger notwendig, um das Sein als »Welt« durchscheinen zu lassen. Das Menschenwesen, der Mensch, bricht das weiße Licht des Seins in die Komponenten der Farben der Welt. Der Tod andererseits ist das Versinken im Sein. [343, 239] Der Tod ist in der Welt des Pulverschnees eine allgegenwärtige Möglichkeit, da der Schnee, Gabe des Himmels, wenn er zu tief oder zu locker ist, durch die Erdanziehungskraft hinuntergezogen wird, und diese gegenseitige Eignung des einen zum anderen wird Lawine genannt. Da ich selbst schon von Lawinen verschüttet war, kann ich die drohende Fülle des Seins begreifen – den Tod.

In einer eigentlichen »Welt« sind die Sterblichen nicht nur mit den anderen Teilen des Gevierts – der Erde, dem Himmel und den Göttern – zusammen, sondern auch miteinander. Die Freiheit, Würde und Freude dieses Zusammenseins in der Pulverschnee-»Welt« tritt in Antwort zur Gabe des Himmels auf: ungebrochener Schnee. Dieser ist am leichtesten in direkter Antwort auf die Erdanziehungskraft zu belaufen – in abschüssiger Richtung –, aber die Vertiefungen und die Konturen der Erde legen automatisch den zu folgendem »Weg« fest; und für jeden erfahrenen Skiläufer gibt es jeweils nur einen besten »Weg«, so daß alle mit Höchstgeschwindigkeit abfahren und doch mit einander und mit der Erde fließen können. »Wirklich frei sein heißt, überhaupt keine Wahl zu haben.« [160] Genauso wie beim Flug der Vögel, die durch die Lüfte kreisen – keiner ist Führer, und es gibt keine Untertanen, denn alle sind zusammen – so sind auch die Pulverschnee-Skiläufer alle ohne Anstrengung zusammen, denn sie sind zugehörig, sie passen sich responsiv der Erde und dem Himmel in ihrer »Welt« an, daher gibt es keine Zusammenstöße. Jedes menschliche Sein ist auf seinem eigenen Pfad frei.

Jetzt laßt uns dieselbe schneebedeckte Welt betrachten, wie sie vom uneigentlichen In-der-Welt-sein erfahren wird. Dieses Menschenwesen klettert auf den Sitz seines Schneemobils, läßt den Motor losknattern und fährt heulend in die einst weiße Welt hinaus. Seine Spur preßt den Schnee zu einer harten Oberfläche zusammen – »genauso gut wie eine Straße« – und zerstört nicht nur die zerbrechlichen Schneekristalle, die er nicht einmal gesehen hat, sondern auch die darunterliegenden Pflanzen, die nie mehr wiedergesehen werden, da ihre lebenden Wurzeln zerdrückt sind. Das Heulen kracht durch die stille Luft, hallt von der Felsenklippe wieder und erfüllt bald das ganze Tal. Alle Wesen fliehen. Die Schwingung schlägt die zerbrechlichen Kristalle von den Bäumen in der Nähe, deshalb sieht er selten die feuerglänzenden Nadeln strahlen. Der Himmel verdüstert sich von den Auspuffgasen, die Reinheit der Luft ist dahin. Die Erde weicht vor ihm zurück und ist nicht mehr Erde, sondern eine harte, eisige Spur. Der Himmel weicht zurück und ist nicht mehr der blaue Ursprung; und die Götter können niemals erscheinen. Die Welt, an der dieser Sterbliche teilhat, ist unecht. Alles darin ist von ihm vernutzt worden. Alle Wesen darin sind seinen Zwecken untergeordnet, gezwungen, seinen Wünschen zu dienen, und so zieht das Sein sich zurück. Alles, was bleibt, ist Geschwindigkeit, Lärm und ein subjektives Machtgefühl. Es gibt in einer solchen Welt keine Möglichkeit für eine fließende Interaktion von Menschenwesen. Die einzig mögliche Interaktion ist Konkurrenz – wer zuerst irgendwo hinkommt oder wer den steileren Berg erklimmen kann mit seiner Maschine und damit noch tiefer in die Lebewesen darunter einschneidet. Konkurrenzdenken ist das natürliche Ergebnis, wo nur der menschliche Wille regiert.

Die Maschine legt einen zweckmäßigen Weg, ohne Rücksicht auf die Erde, fest. Die Konsistenz des Schnees (Gabe des Himmels) ist unwichtig. Die Maschine kann jede Art von Schnee zu einem nutzbaren Weg zusammendrücken. Ohne die lebendige Wechselwirkung mit Erde und Himmel, wie Schwerkraft und Schnee, gibt es für dieses Menschenwesen keine Möglichkeit, sich in völliger Freiheit und Harmonie mit anderen Menschenwesen, der Schwerkraft und dem Schnee in einem gemeinsamen Fluß durch die »Welt« zu bewegen. Die »Welt« dieses Menschen ist uneigentlich. Alles ist so gemacht, daß es seinen Zwecken dient, aber – es ist kein Sein da. Er ist in seiner Einsamkeit gelassen, und weil er der sich daraus ergebenden Angst entkommen will, treibt sie ihn immer weiter zu neuen Reizen.

Wie ich entdeckt habe, kann es auch der einzelne Pulverschnee-Skiläufer in ähnlicher Weise vermeiden, das Sein sein zu lassen. Das kann einen einfachen Grund haben, etwa einen Filmer, der darum bittet, die nächste Abfahrt aufnehmen zu dürfen. Obgleich es derselbe stille Morgen ist und derselbe helle kristalline Schnee, der Sterbliche, um den es geht, er hat alles auf einen Nutzen gerichtet, hat es dem Zweck untergeordnet, für den Film gut Ski zu laufen; deshalb ziehen sich das Sein und das Wesen zurück. Der Schnee ist nicht mehr eine Gabe des Himmels, sondern ein Mittel, um einen guten Film zu machen; das Tier ist nicht mehr die erhoffte, aber ungewollte Erscheinung eines Seienden, sondern entweder ein Etwas, das zum Film beiträgt oder das Probleme bei der Ausführung einer perfekten Wende verursacht. Das Sein zieht sich zurück – der Himmel, die Erde und die Götter, alles zieht sich zurück – und alles, was bleibt ist eine technisch perfekte Abfahrt, die auf der Leinwand gut aussieht und dem Filmer Geld einbringt; aber es ist kein Sein da, und der Verlust ist an der hohlen Leere in dir fühlbar.

Der Unterschied zwischen dem eigentlichen und dem uneigentlichen In-der-Welt-Sein ist der springende Punkt. Heideggers Wort für Mensch ist *Dasein*, dessen Art und Weise in der Welt zu sein »in solcher Weise *ist*, daß sie das Sein umfaßt.« [275, 35] Der Mensch wird auch das »Sein-zurückgehalten-im-Nichtsein« [343, 127] genannt. Das mag als negativ erscheinen, aber in Wirklichkeit ist *Nichts* hier die Fülle von Möglichkeiten, nicht die Leere. Wir können das Sein nur als sich in unserer Welt in Form des Individuell-Seiend-Zeigenden erkennen. Diese einzelnen Wesen müssen von uns erkannt werden, damit das Sein in unserer Welt *sein* kann. Wenn der Mensch für das Sein offen bleibt – das heißt, sich einen Zustand des Gewahrseins für das zu erhalten, was das Sein ist – dann kann das Sein durch die Ereignisse und Dinge des täglichen Lebens zu ihm sprechen. Wenn ein Mensch sie andererseits von einem ichbezogenen Standpunkt aus betrachtet und fragt: »Was ist ihr *Nutzen* für mich?«, dann kann er nicht einmal andere Wesen als nur sie selbst sehen. Alle Dinge werden für ihn Objekte, und die Welt scheint für seine *Benutzung* da zu sein, um seinem Überleben zu dienen, so daß er schließlich selbst zu einem Objekt wird.

Howard Hughes war das vollkommene Beispiel für ein uneigentliches In-der-Welt-Sein. Sein ganzes Leben lang strengte er sich dauernd und immer mehr an, sein Leben zu erhalten und Geld anzusammeln, um sicherzustellen, daß er alle Gefahren ausschalten konnte – nicht nur die physische Bedrohung, sondern auch das seelische Unbehagen. Am Ende wohnte er in einem kleinen Hotelzimmer, wo er von »Leibwächtern« vor allen Störungen »geschützt« war, dadurch wurde er auch vor jeglicher Möglichkeit zu sein bewahrt. Der Tod war für ihn äußerst grauenvoll, denn er bedeutete das Ende seines Seins – des einzigen Seienden in seiner ganzen Welt. Da war wirklich *nichts* anderes.

Das Sein kann sich nur als Seiendes in unserer Welt zeigen. Wir können das Sein als solches in unserer sterblichen Welt nicht erkennen, im Tod jedoch kehrt das Seiende, das wir sind, in die Fülle des Seins zurück.

Der Dichter Rilke verglich diese Situation mit dem Mond – dessen eine Seite uns immer abgewandt ist – »die *nicht* sein Gegenteil ist, sondern seine Ergänzung zur Vollkommenheit, zur Vollzähligkeit, zu der wirklichen heilen und vollen Sphäre und Kugel des *Seins*.« [117b, 298] Es ist wichtig, dieser Aussage keine allzu enge christliche Deutung zu geben. Sie bedeutet nicht, daß nur das Leben nach dem Tode wirklich ist. Ganz im Gegenteil, sie besagt, daß das Leben in unserer sterblichen

Welt wirklich ist, aber wir haben in ihr nicht unser ganzes, volles Sein erreicht. Um es zu erreichen, sterben wir und kehren zur Fülle des Seins zurück. Deswegen ist die Sterblichkeit wichtig für uns. Sterbliche sind notgedrungen in der »Welt«, um immer neue Facetten, immer neue Möglichkeiten des Seins kennenzulernen.

Der Unterschied des menschlichen Seins von dem Sein eines Tieres besteht nicht so sehr darin, daß der Mensch einen rationalen Geist hat oder ein Werkzeuge gebrauchendes Tier ist. Auch Tiere haben Vernunft, auch Tiere gebrauchen Werkzeuge. Der wesentliche Unterschied besteht darin: »Als ein Tier ist der Mensch noch ungeboren«. Arnold Gehlen, ein bekannter deutscher Anthropologe, sieht in seinem Buch *Der Mensch* »des Menschen Merkmal in den Möglichkeiten oder in der Offenheit seines Seins, unspezialisiert im Bezug auf seinen Lebensraum, und daher nicht auf ihn vorbereitet und nicht für eine bestimmte Ausrichtung im Leben ausgerüstet [zu sein].« Der Mensch ist nicht auf einen bestimmten »Weg« oder »Pfad« festgelegt wie die Tiere. Der Mensch ist wirklich in einem embryonalen Stadium und deswegen für alle Möglichkeiten offen. »Inmitten dieser Möglichkeiten ist der Mensch dabei, aktiv sich selbst zu vollenden oder sich selbst zur Welt zu bringen, oder er kann es sein.« [343, 127] Der Mensch ist ständig in einem Prozeß der Vollendung, ohne sie zu erreichen. »Die Selbstvervollkommnung würde bedeuten, daß der Mensch aufhört, Mensch zu sein: sie würde seinen Tod bedeuten.« [343, 139] Der Mensch bewegt sich fortwährend auf die Vollkommenheit hin und ist damit ständig am Sterben. Nach Vycinas bedeutet dies, daß der Mensch in seinem kulturellen Leben, in seinen »Kulturen«, in die Natur als Quelle eintaucht, in das *Sein*, und »sich daraus erhebt, um erneut einzutauchen und das wieder und wieder tut.« [343, 145] Eine eigentliche Kultur ist diese Offenheit für das Sein; sie bietet rituelle Gelegenheiten bei Festen, die das Offenbarwerden von neuen Seinsmodi eröffnen.

Eigentlich zu leben ist nach Heidegger »wohnen«. Dies wird in aller Knappheit von Hart und Maraldo so definiert: »wohnen ist nicht ursprünglich bewohnen, sondern achtgeben auf (schonen) und jenen Raum schaffen, in dem etwas zu seinem Eigen kommt und erblüht. Wohnen ist ursprünglich *retten* in der älteren Bedeutung von etwas freilassen, um es selbst zu werden, das, was es dem Wesen nach ist ... Wohnen ist das, was sich um die Dinge kümmert, damit sie in ihrem Wesen gegenwärtig und zu ihrem Eigen werden ...« [118, 131] Um jedoch Heideggers Konzept vom *Wohnen* ganz zu verstehen, müssen wir mehr von seiner eigenen Art in seinem Leben zu wohnen wissen.

Martin Heideggers Verhältnis zu seinem *Platz*

Wenn unter aufgerissenem Regenhimmel plötzlich
ein Sonnenschein über das Düstere der Matten gleitet....

Wir kommen nie zu Gedanken. Sie kommen zu uns.

Das ist die schickliche Stunde des Gesprächs.
Martin Heidegger [117, 6/117a, 10–11]

Für jene Menschenwesen, die versuchen, ihren Weg zurück in die Erdfamilie zu
finden, indem sie versuchen, eigentlich auf der Erde zu leben, und die die Pfade des
Seins suchen, damit sie wieder von der Erde lernen können, ist es gut, für eine Weile
diesem eigensinnigen Nachkommen von Bauern zuzuhören, der im Schwarzwald
geboren wurde. Obgleich er später ein Philosoph akademischer Graden war,
bewahrte er immer seine Bande zur Erde; und in einer kritischen Zeit seines Lebens
kehrte er zum Wald zurück, um in einer kleinen Hütte zu leben und über das Sein
nachzudenken. Diese kritische Zeit in Heideggers Denken wird der »Rückschritt«,
die »Kehre« oder die »Wende« genannt.

Martin Heidegger wurde 1889 in eine katholische Familie geboren, trat nach der
Oberschule den Jesuiten als Novize bei und studierte an der Freiburger Universität
Katholische Theologie. Heidegger berichtet, daß »der erste philosophische Text,
durch den ich mich durcharbeitete, seit 1907 wieder und wieder, Franz Brentanos
Dissertation ›Von der mannigfachen Bedeutung des Seienden nach Aristoteles‹
(1862) war.« Ein Zitat von Aristoteles war auf der Titelseite: »Ein Seiendes offenbart
sich auf viele Weisen.« Heidegger stellt fest, daß ihn bei diesem Satz die »Überle-
gung [bewegte]: Wenn das Seiende in mannigfacher Bedeutung gesagt wird, welches
ist dann die leitende Grundbedeutung? Was heißt Sein?« [119a, 81] Seit jener Zeit
ist Heidegger seinem eigenen Weg treu geblieben – dem »Weg des Denkens« über
das Sein – und er führte ihn weit von seinen katholischen Anfängen fort und noch
weiter von den Überzeugungen unserer Kultur; doch, seltsam genug, sein »Weg des
Denkens« war immer durch seine Bande zu seiner Geburtslandschaft, dem südlichen
Schwarzwald- und Alb-Gebiet inspiriert. Er lebte die längste Zeit als Professor an
der Universität Freiburg, ausgenommen nur die sechs Jahre an der Universität
Marburg. In den frühen dreißiger Jahren wurde ihm zweimal eine angesehene
Professur in Berlin angeboten, »aber er lehnte ab, und zog es vor, im heimlichen
Gebiet zu bleiben.« [115]

Die Hütte Todtnauberg wurde 1928 im Schwarzwald in der Nähe von Freiburg gebaut. Während eines Großteils seines Lebens verbrachte er viel Zeit am Todtnauberg, seinem *Platz*, wo er nach dem Kriege und in seinem späteren Ruhestand ständig lebte. Dem Artikel der *New York Times* nach, der zu seinem Tode erschien, war er ein »eifriger Wanderer und ein vollendeter Skiläufer, der gewöhnlich beim Aufstieg Seminare abhielt, um dann mit seinen Studenten auf Skiern abzufahren. Er war unter Dorfbewohnern zuhause und fühlte sich im akademischen Gehabe unbehaglich... er blieb offen für die Dichtung, als dies nicht Mode war, und er legte niemals die Überzeugung ab, daß der Mensch an die Geschichte gebunden ist und an die Erde, auf der er geht.« Er starb am 26. Mai 1976 im Alter von 86 Jahren.

Einen Hinweis auf die Tiefe von Heideggers Verhältnis zu seinem *Platz* findet sich in einem seiner späteren Werke, *Erläuterungen zu Hölderlins Dichtung*, in dem er ein Gedicht von Hölderlin untersucht, in welchem der Dichter als derjenige gezeigt wird, der nach Hause, zum »Platz der Nähe zur Urquelle« strebt. Er war weit fort in den Hochalpen gewesen, in erhabenen Schneebergen, aber nachdem er dort das Sein erfahren hat, kann er nun nach Hause zurückkehren und seinen Leuten sagen, was das Sein in seiner Offenbarung an ihrem *Platz* ist: »Jetzt verleihen *unsere* Blumen und *unsere* Wälder ihm die Freude, die im Wesentlichen darin besteht, dem Wohnung zu geben, was wahr ist...« Richardson erklärt dazu: »Die Seienden als das erscheinen zu lassen, was sie sind, bedeutet, sie in ihrer Wahrheit, ihrer Schönheit im Sein, das sie sind, offenzulegen.« [275, 457] Weitere Einblicke in Heideggers Konzept vom Sein werden weiter unten im Abschnitt »Der Weg des Denkens« gegeben, der nicht ein Versuch sein soll, Heideggers Werk zu beschreiben – was ein ungeheure Aufgabe wäre, ganze Bände wurden ihr gewidmet – sondern lediglich ein kurzes, genügend weites Eintauchen in sein Denken, um einige seiner Begriffe zu verstehen, die für uns alle nützlich sind. Für uns, die Erben des europäischen Geistes, der es lange vermied, über das Sein nachzudenken. Vielleicht wird erst jetzt, in den Neunzigern mit dem wachsenden ökologischen Bewußtsein, diese späte Phase von Heideggers Werk besser bekannt. Diese Phase ist der »Rückschritt« oder die »Wende« genannt worden, wo er sich von der Beschäftigung mit dem Menschenwesen ab – und der Betrachtung des Seins zuwandte.

Der Weg des Denkens

Wenn der Bergbach in der Stille der Nächte
von seinen Stürzen über die Felsblöcke erzählt...

Das Älteste des Alten kommt in unserem Denken hinter uns her und doch auf uns zu.

Darum hält sich das Denken an die Ankunft des Gewesenen und ist das Andenken.

. . . .
*Den Schritt zurück aus der Philosophie in das Denken des Seyns dürfen wir wagen, sobald wir
in der Herkunft des Denkens heimisch geworden sind.*

Heidegger bezeichnete sich nicht als Philosophen, sondern als ein über das Sein
Denkender. Er ist als Existentialist bezeichnet worden, was er strikte verneinte, und
als Phänomologe, wovon er sagte, daß er das entweder hinter sich gelassen habe oder
daß er der einzige wahre Phänomenologe sei. Er wurde mystifizierend genannt,
unverständlich und an chronischer »Bindestrichschreibung« leidend. Auf gewisse
Weise ist das alles zutreffend, notwendigerweise, denn unsere ganze Sprache beruht
auf einer Subjekt-Objekt-Beziehung; im Kapitel über den Geist haben wir angefangen
zu sehen, daß das Bewußtsein diese Dualität sehr wohl überschreiten kann. Ein solches
Bewußtsein kann in einer Sprache, die auf einer dualistischen Grundlage aufgebaut ist,
nicht wirklich dargestellt werden. Der einzige Weg, Heideggers Vorstellungen von
wechselseitiger Bezogenheit, die etwas völlig anderes als die Subjekt-Objekt-Polarität
ist, auszudrücken, besteht darin, Bindestriche zu benutzen, um zu zeigen, daß die
Interaktion vielschichtiger ist, als bloß die von Subjekt und Objekt. Andere Kulturen,
wie etwa die der Hopi, haben eine solche Sprache.

Zum Glück war ich, als ich Heideggers Denken zum ersten Mal begegnete, an einem
Platz, wo es möglich war, dem Sein zu lauschen; auf einem freistehenden Felsen in
knapp 3.000 Meter Höhe, der vom Eis und Schnee des Blue Glacier am Mt. Olympus
umgeben war. Ich besorgte das Kochen für die Mannschaft eines Gletscherprojektes.
Da mir klar war, daß ich genug Zeit zum Lesen haben würde, und da ich neugierig auf
Heidegger war, hatte ich mir *Martin Heidegger and the Pre-Socratics* von George
J. Seidel [288] mitgenommen. Als ich anfing, es zu lesen, merkte ich, daß ich genau
jene Abschnitte, von denen der Autor eingestand, mit Heideggers Denken Schwierigkeiten zu haben, als die allerklarsten empfand. Seidel war christlich orientiert, und es
schien mir, daß seine Schwierigkeiten daher rührten, daß er versuchte, Heidegger in
das christliche Schema zu zwängen. Da ich mich an einem Ort weit entfernt von der
akademischen oder christlichen Welt aufhielt, war ich dem Sein viel näher, und daher
sah ich viel klarer, was Heidegger in seinem Denken zu leisten versuchte.

Heidegger verbrachte während seiner Suche nach dem Sein einen guten Teil seiner Zeit an seinem Rückzugsort auf dem Todtnauberg. Ich habe herausgefunden, daß die beste Einführung zu Heidegger Vincent Vycinas *Earth and Gods* [341] ist. Vycinas ist auch ein der Erde nahestehender Mensch. Sein Großvater war, wenngleich ein Christ, zugleich ein litauischer *Krivis*, Priester im alten litauischen Naturgötter-Kult. Während er *Earth and Gods* und andere Bücher über Heidegger schrieb, lebte Vycinas in den Wäldern Britisch Kolumbiens und versuchte, dort etwas aufzubauen, was wir eine Kommune nennen würden, tatsächlich war es aber ein verpflanztes, auf den Naturkult ausgerichtetes litauisches Dorf. Später, als dies fehlgeschlagen war, lebte er auf dem Salt Spring Island, das in einer Bucht von Vancouver Island liegt.

Im vorliegenden Kapitel habe ich an drei verschiedenen Stellen einige Zeilen aus Heideggers Werk: *Aus der Erfahrung des Denkens* zitiert – einer Reihe von Epigrammen im poetischen Stil–, weil, wie Richardson andeutet, diese Heideggers Reflektionen über die Erfahrung des Seins betreffen, die »vermutlich in seinem Schlupfwinkel am Todtnauberg gemacht« wurden. Richardson fährt fort: »Durch die dichterische Beschreibung wissen wir etwas über die Seienden um ihn her, durch die ihm das Sein kam.« [275, 553] Mit anderen Worten, dieses Werk gewährt Einblick in die Art und Weise, wie die Gedanken der Natur, seines Platzes Todtnauberg, zu Heidegger kamen.

Wie das Zitat aus Heideggers Werk am Anfang dieses Abschnitts zeigt, fängt er damit an, zu den alten griechischen Denkern zurückzugehen. »Denken über das Sein«, wie Heidegger diesen Begriff verstand, ist seit den Vor-Sokratikern nicht mehr versucht worden. Der frühe griechische Geist hatte einen Sinn für die Ganzheit der Dinge – der heutige Geist nimmt die Dinge zum Analysieren auseinander. Die Griechen spalteten das Menschenwesen erst seit Sokrates und Plato in eine Körper-Geist-Dualität. [153, 173] Thales von Miletus wurde als der erste Philosoph angesehen, und Anaximander war sein Nachfolger. Diese Männer waren »praktische Menschen«, denn sie arbeiteten mit Dingen in der Welt. Anaximander erstellte die erste Landkarte und führte Menschen zu einer neuen Kolonie. [153, 180] Man vermutet, daß das spätere griechische Denken diese Einheit (von Wort und Tat) wegen der wachsenden Zahl von Sklaven verlor, denn die Intellektuellen waren auf diese Weise von der körperlichen Interaktion mit der Erde abgeschnitten.

Vor Plato hatte die Wahrheit mit »der allumfassenden Gegenwart, die die Gegenwart der Natur ist«, zu tun. [344, 49] Nach Plato wurde Wahrheit als eine Idee gesehen. »Für Plato waren Ideen grundlegender seiend als die Natur.« [341, 143] Vycinas fährt fort: »Wenn die Physis (Natur) nicht mehr durchdringt, regiert und alles in der Ordnung hält, dann wird sie zur Materie, die geformt und ausgebeutet werden kann,« [341, 144] »während für die Griechen die Wahrheit *aletheia* war, die Unverborgenheit des Seins in unserer Welt als Seiendes.« [343, 143] Oder, wie Sallis anmerkt: »Heidegger versteht die westliche Geschichte mehr als eine Entscheidung, die auf Sokrates und Plato zurückgeht, die den Menschen als den bestimmenden Seinsfaktor ansehen. Diese Entscheidung blieb lange Zeit mehr oder weniger unausgesprochen, bis sie als das Denken in der Philosophie von Descartes, als das Ich-Prinzip (das »ich denke…«) bei Kant und als der romantische Glaube an die unendliche Produktivität und Eigenschöpferkraft des Ego hervortrat.« [280, 61]

Das westliche Denken wurde von der Zeit Platos an anthropozentrisch – der Mensch war der Mittelpunkt. Alle Dinge in der wirklichen Welt sind, nach Plato, durch die Ideen von der idealen Welt geformt oder gebildet, und grenzen auf diese Weise das Sein ein. Der endgültige Schlag gegen das Denken über das Sein erfolgte mit dem Aufstieg des Christentums und seinem »Versuch, die Götter zu töten.« [297, 3] Alles Sein wurde in einem Wesen, das Gott genannt wurde, beschlossen, und jede Annäherung an dieses Wesen war nur durch die Kirche möglich. Und das Sein zog sich zurück, verbarg sich und wurde immer unerreichbarer.

Der beste Weg, um einen Ansatz für das Verständnis von Heideggers Denken zu finden, liegt in der Untersuchung eines Fragmentes von einem vorsokratischen Philosophen, Anaximander, das sich – in freier Übersetzung, die aus vielen Quellen zusammengestellt ist – wie folgt liest: »Apeiron (das Sein oder das Unbeschränkte) ist das Hervortreten und Herankommen zu der Bedingung des verborgen Seienden … und es ist jenes, in das sie zurückkehren, wenn sie vergehen…« Mit anderen Worten, das Sein ist jenes, das hervortritt und unverborgen ist und dann fortgeht und wieder in den verborgenen Zustand übergeht. Das Sein kommt in unserer Welt als individuelles Seiendes zur Gegenwart, und diese individuellen Seienden gehen in die Fülle des Seins (den Tod) zurück, aber das bedeutet nicht, daß wir das Sein als solches verstehen können. »Das Sein ist das fortwährend in die Welt Hereinbrechende … Jenes, das es allem ermöglicht zu erscheinen; es selbst erscheint bloß als das, was ständig im Verborgenen bleibt.« [341, 144 und 141] Das Sein könnte als jenes definiert werden »das Möglichkeiten gibt.« [280, 39]

Vycinas hilft uns zu verstehen, wie das Geschehen der Wirklichkeit in der Welt des Menschenwesens auftritt. Von allen Kommentatoren Heideggers erklärt Vycinas das Menschenwesen als Teil des Gevierts am bündigsten:

Das Ereignis der … Realität, des Spiels der Natur, ist die tranzendentale Bewegung im Sinne der Anlegung oder des Bahnbrechens von Wegen (*Be-wegung* bei Heidegger) für Seiende oder Wesenheiten … Die menschliche Sprache ist eine Antwort auf die kosmische Sprache des raumzeitlichen Spiels der Natur. Der Mensch antwortet nicht auf die kosmische Sprache an sich, er kann nur auf sie antworten, wie sie in oder um Dinge oder Wesen herum reflektiert wird. Wesen reflektieren oder *versammeln* Raum immer als erdgebunden – Zeit immer als himmelsgebunden und Bewegung oder Spiel, wie es durch die Götter in das menschliche *Dasein* gebracht oder durch die Menschen in ihrer Sterblichkeit empfangen oder beantwortet wird. Erde, Himmel, Götter und Sterbliche sind keine Wesenheiten; sie sind tranzendente Realitäten. Folglich wird die menschliche Sprache durch ein vielschichtiges Bündel transzendentaler Kräfte ermöglicht (wir nennen sie oft der Kürze halber Götter!). Keine dieser transzendentalen Wirklichkeiten ist uns bekannt, außer in oder durch die Wesen oder Erscheinungen unserer Welt. [343, 178–179]

Als eine Analogie für das Verhältnis von Sein und Wesen in unserer Welt, greift Vycinas auf Eugen Finks Vorstellung zurück, daß wir nie das Licht selbst sehen. Wir sehen es nur an verschiedenen Winkeln oder durch spezifische Dinge reflektiert.

Trotz der Störungen oder »Verunreinigungen« der transzendentalen Mächte in der Welt des Menschen, werden diese nur in ihr enthüllt oder kommen in ihr ans Licht – in der Welt des Menschen –, und sie werden enthüllt durch die Responsivität des Menschen, durch seine Sprache … Die Sprache ist das ans-Licht-bringen und das in-sich-Bewahren der transzendentalen Kräfte der Wirklichkeit, die den Dingen vorhergehen und die die Dinge als bedeutsam und wesentlich halten.
Die Dinge werden bedeutsam und wesentlich, indem sie auf die Wege oder Bahnen gesetzt werden, … die ihnen zugedacht sind. Das räumlich-zeitliche Spiel, die Sprache der Natur oder des Seins – setzt die Dinge auf ihre Wege oder Bahnen. Aus diesem Grunde versteht Heidegger das Spiel oder die Bewegung der Natur als »Bahnbrechen« (Be-wegung). … Wenn Heidegger sagt, daß Sprache die weltbewegende Übertragung … die Wechselbeziehung aller Beziehungen ist, dann gebraucht er das Wort »bewegend« im Sinne des »Bahnschaffens« oder »Bahnbrechens.«   [343, 254–256]

Heidegger selbst sagte: »Einen Weg bahnen, z.B. durch ein verschneites Feld, heißt heute noch in der alemannisch-schwäbischen Mundart *wëgen*. Dieses transitiv gebrauchte Zeitwort besagt: einen Weg bilden, bildend ihn bereit halten. Be-wëgen (Be-wëgung) heißt, so gedacht, nicht mehr: etwas nur auf einem schon vorhandenen Weg hin- und herschaffen, sondern: den Weg zu … allererst erbringen und so der Weg sein.« [121, 261/121a, 261]
Der Weg, dem das Denken folgen muß, ist nicht eine gut ausgebaute Straße, der jeder, wenn er an der Reihe ist, folgen kann. Statt dessen ist es ein Pfad, ein Weg, den jeder schrittweise für sich selbst aufbrechen muß, »der Denker muß jeden Schritt des Weges im Fortschreiten kommen lassen.« [275, 616] Das Sein ist nicht ein gegebener Weg, der wie eine Straße ausgebaut ist, sondern er wird durch die Beziehung, die mit jedem neuen Schritt entdeckt wird, mit dem man sich auf dem Pfad fortbewegt, aufgezeigt.
Um dieses bedeutsame Konzept von der *Be-wëgung* gänzlich zu verstehen, ist es notwendig, die Umwelt in Betracht zu ziehen, in der Heidegger sein spätes Denken

vollbrachte – die schneebedeckten Berge von Todtnauberg. Wie bereits erwähnt, hielt er beim Aufstieg Seminare ab und fuhr dann mit seinen Studenten auf Skiern hinab. Das Besteigen von Bergen auf Skiern erfordert es, den Weg durch den unberührten Schnee zu bahnen. Diese Aktivität liefert Heidegger eine hervorragende Metapher für das »Bahnen eines Weges« für die Erscheinung des Seins in der Menschenwelt. Außerdem wurde bei der Abfahrt mit seinen Studenten klar, daß jedes Menschenwesen seinen eigenen Weg bahnt, jeder »brach die Bahn« etwas anders, denn die miteinander verbundenen Wirkungen von Untergrund, Schnee und Schwerkraft waren für jeden Menschen anders. Auf diese Weise wurde eine weitere Metapher für die Antwort des Menschenwesens auf das Sein geliefert, die ihn auf seinem Weg als Wesen in seiner »Welt« setzt. Heideggers *Geviert* ist im Akt des auf Skiern dem Berg Abfahrens konkret gegenwärtig, und zwar wegen des wechselseitigen Ereignens oder des Zueinanderpassens von Erde (Schwerkraft und Untergrund), Himmel (Schnee oder Wetter) und der fast greifbaren Gegenwart der Götter. Auf diese Weise die Aktion oder Reaktion der Natur abwartend, ohne sie zu zwingen, indem er »jeden Schritt des Weges im Fortschreiten zu sich kommen« läßt, das ist das Wesen des Skilaufens im unberührten Schnee. Es ist auch das Wesen der Ereignung des Gevierts, das die vielen Erscheinungen des Seins als Wesen in die Menschenwelt eintreten läßt.

Vycinas hilft uns hier weiter, wenn er die *Be-wegung* der Natur als Bahnbrechen betreffend schreibt: »Das Bahnbrechen liefert den Dingen räumlich-zeitliche Bahnen, auf denen erstens alle vier transzendentalen Mächte gegenseitige *Nahnis* wechselseitiger Gehörigkeit erreichen, und zweitens begegnet der Mensch seinen Dingen als wirklich in seiner lebenden Umwelt.« [343, 177] Heidegger selbst: »Das Selbe, was Raum und Zeit in ihrem Wesen versammelt hält, kann der Zeit-Spiel-Raum heißen. Zeitigend-einräumend be-wegt das Selbige des Zeit-Spiel-Raumes das Gegen-einander-über der vier Welt-Gegenden: Erde und Himmel, Gott und Mensch – das Weltspiel.« [121, 138/121 a, 214]

In Heideggers Konzept von der Be-wegung müssen die *Bahnen* oder *Wege* »in der Art gedacht werden, wie Lao-Tse sein *Tao* dachte, was *Logos* bedeutet oder ordnende kosmische Weisheit, die in der Natur verankert ist.« [343, 256] Es hat unter Gelehrten eine Auseinandersetzung darüber stattgefunden, ob Heidegger vom chinesischen Konzept des Tao beeinflußt wurde. [275, 571] Mir scheint es jedoch so, daß sowohl das chinesische Konzept vom Tao wie Heideggers Konzepte unmittelbar aus der Natur hervorgegangen sind. Bei den alten taoistischen Weisen kamen sie durch das Wandern auf Bergen und in Heideggers Fall durch das Skilaufen und Wandern in den Bergen bei seinem Zufluchtsort Todtnauberg. Weiter ist es eine interessante Tatsache, daß (wie wir in Kapitel 2 gesehen haben) das chinesische Zeichen für *Tao* einen Schritt und ein Innehalten zeigt, und dann einen weiteren Schritt. In ähnlicher Weise wird das »Bahnbrechen ... durch ein schneebedecktes Feld« auf Skiern bewerkstelligt, indem man einen Ski vorsetzt und sein Gewicht darauf verlagert. Dann wird an dieser Stelle kurz verhalten, während der andere Ski angehoben und seinerseits vorgesetzt wird, belastet ... usw.

Der Begriffsinhalt von Heideggers *Weg* wirft ein Licht auf Don Juans Pfade. Don Juan sagte: »Heute bin ich weder ein Krieger noch ein *diablero*. Für mich gibt es nur das Gehen auf Wegen, die Herz haben, auf jedem Weg gehe ich, der vielleicht ein Weg ist, der Herz hat. Dort gehe ich, und die einzige lohnende Herausforderung ist, seine ganze Länge zu gehen. Und dort gehe ich und sehe und sehe atemlos.« [53, 9] Dieses atemlos Sehen ist das Erwarten des Seins.

Alle drei Wege des Wissens beruhen auf dem Denken mit dem ganzen Körper, nicht nur mit dem linken Gehirn: Die taoistischen Weisen *gingen* über die Berge, wenn sie dachten; Heidegger fuhr auf Skiern einen Abhang hinab. Durch alle Bücher der Reihe hindurch versucht Don Juan Castaneda dazu zu bringen, das Denken nur mit dem Kopf zu beenden und zu lernen, wie man das Wissen seines *ganzen Körpers* benutzt. Das Denken mit dem ganzen Körper vermittelt etwas Verständnis für die Möglichkeiten, die in der Wechselwirkung zwischen dem Geist-im-Schädel und dem Geist-im-Großen, der Umwelt, liegen. Oder wie es Edith Cobb erklärt: »In den schöpferischen Wahrnehmungen des Dichters und des Kindes kommen wir der Biologie des Denkens ganz nahe – tatsächlich der Ökologie der Imagitation, in der die Energien des Körpers und des Geistes als eine Einheit, als ein Ökosystem, und die Energien des Körpers in einer wechselseitigen Bestrebung verbinden, sich der Natur, der Kultur und der vom Menschen zur Verkörperung der Kultur ersonnenen Gesellschaften anpassen.« [58, 109]

Das Denken mit dem ganzen Körper muß die Dinge in der Umwelt, wie auch die Umwelt selbst, in Betracht ziehen; daher die Bedeutung des »Kunstwerkes« und des »Dings« in Heideggers Denken. In einer wichtigen Passage in *Das Ding* ist es Heidegger darum zu tun, die Welt und ihre Darstellung, ihr »Welten« zu beschreiben. »Diese Passage ist«, nach Hofstadter, dem Übersetzer von Heideggers Werken (ins Amerikanische), »bezeichnend, weil, wenn Heidegger dem nahe kommt zu sagen, was das Sein der Wesen ist und sie alle zusammennimmt in ihrer Welt, dann ist in und durch diese Beschreibung des Seins der Welt als solcher die wahre und einzige Dimension dessen, was ›Nahnis‹ ist ...« In dieser Passage definiert Heidegger die Welt als »das ereignende Spiegel-Spiel der Einfalt von Erde und Himmel, Göttlichen und Sterblichen.« [117, xix] Um die tieferen Bedeutungen von *Ereignung* zu verstehen, ist es erforderlich, das »Ding« in Heideggers Schriften zu untersuchen.

In einem früheren Werk, *Der Ursprung des Kunstwerkes*, das auf einer 1935 gehaltenen Vorlesung beruht, behandelte Heidegger das Kunstwerk als den Sammelpunkt des Gevierts, während sein Denken 1950 in *Das Ding* sich in dem Sinne erweitert hat, daß eben die »Dingheit« eines Dings die Welt dadurch versammelt, daß es das Geviert zusammenbringt. Heideggers Beispiel ist ein Krug. Das Wesen eines Kruges besteht darin, daß man eine Flüssigkeit ausgießen kann – Wasser oder Wein.

Der Krug bringt das Wasser vom tiefen Fels der Erde zusammen, das Wasser, das die Hochzeit von Himmel und Erde ist. Der Guß aus dem Krug ist das, was ihn zum Krug macht. Der Guß aus dem Krug löscht den Durst der Sterblichen an gewöhnlichen Tagen; an Festtagen wird der Krug jedoch für einen »Guß« gebraucht. »Der Guß ist der den unsterblichen Göttern gespendete Trank.« Heidegger weist weiter darauf hin, daß das Wort »gießen« aus dem Mittelenglischen kommt und sich auf griechische und indoeuropäische Worte bezieht, die alle die Bedeutung von »opfern« haben. Eine weitere Erklärung dieses Konzeptes ist in der früheren Abhandlung über die eleusinischen Mysterien enthalten. Man erinnere sich an die kippeligen Krüge, die in der Höhle standen und die umgekippt wurden, so daß die darin enthaltene Flüssigkeit auf die Erde ausfloß oder »ausgegossen« wurde. Heidegger fährt fort:

Gießen ist, wo es wesentlich vollbracht, zureichend gedacht und echt gesagt wird: spenden, opfern und deshalb schenken. Im Geschenk des Gusses, der ein Trunk ist, weilen nach ihrer Weise die Göttlichen, die das Geschenk des Schenkens als das Geschenk der Spende zurückempfangen. Im Geschenk des Gusses weilen je verschieden die Sterblichen und die Göttlichen. Im Geschenk des Gusses weilen Erde und Himmel. Im Geschenk des Gusses weilen zumal Erde und Himmel, die Göttlichen und die Sterblichen. . . .
Das Geschenk des Gusses ist Geschenk, insofern es Erde und Himmel, die Göttlichen und die Sterblichen verweilt. . . . Verweilen ereignet. Es bringt die Vier in das Lichte ihres Eigenen. . . .
Wir geben dem so erfahrenen und gedachten Wesen des Kruges den Namen Ding. Wir denken jetzt diesen Namen aus dem gedachten Wesen des Dinges, aus den Dingen als dem versammelnd-ereignenden Verweilen des Gevierts.« [117, 173–174/117c, 166-167]

Diese Art zu denken, erscheint uns zuerst merkwürdig. Hier ist es notwendig, an unsere mißliche Lage im Westen zu erinnern, daß wir seit Platos Zeiten nicht mehr über das Sein nachgedacht haben. Indessen ist es hilfreich, sich dem Medizinmann der Sioux, Schwarzer Hirsch, und seiner mythischen Ansicht des Lebens zuzuwenden. Bei der Beschreibung des Schwitzbadritus, *Inipi*, weist er darauf hin, daß die in der Schwitzhütte verwendeten Steine die Erde sind, der Dampf ist das

Zusammentreffen der Steine (der Erde) mit der Gabe des Himmels (dem Wasser). Wenn die heilige Pfeife entzündet wird, wird sie dem Himmel, der Erde und den vier Richtungen dargeboten und dann im Kreis herumgereicht. »Während sie herumgereicht wird, erwähnt jeder seinen Verwandtschaftsgrad zu dem neben ihm Sitzenden. Nachdem sie geraucht haben, sagen sie alle miteinander: *Mitakuye oyassin!* (Wir sind alle Verwandte!) . . . Die Türklappe wird geschlossen, und der heilige Mann auf der Ostseite beginnt im Dunkel zu beten: ›Schau her! Alles, was sich im Weltall bewegt, ist hier!‹« [41, 75-76] Außerdem ist die »heilige Pfeife« selbst »das Ding«, das »die Welt« in einem anderen Ritus »dinglicht«, wenn Schwarzer Hirsch sagt: »Sieh diese Pfeife, die wir Dir zusammen mit der Erde, den vier Mächten und allen Dingen dargeboten haben. Wir wissen, daß wir mit allen Dingen des Himmels und der Erde verwandt und eins sind, und wir wissen, daß alles, was sich bewegt, ein Volk ist wie wir. Wir wünschen alle, auf heilige Art zu leben und uns zu vermehren. Der Morgenstern und die Morgendämmerung, die mit ihm kommt, die Nachtsonne und die Sterne des Himmels sind hier alle vereinigt.« [41, 137-138]

Joseph Epes Brown, der die Lehren von Schwarzer Hirsch aufzeichnete, erklärt: »Beim Füllen einer Pfeife wird der ganze Raum [dargestellt durch die Mächte der sechs Richtungen] und werden alle Dinge [dargestellt durch die Tabakkrumen] innerhalb eines einzigen Punktes zusammengezogen [im Kopf oder Herzen der Pfeife], so daß die Pfeife das Weltall enthält, oder wirklich ›ist‹.« [41, 212-213] Dieser Bericht von Schwarzer Hirschs Verhältnis zum Sein unterstreicht einmal mehr, weshalb, wie Heidegger feststellt, eine Überwindung der Metaphysik in ihrer Gesamtheit von Plato bis Nietzsche erforderlich ist. Wir müssen uns zu den ersten Anfängen der westlichen Tradition zurückwenden, zu den grundlegenden Worten, die die grundlegendsten Seinserfahrungen, die die Vor-Sokratiker hatten, bewahrten. Aber wir können nicht einfach zu den Anfängen zurück; wir müssen einen neuen, anderen Anfang des Denkens über das Sein schaffen, indem wir es ursprünglicher in seinen Ursprung retten. [203, xxi] Heidegger unternimmt immer wieder den Versuch, den authentischen Sinn des Denkens, wie er von den frühen Griechen betrachtet wurde, neu zu denken oder wiederzugewinnen (zu »retten«) – ob er dabei seinen Blick auf ein »Ding« richtet, wie den Weinkrug, auf ein indogermanisches Wurzelwort oder auf die Dichtung. Wir haben oben gesehen, wie diese Art zu denken nicht auf den Geist-im-Hirn des Menschenwesens beschränkt ist, sondern sich auf den Geist-im-Großen erstreckt. Heidegger erklärt weiter, »daß der Beginn wieder begonnen werden muß, ursprünglicher, mit all der Fremdheit, Dunkelheit und Unsicherheit, die ein wahrer Beginn mit sich bringt. Rettung, wie wir sie verstehen, ist alles andere als ein besserer Weg die Vergangenheit mit den

Methoden der Vergangenheit fortzusetzen.« [203, xxi] Nach Richardson »ist es lohnend, darauf zu bestehen, daß dies nicht so sehr ein Rückschritt von der ›Gegenwart‹ in die Vergangenheit ist, sondern vielmehr ein Schritt durch die Vergangenheit hindurch in die Zukunft, . . . [ins Sein] in dauernder Ankunft. Aber dieser Sprung in den Ursprung des Menschen ist eine Rückkehr zu dem Element, daß er nie verlassen hat, denn es ist das, durch welches er ist.« [275, 612] Die weiteren Implikationen dieser Position, wie sie in Gorslines und Houses »zukünftigen Primitiven« enthalten sind, werden im vierten Teil dieses Buches erforscht.

Heideggers Werk erscheint »innerhalb des langen Geistesabends, der zwischen der Zeit des Verschwindens der Götter und der Zeit jener, die noch nicht kommen, liegt.« [10, ix] Auf einem Symposium, das im Jahre 1966 zu Heideggers achtzigstem Geburtstag abgehalten wurde, schrieb Heidegger einen Brief, der klarstellte, daß er nicht wollte, daß seine Bücher zur Quelle irgendeiner Art exakter Gelehrtheit im üblichen Sinne würden, sondern daß sie seiner Absicht nach ein Weg sein sollen, jeden Menschen anzuleiten, für sich dieselben Fragestellungen zu erforschen und zu erfahren, die Heideggers eigene Suche nach dem Sein anregten. Der Brief endete damit:»Ich danke allen Teilnehmern für das Interesse, das sie an meinen Anstrengungen auf dem gefährlichen Feld des Denkens zeigen.« [280, 11]

Nirgendwo ist diese Art des Denkens gefährlicher, als wenn es zum Gegenstand der Götter kommt. Bisher sind die anderen drei Aspekte des Gevierts: Erde, Himmel und Sterbliche ein wenig klarer geworden. Für einen Einstieg in diese schwierige Angelegenheit des Denkens über die Götter, werde ich einige Seiten dem japanischen »Weg der Götter« widmen. Japan ist die einzige moderne Nation, die aufgrund zufälliger Umstände in der Lage war, ihre primitive Beziehung zu den Göttern, von ihren Ahnen überkommen, bis in die heutige Zeit zu bewahren als die Wurzel ihrer lebendigen Kultur.

10. Der Weg der Götter

Ich hatte die günstige Gelegenheit, im Winter 1971/72 einige Monate in Japan zu leben. Mein Mann, ein Fachmann auf dem Gebiet der Schneeforschung, wurde von Prof. Kuroiwa vom Japanischen Institut für Niedertemperatur-Wissenschaften eingeladen, nach Hokkaido zu kommen, der nördlichsten Insel Japans, um mit ihm während der Winterolympiade 1972 zusammenzuarbeiten. Ich kam Anfang Januar 1972 in Sapporo, der Hauptstadt Hokkaidos, an und kannte kein Wort japanisch, außer das für Berg, *Yama*, und ich praktizierte keine geistige Disziplin außer Bergsteigen, Skilaufen und Tai Chi (was natürlich chinesisch und nicht japanisch ist). Zum Glück verhalf mir meine grundlegende Vorgehensweise, von der Natur zu lernen, und mein angesammeltes Wissen über indianische Rituale zu einem ausreichenden Hintergrund, um einen Einstieg zum Verständnis der japanischen Kultur zu finden. Außerdem hatte ich, weil ich Tai Chi praktizierte, kein dringendes Bedürfnis, loszustürmen und ein Zen-Zentrum zu besuchen, wie viele Amerikaner. Dies ließ mich offener bleiben und andere Einflüsse in Japan gewahren.

Also machte ich Tai Chi im Angesicht der Berge von Sapporo und betrachtete den unglaublichen japanischen Schnee, und später fing ich an, Ski zu laufen, und beobachtete die Beziehung zwischen dem Schnee und dem japanischen Menschen. Als ich immer mehr Japaner traf, die Englisch sprechen konnten, fing ich an, versuchsweise ein paar Fragen zu stellen. Schrittweise öffnete sich eine ganze Welt, die in Japan überall vorhanden, aber verborgen ist.

Bei meinem Aufenthalt bemerkte ich schon früh, daß es in jedem Stadtteil von Sapporo und in jedem Tal, durch das wir auf der überall anzutreffenden japanischen Nationalstraße kamen, einen Shinto-Schrein mit seinem *Torii* gab, das ist ein geschwungener Torbogen; aber in ganz Sapporo konnte ich nur einen buddhistischen

Tempel finden. Als ich unsere neuen japanischen Freunde in den akademischen Kreisen des Instituts nach Zen fragte, sagten sie, der Buddhismus sei »dafür da, darin zu sterben«; Shinto sei »für das Leben«.

Dann kam der Eröffnungstag der Olympischen Spiele. Als einem gelehrten westlichen Gast wurden meinem Mann bei der Eröffnungszeremonie Plätze auf der Ehrentribüne reserviert. Genau über uns war die Loge des Kaisers. Der Tag war unglaublich kalt und es blieb wolkig, bis der Kaiser (herabgestiegen von der Sonne) in seine Loge trat. Als er ankam, brach die Sonne sofort hervor. (Jung nennt dies Synchronizität). Die Sonne schien bis zum Ende der olympischen Zeremonie und verschwand dann prompt wieder. Zum Eröffnungsritual kam ein Mädchen hereingelaufen; es trug die Olympische Fackel, die von Läuferstaffeln nach Sapporo gebracht worden war. Es war wirklich schön und entrückt in seiner Konzentration und Ernsthaftigkeit. Es drang kein Laut aus der Menge, als es seinen zeremoniellen Lauf in der Runde des riesigen Amphitheaters vollzog. Es übergab das Feuer ehrfurchtsvoll einem jungen Mann, der damit eine gewaltige Treppenflucht zur Spitze des Stadions hinauflief und das ewige Feuer entzündete, das dort während der Spiele brennen sollte. Die atemlose Stille der Menge dauerte, bis die Hauptfackel entzündet war und löste sich dann in Freude über diesen erfolgreichen Abschluß auf. Diese Eröffnung war wirklich heilig im alten Sinn. Das Feuer ist als reinigendes Element im *Weg der Götter* bedeutungsvoll. Es war rituell richtig, daß die Frau, die die *Macht* hat, das Feuer dem Mann aushändigte, der es dann emportrug.

Natürlich folgte dem die übliche olympische Athletenparade mit der nationalistischen Konkurrenz, die Eröffnung war aber wahrhaft japanisch und wahrhaft ein Ritus von Menschenwesen, die ihren Göttern begegnen. Dies war natürlich die ursprüngliche Bedeutung in den antiken griechischen Spielen. Dies war mein erster Eindruck von der japanischen Beziehung zum Heiligen.

Meinen nächsten Einblick gewann ich tief in der Kurobeschlucht, dem Wasserkraftwerk, das Strom nach Tokio und Osaka liefert. Es ist inmitten senkrechter Bergwände gebaut. Wir besuchten den Ort, wo während des Baues in den dreißiger Jahren eine der spektakulärsten Lawinen in heutiger Zeit niederging. Während des Baues schliefen die Arbeiter in einem zweistöckigen Betongebäude auf einem Felsenvorsprung, der nur durch einen Tunnel zu erreichen war. Als die Tagschicht von der Arbeit kam und durch den Tunnel auf das Haus zuging – da war kein Gebäude mehr da – überhaupt nichts. Es war verschwunden. Es mußte eine Lawine abgegangen sein, aber auch eine Lawine hinterläßt irgendwelche Spuren, es gab jedoch keine. Erst im Frühling wurde entdeckt, was geschehen war. Eine Lawine von größten Ausmaßen war mehrere Rinnen herabgestürzt. Als sie auf den Boden aufschlug, prallte sie mit einer solchen Kraft in die Luft zurück, daß sie das

zweistöckige Betongebäude emporriß und es hoch in die Luft über einen dazwischenliegenden Grat trug und gegen eine senkrechte Felswand schmetterte. Alle achtzig
darin schlafenden Männer wurden getötet, und die Trümmer wurden am Boden der
Kluft gefunden. Dann bemerke man, daß eine Lücke in den Bäumen, die den Grat
bewuchsen, genau die Stelle war, wo das Gebäude über den Grat gegangen war,
bevor es in der Kluft zerschellte. Selbst etwa vierzig Jahre später, als wir da waren,
war diese Lücke in den Bäumen auf dem Grat noch zu sehen, aber wenn man dasteht
und es anschaut – hoch über uns – kann man wirklich nicht glauben, daß ein
Betongebäude so hoch in die Luft gehoben werden kann. – Danach wurde der ganze
Komplex unter die Erde gelegt.

Wir fuhren mit einem Elektrozug tief ins Herz dieses unterirdischen Komplexes,
als unser Zug ausweichen mußte, um einen Arbeitszug vorbeizulassen. Unsere
japanischen Führer geleiteten uns in eine kleine Station, damit wir uns aufwärmen
konnten. Hier, in dieser einfachen Arbeiterstation, war die einzige Zierde ein
winziger Bonsai-Baum mit einer Schriftrolle dahinter – lebendige Natur in einem
Schrein inmitten der Welt von Fels und Lawinen.

In Japan ist die Natur gewaltig und unberechenbar. Ich habe es niemals so stark
schneien sehen, wie in den Straßen von Sapporo – noch stärker als selbst in Alta, wo
es drei Zentimeter die Stunde schneien kann. Als ich eines Tages durch die Straßen
ging, häufte sich der Schnee auf der Weglänge von nur drei Blocks zwölf Zentimeter
auf meinem Arm. Ich ging in einen Laden und dachte: »Dies ist das Ende der Welt.
Wissen sie das nicht? Keine Stadt kann Schnee in diesen Mengen überleben.« Eine
Viertel Stunde später ging ich hinaus und der Himmel war strahlend blau. Sapporo
liegt der Küste von Sibirien gegenüber, und wenn die Meeresluft auf die sibirische
Kälte trifft, ist das Wetter völlig unvorhersehbar. Aber dies ist in Japan nichts
Ungewöhnliches, wo Wirbelstürme regelmässig Hunderte töten und Erdbeben
häufig auftreten! Umgeben von einer gewaltigen und unberechenbaren Natur, hatte
Japan zwei Möglichkeiten: dumpfe Verzweiflung (wie in manchen Teilen Asiens)
oder alles umarmende Freude am Leben mit all seinen Aspekten. Die Japaner
wählten die Freude.

Von der Frau eines Professoren lernte ich, daß das Sammeln wilden Gemüses im
Frühling von solcher Bedeutung ist, daß der Kaiser und die Kaiserin als erste
Japaner im Frühling draußen sind, um an diesem Ritual teilzunehmen. Wieder ist,
wie bei primitiven Völkern, das Sammeln und Essen des Grüns im zeitigen Frühjahr
eine Art Danksagung an das wiederkehrende Leben der Natur.

Auf der Reise durch das nördliche Honshu beim Besuch von Orten, wo Lawinen
niedergegangen waren, bemerkte ich in jedem kleinen Tal oder Weiler, überall wo
uns die japanische Nationalstraße hinführte, einen Shinto-Schrein, der von großen

alten Bäumen umschlossen war – die vom umliegenden Land schon lange verschwunden waren. Auf dieser Fahrt fing ich an, den jungen japanischen Wissenschaftlern, die wir trafen oder die uns begleiteten, Fragen zu stellen. Ich kam nicht weiter. Erst bei zwei verschiedenen Gelegenheiten war ich zufällig mit jeweils einem dieser Männer allein. Dann, statt sich mißtrauisch und höflich in behutsamem Englisch auszudrücken, war die Antwort ganz anders. Wir gerieten in gebrochenes Englisch. Jeder hatte Gelegenheit, Dutzende von Fragen zu stellen, die ihm wichtig waren. Bei jeder Gelegenheit wollte der Mann ganz offen helfen und es war offensichtlich, daß ihm diese Dinge wichtig waren, aber jeder sagte, er hätte über diese Dinge niemals auf englisch nachgedacht und keine Worte, sie auszudrücken.

Wir bestiegen den Yotei, den Fuji des Nordens, einen vollkommenen symmetrischen Vulkan, mit einem emeritierten japanischen Professor der Geologie, Dr. Hashimoto. Vor langer Zeit, als er noch ein Student war, wurden alle seine engen Freunde von einer Lawine getötet, als sie in den japanischen Bergen kletterten, aber er machte mit der Bergsteigerei weiter, auch im Himalaya. Er hatte am Fuß des Yotei eine kleine Hütte gebaut und bestieg ihn oft. Er war ungefähr siebzig, doch wir konnten kaum mit ihm Schritt halten. Seine Bewegungen und seine kurzen Antworten auf meine Fragen lehrten mich über die tiefe Bezogenheit zur Natur, die der japanischen Kultur innewohnte, noch mehr.

Der wirkliche Durchbruch erfolgte an dem Abend, als wir Sapporo in Richtung Vereinigte Staaten verließen. Prof. Hogashi und seine Frau waren fort gewesen und kamen gerade rechtzeitig zurück, um uns zum Abendessen einzuladen. Beide hatten längere Zeit im Ausland gelebt, und so kannten sie auf vielen Gebieten die englischen Begriffe. Dies war meine letzte Gelegenheit, also begann ich ohne Umschweife und merkte, daß ich auf der richtigen Fährte war. Noch wichtiger war, daß er mir ein gerade veröffentlichtes Buch zeigte, das mir helfen könnte. Bei der Gelegenheit war er so aufgeregt wie ich, weil er noch keinem Amerikaner begegnet war, der ihm diese Fragen gestellt hatte. Auf unserem Rückweg kauften wir in Tokio Fosco Marianis *Japan, Patterns of Continuity*. Mariani ist Italiener, der sich über dreißig Jahre mit Japan befaßt hat. Er kam ursprünglich ins Land, um für eine Doktorarbeit der Anthropologie die Ainu zu erforschen und war später Dozent an der Universität von Kyoto.

In seinem Vorwort geht Mariani darauf ein, wie verwirrend das heutige Japan für die Fremden ist.»Doch tief drunten spürt man ein monolithisches Etwas, das wie eine Struktur, ein Rahmen wirkt und alle Teile der komplizierten Maschinerie zusammenhält. Stöße, Schläge und Erschütterungen werden aufgefangen und schließlich in Anreize für den weiteren Fortschritt umgewandelt.« [198, 8] Dieses Etwas ist der zugrundeliegende *Weg der Götter* oder Shinto. Unsere vorgefaßten westlichen Meinungen von dem, was den Fortschritt ausmacht, werden von Japan in Frage gestellt, sagt Mariani: »Wenn wir sehen, daß dieses heidnische Gebilde nicht nur zivilisiert, sondern auch fortgeschritten, wirtschaftlich erfolgreich, geordnet und industrialisiert ist, dann erscheint uns das absurd, lächerlich, unvereinbar...« [198, 12] Noch schlimmer für den engstirnigen westlichen Geist ist, daß Japan nicht einmal heidnisch in Sinne des griechischen oder römischen Heidentums ist, was wir zu tolerieren gelernt haben. Japan ist heidnisch im alten primitiven Sinne. Da ist der Mensch mit seiner natürlichen Umwelt eins. Bäume, Steine und Berge sind gennauso wirkliche Wesen wie die Menschen, und sie sind alle göttlich – für den durchschnittlichen Europäer eine wahrhaft unerhörte Ansicht; aber möglicherweise für jene, die versuchen, einen Weg zurück zu einem Leben in Harmonie mit der Erde zu finden, von größter Bedeutung. »Die Natur ist der Picadilly Circus, der Times Square, ... der Place de la Concorde – ein Punkt, von dem alle Gedankenstraßen ausgehen, und zu dem sie letzten Endes zurückkehren.« [198, 14] Als Mariani das erste Mal nach Japan kam, wurde ihm gesagt, daß der Buddhismus der bei weitem wichtigste Einfluß sei, aber »nach einem Krieg, einer Olympiade, einer Weltausstellung und dreißig Jahren Studiums und Vertrautheit mit Japan, bin ich zu einem anderen Schluß gekommen... Shinto ist, oft unmerklich, überall ein unsichtbares Fluidum, das sich durch die japanische Gesellschaft zieht.« [198, 20-21]

Das Wort Shinto weckt bei Amerikanern unangenehme Assoziationen, weil der Shintoismus im Krieg als Staatsreligion stark betont wurde; deshalb werde ich allgemein die Übersetzung *Weg der Götter* weiter verwenden, damit unser Geist sich von dem mit dem japanischen Wort verknüpften Assoziationen lösen kann.

Bei drei verschiedenen Gelegenheiten in seiner Geschichte durchlief Japan tiefgreifende kulturelle Wachstumsschübe: der erste begann etwa im Jahre 400 – Japan erreichte die politische Einheit und befand sich am Ende der Bronzezeit; es war also etwa 1.500 Jahre hinter China zurück. Durch seine Kontakte mit China hatte es aber in den nächsten zwei Jahrhunderten seinen Fortschritt so weit beschleunigt, daß es China eingeholt hatte. Damit schaffte es einen Entwicklungssprung, der vor der industriellen Revolution fast einzigartig ist.

Vierzehn Jahrhunderte später, im Jahre 1854, besuchte Commodore Perry Japan, und die Japaner entschieden sich wieder dafür, aufzuholen – dieses Mal den Westen. Und sie schafften es. Die dritte Welle folgte Japans Niederlage von 1945. Die Japaner holten derart auf, daß Herman Kahn davon sprach, daß Japan seinen Aufstieg erst begonnen habe und die erste postindustrielle Kultur werden würde.

Jedesmal, wenn Japan sich entschloß, eine neue Richtung einzuschlagen, war die Bewegung erfolgreich. Aber zwischen diesen Epochen der Veränderung erreichte Japan noch weitere gewichtige Ergebnisse. Japan erlebte eine Zeit von 300 Jahren ununterbrochenem Frieden – länger als jedes andere Land – von 794 bis 1185. Damals war Kyoto, von einem Ring von Bergen eingeschlossen, die Hauptstadt, der Mittelpunkt einer blühenden, gebildeten und an Schönheit reichen Kultur, die wahrscheinlich nicht mehr als 3.000 Menschen umfaßte – die übrigen waren Diener. Ein Großteil der künftigen Kultur Japans bildete sich in dieser Zeit aus. Mariani faßt es folgendermaßen zusammen: »Es war eine Periode der verfeinerten Suche nach Vollkommenheit, sowohl der Dichtkunst wie auch der Lehre ...« [198, 242] Die Quelle dieses Schöpferischen, das sich in der ganzen japanischen Kultur widerspiegelt, liegt in Japans *Weg der Götter*.

Kami ist im Japanischen das Wort für Gott oder den göttlichen Geist, der sich individuelle personalisiert. Nach dem Kontakt mit dem chinesischen Festland entwickelten die Japaner ein Wort für ihre Religion, sie wurde *Kami Nagara* genannt. *Nagara* bedeutet »natürlich« oder »dasselbe wie«, also bedeutet *Kami Nagara* »was ist, ist wie Kami« oder »göttlicher Geist«. Erst später kam der Begriff *Shinto* auf, der aus dem Chinesischen stammt. Die Silbe *To* geht auf das chinesische *Tao* oder »Weg« zurück, und *Shin* bedeutet »göttlicher Geist«, daher *Weg der Götter*. [208, 58-59] Der göttliche Geist im Shinto ist das Universum in jeder Hinsicht, das selbstschöpferisches Wachstum anstrebt. Es ist wichtig, sich daran zu erinnern, daß heilige Gebilde, wie Berge, Feuer und Flüsse nicht Geister haben, die *in* ihnen wohnen, sondern es *ist* alles selbst göttlicher Geist.

Nach Motoori (1730 - 1801), dem großen Historiker und Führer der Bewegung zur Wiedererweckung des reinen, ursprünglichen *Weges der Götter*, die auf einen weitgehenden buddhistischen Einfluß folgte, heißt es: »Der Begriff *Kami* wird in erster Linie auf die verschiedenen Gottheiten des Himmels und der Erde, die in den alten Überlieferungen erwähnt werden, angewendet, wie auch auf ihre Geister, die in den Heiligtümern wohnen, in denen sie verehrt werden. Zudem werden nicht nur Menschenwesen, sondern auch Vögel, Wildtiere, Pflanzen und Bäume, Seen und Berge und alle anderen Dinge, die es verdienen, wegen der außergewöhnlichen und hervorragenden in ihnen wohnenden Kräfte ehrfurchtsvoll behandelt und verehrt zu werden, *Kami* genannt ... Es sind nicht ihre Geister gemeint. Das Wort meint unmittelbar die Seen oder Berge selbst...« [9,8-9]

Der Grund, weshalb Japans *Weg der Götter* so wichtig für uns ist, ist der, daß er so vom selbstbewußten Analysieren und Denken nicht verfälscht auf uns gekommen ist. Fosco Mariani erklärt: »Durch die Jahrhunderte haben sie zuerst dem gewaltigen Druck von China und dem Buddhismus und dann dem Europas und des Westens widerstanden und ihre ursprüngliche Form der Anbetung beibehalten, die sie mit der Natur und den Göttern verbindet.« [199, 132] Tatsächlich half das Eindringen buddhistischer Vorstellungen nach Japan, die Kontinuität des *Weges der Götter* zu bewahren. Die buddhistischen religiösen Lehrsätze lieferten die Rationalisierungen, die manche für ihren Seelenfrieden brauchten, während sie die lebende primitive Religion ungestört beließen, die sich in einer verhältnismäßig unverwässerten Form bis heute erhalten hat. Auf diese Weise ist die japanische Kultur nie von ihren Wurzeln in der lebendigen Bezogenheit des frühen Menschen und der Natur abgetrennt worden, während die lebendige Kontinuität unserer westlichen Kultur zur Zeit Platos abgeschnitten wurde. Im Jahre 712 benutzten die Japaner chinesische Schriftzeichen, und zu jener Zeit wurde der erste geschriebene Bericht der Mythen zusammengestellt, das *Kojiki*. Erst viel später, im frühen 18. Jahrhundert, befaßten sich die Japaner mit metaphysischen Spekulationen. Unglücklicherweise bedienten sie sich allzusehr der christlichen Terminologie; nicht so Joseph W. T. Mason in *The Meaning of Shinto*. Mason verbrachte die meisten seiner letzten Jahre mit der Arbeit an diesem Buch. Er hatte im Jahre 1926 auf Anregung von Henri Bergson sein erstes philosophisches Werk, *Creative Freedom*, geschrieben. Seine Shinto-Studien waren eine unmittelbare Folge dieser früheren Arbeit, denn er hatte im Shinto eine lebendige Tradition entdeckt, die besonders bei der schöpferischen Evolution hilfreich war. Mason war in seinen letzten Jahren meist in Japan und studierte den Shinto in dem festen Glauben, daß er die größte Hoffnung für die kreative Evolution der Menschheit enthielt. Sein Buch erschien, als sich die USA und Japan auf den Krieg vorbereiteten, und in diesem Klima war ihm kein Erfolg beschieden. Es gibt bis heute kein besseres allgemeinverständliches Buch über Shinto. [136]

Im *Weg der Götter* gibt es keine Trennung zwischen dem Universum und dem göttlichen Schöpfergeist. Das Universum ist göttlicher Schöpfergeist, der sich selbst als Stoff und Leben ausdehnt. Stoff und Leben sind göttlicher Geist, der sich in verschiedenen Manifestationen erschafft, aber immer göttlicher Geist bleibt.« [208, 44] Es gibt keinen allmächtigen Mechanismus, wie ihn der christliche Gott darstellt, das können wir aus dem Schöpfungsbericht des *Kojiki* ersehen. »Nun, als das Chaos begann, sich zu verdichten, aber Kraft und Form noch nicht offenbar waren, und es war nichts benannt, nichts getan, wer konnte seine Form erkennen?« [208, 49] Mariani sagt uns, daß diese Welt kein Bild ist, kein Schatten, keine Widerspiegelung von etwas Vollkommenerem oder Bedeutungsvollerem, sondern sie stellt vielmehr die letzte und endgültige Wirklichkeit dar... Die Welt ist gut. Der Mensch ist ein *Kami* sagt Motoori Norinaga, der Mensch ist der *Kami*-Stoff der Welt. K. Chikafusa sagt:»Arbeit ist gut, Reichtum ist gut, Früchte sind gut, Sex ist gut...« [198, 22-23]

Das Chaos fing an, sich zu verdichten, und Himmel und Erde trennten sich zum ersten Mal, die drei *Kamis* »vollführten den Beginn der Schöpfung und verschwanden dann.« Der erste *Kami*, der »Kami der Himmelsmitte« erscheint in den Überlieferungen nie mehr wieder. »In ihm liegt die Betonung... auf der

Vorstellung des ›Beginns‹ als des schöpferischen Impulses, sich selbst initiierend und danach selbst entwickelnd und nicht zu einem allmächtigen Mechanismus einer Himmelsmitte subjektiviert, ... der den Verlauf des Weltalls bestimmt. Das Weltall selbst ist der Himmel, ist objektiviert und schafft seine Zukunft selber.« [208, 50] Der *Kami* der Himmelsmitte kann mit dem ursprünglichen Tao verglichen werden. Die fernöstlichen Völker verstehen das Weltall als vermittels des »unaufhörlichen Wechselspiels« von Yin und Yang sich aus dem Tao entwickelnd. »Es muß aber darauf hingewiesen werden, daß das zugrundeliegende Prinzip im einzigartigen Naturgesetz zwischen dem Gegensatzpaar – Yin und Yang – Harmonie, Balance oder Gleichgewicht ist, oder, genauer, die Lebensmitte ... Maßlosigkeit ist nicht richtig, weil es keine Achse gibt, um die sich das bipolare Ganze harmonisch drehen würde.« [131, 421]

Es erscheinen andere *Kami* und endlich, nach einer Zeit, der erste himmlische *Kami*, der auf sexuelle Weise zeugt: der »Mann-der-einlädt«, Izanami. Durch Geschlechtsverkehr bringen sie die Insel Japan hervor. Um der Kürze willen, müssen wir viele Ereignisse überspringen und zu der Zeit kommen, als Amaterasu, die Sonnengöttin, sich in einer Höhle versteckt und die Welt in der Dunkelheit läßt, weil sie durch die Grobheit ihres Bruders, Susano, aufgebracht ist. Es werden viele Versuche unternommen, sie zum Herauskommen zu bewegen, aber sie lehnt ab. Dann führt einer der Kami einen Tanz auf, der die anderen Götter so laut zum Lachen bringt, daß Amaterasu neugierig wird und herauskommt. Auf diese Weise kommt das Licht wieder in die Welt. Schließlich kommt Ninigi, die göttliche Enkelin (von Amaterasu) von der Ebene des hohen Himmels auf einen Berg in Kyushu herab, um die Menschen zu regieren. Jimmu, der traditionell als Begründer der Linie der Kaiser von Japan betrachtet wird, wird als Nachfahre von Ninige angesehen. Vor dem Kontakt mit dem Festland unterschieden die Japaner nicht zwischen dem Menschlichen und dem Göttlichen. Ihre Lebensweise dachten sie sich als Weise der *Kami* – des himmlischen, auf der Erde manifestierten Gottesgeistes. Der Mensch wurde« nicht als durch die Geburt auf dieser Erde verdammt oder geopfert betrachtet. »Das irdische Leben ... ist eine erstrebte Befriedigung für den göttlichen Geist.« [208, 70]

Es gibt keinen Dualismus, weil die Menschenwesen *Kami* sind, göttlicher Geist auf der Erde, der »sich aus sich heraus entwickelt und durch schöpferisches Wirken seinen Weg findet.« [208, 89] Der göttliche Geist auf der Erde kann Fehler machen und sich in Unreinheiten verwickeln, die die »irdische Selbstentfaltung« des göttlichen Geistes aufhalten, weshalb Reinigungszeremonien abgehalten werden. Reinheit und Helligkeit sind deshalb in der Architektur der Heiligtümer wichtig, sie bestehen aus schlichtem Holz, Stroh und anderen Naturmaterialien.

Der *Kami*-Weg erkennt das Böse als selbstverständlich an, es ist aber kein Geist für sich, der die Menschenwesen zur Sünde verführt; vielmehr entsteht das Böse aus den Schwierigkeiten, denen die Kreativität der göttlichen Geister beim »Wagen neuer Lebensweisen« begegnet. [208, 112] Zum Beispiel ist Susano, der »ungestüme Mann«, eine Personifikation der Stürme, und seine Schwester, Amaterasu, die der Sonne. Um Feldfrüchte anzubauen, ist beides vonnöten, Sonne und Wind. Der Wind ist notwendig, aber manchmal so stark, daß er die Ernte vernichtet. Der grobe und der sanfte göttliche Geist wohnen im selben *Kami*. Susano wurde bestraft, als der grobe göttliche Geist außer Kontrolle geriet und Amaterasu veranlaßte, sich in der Höhle zu verstecken. Mason erklärt: »Das Leben, das gegen sich selber kämpft, das ist göttlicher Geist, der sich opfert, so daß vom Standpunkt des göttlichen Geistes als Ganzem es in Wirklichkeit weder ein Opfer noch das Böse gibt.« [208, 115] Ein viel besseres Wort haben wir im *Give-Away*, im »Darbringen« der Prärieindianer zu sehen. Das Wort Opfer schließt Verlust und Entbehrung des einen für das andere mit ein, während *Give-Away* eine Kette des Gebens impliziert.

Wenn ein Individuum zu viel groben göttlichen Geist manifestiert, dann stellt die Zufluchtnahme zu Reinigungsriten die Reinheit wieder her. Als Folge aus diesem flexiblen und kreativen Herangehen an das »Böse«, sind religiöse Verblendungen und das überwältigende Schuldgefühl, wie im Westen, in Japan nicht zu finden. Wenn ein Menschenwesen einen Fehler macht, so geschieht das nicht, weil es böse ist, sondern das ist einfach so, weil es das Gleichgewicht gestört hat, und das kann durch ein Ritual wieder hergestellt werden.

Im *Weg der Götter* gibt es wenige Spekulationen über das, was nach dem persönlichen Leben auf der Erde geschieht, denn das Wichtigste ist die »objektive Selbstentfaltung im Weltall. Der körperliche Verfall ist das Zeichen für das Versagen des göttlichen Geistes, sich selbst in personalisierter stofflicher Form für irdische Aktivitäten zu erhalten. Und es ist auch eine Bereinigung des Bodens für erneute Versuche des Lebens, die Evolution fortzusetzen, wenn der Körper keine ausreichende Vitalität mehr für schöpferische Handlungen hat.« [208, 95] Mit anderen Worten, der Weg ist frei für andere Manifestationen des Seins in dieser Welt.

Jeder Teil Japans hat sein Shinto-Heiligtum. In jedem Heiligtum sind mindestens ein oder zwei alte Bäume – gewöhnlich ein ganzer Hain – und alle Heiligtümer haben entweder einen frisch fließenden Bach oder einen kleinen Teich. Grundlegend ist der Eindruck der Kontinuität des göttlichen Geistes des himmlischen und des irdischen *Kami*, das sich auf der Erde als Mensch, Baum oder Felsen offenbart. In vielen Shinto-Heiligtümern gibt es überhaupt kein Gebäude; statt dessen *ist* die natürliche Landschaftsform, der Berg, der Baum, ein Felsen oder ein Wasserfall, das Heiligtum.

Der Nachi-Wasserfall stürzt aus einer so großen Höhe herab, daß das Wasser, wenn es auf den Felsen trifft, zerstäubt. Er wird *Hiryu-Schrein* – Schrein des Fliegenden Wasserfalls – genannt. Der Fliegende Wasserfall *ist Kami*, göttlicher Geist. Mason zieht über die »moderne« Ansicht her, nach der die Bezeichnung des Wasserfalls als *Kami* bloß ein primitiver Aberglaube sei, und er stellt fest: »Spiritualität auf Erden nur auf die menschliche Seele zu begrenzen heißt, in der Dunkelheit geistiger Unwissenheit zu wandeln, wo die göttliche Natur des Fliegenden Wasserfalls im Materialismus des nur seiner selbst bewußten Geistes getilgt wird. Wenn man von der Universalität des göttlichen Geistes ausgeht, muß man den Shinto-Vorstellungen folgen und die Natur im geistigen Bereich zulassen, Seite an Seite mit dem Menschen, und beiden eine himmlische Herkunft zubilligen. Wenn das Universum monistisch ist, dann hat der Fliegende Wasserfall einen göttlichen Ursprung, und der Mensch zollt ihm zu Recht geistigen Respekt und fühlt, wie sich seine Seele der Universalität öffnet, wenn er es tut.« [208, 207]

An einem Heiligtum gibt es keinen Gottesdienst im üblichen Sinne, denn der Mensch und der göttliche Geist sind eins. Vielmehr zollt das Menschenwesen allen Kräften des Lebens Respekt und Dankbarkeit. Es gibt keine Gebete; der Shinto-Priester rezitiert *Norito*, rituelle Formeln, um den »himmlischen göttlichen Geistern« für ihre Hilfe für den irdischen göttlichen Geist, Achtung und Dankbarkeit zu entbieten.

Mit anderen Worten, die Heiligtümer sind Orte zum »geistigen Auftanken, wo der Mensch seine Ureingebung, daß die Menschheit und der göttliche Geist dasselbe sind, erneuert...« [208, 109]

Ninige kam im Besitz dreier Schätze des Shinto von der Ebene des hohen Himmels: des Spiegels, des Schwertes und des Juwels. Als Amaterasu, die Sonnengöttin, ihm dem Spiegel gab, sprach sie zu ihm: »Verehre diesen heiligen Spiegel wie meine Seele.« (*Kojiki*) Jedes Heiligtum enthält einen Spiegel, und wenn das Menschenwesen in diesen Spiegel schaut, sieht es den irdischen göttlichen Geist (sich selbst) den himmlischen göttlichen Geist widerspiegeln. Stiskin schreibt dazu: »In unserer gewohnten Denkweise sind Unendlichkeit und Endlichkeit, Makrokosmos und Mikrokosmos, Gott und Mensch voneinander verschieden. Dem gegenüber behandeln der Shinto und der Orient sie als jeweilige Spiegelbilder voneinander und daher als im Grunde identisch... Das Universum ist demnach der Spiegel, der die Unendlichkeit reflektiert. Der Spiegel hat jedoch die Natur dieser Unendlichkeit umgekehrt. Diese ist undifferenzierte Einheit; das abgebildete Universum jedoch ist endlich und endlose Differenzierung. Diese beiden sind also Vorder- und Rückseite, und die Schöpfung ist der Glanz in einem Spiegel.« [310, 121 und 123]

Hierin können wir einen weiteren Aspekt von Heideggers Vorstellungen erblicken: daß die sich gegenseitig spiegelnde Eigentlichkeit des Gevierts – Erde, Himmel, Göttliche und Menschen – die Welt *ist*.

Wenn ein Japaner ein Heiligtum aufsucht, ergreift er zuerst den Glockenstrang und zieht kräftig daran. Dies dient dazu, den *Kami* sein Kommen anzukündigen. Nach Stiskin verbindet das Ziehen an diesem gedrehten Strang das Menschenwesen mit der schoßförmigen Glocke. In dieser Form liegen zwei kleine feste Kugeln, die die Hoden darstellen könnten. Die Glocke ist das Weibliche, und die Kugeln sind das Yang. Die beiden zusammen erzeugen das Leben. Der Strang stellt das ganze geschaffene Universum dar. »Er verbindet sich mit seinem Ursprung, indem er den zu ihm reichenden gedrehten Strang ergreift... denn aus dem Weltall zieht der Mensch seine körperliche und geistige Nahrung und erzeugt so sein Leben.« [310, 142] Das ganze stoffliche Weltall ist eine großartige Nabelschnur, durch die die lebenspendende Kraft der Unendlichkeit zum Menschen fließt. Wenn das Menschenwesen diesen Strang ergreift und kräftig schüttelt, »erzeugt es Schwingungen und *vergrößert* die Unendlichkeit durch einen Akt der Selbstdarstellung.« [310, 143] Nach dem Läuten der Glocken klatscht der Besucher zweimal in die Hände und schaut dann, die Hände noch zusammengehalten, in den heiligen Spiegel. »Vermittels seiner Selbstbespiegelung verwandelt sich die Einheit der Göttlichkeit in die Differenziertheit; vermittels dieser Selbstbespiegelung verwandelt der Mensch die Differenziertheit in Einheit, sich selbst in die Gottheit... Dies sind keine getrennten Vorgänge, sondern die Spiegelbilder sind Hälften eines Kontinuums. Sie bilden Vorder- und Rückseite des Prozesses des menschlichen Daseins.« [310, 144] Wieder können wir, in Heideggers Begriffen, sagen, daß das Sein als Seiendes in unsere Welt tritt und dann im Tode in die Vollkommenheit des Seins zurückkehrt.

Der Besuch des Heiligtums ist eine heiter vonstatten gehende Begegnung des Menschen mit den himmlischen göttlichen *Kami*. Da ist nicht die Spur eines frommen, schwermütigen Gottesdienstes. Vielmehr wird viel häufiger gelacht. In einer Fußnote weist Aston darauf hin, daß zum Fest von Nifu Miojun, »wenn die Prozession mit den Gaben vor dem Heiligtum ankommt, der Dorfvorsteher mit lauter Stimme ausruft: ›Unserem alljährlichen Brauch gemäß, laßt uns alle lachen‹, worauf es eine herzliche Antwort gibt.« [9, 6]

Nach Tsunetsugu »war das Hauptanliegen eines Festes (Matsuri) im strengen Sinne, einen *Kami* zu befriedigen: durch das Arrangieren eines Festes zu einer gewissen Zeit oder an einem bestimmten Ort, durch die Einladung des Kami-Geistes, durch das Darbringen von Kleidung, Essen und anderen Gegenständen und von Musik und Tanz in tage- und nächtelangen Feiern.« [329, 75]

In der Vorstellung der Japaner ist der Tod keine schreckliche Sache. Was diese Vorstellung so faszinierend macht, ist, daß den Tätigkeiten so intensiv nachgegangen und der Tod damit völlig außer acht gelassen wird und man ihm gegenüber gleichgültig ist. Intensives Leben – alles auf das Dasein zu setzen –, darum geht es, viel mehr als um bloßes Überleben. Dies ist das Hauptthema des Films *The Man Who Skied Everest*. Von besonderer Bedeutung ist hier die Szene, die auf die tödliche Verunglückung mehrer Sherpa-Träger folgt. Die Japaner versuchen, die Träger trotz der Toten zum Weitergehen zu überreden. Unglücklicherweise wird diese Szene, ja der ganze Film – wenn der Betrachter nicht etwas über Shinto weiß – aufgrund eines fundamentalen Irrtums in der Übersetzung so verstanden, als handele es sich um einen egoistischen, an Besessenheit grenzenden Wunsch, den Everest auf Skiern zu besteigen. Dies ist bedauerlich, denn der Film hätte eine fruchtbare Darstellung des Shinto sein können, aber damit schlug er gründlich fehl. Während die wahre Shinto-Bedeutung in jeder Filmszene steckt, sind die Auszüge aus Miuras Tagebuch, die im Ton wiedergegeben werden, in dualistischen Begriffen aus christlichem Geist übersetzt worden – und das Ergebnis ist ein völliges Durcheinander. Dem durchschnittlichen Betrachter bleibt nichts anderes übrig als zu glauben, daß Miura ein besessener Egozentriker ist, dem es darum geht zu beweisen, wie gut er ist. In Wirklichkeit war Miuras Großvater ein Shinto-Priester [254] und dieser Shinto-Hintergrund ist im Film gegenwärtig. Wenn man nicht auf die Worte achtet, sondern Miuras Handlungen genau betrachtet, so erweist sich der Film als Pilgerfahrt in die heilige Erhabenheit der Natur – zur »Muttergöttin des Schnees«.

1972, Jahre vor der Veröffentlichung des Films, wurde Yuichiro Miura von einer Seattler Zeitung interviewt, und da gab er eine wahrhaft shintoistische Darstellung seiner Beziehung zum Everest: »Ich war allein am South-Col-Sattel, ein winziger Fleck inmitten der weißen Weite... entließ das Wesen meines Selbstes in die Leere des Himmels über dem Himalaya... Der Berg lehrte mich die wahre Identität eines Yuichiro Miura genannten Menschen... Der einzige Sinn unseres Daseins – ob auf dem höchsten Gipfel oder bei den niedrigsten Beschäftigungen – ist nicht, das Leben zu verstehen oder es zu formen und zu ändern, noch nicht einmal, es wirklich zu lieben..., sondern vielmehr in tiefen Zügen von dieser unsterblichen Essenz zu trinken.« [222]

11. »Die Götter sprechen noch«

In Japan wurde die Natur von der primitiven bis in die heutige Zeit als »göttlicher, schöpferischer Geist« betrachtet, der sich als Stoff und Leben in dieser Welt entfaltet. In Europa gab es andererseits mit dem durch den Aufstieg des Christentums verursachten »Tod der Götter« einen Bruch. John Holland Smith bemerkt unter Bezug auf ein Zitat aus der Iliad (»Als die Götter sprachen, ging die Sonne unter«), daß seit dem versuchten »Mord an den Göttern« durch die Christen in den letzten Tagen Roms fünfzehn Jahrhunderte vergangen sind. Viele beginnen zu erkennen, daß die Götter nach der Schlacht nicht starben. Sie sind die Unsterblichen. »Sie sprachen, wie sie schon in den Bergen oberhalb Trojas gesprochen hatten, lange nachdem die Sonne untergegangen war. Sie sprechen noch. Sie lassen sich in der Schönheit, in der Natur, in Träumen und Vorstellungen, in den Forschungen von Psychologen und in den Entdeckungen der Mystiker vernehmen. Und je mehr Zeit verstreicht, desto mehr hören ihnen zu – und sind überrascht, was sie vernehmen.« [297, 248]

Ich hörte die Götter das erste Mal sprechen, als ich vor vielen Jahren in den wildesten Teilen Kanadas bei der Besteigung von Berggipfeln dabei war, auf denen noch nie ein Menschenwesen gestanden hatte. Ich konnte sie spüren, aber sprach mit den anderen nicht von ihnen, denn die »Wirklichkeit« einer zweiwöchigen Bergexpedition und die Verfassung unserer »Welt« boten zu jener Zeit nicht das kulturelle Milieu, das erforderlich war, um »in Erwartung der Göttlichen« zu leben.

Vycinas schreibt in seinem *Search for Gods*, das auf Heideggers Denken beruht, daß »es nicht der Mensch ist, der den ursprünglichen Grund für die Götter dieser Welt abgibt, sondern die Natur. Die Götter sind die transzendenten Mächte der Natur, die, wenn sie auf die responsive Offenheit des Menschen treffen, in die

Menschenwelt und seine Situation einbezogen werden... Die Geburt eines Gottes bedeutet seine Hervorbringung zur Offenbarung oder Erscheinung auf der Grundlage gewisser Bedingungen oder historischer Situationen in der menschlichen Kulturwelt.« [343, 36] Es bedarf eines Zusammenlebens und -arbeitens der Menschenwesen in Verbindung mit der Erde und dem Himmel, um den vierten Aspekt von Heideggers *Geviert*, die Göttlichen, hervorzubringen.

Die erste Kultur, der ich begegnete, die innig in eine Beziehung mit Erde und Himmel eingewoben war, war die »Welt« der Pulverschnee-Skiläufer von Alta. Die in Alta arbeiteten – Skilehrer, Skistreifen, die Liftbedienung und andere – waren jeden Tag unmittelbar, körperlich und emotional, in die Natur einbezogen. Vycinas macht das klarer, wenn er schreibt: »Der Mensch betritt den Weg seiner Suche nach Göttern, indem er auf die Bewegung (das Spiel) der Natur eingeht; auf die Bewegung im Sinne des »Weg-Bahnens« (BeWEGung), das von der Natur und in keiner Weise vom Menschen... allein ausgeführt wird.« [343, 263] Nach Heidegger ist es die Sprache, die Benennung, die die Götter anruft. Diese Benennung erfolgte in unserer Welt der Skiläufer am Ende eines Tages nach einem schweren Sturm; und – wie es in primitiven Kulturen geschieht – die Benennung erfolgte zu einem kritischen, spannungsgeladenen Zeitpunkt. Fast zwei Fuß Schnee waren an jenem Tage gefallen – nach den drei Fuß vom Vortag. Wenn es weiter so stark schneien würde, würde man die Gegend wegen Lawinengefahr sperren. Wir waren gerade von 3.000 Metern Höhe abgefahren und standen nach der gärenden Schwärze der nächsten Sturmfront Ausschau haltend da, die vom Westen herankam. Irgend jemand sagte in der Intensität des Augenblicks: »GAD, *bitte* bringe uns keinen Schnee mehr. Wir haben genug.« Mit einem Male rief diese Benennung GAD (Great American Desert) all die Realitäten in uns wach, die sich in unserer Erfahrung um jenen Namen rankten: Dankbarkeit für den Schnee, Furcht und Angst vor zu viel, Sehnen und Hoffen, wenn es nicht geschneit hatte. Für die Welt des Pulverschnees von Alta ist die Great American Desert die Wirklichkeit – das unbekannte »da draußen«, das die schneebeladenen Winde zu uns schickt, die jederzeit den Schnee zurückhalten oder zu viel davon bringen können, so wie die Götter launisch in der Welt der Menschen spielen.

In der Menschenwelt sind nach Vycinas die »Spielkräfte der Natur *auf dem Grunde der Natur* wechselseitig und harmonisch aufeinander bezogen.« Es sind keine übernatürlichen Wesenheiten. »Sie sind keine Wesenheiten!« [343, 45] Wir können diese »Spielkräfte der Natur« nicht in ihrem Milieu kennenlernen, sondern nur in unserer Welt. In der Welt der Skiläufer ist der Ski das »Ding«, das die Erde, den Himmel, die Sterblichen und die Göttlichen zusammenführt. Auch im vorchristlichen Europa erlaubte der Schneeschuh dem Menschenwesen den Zugang zur schneebedeckten Welt, so gab es einen Schneeschuh-Gott, der Uller genannt wurde und die Menschen gelehrt hatte, Schneeschuhe herzustellen.

Diese Bedeutung des »Dings« für die Zusammenführung einer Welt wird in dichter Form in einer Abhandlung über den *Tuhunga*, den Handwerksmeister auf den Marquesas-Inseln, dargestellt: »Ein Teil der Ausbildung des Tuhunga war das Erlernen von Liedern, die die Herstellugn eines Gegenstandes begleiteten. Eine Essenschale, die ohne das richtige magische Ritual hergestellt wurde, war bloß eine Schale. Sie würde keinen wirklichen Platz im Universum haben und folglich keinen Wert... Die Zauberlieder waren, zum Teil, eine Arbeitsformel, so daß der Mensch, der den Zauber kannte, den Arbeitsablauf besser behalten konnte, aber das Ritual war auch Teil einer echten Schöpfung. Es begann mit der Entstehungsgeschichte des Universums, Schritt für Schritt aufgebaut, und schließlich wurde die Essenz der Dinge angerufen, um ihren Beitrag zur Schöpferkunst zu leisten, die als sexueller Akt betrachtet wurde.« [187, 146]

Die Kulturgeschichte des antiken Griechenland gibt uns ein weiteres Beispiel für die Einbeziehung der Götter. In der Zeit vor den indoeuropäischen Invasionen war Mutter Erde die Göttin mit vielen lokalen Erscheinungen. Als der indoeuropäische Himmelsgott, Zeus, eingesetzt wurde, wurden diese Muttergöttinnen nicht getötet, wie es spätere Verkündigungsreligionen verlangten. Vielmehr wurden ihre weiterlebenden Mythen Teil der neuen Kulte. Hera, eine alte Muttergöttin, wurde mit Zeus verheiratet und das Oberhaupt des olympischen Pantheon. Leto, eine weitere Muttergöttin, hatte zwei Kinder von Zeus, Artemis und Apollo. Artemis ist die Natur »in ihrer unschuldigen Reinheit und befremdlichen Dunkelheit – Natur, wie sie im Mondlicht zu sehen ist.« Apollo ist die Natur, wie sich sich im Geist des Menschen zeigt – hell und strahlend wie die Sonne. Artemis »ist der göttliche Geist der sublimen Natur, die hohe schimmernde Herrin, die Reine, die zum Entzücken hinreißt... Fremdartig und unnahbar, wie die wilde Natur, und doch, wie sie, ganz Zauber und frische Regung und blitzende Schönheit.« [242, 83] Den Römern war sie als von wilden Tieren umringte Diana bekannt, aber todbringend, wenn sie ihren Bogen spannte. Sie ist jungfräulicher Natur, die sich allen Versuchen, sie zu besitzen, entzieht und immer unerreichbar ist. Das »Ding«, das das Geviert der Welt von Artemis zusammenführt, ist der Jagdbogen. Die seefahrenden griechischen Schiffe veranlassen Poseidon, den Meergott, ihnen zu erscheinen. Poseidon, der bei der ersten Ankunft der arischen Eroberer mit Pferden verknüpft war, wurde später mit den schäumenden Meeresrössern in Verbindung gebracht, den weißen Kronen der brechenden Wellen, die gegen Schiffe und Felsen branden. Vycinas wendet sich bei der Beschreibung der Waldwelt Nordeuropas seinem litauischen Erbe zu. »Der mythische Mensch sah die Anwesenheit einer Obdach gebenden Macht in seiner

Welt. In den litauischen Mythen war Dimste, die Göttin der Siedlung oder Heim-
statt, auch die Göttin der transzendenten Kraft der Natur, die den Tieren die
Fähigkeit gegeben hat, ihre ›Häuser‹ zu bauen, um sich darin zu bergen.« [341, 143]
Dimste war die Tochter der Mutter Erde, Zemyna, und die Schwester von Medeine.
Die Arbeit der Frauen, wie das Brotbacken und das Haltbarmachen der Früchte und
Gemüse, lehrte Dimste. Medeine gab die Eiche, um daraus Bänke und Tische zu
machen, und den Ahorn für die Spinnräder und Webstühle.« [342, 107-108]

Diese Offenheit für das Nahen der Götter, die sich in den Kulten primitiver
Menschenwesen zeigt, endete mit dem Aufkommen der prophetischen »Verkündi-
gungs«-Religionen. Wenn Zoroasters Vision auf einem Berg auch von der Erde
kam, die ihn um Hilfe bat, und auch wenn Abraham El Shaddai begegnete, der in
seiner Erscheinung für die früheren Bewohner jenes *Platzes* »der eine vom Berg«
war [212, 620 und 316], so lief die Entwicklung dieser prophetischen Religionen
durch ihre Anhänger auf eine Zerstörung des Kontaktes mit dem *Platz* hinaus und
machte den religiösen Überbau zum Dreh- und Angelpunkt. Das In-Beziehung-
Treten mit der Heiligkeit der Erde war nur über die Priesterschaft der Religion
möglich, und alles Sein wurde in dem einen monolithischen Gott konzentriert. Aus
diesem Grunde wird gesagt, daß das Christentum die Götter tötete, aber das taten
auch die anderen Verkündigungsreligionen.

Hölderlin, der Dichter, dessen Werke eine so tiefgreifende Wirkung auf
Heidegger hatten, betrachtete die Natur als »all-lebendig« und »all-gegenwärtig«.
Die Natur steht über dem Menschen und sogar über den Göttern. Der heutige
Mensch findet dies merkwürdig, nach Otto in seinem Buch *Gestalt* aus dem Grund,
weil wir »die Natur nicht sein lassen, was sie ist, sondern sie vergewaltigen oder – da
sie sich nicht als solche vergewaltigen läßt – wir vielmehr durch unser technisches
Denken und die Mechanisierung zwischen ihr und uns eine zweite, tote Natur als
Scheidewand errichten. Wie könnte denn, nach Hölderlins Worten, die Göttlichkeit
zwischen beiden wohnen?« [341, 172] Jungs Antwort darauf ist, daß sich die Göttlichkeit in einer solchen Lage nicht manifestieren kann, sondern die Götter werden
stattdessen

. . . Phobien, Zwänge usw., kurz, neurotische Symptome [genannt]. Die Götter sind Krankheiten geworden, und Zeus regiert nicht mehr den Olymp, sondern den Plexus solaris und
verursacht Kuriosa für die ärztliche Sprechstunde oder stört das Gehirn der Politiker und
Journalisten, welche unwissentlich psychische Epidemien auslösen . . . Man vergißt dabei
völlig, daß der Grund, warum die Menschheit an den »Daimon« glaubt, . . . auf der naiven
Wahrnehmung der gewaltigen inneren Wirkung autonomer Teilsysteme beruht. Diese Wirkung
ist nicht aufgehoben dadurch, daß man ihren Namen intellektuell kritisiert oder als falsch
bezeichnet. Die Wirkung ist kollektiv stets vorhanden, die autonomen Systeme sind stets am

Werk, denn die fundamentale Struktur des Unbewußten wird von den Schwankungen eines vorübergehenden Bewußtseins nicht berührt... Wahn ist eine Besessenheit durch einen unbewußten Inhalt, der als solcher nicht ans Bewußtsein assimiliert wird. Und weil das Bewußtsein die Existenz solcher Inhalte leugnet, kann es sie auch nicht assimilieren. Religiös ausgedrückt: Man hat keine Gottesfurcht mehr und meint, alles sei menschlichem Ermessen überlassen. Diese Hybris, respektive Bewußtseinsenge, ist stets der kürzeste Weg zum Irrenhaus.« [138, 45 und 44]

Ein moderner Psychotherapeut, Sheldon Kopp, drückte sich noch nachdrücklicher aus: »Das Unbewußte, das allen Menschen gemeinsam ist... Urgewalten entspringen hier, deren furchteinflößender Kraft der Mensch bisweilen nicht standhalten kann.« [158, 21]

Götter sind unsterblich oder ewig, weil »sie nicht in der Kulturwelt ihren Anfang nehmen, sind sind darin lediglich als Kräfte, die in das ewige Spiel der Natur eingebettet sind, ans Licht gebracht.« [343, 151] Die Antwort der Menschenwesen auf die Götter, die im Kult gegeben wird, erlaubt es ihnen, in dieser Welt voranzukommen. Der Kult ist die Antwort auf den Mythos. »Die Götter nähern sich dem Menschen durch ihr Wort, den *Mythos*. Solch eine Annäherung ist machtvoll und überwältigend. Das reißt den Menschen aus seiner gewohnten Alltäglichkeit heraus und trägt ihn in die Begeisterung der Götter hinein...« [341, 223]

Frank Waters führt uns diese kultische Antwort vor Augen, wenn er von der Kachina-Zeremonie der Zuni, dem *Shalako*, schreibt:

Die Menge draußen wartet nun in der Finsternis, der Kälte und Stille... Sie wartet, wie man auf die Götter warten muß: in Hoffnung und geduldiger Bescheidenheit im Angesicht des dunklen Abhangs, dem zugefrorenen Fluß und seinem neuen Damm aus Steinen und Stöcken.

In einem atemlosen Augenblick erscheinen sie endlich wieder.

Die *Shalako* kommen! Es ist die Ankunft der Götter bei den Zuni... Schlagt die Trommel. Schüttelt die Kürbisflaschen, die Rehknochen und die Schildkrötenpanzerrasseln. Wir haben lange genug gewartet... Es gibt nur den Fluß des Göttlichen durch alles hindurch, die erquickende Aufnahme der geistigen Essenz in allen Dingen... Bleich kommen die hohen geisterhaften Formen über den Damm geglitten... prächtige Gestalten, ihre Brüste überragen die Köpfe der zurückweichenden Menge, ihre Adlerfederkronen reichen über die Dachbalken...

In dem gewaltigen Wiederaufleben wußte man jetzt, daß dies Gebet war. Aber nicht ein Beten, wie wir es kennen. Es war kein kollektives Flehen, nicht einmal gemeinschaftlich in dem Sinne, daß nur jedes Einzelwesen daran teilgenommen hätte. Es war eine Vereinigung und Freisetzung psychischer Kraft der ganzen Schöpfung. Sie waren nicht Menschen, die bescheiden die Gaben des Lebens erflehten. Sie waren die im Menschen wie in der Erde offenbarte Lebenskraft... [350, 271, 290 und 291]

Heidegger schreibt in *Was heißt denken?*: »Es ist ein Vorurteil der Historie und Philologie, das sich im Platonismus begründet und vom modernen Rationalismus übernommen wurde, sich vorzustellen, daß *Mythos* durch *Logos* zerstört worden sei. Nichts Religiöses ist jemals durch die Logik zerstört worden; es ist nur zerstört worden durch das Verschwinden der Göttlichen.«

Der Kult ist in seinem Wesen die Benennung des Gottes. Der auf den Mythos Antwortende, derjenige, welcher von den Göttern erzählt, ist für die Griechen wie für Hölderlin der Dichter. Der Dichter für unsere Zeit, der erste, der davon sprach, anderen Wesen zu unserer Gemeinschaft Zutritt zu gewähren, ist Gary Snyder.

Eines der kultischen Ereignisse in meinem Leben, das am meisten Religiösität in sich barg, trug sich während einer Dichterlesung von Gary Snyder im Mai 1976 zu. Die Zuhörerschaft von fast 800 Menschen war, wie Gary Snyder mir später erzählte, die größte, der er jemals vorzulesen hatte. Die meisten von ihnen waren hart arbeitende Menschen in Overalls. Erst Monate später erfuhr ich, wer sie waren – genossenschaftlich organisierte Waldarbeiter. Sie waren wirklich alle subkulturell, vereint in ihrer Anstrengung, das Wachsen der Bäume zu hegen und zu fördern; sie lebten und arbeiteten in den tiefen Wäldern des Nordwestens, so daß, als Gary Snyder sein Gedicht »Am Frazier Wasserfall« vorlas . . .

> Stehend auf den aufgetürmten gefalteten Felsen
> hinaus und hinunterschauend –
>
> Das Wasser fällt in ein fernes Tal.
> Hügel dahinter
> gegenüber, zur Hälfte bewaldet, trocken
> – klarer Himmel
> starker Wind in den
> steifen glitzernden Nadelbüscheln
> der Föhren – ihre braunen
> runden Stamm-Körper
> gerade, still;
> raschelnde, zitternde Glieder und Zweige
>
> lauschen.

Als er sagte »lauschen«, da gab es keinen Laut unter den Hunderten von Menschenwesen, die in der äußersten Stille die Nähe der Gegenwart der Götter spürten – dort, mit uns Sterblichen im Geviert der nordwestlichen Waldkultur. Er fuhr fort –

215

Dieses lebendige fließende Land
ist alles was es gibt, für immer

Wir *sind es*
es singt durch uns –

Wir können auf dieser Erde leben
ohne Kleider oder Werkzeuge!

[302, 53]

da folgte dem die *allumfassende* Antwort jener, die plötzlich merkten, daß sie zusammen sind – eine echte Kultur – zusammen als Sterbliche unter dem schweren, wasserschwangeren Himmel, der fruchtbaren, waldbedeckten Erde des Nordwestens; und vermöge des Zusammenseins dieser Sterblichen sind die Götter nah, und im gegenseitigen Dahingeben dieser Erde, dieses Himmels, dieser Sterblichen und ihrer Göttlichen, *ist* unsere »Welt«.

Es machte nichts, daß wir diesen magischen Raum, in dem es geschah, verlassen und in die Destruktivität der Stadt Seattle hinausgehen mußten. Da wir einmal die Spielkräfte der Natur, die Götter uns nahe gefühlt haben, selbst inmitten der Zerstörung, daher *wissen* wir jetzt auch, – wie wir die Weisheit der Erde draußen in den Bergen und Wäldern oft *wissen* – daß es sich auch in der den Menschen eigenen »Welt« manifestieren kann. Es geschah einmal. Es kann wieder geschehen. Es *ist* geschehen in abgelegenen Flußtälern und Bergstädten – die Menschen in diesem verwüsteten Land lernen jetzt wieder wie die Waldarbeiter, die jenen Abend mit Gary Snyder verbrachten, wie man auf dieser Erde wohnt. Heidegger sagt: »Wohnen ist die Weise, wie die Sterblichen auf der Erde sind.« Er weist darauf hin, daß das altsächsische Wort *Wuon*, das gotische *Wunian* und das hochdeutsche Wort *Bauen* alle das »Bleiben, das sich-Aufhalten« bedeuten. Das gotische Wort *Wunian* sagt sehr klar, wie dieses Bleiben erfahren wird:

Wunian heißt: zufrieden sein, zum Frieden gebracht, in ihm bleiben. Das Wort Friede meint das Freie, das Frye, und fry bedeutet: bewahrt vor Schaden und Bedrohung, bewahrt – vor ... d. h. geschont. Freien bedeutet eigentlich schonen. Das Schonen selbst besteht nicht nur darin, daß wir dem Geschonten nichts antun. Das eigentliche Schonen ist etwas *Positives* und geschieht dann, wenn wir etwas im voraus in seinem Wesen belassen, wenn wir etwas eigens in sein Wesen zurückbergen, es entsprechend dem Wort freien: einfrieden. Wohnen, zum Frieden gebracht sein, heißt: eingefriedet bleiben in des Frye, d. h. in das Freie, das jegliches in sein Wesen schont. *Der Grundzug dieses Wohnens ist dieses Schonen.* Es durchzieht das Wohnen in seiner ganzen Weite. Sie zeigt sich uns, sobald wir daran denken, daß im Wohnen das Menschsein beruht und zwar im Sinne des Aufenthalts der Sterblichen auf der Erde.

Doch »auf der Erde« heißt schon »unter dem Himmel«. Beides meint *mit* »bleiben vor den Göttlichen« und schließt ein »gehörend in das Miteinander der Menschen«. Aus einer ursprünglichen Einheit gehören die Vier: Erde und Himmel, die Göttlichen und die Sterblichen in eins.

Die Erde ist die dienend tragende, die blühend Fruchtende, hingebreitet in Gestein und Gewässer, aufgehend zu Gewächs und Getier. Sagen wir Erde, dann denken wir schon an die anderen Drei mit, doch wir bedenken nicht die Einfalt der Vier.

Der Himmel ist der wölbende Sonnengang, der gestaltwechselnde Mondlauf, der wandernde Glanz der Gestirne, die Zeiten des Jahres und ihre Wende, Licht und Dämmer des Tages, Dunkel und Helle der Nacht, das Wirtliche und das Unwirtliche der Wetter, Wolkenzug und blauende Tiefe des Äthers. Sagen wir Himmel, dann denken wir schon an die anderen Drei mit, doch wir bedenken nicht die Einfalt der Vier.

Die Göttlichen sind die winkenden Boten der Gottheit. Aus dem heiligen Walten dieser erscheint der Gott in seine Gegenwart oder er entzieht sich in seine Verhüllung. Nennen wir die Göttlichen, dann denken wir schon an die anderen Drei mit, doch wir bedenken nicht die Einfalt der Vier.

Die Sterblichen sind die Menschen. Sie heißen die Sterblichen, weil sie sterben können. Sterben heißt, den Tod als *Tod* vermögen. Nur der Mensch stirbt und zwar fortwährend, solange er auf der Erde, unter dem Himmel, vor den Göttlichen bleibt. Nennen wir die Sterblichen, dann denken wir schon an die anderen Drei mit, doch wir bedenken nicht die Einfalt der Vier.

Diese ihre Einfalt nennen wir *das Geviert*. Die Sterblichen *sind* im Geviert, indem sie *wohnen*. . . . Die Sterblichen wohnen, insofern sie die Erde retten. . . retten bedeutet eigentlich: etwas in sein eigenes Wesen freilassen. Die Erde retten ist mehr, als sie ausnützen oder gar abmühen. Das Retten der Erde meistert die Erde nicht und macht sich die Erde nicht untertan, von wo nur ein Schritt ist zur schrankenlosen Ausbeutung. [117, 143-144]

Aber die moderne technologische Kultur macht die Erde und all ihre Wesen, anstatt sie zu »schonen«, zu Subjekten der »Benutzung« durch die Technik und vergewaltigt jeden *Platz*, der zuvor von primitiven Menschenwesen als heilig erachtet wurde. Thomas Sanchez erzählt von einem heutigen Washo-Indianer, der durch seinen *Platz*, die Sierra Mountains, wandert und von seinem Gewahrsein dessen, was der Weiße Mann ihm angetan hat.

Er überquerte den roten Sand der Holzfällerschneisen, in denen es Schlaglöcher gab – größer als der Kopf eines Menschen. Sie waren mit befellten Tierkadavern des grauen Eichhörnchens übersät, die von Lastwagenladungen geschlachteter Bäume in die Erde hineingedrückt waren. Er wanderte in den Wäldern aus Geisterbäumen, denen das Herz zerschnitten war. Der Weiße Mann war mit der Macht seiner Kettensäge gekommen, er konnte die Haut von einem Baum abziehen, der so alt war wie die Flüsse, und in Minutenschnelle durch sein Fleisch schneiden. Er stand auf dem Vorsprung einer Mesa und blickte dort hinab, wo der Weiße Mann den Fluß zerschnitten hatte. Ein Betonband quer zur Flußrichtung raubte die Kraft großer Wasser. Überall sah er jetzt den Prägestock des weißen Ungeheuers auf dem Herzberg des Landes. . .

Er zog den hohen Bergen den Skalp ab, verdorrt durch das um des Goldes willen gestohlenen Wasser. Er blieb blind für die Erde und sprengte großartige Gipfel zu Gesteinschutt, er erstickte durch den Schlamm und Schlick das Leben in atmenden Flüssen. Er versetzte Berge für Beutel von Goldstaub. Er hinterließ sein Zeichen überall.   [281, 483-484]

Und Heidegger:

Die Sterblichen wohnen, insofern sie den Himmel als Himmel empfangen. Sie lassen der Sonne und dem Mond ihre Fahrt, den Gestirnen ihre Bahn, den Zeiten des Jahres ihren Segen und ihre Unbill, sie machen die Nacht nicht zum Tag und den Tag nicht zur gehetzten Unrast.

[117, 144-145]

Aber die technische Zivilisation tut eben jenes. Der *Doctor*, Mitglied von Edward Abbeys *Monkey Wrench Gang*, berichtet davon, was an seinem *Platz* geschah, der Wüste des Südwestens, damit an einem anderen *Platz*, Tausende von Meilen entfernt, die Nacht zum Tage würde:

Diese ganze fantastische Anstrengung – riesige Maschinen, Straßennetze, Tagebau, Förderbänder, Pipelines, Rohrleitungen, Ladetürme, die Eisenbahn und der Elektrozug, ein Hundertmillionen-Dollar-Kraftwerk, zehntausend Meilen Hochspannungsmasten und Hochspannungsleitungen, die Verwüstung der Landschaft, die Zerstörung indianischer Wohnstätten und indianischen Weidelandes, indianischer Heiligtümer und Begräbnisstätten, die Vergiftung des letzten großen Reinwassergebietes in den achtundvierzig zusammenhängenden Vereinigten Staaten, die Vernichtung wertvoller Wasservorräte – diese ganze erdballsprengende Verletzung des Landes, des Himmels und des menschlichen Herzens, für was? Für was das alles? Warum die Laternen in den Vorstädten von Phönix anmachen, die noch gar nicht gebaut sind, warum die Klimaanlagen von San Diego und Los Angeles betreiben, die Parkplätze des Einkaufszentrums um zwei Uhr morgens erleuchten..., die Neonreklame, die die Bedeutung von Las Vegas (die ganze Bedeutung) ausmachen, die Albuquerque, Tuscon, Salt Lake City und all die anderen zusammenwachsenden Städte des südlichen Kalifornien erhellen, um die phosphoreszierende, verfaulende Glorie (aller Glanz, der geblieben ist), die Down Town, Night Time, Wonderville, U. S. A. genannt, am Leben zu erhalten.   [1, 153-154]

Und wieder Heidegger:

Die Sterblichen wohnen, insofern sie die Göttlichen als die Göttlichen erwarten. Hoffend halten sie ihnen das Unverhoffte entgegen. Sie warten auf die Winke ihrer Ankunft.   [117, 145]

Und Gary Snyder, der Dichter für unsere Zeit, verkündet:

lauschen.

. . .

Dieses lebende, fließende Land ist alles was ist, immerdar
Wir *sind* es
Es singt durch uns –

Ho! Sonne, Mond und Sterne, ihr alle, die ihr im Himmel wandert,
Ich bitte euch, hört auf mich!
In eure Mitte ist ein neues Leben gekommen.
Stimmt zu, ich flehe euch an!
Macht seinen Pfad glatt, damit es den Rand des ersten Berges erreicht!
Ho! Ihr Winde, Wolken, Regen, Nebel, die ihr alle in den Lüften wandert,
Ich bitte euch, hört auf mich!
In eure Mitte ist ein neues Leben gekommen.
Stimmt zu, ich flehe euch an!
Macht seinen Pfad glatt, damit es den Rand des zweiten Berges erreicht!
Ho! Ihr Hügel, Täler, Flüsse, Seen, Bäume, Gräser, ihr alle auf der Erde,
Ich bitte euch, hört auf mich!
In eure Mitte ist ein neues Leben gekommen.
Stimmt zu, ich flehe euch an!
Macht seinen Pfad glatt, damit es den Rand des dritten Berges erreicht!
Ho! Ihr Vögel groß und klein, die ihr fliegt in der Luft,
Ho! Ihr Vierfüßler groß und klein, die ihr wohnt im Wald,
Ho! Du kleines Gewürm, das da kriecht im Grase und gräbt im Grund,
Ich bitte euch, hört auf mich!
In eure Mitte ist ein neues Leben gekommen.
Stimmt zu, ich flehe euch an!
Macht seinen Pfad glatt, damit es den Saum des vierten Berges erreicht!
Ho! Ihr alle im Himmel, in der Luft und auf Erden:
Ich bitte euch alle, hört auf mich!
In eure Mitte ist ein neues Leben gekommen.
Stimmt zu, stimmt zu, ihr alle, ich flehe euch an!
Macht seinen Pfad glatt, damit es ungehindert wandern mag über die vier Berge!

[90, 10-11]

Dritter Teil

Die Berge des Lebens: Eine Einführung

Bei den Omaha »wurde ein Kind«, wie Alice Fletcher in ihrem Bericht von 1911 schreibt, »wenn es geboren wurde, nicht als Glied der Erbkette oder des Stammes angesehen, sondern einfach als lebendiges Wesen, das in das Universum eintritt und dessen Ankunft zeremoniell verkündet werden muß, um ihm einen anerkannten Platz unter den bereits existierenden Kräften zu sichern.« [90] Alice Fletcher studierte den Stamm der Omaha nicht nur dreißig Jahre lang, sondern ihr Ko-Autor und Freund war auch Francis La Fleche, ein Mitglied des Stammes, dessen Vater im frühen neunzehnten Jahrhundert, als die Kultur noch intakt war, ein Häuptling war. Hier haben wir demnach einen wertvollen schriftlichen Bericht von einer »Welt«, in der das Menschenwesen in einer verantwortlichen Beziehung mit Erde, Himmel und Göttlichen lebte.

Die Prärieindianer waren Jäger wie alle unsere Ahnen, und bei den Jäger-und-Sammler-Kulturen müssen wir nach Beispielen für eine »gewahre Kultur« suchen. »Der Kulturmensch ist seit etwa zwei Millionen Jahren auf der Erde: über 99 Prozent dieser Zeitspanne hat er als Jäger und Sammler zugebracht. Erst in den letzten 10.000 Jahren hat der Mensch begonnen, Pflanzen zu kultivieren und Tiere zu zähmen...« [172] Zehntausend Jahre sind nur vierhundert Generationen, »zu wenige, als daß merkliche genetische Veränderungen hätten stattfinden können... Wir und unsere Ahnen sind ein und dasselbe Volk.« Nach dem Anthropologen Carleton Coon, der sein ganzes Leben mit Studien und Feldforschungen für sein Buch *The Hunting Peoples* zubrachte, bilden dieselben körperlichen und seelischen Strukturen unsere Verhaltensmuster, deswegen sind es die Jäger-und-Sammler-Kulturen, denen wir uns zuwenden müssen, um zu erfahren, wie die »Natur zu leben uns bestimmt hat.« [63, XVii, 393]

Paul Shepard spricht in *The Tender Carnivor and the Sacred Game* von den Bedürfnissen der Menschenwesen, die auf Körper und Geist des Jägers und Sammlers beruhen. Zum ersten ist der menschliche Körper nicht für die schwere fortwährende Arbeit, wie die Landarbeit, geschaffen, sondern für eine kurze, intensive Tätigkeit wie das Jagen von Wild. In den Jägerkulturen wurde diese kurze, starke Beanspruchung von langen Perioden des Müßiggangs abgelöst. Selbst heute arbeiten die !Ko-Buschmenschen der Kalahari-Wüste im Durchschnitt nur zwanzig Stunden in der Woche, um zu jagen und genug Nahrung zu sammeln, und das reicht, um in einer der unwirtlichsten Gegenden der Welt zu leben. [172]

Ebensolche Tätigkeiten waren bei Menschen ohne feste Anstellung zu allen Zeiten beliebt, angefangen bei den Primitiven bis hin zum reichen Adel Europas. Diese Tätigkeiten waren die Jagd, der Tanz, Wettspiele und die Konversation. [292, 150] In der neuen Welt war der Mais die Feldfrucht, die bevorratet wurde. Er hängt von den sommerlichen Regenfällen ab, wie sie im Land der Pueblo-Indianer auftreten. Aber in Kaliforniens mittelmeerartigem Klima fällt der Regen im Winter und ermöglicht eine Versorgung mit Eicheln und Grassamen. So kam es, daß die kalifornischen Indianer niemals Mais kultivierten und von dem schädlichen Einfluß des Ackerbaus verschont blieben. Sie lebten von den reichlich vorhandenen Eicheln und Grassamen. Nach dem Sammeln und Einbringen der reifen Eicheln gingen sie andere Stämme besuchen, wobei sie Wüsetenpfade benutzten, die in Liedern in Erinnerung gehalten wurden. Sie pflegten die Geselligkeit, tanzten und sangen. [166] Dieser unerhörte Müßiggang erschreckte die spanischen Eroberer. Jose Espinosa y Tello beschreibt das Leben der Indianer von Monterey so:

Männer und Frauen gehen zum Essen in die Felder wie seelenlose Tiere oder sammeln Samen für den Winter und betreiben auch Jagd und Fischfang. Obwohl einige dieser Eingeborenen jetzt *zum Gehorsam gezwungen* [kursiv v. d. Verf.] werden konnten und nun einen Teil der Mission von San Carlos bilden, so bewahren sie noch ihre früheren Anlagen und Bräuche. Unter anderen Gewohnheiten, die sie beibehalten, ist bemerkt worden, daß sie sich in müßigen Augenblicken stundenlang mit größter Befriedigung mit dem Gesicht nach unten auf den Boden legen. [189]

Vor etwa 10.000 Jahren begann der Ackerbau mit der Kultivierung von Pflanzen und der Zähmung von Tieren. Nach Coon »bringt der Ackerbau ein ganz neues System menschlicher Beziehungen mit sich, das keine leicht einsehbaren Vorzüge hat und ein Jahrhunderte altes Gleichgewicht zwischen dem Menschen und der Natur und unter den Menschen, die zusammenleben, stört.« [63,3]

Entgegen der üblichen historischen Annahme, bleiben die »Primitiven« nicht deshalb Primitive, weil ihnen die Intelligenz fehlt, sich zu ändern. Dies beweisen

Jäger-und-Sammler-Gruppen, die heute existieren und Techniken besitzen, die »in sich nicht weniger komplex und sinnreich sind« als unsere. Tatsächlich sind sie viel effizienter als wir. Nach Rappaport »sind südafrikanische Buschmenschen und australische Aboriginies fähig, eine Person von 1/75 bis zu 1/100 dessen zu unterhalten, des es bedarf, einen Amerikaner zu unterhalten. Das heißt, daß die Jäger und Sammler im Hinblick auf das Verhältnis von Energieumlauf pro Einheit bestehender Biomasse 75 bis 100mal effizienter sind als wir.« [271] Der Grund, weshalb sie sich nicht geändert haben, ist der, daß sie das Glück haben, an entlegenen Plätzen zu leben, wo der Ackerbau nicht hinkam, oder sie lebten in einem so strengen Klima, wie die Eskimo, daß der Anbau nicht möglich war. »Der dritte Grund ist, daß sie sich nicht ändern wollten. Das Jägerleben gab ihnen die Nahrung, die sie brauchten, und ein ganz besonders befriedigendes Zusammenleben in kleinen, vertrauten Gruppen. Der Jäger ist frei von langweiliger Routine, und sein tägliches Tun ist aufregender.« [63, 3]

Auf der anderen Seite sind die ackerbaulichen Katastrophen, denen wir heute gegenüberstehen, nicht neu. Diese sind die Fortsetzung einer Verletzung der Erde, die vor zehntausend Jahren begann. »Wir sind zivilisierend und fortschreitend dem Widerstreit mit der natürlichen Welt und mit uns selbst verhaftet«, so Paul Shepard. [292, 34]

Die fortwährende Ausrottung von Rassen, wie sie in Nordamerika geschah, aber auch in anderen Teilen der Welt, hat in Wirklichkeit wenig mit der Hautfarbe der Menschen zu tun, wie man gemeinhin annimmt; vielmehr ist es Teil der »zehntausend Jahre währenden Ausrottung der Jäger durch die Ackerbauern.« [292, 30] Die beiden Dinge, die diese lange Zeitspanne der Zivilisation durchziehen, sind »Krieg und Umweltkrise.« [292, 34] Tatsächlich »führt der Mensch sowohl im Krieg wie auch im Frieden einen unabhängigen Krieg gegen die Natur. . . Ob man die Wasservorräte durch einen einzigen Bombenabwurf vergiftet oder über eine Zeit von zwanzig Jahren, bleibt sich im Grunde gleich; der einzige Unterschied ist der der Zeit.« [227, 135] Auch Hungersnöte sind nicht neu. Sie waren seit dem Beginn der Monokultur und dem Ende der Jäger-Sammler-Kultur, die die Bevölkerung im Gleichgewicht mit der Umwelt hielt, eine immer wiederkehrende Bedrohung.

Der Jäger war sich jeden Teils seiner Umwelt gewahr. Sein Gewahrsein war nicht auf das beschränkt, was ihm nützlich war, wie der Ackerbau sich nur um das kümmert, was für seine Feldfrüchte gut ist. »Des Jägers Blick und Aufmerksamkeit sind davon ganz das Gegenteil«, so Ortega y Gasset in *Meditationen über die Jagd*.

Er glaubt nicht zu wissen, von woher das Glück kommen wird. Er schaut nicht ruhig in eine bestimmte Richtung, im voraus sicher, daß das Wild von dorther kommen wird. Der Jäger weiß, daß er nicht weiß, was kommt, und das ist mit der größte Reiz bei seiner Beschäftigung. Daher muß er eine Aufmerksamkeit anderen und höheren Stils aufbringen, eine Aufmerksamkeit, die darin besteht, daß sie sich nicht auf das Vermutete richtet, sondern darin, daß sie nichts vermutet und nur die Unaufmerksamkeit vermeidet. Es ist eine »universale« Aufmerksamkeit, die nicht auf einen Punkt gerichtet ist, sondern bemüht ist, überall zu sein. Um sie zu bezeichnen, haben wir ein prächtiges Wort, das den Reiz der Lebhaftigkeit und Unmittelbarkeit noch ganz bewahrt: wach. Der Jäger ist der wache Mensch. [240, 94]

Es scheint kaum ein Unterschied zwischen dem »wachen« Zustand des Jägers und dem »allumfassenden Gewahrsein« des Inana-Yoga zu bestehen. Tatsächlich sagt auch Lama Govinda in seinem Buch *Der Weg der Weißen Wolken*, daß die Disziplin der »Meditation« in Indien ihren Ursprung unter den primitiven Jägern in den unteren Teilen des Himalaya haben. Aber sie beschränkt sich nicht auf den alten Himalaya; wahre Jäger in der ganzen Welt jagen jahrhundertelang auf diese Art und Weise. Der Zweck jener schön gemalten Tiere an den Wänden der paläolithischen Höhlen war derselbe, wie der des Fastens und Singens vor der Jagd bei den Indianern, derselbe wie der der Praktiken der australischen Aboriginies bis zum heutigen Tage. Der größte Jäger in einer jeden dieser Kulturen identifiziert sich so sehr mit dem Bewußtsein des Tieres, daß das Tier zu ihm kommt und sich ihm hingibt. Die großartigen Jäger schienen mit Zauberkräften zu arbeiten, aber dieser einbezogene Zauber war die Intensität der Beziehung zwischen Mensch und Tier und dem *Platz*, dem Ökosystem selbst. In einer Jäger-und Sammler-Kultur sind das Menschenwesen, das Wild, die Pflanzen und der *Platz* unauflöslich miteinander verbunden. Olomoke, einer der ältesten der Pygmäen, die im Ituri-Wald im Kongo lebten, erzählte Colin Turnbull, als er kam, um sie zu studieren: »Du wirst Dinge sehen, die du noch nie gesehen hast. Du wirst verstehen, warum wir Waldleute genannt werden . . . Wenn der Wald stirbt, werden auch wir sterben.« [331, 278] Dies ist eine echte Gemeinschaft, aber die meisten Teile der Welt haben die fortschrei-tende Zerstörung der Gemeinschaft durch aufeinander folgende Wellen von Reichs-gründungen erfahren, bis sogar die Vorstellung von einer solchen Gemeinschaft verlorenging. Erst im letzten Jahrhundert hat es durch wissenschaftliche Untersu-chungen eine Rückbesinnung auf dieses Konzept gegeben, wenn auch im engen Begriff. Erst 1947 wurde durch Aldo Leopolds berühmte »Landethik« eine solche Gemeinschaft wieder neu definiert.

Nach achtunddreißig Jahren, in denen er Erfahrungen in der Wildhege gesammelt hatte, war Leopold schrittweise zu der Erkenntnis gekommen, daß die Gemeinschaft den »Boden, das Wasser, die Pflanzen und Tiere einschloß,« genauso wie den Menschen. Mehrere Male hatte er in seinem letzten Lebensjahrzehnt versucht, seine Konzeption einer ökologischen Ethik zu Papier zu bringen, und hatte schließlich, vielleicht Ende 1947 oder Anfang 1948, Erfolg. [88, 34] In seinem wichtigsten Aufsatz »Die Landethik« schrieb er: »Eine Sache ist richtig, wenn sie dahin führt, die Integrität, Stabilität und Schönheit der biotischen Gemeinschaft zu bewahren. Sie ist falsch, wenn sie woanders hinführt.« [178, 224-5] Dies ist eine wahrhaft revolutionäre Behauptung, weil, wie Leopold selbst früher schrieb, »die Vorstellung von dem zu ändern, wozu das Land da ist, bedeutet, die Vorstellung von dem, wozu irgend etwas da ist, zu ändern.« [88, 33] Außerdem hebt seine »Landethik« die Ethik klar und deutlich aus der Krankhaftigkeit von »Menschen«-rechten, Privilegien und Manipulationen heraus und stellt sie dorthin, wo sie hingehört – in das Netz aus Beziehungen zwischen allen Wesen eines jeden besonderen Platzes. Und es kann nur ein »besonderer« Platz sein, weil die Bedürfnisse eines besonderen Bodens, sagen wir des schweren Lehmbodens, der von Regen gesättigt ist, wie im pazifischen Nordwesten, ganz andere sind, als die Bedürfnisse eines sandigen Bodens an einem steilen Hang im Südwesten Colorados. Eine solche Ethik strebt nach einem Gleichgewicht in der Beziehung zwischen allen Wesen des Platzes, damit alle Wesen sich entfalten können. Dies ist Heideggers »sein lassen« des Seins, anstatt Wesen zu benutzen. Der moderne, technologisch ausgerichtete Mensch, der davon überzeugt ist, daß alle Wesen auf der Erde für seine Nutzung da sind, zerstört mehr und mehr Wesen, um mehr nützliche Gegenstände herzustellen, und dabei zerstört er die Luft, die er atmet und das Wasser, das er trinkt. Wie Gregory Bateson sagt: »Der Organismus, welcher seine Umgebung zerstört, zerstört sich selbst.« [15, 429]

Jetzt erreichen wir die nächste und wahrscheinlich letzte Stufe des Irrsinns: mehr Technologie, um den schon von der Technologie angerichteten Schaden zu lindern. Wenn dein Acker zum Beispiel durch die Weizenkultur ruiniert ist, heißt das Hilfsmittel schwerere Maschinen, um tiefer zu pflügen, mehr Kunstdünger, der mehr Rohöl erfordert. Die unersättliche Nachfrage nach Öl führt zu Kohleabbau über Tage etwa in Wyoming und Montana, wodurch andere Weizenfelder völlig zerstört werden. Was ist erreicht worden? Mit Sicherheit weder eine Zunahme des Weizens noch eine Zunahme an fruchtbarem Boden, aber irgendwo hat jemand auf diesem Wege mehr Geld (grüne Froschhäute, wie der Sioux Medizinmann Lame Deer es nennt). Dieser Jemand, der das Geld verdient hat, wird wahrscheinlich die verwüsteten Äcker oder das aufgerissene Land, wo der Tagebau stattgefunden hat, niemals sehen. Ein solches Verhalten ist vom Gesichtspunkt der »Landethik« Aldo Leopolds eindeutig unethisch; dann aber sind die Menschenwesen in diesem Sinne seit dem Aufstieg der ersten großen Zivilisationen immer unethisch gewesen.

Bis diese große Zivilisation sich entwickelten, waren alle Menschenwesen »Ökosystem-Völker«, wie Raymond Dasmann sie bezeichnet. »Sie lebten innerhalb von einem oder höchstens von ein paar eng verwandten Ökosystemen, und ihr

Überleben war gänzlich von der ununterbrochenen Funktion jener Ökosysteme abhängig.« Sie zerstörten nicht den Boden oder den Wildbestand der Wälder. »Biosphären-Völker« andererseits eroberten andere Ökosysteme und eigneten sich ihre Resourcen an. Wie Gary Snyder es ausdrückt:»Biosphären-Kulturen sind Kulturen, die ihr ökonomisches Versorgungssystem so weit ausdehnen, daß sie es sich leisten können, ein Ökosystem zugrunde zu richten und trotzdem weiter bestehen. Nun, das ist Rom, das ist Babylon« und die meisten großen Zivilisationen seither. [300, 21] Die Primitiven, Ökosystem-Völker, wußten, daß sie Teil der Erde waren, weil sie die Ergebnisse ihres Tuns am verminderten Wildbestand oder anderen Veränderungen in ihrer unmittelbaren Umwelt sehen konnten. Jahrtausende lang entwickelten die Weisen des Stammes Rituale und die Götter kamen, um sie mit ihrem Land in Einklang zu bringen. Diese frühen Menschenwesen beobachteten die Umgebung um sich her, lernten unmittelbar von ihr und übernahmen ihre Prinzipien für ihre eigenen Beziehungen innerhalb des Stammes. Dies wurde Totemismus genannt. Die nächste Stufe war Animismus, auf der der frühe Mensch empfand, daß Berge, Flüsse und Felsen Geist und Persönlichkeit hatten wie er selbst. Es gab noch eine Bezogenheit – der Geist war etwas allem Gemeinsames. Mit dem Aufstieg von Zivilisationen und Reichen kam die nächste Stufe, die der Trennung des Geistes von der natürlichen Welt und die der Götter von ihrem örtlichen *Platz*. Die Aggressoren brachten bei ihren Eroberungszügen über die Länder ihren eigenen »Gott des Platzes« mit. Die Macht ihrer Götter wurde verdorben, als sie nicht länger an den Platz gebunden waren, und sie wurden als Rechtfertigung für weitere Aggressionen benutzt. Zum Beispiel war der Gott nicht mehr »Der Herr des Berges der Nordens«, sondern Jehovah, der Gott, der sein Volk in die Schlacht mit anderen führte, damit sein Volk das »gelobte Land« haben konnte. Auf dieser Stufe ist der Geist »von der Struktur, in der er immanent ist« und die menschliche Beziehung vom Ökosystem getrennt. Dies ist die Wurzel der gegenwärtigen Zerstörung der Erde. Gregory Bateson erklärt es: »Wenn man Gott nach außen verlegt und ihn seiner Schöpfung gegenüberstellt, und wenn man die Vorstellung hat, daß man nach seinem Bilde geschaffen ist, dann wird man sich selbst logisch und natürlich als außerhalb von und entgegengesetzt zu den Dingen um einen herum sehen. Und wenn man sich selbst allen Geist anmaßt, dann wird man die Welt um sich herum als geistlos ansehen und ihr jeden Anspruch auf moralische oder ethische Erwägungen absprechen. Die Umgebung wird sich so darstellen, als sei sie nur für die Ausbeutung da. Die Überlebenseinheit wird man selbst und die eigenen Angehörigen oder Artgenossen sein, im Gegensatz zu der Umgebung anderer sozialer Einheiten, anderer Rassen und der Tiere und Pflanzen. Hat man diese Einschätzung seiner Beziehung zur Natur und verfügt man über eine fortgeschrittene Technologie, dann wird die eigene Überlebenschance der eines Schneeballs in der Hölle entsprechen. Man wird entweder an den toxischen Nebenprodukten des eigenen Hasses oder einfach an Überbevölkerung und Überausbeutung sterben. Die Rohstoffe der Welt sind begrenzt.« [12, 593-594]

Um diesen Irrsinn aufzuhalten, ist nichts weiter notwendig, als ein Gewahrsein dessen zu kultivieren, daß unser Selbst und die Umwelt eine Ganzheit bilden; mit anderen Worten, wie der primitive Jäger zu werden, ein waches Menschenwesen. Aber, wie Joel Kramer deutlich macht, dies ist nicht populär: »Die Leute scheren sich nicht darum. Unserer Zivilisation ist ganz sicher nichts daran gelegen. Die Gesellschaft sieht seinen Nutzwert nicht. Gewahrsein ist ein wildes, kein zahmes Tier. Es genießt keine Achtung, was natürlich daran liegt, daß es auf das übliche Knöpfedrücken der Konditionierung nicht anspricht, das dazu dient, uns unter Kontrolle zu halten. Und nur unter großen Pressionen gelingt es uns, nicht zu sehen.« [159, 162] Aber erst durch das Sehen der anderen Wesen in der Umwelt, nicht bloß als Dinge, die von der Menschheit nutzbar gemacht werden können, sondern als Wesen mit einem eigenwertigen Lebensrecht, wird das Menschenwesen frei. »Die Freiheit offenbart sich als das sein-lassen des Seins.« [341, 157] sagt uns Heidegger. Dies ist nicht als bloße Indifferenz zu verstehen, sondern vielmehr als dem taoistischen Wu-wei, »Nicht-tun«, ähnlich, daß in Kapitel 3 als »von Aktivitäten gegen die Natur oder das Ganze zurückstehen« erklärt wurde. Nur hier, inmitten der Wesen der Welt, kann das Menschenwesen anfangen, die Bedeutung des Seins zu begreifen. Wie wir in Kapitel 9 feststellten, nennt Heidegger den Menschen »das Wesen-im-Nichts-zurückgehalten«.

Dieses Nichts, aus dem der Mensch kommt, ist die Fülle des Seins. Das Menschenwesen auf dieser Erde kann diese Fülle des Seins nie erkennen, sondern nur das Sein, wie es sich in den Wesen unserer Welt zeigt. Es ist gleichwohl durch die Analogie möglich, einige Eigenschaften des Seins zu betrachten.

Einige Möglichkeiten, die das Sein betreffen, wurden in einem bemerkenswerten Science-Fantasy-Buch im Jahre 1937 dargelegt. Kurz vor dem Zweiten Weltkrieg schrieb ein britischer Philosoph, Olaf Stapledon, der die kommende Apokalypse klar erkannte, die Geschichte *Star Maker*, die er in einer Art Vision empfing, als er auf einem Berg saß und in die Sterne schaute. Der Erzähler, ein zeitgenössischer Erdenmensch, begegnet durch Zufall schließlich einer Gemeinschaft von Raumforschern, die unter den vielen Intelligenzen der Vergangenheit und der Zukunft zu den entlegenen Bereichen des Kosmos schweifen, um nach den Spuren der Intelligenz an sich zu suchen. Sterne werden geboren und sterben; Lebensformen verschmelzen, reifen, manipulieren ihre Umwelt und verschwinden.

John Lilly bezieht sich in seinen Vorträgen oft auf *Star Maker* als ein Buch, das einen in einen anderen Bewußtseinszustand versetzt. In einem Gespräch an der New Dimensions Foundation in San Francisco wurde er gefragt: »Glauben Sie, daß es dem Menschen möglich ist, auf irgendeine Weise mit dem Starmaker-Gott in Kontakt zu treten?« Lilly antwortete: »Ich bezweifle es. Ich glaube, wir sind Teile seines/ihres Körpers, und wir sind vielleicht nur Viren auf einem Teil jenes Körpers oder Elektronen in einem Atom jenes Körpers. Ich bin ein Teil eines viel größeren Ganzen, und wenn jenes Ganze größer ist als die Summe seiner Teile – was, wenn es ein Feedback gibt – zwangsläufig so sein muß, dann kann ich, als Individuum von vielen, vielen verknüpften Teilen eines größeren Ganzen, unmöglich die Gedanken dieses größeren Ganzen wahrnehmen. Das ist, als wollte ich von einem der Neutronen in meinem Gehirn erwarten, daß es über die Art, wie ich denke, Rechenschaft ablegt. Das kann ich nicht.« [184]

Gregory Bateson schlug, als er das Problem, das die Religionen mit der Frage haben, ob Gott transzendent oder immanent ist, eine neue Herangehensweise auf der Grundlage der kybernetischen Erkenntnistheorie vor: »Der individuelle Geist ist immanent, aber nicht nur dem Körper. Er ist auch den Bahnen und Mitteilungen außerhalb des Körpers immanent; und es gibt einen größeren Geist, von dem der individuelle Geist nur ein Subsystem ist. Der größere Geist läßt sich mit Gott vergleichen, und er ist vielleicht das, was einige Menschen mit ›Gott‹ meinen, aber er ist doch dem gesamten in Wechselbeziehung stehenden sozialen System und der planetaren Ökologie immanent.« [12a, 193]

Wie die Prärieindianer das letzte Sein betrachten, wurde von Tahirussawichi, dem Pawnee-Priester, mitgeteilt, als er das Ritual »Viele Kinder« erklärte: »Der Weiße Mann spricht von einem himmlischen Vater; wir sagen Tirawa atius, der Vater oben, aber wir stellen uns Tirawa nicht als Person vor. Wir stellen uns Tirawa als ein Alles vor, als die Kraft, die alles, was der Mensch braucht, angeordnet und von oben herabgeworfen hat. Wie die Kraft da oben, Tirawa, aussieht, weiß niemand; niemand ist dort gewesen.« [89] Auf jeder Stufe des persönlichen Lebens hatten die Prärieindianer besondere Rituale, »Durchgangsriten«, um mit dieser Kraft in Berührung zu kommen. Sie nahmen das Leben als Besteigung der »vier Berge« von Kindheit, Jugend, Reife und Alter wahr. Jedes Ritual, das den Zugang zum nächsten Berg markierte, richtete sich auf »allumfassendes Gewahrsein» – konzentrierte Aufmerksamkeit sowohl auf das Innere des Menschenwesens wie auf die Beziehungen jedes Menschenwesens innerhalb des Stammes mit der Natur und mit den »Kräften«. Im Teil III, der einige einleitende Ideen von einem Leben in einer Kultur des Gewahrseins vorstellt, habe ich die »vier Berge des Lebens« als Kapitelüberschriften verwendet.

12. Der erste Berg des Lebens

Die frühe Kindheit

In dem Gedicht, das am Anfang dieses Abschnittes steht, bat der Omaha-Priester all die anderen Wesen an seinem Platz um Erlaubnis, daß das Kind an diesen Platz kommen dürfe. Damit stellte er sicher, daß alle Wesen sich entfalten können, nicht nur die Menschenwesen. In den primitiven Kulturen, wie bei den Omaha, hatte das einzelne Menschenwesen keinen Anspruch auf das Recht, geboren zu werden. Dies erlaubte allen Wesen, sich zu entfalten; auf diese Weise hatten die Menschenwesen viele Büffel zur Nahrung und ausreichend Muße für ihre Rituale und Feste für die Fortsetzung des »Lebens in Harmonie« mit der Erde. Gewahrsein beginnt in solchen Kulturen sogar schon vor der Geburt des Kindes.

Im Gegensatz dazu haben wir in unserer modernen Welt einen Nahrungsmangel und wenig Muße, weil wir die Ressourcen der Erde aufgebraucht haben. Die Überbevölkerung hat die obere Bodenschicht, die eigentliche Grundlage des Lebens, in großen Gebieten der Erde zerstört, ganz zu schweigen von der Vielzahl von Tier- und Pflanzenarten, die ausgerottet wurden. Und es sterben, wie Garrett Hardin klarstellte, heute mehr Menschen an den Folgen der Überbevölkerung, als an irgend etwas anderem. [108] Dies ist eine Entwicklung erst der jüngsten Zeit, denn vor einer Million Jahren betrug die geschätzte Weltbevölkerung nach Hardin 125.000. Wenn sich diese Menschen »stetig um die gegenwärtige Rate von 2,03 Prozent vermehrt hätten, wie lange hätte es gedauert, bis die Bevölkerungszahl von rund dreieinhalb Milliarden erreicht worden wäre?« Die Antwort lautet, nur 512 Jahre. [109, 169] Es waren nicht nur Krieg, Krankheit und Nahrungsmangel, die die

Bevölkerung klein hielten. Aus seiner Analyse der Lebenserwartung und Bevölkerungszahlen seit der paläolithischen Zeit folgert Deevey, daß »es immer ein gewisses Maß an freiwilliger Geburtenkontrolle gegeben hat.« [69]

»Die meisten primitiven Völkerschaften praktizieren Familienplanung«, so James V. Neel, Professor für Humangenetik an der Medical School der Universität von Wisconsin, dessen Aussage auf einer multidisziplinären Untersuchung der drei primitivsten Stämme in Südamerika beruht, an der er teilnahm. Von diesen Indianern nahm man an, daß sie unter sehr ähnlichen Bedingungen lebten, wie sie zu der Zeit herrschten, als die menschliche Evolution und Differenzierung begann. Die Tabuisierung des Geschlechtsverkehrs während bestimmter Zeiten, zum Beispiel vor der Jagd, war eine Methode, Kinder zu verhüten. Andere Methoden waren das Verlängern der Stillzeit, Abtreibung und Kindstötung. Die Kindstötung wurde immer dann angewandt, wenn ein Baby geboren wurde, bevor man meinte, daß das älteste Geschwister entwöhnt werden könne, was gewöhnlich im Alter von drei Jahren geschah. »Ich komme zu dem Schluß ... daß der vielleicht bedeutendste Meilenstein auf dem Weg der Umwandlung vom höheren Primaten zum Menschen – gleichbedeutend mit der Sprache oder der Herstellung von Werkzeugen – erreicht wurde, als die gesellschaftliche Organisation und die Fürsorge der Eltern einem größeren Anteil der Kinder das Überleben ermöglichte, als die Kultur und Wirtschaft in der jeweiligen Generation auffangen konnte, und die Bevölkerungskontrolle, einschließlich Abtreibung und Kindstötung, deshalb als die einzig praktikable zur Verfügung stehende Gegenmaßnahme eingeführt wurde.« [233]

Die absichtliche Tötung eines schwer mißgebildeten Kindes, das nicht auf eine volle Beteiligung an der Stammesgesellschaft hoffen kann, oder eines zweiten Kindes, wenn es die Ernährung des vorher geborenen gefährden würde, würde in unserer Gesellschaft allgemein als moralisch verwerflich betrachtet werden. Neel jedoch weist darauf hin, daß »wir bei uns ein Fortpflanzungsmuster gutheißen, das (durch Entwöhnungsdurchfall und Unterernährung) dazu beigetragen hat, daß eine große Zahl von Kindern an einem viel quälenderen, ›natürlichen‹ Tod sterben, als es die Kindstötung gewesen wäre. Außerdem hat dieses Fortpflanzungsmuster viele der überlebenden Kinder zu einer Mangelernährung verurteilt, die nicht mit voller körperlicher und geistiger Entwicklung zu vereinbaren ist ... Ich finde es immer schwerer in der jüngsten Geschichte der Fortpflanzung in der zivilisierten Welt mehr Achtung für die Qualität der menschlichen Existenz zu sehen, als sie sich bei unseren entfernten ›primitiven‹ Vorfahren zeigt.«

In seiner Zusammenfassung erklärt Neel, daß »der zivilisierte Mensch sich mit jedem Jahr immer weiter von der Bevölkerungsstruktur entfernt, die über die längste Zeit der menschlichen Evolution Geltung hatte und vermutlich für den

Evolutionsprozeß von gewisser Bedeutung war.« Ferner ist es offensichtlich, daß die Menschheit jenseits eines vernünftigen Energiegleichgewichts lebt und so die eigentliche Grundlage für alles zukünftige Leben zerstört. Er sagt, dies ruft nach »einer philosophischen Neuorientiererng, die die Tragweite einer religiösen Konversion hat.« [233] In unserer Zeit müssen wir nicht zur Kindstötung zurückkehren. Neel schlägt die freiwillige Sterilisation nach dem dritten Kind vor.

Die !Ko in Afrika sind jetzt dabei, jene neolithische Revolution zu durchlaufen, als die Menschen das Jäger-Sammler-Dasein aufgaben und Nahrung anbauten und anfingen Haustiere zu halten. Die !Ko haben als Jäger und Sammler in der Kalahari-Wüste in Südafrika mindestens 11.000 Jahre lang gelebt – seit dem Pleistozän – aber kürzlich angefangen, in den Bauerndörfern der Bantu zu leben. Forscher bemerkten, daß die seßhaften !Ko-Frauen ihre gleichberechtigte Stellung verlieren, daß die Kinder lernen, aggressiv zu handeln, und daß die Bevölkerung, die vorher in einem stabilen Gleichgewicht war, schnell wächst.

Die bei diesem Stamm erstaunliche Tatsache ist, daß sie jahrtausendelang das Land auf ausgewogene Weise nutzten. Gegenstände von jungsteinzeitlichen Jägern und Sammlern von vor etwa elftausend Jahren sind an denselben Wasserlöchern zu finden, wo die heutigen !Ko lagern. Sie jagen sogar dieselben Tiere wie ihre vorgeschichtlichen Vorfahren, etwa den Nachtspringhasen. Wenn man die Zahl der Tiere bedenkt, die jetzt durch die menschlichen Aktivitäten in der Welt ausgestorben sind, so ist die Lebensweise der !Ko ein unmittelbarer Beweis des ausgeglichenen Lebens ihres Ökosystems, was aufgrund der Tatsache um so bemerkenswerter ist, als die Kalahari-Wüste eines der ödesten Gebiete der Welt ist – das scheinbar so wenig Nahrung bietet, daß ein heutiger »zivilisierter Mensch« an Hunger oder Durst sterben würde.

Die Population der !Ko erreichte aufgrund einer Reihe von Faktoren ohne Empfängnisverhütung oder Abtreibung eine langfristige Stabilität. Das Durchschnittsalter beim Beginn der Menstruation ist fünfzehneinhalb Jahre. Die !Ko heiraten zu Beginn der Pupertät, aber eine Frau hat ihr erstes Kind nicht bevor sie etwa neunzehn Jahre alt ist. Außerdem haben die Frauen eine niedrige Fruchtbarkeitsrate. Die durchschnittliche Zeitspanne zwischen zwei Geburten beträgt vier Jahre. Die Babys werden vier Jahre lang gestillt, und während dieser Zeit sind die Frauen selten empfänglich. Nach Howell und Rose Frisch vom Center for Population Studies in Harvard können sowohl das späte Eintreten der ersten Monatsregel wie auch die lange Zeit zwischen den Geburten auf die Tatsache zurückgeführt werden, daß die Menge an Körperfett für das Einsetzen und den Fortgang der Regel über einem bestimmten Minimum liegen muß.

Die !Ko sind schlank, obwohl sie gut ernährt sind, und sie sind als »äußerst gesund« beschrieben worden. Wenn diese Frauen stillen, brauchen sie pro Tag etwa 1.000 Kalorien mehr; auf diese Weise hat eine stillende Frau zu wenig Fett, als daß ein Eisprung stattfinden könnte. Unter den seßhaft gewordenen !Ko beginnt die Menstruation in früherem Alter, und die Abstände zwischen den Geburten sind kürzer. Seßhafte !Ko stillen ihre Babys eine kürzere Zeit und haben auch mehr Körperfett, so daß ein Eisprung wahrscheinlicher ist. Die nomadischen !Ko leben von Nüssen, Gemüsen und Fleisch, verzehren aber weder Getreide noch Milch, während die seßhaften !Ko viel Kuhmilch und Getreide verzehren. Auch wenn weitere Forschungen erforderlich sind, um die Frisch-These zu beweisen, so schließen sie, daß die »seßhaften !Ko ihre natürliche Kontrolle der Geburtsrate verloren zu haben scheinen.« [156] Zeigen nicht die !Ko, daß es in primitiven Zeiten möglicherweise gar nicht nötig war, zu Abtreibung oder Kindstötung Zuflucht zu nehmen, wenn der Stamm völlig im Einklang mit seinem Platz lebte?

Diese »Ausgewogenheit« von Jägern und Sammlern mit ihrer Umgebung wurde zerstört, als die Menschenwesen Ackerbauern mit dem »Verlangen nach mehr Kindern und mehr Produktion« wurden. [292, 244] Der Verlust dieser Ausgewogenheit hat wiederkehrende Hungersnöte, Bodenzerstörung und andere Störungen im Gleichgewicht der Erde mit sich gebracht. Jene Menschenwesen, die angefangen haben, sich auf eine »Wiedereinwohnung« hin zu bewegen und wieder die enge Beziehung von Menscheit und *Platz* schmieden, werden die Entscheidung, ihre Kinder in ihre »Welt« zu bringen erst treffen, nachdem die andern Lebewesen ihres Platzes gefragt worden sind. Ein solches Kind ist wahrhaft erwünscht. Es hat von Anfang an einen Platz und ist daher vom heutigen Fluch der Kinder befreit, der »Angst«.

Von der Zeit im Mutterbauch an wirken Kind und Erde aufeinander ein. »Der Fötus«, sagt uns Gesell, »ist ein wachsendes Aktionssystem... Seine erste und zuvorderste Aufgabe ist es, sich auf den unaufhörlichen Zug der Schwerkraft einzustellen.« [98] Die andere allgegenwärtige Kraft, während das Kind im Bauch der Mutter ist, ist synkopierter Klang. Das Fruchtwasser in der Gebärmutter leitet Geräusche viel besser als Luft. Der Herzschlag des Fötus ist doppelt so schnell wie der der Mutter. Beide Herzrhythmen erzeugen den Klang eines synkopierten Trommelschlags. Für das neugeborene Baby ist der synkopierte Klang und die Bewegung die Reaktion auf die Schwerkraft einige Monate vor der Geburt sein natürlicher Zustand gewesen. So ist es kein Wunder, daß die Trommel in den meisten Kulturen das Herz der Rituale bildet. Die Verbindung des Tanzes (die die Grundbeziehung der Schwerkraft fortsetzt), der im Mutterleib begann, mit dem Trommelschlag (der sich aus dem Mutterleib fortsetzt), ist die kraftvolle Lebensmitte. Der indianische Tanz setzt diesen Kontakt von Mensch und Erde fort. Wie Jaime de Angulo es erklärt: »Der Fuß wird flach vom Boden gehoben und wird flach wieder aufgesetzt und dann, wie er war, durch eine Beugung im Knie in die Erde gedrückt.« [68, 242] Das Kind wird vollkommen geboren. Es kommt mit all den Gaben einer drei Millionen Jahre währenden Erfahrung der Gene auf die Welt. [250, 35] Es ist bereit, mit der lebenden Erde in Wechselbeziehung zu treten – und es weiß alles, was es wissen muß, um das Leben auf der Erde zu beginnen. Nikos Kazantzakis, der Autor von *Zorbas*, ist einer der wenigen, die in der Lage sind, sich mit beängstigender Intensität an seine ersten Kontakte mit der Welt zu erinnern. In seiner Autobiographie *Report to Greco* schreibt er: »Das Gehirn des Kindes ist zart wie sein Körper. Sonne, Mond, Regen, Wind, Stille, alle stürzen darüber her, und da es wie ein Sauerteig ist, formen sie es. Das Kind saugt die Welt gierig ein, empfängt sie in seinem Innersten, assimiliert sie, macht sie zu Kind.« [149, 39] Er schreibt lebendig von seiner ersten Erinnerung in seinem Leben:

Ich kroch auf allen vieren von der Schwelle, ich konnte mich noch nicht auf die Beine stellen. Voller Sehnsucht und Furcht streckte ich den zarten Kopf in die freie Luft des Hofes hinaus. Bis dahin hatte ich immer durch die Fensterscheibe auf den Hof gesehen, ohne zu sehen; jetzt sah ich nicht nur, ich erblickte zum ersten Mal die Welt – ein erstaunlicher Anblick. Das kleine Gärtchen des Hofes erschien mir endlos; das Summen von Tausenden unsichtbarer Bienen, der berauschende Duft, die warme Sonne, dickflüssig wie Honig, die flimmernde Luft, als blitzten blanke Schwerter, und zwischen den Schwertern drangen Insekten mit vielfarbigen steifen Flügeln auf mich ein, aufrechtstehend wie Engel. Ich erschrak, stieß einen Schrei aus, meine Augen füllten sich mit Tränen, und die Welt verschwand.« [149, 37]

Kazantzakis erste Erfahrung mit dem Meer wurde in Kapitel 8 zitiert und endete mit diesen Worten: »... (es) stürzte sich schäumend in mein Inneres und füllte es zugleich mit Lachen, Salzgeschmack und Furcht.« [149, 37] Diese Erfahrungen zeigen beide die völlige gegenseitige Durchdringung von Welt und Kind. Er sagt, daß er selbst in seinem Erwachsenenleben seine ersten Berührungen mit der Erde, dem Meer, der Frau und dem sternenübersäten Himmel so erfährt: »... heute noch fühle ich, daß ich intensiv diese vier Elemente erlebe... wenn es mir gelingt, das gleiche Erstaunen und den gleichen Schrecken und die gleiche Freude wiederzuempfinden, die sie mir gegeben hatten, als ich Säugling war. Das läßt meinen Geist nicht welken, nicht versiegen.« [149, 44-45] Er erinnert sich weiter daran, als die von der Kultur (griechisch-orthodox) verursachte Spaltung zwischen der Welt und ihm geschah: »Es stand auf der einen Seite, ich auf der anderen, und der Kampf begann.« [149, 45] Dieser Kampf dauerte unvermindert fort bis er starb.

Andere, ohne solch heftig zudringliches kulturelles Erbe, vermochten trotz der modernen Welt intakt zu bleiben. Rexroth vergaß niemals die Erfahrung, die er gemacht hatte, als er vier Jahre alt war, die Erfahrung von »zeitloser, raumloser, völliger Seligkeit« und von der Energie, die ihm aus dieser Bezogenheit mit der Erde erwuchs.

Eine weitere wichtige Kindheitserfahrung war C.G. Jungs Erinnererung an den Stein, auf dem er saß: »Bin ich der, der auf dem Stein sitzt, oder bin ich der Stein, auf dem er sitzt?« [140, 26]

Diese enge Beziehung mit Steinen zog sich durch sein ganzes Leben. Mit etwa zehn Jahren war Jungs Zustand einer der »Entzweiung und Unsicherheit mit der großen Welt«, als er in das Ende eines Holzlineals ein Männchen schnitzte und es zusammen mit einem glatten, länglichen Rheinkiesel zusammentat. Er versteckte beides auf einem Stützbalken des Dachstuhls und fühlte sich vor aller Beunruhigung und Pein sicher. Er schreibt, daß dieses Geheimnis einen starken Einfluß auf seinen Charakter hatte: »Ich sehe es als das Wesentliche meiner frühen Jugendjahre an.« Er sagte, daß er, obwohl er nominell Christ war, als ihm die religiöse Lehren eingetrichtert wurden, bei sich dachte: »Aber es ist nicht so sicher. . . . Ja, aber es gibt noch etwas sehr Geheimes anderes. . . «, wobei er an sein Männchen dachte und was es ihm bedeutete. [140, 27-29]

All solche Erfahrungen passen zu Edith Cobbs Definition des Genius als »eines unfreiwilligen Phänomens auf biokulturellen Ebenen, das mit dem natürlichen Genius der Kindheit und dem ›Geist des Platzes‹ beginnt.« [58, 44] Nur in der frühen Kindheit können diese entscheidenden Ereignisse geschehen. Niemals wieder ist das Menschenwesen so offen für das Ganze. Vor allem anderen muß einem kleinen Kind Zeit gegeben werden, allein in der Natur zu sein, und sei es auch nur unter einem Baum in einem Hinterhof. Wenn diese Einheit mit der Erde nicht fest geschmiedet wird, dann wird es auch später nicht geschehen. Genau so, wie es nur eine Zeit im menschlichen Leben gibt, die die spezifische Stufe für das Erlernen der Sprache ist, so gibt es nur eine spezifische Zeit im Leben für den Aufbau dieser völligen Vertrauensbeziehung mit der Erde.

Während der ersten Jahre meines Lebens hing meine Wiege häufig unter einem Espenbaum. Mein Vater war gegen bestimmte Pollenarten allergisch, deshalb verbrachte meine Familie viel Zeit in den Bergen, wo die Gräser der Niederungen nicht wuchsen. Ich wurde in einen Segeltuchsitz gelegt, der an einem Seil hing, das an einem Ast befestigt war. Auf diese Weise wurde ich durch Espenlaub geprägt. Bis auf den heutigen Tag habe ich, wenn der Herbst beginnt, einen starken Drang, unter Espen zu sein und still dem Spiel von goldenem Licht und Schatten in den ständig zitternden Blättern zuzuschauen. Die Stiele von Espenblättern haben eine einzigartige Form mit vier flachen Seiten, so daß das leichteste Flüstern einer Brise sie zum Zittern bringt. Ich habe Babys gesehen, die von den sich ständig bewegenden

Blättern der Espe eine Stunde lang oder länger völlig verzaubert waren. Die Macht dieser Licht- und Schattenspiele, die von sich bewegenden Blättern verursacht wird, rührt aus der langen Zeitspanne in unserer Entwicklungsgeschichte her, als die höheren Primaten und später unsere Jäger-und-Sammler-Vorfahren unter spielenden Blättern lebten und jagten.

Indianer hingen ihre Kinder in den Tragewiegen häufig unter Bäumen auf. Sie wußten, was sich bewegende Blätter für ein Baby bewirken. Tatsächlich sind all die Spielzeuge, die an Gummibändern über Babykrippen befestigt werden, bloß ein heutiger, mechanisierter Ersatz für wirkliche Blätter.

Ein Baby kommt mit allem auf die Welt, was es braucht, um das Wesen zu werden, das seiner Bestimmung entspricht. Es ist nicht die Aufgabe der Eltern, es zu formen; sie brauchen es nur mit der notwendigen Nahrung, Unterkunft und Liebe auszustatten, damit es sein eigenes Wesen entfalten kann. Die Eltern können nicht wissen, was seine Bestimmung ist. Ein Baby hat seine eigenen Methoden – einfach nicht mehr mitmachen und sich zurückziehen, so daß man es nicht mehr erreichen kann. Edith Cobb deutet auf die Tiefe dieses Bedürfnisses zu *sein* hin, wenn sie schreibt: »Ich glaube jedoch, daß die Absicht und Verhaltensweise des Kindes in hohem Maße darauf gerichtet ist, das Selbst als eigenständig zu bewahren – eine Spezies für sich.« [58, 56] Pelletier schrieb über den grundlegenden Unterschied zwischen der Welt der Weißen und seiner indianischen Reservation: »Ich glaube, eines habe ich gelernt – und es hat mich viel, viel Zeit gekostet: Wenn man in der weißen Gesellschaft lebt, ist das Schwierigste, was man überhaupt machen kann, einfach man selbst zu sein. Und das ist so, weil es in der weißen Gesellschaft schon eine Demütigung ist, überhaupt geboren zu werden. Und während es heranwächst, lernt das Kind, daß es unter dem Druck steht, jemand zu sein. So beginnt es, alle möglichen Identitäten anzunehmen . . . « [251, 155] Und es gibt kein Sein mehr.

Da die moderne Gesellschaft in ihren Forderungen, daß sich die menschliche Person ihren Formen »anpaßt«, immer unnachgiebiger wird, werden auch die Anforderungen der Eltern an das Kind immer gewaltsamer. Das wachsende Problem der Kindesmißhandlungen hat viele Ursachen, aber dies ist eine von ihnen. »Jedes Jahr sterben mehr Kinder unter fünf Jahren an Mißhandlungen als an Krankheiten. Die Zahlen reichen von 50.000 bis 100.000 Toten.« [194] (Die Zahl bezieht sich auf die USA, *A. d. Ü.*) Erik Erikson stellt fest: »Man tut gut, sich daran zu erinnern, daß der größere Teil der Menscheit niemals dem Wahlspruch gehuldigt hat, man müsse Kinder in die Unterwerfung prügeln. Wie amerikanische Indianerstämme zutiefst entsetzt waren, als sie zum ersten Mal sahen, wie Weiße ihre Kinder schlugen. In ihrer ratlosen Verwirrung konnten sie sich solches Verhalten nur als Teil eines übergeordneten Missionierungsplanes erklären. Sie dachten, all dies müsse wohl dem sorgfältig berechneten Ziel dienen, die weißen Kinder zu lehren, daß diese Welt kein guter Ort sei und man besser nach jener andern hinübersehe, in der um den Preis der irdischen Welt vollkommene Glückseligkeit zu erlangen sei.« [81, 73]

Es ist von äußerster Wichtigkeit, daß sich die Eltern der Stärke des in ein Kind von der Natur eingebauten Triebes, es selbst zu sein, bewußt bleiben. Dies gilt besonders für den Geist und die Gefühle, denn es ist ja tatsächlich selten, daß Eltern sich berufen fühlen, ein Kind vom Laufen abzuhalten. Doch diese anderen Triebe sind genauso stark vorhanden, wie der Lauftrieb.

Für die meisten Eltern in der herkömmlichen zivilisierten Umgebung ist der Trieb zum Laufen nicht voll erfahrbar, da das Kind einen flachen, ebenen, glatten Fußboden oder die flache Erde hat, um damit seine Erfahrungen zu machen. Wir hatten die einzigartige Gelegenheit, diesen »Trieb« in voller Aktion zu erleben, als unser Sohn klein war. Er fing kurz nach seinem ersten Geburtstag im Oktober an zu laufen. Wir lebten in dieser Zeit in den Bergen von Utah, in Alta. Bevor er sehr weit laufen konnte, schneite es und es schneite immer weiter. So lief er im Haus – geschäftig und hingegeben wie kleine Kinder es tun. Dann fuhren wir Anfang Dezember in die Stadt, um Weihnachtseinkäufe zu machen, und er war zum ersten Mal auf einer Fläche, die sich endlos ausdehnte. Und er lief und lief und hielt nicht an. Wir verstanden dieses Laufbedürfnis, so dachten wir zuerst. Er zerrte uns, so schnell er laufen konnte, mit; wir dachten, daß er bald erschöpft sein würde und daß wir ihn dann tragen müßten, aber er gab nicht auf. Dieses Kind lief mit vierzehn Monaten ununterbrochen mehr als sieben Stunden lang.

Ein weiterer Beweis für diesen starken Antrieb zum Laufen zeigte sich etwas später. Er war fast zwei Jahre alt, und wir waren zu Schneeuntersuchungen auf dem Blue Glacier auf der Halbinsel des Mt. Olympus. Wir lebten in zwei Zelten, die zwischen dem Felsgestein der Moräne aufgestellt waren. Eine Moräne ist wohl ungefähr das loseste Stück Erde, das man sich vorstellen kann. Sie besteht aus all den losen Steinen, die der Gletscher mitgenommen oder abgesprengt und dann, als er schrumpfte, zurückgelassen hatte. Diese Moräne war lang und schmal und bestand aus völlig unzusammenhängendem Gestein. Für einen Zweijährigen war es ein ständiges Klettern, um von der einen Stelle der Moräne zur anderen zu gelangen. Es gab für ihn überhaupt keinen Platz zum Laufen. Seine größte Freude war es, Steine den Berghang hinunterzuwerfen. Eines schönen Tages beschloß ich, zu einem nahen See hinabzuwandern und den Tag dort mit ihm zu verbringen, damit er am Wasser spielen konnte. Wir gingen sehr früh los, damit er die drei Meilen hinab zum See laufen konnte, da ich wußte, daß er nach der ganzen Kletterei über Felsen gerne laufen würde. Wir verbrachten den Tag damit, uns auf Baumstämmen treiben zu lassen und in der Sonne zu liegen. Am späten Nachmittag setzte ich ihn in die

Babytragekiepe und begann den Aufstieg, denn ich dachte, er sei zu müde. Aber keine Spur davon, er wollte laufen. Dann ging er zurück – die ganzen drei Meilen. Das hatte ich nicht eingeplant, und es wurde spät. Die Sonne ging unter, und er drängte immer noch weiter, obwohl er nun doch erschöpft war und stolperte. Dann kam sein Vater den Pfad hinab, um nach uns zu sehen, und traf uns gerade wohl hundert Meter unterhalb der Moräne. Es war kalt geworden, so erlaubte er uns, ihn in die Kiepe zu setzen, wo er sogleich einschlief. Die meisten Leute wissen nicht, daß ein Zweijähriger an einem Tag sechs Meilen einen steilen Bergpfad hinab und hinauf laufen kann. Ein Drei- oder Vierjährigerer würde jammern und jammern und schafft es – oder auch nicht, aber ein Zweijähriger, der einen Monat lang vom Laufen abgehalten war, wird es voller Freude tun, weil er noch den Antrieb hat zu laufen, und es ist sein ganzen Streben und Vergnügen.

Dieses ist ein ganz lebenswichtiges »Lernen in einer kritischen Periode«, und es ist wichtig, dessen eingedenk zu sein. Behalte es im Gedächtnis, denn wir werden noch über andere kritische Perioden sprechen, die für die kindliche Entwicklung des Gewahrseins bedeutend sind. Die kindliche Phantasie und Vorstellungskraft betreffend sagt Pearce: »Die ganze Krux der menschlichen Intelligenz dreht sich um diese Fähigkeit des Geistes.« Doch nur wenige Eltern sind fähig, beiseite zu stehen und es im vollen Ausmaß geschehen zu lassen. Zu oft übertragen wir unsere Erwachsenenansicht von der Wirklichkeit auf das Kind – mit den besten Absichten natürlich. Tatsächlich ist unsere Erwachsenenansicht aber *Welt plus Vorstellung*. Sie ist nicht die *Wirklichkeit*, und es ist schwer für uns, das zu akzeptieren. Wir glauben, daß wir bestimmte restriktive Dinge für die Selbsterhaltung des Kindes tun. Wenn wir uns aber vor Augen halten, daß die Selbstentfaltung des größten Potentials das Ziel ist, nicht die Selbsterhaltung, dann werden wir dem Kind weniger Ängste übertragen, und das Kind wird fähig, gewahrer zu sein und daher intelligenter im wahren Sinne.

Im Alter zwischen dem ersten und siebten Lebensjahr »stellt die Natur dem Kind zwei Aufgaben.« Konkretes Wissen über die Welt mit Hilfe der Sinne zu gewinnen und gleichzeitig mit jener Welt zu spielen. Spielen ist für ein Kind das Wichtigste. [250, 110]

Etwa im Alter von vier Jahren wird der Ur-Prozeß bemerkbar – außersinnliche Wahrnehmungen, Telepathie usw. Dieses sind nicht okkulte, sondern normale Vorgänge, die den Menschenwesen zugänglich sind, die unsere Kultur aber verloren hat. Wenn »diese Ur-Wahrnehmungen« nicht entwickelt werden, neigen sie dazu, zu verschwinden, genauso wie ein Muskel sich zurückbildet, wenn er nicht gebraucht wird. Durch die Ur-Wahrnehmungen schöpfen wir aus dem großen Wissen der Natur. [250, 160] Aber fast im selben Augenblick, da ein Kind mit vier Jahren diese

Ur-Wahrnehmung erlangt, versucht unsere Kultur es zu zwingen, sie aufzugeben. Erwachsene können für ein Kind in diesem Alter am meisten tun, indem sie alle Unternehmungen in »anderen Bewußtseinszuständen« ermutigen – Geschichtenerzählen, Phantasien und alle Arten des Spiels.

Mittlere Kindheit

»Dies ist . . . das wenig verstandene, vorpubertäre, friedliche mittlere Alter der Kindheit, ungefähr von fünf oder sechs bis elf oder zwölf . . . wenn die natürliche Welt in einer höchst evokativen Art und Weise erfahren wird, die in dem Kind ein Gefühl einer grundlegenden Einbeziehung in die natürlichen Abläufe erzeugt. . . [59]

Pearce ist strikt und fest, wenn er sagt, daß »*nichts* wichtig ist, außer der physischen Interaktion mit der Welt.« Die körperlichen Aktionen des Kindes *sind* sein Denkprozeß. Es kann auf keine andere Weise denken.

Es lernt durch Spiel. Aus diesem Grunde ist das Kind dermaßen darauf festgelegt, trotz all der Erwachsenen, die es zu etwas anderem zwingen wollen, zu spielen. Erinnern wir uns an die Festlegung des zweijährigen Randy, zu laufen. Der Drang zu spielen ist genauso stark und genauso notwendig. Wenn die Erwachsenen nur sehen könnten, daß sie gegen ein genetisch festgelegtes *Bedürfnis* nach Spielen stehen, dann könnten sie sich vielleicht entspannen und es geschehen lassen. Wie Pearce sagt, das Spiel dient dem Überleben. Bei Tieren spielen die Jungen kämpfen oder jagen. Das Menschenkind spielt mit der Welt – Welt plus *Geist-Gehirn-System*. Das Kind spielt Imagination, Phantasie und Imitation, und in diesem Spiel finden all die unbewußten Vorgänge des Lernens statt. »Gewahrsein ist das Endergebnis.« [250, 143]

Wie wir gesehen haben, haben 99 Prozent der Menschenwesen auf dieser Erde als Jäger und Sammler gelebt, daher muß das, was ihre Kinder tun, für Kinder wertvoll sein, und was sie tun, ist spielen. Die !Ko der Kalahari leben in einer so ungastlichen Wüste, daß wir erwarten, daß jeder im Stamm für Nahrung sorgen müßte, aber ihre Kinder spielen. Wir können es uns nicht leisten, unsere Kinder spielen zu lassen. Sie müssen hart arbeiten und alle die Dinge lernen, die sie wissen müssen, um in unserer Welt erfolgreich zu werden. Wer ist klüger? Weil die Wüstenbewohner in kleinen Gruppen lebten, bestehen die Spielgruppen aus Kindern unterschiedlichen Alters und beiderlei Geschlechts, was es erschwert, für Jungen und Mädchen unterschiedliche Spiele zu entwickeln. Sie spielen keine Wettkampfspiele, weil die Altersunterschiede zu groß sind; und weil immer Erwachsene in der Nähe sind, die schnell aggressives Verhalten unterbinden, ist das Ergebnis, daß die Kalahari-Buschleute einfach nicht aggressiv sind. Wenn diese Leute seßhaft werden, entwickeln sich Aggressionen. [156]

Auf den Bedürfnissen des Körper-und Gehirn-Systems begründet, das wir von unseren Jäger-und-Sammler-Vorfahren geerbt haben, gibt es nach Paul Shepard drei ökologische Bedürfnisse für Kinder unter zehn: »einen architektonisch vielschichtigen Raum zum Spielen mit Spielkameraden; eine kumulative und zunehmend verschiedenartige Erfahrung von nicht-menschengemachten Formen, belebten und unbelebten, deren Namens- und Herkunftsbeziehungen es lernen muß, und gelegentliche und immer anstrengender werdende Ausflüge in die wilde Welt, wo es, auf begrenzte Weise, dem Nichtmenschlichen begegnet.« [292, 267] Wenn das Kind in ganzheitlicher Weise mit der Erde in Wechselbeziehung tritt, kann der ruhige, plastische Geist viele verschiedene Muster aufnehmen, die es vom nicht-menschlichen Leben gelernt hat, ohne daß es dazu der verbalen Erklärungen eines mechanischen Lernens bedurft hätte. Die auf diese Weise erlernten Muster mögen jahrelang nicht benutzt werden, und das Kind braucht sich ihrer nicht einmal voll bewußt zu sein, aber sie stehen zum Gebrauch bereit, wenn sie benötigt werden.

Das Spielen, einschließlich das ritualisierte Spiel, ist unter Säugetieren weit verbreitet. Shepard erklärt, daß »das Ritual immer ein Signal ist, das eine Information über eine Beziehung verdichtet (oder symbolisiert). Außerdem... ist das ›Als-ob‹ des Spiels das Herz des Rituals und letzen Endes auch der formalen religiösen Handlung.« [292, 196 und 199] Später, in formalen Zeremonien der Rituale einbezogen, »bewegt man sich zwischen Ebenen wie in einem Spiel und macht sich jetzt klar, daß in Wirklichkeit Joe Smith hinter der Maske steckt, und man verschiebt nun dieses Wissen auf eine transzendentale Erfahrung. Spiel und Anbetung sind die zwei menschlichen Aktivitäten, die vom Alltagsleben abgehoben sind. Das eine ist für das andere notwendig... Es begann mit der Erkenntnis der alten Jäger, daß es formale und heilige Regeln für das ›Spielen des Spiels‹ [die Jagd in Ausgewogenheit mit der Umwelt] gab.« [292, 199-200] Das Spiel der Kindheit ist eine notwendige biologische Voraussetzung für die kulturellen Rituale der Erwachsenen, wo die Menschenwesen ihren Teil in der vierfältigen Beziehung mit der Erde, dem Himmel und den »spielenden Göttlichen« übernehmen.

Wenn dem Kind eine natürliche Entwicklung zugestanden wird, dann gibt es eine Zeit, da »hat es ausgiebig Gelegenheit zu spielen, wobei es seine Werkzeuge zum Überleben erkundet.« [250, 199] Diese ist die glückliche, zugleich angstfüllte Kindheit – die Zeit, wo man hinter dem Anführer her Baumstämme hochklettert, von Garagendächern herunterspringt und dergleichen mehr. Hast du je bemerkt, wie viele der gewagten Eskapaden der Kindheit mit dem Gleichgewichtssinn zu tun haben? Das Gleichgewicht betreffend ist es interessant zu sehen, daß die Gruppe, die ihre Kultur am erfolgreichsten gegen die eindringende weiße Kultur bewahrt hat, die balinesische, die Zeit vor der Ankunft der Weißen »als die Welt beständig war« nennt. Weiterhin ist der Stützpfeiler ihrer Kultur, nach Bateson, körperliches Gleichgewicht. Sie übertragen die auf körperlichem Gleichgewicht beruhenden Verhaltensweisen auf menschliche Beziehungen; außerdem gehen sie davon aus, daß Bewegung für den Erhalt des Gleichgewichts in körperlichen, gesellschaftlichen und geistigen Angelegenheiten ganz wesentlich ist. [13]

Die Balinesen liefern ein ausgezeichnetes Beispiel des spiegelnden Wechselspiels zwischen der Erde, dem Himmel, den Göttlichen und dem Menschen.

Die Kinder spielen auf viele Weisen mit der Schwerkraft. Wie bereits erwähnt, sagt Gesell: »Die erste und zuvorderste Aufgabe des Embryos ist es, sich auf den unaufhörlichen Zug der Schwerkraft einzustellen.« In der Kindheit scheint sich das im Spiel mit der Schwerkraft fortzusetzen. Vielleicht lernen sie genau, wie sehr sie der Erde vertrauen können. Die gegenwärtige Mode des Skateboard-Fahrens scheint ganz neue Felder für das fundamentale Spiel mit der Schwerkraft eröffnet zu haben. Ein Junge, der die Straße einer Stadt in Schräglage hinabsaust, der fast waagerecht an der Seite seines Skateboards liegt, und dabei doch fest und sicher ist, lernt etwas von äußerster Wichtigkeit, das kein Druck oder Machtmittel der Erwachsenen je tilgen wird. Die Sportarten, die auf Gleichgewicht beruhen, das Skilaufen und das Surfen, haben auf das Leben jener Erwachsenen, die sich ihnen gewidmet hatten, einen enormen Einfluß gehabt. Diese Sportler sagen, daß es die einzige Sache ist, die sie ins Gleichgewicht bringt, so daß sie in unserer verrückten Welt klar im Kopf bleiben. Nur wenige Menschen sind in der Lage gewesen, solchen Sportarten genug Zeit zu widmen, um ihre ganzen Implikationen zu begreifen – zum Beispiel wegen der Jahreszeitenbedingtheit solcher Sportarten und zum Teil wegen der Entfernungen, die zu überwinden sind, um in die Berge oder zum Meer zu gelangen. Wenn ich sehe, wie die Kinder heute bei jeder Gelegenheit in den Städten im ganzen Land Skateboard fahren, dann kann ich mich des Gefühls nicht erwehren, daß dort eine Art Durchbruch vonstatten geht. Diese Kinder werden nicht so leicht all die durch die Kultur eingeimpfte Angst und Furcht übernehmen, die ihnen durch die Schulen und die Eltern übertragen wurden, wenn sie wissen, daß sie der Erde vertrauen können. Je mehr sie der Erde vertrauen, desto weniger können sie vom Stachel der Furcht getroffen werden, den unsere Kultur benutzt, um die Menschen zu zwingen, sich anzupassen.

Natürlich verunglücken manche Skateboardfahrer tödlich, aber weit mehr werden von Autos getötet als durch die Schwerkraft. Außerdem, wenn, wie Pearce deutlich macht, die Kultur nicht die Angst vor dem Tod zweckgerichtet einflößen würde, wie es die unsere tut, dann würde »das Todesbewußtsein wie ein Katalysator auf das Wissen des Kindes« wirken »und. . . seinem Handeln den rechten Schwung« geben. Es bietet eine aufregende Herausforderung, anstatt eine Quelle der Angst und des Schreckens zu sein. »Kindliches Spiel wird zum Spiel der Jugendlichen, bei dem der junge Mensch weiß, was auf dem Spiel steht, und daher versucht, immer geschickter zu werden, damit er den Einsatz erhöhen kann.« [250, 214] Dies entspricht Heideggers philosophischem Konzept von der Bedeutung der Sterblichkeit im menschlichen Leben. Nur ein sterbliches Wesen kann bis zur größten Fülle leben. Don Juans Vorstellung, mit voller Aufmerksamkeit zu leben, weil »der Tod an deiner linken Schulter ist«, ist ähnlich.

In unserer Kultur wird diese wichtige Spielstufe plötzlich in der Mitte der Kindheit durch unsere kulturgegebene Angst vor dem Tod erschüttert, die das Band mit der Erde zerbricht und das Kind in unsere Grundannahme zwingt, daß der beste Weg, voranzukommen, der des Erfolges in unseren Instituionen ist. [250, 195-196]

Um tiefer in die Frage vom Tod und elterlicher Sorge einzudringen, sagt Pearce in einem anderen Buch, daß »die Furcht der Eltern vor der gesellschaftlichen Verdammung wegen ›Unverantwortlichkeit‹ als ›Sorge‹ für das Kind übertragen wird«, was zu einer extrem übermäßigen Umsorgung geführt hat. Jeder Aspekt des Lebens des Kindes wird überwacht. Nach der Abpufferung des Kindes gegen Gefahr über seine formenden Jahre hin, setzen wir es mit etwa 16 Jahren hinter das Lenkrad mit hundert Pferdestärken, lassen es auf die Autobahnen los und wundern uns, warum die große Mehrzahl der Autounfälle mit jungen Fahrern geschehen. [249, 64] Dies ist für die meisten Kinder die erste Gelegenheit, hinaus zu kommen und etwas zu tun, ohne daß Erwachsene dabei sind und ihnen hineinreden und sie überwachen. Vor einigen Jahren war ich mit einer Frau bekannt, die ihre Kinder dermaßen umsorgte, daß ihr jüngerer Sohn mit uns nicht an eine leicht sumpfige Stelle gehen durfte, um die Frösche anzuschauen, weil seine »Schuhe dreckig werden« könnten. Ihr ältester Sohn versuchte auf verschiedene Weise fortzukommen, aber seine Mutter vereitelte es jedesmal mit Erfolg. Als er sechzehn war und Auto fuhr, wurde er getötet – beim Überholen.

Es ist wichtig, den Unterschied zwischen einem plötzlichen Schrecken zu erkennen, der ein biologischer »Überraschungsaffekt« ist, der auftritt, wenn eine Gefahr droht, damit der Körper sich bereit macht oder flieht, und der Angst, die eine angelernte Reaktionsweise ist. Nach Joel Kramers Inana-Yoga lebt die Angst in den Erinnerungen an die Vergangenheit und sie lebt in der Zukunft, die aus nach vorne projezierten Erinnerungen an die Vergangenheit besteht. Aber es ist »im eigentlichen Sinne des Wortes ummöglich, vor etwas Angst zu haben, was gerade passiert. Wenn ich eine Schußwaffe auf Sie richte, fürchten Sie sich nicht davor, daß ich die Waffe auf Sie richte. Sie haben Angst, daß ich auf Sie schießen werden. Wenn ich auf Sie geschossen habe, haben Sie keine Angst, daß auf Sie geschossen wurde, das ist ja schon geschehen. Sie werden Angst haben, daß ich nochmals auf Sie schieße, daß Sie verbluten werden, eine Verletzung haben, was auch immer. Daher ist die Angst keine Reaktion auf das, was ist, sondern eher auf das, was sein wird, was sich orientiert an den Erinnerungen an das, was war!« [159, 62]

Angst ist die Furcht vor etwas, was uns in der Zukunft angetan werden könnte. Furcht und Angst sind unsere hauptsächlichen Waffen gegen unsere Kinder. Unsere Kultur benutzt die Angst, um uns dazu zu bewegen, das zu tun, was wir aus uns heraus oder aus eigenem Willen nicht tun würden. Je mehr wir Furcht und Angst als Waffe gegenüber unseren Kindern einsetzen, desto weniger *Sein* haben sie. Sie lernen, daß sie ihrem eigenen Sein nicht trauen können. Wir negieren ihr Band mit der Erde, so daß sie nicht lernen, der Weisheit der Erde zu vertrauen, die ihnen durch dieses Band gegeben ist.

Die indianischen Kulturen erlauben und ermutigen im allgemeinen ihre Kinder, sich der Erde immer dann zuzuwenden, wenn es in ihrem Leben eine Krise gibt, indem sie sie, solange sie klein sind, hinausschicken, um in der Natur zu meditieren. Später, in der Jugend, steigert sich dies zur Visionssuche. Abraham Maslow gibt ein gutes Beispiel, wenn er von einem Vorfall berichtet, der in seinen frühen Berufsjahren geschah, als er sich auf einer Schwarzfuß-Reservation aufhielt:

Er war ungefähr sieben oder acht Jahre alt, und ich fand, als ich ihn genau betrachtete, daß er eine Art reiches Kind war – auf Schwarzfuß-Weise. Er hatte mehrere Pferde und Rinder auf seinen Namen, und er besaß ein Medizinbündel von gewissem Wert. Da tauchte jemand auf, ein Erwachsener, der das Medizinbündel kaufen wollte, welches das wertvollste Ding war, das er besaß. Ich erfuhr von seinem Vater, was der kleine Teddy tat, als ihm dieses Angebot gemacht wurde, – man erinnere sich, er war erst sieben Jahre alt – er ging in die Wildnis, um zu meditieren. Er ging für zwei oder drei Tage und Nächte fort, lagerte draußen, sann nach. Er fragte nicht seinen Vater oder seine Mutter um Rat, und sie äußerten sich auch nicht. Er kam zurück und verkündete seine Entscheidung. Ich kann uns gerade sehen, wie wir das mit einem siebenjährigen Kind so machen. [204, 231]

Was macht unser Sieben- oder Achtjährigerer? Er sitzt in der Schule. Unsere Kultur ist so furchtbesessen, daß unsere Eltern glauben, daß ein Kind da draußen in der Natur keine Zeit zu verschwenden hat – es hat in der Schule zu sein, lesen zu lernen und die Hilfsmittel für den »Erfolg« in unserer Wettbewerbswelt zu erlangen. Es kann doch seine Zeit nicht draußen in der Natur verschwenden, zwischen den beiden Vulkanen wandern, wie Giordano Bruno oder dasitzen und einen Johannisbeerbusch betrachten wie C. J. Lewis oder auf einem Stein sitzen wie C. G. Jung.

Mit anderen Worten, es kann nicht einfach *sein*, es muß etwas darstellen, beweisen und konkurrieren. Heutige Eltern wollen, daß ihr Kind einen »überlegenen Geist« hat, also sollte ihr Kind lieber das tun, was sie sagen, angestrengt lernen und sich gut betragen. Und dies ungeachtet dessen, daß Edith Cobb die Tatsache belegte, daß dreihundert schöpferische Menschenwesen vom sechzehnten Jahrhundert bis heute ihren »überlegenen Geist« in der Natur entdeckten [59] und ungeachtet der von Pearce genannten Tatsache: »Zwingt man etwa dem Kind das späteren Jahren der Entwicklung vorbehaltene abstrakte Denken auf, so wird man feststellen, daß es später stark beeinträchtigt ist.« [250, 41]

Im allgemeinen hält man die Schule für einen Ort, wo ein Kind ausgebildet wird, aber statt dessen wird in Wirklichkeit eine Art Gehirnspaltungs-Operation durchgeführt. Dr. Bogen, der Chirurg, der Gehirntrennungs-Operationen durchführt, um Epileptikern zu helfen, erklärt: »Da die Ausbildung nur insoweit wirkungsvoll ist, als sie das Funktionieren des Gehirns berührt, ist klar, daß ein Grundschullehrplan, der nur eng auf Lesen, Schreiben und Rechnen beschränkt ist, hauptsächlich nur eine Hemisphäre des Gehirns ausbilden wird und die Hälfte des hochgradigen Potentials eines Individuums ohne Ausbildung läßt.« [35] Da geht es um weit mehr, als irgendwelche besonderen Schwierigkeiten für einzelne, denn »der ganze Körper des Schülers wird unausgewogen ausgebildet.« Die Schule zwingt die Kinder, mit dem halben Gehirn zu arbeiten.

Wir hören viel über unseren hohen Grad an Bildung des linken Gehirns in unserem Land. Wir hören nie ein Wort über die Nichtbildung unseres rechten Gehirns, und dies ganz im Gegensatz zur hohen Bildung der Funktionen des rechten Gehirns etwa bei den Hopi. Die Ungebildetheit des rechten Gehirns ist viel grundlegender, weil das wirklich eine Unfähigkeit, die Erde selbst zu lesen, bedeutet, denn das Lernen von der Erde erreicht uns durch das räumliche, empfindsame, relationale, gestaltschaffende rechte Gehirn.

> Hast du gedacht, daß dies die Worte wären,
> Jene aufrechten Linien, jene Kurven, Winkel, Punkte!
> Nein, jene sind nicht die Worte, die eigentlichen Worte sind in Grund und Meer,
> Sie sind in der Luft, sie sind in dir ...
> Das Werk der Seelen liegt bei jenen unaufhörbaren Worten der Erde.
>
> *A Song of the Rolling Earth* von Walt Whitman

Oder, wie Conrad Aiken, der von alten chinesischen Dichtern beeinflußt ist, schrieb:

Die Landschaft und die Sprache sind dasselbe.
Denn wir selbst sind Landschaft und sind Land.

Ja, ein Kind soll lernen, Bücher zu lesen, aber das ist eine recht einfache Sache. John Holt und andere Autoritäten haben oft gesagt, daß ein Kind, wenn man es völlig in Ruhe läßt, vorausgesetzt, es ist nicht gehirngeschädigt – ganz ohne Schule – im Alter von etwa neun Jahren etwas lesen lernen wird. Es kann das in unserer Welt, die mit Zeichen und geschriebenen Anweisungen angefüllt ist, gar nicht vermeiden. Die Schwierigkeiten beim Lesenlernen rühren von der durch die Kultur induzierten Angst und Furcht her.

Neun Jahre ist für weit wichtigere Dinge als Lesen ein kritisches Alter. Es ist das Alter für die Beendigung der Entwicklung des wichtigen *Bonding* an die Erde und für die Entwicklung des Ur-Prozeß-Denkens.

Bruner, der sich auf die Bedeutung der Bildung für Kinder in Belgisch Kongo bezieht, schrieb: »Die Schule scheint ein Selbstbewußtsein zu erzeugen, das auf der Unterscheidung zwischen menschlichen Vorgängen und physikalischen Phänomenen beruht.« Pearce zitiert Bruner, sagt aber, daß dies nicht das ist, was wir in den Jahren von sieben bis elf wollen, wenn »wir den funktionellen Zusammenhang zwischen Individuum und Weltsystem mit dieser Unterscheidung vorzeitig auftrennen« und das Ur-Prozeß-Denken damit einschränken. [250, 212] Er führt weiter aus, dies führe zu einer Entfremdung, die zum Todesbewußtsein mit etwa neun Jahren beiträgt. Was geschieht, das ist, daß der Ur-Prozeß (nach Pearce könnte man dafür auch Seele sagen, *A.d.Ü.*) im Gehirn nicht das tun kann, wofür er vorgesehen ist und zugleich seine eigene Funktion durch das Todesbewußtsein unserer Kultur filtert, welches den Fluß des Ur-Prozesses als gefährlich abstempelt und sagt, daß der einzige sichere Bereich der des kulturell anerkannten Wissens sei. Das Ergebnis ist eine Spaltung des Gehirns. Der Ur-Prozeß wird gegen das übrige Gehirn abgeschottet. Das Kind fühlt sich von der Welt isoliert, ja sogar von seinem eigenen Körper. Dies ist der Anfang der Abspaltung von der Erde. Wir bereits erwähnt, ist die Zeit von neun bis etwa elf Jahren die Zeit, in der Poltergeist-Aktivitäten am häufigsten auftreten. Es wächst im allgemeinen ein Kind in diesem Alter in dem Haushalt auf, in dem Flaschen zerspringen, ohne daß sie berührt worden wären, und Möbel krachen. Es scheint höchst wahrscheinlich, daß dies ein unbewußter Protest des Ur-Prozesses des Kindes ist, der mit dem Lebensfluß der Erde in Verbindung steht. Es ist ein Protest gegen das Abgeschnittensein von dem Fluß.

»Die stufenspezifische Periode für das *Bonding* an die Erde« beginnt mit etwa elf Jahren abzunehmen und verschwindet ungefähr mit vierzehn oder fünfzehn. Und damit die Fähigkeit für »reversibles Denken«, wirklich schöpferisches Denken. Nur durch zufällige Ereignisse kann es geschehen, daß der Erwachsene diese Fähigkeiten wiederentdeckt. Drogen können dies gelegentlich hervorrufen, das Neuprogrammieren des Geistes durch Inana-Yoga oder eine andere Disziplin kann dazu verhelfen, aber es wäre viel einfacher, es aus sich entwickeln zu lassen, wenn die Natur es vorgesehen hat.

Jetzt fangen wir an, etwas von der Angst zu sehen, die mit der Schule zusammenhängt. »Echtes Lernen... kann nicht existieren, wenn es Angst gibt,« so Joel Kramer. [159, 60] Ein angstvolles Kind kann nicht einfach voranschreiten und lernen. Es muß erst einmal herausfinden, ob es sicher ist, und was der Lehrer von ihm erwartet. Du kannst ansatzweise den Irrgarten sehen, dem es gegenübersteht. Dies ist nicht das, was die Schule eigentlich sein sollte. Das Wort »Schule« bedeutet nach Richards »die Muße zu lernen ... Seine Wurzel bedeutet ein Zurückhalten: warte, da ist etwas, dem du Aufmerksamkeit schenken solltest, dessen du dir gewärtig sein solltest.« [274, 177]

Das Wort Erziehung kommt von der Wurzel »ziehen«, was herausziehen bedeutet – nicht eingießen oder -zwängen, sondern ein gewärtiges Hervorziehen. Es ist alles im Kind oder vielmehr *Kind-plus-Erde* vorhanden. Ein weiteres Wort wird hier noch klärend helfen, *Akademie*, »die griechische, von Plato gegründete Philosophieschule, so genannt nach einem von Academus bepflanzten Garten, wo Plato seinen Anhängern Unterricht erteilte.« [25, 5] Für die Griechen war es unvorstellbar zu lernen, ohne der Natur acht zu geben. Für die Jäger und Sammler war es ebenso unvorstellbar. Für sie war die Erde der größte Lehrer. Geistesgegenwart, Gewahrsein der Erde, damit entlockten sie der Natur ihre Geheimnisse für ihr Leben. Das Lernen vollzog sich die ganze Zeit im Lebenszusammenhang des Stammes und seiner Bezogenheit mit dem *Platz*. Wie sonst entdeckten die primitiven Völker jede Art von Nahrung, die wir heute essen, und die meisten unserer Heilmittel.

Unsere Kinder sagen uns von der Grund- bis zur Oberschule auf sowohl gewalttätige wie nicht gewalttätige Weise, daß das Schulen einfach nicht klappt. Es ist bedeutungslos. »Sie sind nicht so sehr darum besorgt, einen Lebensunterhalt zu verdienen als vielmehr zu leben,« sagt Dr. Bogen. »Sie sehen eine Welt sich bekriegender Erwachsener, die eifrig etwas werden wollen – um den Preis des Seins; die wollen, daß sie in derselben halbhirnigen Weise unglücklich werden. Der Kampf mit der Natur um das Überleben ist gewonnen, meinen sie; und es ist an der Zeit, daß wir lernen in der Natur als zweiseitig gebildete, ganze Person zu leben.« [35]

Standing Bear, ein Oglala-Indianer, erklärt die indianische Erziehung in der Natur kurz und bündig: »Den Kindern wurde beigebracht, still zu sitzen – und zu schauen, wenn es scheinbar nichts zu sehen gab, und angespannt zu lauschen, wenn es anscheinend still war.« [206, 171] Mit anderen Worten, sie lernten allumfassendes

Gewahrsein. Paul Shepard vermittelt uns, wie unsere Kinder wieder anfangen können, von der Natur zu lernen: »Die Handlungsanweisungen für das eigentliche Leben sind in den Genen angelegt.« Eben jene Tätigkeiten, die die Kinder am meisten ansprechen, sind die, durch die sie lernen. »In jenen entscheidenden Erfahrungen des kindlichen Spielens und Forschens, im Antrieb zu benennen, einzuordnen und zu zerlegen, im Hingezogensein zu Mutproben, Helden und zu dem ›Anderen‹, in zeremoniellen Enthüllungen oder greifbaren Mythen... liegen die Momente, in denen die Wahrnehmung der Natur festgelegt wird und der Jäger und Sammler zum Vorschein kommt.« [292] Es waren ja wirklich *die* Hauptlernsituationen jener Menschen, die diese Erde bewohnten, die großen Jahresfeste, wo sich das Geschichtenerzählen und Tanzen, die Musik und das Singen zu einer umfassenden, synästhetischen Lernerfahrung der Erde, des Himmels, der Sterblichen und der Göttlichen zusammenfügen.

Selbst in heutiger Zeit kann eine tiefgreifende Erfahrung in der Natur dazu führen, daß man bewußt die Wahl trifft, von der Natur zu lernen statt von der Schule. Austin Post wurde als unmittelbares Ergebnis einer solchen frühen Erfahrung einer der Spitzenkräfte in der United States Geological Survey.

Austin wuchs auf einer Apfelplantage in der Nähe des Lake Chelan im östlichen Washington während der Depression auf. Das Land war trocken und mußte bewässert werden, aber er konnte den Schnee auf den fernen Bergen erblicken. Das erste Mal, daß er einen großen Schneegipfel aus der Nähe vor sich sehen konnte, war auf einer Fahrt mit einer Jugendgruppe nach Seattle. Die Gruppe hielt auf der Höhe des Chinook-Passes an, damit die Jungen den Anblick betrachten konnten. Mit Austins eigenen Worten: »Jemand sagte: Da ist Mount Rainier! Und so hob ich meine Augen von all den wilden Blumen und grünen Matten auf, die wie jene eines Wüstenbewohners hungrig sich ergötzten, und schaute nach einem richtigen Berg aus, der war wie die umstehenden, nur größer natürlich – sah zuerst Governors Ridge und war durch die stolzen Zinnen beeindruckt, die sich in einen merkwürdig gesprenkelten und dunstigen Himmel erhoben. Dann, bei näherem Hinsehen, war dieser Himmel gar kein Himmel, es war Schnee, gespalten und gebrochen und im dunstigen Licht glitzernd! Das Auge schweifte langsam weiter nach oben zu einer Gletscherspalte, zu den Wolken, die Gletscher in ihrer Höhe voll Ehrfurcht betrachtend, dann plötzlich gewahrend, daß auch diese Wolken – Schnee waren! Das Auge, nun verdutzt, erhob sich höher und höher und es ist immer noch Schnee – bis, unwahrscheinlich hoch im Himmel und unglaublich großartig, sich ein winziger Felsenrand gegen das blasse Blau des Himmels abhob. [Der Gipfel] Was für eine Art, zum ersten Mal einen großen Berg zu erblicken! Seither bin ich viele Male an klaren Tagen dort gewesen und nichts Derartiges ist zu sehen. Die Bedingungen an jenem Tag waren mit dem leichten Dunst und dem Nachmittagslicht wie gestellt. So erschien mir der Mount Rainier auf den ersten Anblick – riesenhaft jenseits der leisesten Vorstellung! Auch schön in all seiner erhabenen, uranfänglichen, unirdischen Erscheinung – ein Fall von ›Liebe auf den ersten Blick‹ – einer Liebe die niemals ermatten oder Gewöhnung werden wird. Jedesmal, wenn ich für Gletscheraufnahmen um diesen Berg herumfliege, fliege ich einmal ganz dicht heran (meist an Willis Wand), um etwas von dem Gefühl der Riesenhaftigkeit wieder einzufangen, und, glaube mir, dicht genug heranzufliegen, bringt das!« [265]

Wie bei Edith Cobbs dreihundert Autobiographien, so formte diese Naturerfahrung Austins Leben. Er hatte keine Zeit für die Schule, wenn er von den Bergen und vom Schnee lernen konnte. Er verließ die Highschool früh und fing beim Forstdienst und bei der Brandwacht an zu arbeiten, aber die ganze Zeit lernte er von der Erde. Dieses umfassende Gewahrsein der Gestalten und Formen der Berge gab ihm, was man ein »Körperwissen« von den früheren Gletschern nennen könnte, die diese formten, und ein Arbeitswissen der heutigen Gletscher. Als sein Wissen wuchs, eröffneten sich interessante Arbeitsstellen, bei denen er in noch engere Berührung mit den Gletschern kam, bis er schließlich gebeten wurde, für das Büro des United State Geological Survey in Tacoma als Hydrologe in der Forschung zu arbeiten. Aber da gab es eine Schwierigkeit. Die amtlichen Vorschriften für das Gehalt, das sie ihm zahlen wollten, erforderte einen Highschool-Abschluß, den er natürlich nicht vorweisen konnte. Also schrieben sie an seine Highschool in Chelan und bekamen einen Ehrenabschluß, denn inzwischen war er auf seinem Gebiet eine Berühmtheit. Seine Artikel erschienen in Fachzeitschriften wie dem *Journal of Glaciology*. Tatsächlich wurde er oft als Dr. Post angeredet. Schließlich muß eine solche Autorität wenigstens einen Doktoer der Philosophie haben. Austin lacht nur und lernt weiter und leidet mit seinen Gletschern in einem schlechten Jahr (wenn es nicht so viel Schnee gibt und die Gletscher schrumpfen) und freut sich in einem guten Jahr, wenn Regen und Schnee in Washington schlimmer sind als üblich und seine geliebten Gletscher gesund sind und wachsen.

13. Der zweite Berg des Lebens

Die Jugend

Bei Stämmen der östlichen Wälder und Prärien markierte die Jugendwache oder Visionssuche den zweiten Berg im Leben des Indianers. Alle jungen Männer und manche junge Frau folgten dem Brauch. Das Alter, in dem dieser Brauch geübt wurde, reichte von sieben oder acht bis sechzehn oder siebzehn Jahren. Es war eine Zeit der Einsamkeit, des »umfassenden Gewahrseins« und der völligen Aufnahmebereitschaft in Erwartung einer Botschaft von der Erde für die Ausrichtung des Lebens. Der Bote, der diese Botschaft brachte, war vielleicht ein Adler oder ein kleines Säugetier oder gar eine Pflanze oder ein Baum, aber die Botschaft, die er vermittelte, verschaffte dem jugendlichen einen Einblick in die besondere Art, auf die er sein weiteres Leben mit der Erde »im Gleichgewicht« gehen könnte.

Die großen indianischen Seher wie Tecumseh, Keokuk, Smohalla und Wavoka erlebten ihre Offenbarungen bei Vissionssuchen. Viele Bestandteile der großen indianischen Rituale stammen aus der Visionssuche. Wenn einem Jugendlichen eine solche Gabe für seinen Stamm gewährt wurde, erlangte er großes Ansehen für seinen Beitrag für den Stamm. Die Prärieindianer pflegten die Visionssuche, die australischen Eingeborenen das »Umhergehen«, die ersten christlichen Kulturen hatten ein wirkungsvolles Konfirmationssakrament in der Kirche eingesetzt und die Juden hatten das »Bar Mithvah«. Alle »Durchgangsriten« befassen sich mit den Jugendlichen auf der entscheidenden Stufe des Erwachsenenwerdens. Seit Jahrtausenden sind in den meisten Kulturen die Jungen im Alter von etwa zwölf Jahren von den Familien getrennt worden, und sie hatten für die Dauer von ein paar Tagen bis zu ein paar Jahren besondere Anweisungen zu befolgen, die mit einem Ritual abgeschlossen wurden, das sie zu Erwachsenen erklärte.

Die Veränderungen, die in der Jugend stattfinden, bereiten den Jugendlichen darauf vor, sich von der beschränkten eigenen Familie zu der Erkenntnis einer größeren, »kosmischen« Familie zu bewegen. In dem Maße, wie die Menschenwesen einer bestimmten Kultur ihre Beziehung mit der Erde, dem Himmel und den Göttlichen ihres Platzes abgeklärt haben, wird diese Aufgabe dem Jugendlichen leicht oder schwer gemacht. Gelegentlich ist es, wie in der heutigen Welt, fast unmöglich. Margaret Meads Buch, *Coming of Age in Samoa*, zeigte, daß der Teenager auf Samoa ruhig und frei von »seelischen Wunden« war, was beweist, daß die Jugendzeit nicht notwendigerweise eine besonders schwierige Zeitspanne im Leben eines jungen Menschen sein muß. [213] In dem Buch *The Forest People* berichtet Colin Turnbull, daß die Waldpygmäen eine solche enge Beziehung zu ihrem Wald und einen solchen Glauben haben, daß sie nicht einmal irgend eine Art der Initiation für ihre Jugendlichen brauchen. Sie erlauben ihren Jungen durch die Initiationsriten des Nachbardorfes zu gehen, aber nur, damit die von den Nachbarn als Erwachsene angesehen werden.[331, 217-227]

In den Jäger- und Sammler-Kulturen trägt die lange Zeitspanne des einordnenden Lernens, das in der mittleren Kindheit stattfindet, jetzt Früchte, da die Kenntnis der Pflanzen- und Tierarten, die zuvor dazu beigetrugen, das kognitive Denken zu entwickeln, nun für die Ausdehnung des Denkens in andere Bereiche gebraucht wird – sogar in jenem Bereich, der im allgemeinen als religiös bezeichnet wird. Die Grundbedeutung von Religion ist »ein Anbinden«. Die Erreichung dieser Anbindung, dieser Beziehung mit seiner kosmischen Familie, ist die Aufgabe der Jugend. Paul Shepard stellt fest, daß das einordnende Grundwissen der primitiven Völker die Wissenschaftler »immer wieder erstaunt.« Eine Gruppe kolumbianischer Indianer kennt zweihundert Arten einer einzigen Pflanzengattung nach ihrem Aussehen und Namen und ihrem medizinischen, ernährungsmäßigen, ökologischen, symbolischen oder sonstigen Nutzen. Viele Volksgruppen kennen zweitausend Pflanzenarten. Augenscheinlich hat das Fehlen der Schrift, menschengemachter Landschaften und eines entwickelten politischen Systems die Entwicklung der individuellen Fähigkeiten nicht beeinträchtigt. Wie Levi-Strauß beobachtet hat, sind die primitivsten heute auf der Erde lebenden Menschen, die australischen Aborigines, in ihrer intellektuellen Bildung, »in ihrem Hang zu Gelehrsamkeit und Nachdenken ohnegleichen.«[292, 202]

Im Alter von etwa zwölf Jahren entwickelt das Kind eine dichterische Stimmung und Vorliebe. »Der formale, zeremonielle Teil der Entwicklung der folgsamen Hingabe des Initianden, beruht auf seiner neu empfundenen Fähigkeit zu poetischem Dualismus.«[292,207] Die Zeremonien für den Initianden beruhen auf Worten, die mit den tiefsten Erfahrungen im Leben eines Kindes verknüpft sind –

jenen, die mit Erfahrungen der Muttermatrix und der Erdmatrix in Beziehung stehen. Aller Raum und alle Zeit sind untrennbar mit dem bestimmten *Platz* und tatsächlichen Ereignissen im Leben des jungen Menschen verbunden, so daß jede alltägliche Handlung ein kosmisches Ritual werden kann. Diese »kosmische Einordnung«, wie Paul Shepard sie nennt, wird erreicht, indem das Sprachhirn der linken Gehirnhälfte mit der räumlichen, künstlerischen Funktion des rechten Gehirns zusammengebracht wird. Ohne dies kann es für die Person keine volle Selbsterkenntnis geben. Dies ist der Schlüssel zum Verständnis, weshalb die Jugend der heutigen Schulung mit ihrer Betonung der Intellektualität des linken Gehirns so wenig Wert beimißt.

Das Verhalten einer Art wird von der Evolution bestimmt, nicht durch die Kultur. »Die zeremonielle Initiation, die auf Mythos und Prüfung beruht, ist biologisch eine spezialisierte Aktivität allen menschlichen Geistes, während der Inhalt einer jeden Zeremonie eine kulturelle Angelegenheit ist und sich bei verschiedenen Völkern unterscheidet.« [292, 219] Das Schaffen von Mythen ist ein Teil davon. Über die ganze menschliche Geschichte hin, solange der Mensch Jäger war, kamen die Jungen am Ende der Jagd mit den älteren Jägern zusammen, wenn diese von den Ereignissen der Jagd berichteten. Mit der Zeit wurden bestimmte Ereignisse durch die Wiederholung zu Mythen. Weil die jeweiligen Ereignisse der Jagd auf Merkmale der Landschaft bezogen sind, wird die ganze Gegend oder der *Platz* der Rahmen für ein fortwährendes Mythendrama. Buschmänner und Aborigines tun dies noch heute. In unserer eigenen Kultur ist der Mechanismus noch vorhanden. Im Alter von vierzehn und fünfzehn verbringen die Jungen am Ende des Tages viel Zeit damit, über die Ereignisse des Tages zu sprechen – was wem passiert ist – wer einen neuen Job hat – wer auf der Ecke der 14. Straße und Elmstreet verletzt wurde usw. Alle Sportarten schließen ein ebensolches Durchsprechen ein – beim Skilaufen, wie das Gelände an der Wächte gemeistert wurde oder wie Kim sich ein Bein gebrochen hat. Was geschieht ist, daß die Tagesereignisse mit einer »Mythologie von Orten « verknüpft werden. Shepard glaubt, daß für die Jugendlichen »ihre ernsteste und wesentlichste Gruppenaktivität, dieser rituelle Rückblick ist.« [292, 219] Shepard erklärt weiter, daß bei den Buschleuten der Kalahari sich noch der ganze Klan versammelt, um der Erzählung des Jägers zuzuhören, seinem Singen und seiner schauspielerischen Darstellung des Geschehens. Die Ereignisse, die an bestimmten Plätzen geschehen, werden eindrucksvoll und klar vermittelt, so daß neue Erfahrungen »primär durch die örtliche Geographie in einen Teppich gewebt werden – in Kontinuität mit den Schöpfungsmythen.« Die Weisheit der älteren Menschen stellt die Verbindungen her. Und eben an diesem Punkt bricht die ganze Sache für die heutige Jugend zusammen. »Wie im Zoo geborene Löwen, die versuchen, die nicht

gefressenen Reste in den Zementfußboden zu vergraben, treffen sich die jungen
Männer am Ende des Tages, um das Ewige mit den Tagesereignissen zu verspinnen
– nur daß, wenn das Spinnen getan ist, niemand da ist, der das aufwickelt.« [292,
220-221] Sie müssen versuchen, es selbst aufzuwickeln; da aber alles, was sie haben,
eine begrenzte Erfahrung ohne Anschluß an die Vergangenheit ist, kann ihre
»Klan-Mythologie« das Bedürfnis nicht befriedigen. Das fortwährende »Gammeln
und Tanzen« unserer heutigen Straßenjugend und Drogensubkulturen ist eine
»verrenkte« Version dieser notwendigen Aktivität. Die Plätze, wo ihre Ereignisse
stattfinden, können morgen mit dem Abriß eines alten Hauses und dem Bau eines
neuen an derselben Stelle verschwinden. Wenn wir die tiefen Bande zum Platz bei
der heutigen Kibbuz-Jugend kennen (siehe unten), können wir vielleicht den seelischen Schaden ermessen, der unseren jungen Leuten angetan wird, wenn wir ihre
Landschaftsmerkmale fast überer Nacht abreißen. Selbst heute entwickelt sich beim
Wiedererzählen von Ereignissen unter Jugendlichen manchmal eine Art Singen –
meistens als Antwort auf den Erzähler des »Mythos«. Es ist leicht zu erkennen, wie
der traditionelle Gesang zu einem Lernvorgang wurde. Eine ältere Person wieder-
holte die Überlieferungen des Stammes und bekam von den Jungen eine Antwort –
eins ums andere Mal, bis es ein Teil von ihnen wurde. Worte und Rhythmus
gemeinsam verbinden die rechte und die linke Hälfte des Gehirns und ermöglichen
vollkommenes Lernen.

Die Jugendlichen von Jäger-und-Sammler-Kulturen wurden in eine neue Familie,
den Klan, eingeweiht. Klans werden nach Tieren benannt, da die Natur das Vorbild
für die Kultur ist. Die verschiedenen Pflanzen- und Tiertotems sind nicht nur
religiös, sie legen auch Beziehungen im menschlichen Kultursystem und zwischen
den Menschenwesen und der Natur fest. Der Totemismus erstreckt sich auch auf das
Land selbst. Alle Formen des *Platzes* des Stammes, wie etwa Flüsse und Berge,
haben passende Namen mit dazugehörigen Mythen. Das »Umhergehen« der australischen Jugend ist die »große Reise der Vergangenheit der Ahnen.« [292, 204] Die
kalifornischen Indianer besaßen lange Liedzyklen, die nicht nur die Ortung von
Wasserlöchern und dergleichen im Geist der Indianer bewahrten, sondern auch die
kulturelle Bedeutung aller wichtigen Felsen oder Berge. [166]

Teil I dieses Buches zeigte, wie »heilige« Berge ein Teil jeder früheren Kultur
sind. Aber nicht nur Berge sind heilig, viele andere Formen der Landschaft können
als heilig angesprochen und so in die Initiationsriten des Jugendlichen einbezogen
werden. Im Ergebnis ist Initiation »eine Reihe von Umweltrückkopplungen, die in
der Reife und in der Fähigkeit zur Treue des jungen Erwachsenen gipfelt.« [292, 206]
Erik Erikson hat Treue »als jene Tugend und Qualität der jugendlichen Egostärke
bezeichnet, die zum evolutionären Erbe der Menschen gehören, die aber – wie alle

grundlegenden Tugenden – nur im Wechselspiel einer Lebensstufe mit den Individuen und gesellschaftlichen Kräften einer wahren Gemeinschaft aufkommen kann.«
Jugend ist die Zeit einer »Suche nach etwas oder jemand Wahrem.« [82] Als Erikson
dies vor einigen Jahren schrieb, hatte er, wie ich weiß, nicht den ganzen Begriff von
Gemeinschaft vor Augen, wie Aldo Leopolds »Landethik« ihn bietet, wo Gemeinschaft als etwas definiert wird, das den Boden, das Wasser, die Pflanzen und die
Tiere, wie auch die Menschenwesen umfaßt. [178] Es ist aber gerade diese umfassende Gemeinschaft, die in den Jäger-und-Sammler-Kulturen, die die längste Zeit
der Menschheitsgeschichte erfaßt, gegenwärtig war.

Der Versuch einer wahren Gemeinschaft im großen Stil in heutiger Zeit, die
israelische Kibbuz-Bewegung, hat viele Einzelpersonen in eine intensive Auseinandersetzung mit dem Land gebracht. Bettelheim scheint in seinem Buch *Children of
the Dream* von diesem Phänomen verwirrt zu sein. »Gewöhnlich war es nicht die
Natur im allgemeinen, von der ein Kibbuznik sprach, sondern er sprach von einer
bestimmten Gestaltung seines Kibbuz: einem Platz am See, dem Blick von einem
(oder auf einen) Berg, von einer Schlucht oder einem anderen kleinen Platz, den er,
durch das Lieben, sich zu eigen gemacht hatte. Die romantische Zuneigung ihrer
Eltern zu Israel als Idee haben ihre Kinder in eine glühende Liebe zu einer
bestimmten Landschaft übersetzt, die viele, trotz eines starken Dranges wegzugehen, im Kibbuz halten wird.« Er erwähnt zwei Beispiele: »Ein junger Mann
verbrachte vierzehn und mehr Stunden am Tag, oft sieben Tage die Woche, mit dem
Schafehüten, weil ihm das erlaubte, ganz für sich draußen in seiner geliebten
Landschaft zu sein. Ein anderer hatte eine Frau, die sehnlichst wünschte, den
Kibbuz zu verlassen, damit ihre Kinder mit ihnen im Hause zusammenleben
könnten. Aber obwohl er (wie seine Frau sagte) ein guter Vater und Ehemann war,
konnte er es nicht ertragen, den kleinen See, wo er fast die ganze Zeit als Fischer
zubrachte, zu verlassen – nicht wegen des Fischens, sondern wegen der Schönheit
des Sees.« Bei seinem Versuch, einen Grund für diese »merkwürdige« Abweichung
zu finden, fährt Bettelheim fort: »Die ihre ist nicht die Liebe eines Bauern zu seinem
Land, es ist eine wahre Liebesbeziehung zum Land, es ist eine wahre Liebesbeziehung zur Natur. Da die Natur sie nicht enttäuscht, können sie sich in ihrem
Verhältnis zu ihr tief empfinden . . . Praktisch jede Person, die ich befragte, die im
Kibbuz aufgewachsen war und ihn dann verlassen hatte, sprach mit tiefster Sehnsucht von der Naturschönheit ihres Kibbuz, wenn auch keiner zurückkehren wollte.«
[28, 266-267]

Der Mangel an dem, was Erikson als »wahre Gemeinschaft« bezeichnet, bildet die
Wurzel der meisten der Jugendprobleme unserer Tage. Im Grunde ist es überhaupt
kein Eltern-Kind-Konflikt. Shepard wird sehr deutlich, wenn er schreibt: »Die

Vorstellung, daß der Konflikt zwischen dem Jugendlichen und den Eltern auf individuelle Fehler und persönliche Verhaltensweisen zurückzuführen sei, ist mit Sicherheit eine der gefährlichsten Fehleinschätzungen des heutigen Menschen.« Er zählt die Repressionen und nutzlosen Aufforderungen auf, die in diesem Mißverstehen der Wurzeln des Konfliktes beschlossen liegen und rechnet ihm »ein gut Teil unnötigen Leides« zu. [292, 215] Unnötig, denn die Verletzung der Jugend in unserer Zeit reicht tiefer als in die Familie. Es ist die ganze Kultur, die falsch liegt, und die Familie allein kann dies nicht ausgleichen. »Zerrüttungen des menschlichen Verhaltens in dieser Größenordnung haben ihre Wurzeln in der Evolution der menschlichen Intelligenz und des Nervensystems,« dem Erbe unserer Jägervorfahren. Der hohe Grad von Spezialisierung in der menschlichen Intelligenz, ein Ergebnis des Jäger-und-Sammler-Daseins, könnte die hohe Bevölkerungsdichte und die instabile Umwelt von heute nicht überleben. Erforderlich ist »eine drastische ökologische Umarbeitung ... und eine Wiederbelebung der Eigenarten der Stammesgesellschaft.« [292, 227-228]

Das Thema des Stammesmenschen tritt in heutiger Zeit als Ideal immer wieder auf. Marshall Mc Luhans »Stammesmensch«, der in der Gruppe eingebunden ist, ist ein Beispiel dafür. Die große Vielzahl von Experimenten im Gemeinschaftsleben ist ein weiteres Beispiel. Ein drittes, verhältnismäßig wenig bekanntes Beispiel, ist das aufregende Leben und Lernen aller Altersgruppen bei der wissenschaftlichen Feldforschung. John Platt schreibt: »Im Stamm ist gut leben. An den Meeresbiologischen Laboratorien von Woods Hole, Massachusetts, wo ich einige Sommer verbracht habe, scheinen die Grenzen zwischen den Generationen zu verschwinden wie auch die Grenzen zwischen Spiel und Arbeit und zwischen drinnen und draußen und zwischen dem Menschen und seiner Umwelt. Kinder und Studenten und Lehrer gehen barfuß in den Laboratorien ein und aus, diskutieren wissenschaftliche Fragen und untersuchen die seltsamen Kreaturen, die aus dem Meer geholt werden. Die ganze Nacht beobachteten sie die Fischembryos, die sich in den Glasbehältern entwickelten und vor Morgendämmern gehen sie zusammen hinaus, um den großen Streifenbarsch zu fangen. Die Vierjährigen untersuchen allein Frösche und Zehnjährige verkaufen ihren Fang Katzenhaie an das Laboratorium, die Fünfzehnjährigen lauschen den Gesprächen über die DNA am Strand oder spielen wie wild Tennis mit den alten Wissenschaftlern.« [263] Nach meiner Erfahrung fanden wir selbst in einem so kleinen Projekt wie der Schneeforschung am Blue Glacier am Mt. Olympic ähnliche Bedingungen vor. Unser Sohn Randy war auch schon als Kind ein wertvolles Mitglied der Station und leistete seinen Beitrag an der für den Fortgang notwendigen Arbeit, wie etwa Eimer mit Schnee zu schleppen, den wir, um Trinkwasser zu gewinnen, zum Schmelzen brachten. Sobald er alt genug war, lange genug aufzubleiben, spielte er mit den graduierten Studenten Karten. Mit dieser neuen Gleichstellung war er fähig, gleichberechtigt in die Gespräche einzusteigen, beim aufregenden Sport des Rattenfallenstellens mitzumachen oder zu versuchen, die Feldmaus mit neuen Fallen zu überlisten. Lernen und spielen und arbeiten gehörten für ihn unauflöslich zusammen.

Nur den Versuch zu unternehmen, in einer Experimentierkommune als ein Stamm zu leben, ist für eine echte Gemeinschaft nicht ausreichend. »Niemand kann in einer leeren Funktion leben,« so Paul Shepard. »Da muß auch ein Inhalt da sein, an den leidenschaftlich geglaubt wird, der den Menschen mit der Natur in Beziehung bringt und alle menschlichen Erfahrungen konzentriert. [292, 228]

Nicht nur eine wirkliche Bezogenheit auf das Land ist für die Jugend notwendig, sondern auch eine Berührung mit Tieren als Wesen, die dem Menschen ähnlich sind und auch wieder nicht, und die »das Mysterium der Schöpfung und der Fortdauer eines Lebens, an dem man teilhat, erweckt … Als Wesen mit eigenen Absichten, sind sie des Planeten Vorhalt für des Menschen Selbstverherrlichung.« [292, 230] Diese Berührung muß mit Tieren, die frei in der Wildnis leben, gegeben sein – nicht mit Zoo- oder Haustieren, sondern mit wilden Tieren mit einem Eigenleben, das Menschenwesen nie ganz verstehen können.

Aldo Leopold begann seine Laufbahn in der Wildhege im Südwesten der USA, wo zuerst sein einziges Interesse und Ziel war zu schauen, daß es viel Wild zum Jagen gab. In diesem Streben schoß er eines Tages eine Wölfin und sah, wie sie starb:

Wir erreichten die alte Wölfin gerade rechtzeitig, um ein glühendes grünes Feuer in ihren Augen sterben zu sehen. Ich bemerkte dann, und das habe ich seither immer gewußt, daß da etwas neues für mich war in jenen Augen – etwas, das nur sie und die Berge kannten. Ich war jung damals und hatte immer den Finger am Abzug; ich dachte, weil weniger Wölfe mehr Rehe bedeuten, daß keine Wölfe des Jägers Paradies bedeuten müßten. Aber nachdem ich das grüne Feuer sterben sah, spürte ich, daß weder der Wolf noch der Berg einer solchen Ansicht beipflichteten. [178, 130]

Susan Flader, Leopolds Biographin, fährt fort: »Das Reh, der Koyote, der Kuhhirte, der Jäger, jedem flößte der Ruf des Wolfes augenblicklich eine persönliche Furcht oder Hoffnung ein. Nur der Berg hat lange genug gelebt, um das Heulen eines Wolfes objektiv anzuhören.« [88, 1] Leopold fing an, »wie ein Berg zu denken«. Als er klarer zu sehen begann, wurde er sich gewahrer, und sein Denken veränderte sich. Er sah, daß zu viele Rehe die Pflanzen zugrunde richteten und schließlich zum Verhungern der Rehe führen würden; daß Wölfe für gesunde Rehe notwendig waren, und dann erkannte er schließlich, daß die Gesundheit des Landes der Kern der Sache war. Nach vielen weiteren Jahren des »Denkens wie ein Berg« schrieb

Leopold schließlich seine »Landethik« nieder: »Eine Sache ist richtig, wenn sie dahin geht, die Integrität, Stabilität und Schönheit der Lebensgemeinschaft zu bewahren. Sie ist falsch, wenn sie auf etwas anderes hinausläuft.« [178] Aldo Leopold war sein ganzes Leben lang ein Jäger, doch er tötete tatsächlich nur zwei Rehe. Das erste, das er 1909 erlegte, schoß er für die Fleischversorgung des Forstdienstlagers, und das zweite wurde 1923 bei einem Jagdausflug zu Strecke gebracht. Er liebt die Jagd, aber er brauchte nicht mehr Rehe zu töten, er war ein wahrer Jäger – kein schießwütiger.

Die meisten jugendlichen Aktivitäten, die sich aus unserer Jägervergangenheit ergeben, haben mit Männern zu tun. Frauen hatten eine ganz andere Rolle. Wie Shepard es bündig faßt: »Die Sammeltätigkeiten der Frauen und ihre elterlichen, sexuellen und gesellschaftlichen Rollen sind für die Gesellschaft zu grundlegend und wichtig, als daß man auf das Wagnis und die Unwägbarkeiten der gelernten Betätigung (wie bei der Jagd) vertraute.« [292, 210] Die Initiationen der Frau waren in der Regel kürzer und weniger eindringlich. Die Apachen kannten eine besondere Zeremonie für Mädchen, die nicht genau zur Zeit der ersten Menstruation stattfand, »sondern an einem schönen Sommertag, der von vornherein verabredet werden konnte, so daß Hunderte daran teilnehmen konnten.«

Das Mädchen verbrachte vier Tage in einem besonderen Tipi. Denn es war zeremoniell erbaut und als »Heim der Weißgemalten Frau« bekannt, der göttlichen Mutter des Kulturheros der Apachen. Das Mädchen war vier Tage lang selbst die Weißgemalte Frau und konnte, wie ihre Namensgeberin, Segen erteilen. Sie wurde von einer Frau bemalt und bekleidet, die fleißig und gut sein und vielleicht eine Vision von der Weißgemalten Frau gehabt haben mußte. Ein männlicher Sänger, »sorgte« tagsüber mit heiligen Liedern für sie.

Am Ende dieser Absonderung verstreute das Mädchen Pollen über den Leuten, besonders über den Kindern, die ihr zum Segnen gebracht wurden. Abends gab es einen imposanten Tanz maskierter Männer, die die Geister der vier Himmelsrichtungen darstellten und kamen, um wie bei allen entscheidenden Gelegenheiten, Segnungen zu bringen. Dann gab es ein Feiern und Tanzen. Kein Wunder, daß ein Mädchen, das zur Reife kam, diesen Apachen als »sie, durch welche wir alle eine gute Zeit haben werden« bekannt war. Ruth Underhill [333, 58]

Die Washo-Indianer, die um den Lake Tahoe herum und in den Sierras lebten, hatten eine sehr mächtige Zeremonie für Mädchen, die ihre erste Regel hatte. Es fastete vier Tage lang und spät am vierten Tag kletterte es auf den Gipfel eines in der Nähe gelegenen Berges und trug dabei einen Korb mit Lebenskohlen. Wenn es auf dem Gipfel ankam, entzündete es die vier Stöße kleingehackter Fichtenzweige, die da bereitstanden. Je gerader der Rauch in den Hinmel aufstieg, desto besser würde sein Leben werden und desto mehr Segnungen würde es seinem Volk bringen.

Dann lief es mit einem heiligen bemalten Stab den Berg hinab zu seinem Volk und wurde mit dem Tanz der Frauen empfangen, der die ganze Nacht andauerte. In der Morgendämmerung wusch es sich im Fluß und ein großes Fest wurde gefeiert. [281, 103-119] Beim Pubertätsritus der Mescalero-Apachen lief das junge Mädchen mit einer brennenden Fackel von dem Feuer, das es angezündet hatte, den Berg hinab.

Rituale wie diese ließen das junge Indianermädchen auf die besondere »Frauenkraft« stolz sein, die mit der ersten Menstruation zu ihr kam. Der ganze Stamm verehrte die »Frauenkraft«, die sie ihnen gebracht hatte. Heutzutage schätzen wir diese Kraft gering und nennen sie statt dessen »den Fluch.«

Das junge Mädchen in primitiven Stämmen hatte einen weiteren Vorteil gegenüber heutigen Frauen, weil sein erster Mann wahrscheinlich etwa zwanzig Jahre älter war, so daß es von seiner Reife profitierte, denn er war ein besserer Jäger als ein junger Mann. Ihr zweiter Mann war seinem eigenen Alter gewöhnlich näher und oft war der dritte Mann erheblich jünger. »Tatsächlich scheint es möglich,« so Paul Shepard, »daß das Nichtvorhandensein einer elterlichen ödipalen Schranke zwischen Tochter und Vater, die der väterlichen Drohung der Trennung von Mutter und Sohn entspräche, und das Vorhandensein eines weit verbreiteten Vater-Tochter-Inzests (selbst heute noch) Anzeichen dafür sind, daß die natürliche Auslese in der Evolution der menschlichen Gesellschaft sich dahin ausgewirkt hat, daß dominante Männerbild und das Heiraten und Binden des jugendlichen Mädchens an den reifen Mann sich eingeprägt hat.« [292, 210] Dies verhilft zu einem schnelleren Fortschreiten der Reife bei der jungen Frau, ohne daß es langer Zeitspannen von Versuch und Irrtum bedürfte, wie bei Jungen.

Sexualität ist in traditionellen Kulturen nicht das Problem, das es bei uns ist. Wilfred Pelletier berichtet von den Unterschieden zwischen Sexualität in der indianischen Reservation in Kanada und der in der weißen Welt:

Meine eigene erste sexuelle Erfahrung hatte ich mit einer Verwandten. Noch immer ist das für mich eine der größten und glücklichsten Erfahrungen meines Lebens. Von dieser Zeit an, so scheint es mir, bumste ich ohne Unterbrechung die ganze Zeit. Nicht nur meine Verwandten, die nicht dauernd verfügbar waren, sondern überall, wo es gerade ging – und es schien die ganze Zeit zu gehen. Dauernd begegnete ich einem Mädchen oder einer Frau, und unsere Beziehung war eine sexuelle Beziehung. Das soll aber nicht heißen, daß wir nicht auch noch etwas anderes getan hätten. Es waren Menschen, zu denen ich auch eine gesellschaftliche Beziehung hatte. Ich traf sie an allen möglichen Orten, und wir machten alle möglichen Sachen zusammen, aber in jener Zeit meines Lebens stand vor allem andern, in meinem Blut und in meinem Kopf, der Sex. Niemand machte sich besondere Gedanken darüber, weil es sich immer einfach ergab. Immer schien man schließlich mit der zusammen zu sein, die man wollte, und man tat, wozu man selbst und das Mädchen Lust hatte. Es ergab sich einfach. Ich habe den Eindruck, daß

Sexualität und Beziehungen zu Mädchen in der weißen Gesellschaft – zumindest für die Leute aus meiner Generation – wirklich etwas Heikles waren. Sie waren sündig und unmoralisch und so. Ein fast rituelles Hofieren war damit verbunden und sogenannte »ehrenvolle« Absichten. Das alles erschien mir scheinheilig und unehrenhaft, weil es kein Vertrauen dabei gab, nur Angst und Furcht. Die Mädchen hatten Angst davor, einen dicken Bauch zu kriegen, und die Jungs fürchteten sich davor, erwischt zu werden. Außerdem schien es mir, daß Bumsen immer mit etwas verbunden sein müßte, das man vielleicht Verliebtheit nennen könnte; das schloß mit ziemlicher Sicherheit die Möglichkeit aus, daß ein junger Mann von einer älteren Frau in die Sexualität eingeführt wurde. [251, 78-79]

Jetzt, da es klar ist, wie unsere Kultur die biologisch programmierte Entwicklung der Jugend vereitelt, ist es kein Wunder, daß es solche Seelentraumata und Zusammenbrüche in jungen Jahren gibt. Ein paar Statistiken: Dr. Moritz Chafetz, Direktor des National Institute of Alcohol and Alcohol Abuse, Washington, D.C. erklärt: »Unsere Studie zeigt, daß mehr als 1,3 Millionen Kinder im Alter von zwölf bis siebzehn Jahren sich mindestens einmal in der Woche betrinken ... Diese 1,3 Millionen sind nur diejenigen, die man festgestellt hat. Wir wissen nicht, wieviele es in Wirklichkeit sind ... Ebenso schrecklich ist, daß, wenn die Schüler die 10. Klasse erreichen, ungefähr 50 Prozent von ihnen regelmäßig trinken.« [348] In demselben Artikel wird der Schulrat von einem Vorort von Philadelphia wie folgt zitiert: »Unsere Schule hat kein größeres Alkoholproblem als irgendeine andere. Wir wollten nur etwas dagegen unternehmen. Zu viele kamen betrunken zur Schule und verloren das Bewußtsein oder wurden krank.«

Der ständig zunehmende Drogenmißbrauch in diesem Land ist noch besser bekannt, die beiden Phänomenen zugrundeliegende Ursache aber nicht. Tom Pinkson, der früher beim San Marin County Drug Abuse Program in Kalifornien mitarbeitete und jetzt in der Natur Heilungs-Workshops, die auf der Visionssuche aufbauen, durchführt, schreibt von seiner Erfahrung in der Therapiearbeit in der »Welt der Heroin-Abhängigen, der jugendlichen und erwachsenen ›Kriminellen‹, der jungen und älteren Highschool-Schüler. Das alles hat mir eine empirische Grundlage gegeben, die eine starke und bestimmte Beziehung zwischen der Entfremdung, den zerstörerischen Verhaltensmustern des Drogenmißbrauchs und den kranken Umweltbedingungen postuliert.« Er weist weiter darauf hin, »daß sich der Erfolg bei zukünftigen therapeutischen und Erziehungsbemühungen zur Verbesserung der Krisensituation der Jugend nur dann als fruchtbar erweisen wird, wenn wir zu einer ganzheitlichen Perspektive zurückkehren, welche die verwickelte Interaktion zwischen der Welt, der individuellen Psyche und der physischen Umwelt erkennt und versteht. Heilung wird sich nur einstellen, wenn wir erkennen, daß die Trennung zwischen dem menschlichen Gehirn und der Welt ›draußen‹ eine Illusion ist, und daß diese Illusion sowohl selbstzerstörerisch wie umweltzerstörend ist.« [260, 3]

Pinkson macht sehr klar, daß »der Heroinabhängige, der Selbstvergifter *par excellence*, bloß *eine* Erscheinung eines Grundmusters der Vergiftung ist, das uns alle einschließt.« [260, 19] Als er anfing zu verstehen, daß es der Schlüssel zur Heilung sein könnte, die Heroinabhängigen in die Natur zu bekommen, schickte er einige der von ihm betreuten Kinder zu einem Pfadfinderkurs. Aber diese »gebildeten Mitglieder der Heroinsubkultur« waren für die Pfadfinder zu schlau und wichen jeder wirklichenen Konfrontation aus. Da begriff er, daß es anders angefaßt werden müßte, damit jedes heroinabhängige Kind sich unmittelbar mit der Natur und ohne Intervention auseinandersetzen mußte.

»Die natürliche Welt bietet eine Rückkopplung auf der physischen Ebene, der man sich mit verbalen Mitteln nicht entziehen kann. Versuche, mit Hilfe eines Taus und eines Ponchos im strömenden Regen und bei Sturm eine Unterkunft aufzustellen, und du wirst sehen, was ich meine.« [260, 60]

Pinkson heilte tatsächlich Heroinabhängige. In der Zusammenfassung seines Erfolges mit diesen Süchtigen, schrieb er, daß ». . . irgend etwas beständig auf die ganze Spanne von Persönlichkeitsstörungen einwirkt und das mit einiger Dauer, wie es die Entdeckungen aus meinen Forschungsbemühungen belegen.« [260, 263]

Daß Tom Pinkson Süchtige geheilt hat, ist eine Tatsache, wie er aber wiederholt betont, braucht er totale Wildnis dafür – nicht Campingplätze mit anderen Leuten oder Gebiete, wo die Kinder hinaus und sich in einem Drive-Inn einen Hamburger holen können – sondern echte Wildnis. Wie viele Hektar Wildnis sind erforderlich, um alle Heroinabhängigen zu heilen? Wir können das nicht wirklich berechnen. Aber das eine ist sicher – wenn wir mehr Wildnis hätten und unsere Jugend Zugang zu ihr hätte und wüßte, wie sie darin und mit ihr leben kann, dann hätten wir gar keine Heroinsüchtigen, keinen Drogen- oder Alkoholmißbrauch in unserer Jugend. Hier ist mit den Worten einer Exsüchtigen ein Beispiel für das, was bei einer Heilung in der Wildnis geschieht. Eine junge Frau, die von Methadon abhängig war und seit der Erfahrung jetzt von allen Drogen frei und Beraterin im offenen Haus von Marin ist, machte ihre Erfahrungen auf einer Flußfahrt. »Ich mußte mitgehen, mit den Flußwindungen und Felsen und allem, geradeso wie das Leben mit seinen Hindernissen und Steinen, die auf unserem Weg liegen. Ich mußte lernen, mit ihm mitzufließen und lernen, mich auf die Dinge einzulassen, die plötzlich auftauchten, und vor allem, davon in Stimmung zu kommen! Meine Güte, wie kam ich in Stimmung! Keine Drogen, oh nein, ich wollte so wach und gewahr sein, es wäre verrückt gewesen, ›stoned‹ zu sein. Wie das Leben müssen wir wach und gewahr sein, damit wir bereit sind, uns dem Unvorhergesehenen zu stellen.« [260, 181] So hat die Natur uns zu leben bestimmt – wach und gewahr, wie die Menschenwesen, die als Jäger und Sammler lebten.

Pinkson fand heraus, daß das Bergsteigen jene Erfahrung war, die die erstaunlichsten Heilerfolge brachte, und er erwähnt Dr. Charles Houstons Untersuchungen auf diesem Gebiet. Houston, ein Psychologe und Bergsteiger, schreibt:»Bergsteigen ist eine der wenigen menschlichen Aktivitäten, wo der Stress klar, offensichtlich und freiwillig gesucht wird. Das Ziel ist deutlich und sichtbar. Es gibt keinen Zweifel über Erfolg oder Fehlschlag. Das Bergsteigen ist mehr eine Suche nach Selbsterfüllung als ein Sieg über andere oder über die Natur. Bergsteiger fordern die Gefahr heraus und beherrschen sie, sie suchen den Stress, vemeiden aber unkontrollierbare Risiken. Durch ihre wiederholten Selbstprüfungen wachsen die Fähigkeiten. Durch solche Erweiterungen der Fähigkeiten findet der Mensch heraus, daß ihm weitere Grenzen gesteckt sind, als wir wissen.« [154] Diese Art von Lernerfahrung ist das, was der Dichter Gary Snyder vor Augen hatte, als er sagte:»Eine weitere große Lehre, die mir zuteil wurde, kam von einigen älteren Männern, die alle Praktiker einer wenig bekannten, einheimisch westlichen Schule der mystischen Praxis waren, die Bergsteigen genannt wird.« [56]

Gaston Rébuffat, einer der berühmtesten Bergführer in den Alpen, kann gewiß als einer der Lehrer dieser »Schule einer mystischen Praxis« angesehen werden. Er berichtet von seinen vorsichtigen Bemühungen, eine Begegnung eines fünfzehnjährigen Jungen mit den Bergen herbeizuführen. Der Vater des Jungen war ein alte Kunde von Rébuffat, der wußte, das sein Sohn derzeit in seiner Entwicklung Hilfe brauchte. In seinem Buch *Zwischen Himmel und Erde* schreibt Rébuffat:

»Von jetzt an ist es meine Aufgabe, Jean-François das Schönste zu zeigen, das es zwischen Erde und Himmel gibt. Für ihn soll dieser Weg ins Hochgebirge zum Epos der Mannhaftigkeit werden, zu einem Epos, das ihn ergreift. Während er mir schweigend folgt, denke ich bei mir, welch herrlichen Beruf ich habe, wie schwierig es aber mitunter ist, das Herz eines Jüngeren zu gewinnen. Ich spreche nicht. Ich habe Angst, das Schweigen durch ein falsches oder unnützes Wort zu brechen. Ich weiß, daß man Vertrauen und Freundschaft eines Menschen nicht mit Phrasen gewinnen kann. Wie ein Gärtner seinen Park zeigt, so zeige ich Jean-François diese kristalline Welt, die sein Vater und ich so oft durchstreift haben....

Sein Vater hatte mich vorbereitet: Jean-François zeigt seine Freude nie, aber in aller Stille denkt er nach, und wenn er weiter mitgeht, ist das ein Zeichen, daß er innerlich gewonnen wurde. Die Begegnung zunächst zwischen Jean-François und der Welt, die uns umgab, dann seine stille Begeisterung waren für mich ein Erlebnis von schlichter Größe. Sicher – das Hochgebirge ist schön, doch hier war es der außergewöhnliche Rahmen für die Schule des Lebens. Seine Wahrheit läßt den Jüngling zum Manne werden... Tollkühnheit und leichtsinniges Spiel mit dem Leben sind wertlos und ein schädliches Gift. Unter der Drohung der Gefahr lernt man kaum etwas... Eine Schwierigkeit aber, ein Hindernis, lassen den jungen Menschen seine Kräfte hergeben und entfalten. Die Menschen der Berge lieben die Schönheit, die Freundschaft und das Leben, vor dem sie Respekt haben. Sie haben keinen Sinn für dumme und unvernünftige Risiken. Aus Séracs und Gletscherspalten, aus Eiswänden und Felsplatten, aus Felsbrücken und Schneegraten haben Jean-François und ich unsere Bergwelt errichtet, sie sind die Strophen unseres Epos von der Bergen...« [272]

»Ein Menschenleben, das so oft mit einem Schauspiel auf einer Bühne verglichen wird, ist eigentlich ein Ritual. Die alten Werte der Würde, Schönheit und Dichtung, die es ausmachen, kommen aus der Inspiration durch die Natur; sie werden aus dem Geheimnis und der Schönheit der Welt geboren. Tue der Erde keine Unehre an, damit du dem Geist des Menschen keine Unehre antust. Halte deine Hände über die Erde wie über eine Flamme. Allen, die sie lieben, die ihr die Tore ihrer Adern öffnen, gibt sie ihre Stärke, sie erhält sie mit ihrem unermeßlichen Beben des dunklen Lebens. Berühre die Erde, liebe die Erde, ehre die Erde, ihre Ebenen, ihre Täler, ihre Berge und ihre Meere; ruhe deinen Geist an ihren einsamen Plätzen aus. Denn die Gaben des Lebens sind der Erde, und sie sind allen gegeben...«

Henry Beston

265

14. Der dritte Berg des Lebens

Reifezeit

Das Wort Reife bedeutet den Zustand, vollkommen oder fertig zu sein. In einer Jäger-und-Sammler-Kultur, wie der indianischen, bezeichnet die Reife das Erreichen aller Fertigkeiten als Jäger oder Sammler. Von Kindheit an haben diese Menschenwesen von der Erde und ihren Tieren gelernt, so daß, nach dem Anthropologen Hartley Burr Alexander, zur Zeit der Reife die »ernsteste Festlegung [des Jägers] die einer Sympathie mit den Wildtieren ist, welche, während er notgedrungen töten muß, nichtsdestoweniger in den demütigsten Formen gehegt und empfunden wird; die Wildtiere sind wie der Mensch Teilnehmer an naturgegebenen Rechten... Nach seinem Empfinden existiert er selbst mit den anderen Geschöpfen zusammen durch das Erleiden von Mächten, von denen nicht alle in Gestalt oder Geist menschenartig sind, und um das Leben zu verdienen, muß er seine Qualität zeigen.« [4, 183-184] Statt des vorrangigen Bestrebens der meisten Erwachsenen in den modernen zivilisierten Kulturen, mehr Geld und mehr materielle Besitztümer anzusammeln, hatten die Indianer »den Kult und das Streben nach Weisheit, sowohl des Körpers wie des Geistes. Es ist diese Weisheit – des Betragens, des Brauchtums, der Rituale, Lieder und Tänze –, die den Schatz des Lebens, wie der Indianer ihn versteht, ausmacht.« [4, 185-186] Daß sich der Indianer völlig auf die Natur als Lehrerin, als jene, die ihm Weisheit gibt, verläßt, beruht auf den drei Milliarden Jahren der »Forschung und Entwicklung, die hinter jedem Lebewesen stecken.« [260, 13]

Diese Sicherheit des Indianers steht im bemerkenswerten Gegensatz zu den wahnsinnigen Anstrengungen, in der modernen technologischen Gesellschaft Erfolg zu haben, wo jede »Lösung« ein größeres Problem hervorruft. Zum Beispiel »hat unsere Landwirtschaft in weniger als 200 Jahren mehr als die Hälfte der Energiereserven unseres Bodens zerstört.« [23, 34] Eine dermaßen zerstörte obere Bodenschicht kann keine gesunden Feldfrüchte mehr hervorbringen. Die Lösung war, mehr Kunstdünger und mehr Schädlingsbekämpfungsmittel zu verwenden, die wiederum den Boden und das Trinkwasser vergiften. Die Lösung dafür ist natürlich mehr Technologie, die noch mehr Maschinen erfordert, die noch mehr Erdöl verbrauchen; bis heute hat die Menschheit nicht nur das Land kaputt gemacht, sie hat es sogar geschafft, die Weltmeere zu verschmutzen. Die Riesenhaftigkeit dieser Katastrophe wurde von Thor Heyerdahl aufgezeigt. Im Jahre 1947, als er die 4.300 Meilen durch den Pazifischen Ozean auf seinem Balsa-Floß *Kon-Tiki* zurücklegte, war das Meer sauber und kristallklar. Im Jahr 1970, als er auf 3.270 Meilen den Atlantik auf einem Papyrus-Floß, der *Ra*, überquerte, entdeckte er an 43 Tagen seiner 57-tägigen Überfahrt immer wieder Ölklumpen in Reichweite seines Keschers. [123, 59] Und auf diese Weise wird die nicht endende Spirale der Zerstörung immer größer.

»Die Lage ist hoffnungslos, also hör' auf, es weiter zu versuchen,« sagt Greg Brodsky. [40] Weit davon entfernt, pessimistisch zu sein, ist dies der Anfang der Weisheit. Brodsky sagt, daß Hoffnung ein gefährliches Wort ist. Wenn du auf etwas bestimmtes hoffst, dann versuchst du, die Dinge so laufen zu lassen, wie sie dem winzigen Teil deines rationalen Gehirns nach laufen *sollten*, anstatt dich auf deine allumfassende Bezogenheit mit der Natur *als Ganzer* zu verlassen, die unsere drei Milliarden Jahre der Programmierung durch die Natur einschließt. Die Dinge scheinen immer schlimmer zu werden – persönlich, national und global. Nichts geht mehr. Das liegt daran, daß ich nicht gut genug bin. Ich muß mich mehr anstrengen. *Vergiß das alles.* Es hat noch nie geklappt, also hören wir auf, es zu versuchen und kehren wir zu dem Leben zurück, das die Natur für uns vorgesehen hat.

Wir müssen uns wieder in Erinnerung rufen, daß der Kulturmensch etwa zwei Millionen Jahre auf der Erde ist und daß er mehr als 99 Prozent dieser Zeit als Jäger und Sammler gelebt hat. Erst in den letzten 10.000 Jahren sind die Menschen Ackerbauern gewesen. [172] Verglichen mit dieser Zeitspanne, ist das heutige zerstörerische Technologiezeitalter »eine unbedeutende Welle.« [300, 82] Wie bereits gezeigt, macht das Leben des Jäger ihm das Kontinuum von Leben und Tod gewahr – daß alles Leben wechselseitig verbunden ist. Wenn der Jäger zur Reife gelangte, dem Zustand, vollständig oder fertig zu sein, war das der Höhepunkt einer lebendigen Beziehung mit allen Wesen seiner Gemeinschaft, nicht bloß mit den Menschenwesen, gerade so wie eine Frucht wahrhafte Reife nur durch die verwikkelten Wechselbeziehungen mit ihrer ganzen Gemeinschaft erlangt. Der Pfirsich braucht die Blätter des Baumes, die ihn durch die Photosynthese mit der Energie der Sonne versorgen, er braucht den Baumstamm, der die Äste hoch in den Himmel hebt und ihn in die Lage versetzt, genug Sonne, die ihn reifen läßt, abzubekommen; er braucht den Regen vom Himmel, der ihn mit dem Wasser versorgt, das er benötigt; er braucht die Spurenelemente aus dem Boden, die ihm durch die Kapillarbewegung der Wurzelhärchen zugeführt werden, und am wichtigsten von allem, er braucht den Boden, der den Baum trägt. Kurz, es ist eine ganze Gemeinschaft wechselseitig verbundener Organismen erforderlich, um einen einzigen, individuellen Pfirsich zur Fülle der Reife zu bringen. Es gibt jedoch zwischen dem am Baum reifenden Pfirsich und dem, der um des einfacheren Transports willen grün gepflückt, verpackt und im Supermarkt verkauft wird, einen grundlegenden Unterschied. Der Pfirsich, der grün und willkürlich gepflückt und von seiner lebendigen Gemeinschaft abgetrennt wird, der wird zwar auch schließlich reif aussehen, aber immer etwas bitter und unvollkommen schmecken. In ähnlicher Weise bedarf das einzelne Menschenwesen für die Erreichung wahrhafter Reife – und nicht bloß einer leicht bitteren Travestie der Reife – der ganzen Gemeinschaft: »des Bodens, des Wassers, der Pflanzen und der Tiere« eines bestimmten *Platzes*; nicht bloß die Anwesenheit von anderen Menschenwesen.

Weil die nicht-menschlichen Wesen in der Umwelt als Teil der Gemeinschaft angesehen wurden, hatten sie einen Einfluß auf die Entscheidungen des Jägers. Wir haben in allen früheren Abschnitten des Buches gesehen, wie unsere Kultur diesen Sinn für die wahrhafte Gemeinschaft verloren hat; aber wir kehren noch einmal zu Aldo Leopolds Neudefinition wahrer Gemeinschaft in seiner »Landethik« zurück: »Eine Sache ist richtig, wenn sie dahin geht, die Integrität, Stabilität und Schönheit einer biotischen Gemeinschaft zu bewahren.« [178, 224-5] Diese Vorstellung erweitert, aber verengt auch die herkömmliche Vorstellung von Gemeinschaft. Die Gemeinschaft wird ausgedehnt, weil sie auch andere Arten als den Menschen einschließt; sie wird jedoch eingeengt, oder vielmehr räumlich eingegrenzt, weil sie auf die biotische Pyramide und die »Energiequelle, die an einem bestimmten *Platz* durch den Kreislauf von Boden, Pflanzen und Tier fließt,« bezogen ist. [178, 216]

Heilige Berge, heilige Quellen und heilige Haine sind überall auf der Erde zu finden. Diese Plätze waren heilig aufgrund der Intensität der Bezogenheit zwischen den Menschenwesen jenes Platzes und den anderen Wesen, sowohl großen (Bergen) wie kleinen (Mikroorganismen im Boden). »Die moderne Wissenschaft schaut oberflächlich und feindselig auf das alte Lernen, das der generationenlangen Aufmerksamkeit für *einen* Platz entspringt.« [89, 19]

Wirkliche Gemeinschaft muß diese fortdauernde Bezogenheit zur Natur umfassen. Ich entdeckte diese Tatsache, weil ich das Glück hatte, während kurzer

Perioden in wahren Gemeinschaften zu leben, solchen, die nicht-menschliche Natur-wesen mit einschlossen. Ich fing als Teenager damit an und schloß mich dem *Junior Colorado Mountain Club* an, der unter den Bergsteigervereinen für Teenager einzigartig war. Durch den Einsatz eines Menschen, Georg Kelly, hatten die Juniors die Erlaubnis, unmittelbar von den Bergen zu lernen, ohne daß sich Erwachsene einmischten – sie konnten ihre Wanderungen selbst planen und ausführen und die Folgen ihrer Fehler austragen.

Als ich älter war, beteiligte ich mich an Fahrten des *Alpine Clubs*. Damals waren es wirkliche Expeditionen, oft in Gegenden, wo es nicht einmal einen Pfad gab. Die kanadische Regierung kooperierte mit dem Club, indem sie Wildnisgebiete öffnete. In einer solchen Wildnis versammelten sich weise Ältere, kompetente Lehrer, Neulinge und ängstliche Anfänger. Weil viele verschiedene Altersgruppen repräsen-tiert waren und alle Stufen der Erfahrung, war es ein Stammesleben. Das Seil führen, wenn Anfänger in der Seilschaft gingen, war ermüdend, aber ihr Jubel beim Erreichen ihres ersten Gipfels war so mitreißend, daß die Anstrengung lohnte. Wenn geübte Bergsteiger Erstbesteigungen machten, freuten sich alle. Wir pflegten Zeremonien und Liturgien. Es gab immer einen Nachmittagstee, sehr britisch, aber über dem starken, heißen Tee tauschte jeder Geschichten über die verschiedenen Erfahrungen auf den nahegelegenen Bergen aus, so daß sich die Stimmungen und Persönlichkeiten dieser Berge herausschälten. Abends wurde am Feuer gesungen, über uns stand das Nordlicht und im Wald lauerten wilde Tiere. Es unterschied sich nicht sehr vom primitiven Leben, außer daß wir es nicht wagten, die ungehörigen Götter anzuerkennen. Jetzt haben die Bergsteigervereine das wilde Leben organi-siert, sie bieten Klettertouren für Bergsteiger und Familientouren für Familien an. Aber die frühere Art eines solchen Unternehmens war es, wobei ich zum ersten Mal etwas über das Stammesleben lernte: wie man lernt, sich um die schwächste Person zu kümmern, weil sich diese Person bemüht und wir beide die Freude an der Vollbringung miteinander teilen können; und wie die geübte Erfahrung eines »alten Hasen«, seine Sicherheit, einen unter sehr widrigen Umständen fast buchstäblich zusammenhalten kann; und vor allem lernte ich, daß das Gruppenleben in den täglichen Rhythmen der natürlichen Umgebung die menschlichen Beziehungen klärte. In meinem »Jägerherzen« wußte ich, daß es im Leben nur darum ging. Aber dann akzeptierte die Kultur unserer »wirklichen« Welt diese Art zu leben nicht. Man muß hinaus und sich einen Lebensunterhalt verdienen. Also tat ich es.

Ich absolvierte die Schule, so schnell ich konnte, und bekam meine »Tickets zum Erfolg«, wie John Holt das nennt. Die Vorstellung einer Relevanz des Schulwissens kam mir gar nicht in den Sinn. Ich tat, was man von mir »erwartete« und ging hinaus, um in einem Bergstädtchen in Colorado zu leben und zu unterrichten, damit ich den ganzen Winter Ski laufen und im Sommer klettern konnte. Das Städtchen war Aspen, lange bevor es »entdeckt« wurde, und hier hatte ich meine zweite Erfahrung vom Stammesleben. Es war lange bevor das Skilaufen in Mode kam, ja, bevor es überhaupt bekannt war, daß man davon leben könnte. Aspen war voll mit Männern, die während des Krieges bei den Gebirgsjägern gewesen waren und die sich nun ein paar Jahre Zeit nahmen, das zu tun, was sie mochten, bevor sie »arbeiten gehen« mußten. Um des Skilaufens willen waren wir dort, und das war unser Leben. Alles andere kam in jenen ersten Jahren danach – die Arbeit, die täglichen Sorgen um das Durchkommen, der Sex und materielle Besitztümer – außer den Skiern natürlich. Praktisch bedeutete dies, daß es viel leichter war, zusammenzuleben. Es gab keine langen Dikussionen über innere Gefühle, wir teilten einfach die Arbeit und die Kosten und liefen Ski. Wer seinen Betrag nicht leistete, wurde vor die Tür gesetzt, denn alle Zeit oder alles Geld, was verschwendet wurde, bedeutete weniger Skilaufen. Natürlich war das allzu einfach und konnte nicht lange gut gehen. Es wurde bald klar, daß man mit Skilaufen Geld verdienen konnte, und es war alles dahin.

Die verbleibende Lektion, die ich lernte, war mir erst klar, als in den Sechzigern die Kommunebewegung begann. Viele meiner Freunde lebten in Kommunen und das war *viel Arbeit* – Treffen und lange Sitzungen, bei denen man die Hände eines anderen hielt, dessen Gefühle man verletzt hatte. Der Fehler war, daß die Leute zusammenleben wollten, um zusammenzuleben, und es war ständige Arbeit. Als wir zusammenlebten, um Ski zu laufen, da hatten wir ein klares, sichtbares Ziel, das mit nichtmenschlichen Faktoren in der Umwelt zu tun hatte – dem Untergrund, dem Wetter und dem Schnee. Dies klärt die menschlichen Beziehungen automatisch, weil man das Wetter oder den Schnee nicht manipulieren kann. Ich sage nicht, daß Skilaufen *notwendigerweise* ein wertvolles Ziel ist. Aber zu leben ist eines. An einem bestimmten *Platz* in einer wirklichen Bezogenheit mit der Erde und dem Himmel und den Lebewesen um dich herum zu leben – dem Geviert Heideggers – ist ein wertvolles Ziel, weil diese Bezogenheit zu mehr *Sein* beiträgt.

Gemeinschaft bedeutet, einen bestimmten physischen Platz, eine Umgebung zu teilen, nicht nur mit anderen Menschen, sondern auch mit den anderen Wesen des Platzes in der vollen Erkenntnis, daß die Bedürfnisse *aller* Wesen jenes Platzes die Art beeinflussen, wie man sein Leben lebt. Ein solches Gewahrsein von Bezogenheiten *ist* eine Kultur des Gewahrseins. Die Pygmäen des Kongo-Urwaldes erkennen die Rechte des Waldes selbst bei persönlichen Streitigkeiten unter den Menschen an. Als eine Auseinandersetzung zu heftig wurde, gab einer der Alten, Moke, einen leisen Pfiff von sich, wie er bei Jagdausflügen gebraucht wird, und sagte dann »mit einer sehr bedächtigen, ruhigen Stimme: ›Ihr macht zu viel Lärm – ihr tötet den

Wald, ihr tötet die Jagd.‹« [331, 119] Es gibt immer mehr Beweise von Anthropologen wie Robert Redfield, Stanley Diamond und Roy Rappaport, daß die »soziale ›Moralität‹ vergangener Stammesgesellschaft, die in ihre Gebräuche und Alltagsgewohnheiten eingebaut war, dem modernen Menschen zur Schande gereicht.« [46] Außerdem bezieht sich das Wort *Utopia*, nach der Erklärung der Wörterbücher: »ein Platz idealer Vollkommenheit«, letzten Endes auf das Leben eines Stammesvolkes. Nach Arthur Morgans Buch *Nowhere Was Somewhere*, beruhte Thomas Mores Buch *Utopia* größtenteils auf der Ordnung, die von den Inkas errichtet worden war. [46] Solche primitiven Kulturen waren »synergetisch«.

Die synergetische Kultur

Die Anthropologin Ruth Benedict entwickelte das Konzept von der Synergetik in der Kultur als Folge ihrer Unzufriedenheit mit gewissen Interpretationen ihres Buches *Patterns of Culture*. Das Buch wurde oft als Beweis für die kulturelle Relativität herangezogen – daß keine Kultur über eine andere moralische Überlegenheit beanspruchen kann. Die beiden grundlegenden Muster in *Patterns of Culture* waren das apollonische und das dyonisische; diese beiden Klassifikationen implizierten jedoch nicht, daß die eine Kultur für Menschenwesen besser sei als die andere. »Die dyonysischen Kwakiutl waren auf der Höhe ihrer Ekstase am gemeinsten. Die apollonischen Dobu gingen nie aus sich heraus, sondern waren in ihrer ständigen Nüchternheit grausam und prüde.« [110] Die kulturelle Relativität störte Benedict, deshalb begann sie ihre langwierige Suche nach dem Konzept, das alle »guten« Kulturen gemeinsam hatten. Abraham Maslow berichtet, wie sie die kulturellen Charakteristika von acht primitiven Völkern auf riesigen Zeitungspapierblättern, die sie an die Wand gehängt hatte, auflistete. Sie hatte sie in zwei Gruppen unterteilt: die eine war wie die Zuni, die andere war wie die Dobu. Das Ergebnis war das Konzept der Synergie: »Aus der Medizin entlehnt, beschreibt die Synergie eine kombinierte Wirkung von Chemikalien und Zellen, die ein günstiges Ergebnis zeitigen, das größer ist, als die Summe der einzelnen Wirkungen.« [110]

Maslow lebte daraufhin unter den Schwarzfuß-Indianern, einer hochgradig synergetischen Kultur, um ihre Idee zu überprüfen. Er fand heraus, daß private Besitztümer nur angesammelt wurden, weil sie anderen zur Verfügung gestellt werden konnten. Maslow berichtet von einem Vorfall, wo ein Mann ein Auto besaß, das er nie benutzte. Er ging zu Fuß, ließ aber den Schlüssel stecken, so daß alle anderen das Auto benutzen konnten, wenn sie es brauchten.

Benedict entwickelte das Konzept der Synergie während einer Reihe von Vorlesungen, die sie 1941 am Bryn Mawr College hielt. Wegen ihrer schlechten Gesundheit überredete Maslow sie, ihm die einzige Fassung des sechzigseitigen Manuskriptes zu geben, damit es nicht verlorenging. Dann hatte Maslow selbst einen Herzanfall. Er schickte das Manuskript gerade zurück, als Benedict an einem Herzanfall starb und das Papier ging verloren. Maslow sprach in Vorlesungen in den verbleibenden Jahren oft davon. Merkwürdigerweise wurde, wie Harris in seinem Artikel »über Ruth Benedict und ihr verlorenes Manuskript« ausführt, die Idee der Synergie zuerst von idealistischen jungen Geschäftsleuten aufgegriffen, und so wurde es ein Wort der Managersprache, was das zugrunde liegende Konzept untergrub. Im Jahre 1970 entdeckt man, daß John Honigmann, 1941 ein graduierter Student unter Maslow, das Papier gesehen hatte, als es in Maslows Besitz war, und lange Abschnitte davon kopiert hatte. Maslow und Honigmann, der jetzt in Chapel Hill Professor der Anthropologie ist, gaben das langverschollene Papier 1970 heraus. Es wurde »Patterns of the Good Culture« betitelt [24], und Ruth Benedict faßt darin ihre Vorstellung von der Synergie zusammen. Sie fing mit der Aggression an – »einem Verhalten, dessen Ziel es ist, einen anderen Menschen oder etwas, das für ihn steht, zu verletzen.« Gibt es irendeine soziologische Bedingung, die viel oder wenig Aggression entspricht? Das war ihre Frage. Sie fand heraus, daß geringe Aggression Gesellschaften entspricht, die »Felder eines gegenseitigen Vorteils bieten und Handlungen und Ziele ausschalten, die auf Kosten von anderen Gruppenmitgliedern gehen.« Aggressionsarm sind Gesellschaften, wo »das Individuum durch eine Handlung gleichzeitig seinem eigenen Vorteil wie dem der Gruppe dient . . . Die Aggressionsarmut tritt nicht auf, weil die Menschen selbstlos wären und gesellschaftliche Verpflichtungen über persönliche Wünsche stellten, sondern wenn die gesellschaftlichen Arrangements diese beiden identisch werden läßt.« Ein auffälliges Zeichen für eine hochgradig synergetische Kultur ist das, was Benedict das »Syphon-System« nennt. Der Reichtum wird kontinuierlich von jedem Konzentrationspunkt weggeleitet und in der Gruppe verteilt. Dies bringt einen sehr fließenden Reichtum mit sich. Sie stellt fest, daß in einer solchen Kultur, » . . . wenn ein Mensch Fleisch hat oder Gartenerzeugnisse oder Pferde oder Rinder, diese ihm kein Ansehen verschaffen, es sei denn, sie werden durch seine Hände zum ganzen Stamm weitergereicht« Der Sonnentanz der Prärie-Indianer mit seinem *Give-away* (Darbringen), ist ein Beispiel dafür. Maslow schreibt, daß Ruth Benedict Synergie als »sozial-institutionelle Bedingungen [definiert], die Eigennützigkeit und Uneigennützigkeit verschmelzen, die es so arrangieren, daß ich, wenn ich ›eigennützig‹ Geschenke verteile, damit automatisch anderen helfe und ich, wenn ich versuche, altruistisch zu sein, mich automatisch selbst belohne und beschenke.« [204, 140]

Auch nicht-menschliche Wesen passen in eine synergetische Kultur, und wie, das lernen wir, wenn wir uns einem primitiven Stamm zuwenden. In *Stone Age Economics* widmet Marshall Sahlins dem »Geist des Geschenks« ein Kapitel, das auf Marcel Mauss' berühmten Aufsatz beruht. Tamati Ranapiri, ein Weiser der Maori, sprach vom Konzept des *Hau*, aber da dies sehr in die Einzelheiten geht, werde ich lediglich Sahlins Erklärung zitieren: »Der *Mauri*, der die Vermehrungskraft (Hau) enthält, wird vom Priester (Tohunga) in den Wald gestellt; der Mauri bewirkt, daß sich das Federwild vermehrt; entsprechend sollten einige der gefangenen Vögel dem Priester, der den Mauri aufgestellt hat, zeremoniell zurückgegeben werden; der Verzehr dieser Vögel durch den Priester erneuert seinerseits die Fruchtbarkeit (Hau) des Waldes. . . « [279, 158] Das *Hau* hat nicht nur mit den Menschenwesen zu tun, sondern auch mit den Tieren und dem Wald. Sahlins zitiert aus *Maori Forest Lore*: »Daher muß das *Hau* oder die Vitalität oder Produktivität des Waldes durch gewisse, ganz besondere Riten sorgfältig gehütet werden. . . Denn die Fruchtbarkeit kann ohne das essentielle *Hau* nicht existieren.« Sahlins fährt dann fort, daß »die Wohltaten, die der Mensch nimmt, ihrer Quelle zurückgegeben werden sollten, so daß diese als Quelle erhalten wird.« Die Ausdehnung dieser Konzeptes auf Menschenwesen unternimmt Mauss gegen Schluß seines Aufsatzes. Er »faßte seine These in zwei melanesischen Beispielen von spärlichen Beziehungen zwischen Dörfern und Menschen zusammen: wie primitive Gruppen, die schon mit Krieg drohen, durch Feste und den Austausch von Geschenken zu versöhnen waren.« Dies unterstreichend, schrieb Lévi-Strauß: »Es gibt eine Verbindung, eine Kontinuität zwischen freundlichen Beziehungen und dem Darbringen von gegenseitigen Geschenken. Der Austausch ist friedlich gelöster Krieg, und Kriege sind das Ergebnis erfolgloser Transaktionen.« [279, 182]

Hyemeyohsts Storm, von cheyenne-indianischer Herkunft, behandelt in seinem Buch *Sieben Pfeile* ähnliche Vorstellungen wie die Konzepte von Synergie und *Hau*, »das Geschenk«. Nach Storm ist alles Leben in das *Give-away* (Darbringen) einbezogen – das Land, die Tiere, die Pflanzen und die Menschenwesen. [311] Diese Idee ist sowohl in Heideggers »Geviert« wie in Leopolds »Landethik« wiederzuerkennen. Ruth Benedicts Konzept von der Synergie in Verbindung mit menschlichen Gemeinschaften war aus der Medizin entlehnt, wo es sich auf eine kombinierte Wirkung verschiedener Teile bezieht, die ein »günstiges Ergebnis zeitigt, das größer ist, als die Summe der einzelnen Wirkungen.« Wenn man dieses Konzept auf die ganze Gemeinschaft ausdehnt, auf die Böden, die Pflanzen, Tiere und Menschenwesen eines bestimmten *Platzes*, dann führt das zu einer völlig neuen Beziehung zwischen Mensch und Umwelt – einer Umwelt, in der alle Wesen sich entfalten können. Mit Sicherheit wird das Land dann nicht mehr zerstört werden, denn das Land ist ausgebeutet worden, weil wir es als eine Ware betrachten, die uns gehört. »Wenn wir das Land als eine Gemeinschaft betrachten, zu der wir gehören, werden wir anfangen, es mit Liebe und Ehrfurcht zu gebrauchen.« [178, VIII] Indem sie das Land befreien, werden die Menschenwesen sich selbst von der zerstörerischen Benutzung befreien, denn das System, das das Land ausbeutet, um einigen wenigen mehr Macht und Reichtum zu sichern, hört da nicht auf, sondern ordnet alle Wesen denselben Zwecken unter.

»Der Mensch zeigt *in seiner Natur* einen Drang nach immer vollerem Sein, einer immer vollkommeneren Ausprägung seiner Menschlichkeit in dem naturalistischen, wissenschaftlichen Sinne, wie man von einer Eichel sagen könnte, daß sie ›danach drängt‹, ein Eichbaum zu werden,« so Maslows *Psychologie des Seins*. [206, 130] Er erklärt weiter, daß das Endziel des Seins für eine Person das Zusammenfallen dessen ist, »was ich tun muß« mit dem, was »ich tun möchte«. Eine solche Person »ist ihre eigene Art Person, oder ist sie selbst, oder verwirklicht ihr wahres Selbst«. In diesem Seinszustand, ist »die Arbeit [einer Person] ihr Spiel und ihr Spiel ist ihre Arbeit... Das Selbst hat sich vergrößert, um Aspekte der Welt zu umgreifen und... deshalb ist die Unterscheidung zwischen Selbst und Nicht-Selbst [das Äußere, Andere] durchschritten worden«. Maslow nennt solche Werte *B-Werte*, B für *Being* (Sein).

Maslow bewies, daß »das Wert-Leben (das geistige, religiöse, philosophische usw.) ein Aspekt der menschlichen Biologie und in Kontinuität mit dem ›niedrigeren‹ tierischen Leben ist«. [205] Die Selbstverwirklichung ist ein fortwährender Vorgang oder Wachsen auf mehr und größeres Sein hin. In diesem Vorgang erreichen die Menschenwesen ein besseres Verständnis ihrer selbst wie der Welt, jenes Wesens, das sie sind und des größeren Wesens der Welt. Maslow faßt es in den Worten zusammen: »... wenn du jemanden oder etwas auf der Ebene des Seins genügend liebst, dann kannst du dich an seiner Selbstverwirklichung freuen, was heißt, daß du nicht eingreifen wollen wirst, weil du es lieben wirst, wie es in sich selbst ist... wenn du etwas so liebst wie es ist... dann kannst du es (oder ihn) so sehen, wie es seiner eigenen Natur nach ist, unberührt, unverdorben«.

Das Sein der Welt in Heideggers Konzept vom Geviert beruht auf der wechselseitigen Eignung – auf dem zueinander Passen – der Erde, der Göttlichen und der Menschenwesen, und deswegen können die Menschen nicht ganz *sein*, ohne auch allen anderen Bestandteilen des Gevierts zu gestatten, ganz zu *sein*. Wechselseitige Eignung bedeutet buchstäblich »zueinander zu passen«. Es entscheidet nicht nur eines dieser Bestandteile, welche Art Wesen auftreten werden, sondern es ist die Wechselwirkung von allen. Wenn nicht das ganzmöglichste Sein des Bodens zugelassen wird, werde ich durch den sich ergebenden Mangel geschwächt. So wird der Boden, wenn er nicht ganz gesund ist, der Spurenelemente ermangeln und mein Sein wird nicht fähig sein, das ganze Potential zu erreichen. Für *mein* vollstes Sein muß ich die vollste Ausprägung aller anderen Wesen meiner Welt zulassen. In dieser Art Bezogenheit mit der Umwelt gibt es einen »Fluß« des Seins. Dieses Flusses wurde ich mir beim Pulverschnee-Skilaufen zum ersten Male bewußt. Allmählich lernte ich, daß, je besser ich diesen Fluß in das tägliche Leben übertragen konnte, desto besser war es nicht nur für mich, sondern auch für alle in meiner Nähe.

Durch das Spiel fängt man an, diesen Fluß zu fühlen. Tatsächlich »wurde das Spiel in seinen ersten Anfängen als etwas Heiliges betrachtet, als etwas, das der Gottheit geweiht war«. [270] In einem frühren Abschnitt dieses Buches haben wir gesehen, daß das Spiel für die kindliche Entwicklung ganz entscheidend ist; eine kürzlich erschienene Studie zeigt, daß wirkliches Spiel für den reifen Erwachsenen genauso wichtig ist.

Mihaly Csikszentmihalyi, vom Behavioral Sciene Department an der Universität von Chicago, untersuchte eine Vielzahl von Leuten, die »viel Zeit und Energie in spielerische Aktivitäten gesteckt hatten.« [66] Nach Vorgesprächen beschränkte sich die Untersuchung auf spezifische Gebiete und wurde auf dreißig Personen in diesen verschiedenen Bereichen übertragen, dazu gehörten Bergsteiger, Tänzer (Modern dance), Basketball-Spieler und Schachspieler. Csikszentmihalyi fand heraus, daß »es einen gemeinsamen Erfahrungszustand gibt, der verschiedenen Formen des Spiels und ebenfalls, unter bestimmten Bedingungen, bei anderen Aktivitäten, die man normalerweise nicht als Spiel ansieht, gegenwärtig ist.« Er nennt diesen Zustand »Fluß«. »Es ist der Zustand, in dem Handlung auf Handlung nach einer inneren Logik folgt, die keine bewußte Intervention von unserer Seite erfordert. Wie erfahren es als ein zusammengehörendes Fließen von einem Augenblick zum nächsten, bei welchem wir uns als Herr unserer Handlungen fühlen und bei dem es wenig Unterschied zwischen dem Selbst und der Umwelt gibt, zwischen Reiz und Reaktion oder zwischen Vergangenheit, Gegenwart und Zukunft.« Er betont, daß diese Flußerfahrung »nur aufzutreten scheint, wenn eine Person aktiv mit einer Form einer klar bestimmten Interaktion mit der Umwelt beschäftigt ist.« Ein klares Anzeichen für den Fluß ist »die Verschmelzung von Handlung und Gewahrsein,« was uns an das Inana-Yoga erinnert und die darin postulierte Untrennbarkeit von Beobachter und Objekt. Ein weiterer wichtiger Bestandteil ist, daß die Erfahrung »gewöhnlich einheitliche Handlungserfordernisse ohne Widersprüchlichkeiten enthält und auf die Handlungen der Person eine unzweideutige Rückkoppelung bietet.« Dies ist möglich durch die volle Konzentration auf ein begrenztes Feld von Möglichkeiten. Csikszentmihalyi stellt weiter fest, daß das Fluß-Modell interessante Implikationen für die menschliche Motivation hat, und er vermutet: »Solange wir damit fortfahren, die Menschen hauptsächlich durch äußerliche Belohnungen zu motivieren, wie etwa Geld und Status, verlassen wir uns auf Nullsummen-Lösungen, die zu Ungleichheiten wie zur Erschöpfung knapper Ressourcen führen. Es ist daher lebenswichtig, mehr über die möglichen Wirkungen von inneren Belohnungsvorgängen zu wissen.« Csikszentmihalyi bezieht sich nur auf die Möglichkeiten der Neuordnung der Arbeitswelt, der Schulen und der Nachbarschaftsbeziehungen, um die Flußerfahrung vermehrt zu ermöglichen, aber ich vermute, daß Csikszentmihalyis Einsichten in das Wesen des Spiels eine Reihe von dieses Buch durchziehenden Themen verknüpft: die Bedeutung der Berge in der Religion; die »spielenden Göttlichen« in Heideggers Geviert und die sich daraus ergebenden Implikationen für das Sein; Maslows B-Werte und »Gipfelerfahrungen« und die Bedeutung des *Platzes*. Diese konvergierenden Themen zeigen, daß das Leben auf dieser Erde in sich die innere Belohnung ist, wenn man sich dafür entscheidet, an einem *Platz* zu leben und eine dauerhafte Beziehung zu den anderen Wesen des *Platzes* zu pflegen: dem Boden, den Tieren, den Pflanzen, den Wesen im Himmel, Wolken, Regen, Schnee, Donner und den Göttern des *Platzes*. Wie es Gary Snyder von seinem Platz in Nordkalifornien sagt: »Weil wir in demselben Teil der Welt zusammen sind und erwarten, für die nächsten zwei oder drei Jahrtausende dort zusammen zu sein, hoffen wir, unsere Kräfte gemeinsam zu entfalten und uns gegenseitig helfen zu lernen.« [57] In einer solchen Bezogenheit gibt es keine Trennung zwischen Arbeit und Spiel mehr oder zwischen Dingen, die man für sich selbst und Dinge, die man für das »größere Selbst«, daß heißt für andere, einschließlich nicht-menschlicher Wesen tut. Es wird alles Teil des Spiegel-Spiels des Vierfältigen. Je tiefer man einbezogen ist, desto mehr lernt man, und je mehr man lernt, desto tiefer ist man einbezogen, bis alles ein fortwährender Fluß ist – nicht einmal mehr auf diese Zeit begrenzt, da sich die Handlungen als Teil der Liebe zum *Platz* in die Zukunft ausdehnen.

In einer solchen Bezogenheit zu dem *Platz* gibt es immer klare Handlungserfordernisse und ein klares unzweideutiges Feedback auf diese Handlungen. Du weißt es, wenn du das Land verletzt hast. Du kannst die Krümelschicht beim nächsten Regen den Berg hinabbluten sehen. Du weißt es, wenn du das richtige für das Land getan hast. Du kannst die Spirale der Verwobenheit und Verschiedenartigkeit dem Boden entwachsen sehen, den neu zu bedecken du geholfen hast. Es gibt keine Grenze zwischen Spiel und Arbeit, denn was als Arbeit anfängt – wie etwa das Holzhacken für das Feuer – wird zu Spiel, wenn du den klaren, durchdringenden Geruch der Kiefer riechst, wenn du das hüpfende Wechselspiel mit dem Holz in deinem Körper empfindest. Was als Spiel beginnt – den Berg hinaufwandern, um die neuen Frühlingsblumen anzusehen – wird zu Arbeit, weil du automatisch Strauchwerk sammelst, um eine Rinne zu verstopfen, die der schmelzende Schnee bloßgelegt hat. Oder an einem anderen Tag: Da trifft eine bestimmte Kombination des Lichtes nach einem plötzlichen Gewitterschauer auf entfernte Felsen, und du wirst »von einer Zeremonie verwandelt, die dem Land selbst innewohnt.« [102] Alles ist Teil des fortwährenden Flusses, wenn man mit allen anderen nicht-menschlichen Wesen des Platzes zusammen lebt und lernt.

Wilfred Pelletier verließ die Reservation und versuchte, es in der Welt des Weißen Mannes zu schaffen. Er erzählt von einem dieser nicht-menschlichen Wesen, dem er begegenete und von dem er lernte. Er hatte alles getan, was sich »gehörte« – Kirchentreffen, politische Versammlungen und Vorlesungen –, aber er fand, daß er verloren war, »noch bevor ich dreißig Jahre alt war...«

Und dann kam ich eines Tages – zack! bum! – in die Wirklichkeit. Es klingt wahrscheinlich verrückt, aber es passierte nichts weiter, als daß ich einen Löwenzahn »sah«. Da stand ich nun, ein Mann von mittlerem Alter, der sein ganzes Leben lang von Löwenzahn umgeben gewesen war. Und plötzlich sah ich einen und es gab nichts zwischen mir und diesem Löwenzahn, ich meine: keine Klassifizierung, keine Normen, keine Worte – nicht einmal das Wort »Löwenzahn«. Nichts. Und dieser Löwenzahn war einfach nur so ein Ding, eines von Millionen gelber Dinger, die leuchteten, hübsch und dabei sehr gewöhnlich waren. Dieser Löwenzahn war ein Wesen, ein lebendiges Wesen, daß mich vollkommen anerkannte und einschloß. Ich hatte das Gefühl, als stünde ich in der Mitte der Sonne, und diese kühlen gelben Blütenblätter gingen von meinen Füßen aus für immer weit in die Ferne. Ich habe gerade gesagt, daß ich zum ersten Mal einen Löwenzahn sah. Aber in Wirklichkeit war es nicht das erste Mal. Das kriegte ich auch mit, in dieser Erfahrung blitzte nämlich eine Erinnerung auf – kein »Wann« oder »Wo«, nur eine Ahnung – jedenfalls wußte ich plötzlich, daß ich als ganz kleines Kind die ganze Zeit in dieser Wirklichkeit gelebt hatte. Vielleicht ist das eine Möglichkeit, in Worte zu fassen, was geschehen war. »Ich« war da, aber es gab keinen Beobachter und keinen Beobachteten mehr, ... keine getrennten, isolierten Individuen. Es gab nur eine umfassende Ganzheit, die nichts ausließ. ... Alles war im Fluß.

Ich bin nach den weißen Maßstäben nicht mehr völlig zuverlässig. Aber ich werde freier und freier. [Das finden auch andere heraus, Indianer wie Weiße.] Sie kehren zum Land zurück, immer mehr von ihnen. Und das ist der einzige echte Sitz der Weisheit, den es je gegeben hat. Sie werden alles, was sie wissen müssen, vom Land lernen, alles, was es überhaupt zu wissen gibt. Wenn sie lange genug dort bleiben, werden sie lernen, daß sie das Land sind. Wo immer du bist, ist dein zu Hause. Und die Erde ist das Paradies, und wo du deinen Fuß auch hinsetzt, ist heiliges Land. Man lebt nicht wie ein Parasit davon. Du lebst darin, und es in dir, oder du wirst nicht überleben. Und das ist die einzige Gottesverehrung, die es gibt. [251, 187, 192, 204, 206]

Da Reife den »Zustand der Vollendung« bedeutet, kann das Menschenwesen die volle Reife nicht ohne die Religion erreichen. Wie Wilfred Pelletiers Bemerkungen über die Gottesverehrung zeigt, ist die Religion in einer vollständigen Kultur, wie der indianischen, so innig mit dem Land verbunden und so eng mit dem täglichen

Leben verknüpft, daß sie davon gar nicht getrennt werden kann; deswegen sind weitere Einsichten in die Religion in einer Kultur des Gewahrseins in dem Kapitel »Rituale für eine heilige Ökologie« in Teil IV dieses Buches zu finden. Hier ist jedoch ein weiterer Aspekt der Gemeinschaft zu betrachten, und das ist die Familie.

In einem kürzlich geführten Interview wurde Margaret Mead gefragt, was sie von der Zukunft der Kleinfamilie denkt. Sie antwortete: »Die Kleinfamilie war niemals stark! Für sich genommen, ist eine Kleinfamilie eine ungeschützte, gefährdete und unangemessene Form sozialer Organisation. Es ist für jene, die von einem Platz zum anderen wandern müssen, die einfachste Gruppierung . . . So ist die Kleinfamilie in einer Zeit der Kolonisierung und Wanderung in der ganzen Welt am geeignetsten und am leichtesten auszubeuten – da kommt die Industrialisierung zum Zuge. Veranlasse deine jungen Männer und ihre jungen Frauen dazu, in der Stadt arbeiten zu gehen. Dann haben wir eine Wohnsituation, wo du Schachteln wie Eierkartons baust und Familien da einziehen. Diese isolierten Familien bilden keine Gemeinschaft«. [336] Im Jahre 1927 schrieb Robert Briffault, der zwei Jahre mit Forschungen zur Vorbereitung seines Buches *The Mothers* zubrachte: »Da der einzelne Mann und die einzelne Frau sich in ihrer Eignung für die eine oder andere Form der sexuellen Verbindung gründlich unterscheiden, muß die Ehe vielleicht verschiedene neue Formen annehmen . . . Die lebenslange Monogamie . . . erfordert besondere Qualifikationen . . . Die Meinung, sie sei eine ›natürliche‹ Beziehung, die auf bioloischen Funktionen beruht . . . ist eine der verbreitetsten Ursachen für ihr Scheitern. Sie ist, ganz im Gegenteil, eine gesellschaftliche Festlegung und ein Kompromiss«. [39, 443] Aber erst auf der Landmark Conference 1966 in Chicago über »Der Mensch als Jäger«, die eine Welle des Interesses am Leben des Jägers auslöste, wurde ein zufriedenstellendes Wissen über die allgemeine Rolle der Sexualität während der längsten Zeit der menschlichen Geschichte zugänglich.

Millionen von Jahren lang bot sowohl in menschlichen wie in vor-menschlichen Gesellschaften der Stamm und sein *Platz* – und nicht das sexuelle Band – die Stabilität im Leben des einzelnen. Die ehelichen Bande waren recht flexibel. Die Scheidung war einfach. Bei manchen Stämmen ist das heute noch der Fall: die Frau stellt bloß die Sachen des Mannes vor die Tür, und damit ist die Sache erledigt. Es gibt wenige alleinlebende Frauen, weil die Polygamie üblich ist. Die strengen Regeln und Traumata, die in unserer Kultur mit der Ehe zusammenhängen, entwickelten sich erst in jüngster Zeit mit dem Aufkommen der Ackerbaugesellschaften, wo die Weitergabe von Land und Besitz der tiefere Grund für die Heirat war.

Die große, ineinandergreifende Klanstruktur des Stammes ist stabil, weil das Einzelwesen in eine Gruppe hineingeboren oder aufgenommen wird, die so »dauerhaft ist wie die Pflanzen- oder Tierart, die sie sich zum Totemzeichen genommen hat«. [292, 132] Das Teilen der Beute des Jäger führt zum Teilen auch auf anderen Gebieten des Stammeslebens. Auf dem Indianerreservat, in dem Wilfred Pelletier aufwuchs,»standen alle Möglichkeiten denen offen, die sie nutzten, auch Sex war nicht ausgeschlossen. Sexualität war ein allgemein anerkanntes Bedürfnis, und darum ging niemand leer aus. So einfach war das«. [251, 80]

Für unsere Vorfahren, die Primaten, war Sexualität nicht nur ein Reproduktionsprozeß, sondern sie diente auch als Bindemittel für die Gruppe. Die weiblichen Primaten werden nicht alle zur gleichen Zeit heiß, wie bei einigen anderen Tierarten; bei ihnen gibt es eine Zeit, wo sich die Geburten häufen, aber das Werbespiel und die sexuelle Aktivität finden das ganze Jahr hindurch statt, wodurch sexuelle Energie für neue soziale Nutzungen freigesetzt wird. Immer ist eines der weiblichen Tiere in Hitze. Das fortwährende Hofmachen und Kopulieren in Primatengruppen wirkt als eine Art Bindungsmechanismus für den ganzen Stamm. Im allgemeinen setzte sich diese Bindungswirkung der Sexualität in den Kulturen der Menschenwesen fort.

Ein befriedigender Geschlechtsverkehr ist eine der wenigen Erfahrungen im modernen Leben, die beide Hemisphären des Gehirns und alle Ebenen des dreifältigen Gehirns einbezieht, was für seine Bedeutung als Bindungsmechanismus spricht. Nach Erik Erikson ist ein befriedigender Sexualakt »eine erstrangige Erfahrung der wechselseitigen Regelung zwischen zwei Wesen, (die) in gewisser Weise den Punkt der Feindseligkeiten und der möglichen Zornausbrüche zerbricht, der durch die Gegensätzlichkeit von Mann und Frau, von Tatsache und Wunschtraum, von Liebe und Haß verursacht wird. Befriedigende Sexualbeziehungen machen den Sex daher weniger besitzergreifend, die Überkompensation weniger notwendig und die sadistische Beherrschung überflüssig«. [80] Gelegentlich tritt ein so empfänglicher Zustand ein, daß es zu einer Herabsetzung der Grenze zwischen einem selbst und dem anderen kommt, was zu mystischen Zuständen führt. [196] Die Herabsetzung der Abgrenzung zwischen einem selbst und dem anderen ist wahrscheinlich einer der Gründe, weshalb in den meisten traditionelle Kulturen und bis in die jüngste Zeit sexuelle Orgien mit der Religion verknüpft waren. In Ackerbaukulturen waren solche Orgien mit der Fruchtbarkeit des Bodens verbunden. Wenn die ganze Gruppe für die »Macht« offen ist, lösen solche sexuellen Begegnungen verkapselte Ängste, und Furcht und Feindschaft wird getilgt, wodurch die engen Bande der Gruppe neu geknüpft werden. Eben das Fehlen eines solchen Mechanismus im isolierten Kleinstadtleben war eine der Ursachen für das allmähliche sich Ansammeln von Haß und Feindschaft in diesem Land während des letzten Jahrhunderts.

Die Ute-Indianer hatten eine besonders anmutige Methode, um eine rituelle

Situation zu schaffen, in der eine neue Wahl getroffen und Sexualpartner gewechselt werden konnten. Die Ute waren ein Jägerstamm, der den größten Teil des Jahres in kleinen verwandtschaftlichen Gruppen in weit entfernten Teilen in den hohen Rocky Mountains jagte. In jedem Frühjahr kam der ganze Stamm zum jährlichen Bärentanz zusammen: »Es war eine ruhige Zeit, wenn der Frühling langsam in ihre Täler kam; denn die Leute lauschten. Sie warteten und lauschten auf den ersten Donner, der den schlafenden Bären in seinem Winterquartier und den Geist des Bären in den Menschen aufwecken würde. Der ihre Füße und ihre Herzen aufwecken und ihnen die Musik bringen würde. Dies war die Zeit für den Bärentanz«. Es wurde eine große Höhle aus Ästen gebaut, die *Avinkwep*, deren Öffnung in Richtung der Nachmittagssonne wies. An einem Ende der Höhle wurde ein rundes Loch gegraben, das den Eingang zu einer kleinen unterirdischen Höhle bildete. Dieser Eingang wurde durch einen umgedrehten Korb bedeckt.

Das Hauptinstrument für die Musik beim Bärentanz war ein langer Stock, der auf einer Seite eingekerbt und wie der Kieferknochen eines Tieres geformt war. Das eine Ende des Stockes wurde auf den Korb gelegt, der das Loch bedeckte, und mit einem kleinen Stock rieb man nun auf den Kerben entlang. Der Klang wurde durch die Höhle und den Korb verstärkt, und »der kleine Donner tönte tief in der Höhle, verbreitete sich über das erwachende Land und grummelte in der Frühlingsluft. Das Lied der anderen Sänger umfing den ersten Donner, und das erste Lied des Bärentanzes wurde gesungen«.

Da die Bärin sich ihren Gatten aussucht, suchte sich die Frau den Mann aus, mit dem sie tanzen will, indem sie ihn am Ärmel zupft. Der Mann und die Frau tanzten einander gegenüber in einer langen Reihe. Drei Tage währte der Tanz. In der dritten Nacht tanzten die Paare zusammen. Jetzt, meinte man, wären die Bären im Wald aufgewacht »und der Geist des Bären erfüllte die Nacht in der *Avinkwep*«. Hin und wieder verließ ein Paar den Tanz, und es »nahm seine Decke mit hinauf in das Strauchwerk am Berghang, um den Geist des Bären und den Donner des Frühlings, die in beiden zu stark geworden waren, als daß sie noch zurückgehalten werden konnten, herauszulassen.

Während der drei Tage gab es durch den Geist des Bären im *W'ni thokunup* [dem eingekerbten Stock] viele Heilungen«. Am Mittag endete der Tanz mit einem großen Festmahl. Dann wurde das Lager über mehrere Tage hin langsam abgebrochen, da die kleinen Jagdgruppen in die Berge fortzogen. Eine Frau, die beim Bärentanz einen Mann am Ärmel gezupft hatte, mochte mit ihm eine Stunde oder die ganze Nacht in den Büschen verbracht haben, oder sie konnte auch das ganze Jägerjahr bis zum nächsten Bärentanz oder sogar ›viele Winter‹ lang mit ihm zusammenbleiben«. [78, 29 und 35-38]

In einer solchen Kultur gibt es keine Vergewaltigungen. Tatsächlich könnte Vergewaltigung, so wie wir sie heute kennen, eine weitere Kulturkrankheit sein. Pearce liefert in einem sehr erhellenden Teil seines Buches Informationen, nach denen Vergewaltigung mit der Tatsache zusammenhängen könnte, daß ein Mann, der weder mit seiner Mutter noch mit der Erde *gebonded* ist, keine befriedigende Beziehung mit einer Frau haben kann, und daß diese wachsende Frustration in völligem Zorn über die Mutter/Erde/Frau-Matrix ausbrechen kann, so daß er seine überlegene Stärke ausnutzt, um zu vergewaltigen. Er vergewaltigt endweder roh, das heißt körperlich, oder intellektuell – indem er die Erdmatrix mit der Technologie vergewaltigt. [250, 250]

In den letzten Jahrzehnten haben die Menschenwesen angefangen zu versuchen, sexuell mehr in Übereinstimmung mit der Weise umzugehen, die die Natur vorgesehen hat, und wie es im Laufe der letzten 40.000 Jahre in den Genen programmiert worden ist. Aber der Weg wird schwierig und lang sein. In einigen der experimentellen Sexualbeziehungen liegt eine schwere Gefahr für die Erde, denn manche Frauen haben das Gefühl, daß sie von einem jeden Mann, den sie lieben, ein Kind haben wollen. Jede Frau, der an der Erde etwas liegt, muß ganz fest geloben, nur zwei Kinder zu bekommen und nicht mehr. Also obliegt es ihr, sehr sorgfältig darauf zu achten, von wem sie diese Kinder bekommt. Die schöpferischste Lösung für dieses Problem, die ich kennengelernt habe, wurde von Garret Hardin in seinem Buch *Exploring New Ethics for Survival* vorgeschlagen. [109] Weil es die Frau ist, die die Kinder bekommt, und weil wir nahe daran sind, das Geschlecht eines Kinder bei der Empfängnis bestimmen zu können, schlägt Hardin vor, es zur Regel zu machen, daß jede Frau nur ein Mädchen haben darf. Sie kann so viele Jungen haben, wie sie will – ein Dutzend oder mehr, wenn sie eine große Familie haben will –, aber nur ein Mädchen. Ein solches Gesetz würde natürlich sehr schnell die Struktur unserer Gesellschaft verändern. Frauen würden zu bedeutenden Wesen werden. Sie heiraten vielleicht eine ganze Gruppe von Männer, wie in Tibet vor langer Zeit. Jedenfalls ist es, weil die Frauen durch diese Macht zur Herrschaft kommen könnten, zweifelhaft, ob unsere Kultur jemals eine solche Lösung übernehmen würde.

Bis der Begriff der »Vaterschaft« mit den patriarchalen Stämmen aufkam, hatten in primitiven Zeiten die Frauen die völlige Kontrolle über ihren Körper, und sie konnten die Entscheidung über das Kindaustragen treffen. In einer wunderschönen Nacherzählung des alten walisischen *Mabinogion* im modernen Fantasy-Stil behandelt Evangeline Walton die schmerzliche Veränderung, die von patriarchalen Eroberern, durch das Aufkommen der Idee der Vaterschaft, verursacht werden. Math, der altehrwürdige König, spricht von Arianrod:

Ihrer sind schlimme Taten; eine lieblose Mutter tut den Uralten Harmonien Gewalt an. Doch du hast sie gegen ihren Willen zur Mutter gemacht. Und das ist etwas, das in der früheren Welt selten geschah, aber häufig geschehen wird in den Zeitaltern, die beginnen. Du hast es um der Liebe willen getan, aus reiner Sehnsucht nach einem Kind. Doch viele der Männer, die kommen werden, werden es um des Stolzes und der Lust willen tun; und dieses Begatten wie ein Tier werden herabsetzen den Rang und vermindern die uralte Würde der Frau. ... Denn das Erkennen der Vaterschaft wird die Frau versklaven. Es wird ihr die alleinige Eignung ihres Körpers nicht mehr lassen, damit er dem Mann zur Freude gereiche, sondern man wird ihn fordern, und sie kann ihn nicht geben oder verweigern wie ihr Herz befiehlt. ... Und zum Schluß wird dabei herauskommen, daß es in der ganzen Welt keine freie Frau mehr geben wird, die um der Liebe willen liebt, wie es die Frauen früher getan.

[347, 202-203]

15. Der vierte Berg des Lebens

Es gibt Seelen, dachte er, deren Nabel niemals abgeschnitten worden ist. Sie sind nie des Universums entwöhnt worden. Sie verstehen den Tod nicht als Feind; sie freuen sich auf das Verwesen und zu Humus werden. Shevek [174, 150]

In Ursula K. LeGuins Erzählung *The Dispossessed* sinnt Shevek über die Beziehung seiner Frau zur Natur nach, eine viel weitgehendere Liebe als bloß »Naturliebe«. In diesen wenigen Glücklichen, die die Kontinuität von Leben und Tod und Natur in ihrem Denken entwickelt haben, lebt noch das Erbe unserer Jäger-und-Sammler-Vorfahren. Für andere von uns, die der Tyrannei des trennenden, rationalen Verstandes erlegen sind, ist der Tod ein Feind. Für den Jäger »führt der Tod ökologisch zum Leben, nicht auf eine verschwommene und seltsame Art und Weise, sondern im Verzehren der Beute«. [292, 153] Umgekehrt weiß der Jäger aber auch, daß er zur Beute des Tieres werden kann, das er jagt, doch ihm ist bewußt, daß er durch seinen Tod zum Leben des Tieres beiträgt. Livingston, einer der ersten Afrikaforscher, wurde von einem Löwen angegriffen, der ihn in Schulter und Hüfte biß. Obgleich er seine Hüfte in den Fängen des Löwen sehen konnte, fühlte er, wie er berichtet, statt Schrecken eher eine Art Hinnahme. Für Livingston war dies das beeindruckendste Ereignis seines Lebens. »Er erkannte hernach, daß der Begriff des Todes, mit den damit verknüpften Vorstellungen und Einbildungen, im Leben keine Wirklichkeit hat. Der Begriff ist die Tragödie, nicht das Geschehen. Er sprach davon, daß er wußte, daß in der Natur sich das Leben selbst dem Leben auf Weisen hingibt, die unser Denken nicht begreifen kann«. [149, 57]

In allen Jägergesellschaften gibt es, nachdem das Töten vollzogen ist, ein Ritual, das mit dem Verzehr des ersten Fleisches verbunden ist. Die Indianer verwenden in ihrem rituellen Gebet oft den Satz: »Auf daß wir leben mögen«. Diese rituelle Speise ist in jede Religion als tatsächliches Verzehren einer Nahrung – Brot oder Frucht oder Fleisch – als Kommunion mit den Göttern übernommen worden. Es ist eine Gültigkeitserklärung der Verwandtschaft zwischen dem Tier, dem Menschen und Gott. Dieses rituelle gemeinschaftliche Mahl wird heutzutage von Elisabeth Kübler-Ross, der auf der Welt führenden Autorität in der Sterbeforschung, als Höhepunkt am Ende ihrer einwöchigen Workshops für unheilbar Kranke und ihre Angehörigen abgehalten. Wie sie ihre Erfahrung beschreibt, beginnt der Workshop mit dem sogenannten »Quatsch-Tag«, an dem alle über ihre Rolle sprechen, die jeder sehr ernst nimmt. Das wird so lange fortgesetzt, bis jemand, oft ein dem Sterben naher Mensch, der das »Gequatsche« leid ist, sagt: »Hört zu, wir haben nur fünf Tage, und ich lebe vielleicht nur noch zwei Monate, und ich bin ganz krank und müde von diesem Gerede«. [316] Dann beginnt jeder, seine Erfahrungen mit der Krankheit mitzuteilen, und das setzt sich den ganzen zweiten Tag fort. Der dritte Tag ist der »Zorn-Tag«, an dem jeder seinen aufgestauten Zorn und Ärger aufarbeitet. Am Donnerstag Abend sprechen sie von Leben und Tod, und nun sucht jeder einen Tannenzapfen, in den »der negative Teil seines Selbst hineingetan werden soll, den man ständig loszuwerden bemüht war«. Am letzten Abend sitzen sie draußen um ein großes Lagerfeuer und singen. Sobald jemand den entsprechenden Zustand erreicht hat, steht er auf und wirft den Tannenzapfen in das Feuer. Dann feiern sie gemeinsam. »Wir haben Wein, wir backen unser eigenes Brot, und wir gestalten mit Brot und Wein ein vollständiges Ritual«. Alle Bestandteile alter Riten sind hier vertreten: Feuer und Musik, und das rituelle Mahl. Was Kübler-Ross an diesen fünf Tagen bietet, ist eine Art rituellen »Sofortprogramms«, um den Menschen dabei zu helfen zu erkennen, daß alles wechselseitig verbunden ist – daß das wirkliche Selbst Teil des Ganzen ist und nicht mit dem Tod aufhört.

Wie wir bereits gesehen haben, in dem Kapitel über den menschlichen Geist, wird klar, daß die Dichter und Künstler und Schamanen immer recht hatten mit ihrer Überzeugung: Unser Geist endet nicht an der Grenze unseres Schädels. Es ist zum Gutteil die Trennung zwischen rechter und linker Hirnhälfte, und die Betonung der Aktivitäten der linken Gehirnhälfte in unserer Kultur (die nur aufspalten und auseinandernehmen und niemals Dinge zusammensetzen kann), was unsere Angst vor dem Tod auslöst. Wie Bateson sagt: »Ich meine, daß es gleich ungeheuerlich – und gefährlich – ist, den äußeren Geist vom inneren trennen zu wollen. Oder den Geist vom Körper zu trennen. Es ist verständlich, daß wir in einer Zivilisation, die den Geist vom Körper trennt, entweder versuchen, den Tod zu vergessen oder Mythologien über das Überleben des transzendenten Geistes zu bilden. Wenn aber der Geist nicht nur den Informationsbahnen inne wohnt, die im Körper lokalisiert sind, sondern auch denen, die außerhalb liegen, dann nimmt der Tod einen anderen Aspekt an. Die individuelle Verbindung von Bahnen, die ich als ›Ich‹ bezeichne, ist nun nicht mehr so kostbar, weil diese Verbindung nur ein Teil des größeren Geistes ist.« [12, 596 und 597]

Wilder Penfield, der fünfzig Jahre in der Hirnforschung tätig war, kam in seinen späteren Jahren zu dem Schluß, daß, auch wenn Geist und Hirn dieselben Organisationsprozesse gemeinsam nutzen, sie nicht dasselbe sind: ». . . das Gehirn ist der Ort für neuerworbene automatisch ablaufende Mechanismen, es ist ein Computer . . . der Geist . . . dirigiert die Programmierung aller Mechanismen im Gehirn.« Wenn wir davon ausgehen, daß der Geist des Menschenwesens die Person ist, dann können wir sagen: »Sie geht durch die Welt und verläßt sich immer auf ihren privaten Computer, den sie fortwährend programmiert, damit er den ständig sich wandelnden Absichten und Vorhaben entspricht.« [252, 60-61] Er stellt weiter fest, daß sich der Geist das individuelle Leben lang unabhängig entwickelt und reift, und wenn die Person älter wird, »verläßt sich [der Geist] mehr und mehr auf die Erinnerung und die automatischen Handlungsmuster, die im Gehirncomputer abgelegt sind.« Dies gibt dem Geist mehr Freiheit »die Welt des Intellekts zu erforschen, die eigene und die der anderen.« [252, 86] Der Körper und das Gehirn erreichen ihre Höchstentwicklung im Alter von zwanzig bis dreißig Jahren, sie beginnen dann in den Vierzigern nachzulassen und gehen in den späteren Jahren weiter zurück. »Der Geist [jedoch] scheint keine besondere oder unvermeidliche Pathologie zu haben. Im späten Leben kommt er zu seiner Vollendung.« Wenn der Geist »ein klareres Verhältnis und ein ausgewogeneres Urteil erreicht, fängt der Gehirncomputer an, an Kraft und Geschwindigkeit nachzulassen.« [252, 87]

Wollen wir uns des in Kapitel 8 erwähnten holographischen Modells der Gehirnfunktion entsinnen, wo Pribram erklärte, daß die Analogie zwischen dem Gehirn und dem holographischen Prozeß mit »den *Wegen*, die die Energie nimmt, mit den Wechselwirkungen unter den Wegen und den daraus resultierenden Organisationen der ›Information‹, die erzeugt wird« zu tun hat. Dessen eingedenk, ist es möglich zu sagen, daß bei dem Menschenwesen, das die meiste Zeit seines Lebens aktiv mit der Erde in Wechselwirkung stand, der Geist viele Muster einer Erde-Geist-Wechselbeziehung entwickelt hat, und durch eine Art geometrischer Progression können, je mehr Wechselbeziehungsmuster schon vorhanden sind, um so mehr Wechselbeziehungen da sein. Das rationale Wissen allein, das reine Ansammeln von Fakten, ist hier ohne Bedeutung; es erfordert ein Lernen mit dem ganzen Gehirn, um Beziehungen zu schaffen. Das lineare, rationale linke Gehirn kann nur auseinandernehmen, um zu analysieren, es kann nicht im Ganzen denken. Die Aktivität mit dem ganzen Gehirn umfaßt (eben wegen seiner Natur) die Interaktion mit der Erde.

Menschen, die mit der Erde immer in Wechselbeziehung standen, finden immer mehr zur eigenen Mitte, je älter sie werden – alles rückt immer weiter zusammen. Es kann keine Furcht vor dem Tode aufkommen, weil sie wissen, daß es zwischen dem Geist »innerhalb des Schädels« und dem Geist außerhalb keine Grenze gibt. Jene, die nicht aktiv mit der Erde in Wechselbeziehung standen, haben wahrscheinlich weniger Erde/Geist-Muster, so daß, wenn der Computer anfängt nachzulassen, sie in einem zerfallenden Muster eingeschlossen sind, wo nichts zusammenhält. Ihre Senilität wird immer schlimmer, bis häufig nichts weiter übrigbleibt, als die früheren Kindheitserinnerungen. Die meisten Menschen in fortgeschrittenem Alter, die ich kenne und die noch aktiv sind, körperlich wie geistig, sind noch tief in die Natur einbezogen.

George Kelly, der Mann, der für die Gruppe verantwortlich war, in der ich als Teenager in den Bergen kletterte, ist jetzt vierundachtzig Jahre alt, doch er führt immer noch Besucher auf eine Felsklettertour in der Nähe seines Hauses, um die indianischen Ruinen vorzuführen, die er ausgegraben hat. Als er dreiundsiebzig war, »setzte er sich zur Ruhe«. Er und seine Frau, Sue, bauten ihr eigenes »Adobehaus«, pflanzten Apfelbäume und nahmen ein neues Experiment in Angriff, um zu erforschen, welche Nahrungspflanzen ohne Bewässerung in dem wüstenartigen Klima wachsen. Dabei entdeckten sie indianische Ruinen auf ihrem Land und gruben eine guterhaltene Kiva und andere Ruinen aus. Als ich ihn vor einem Jahr zum letzten Mal besuchte, war er dreiundachtzig; er legte gerade eine Kiva, die er gefunden hatte, frei.

George Kelly arbeitete sein ganzes Leben im Gartenbau, und er ist eine Autorität auf dem Gebiet der in Colorado heimischen Kräuter und Sträucher. Er hat sich die Aufgabe gestellt, alle Pflanzen auf seinem wüstenartigen Land, am McElmo Creek in Südwest-Colorado, zu identifizieren. Mittlerweile sind es etwa dreihundert Arten. Während George älter wird, scheint er ein Netz aus immer verwobeneren Verbindungen mit immer mehr Menschen und Naturwesen zu weben; er weitet seine Umgebung ständig aus, ist aber zugleich an seinem *Platz* »gemittet«, seinem geliebten Canyon. George Kellys Lebensauffassung steht im Gegensatz zu der vieler älterer Menschen, die anfangen, ihre Welt kritisch zu analysieren, indem sie alles ausschließlich vom Standpunkt ihres eigenen Wohlbefindens und ihrer eigenen Bedürfnisse aus betrachten. Sie werden immer isolierter; immer weniger Menschen und Dinge haben eine Bedeutung für sie. Ihre Welt wird kleiner, bis nichts mehr übrig ist, weil sie so wenig gelebt haben. Die Welt von George dagegen wird immer weiter. Der ältere Mensch, der nicht nachläßt, Verbindungen mit der Erde zu bilden, wächst weiter, bis das »Selbst« innerhalb der Haut keinen Unterschied mehr mit dem »Selbst« außerhalb der Haut aufweist – bis das Selbst so groß wird wie die

Erde. Der Tod ist für einen solchen Menschen kein Ende, also muß er ihn nicht fürchten.

Als ich als Teenager eben anfing zu klettern, lernte ich eine Frau von über achtzig kennen, die noch Gipfel von 3.000 Metern bestieg. Sie wurde eines Tages tot an ihrem Weg sitzend gefunden, ein Lächeln im Gesicht. Sie hatte sich zum Ausruhen hingesetzt und war nicht mehr aufgestanden.

Im Staate Washington erhielt Edith Ellexson, 81 Jahre alt, im Juni 1977 ihren Abschluß vom Central Washington State College. Zwei Jahre, bevor sie den Kilimandscharo bestieg. Amanda B. Gaverick ist 85 Jahre alt, und in jedem Winter zieht sie mit ihrer 79jährigen Schwägerin mit dem Schlitten in die Berge. Mrs. Gaverick erzählt: »Ich liebe das kalte Wetter. Es ist gesünder als zu Hause zu bleiben. Meine Mutter hat sich drei Rippen gebrochen, als sie mit über siebzig Jahren die Berge hinunterrodelte.« Mrs. Gaverick hat fast ihr ganzes Leben lang an demselben Platz gelebt, The Horn genannt, der in den nördlichen Pennsylvania-Bergen liegt. [253] Lowell Thomas läuft noch mit über achtzig Ski. Buckminster Fuller ist jetzt 83 und dreiundvierzig mal um die Welt gereist. Scott Nearing fing mit 93 an, ein Haus zu bauen und war sicher, daß er die nötige Zeit hätte, es zu beenden.

Eine Vorliebe für das Arbeiten mit Stein ist unter aktiven älteren Leuten ziemlich häufig anzutreffen. C. G. Jungs Erfahrung ist berichtenswert; er besaß die Kenntnisse vom Unbewußten, die nötig sind, um diese Vorliebe zu verstehen. In seiner Autobiographie *Erinnerungen, Träume, Gedanken* berichtet er, daß, als er älter wurde, »mir Wort und Papier ... nicht real genug [waren]; ... Ich mußte meine innersten Gedanken und mein eigenes Wissen gewissermaßen in Stein zur Darstellung bringen.« [140, 225-226] Den *Platz*, den er sich am oberen Züricher See wählte, könnte man als »heiligen« Platz ansprechen; Land, daß zum alten Kloster St. Gall gehörte. Wie so oft war ein christliches Kloster auf einem Landstück erbaut worden, das für die Heiden jener Gegend von besonderer Bedeutung war. Jungs erstes Steingebäude war ein kleines hüttenartiges Gebilde, das, als es fertiggestellt war, eher einem runden Turm glich. Später errichtete er weitere Steingebäude, aber der Turm blieb stets zentral. Er fühlte, daß »von Anfang an der Turm für mich zu einem Ort der Reifung [wurde] – ein Mutterschoß, oder eine mütterliche Gestalt, in der ich wieder sein konnte, wie ich bin, war und sein werde. Der Turm gab mir das Gefühl, wie wenn ich in Stein wiedergeboren wäre.« Als er den steinernen Turm baute, wußte er alle diese Dinge nicht, aber im Laufe der Jahre wurde ihm immer klarer, welches unbewußte Bedürfnis das Gebäude befriedigt hatte. Bollingen betreffend – das ist der Name seines Platzes – schrieb er: »Zuzeiten bin ich wie ausgebreitet in die Landschaft und in die Dinge und lebe selber in jedem Baum, im Plätschern der Wellen, in den Wolken, den Tieren, die kommen und gehen, und in den Dingen. Es gibt nichts im Turm, das nicht im Laufe der Jahrzehnte geworden und gewachsen ist und mit dem ich nicht verbunden bin. Alles hat seine und meine Geschichte, und hier ist der Raum für das raumlose Reich des Hintergrunds.« [140, 229]

Jung lebte dort sehr einfach, ohne Elektrizität, er hackte sein Holz selbst und pumpte das Wasser mit einer Handpumpe.»In Bollingen umgibt mich die Stille, und man lebt in der höchsten Harmonie mit der Natur. Gedanken tauchen auf, die in die Jahrhunderte zurückreichen und dementsprechend ferne Zukunft antizipieren.« [140, 230] Auch Heidegger zog sich in seinen späteren Jahren in ein einfaches Leben in die bayerischen Berge zurück.

In allen oben genannten Beispielen wächst das »Selbst«, um alle Wesen an dem *Platz* zu umfassen, bis es keinen Grenzen mehr zwischen dem Selbst und der Welt gibt; das menschliche Selbst braucht den Tod nicht zu fürchten. Der *Platz* wird für den älteren Menschen von entscheidender Bedeutung. In primitiven Kulturen wurden die Alten um ihrer Weisheit willen verehrt. Sie hatten so lange an ihrem *Platz* gelebt, daß sie ein Wissen erworben hatten, das auf keine andere Weise zu erlangen war, und sie wurden aus diesem Grunde hoch geschätzt. In unserer Zeit sind die Alten nicht mehr Bewahrer der Weisheit, die sie aus einer langen Interaktion mit einem besonderen *Platz* angesammelt haben: Niemand bleibt so lange an einem Ort, wie es nötig wäre, ein solches Wissen zu erlangen. Noch schlimmer ist es, daß die Orte selbst nicht mehr in ihrer Natürlichkeit belassen werden, sondern durch Straßen, Städtebau und anderes zerstört werden. Die Menschheit verarmt, weil unschätzbare Weisheit, die auf keine andere Art und Weise erlangt werden kann, verlorengeht, wenn die Menschenwesen nicht die meiste Zeit ihres Lebens an ihrem *Platz* wohnen und leben können. Ein so geartetes Wissen kann nicht durch Forschung, in Laboratorien oder von Gelehrten, die die Vergangenheit aufarbeiten, erreicht werden, sondern nur durch eine lebendige Beziehungen mit allen Wesen der Erde und des Himmels an dem *Platz*.

Im ländlichen Japan, wo die Menschen ihr Leben noch an einem Ort verbringen, erstaunt es oft, die Lebensfreude in den Gesichtern der alten Leute zu sehen. Aufgrund der Arbeit meines Mannes in der Gletscherforschung, verbrachten wir eine beträchtliche Zeit in ländlichen Gegenden, um Lawinenschutzbefestigungen zu begutachten, dadurch kamen wir mit vielen älteren Leuten in Kontakt. Einen Tag habe ich als besonders bemerkenswert in Erinnerung. Wir fuhren auf einer der Nebenstrecken der Japanischene National-Eisenbahn im nördlichen Honshu. Drei alte Leute saßen in dem Abteil vor uns. Sie lachten und unterhielten sich ganz vergnügt. An der nächsten Station hielt der Zug. Eine kleine gebeugte Frau stieg ein mit einem riesigen Bambuskorb voll mit Feuerholz auf ihrem Rücken. Sie sah ihre Freunde und ihr Gesicht erstrahlte in aufrichtiger Wiedersehensfreude.

Weil Japan seine Bande mit der Vergangenheit niemals völlig durchtrennt hat, ist das Alter eine geschätzte Zeit. Man glaubt, daß kleine Kinder und alte Leute von mehr »schöpferischem göttlichem Geist« beseelt sind, und sie werden von allen verehrt, selbst in der heutigen Zeit.

Ein weiterer Einblick in den Status des Alten in primitiven Kulturen gewähren uns die !Ko-Buschleute in Afrika. Die alten Menschen zeigen kaum Anzeichen von Degenerationskrankheiten; die meisten werden sechzig und manche achtzig Jahre alt. Die !Ko sind eines von nur etwa einem Dutzend Völkern in der Welt, bei denen der Blutdruck im Alter nicht zunimmt. Dies ist auf die natürliche Ernährung und die Bewegung zurückzuführen. [156] Im Gegensatz dazu sterben jedes Jahr Tausende von Amerikanern an Herzkrankheiten. 1912 zum Beispiel, als Paul Dudley White seine Praxis eröffnete, hatte er nur drei oder vier Koronarpatienten. »Bis zu diesem Jahrhundert waren Herzerkrankungen, die einen direkten Zusammenhang mit der Wohndichte, dem Stress und der Angst haben, eigentlich überall in der Welt unbekannt.« [283] In den Jäger-und-Sammler-Kulturen, wie bei den !Ko, ist der Tod im Alter keine stresserfüllte Situation, wie etwa bei einem Herzanfall, sondern eine Zeit der Vollendung – eine Wiedervereinigung mit »den Ahnen«, ein anderen Augenblick in der fortdauernden Kontinuität des Stammes.

Die Notwendigkeit des Todes bringt aber auch immer neue Manifestationen des Seins hervor. Zum Beispiel sind die Bestandteile (Atome, Zellen usw.), die den derzeitigen Organismus ausmachen, der in diesem Augenblick mein Selbst ist, in der Vergangenheit in vielen anderen Wesen enthalten gewesen, und sie werden Teil vieler neuer, wenn auch noch unbekannter Wesen in der Zukunft sein. Aber die Bausteine, die mein Selbst ausmachen, waren immer schon da und werden sein, solange es Leben auf der Erde gibt. Es ändern sich nur die entsprechenden Zusammenhänge. Dies wird deutlicher, wenn wir auf einen Vorfall zurückgehen, den Joel Kramer in Kapitel 8 über den Inana-Yoga erwähnt hat. Es war dies der Augenblick wirklichen Lebens, in dem man das Sonnenlicht in dem Tautropfen sieht – in einem völligen Gewahrsein, ohne Trennung zwischen dem Beobachter und dem Beobachteten. In seinem Buch *The Passionate Mind* (Die Leidenschaft der Erkenntnis) stellt Joel Kramer zu diesen Augenblicken eine Frage: »In den Augenblicken, in denen es keine Kluft gibt zwischen dem Seher und dem Gesehenen, existiert da eine Persönlichkeit oder nicht vielmehr einfach eine lebendige Beziehung, die immer etwas Junges, Frisches und Vitales ist?« Dies ist wirkliches Leben, und es schließt ein ständiges Sterben mit ein – der Vergangenheit. Jeder Augenblick unseres Lebens ist vom Sterben begleitet – abgestorbene Zellen werden durch neu gebildete ersetzt. Innerhalb weniger Jahre gibt es keine Zelle mehr in mir, die auch schon vorher da war. »Leben ist Tod. Es gibt keinen Unterschied. . . . Und das, was ich zu verlieren mich fürchte [in der Angst vor dem Tod] – meine Persönlichkeit – muß ich notwendigerweise verlieren, ... wenn ich in Berührung kommen möchte mit dem lebendigen Augenblick.« [159, 73 und 74]

Im Gegensatz zu dem Todesbegriff, wie er in unserer technisierten Gesellschaft vorherrscht, daß Tod etwas Furchterregendes sei, sehen Menschenwesen, die ihre engen Bande mit der Natur nie durchtrennt haben, den Tod ganz anders. John Muir, der sein ganzes Leben lang »von Seelenhunger geplagt« wurde, wann immer er nicht in seinen geliebten Bergen sein konnte, verbrachte den größten Teil seines späteren Lebens in dem Bemühen, die Natur in Kalifornien vor dem Menschen zu retten. Es gelang ihm, Gegenden wie um den Mount Tamalpais und große Gebiete mit altem Mammutbaumbestand zu retten. Er schrieb über den Tod: »Umweltverschmutzung, Ausrottung und Umweltgift sind Begriffe, die nie entstanden wären, wenn der Mensch sein Leben der Natur angepaßt hätte. Vögel, Insekten, Bären, sie sterben und sie werden ›sauber‹ beseitigt ... In den Wäldern gibt es viele tote und sterbende Bäume, doch sie sind nötig in ihrer Schönheit, um die Schönheit der lebenden zu vollenden. ... Wie schön ist aller Tod!« [352, 6] Und Annie Dillard war so hingegeben an alle Wesen von Shadow Creek, ihrem *Platz*, und so bezaubert von ihnen, daß sich ihr »Selbst« ausdehnte, um ihn ganz zu erfüllen, und sie lebte in Harmonie mit sich, durch ihren *Platz* verwandelt. Gegen Ende ihres Buches *Pilgrim at Tinker Creek* schreibt sie:

Die Welt ist noch wilder, gefährlicher und bitterer, noch außergewöhnlicher und heller. Wir machen Heu, wenn wir ein Freudenfest veranstalten sollten; wir ziehen Tomaten, wenn wir Kain oder Lazarus ziehen sollten.

Hesekiel macht die falschen Propheten als solche herunter, die »nicht in der Kluft aufgegangen sind.« Die Klüfte sind die Sache. Die Klüfte sind der Aufenthalt der Geister, die Längen und Breiten, die so verwirrend karg und rein sind, daß der Geist sich zum ersten Male selbst entdecken kann wie ein Blinder, der sehend geworden ist ... Gehe hinauf in die Klüfte. Wenn du sie finden kannst ... hoch droben, hinaus zu irgendeiner Kluft, und du wirst zurückkommen, weil du zurückkommen willst, verwandelt in einer Weise, mit der du nicht gerechnet hast. ... Hast du, bevor du von ihnen eingenommen wurdest, gedacht, daß du, sagen wir, das Leben brauchtest? ... Du siehst die Geschöpfe sterben und du weißt, daß auch du sterben wirst. Und eines Tages wird es dir bewußt, daß du des Lebens nicht bedürfen mußt. Offensichtlich ... ich glaube, daß der Sterbende zum Schluß nicht betet »Bitte«, sondern »Danke«, wie ein Gast seinem Gastgeber an der Tür dankt ... Und wie Billy Bray gehe ich meinen Weg, und mein linker Fuß sagt »Gloria« und mein rechter Fuß sagt »Amen«: den Shadow Creek hinein und hinaus, stromauf und stromab, jauchzend in einem betörenden Tanz zur silbernen Doppeltrompete der Lobpreisung. [73,277-279]

VIERTER TEIL

16. Die Neueinwohnung deines Platzes

Das allererste ist,
einen heiligen Platz zu erwählen,
darauf zu wohnen...

Tahirussawichi, Pawnee [49, 63]

Ich muß es ganz deutlich aussprechen, denn es scheint, es muß immer wieder gesagt werden: Es gibt in den USA keinen Ort, wohin man fliehen könnte. Es gibt kein »Land« auf das du ziehen und auf dem du dich zurücklehnen kannst. Es gibt keinen stillen Platz in den Wäldern... Die Landvermesser sind schon da mit ihren Maßbändern, die Bulldozer stehen unten an der Straße und lassen ihre Motoren warmlaufen, die Siedlungsgesellschaften haben alles an der Wand abgesteckt mit Nadeln, die Überwachungsbeamten sitzen im Hinterzimmer und trinken mit den Bodenspekulanten Kaffee... und der Forstdienst ist gerade dabei, einen großen Holzschlagvertrag mit einer Holzgesellschaft abzuschließen. [56]

Gary Snyder

Athen hatte in seiner klassischen Blütezeit eine Bevölkerung von 120.000 Menschen; Florenz war auf der Höhe seiner Kultur in der Medici-Ära so klein, daß man in weniger als einer Stunde von einem Ende zum anderen gehen konnte. Große Kulturen erfordern nicht eine große Bevölkerungszahl. Die Qualität einer Kultur beruht auf der Tiefe der Bezogenheit der Menschenwesen zu ihrem *Platz*. Die Gemeinschaften der Pueblo-Indianer liefern uns ein außergewöhnliches Beispiel für die Tiefe der Bezogenheit zwischen den Menschenwesen, der Erde, dem Himmel und den Göttlichen.

John Collier, einst Leiter des Büros für Indianische Angelegenheiten, erklärt, wie es möglich war, daß die Pueblos von den vordringenden Weißen verschont blieben:

»Die Jahre seit 1540, als Coronado New Granada betreten hatte, haben als unum-
stößliche Tatsache gezeigt, daß die Pueblo-Gesellschaften durch Mittel, die dem
Töten aller Indianer schon sehr nahe kamen, nicht gebrochen werden konnten. Und
die Spanier brauchten die Pueblos unbedingt; sie waren die Barriere gegen die
wilden Stämme, die Apachen, Komanchen, Cheyenne und Navajos. Sie waren auch
die Kornkammer, auf der die Kolonisation beruhte.« [61, 139] Als die heutigen USA
diese Besitzungen der Spanier übernahmen, folgten sie im großen und ganzen in den
Beziehungen zu den Pueblo-Indianern ihren spanischen Vorgängern. Dann, im
Jahre 1922, führte das Innenministerium »einen totalen, endgültigen Angriff gegen
die Pueblos.« Collier stand im Jahre 1922 und in den acht folgenden kritischen
Jahren während seiner Bemühungen, den Pueblos zu helfen, mit allen zweiund-
zwanzig Pueblo-Gruppen in Neu-Mexiko in Verbindung. Die Pueblos erneuerten
die Union, die seit 1680 ruhte, und wehrten sich elf Jahre lang auf dem Rechtsweg
gegen die Regierung, wobei sie zum Anführer aller indianischen Völker wurden.
Infolge ihrer Bemühungen wurde im Jahre 1933 das alte Indianerbüro neu organi-
siert, und die Regierung gab den Plan, die Stämme zu liquidieren, auf. Dies alles
wurde von einer Pueblo-Bevölkerung erreicht, die zahlenmäßig in etwa so stark war
wie die freie Bevölkerung von Athen, so Collier.

Collier berichtet von den vielen Zusammenkünften während des kritischen Jahres
1922 im Tesuque Pueblo. »Als unsere Treffen Fortschritte machten . . . kam mir die
Erkenntnis, daß ich eine andere Zeitdimension betreten hatte . . . Diese Männer
und Frauen lebten wie vor tausend Jahren. Viele tausend Jahre Gruppenzusammen-
gehörigkeit, von dem kein Teil einer toten Vergangenheit anheimgefallen war,
schritt durch die Gegenwart in eine Zukunft mit unbekannten Tausenden von
Jahren. . . . Die Wirklichkeit dieser Bemühung, zwischen den ›Ewigkeiten‹ von
Vergangenheit und Zukunft zu fliegen, war so stark, daß alle geringeren Aspekte
wegfielen. Die persönliche Beteiligung, das persönliche Schicksal zählte einfach
überhaupt nicht.« [61, 17]

Als sich der Acoma Pueblo daher entschied, moderne Technologien zu benutzen,
war dies keinen Widerspruch. Der Weiße Mann kann diese Art zu denken nicht
verstehen; er glaubt, die moderne Technologie würde die traditionelle Lebensweise
zum Tode verurteilen. Collier jedoch weist darauf hin, daß »der Pueblo-Indianer
diese Annahme stillschweigend ad absurdum führt. Die Lebendigkeit der Erde, die
Wirklichkeit des Wechselflusses zwischen Erde und Mensch, der tief religiöse
Charakter dieser Bezogenheit, dies sind die grundlegenden Voraussetzungen des
Lebens der Pueblo. Die neuen Technologien werden, *wenn sie ökologisch bedeutsam
und wahr sind – in der Umwelt des Pueblos –* in die alte ökologische Wirtschaft
übernommen . . . ohne daß es zu einer Kollision kommt oder unvereinbar wäre.«

[61, 111] Dies ist ein Beispiel für die Anwendung von Aldo Leopolds »Landethik«: eine Sache ist richtig, wenn sie dazu beiträgt, die Integrität und Stabilität einer biotischen Gemeinschaft zu bewahren; sonst ist sie falsch. Es ist nicht möglich, solche Fragen zu lösen, wenn nicht die Bedürfnisse der ganzen Gemeinschaft in die Überlegungen einbezogen werden.

Kultur beruht auf der Bewußtseinsebene, nicht auf allumfassendem Wissen. Bewußtsein ist Gewahrsein von immer mehr Wechselbeziehungen. Es ist möglich, die ganze Welt zu bereisen und auch den Weltraum zu erobern, und doch kein Verständnis zu haben; denn Verständnis entsteht nur aus einer gelebten Bezogenheit mit der Erde, und Bezogenheit bedarf der Zeit. Zeit, die man an einem Platz verbringt, ist erforderlich, um die wechselweisen Verbindungen zu begreifen. Aldo Leopold schrieb 1927: »Dieses Land ist zu komplex, als daß seine Bewohner es verstehen können. . . « [88] Und 1977 sagte John Todd, als er von den Anfängen der New Alchemists sprach, daß, als er und Bill McLarney in Kalifornien lehrten, sie die Entscheidung trafen, an einem Platz, der hauptsächlich aus Felsbrocken und dichtem Strauchwerk bestand, eine Kommune zu gründen. »Wir wollten uns teilweise selbst versorgen; tatsächlich wollten wir einfach, daß es lief. Wir entdeckten zu unseren Schrecken, daß wir es auch mit unserer Sammlung von akademischen Abschlußgraden nicht schafften, dieses kleine Stück Land zu bewirtschaften. Wir wußten nicht, was ablief.« [325, 176] Das menschliche Bewußtsein ist auf die Absichten beschränkt, die der Mensch sich vorstellen kann. Die natürliche Welt hat Bewußtseinsformen mit anderen Absichten, als die des Menschen; deswegen brauchen die Menschenwesen die Komplexität der natürlichen Welt. Die Interaktion mit diesen fremden Bewußtseinsformen kann das eigene Bewußtsein des Menschen erweitern.

Die Untersuchung aller Organismen (Wesen) eines bestimmten Platzes, eines Ökosystems, wird Ökologie genannt. Paul Sears erläutert diese Beziehung:

Natürliche Gemeinschaften . . . arbeiten aufgrund einer fließenden Versorgung mit Sonnenenergie, die sie so entfalten, daß das System arbeiten kann und die Fähigkeit behält, das Leben zu erhalten – zu erhalten oder sogar zu erweitern. Durch die Verschiedenartigkeit und Komplexität werden Nischen geschaffen für Organismen, sichtbare und unsichtbare, von denen jede bei der Erhaltung eine Rolle spielt. Die organischen Stoffe, die von den grünen Pflanzen aus den groben Substanzen der Luft, des Wassers und der Erde erzeugt werden, werden in ausgeklügelten Nahrungsketten Schritt für Schritt aufgespalten, bis ihre Komponenten wieder in einer verwertbaren Form dahin zurückgekehrt sind, wo sie herkamen.   [375]

So lange, wie das notwendige Gleichgewicht erhalten bleibt, ist das Ökosystem ewig lebensfähig. In Ausgewogenheit mit der Natur zu leben bedeutet, mit der Weise, wie die Muster des Energieverbrauchs sich durch unseren Platz bewegen, im Gleichgewicht zu bleiben. Was hier in Rede steht, ist eine Frage von Mitteln und Folgen. Wir können nicht die Mittel, die die Natur zur Verfügung stellt, benutzen, und den Endzweck der Natur ignorieren. Das Ziel der Natur ist nicht das Überleben der Menschenwesen; es ist das Überleben des Lebens selbst – größere Vielfalt des Lebens. Dies gibt uns einen Maßstab an die Hand. Aufgrund welcher Werte wir uns für einen bestimmten Platz entscheiden, sie müssen zu dem übergreifenden Konzept des Gleichgewichts in der Natur passen, was bedeutet, das jedwedes Tun der Natur auch wieder Energie zurückgeben muß. Das ist Storms *Give-Away* (Darbringen). Das ist Bestandteil in den Ritualen aller alten Kulturen: der Natur Energie zurückgeben.

Sich dem Naturgesetz anpassen ist etwas anderes, als sich einem willkürlichen von Menschen gemachten Gesetz zu unterwerfen, das die Freiheit einschränkt – »Handle so, weil es dir so gesagt worden ist«; statt dessen ist es eher wie bei einer Gruppe geübter Skiläufer, die einen Abhang in vollkommener Freiheit abfahren. Durch die wechselseitige Interaktion des Menschenwesen, der Schwerkraft, des Schnees und der Neigung des Abhangs gibt es für jeden nur eine Ideallinie, den Berg hinunterzufahren; wenn sich also alle der wechselseitigen Interaktion anpassen, gibt es für alle die vollkommene Freiheit. Es ist nicht möglich, daß sie zusammenstoßen: dennoch bewegen sich alle in vollkommener Freiheit. In diesem Sinne kann man sagen, je größer das Wissen ist, die Gewahrung aller Faktoren, die einbezogen sind, um so größer ist die Freiheit. Wissen wird eine Sache des Herausfindens, wie Organismen und Naturkräfte eines auf das andere bezogen sind und wie die Menschenwesen sich in diese Bezogenheit einpassen können, so daß alles Geschehen mit der größtmöglichen Freiheit weiterlaufen kann.

Das höchste Gut ist das optimale ablaufende Ökosystem als Ganzes, nicht die zufälligen Absichten irgendeines Wesens in dem Ökosystem – einschließlich des Menschen. Anstatt im Gleichgewicht mit den anderen Wesen in einem Ökosystem zu leben, damit sich alles Leben entfalten kann, verhalten sich die Menschenwesen wie egozentrische Einzelwesen. Je mehr plötzliche Veränderungen die Menschen einem Ökosystem aufzwingen, um so mehr Vielfalt wird zerstört, bis nur noch ein paar Pionierpflanzen-Arten übrigbleiben, die derartige Eingriffe vertragen und die wir gemeinhin als Unkräuter bezeichnen. Tatsächlich haben sich die Menschenwesen selbst wie Unkräuter verhalten und dadurch überlebt, daß sie alle Konkurrenten vernichtet haben. Unser vielgerühmter »Pionier« ist ein vollkommenes Beispiel dafür. Nach Charles Russell, dem Maler des Westens, »ist ein Pionier ein Mann, der jungfräuliches Land betritt, alle Pelztiere wegfängt, das Wild tötet, alle Bäume fällt, alles Gras abweidet, die Wurzeln ausgräbt und zehn Millionen Meilen Draht spannt. Ein Pionier zerstört das Wesen der Dinge und nennt es Zivilisation.« Zum Unglück hat dieses Land an der Pioniermentalität viel zu lange festgehalten. Die »Wiederein-wohnung« beginnt, diesen Prozeß umzukehren.

Nach Peter Berg von der *Planet Drum* bezieht sich die Wiedereinwohnung auf den Geist des Am-Platz-Lebens in einer Gegend, die durch generationenlange Ausbeu-tung zerrüttet und verletzt worden ist. Sie bedeutet, Plätzen eingeboren zu werden, indem man ein Gewahrsein ihrer besonderen Lebenszusammenhänge entwickelt und Aktivitäten unternimmt und gesellschaftliche Formen entwickelt, die dazu führen, sie zu erhalten und wieder aufzubauen. . . . Es ist einfach, mit und an einem Platz ganz lebendig zu werden.« [349] Wie Wendell Berry sagt, kann ein Lebewesen einen Platz nicht wirklich besitzen; es kann nur lernen, *zu* ihm zu gehören. »Und ich fing an zu verstehen, daß, solange ich den Platz nicht ganz verstand oder wenigstens angemessen verstand, ich nur teilweise zu ihm gehörte. . . « Er fing an, in Umrissen zu sehen, daß er »ganz zu diesem Platz gehören [wollte], so dazugehören wie die Drosseln und die Fischreiher und die Moschusratten dazugehörten, um mit allen zusammen hier zuhause zu sein. Das ist noch immer mein Bestreben. . . « [27, 150] Jetzt aber, Jahre später, kennt er die Tiefe und die Weite dieses Bestrebens.

Wendel Berry stammt aus einer Familie, die seit Generationen im selben Teil von Kentucky gelebt hat. Er traf bewußt die Entscheidung, nach dem Studium und einer Reise nach Übersee, in dieses Land zurückzukehren. Seitdem lebt er dort als Dichter, Lehrer und Bauer.

Als Berry New York verließ, um auf sein Land in Kentucky zu ziehen, meinten seine Freunde, daß das seinen intellektuellen Tod bedeuten würde. Ihre Sicherheit ließen ihn anfangs zweifeln, was aber geschah, war »weit davon entfernt, daß es mir hier langweilig und beschränkt und unbedeutend vorkam, ich war lebendiger und bewußter geworden, als ich je gewesen bin.« [27, 176] Er schreibt, sobald jemand »sich in dauerhaftem Interesse mit der Erde verbunden hat, erweitern sich seine Beziehungen in dem Maße, wie sein Verständnis seiner Abhängigkeit von der Erde wächst und seine folgerichtige Verantwortung für sie zunimmt. Er erkennt, denn die Erfordernisse des Platzes machen es klar und unausweichlich, daß seine Verantwor-tung nicht bloß die eines Untergebenen ist, eines Arbeiters an seinem Arbeitsplatz, sondern daß sie auch moralisch, historisch, politisch, ästhetisch, ökologisch und erzieherisch ist und so weiter.« [27, 86]

Wiedereinwohnung bedeutet, von dem Platz zu lernen, was seine Bedürfnisse sind. Die primitiven traditionellen Kulturen lernten durch den Totemismus von ihrem Platz. Linn House definert den Totemismus als eine »Methode, im kleinen durch die Anerkennung der Lebenskraft und den Respekt für sie, für den Geist und die Unabhängigkeit der anderen Spezies, Kraft und Güte in der gegenseitigen Beziehung zu bekommen.« Linn House fährt fort: »Der Lachs ist das Totemtier der nordpazifischen Küstenregion. Nur der Lachs, als Spezies, informiert uns Menschen, als Spezies, von der Weite und der Einheit des nördlichen Pazifischen Ozeans und seiner Küste ... « [128]

Der Büffel war das Totemtier der großen Ebenen. Im Jahre 1830 durchzogen etwa 75 Millionen Büffel die großen Ebenen; 1850 wares es noch 50 Millionen, aber um das Jahr 1883 waren sie so gut wie ausgerottet. Die letzten wurden 1886 entdeckt, als das National Museum of Washington einen Tierpräparator ausschickte, um ein paar Exemplare zu finden. Er war über ein Jahr lang auf der Suche und entdeckte schließlich in einer zerklüfteten Gegend von Montana, wo nicht einmal ein Pferd durchkommen konnte, acht überlebende Tiere. [79, 170] Auf ähnliche Weise haben wir den Boden der großen Ebenen größtenteils zerstört.

Jeder Platz hat eine bestimmte Tier- oder Vogelart, die im indianischen Brauchtum mit diesem Platz in besonderer Weise gleichgesetzt wurde. Finde heraus, welches Tier in der indianischen Überlieferung mit deinem Platz identifiziert wird und finde ferner heraus, welche Lebensumstände es braucht, versuche, diese Bedingungen auf deinem Platz wiederherzustellen. Auf diese Weise kann jeder einen Beitrag für die Gesundung des Landes leisten. Erinnere dich, daß Aldo Leopold anfing zu lernen »wie ein Berg zu denken«, nachdem er in das erlöschende Feuer in den grüner Augen einer sterbenden Wölfin geblickt hatte.

Wegen des heiligen Blauen Sees der Taos-Indianer ist es zu einer schweren Auseinandersetzung gekommen. Er ist die Quelle ihres Wassers, ihr Stromgebiet. »Ein Stromgebiet ist etwas Ganzes, es bestimmt, was flußauf und flußab gedeiht und den Raum, in dem wir wohnen mit unseren Körpern aus Wasser. Wenn du einem Stromlauf folgst, lehrt er dich und führt dich weiter in sein Wesen hinein. Wenn du ein Flußgebiet mit Straßen, Dämmen und Gräben durchschneidest, dann blutet es aus, es erodiert und überflutet. Das Stromgebiet bestimmt den Platz: Wind, Nahrung, Pfade, Zeremonien und Lieder. Gehe ein in jenen fließenden Augenblick des lebendigen Flußgebietes, feiere die Rückkehr von Lachs und Barsch, verschmelze in deinen Träumen mit dem Wasser, erweitere das Stromgebiet durch dein eigenes Selbst, bis du darin bist, ganz und gar, bist du es bist.

Ein Stromgebiet ist ein lebendiger Organismus: Flüsse und Ströme und unterirdische Flüsse sind Adern und Arterien; die Sümpfe sind die giftausscheidenen Nieren; Wasser zum Trinken; Wasser ist das kosmische Sinnesorgan der Erde ... « [189] Nicht nur der Blaue See der Taos, sondern alle Flußgebiete sind heilig, denn sie bezeichnen den Fluß der lebensspendenden Gabe des Wassers für all die Wesen jenes Platzes. Folge deinem örtlichen Fluß oder Bach bis zu seiner Quelle hinauf und stromab so weit wie möglich. Werde dir seines Lebens als Organismus gewahr, dessen, was für ihn gut und was zerstörerisch für ihn ist. Ich spreche hier nicht von politischer Aktion, ich spreche von der Zunahme deines eigenen Gewahrseins, damit du vom Land selbst lernst, was seine Bedürfnisse sind. Wenn du ausreichend gewahr geworden bis, wirst du anfangen, mit dem Land zu arbeiten und es wird wachsen. Eine Veränderung des Bewußtseins, das in dem Land eine Sache sieht, die wir besitzen, verkaufen und kaufen können, dahin, ein lebendiges Wesen zu sehen, wird vieler Jahre bedürfen – vielleicht vieler Generationen. Schließlich ist das Land auch zehntausend Jahre lang immer mehr zerstört worden, seitdem die Menschwesen sich dem Ackerbau zugewandt haben.

Eine Wandlung des Bewußtseins nur einer Person kann schon viel für das Land bewirken. Das überzeugendste Beispiel, das ich kenne, ist die Geschichte des Schafhirten Elzeard Bouffier, der begann, an den trockenen, öden Vorbergen in der Provence Bäume zu pflanzen – in einem Land, das duch Überweidung wahrscheinlich schon seit Römertagen ruiniert war. Als Jean Giono, der Autor von *The Man Who Planted Hope an Grew Hapiness* Bouffier zum ersten Mal begegnete, war der Mann 55 Jahre alt und hatte mit Erfolg 20.000 Bäume gepflanzt, von denen, wie er hoffte, die Hälfte am Leben bleiben würden. Das war im Jahre 1913. Er pflanzte weiter Bäume. Das letzte Mal, als Giono ihn sah, 1945, war er 87. Er hatte die Gegend verwandelt: »Statt der rauhen, trockenen Winde . . . blies eine sanfte Brise, die von Gerüchen erfüllt war. Ein Klang wie rauschendes Wasser kam von den Bergen; es war der Wind im Wald; am erstaunlichsten von allem war, daß ich Wasser in einem Teich plätschern hörte.« Die alten Ströme flossen wieder, weil sie vom Regen und Schnee gespeist werden, den Bouffiers Wald speichert, die Dörfer sind wieder aufgebaut, kleine Höfe entstanden. Mehr als 10.000 Menschen verdanken ihr Glück Elzeard Bouffier.« [367] Er starb im Jahre 1947. Also lasse dich nicht durch Organisationen, die Regierung oder Gesetze davon abhalten, fange an, dir der Bedürfnisse deines Platzes gewahr zu werden und arbeite mit ihm.

Wie wir in Teil I des Buches sahen, hatte jede große Kultur der Vergangenheit ihren heiligen Berg. Eine Art, die Wiedereinwohnung eines Platzes zu beginnen, ist, ein kleines Stück des zerstörten Landes als ein »Naturheiligtum« anzulegen. Bepflanze es wieder mit der einheimischen Vegetation, was wiederum dazu führen wird, daß kleine einheimische Tiere und Vögel zurückkehren werden. An diesem kleinen Anfang werden andere am Ort die Vielfalt der Pflanzen erkennen, die sie verloren haben. Dies kann man sogar in der Stadt tun. In San Francisco zum Beispiel gibt es einen Berg, an der Staatsstraße Corona Heights, ein Gebiet, das von roten Felsen bedeckt ist, auf denen nichts wächst, weil das Land von Generationen regelrecht totgetrampelt worden ist. Ein kleines Stück einzäunen, einheimische Vegetation ansiedeln und sich mit einigen anderen unter den Tausenden, die das Land umgeben, darein teilen, es zu hegen, ist ein Anfang.

Wahrscheinlich wird der nächste Schritt sein, es zu bewachen, weil einige fehlgeleitete, zerstörte Menschenwesen diese natürliche Schönheit nicht tolerieren wollen. Dies führt zu der Vorstellung von Jugendgruppen als Hüter der Erde. Ihnen müßte eine tatsächliche Polizeigewalt für dieses Gebiet übertragen werden. Eine solche Verantwortung ist eine wichtige Lernerfahrung für junge Leute. Wenn sie erwischt werden, sollten die Gesetzesübertreter in ähnlicher Weise behandelt werden, wie in Finnland betrunkene Autofahrer. Jede Person, ohne Ausnahme, auch Leute aus Regierungspositionen, die trunken beim Autofahren erwischt wird, muß eine Zeit am Straßenbau mitarbeiten. Dies hat die Trunkenheit am Steuer sehr schnell zurückgehen lassen. In einem Naturheiligtum muß jede Person, die dabei erwischt wird, daß sie die Gegend zerstört, soundsoviele Stunden bei der Wiederherrichtung des Landes mitarbeiten. Solche Arbeit bringt den Menschen Achtsamkeit für die Erde bei.

Russel Lord stellt in *Care of the Earth* eine ähnliche Idee vor. Während der Depression waren bis zu 400.000 junge Männer beim *Civilian Conservation Corps* eingetragen. Lord weist auf einige der Probleme hin: »Es bedarf eines feinen Einfühlungsvermögens, ein solches Corps vorzuschlagen. Die Vorstellung eines Gefangenenlagers für jugendliche Delinquenten muß der Vorstellung eines ehrenvollen und lebenswichtigen Dienstes für den Staat weichen, um in der Öffentlichkeit Begeisterung und Bewunderung für eine solche ›Armee ohne Banner‹ in einer ›Schlacht ohne Gewehre‹ für die Rettung der Umwelt zu entzünden.« [369, 257]

Ein solches Naturheiligtum wird jedoch keineswegs ein »Park« im herkömmlichen Sinne sein. Es wird nicht der Erholung, der »Rekreation« im üblichen gedankenlosen Sinne dienen, sondern der »Re-kreation« (Neu-schöpfung) unserer selbst wie der natürlichen Umwelt. Es ist nicht zum Anschauen da, sondern dafür, daß darin gearbeitet wird. Die »People's parks« (Volksparks) der sechziger Jahre waren ein ähnlicher Ansatz, jedoch ohne ein klares Bild von den Bedürfnissen des Landes. Die Plätze wurden lediglich zur Freude der Menschenwesen »verschönert«.

Ein solches Jugendcorps mag utopisch erscheinen, es könnte sich aber in Wirklichkeit für viele als die Erlösung erweisen. Manche Menschen haben ihre tiefe Liebe für alles nicht-menschliche Leben, erzwungen durch unsere Kultur, tief in ihrem Inneren vergraben; und als Folge verhalten sie sich Tieren oder der Umwelt gegenüber brutal, was eine Art Selbstverteidigungsmaßnahme ist. Ich kann hier zwei Beispiele geben: Ein Engländer, der Anfang dieses Jahrhunderts nach Kanada kam, paßte sich dem Leben der Indianer an und lebte vom Fallenstellen. Sein indianischer Name war Graue Eule (Wäscha-kwonnesin). Als Kind hatte er die Tiere geliebt, und er liebte die Wildnis. Als er nach dem ersten Weltkrieg nach Kanada zurückkehrte, fand er Zerstörung vor, wo vormals die Indianer im Einklang mit der Natur gelebt und Pelzhandel getrieben hatten. Er wußte, daß die moderne Ausbeutung der Wälder »ihnen das Herz verbrennen, die Tiere abschlachten, die Fische vergiften und die Indianer verführen« würde. [72, 115] Er nahm das Fallenstellen wieder auf, war aber »von Abscheu gegen sich selbst erfüllt . . . und er . . . häutete die erlegten Tiere wild und schnell, weil ihm das Tun gegen seinen Instinkt ging, der nicht und niemals unterdrückt werden konnte.« [72, 113] Er begann stark zu trinken und war immer wieder in schwere Schlägereien verwickelt. Schließlich überredete ihn seine junge indianische Frau, daß sie die beiden Jungen einer Bibermutter behalten durfte, die getötet worden war. Das Zusammenleben mit diesen jungen Bibern in einer Hütte veränderte das Leben des Mannes. Die ganze Liebe für die Tiere, die all die Jahre in seinem Inneren verborgen war, drang an die Oberfläche. Er fing an, über sie zu schreiben. Die Geschichten wurden veröffentlicht. Schließlich begann er damit, mit Unterstützung durch die kanadische Regierung, Biberschutzgebiete anzulegen. Erst nach seinem Tode wurde aufgedeckt, daß er in Wirklichkeit ein Engländer und kein Indianer gewesen war.

Das andere Beispiel stammt aus der Erzählung *When the Legends Die* von Hal Borland, die von einem jungen Ute-Indianer erzählt, der durch die Umstände zu einem Rodeoreiter wird und eine furchtbare Haß-Liebe zu Pferden entwickelt, die immer schlimmer wird, je tiefer er in das brutale Rodeogeschäft verstrickt wird. Er versucht, jedes Pferd zu Tode zu reiten und bringt sieben um, bis er von einem beinahe selber getötet wird. Nachdem er wieder genesen ist, nimmt er eine Arbeit als Schäfer an und kehrt in sein Land zurück. Er verläßt die Welt des Weißen Mannes und wendet sich wieder seiner wirklichen Liebe zur Natur zu. Mir wurde von einem Ute erzählt, daß dieses Buch von allen Büchern, die bisher veröffentlicht wurden, das wirklichkeitsgetreueste Bild seines Volkes zeichnet. [364]

Weitere Einblicke in diese komplexe Haßliebe zu Tieren gibt uns Dr. Karl Menninger, der über die Anfänge des Tierschutzbundes (Society for the Prevention of Cruelty to Animals) schreibt: »Als Berghs eigenes großes Vermögen für den Kampf zur Abwendung von Grausamkeiten an Tieren praktisch verbraucht war, wurden ihm 115.000 Dollar von Bonnard hinterlassen, einem im Sterben liegenden französischen Trapper, der das Geld mit Pelzen verdient hatte.« [215, 58-59] Menninger erwähnt auch, daß die Charta dieser Organisation die Handschrift von John Jacob Astor trug, dessen Familienvermögen, das sein Großvater angesammelt hatte, auf den Fellen von Pelztieren beruhte.

In seinem Buch *The Nonhuman Environment in Normal Development and in Schizophrenia* sagt Harold F. Searles, daß der Bedeutung der nicht-menschlichen Umwelt auf das Seelenleben des Menschen viel zu wenig Aufmerksamkeit geschenkt wird. Sie ist eine Quelle von ambivalenten Gefühlen des Menschen, wenn »er aber versucht, ihre Bedeutung für sich zu ignorieren, dann geht das zu Lasten seines seelischen Wohlbefindens.« [287, 6] Die Beziehung zur nicht-menschlichen Umgebung ist im Leben eines Heranwachsenden von besonderer Bedeutung und Searles fährt fort:

Es scheint weniger so zu sein, daß sich die vorherrschende emotionale Orientierung von der nicht-menschlichen Umwelt auf die Menschenwesen verlagert, sondern vielmehr so, daß aus der liebenden Bezogenheit zur Natur und den anderen Elementen seiner nicht-menschlichen Umwelt, eine liebende Bezogenheit zu anderen Menschenwesen *hervorgeht*, die jetzt der vorrangige Brennpunkt seines Gefühlslebens sind.« [287, 94]

Wie bereits erwähnt, weist der norwegische Philosoph Arne Naess darauf hin, daß wir keine volle Selbstverwirklichung erreichen können, wenn wir nicht auch allen anderen Wesen in der Umwelt die Selbstverwirklichung zubilligen. Martin Heidegger sagte, daß, wenn die Menschen *eigentlich* leben wollen, sie »die Erde schonen, den Himmel empfangen [und] die Göttlichen erwarten« müssen.

Vine Deloria schreibt in seinem Buch *God is Red* (Gott ist rot): »Für die Indianer hat ihr Land – ihr Lebensraum – die denkbar höchste Bedeutung, und aus dieser Grundhaltung geht alles hervor, was sie denken und tun. ... Eine Offenbarung bedeutet dann eine bestimmte Erfahrung an einem bestimmten Ort.« [365, 57 und 60] An anderer Stelle sagt Deloria, daß wirtschaftliche Interessen nicht alleinbestimmend für die Landnutzung sein dürfen. »Wenn man die heiligen Stätten nicht als solche erkennt und schützt, kann ein Volk keine Beziehung zu dem Land entwickeln. Ohne diese ist aber keine psychische Stabilität des Volkes möglich.« [365, 149] George Barta sprach es auf einer Konferenz in Black Lake, Michigan, noch deutlicher aus: »Wir glauben, daß Land und Volk eins sind. Wir glauben, daß nur Menschen [ein Volk] mit einer vollständigen Bezogenheit zum Land überleben können. Wir betrachten das Land als unsere Kirche, daher ist die Zerstörung des Landes mit der Zerstörung der Kathedralen von Europa und der Tempel von Asien gleichzusetzen. Wir sehen diese Bewahrung unseres natürlichen Landes als Recht auf freie Religionsausübung an.« [377]

Es ist für uns alle, die wir versuchen, uns dem Land wieder einzuwohnen an der Zeit, uns für die heiligen Rechte des Landes zu erheben. Ein notwendiger erster Schritt, ist eine Neubewertung der Landwirtschaft. »Es wurde der Mythos von der Rückkehr zum Landleben erwähnt. Er ist ein Unsinn; wir haben unsere Böden zugrunde gerichtet. Die Industrialisierung der Landwirtschaft wird uns nicht ohne einschneidende Einschränkungen den Luxus erlauben, auf den Stand von 1850 zurückzukehren,« so John Todd von den New Alchemists. [325, 180] Sahlins weist darauf hin, daß die Vernutzung und Zerstörung des Bodens seit 10.000 Jahren, seit dem Beginn der Monokulturen und dem Ende der Jäger-und-Sammler-Kultur, als die Bevölkerung noch mit der Umwelt im Gleichgewiht gehalten wurde, stattfindet. [279]

Es *gibt* Alternativen: alle Menschen können ausreichend Nahrung und Lebensmittel haben, ohne Mutter Erde zu zerstören. Protein ist das eigentliche Problem. Shepard schlägt vor, daß wir lernen, die Mikroben zu kultivieren. Sie können leicht auf sehr kleinen Gebieten gezogen werden; außerdem können Mikroben alle für den Menschen lebensnotwendigen Aminosäuren erzeugen. Manche existieren durch die Photosynthese, so wie Pflanzen, andere leben unmittelbar von Abfällen aller Art, einschließlich der menschlichen.

Im New Alchemy Institute wirkt Phytoplankton (kleine grüne mikroskopisch kleine Organismen) als Sonnenabsorber, wodurch die Wassertanks erwärmt werden, die das Gewächshaus heizen. [325, 181] Tropische Fische, die alle Arten von Abfällen fressen, leben in den Tanks und liefern das für die Menschen lebenswichtige Eiweiß: und die Energie der Sonne, die von der Kuppel aus Plastik aufgefangen wird, und die der Phytoplanktons in den Tanks erlaubt den Anbau von Gemüse. [325, 181-183]

Hefe kann aus zwei Tonnen Petroleum, auf dem sie gedeiht, eine Tonne Protein erzeugen. Daher würde, wie Paul Shepard erklärt, »das Erdöl, das heute verbrannt wird, um die Maschinen in der Landwirtschaft zu betreiben, mehr Menschen ernähren, wenn es durch Hefe umgewandelt wird, als es jetzt zur Ernährung der Menschen beiträgt, und die Haut der Erde würde von uns Parasiten befreit sein.« [292, 261-262]

Sofort lehnen sich einige Leute gegen die Vorstellung auf, Mikroben und andere unsichtbare Dinge zu essen und vergessen dabei, daß das Brot, das wir verzehren und das Bier, das wir trinken auch auf ihnen beruht. Diese Abneigung gegenüber Mikroben ist lächerlich, wenn man bedenkt, wie nützlich sie für uns sind. Mehr als drei Milliarden Jahre lang haben sie daran gearbeitet, die Erde für uns bewohnbar zu machen. Sie geben uns den Sauerstoff, den wir atmen und halten die Erde auf einer für uns erträglichen Temperatur. Nach Margulis und Lovelock mit ihrer Gaia-Hypothese, können Mikroben fast alle chemischen Umwandlungen der größeren Organismen vollziehen, wie etwa die Photosynthese der Pflanzen. [370] (*Gaia* ist ein griechisches Wort und heißt soviel wie Mutter Erde.)

Außerdem sind Mikroben für viele unserer inneren Prozesse notwendig. Wir könnten ohne sie nicht leben; es wird Zeit, daß wir lernen, das zu würdigen und mit ihnen, statt gegen sie zu arbeiten.

Eines der wertvollsten Nahrungsmittel, das der Mensch kennt, beruht auf

Mikroben – Miso, das in Japan seit Jahrtausenden bekannt ist. Es wird hergestellt, indem man Sojabohnen zwei Jahre lang fermentieren läßt. Es hält sich dann ohne Kühlung unbegrenzt. Es enthält alle Aminosäuren, die im Fleisch vorhanden sind; es wird als Medizin verwendet, und es wird sogar von ihm behauptet, daß es in Japan in der Nähe von Hiroshima und Nagasaki Strahlenschäden verhindert hat.

Eines der Probleme der Landwirtschaft, wie sie heute betrieben wird, besteht darin, daß die Bauern die Feldfrüchte anbauen, die für die menschliche Ernährung am meisten bringen. Und dies sind genau die Arten, die die meisten Krankheiten anziehen. Dann werden immer neue chemische Gifte entwickelt, um die Krankheiten zu bekämpfen, und der Boden und die Umwelt werden vergiftet. Odum schlägt vor, daß eine umgekehrte Strategie eingeschlagen werden sollte: »Warum nicht Pflanzen auswählen, die eigentlich ungenießbar sind, oder die ihre eigenen Insektizide in ihrem System erzeugen, wenn sie wachsen, und dann das Erzeugnis durch mikrobische und chemische Anreicherung in Nahrungsfabriken in genießbare Produkte verwandeln? Wir könnten dann unseren biochemischen Genius für den Anreicherungsprozeß einsetzen, anstatt unseren Lebensraum mit chemischen Giften zu verschmutzen.« [236]

Der andere, häufig destruktive, Aspekt der Landwirtschaft ist die Tierhaltung. Henry Bailey Stevens erklärt in *Recovery of Culture*, daß es »die Tierzucht war, die den Unterschied ausmachte. Solange der Mensch die Tiere jagte, war er einfach ein weiteres Raubtier – ein Teil des natürlichen Gleichgewichts, durch das die Tierwelt gesund erhalten wird. Als er aber große Herden aufzog und beschützte, belastete er die Ressourcen des Bodens auf unerträgliche Weise, und er hat dafür mit seitdem nicht abreißenden Kriegen bezahlt.« [309]

Baileys Grundidee ist, daß wir dazu zurückkehren müssen, wieder Baumfrüchte zu verzehren. Die kalifornischen Indianer in früherer Zeit lebten in der Hauptsache von der Grundnahrung der Eicheln; weiter östlich in den Vereinigten Staaten nutzten die Indianer in riesigen Mengen die Bucheckern von den Bäumen. In Douglas' Buch *Forest Farming* lautet eine Zusammenfassung: Von der Erdoberfläche werden gegenwärtig nur acht bis zehn Prozent zur Nahrungserzeugung benutzt. Pionierlandwirte und Wissenschaftler haben die Durchführbarkeit des Anbaus von nahrungspendenden Bäumen in den unwirtlichsten Gegenden bewiesen – an felsigen Berghängen und in Wüsten mit einem Jahresniederschlag von nur 6 bis 10 cm. Mit der Hilfe von Bäumen können mindestens drei Viertel der Erde den Bedürfnissen des Menschen dienen, nicht nur Nahrung, sondern auch Kleidung, Treibstoff, Unterkunft und andere Grunderzeugnisse liefern. Zugleich könnten die wilden Tiere erhalten, die Umweltverschmutzung vermindert und die Schönheit vieler Landschaften vergrößert werden, und dies mit den daraus folgenden moralischen, geistigen und kulturellen Vorzügen. [366]

Henry Bailey Stevens erklärt, daß der Mensch bereits 15.000 v. Ztr. in Südwestasien und 12.000 v. Ztr. in Nordindien und China durch die Kultivierung von Bäumen und Gärten Nahrung erzeugte. [309]

Diese Alternativen können uns in Frieden mit dem Land leben lassen. Wir könnten anfangen, ein ganzheitliches Leben zu führen und wären nicht mehr ständig in die Art und Weise aufgespalten, auf die wir, wie wir wissen, leben sollten – und die aus dem Erbe unserer drei Milliarden Jahre als Weisheit der Erde in unseren Genen verschlüsselt ist – und in die Art und Weise, wie unsere Kultur uns zu leben zwingt. Nirgends habe ich diese Zweiteilung kraftvoller ausgedrückt gefunden als in dem Gedicht von Gary Snyder. Er war oben auf dem Mt. Baker, alleine in einer herrlichen Schneerinne; aber

> Ich muß mich umwenden und zurückgehen:
> gefangen auf einem Schneehaufen
> zwischen Himmel und Erde
> und Schlange stehen in Seattle
> auf der Suche nach Arbeit.   [301]

Um den Frieden zu verstehen, der von einer Bindung an den *Platz* ausgehen kann, wende ich mich wieder Wendell Berry zu, dem Dichter und Anwalt des Landes:

Die große Veränderung und die Möglichkeit zur Veränderung hat in meinem Empfinden für diesen Platz gelegen. Der Hauptunterschied ist vielleicht nur, daß ich in mir die Fähigkeit entwickelt habe, hier mit ganzem Herzen anwesend zu sein. Ich bin fähig, am Fuß eines Baumes dort im Wald am Camp Branch zu sitzen und still zu sein und einen tiefen Frieden sowohl im Platz wie in meinem Gewahrsein von ihm zu fühlen, von dessen Möglichkeit mir vor noch nicht allzu langer Zeit nichts bewußt war. Dieser Friede besteht teilweise darin, daß man von dem Argwohn frei ist, der mich die längste Zeit meines Lebens, egal wo ich war, begleitet hat, daß es vielleicht einen anderen Platz gibt, an dem ich sein *sollte*, oder an dem ich glücklicher wäre, oder wo es mir besser ginge; zum Teil besteht er in dem sich immer stärker ausdrückenden Bewußtsein, hier zu sein, und der Sinnhaftigkeit und Bedeutung dieses Hierseins. [27, 198]

Das ganze Buch hindurch haben wir gesehen, daß viele der Übel, die uns plagen, das Ergebnis des Mißbrauchs des Landes sind. Aber, wie Wendell Berry in seinem Buch *The Long-Legged House* sagt:

Öffentlich gegen ein Übel zu protestieren und zugleich in Abhängigkeit und mit Unterstützung der Lebensweise zu leben, die die Ursache des Übels ist, ist ein offenkundiger Widerspruch und ein gefährlicher. Wenn man mit dem modernen Nomadentum und der Gewalt unserer Gesellschaft nicht einverstanden ist, dann hat man die Verpflichtung, einen Wohnort von Dauer zu nehmen und die Möglichkeit von Frieden und Unschädlichkeit an diesem Platz zu kultivieren...

Aber ist dies nicht bloß eine seltsame Affektiertheit? Und ist nicht ein Rückzug aus der »modernen Welt« und ihren Erfordernissen eine Art »Ausstieg?« Ich glaube das nicht. Zum mindesten ist es eine Art, in eine Sorge für die Gesundheit der Erde *ein*zusteigen... wenn man es unternimmt, völlig auf und von dem Land zu leben, werden die vorherrschenden Werte umgekehrt: das eigene Zuhause wird eine Beschäftigung, ein Mittelpunkt des Interesses und nicht bloß ein Platz, wo man hingeht, wenn man sonst nichts hat; Arbeit wird eine Freude; man ist weniger abhängig von künstlichen Freuden, weniger darauf aus, sich an der sterilen, nervösen Aufregung der Bewegung um ihrer selbst Willen zu beteiligen; die elementaren Wirklichkeiten von Jahreszeiten und Wetter berühren einen unmittelbar und werden als solche zu einer Quelle des Interesses; die Einbindung des eigenen Lebens in das Leben der Welt wird nicht mehr als selbstverständlich hingenommen oder ignoriert, sondern zu einem unmittelbaren und umfassenden Anliegen.« [27, 87-88]

Wendell Berry spricht für das fruchtbare Tiefland von Kentucky. Ian Thompson, der in der vierten Generation dort lebt, spricht für meinen *Platz*, das Colorado Plateau, wenn er in einem Brief für das *Colorado Plateau Rendezvous*, der in der *Telluride Deep Creek Review* veröffentlicht wurde, schreibt:

Ich wuchs wie alle anderen, die in diesen Plateau-Dörfern groß wurden, in dem Glauben auf, daß die Emigration in die Küstenstädte schon an sich ein Erfolg sei. Niemand drückte es direkt so aus, aber wir wußten alle, daß die Emigration ein Zeichen des Erfolgs war, etwas von Wert. Ich habe versucht, wegzugehen. Ich konnte nicht lange wegbleiben. Das ist mein erster Punkt. Meine Seele kann nicht mit mir wandern, meine Seele bleibt hier an den Westhängen der Mesas, in den Espenhainen, in den modellierten Seitencanyons entlang der Wüstenflüsse, in den Fahnen aus Schnee, die von den Gipfeln gefegt werden, in der Wildnis, in den Feldern, in den Städten. Jetzt höre ich die Sehnsucht in der Stimme meiner Leute, sehe ich den Schmerz in den Gesichtern meiner Leute. Jetzt weiß ich, daß nach einem Jahrhundert hier die Heiligkeit zumindest in unsere Gene eingesickert ist. Es gibt Plätze, wo dieses Land mit einer stillen Stimme zu uns spricht... Ich kann immer noch nicht über sie schreiben. Wir wissen alle, wo diese heiligen Plätze sind. Da sind Mitlaute und Selbstlaute, die durch unsere Arterien eilen, um sich zu denen zu gesellen, die von den Flüssen, Bergen und Wäldern gesprochen werden und darauf warten, die heiligen Sätze zu werden.

Jetzt weiß ich, daß wir hier gar nicht fortzugehen brauchen, um Schmerzen zu fühlen. Wir werden mit jeder Sprengung in der Kruste des Plateaus im Äther unserer Seelen in den Todeskampf getrieben, mit jedem Maulvoll der zerschmetterten Bruchstücke, die von den Schleppleinen und Hochöfen verzehrt werden, mit jedem neuen Fünf-Hektar-Landstück, mit jedem neuangekommenen Retter, der zu bleiben verspricht, wenn er nur einen waldigen Puffer findet.

Wir sind ein Jahrhundert lang fehlgegangen auf viele Weisen, nicht immer absichtlich. Das Land spricht, es ist unserer Verehrung würdig. Es macht uns ganz. Wir haben nicht aufgehört zuzuhören, es zu verehren. Wir fangen gerade damit an.

Laßt uns der Bewahrung der »traditionellen Werte« widerstehen mit derselben Sicherheit, wie wir den Schleppleinen widerstehen müssen. Laßt uns den Verlockungen mit derselben Sicherheit widerstehen, wie wir der Zerstörung des Colorado Plateaus in einem letzten kurzen, verzweifelten schicksalhaften Versuch widerstehen müssen, wie wir unsere Erdölabhängigkeit von ihrem letzten Todesstoß abhalten müssen.

Laßt uns im Espenhain sitzen, im Canyon, auf dem Gipfel und am Fluß, bis die Heiligkeit unwiderruflich in uns aufquillt und anfängt zu sprechen. Laßt sie uns dann einander zusprechen. Und wenn wir der Vernunft, der Politik und dem Streben nach Glück eine Dimension der Heiligkeit hinzufügen können, werden wir eine Revolution in Gang gesetzt haben.

Immer ihr,
Ian (Sandy Thompson)
Durango, Colorado Plateau [320]

17. Rituale für eine heilige Ökologie

Aber es liegt mehr an, als nur die Lösung der Gewußt-wie-Probleme. Ich habe oft gesagt, daß ich, wenn wir eine echte ländliche Wiedergeburt wollen, die Lösung der Gewußt-wie-Probleme einfach als gegeben hinnehmen würde. Das erste, was ich sicherstellen würde, wären Feste.   Ralph Borsodi [264]

Ein neugeborenes Tier gehört zu einer ganz bestimmten Tierart, aber das Menschenkind ist im Grunde ein Wesen, das nicht zu einer Art gehört. Ein Tier hat einen für ihn festgelegten Weg; die Formbarkeit des neugeborenen Menschenwesens erlaubt es, daß es geformt werden kann, um sich jeder Art Kultur anzupassen. In einigen Kulturen wird es dem Individuum ermöglicht, wahrhaftig neu geboren zu werden; in anderen treten »Fehlgeburten« auf, die Joseph Campbell Neurosen und Psychosen nennt. Nach Campbell »ist der Mythos überall der Schoß der spezifisch menschlichen Geburt des Menschen... Riten bilden dann, zusammen mit den Mythologien, die sie unterstützen, den zweiten Schoß, die Matrix der nachgeburtlichen Schwangerschaft ... des plazentalen *Homo sapiens.*« [47] Jean Wahl geht noch weiter: »Das Feste feiern ist der Ursprung alle Zivilisation und aller Kultur.« [344]

Die Absicht der Kultur ist nicht, die Natur zu besiegen, sondern für das Spiel der Naturkräfte offen zu sein. Die Festen und Ritualen zugrunde liegende Bedeutung ist die Vereinigung mit den Göttern; das Menschenwesen läßt für eine Zeit seine alltäglichen Sorgen hinter sich und nimmt absichtsvoll eine Offenheit für das Sein an sich an. »Ein Fest zu feiern bedeutet: zu einer besonderen Gelegenheit und in nichtalltäglicher Weise die alles umfassende Zustimmung zur Welt als Ganzheit auszuleben,« so Josef Piepers bündige Definition in seinem Buch *In Tune with the World.* [258, 23] Während eines Festes empfangen die Menschenwesen etwas, das zu geben nicht in menschlicher Macht liegt. Das ist der wirkliche Grund dafür, daß man sich an großen Festtagen Gutes wünscht. Pieper erklärt, daß die eigentliche Sache, für die wir es wünschen, der Erfolg des Festes sein sollte: »Erneuerung, Umwandlung, Wiedergeburt.« [258, 31] Das ist die wirkliche Bedeutung hinter dem abgedroschenen Begriff: »Frohe Festtage«. Es ist auch der Grund für die verzweifelten Versuche, sich an Festtagen zu vergnügen; eine Verzweiflung, die zum Scheitern verurteilt ist, weil es ganz gleich ist, wieviel Willensanstrengung man dafür aufbringt, denn niemand kann die Festlichkeit erzwingen, »ihre Essenz zu übergeben.« Alles, was man tun kann, ist, sich auf das erhoffte *Give-away* (Darbringen) vorzubereiten, in einem empfänglichen und zugleich gewahren Zustand zu bleiben, damit man an der spiegelnden Wechselbeziehung des Gevierts zu jener bestimmten Jahreszeit und an jenem bestimmten *Platz* teilnehmen kann.

Im Alltagsleben, so auf menschliche Belange ausgerichtet wie es ist, neigen wir dazu, uns zu sehr auf die rationale linke Gehirnhälfte zu verlassen, wodurch wir für die Mitteilungen der anderen Teile unseres Geistes wie auch der natürlichen Umwelt, die uns umgibt, taub werden. Ein wahres Fest schränkt die Herrschaft der linken Gehirnhälfte wirksam ein und gestattet eine Kommunikation zwischen dem rechten und dem linken Gehirn und im ganzen dreifältigen Gehirn – dem reptilischen, dem limbischen und dem Großhirn. Wie wir im Kapitel 8 gesehen haben, spielt das älteste Gehirn, das reptilische, in Ritualen und bei der Einrichtung von sozialen Hierarchien eine wichtige Rolle, wie auch bei aggressivem Verhalten. Das limbische Gehirn hat mit Emotionen zu tun, säugetierhaften Interaktion und den Anfängen des Altruismus und des Einfühlungsvermögens. Diese beiden älteren Gehirne haben miteinander vielfältige Verbindungen, aber mit dem neuesten Gehirn, dem Großhirn, nur eine mittelbare Verständigung. Durch Rituale, wie auch Kunst und Dichtung, kann das Wissen dieser älteren Gehirne in das bewußte Gehirn einbezogen werden. [20] Das Ritual fördert auch die Wechselbeziehung zwischen dem Geist im Schädel und dem Geist außerhalb des Schädels, in der Umwelt.

Indem wir uns der Erde als Grundlage unserer Feste wieder zuwenden, schließen wir, wo immer wir leben, alle Erscheinungen des Seins mit ein. Die natürliche Welt wird ein inniger Teil unserer Gemeinschaft. Wenn wir ein Ritual feiern, fangen wir an, uns auf eine Bezogenheit mit unserem Platz zuzubewegen – jenem, auf dem wir eben jetzt leben (mit all seinen Unzulänglichkeiten und Herrlichkeiten). Wenn diese Beziehung einmal aufgenommen ist, vertieft sie sich mit dem Ergebnis, daß wieder wahre Festlichkeit möglich wird.

Das Ritual und das Fest bringen alle Faktoren der Gemeinschaft ins Gleichgewicht. In primitiven Kulturen ist die eigentliche Aufgabe des Schamanen und seiner Rituale, wie Barbara Meyerhoff in ihrem Artikel *Balancing Between Worlds: The*

Shaman's Calling schreibt, »der lebende Kreislauf zu sein, der gegensätzliche Kräfte verbindet.« [219] Er erhält die Ausgewogenheit und bringt die bewußten und unbewußten Prozesse des Einzelnen, den Einzelnen mit der Gruppe und die Gruppe der Menschenwesen mit den Wesen der natürlichen Welt ins Gleichgewicht, und er dient gelegentlich als Mittler zwischen dem Stamm und der Sippe.

Wie in Teil I dieses Buches gezeigt, erwuchsen die Rituale in der Vergangenheit aus einer Bezogenheit eines bestimmten Volkes mit besonderen Aspekten ihres Landes. Zum Beispiel nahmen griechische Rituale ihren Anfang in Hainen; später, vielleicht als Folge der fortschreitenden Entwaldung des Landes, errichteten sie Gruppen aus Holzsäulen, die den Platz der Bäume einnahmen. Noch später wurden diese aus behauenem Stein gemacht. Aber immer waren die Säulen so angelegt, daß sie auf bestimmte Landschaftsformen der Muttergöttin gerichtet waren. Als erster Schritt zur Wiedergewinnung einer lebendigen Bezogenheit mit der Erde, sollten alle Festlichkeiten und Rituale entweder draußen stattfinden oder in einer Umgebung, von wo man leicht nach draußen gehen kann. Die Japaner geben uns hierfür ein Beispiel. Ihre Teehäuser und Heiligtümer sind so angelegt, daß sie bestimmte Anblicke der Natur bieten.

Rudolf Arnheim erzählt von einem Besuch in einem Teeraum in Kyoto. Der Mönch öffnete eines der papiernen Fenster, indem er es beiseite schob, und sagte: »›Schau da hinaus‹. Ich tat es, und da war ein kleiner Ahornbaum, etwa sechs Meter vom Fenster entfernt. Der Mönch fuhr fort: ›Im September, wenn sich die Blätter rot färben, zeigen sich die Widerspiegelungen der roten Blätter auf diesem Papierfenster. Das geschieht zu einer bestimmten Zeit in jedem Jahr, und es wird in jedem Jahr gesehen‹«. [373] Dieser fortwährend mit der Jahreszeit sich wandelnde Mittelpunkt in ihren Ritualen geht mit der Vorstellung des Shinto vom »schöpferischen göttlichen Geist« einher, der sich auf der Erde dauernd entfaltet und wandelt. Die Wandlung ist Bestandteil ihrer Kultur.

Besondere Hilfen für den Beginn von Naturritualen

Eine jede Gruppe, die beabsichtigt, Naturrituale zu entwickeln, sollte sich in Klans, wie man sie nennen könnte, unterteilen. Jedem dieser Klans wird die Verantwortung für eines der Hauptfeste des Jahres oder für eine besondere Art Ritual übertragen. Nach Cushing ist der Stamm der Zuni in die Leute des Nordens, des Südens, des Westens und des Ostens, wie auch in die Leute der Himmelsmitte und der Unterwelt oder des Nadirs aufgeteilt. Jede Richtung hat ihre eigene Farbe, aber es gibt eine Mitte, die alle Farben der Richtungen enthält. Die Führung für jedes Unternehmen wird automatisch von einer auf die andere Gruppe übertragen, abhängig von den Jahreszeiten und anderen Faktoren. [61, 179] Ein anderes System, das man anwenden kann, sind Hyemeyohsts Storms vier Himmelsrichtungen, die auf der Art der Persönlichkeit beruhen, wie er es in *Seven Arrows* (Sieben Pfeile) beschreibt: der Norden – Weisheit, Büffel; der Süden – sieht von Nahem, Maus; der Westen – blickt dahinter, Bär; und der Osten – sieht in die Ferne, Adler. [311] Man kann Storms Farben nehmen oder die Farben zuordnen, die für den eigenen Platz typisch sind. Wenn es zum Beispiel im Norden rote Felsen gibt, dann ist der Norden rot; ein Wald im Süden, dann ist die Farbe grün. Der Mittelpunkt, an dem sich alle treffen (wenn man diesem Konzept folgt), sind die Farben des Regenbogens, die zum Meditieren oder zur Lösung von Schwierigkeiten eingesetzt werden.

Die Welt der Tewa-Indianer wird von vier heiligen Bergen umgeben, aber in der Mitte ist der »Mutter-Erde-Nabel-Mittelort«, der heilige Mittelpunkt des Dorfes, der sowohl die Kräfte aller vier Richtungen zusammenfaßt wie aus sich heraus eine Kraftquelle ist. [241]

Ohne die angemessene Sorgfalt bei der Vorbereitung wird das Ritual nicht gelingen. Irgendwie haben die Menschen von heute das Gefühl, daß Rituale aus der Eingebung des Augenblicks erfolgen sollten; die Hopis mit ihrer jahrtausendelangen Erfahrung wissen es besser. Ihre Vorbereitung »umfaßt die Ankündigung und das sich Vorbereiten eine gute Zeit im Voraus, sorgfältige Vorsichtsmaßregeln, um die Beständigkeit der erwünschten Bedingungen sicherzustellen und eine Anstrengung des guten Willens«, so Thompson in seinem Buch *Culture in Crisis*. [376, 166] Sie treffen innere Vorbereitungen, Gebete und Meditation sowie gute Gedanken aller Beteiligten, wie auch äußere Vorbereitungen. Die äußeren Vorbereitungen umfassen die genaue Vorbereitung der Ritualobjekte, und sie können für ein Ritual von ein paar Stunden Dauer Wochen dauern. Die mit der Vorbereitung des Rituals zugebrachte Zeit ist Teil des Rituals – Teil der Handlung, das menschliche Bewußtsein sowohl auf die Absicht wie auf die vorbereiteten Gegenstände einzustimmen. Rituale, die immer wiederholt werden, manchmal am selben Tag, sind nicht bloß eine nutzlose Wiederholung, wir wir zu glauben neigen. »Für die Hopi, für die die Zeit keine Bewegung ist, sondern ein ›Späterwerden‹ von allem, das jemals getan worden ist, wirkt die Wiederholung nicht als Verschwendung, sondern als Akkumulation. Sie speichert eine unsichtbare Wandlung, die in spätere Ereignisse hineinwirkt«. [376, 169]

Die Begriffe, die wir grob als »manifest« und »nicht-manifest« übersetzen können, erlauben es den Hopi, viele Gesichtspunkte in ihre Betrachtungen mit einzubeziehen, die unsere Kultur zu ignorieren neigt. Das Manifeste umfaßt alle Dinge und Ereignisse, die den Sinnen zugänglich sind oder waren: Bäume, Felsen, Sonnenuntergänge usw. Das Nicht-Manifeste bezieht sich auf alles, das im Geist erscheint oder existiert, oder, wie die Hopi sagen, »im Herzen«. Der nicht-manifeste Bereich umfaßt Hoffnungen, Wünsche und Begierden. Das Nicht-Manifeste schließt auch ein, was sich im inneren Herzen von Tieren, Pflanzen und anderen Dingen befindet. Im Wachsen des Mais' oder in der Kondensation von Wolken zu Regen, sehen die Hopi das Nicht-Manifeste sich manifestieren. Dinge, auf die man hofft, oder nach denen man rituell strebt, werden als auf irgend eine Weise *schon gegenwärtig* aufgefaßt, aber als noch nicht manifestiert. Was tatsächlich wirklich oder manifest wird, ist das Ergebnis der heimlichen Wünsche der ganzen Gemeinschaft sozusagen, wenn wir uns die Gemeinschaft als das Geviert von Erde, Himmel, Göttlichen und Menschenwesen denken. Wie Heidegger erklärte, *ist* die Weltung der Welt die gegenseitige Wechselbeziehung, das gegenseitige zueinander Passen des Gevierts. [356, 57-64] In einem viel größeren Ausmaß als in unserer Kultur erlaubt die Weltschau der Hopi die Beteiligung der älteren Ebenen des menschlichen Geistes wie auch des Geistes im Großen in der Umwelt, in der Natur.

Jahreszeitliche Feste im Allgemeinen

Beim Mittelalter denken wir im allgemeinen an eine Zeit der Unterdrückung für die Bauern; tatsächlich hatten sie nicht weniger als 150 Festtage im Jahr, so Ralph Borsodi. [264] An diesen Tagen tanzten und feierten sie und zelebrierten sie die Jahresfeste. Jetzt versuchen wir das alles in ein paar Feiertage zu konzentrieren – Weihnachten – und wundern uns dann, warum die die Dinge so verkehrt laufen.

Gewöhnlich haben die wichtigsten Feste in den meisten Kulturen mit den jahreszeitlichen Veränderungen zu tun, denn die Menschenwesen sind von der sich ändernden Beziehung von Sonne und Erde an diesen kritischen Tagen betroffen: die Sonnenwenden und Tagundnachtgleichen. Wenn es voll erkannt wird, daß diese Tage die Beziehung von Sonne und Erde an einem bestimmten Platz tatsächlich einbeziehen, dann wird offenkundig, daß die einzige Art und Weise, diese Feste zu feiern die ist, am eigenen *Platz* zu sein – kein anderer ist geeignet. Nicht einmal ein Bauer könnte diese Tage gefeiert haben, wenn er von seinen Feldern und Tieren fort wäre, noch weniger konnten es primitive Völker. Für sie waren diese Tage von entscheidender Bedeutung für die Erneuerung der Kraft des Landes und der Sonne wie auch des Volkes. Heute fliehen die Leute ihre häßlichen Häuser in den Städten, um Schönheit und Inspiration zu finden, indem sie die letzten Rückzugsräume der Natur schänden und zerstören – hohe Berge oder das Meer. Dabei wird weder der müde und erschöpfte Tourist noch das Land Erholung finden.

Einer der ersten Schritte besteht darin zu lernen, wie man seinen Platz wieder einwohnt; zu erkennen, wie die alten Festtage der Erde während der ersten christlichen Jahrhunderte zu kirchlichen Feiertagen wurden, um die mit ihnen verbundene Kraft und die Bräuche in die neue christliche Kirche einzubinden. In der Spätzeit Roms gab es noch ein paar Menschen, die die Bedeutung der Beziehung zwischen dem Tempel der örtlichen Gottheit, dem Land an dem *Platz* und dem Volk verstanden. Im Jahr 386 u. Ztr. sprach sich Libanius, ein hochgebildeter römischer Heide, vor dem Kaiser gegen die Christen aus, die die heidnischen Heiligtümer und Tempel erbarmungslos zerstörten. Ich habe bereits früher aus dieser Rede zitiert, aber ich will es noch einmal tun. Libanius beginnt damit, daß er dem Kaiser berichtet: Nachdem »die ersten Menschen, die diese Welt bewohnten« für sich eine Unterkunft gefunden hatten, bauten sie, so gut sie konnten, Tempel für ihre Götter.« Er erzählt weiter, wie die Christen die Tempel völlig zerstören und er beendet seine Rede mit diesen Worten: »So rasen sie durch das Land wie Wasserfluten – sie verwüsten es gerade dadurch, daß sie die Tempel zerstören. Denn jeder Platz im Land, wo sie einen Tempel zerstören, ist ein geblendeter Platz: ein niedergeschlagener Platz, gemordet. Denn die Tempel, mein Kaiser, sind die Seelen des Landes... « [297, 166] Er hatte vollkommen recht. Wenn die heilige Bezogenheit von Menschenwesen und Natur an einem bestimmten Platz unterbrochen wird und die Energie in ein organisiertes, strukturiertes System wie das Christentum einverleibt wird, dann *ist* der *Platz* gemordet, wie Libanius es ausdrückt. Die Pueblo-Indianer wissen dies. Das ist die Bedeutung des Gebetes der Tewa: »In der Erde und um sie her... in den Bergen und um sie her, kehrt deine Macht zu dir zurück.« Dieser »Kraftkreis« ist das Bewußtsein eines Volkes, das sich auf die Kraft des Platzes einstellt, die Energie aufbaut, sie durch das System kreisen läßt, wieder und wieder mit jedem »Fest der Erde«, und mit jeder Umkreisung immer höher kommt. Schwarzer Hirsch, der Sioux, nannte dies den »heiligen Reif der Welt.«

Die jahreszeitlichen Feste beruhen auf dem Gang der Sonne durch die Sonnenwenden und Tagundnachtgleichen. Wenngleich diese bestimmten Tage in den Breiten mit gemäßigtem Klima den Beginn der Jahreszeiten anzeigen, dauert es mehrere Wochen, bis sich die Temperatur so weit geändert hat, daß sich die Auswirkungen der Veränderung in der Beziehung zwischen Sonne und Erde deutlich zeigen. In vielen Kulturen wurden diese dazwischenliegenden Tage auch gefeiert. Evangeline Walton nennt sie »Vierteltage« [347, 163]; andere nennen sie »Kreuz-Vierteltage.« In der alten keltischen Kultur wurden nicht nur an den vier Haupt»Balance-Tagen« Feuer entzündet, sondern auch an den vier anderen Abenden, die in der Mitte zwischen allen vier Haupt-»Balance-Tagen« liegen, so gliederte sich das Jahr in acht Teile. Bestimmte heutige christliche Festtage liegen noch auf Daten in der Nähe dieser alten »Vierteltage«.

Festtage der Erde (ungefähre Daten)	Christliche Festtage
1. Wintersonnenwende (22. Dezember)	Weihnachten
2. Winter-Vierteltag	Mariä Lichtmeß 2. Februar
3. Frühlings-Tagundnacht-gleiche (21. März)	25. März, Mariä Verkündigung Auch Ostern wird auf den Sonntag, der auf den Vollmond nach der Tagundnachtgleichen folgt, gelegt
4. Frühlings-Vierteltag	Mairiten in Verbindung mit Maria
5. Sommersonnenwende (21. Juni)	Johannistag
6. Sommer-Vierteltag	15. August Mariä Himmelfahrt
7. Herbst-Tagundnacht-gleiche (22. September)	Michaelistag
8. Herbst-Vierteltag	1. November Allerheiligen

Drei der Vierteltage sind Feste der Maria; der vierte ist das wichtige Fest Allerheiligen. Festtage der Erde verehrten die Erde als die gute Mutter, die Muttergöttin. Die Kirche richtete an diesen Tagen der Jungfrau Maria geweihte heilige Tage ein, damit die traditionellen Bräuche auf Maria übertragen würden, der Mutter Jesu, so daß die Kirche die Kraft der alten Anbindung des Volkes an ihr Land durch die Verehrung der Muttergöttin an sich zog. Lourdes in Frankreich ist ein Beispiel. James erwähnt, daß es bei Lourdes eine altsteinzeitliche Höhlenzeichnung von Menschen, die Tierköpfe tragen, gibt, die »anscheinend einen Nachahmungstanz tanzen.« [134, 19] Die Grotte von Lourdes war schon lange, bevor sie mit dem Namen Maria in Verbindung gebracht wurde, ein heiliger Platz.

Frank Waters gibt ein Beispiel für, diese versuchte Übertragung der Kraft eines *Platzes* auf die christliche Kirche. Er berichtet von einer entlegenen Kirche in den Bergen von Michoacan in Mexiko, die ein großer Pilgerort war. Die Indianer legten viele Meilen auf Bergpfaden zurück, um hierher zu gelangen. Die Kirchengewaltigen waren von dieser Hingabe beeindruckt, bis eines Tages ein leichtes Beben den Altar umstürzte und darunter ein aztekisches Steinidol gefunden wurde. Die Eingeborenen hatten der Kraft des Platzes ihre Verehrung bezeugt, nicht den christlichen Symbolen. [255]

Ich gewann Einblicke in diese Art, wie die Kirche die alten örtlichen Götter verdrängte, als ich noch katholisch war. In jener Zeit stieg ich in der Morgendämmerung oft unseren steilen, schneebedeckten Berg in Utah zu einer winzigen katholischen Kapelle hinab, um das Morgenoffizium zu lesen. Das Buch, das ich benutzte, war ein gekürztes Brevier der Kirchenstunden, mit dem Titel *The Church's Year of Grace*. Beim Lesen der täglichen Morgenoffizien in der frühen Morgendämmerung der Berge geschah es, daß ich zum ersten Mal Pius Parsch las, der faszinierende Hintergründe über die kirchlichen Festtage niederschrieb wie: »die Kirche... bewahrt an Lichtmeß ein echtes ›Lichtfest‹. Es wurde eingeführt, um die heidnische Lupercalia zu verdrängen, eine zügellos und ausgelassen sich darstellende nächtliche Fackelparade.« [264, 372] Bald entdeckte ich den heidnischen Hintergrund von fast allen Hauptfesten; außerdem bemerkte ich, daß sich die Maria geweihten Tage bei Sonnenwenden und Tagundnachtgleichen im ganzen Jahr häuften, aber zu jener Zeit hatte ich noch kein Hintergrundwissen über die Muttergöttin-Rituale.

Wenn wir die vorchristlichen Festtage verstehen, die etwa um die Zeit der »Balance-Tage« der Erde abgehalten werden, zeigt sich, wie sie sich aus der Bezogenheit der frühen Völker zur Erde an ihrem *Platz* entwickelten. (Mehr ins einzelne gehende Informationen, wie alte Stammes- und Heidenfeste zu christlichen Festtagen wurden, finden sich im Anhang).

Die indianischen Stämme, der japanische »Weg der Götter« und viele europäische Kulturen haben den »Ritus der ersten Nahrung« im Frühling abgehalten. Zu der Zeit, wenn eine erste wilde eßbare Pflanze im Frühjahr gepflückt werden kann, versammeln sich die Leute dort, wo sie wächst, pflücken sie auf rituelle Weise, kochen sie, falls erforderlich, und verspeisen sie auf rituelle Weise gemeinsam als ein Zeichen für das wiederkehrende Leben. In Japan gehen bis auf den heutigen Tag der Kaiser und die Kaiserin hinaus, um im Frühling »wildes Gemüse« zu sammeln.

Henry Bailey Stevens verfolgt in seinem Buch *The Recovery of the Culture* die Opfergaben an Blumen und Früchten, die an Festtagen dargebracht werden, bis zu den rituellen Gaben von Mulch- und Kompostmaterial für die Bäume in der jungsteinzeitlichen Baumkultur zurück. [309, 61] Dieser alte Brauch hat sich bis in unsere Tage erhalten in der Darbringung von Blumen bei Hochzeiten und Begräbnissen. Anstatt solche Blumengebinde wegzuwerfen, verwende man sie als Kompost, indem man sie, von Tanz oder Gesang begleitet, unter Bäumen leicht in den Boden einarbeitet.

In Berggegenden bewegt sich der Frühling den Berg hinauf, er klettert etwa 30 Meter am Tag. Der Frühling rückt auch mit etwa 26 km am Tag nordwärts, und im Herbst zieht sich die Wärme in etwa der gleichen Geschwindigkeit zurück. [127] Aufgrund der Hanglage, der Feuchtigkeit und der Bodenbeschaffenheit treten Unterschiede auf.

China besitzt die am weitesten zurückreichenden Aufzeichnungen von jahreszeitlichen Festen. Das *Book of Records* berichtet von Anweisungen, die »der Vollkommene Kaiser Yao (2254 v. Ztr.) seinen Astronomen gab, um die Sonnenwenden und Tagundnachtgleichen zu überprüfen... und die vier Jahreszeiten festzulegen...« [38] Für die Chinesen ist die richtige Zeit, die »Göttin Erde« zu verehren vom frühen Morgen der Sommersonnenwende an, weil »zu dieser Zeit das Yin-Prinzip (weiblich) geboren wird und anfängt zu erstarken. Das Yang-Prinzip beginnt an Kraft zu verlieren.« Entsprechend fängt bei Sonnenaufgang zur Wintersonnenwende das Yang-Prinzip an zu wachsen. [125] Die Tagundnachtgleichen sind die Zeiten, die Energien des Hellen und Dunklen, Weiblichen und Männlichen, Kalten und Heißen ins Gleichgewicht zu bringen.

Mondfeste werden das ganze Jahr hindurch entweder bei Vollmond oder bei Neumond abgehalten. In China wird das wichtigste Mondfest im Herbst gefeiert. Das weibliche Prinzip, das seit der Sommersonnenwende gewachsen ist, ist nahe daran, das männliche ganz zu verdrängen, und das Wetter ist nicht mehr heiß. »Zu keiner anderen Zeit ist sie [die Mondin] so leuchtend und gleißend... Dann, und nur dann, sagen die Chinesen: ›Sie ist vollkommen rund.‹« [38, 398] Das Fest wird um Mitternacht abgehalten, das ist der Zeitpunkt, wenn der Mond die meiste Helligkeit gibt. Das Vollmondfest dauert drei Tage. Jeder Abend ist dem Betrachten des Mondes, dem Schreiben von Gedichten und dem Festmahl gewidmet. (Hilfen für den Anfang zum Feiern der Sonnenwenden und Tagundnachtgleichen, finden sich in unserem ersten Buch, *Earth Festivals*.) Hier möchte ich drei Zeremonien in Einzelheiten wiedergeben, die leicht jeder Jahreszeit angepaßt werden können.

Besondere jahreszeitliche Feste

Das Kirschblütenfest in Japan ist eines der wichtigsten Jahresfeste. Die *Japan Times* druckt die voraussichtlichen Daten der Blüte für ganz Japan ab. Menschen aus allen Gesellschaftsschichten beteiligen sich an dem Fest, indem sie die alten Dichter nachahmen, die Sake tranken, während sie unter den blühenden Kirschbäumen saßen und Gedichte schrieben. Okakura bezieht sich in seinem Klassiker *Das Buch vom Tee* auf die Tatsache, daß die Kirschblüten »noch im Tode frohlocken,... wenn sie sich frei den Winden hingeben. Jeder, der vor der duftenden Lawine in Yoshino oder Arashiyama gestanden hat, muß das gefühlt haben. Einen Augenblick lang schweben sie wie edelsteingeschmückte Wölkchen und tanzen über der kristallklaren Flut; und dann, wenn sie auf den lachenden Wassern dahinsegeln, scheinen sie zu jauchzen: ›Lebe wohl, o Frühling! Wir fahren in die Ewigkeit!‹« [237, 66]

Der englische Dichter Housman schrieb über die Betrachtung von Kirschblüten. Er bezog sich auf die ihm zugeteilte Lebensspanne von siebzig Jahren, zwanzig waren schon vergangen, und es blieben ihn noch fünfzig Frühlinge.

> Anzuschaun den Blütenbaum
> fünfzig Jahre, wenig Raum
> Über Waldland will ich gehn
> Mit Schnee bedeckt die Kirsche sehn.

Das heißt, die Dinge in die richtige Perspektive stellen. An jedem *Platz* sollten, wenn das schönste Naturereignis des Jahres eintritt, alle Aktivitäten beiseite gelegt werden und alle sollten ihre Vorhaben aufschieben, um diese besondere Manifestation des Seins zu betrachten, wie die Japaner hinausgehen, um ihre Kirschblüten zu betrachten.

An meinem *Platz*, in den Rocky Mountains, ist die schönste Manifestation, wenn die Espen sich goldgelb verfärben und in der Sonne unter dem unglaublich strahlenden Blau des Himmels in großer Höhe zittern. Eine alte heilige Schriftrolle beschreibt »die letzte Wirklichkeit« (Europäer würden »Gott« sagen) als »absolute Identität, dem *reinen Kristall* ähnlich, wie der *klare Herbsthimmel am Mittag*.« [330, 32] Tibet liegt auf derselben Breite wie Silverton, Colorado. Aus meiner Kenntnis des klaren Herbsthimmels in unseren Bergen ist leicht einzusehen, woher die Tibetaner ihn als Sinnbild für »die letzte Wirklichkeit« übernahmen. Daß irgend jemand an etwas anderes denken muß, als an die Espen, wenn sie auf der Höhe ihrer Pracht sind, ist wirklich ein Verbrechen gegen die Natur! In seinem Herzen fühlt das ein jeder, aber wir haben keine rituelle Weise für das Betrachten der Espen; so degeneriert es oft zu einer ziellosen Fahrt über die Landstraßen, und manchmal hält man an und macht Fotos. Es ist auf diese Weise nicht möglich, *gegenwärtig* zu sein und der Ankunft des Seins zu warten. Wir sollten es den Japanern nachtun, in die Natur hinausgehen und unter den Bäumen sitzen und Gedichte schreiben und Sake oder Tee trinken. Aber *sei* da – ganz anwesend und gewahr. Das auffallendste Ereignis im jahreszeitlichen Ablauf ist in den Oststaaten (der USA) die Verfärbung der Laubbäume zu einem leuchtenden Rot; in der Wüste ist es die Kaktusblüte. An jedem *Platz* gibt es solche Ereignisse. Dies sind die Epiphanien, die wir erwarten, und wir werden niemals enttäuscht. Wir brauchen nichts weiter zu tun, als sie zu ritualisieren, so daß die Kraft, die von dieser Wechselwirkung der Erde, des Himmels, der Göttlichen und der Menschenwesen erzeugt wird, der Gemeinschaft als Ganzer zugeführt wird und so allen Wesen des *Platzes* wohltut. Dies ist das, was Konfuzius meint, als er sagte, daß eine gute Regierung ihre Bemühungen nur darauf richtet, die Zeit für Rituale festzusetzen und die Musik zu bestimmen.

Im späten China vollzogen Regierungsbeamte (auf den heiligen Bergen der vier Himmelsrichtungen) rituelle Opferungen für den Erhabenen Himmel und die Hohe Erde. [38, 146] Dieses wichtige Ritual könnte heutzutage an jedem Ort durchgeführt werden, wo Menschen den Anfang machen, die Erde wieder einzuwohnen. Bestimme die Hauptpunkte in deiner Nachbarschaft durch Berge, wie es die Tewa oder Navajo heute noch vornehmen. Sind keine Berge da, so kann man auch entsprechende Steinsetzungen vornehmen. Eliade hat über die Bedeutung von Grenzsteinen geschrieben. Sie durchdringen die Erde und ziehen auf diese Weise die Kraft der Mutter Erde herauf, und sie reichen in den Himmel und ziehen auf diese Weise die Kraft des Himmels herab und mitten diese Energie in den vier Vierteln deines Platzes. [76] Dies ist die wahre Bedeutung von Stonehenge und anderen megalithischen Zentren – nicht okkulte Metaphysik, sondern die Erzeugung und Mittung von Kraft für den Platz. Die Pawnee hatten eine solche Zeremonie, um diese Kräftebeziehung zwischen dem Ort und Menschenwesen zu erweitern.

Die Hako-Zeremonie der Pawnee

Abwandlungen dieser Zeremonie gab es unter den Stämmen der Caddo und Sioux und die Zeremonie hat, wie es in dem Abschnitt über Eleusis in Teil I dieses Buches bemerkt wurde, gewisse Dinge mit den Riten der Eleusischen Mysterien gemeinsam, die die Menschheit seit der klassischen Periode angeregt hat. Für unsere Absichten hier werde ich nur den Anfang der Mysterien schildern, den Tagesmarsch von Athen nach Eleusis, in dessen Verlauf die Menschen an zahlreiche Manifestationen der Muttergöttin vorüberkamen, die sich in den Hornbergen zeigten, und dann im Meer badeten, bevor sie in der Dunkelheit in dem Wald aus Säulen eintrafen, der das zentrale heilige Gebiet umschloß. Die Übernahme von Teilen der Hako-Zeremonie auf deinen *Platz* ergibt eine Grundlage für Feste zu jeder Jahreszeit oder um ungute Gefühle unter verschiedenen Gruppen auszusöhnen.

Kurz gesagt, schließt die Zeremonie die rituelle Adoption zwischen zwei Gruppen ein, die Väter und Kinder genannt werden, die freundschaftliche Beziehungen aufbauen oder solche Beziehungen wieder in Ordnung bringen wollen. Die Zeremonie besteht aus drei Teilen: Die Vorbereitung, die öffentliche Zeremonie und die geheime Zeremonie. Der zentrale Teil besteht aus einer Fahrt der »Väter« genannten Gruppe zur Heimat der »Kinder«. Bei ihrer Ankunft wurde die öffentliche Zeremonie abgehalten, ein heiliges Festmahl, Anrufungen der Naturkräfte und andere Riten. [89] Der Teil, der uns hier am meisten interessiert, ist die Fahrt. Mutter Mais, in der Gestalt eines geschmückten Maiskolbens, führte den Weg an. Die Leute sangen:

Mutter Mais, die unseren Geist auf den Weg führte, den wir jetzt fahren, führe uns wieder, wenn wir gehen, in unseren Körpern, über das Land... Sie führte unsere Väter und sie führt jetzt uns, denn sie wurde geboren aus der Mutter Erde und kennt alle Orte und alle Menschen... [89]

Underhill berichtet von der Unterabteilung der Chaui:

Die Gesellschaft war beeindruckend wie sie sich aufmachte über die Prärie. An der Spitze schritt der Häuptling und trug die Mutter Mais, die in das Fell einer Wildkatze gehüllt war.[333]

Der Hako-Priester trug bei zwei Stämmen zwei Friedenspfeifen oder, bei den Pawnee, zwei *Hako*. Die *Hako* waren zwei Zauberstäbe – der eine versinnbildlichte den Himmel und der andere die Erde. Sie waren mit Federn geschmückt. Ihnen folgten Sänger, Tänzer und das ganze Volk. [333, 195-196]

Die Prozession bewegte sich tagelang über die Prärie, rastete, um über jede Landschaftsform zu kontemplieren und Lieder zu singen. Lieder wie: »Lied an die Bäume und Flüsse«, »Lied beim Überqueren von Flüssen«, »Lied an den Wind« und »Lied beim Besteigen der Berge«. [89] Diese Lieder bestanden aus ein paar Hauptzeilen, die das Naturwesen beschrieben, worauf ein Singsang folgte. Underhill gibt einen Teil des Baumliedes wieder:

> Dunkel gegen den Himmel liegt dort jene entfernte
> Linie vor uns. Bäume sehen wir, lange Reihen von
> Bäumen, die beugen und wiegen sich im Wind.

Wir erinnern uns des Berges Omei, wo die Pilger allen Naturformen bildhafte Namen gaben: »Brücke des murmelnden Wassers«, »Düsterer Drachenschlund«, »Teich des glänzenden Mondes« und »Donnernde Höhle«.

In einem heute zu vollziehenden Ritual geht die Gruppe vielleicht durch ihren *Platz* und verweilt an jeder beachtenswerten Naturform, preist sie und berichtet, was sie für sie tut, in Gedichten und Liedern. Die zugrunde liegende tiefe Bedeutung kann erklärt werden, indem man sich auf die Bedeutung des griechischen Wortes *zoë* besinnt, wie es in dem Abschnitt über Eleusis erklärt wurde. Es bedeutet »nicht nur das Leben des Menschen und aller lebendigen Geschöpfe, sondern auch das, was gegessen wird... Wo Menschen ihre Nahrung hauptsächlich aus Pflanzen gewinnen, sind die Nahrungspflanzen... als einzelne vergänglich, zerstörbar, eßbar, aber zusammengenommen sind sie die ewige Gewährleistung für das menschliche Leben.« [151, xxv] Das griechische Wort *bios* bedeutet: »Leben, Lebenslauf oder Lebensweise.« Dies bedeutet nichts anderes, als daß das Leben des Menschen unauflöslich mit dem Leben des *Platzes* verbunden ist. Wenn der Boden nicht gesund ist, dann sind die Pflanzen nicht gesund, noch ist es das Menschenwesen. Die Gemeinschaft besteht, wie Aldo Leopold sagt, aus den Böden, den Pflanzen und den Tieren wie auch dem Menschen. Die Indianer des Südwestens glauben, daß der Mensch aus Mais geschaffen wurde. Ein solcher Gang durch deinen *Platz* kann eine rituelle Anerkennung der wechselweisen Abhängigkeit von Menschenwesen und *Platz* sein.

Es kann auf Berge, die eine Form der Muttergöttin darstellen, hingewiesen werden, und man kann ihnen ausdrücklich für ihre Gabe, den Boden, danken. Manche Berge in der Form der Muttergöttin sind von Gletschern geschaffen worden. Carl Sauer sagt, daß das Gesteinsmehl, das von den Gletschern vor langer Zeit erzeugt wurde, 25.000 Jahre gebraucht hat, um zu fruchtbarem Boden zu werden. [282]; doch haben wir hier in den Vereinigten Staaten in ungefähr 150 Jahren etwa die Hälfte dieser nutzbaren obersten Bodenschicht verloren. [11, 162] Diese Statistiken auszuwerfen, nützt wenig; aber eine rituelle Handlung mit Gesang und Tanz kann den älteren Ebenen unseres Gehirns Verständnis und Mitgefühl für den Boden bringen, wie es in den vergangenen Zeitaltern durch rituelle Feiern vollzogen wurde. Jedes Lebewesen an einem Platz kann in dieser Art und Weise *erkannt* werden. Und auch wir können anfangen, unseren Bergen und Flüssen dichterische Namen zu geben; denn, wie Gary Snyder sagt:»Solche Dichtungen werden von uns geschaffen, wenn wir dieses Land mit Menschen wieder einwohnen, die wissen, daß sie zu ihm gehören...« [300, 42]

Die Tee-Zeremonie

Im Allgemeinen wird die Teezeremonie in Japan als eine gesellschaftliche Gunst angesehen; außerdem betonen die meisten Bücher ihre ästhetischen und gesellschaftlichen Aspekte. Tatsächlich ist die Tee-Zeremonie, da sie in Japans *Weg der Götter*, dem Shinto verwurzelt ist, eine Welt im Kleinen, in der sich die Menschenwesen mit den anderen Wesen ihrer Welt in einem Zustand völligen Gewahrseins vereinigen. Als solches ist sie ein Rahmen, um völliges Gewahrsein zu lernen, der keine Parallele hat, daher ist sie wohl wert, für den Gebrauch als Ritual für eine heilige Ökologie übernommen zu werden.

Einige Kenntnisse über ihre Ursprünge werden uns helfen, ihre Möglichkeiten zu verstehen. Von Anfang an stand der Tee mit dem »Heiligen« in Beziehung. Die legendären Anfänge des Tees hängen mit dem Bodhidharma zusammen, dem indischen Patriarchen, der im sechsten Jahrhundert den Buddhismus nach China brachte. Es heißt, daß er, als er merkte, daß er schläfrig wurde und seine Augenlider beim Meditieren zufielen, er die Lider abschnitt. Er warf sie zu Boden, und daraus entsprangen die Teepflanzen. [237, 72] Im Jahre 760 schrieb ein buddhistischer Priester das erste Buch über den Tee, mit dem Titel *Cha Ching*. [237, 23]

Die Tee-Zeremonie ist mit den meisten Künsten Chinas und Japans verbunden, einschließlich der Kalligraphie, der Malerei und der Töpferei. Sung und Yuan, chinesische Priester, schufen die ersten Schriftrollen für Teeräume. Man glaubt, daß die Gelassenheit und Harmonie des Geistes, die man durch Zen erreichen konnte, auch durch die Disziplin der Durchführung der Tee-Zeremonie in völligem Gewahrsein zu erreichen war.

Viel später, als nach dem Fall der Kamakura-Shogunate im Jahre 1333 die Samurai-Ära begann, wurde das Teetrinken ein wichtiger Teil der einheimischen Kultur. Jeder Ort entwickelte seinen besonderen Stil der Zeremonie. Das zeremonielle Abbrennen von Räucherwerk wurde mit einbezogen. Die Teilnehmer ließen den Räucherwerkbrenner unter sich kreisen. Ähnlich in indianischer Riten, dort wird glühender Salbei, Zedernholz oder Süßgras unter den Teilnehmern herumgereicht.

Die Tee-Zeremonie wurde zu ritualisierten Bewegungen, um den Geist von seinen täglichen Sorgen zu befreien und »einen Zustand von ruhiger, wacher Empfänglichkeit zu erreichen ... einen Geisteszustand, der dem eng verwandt ist, den die mönchische Disziplin anstrebt...« [199, 310] In Japan wird er manchmal *Cha-do*, »der Weg des Tees« genannt (*do* bezeichnet einen Übungsweg). In seinem Buch *The Tea Ceremony* stellt Tanaka fest: »Die Harmonie mit der Natur bildet die wesentliche Grundlage für *Cha-no-yu* (die Tee-Zeremonie).« [315, 80] Gelassenheit und Reinheit stehen bei der Tee-Zeremonie im Mittelpunkt. Gelassenheit bedeutet, »sich am Leben beteiligen, sich aber nicht vereinnahmen lassen,« sondern wissen, daß »nichts von Dauer ist, außer der Wandlung, daß nur der Tod das Leben ist.« Mariani fährt fort: »Reinheit impliziert die Beschränkung auf das Wesentliche, ästhetische Sauberkeit und die Nichtduldung von Verschwendung und Prunk.« [199, 316] Das Wort *Fuga* bezeichnet diese Lebensart, die nach Suzuki, »die Einswerdung des Selbstes mit dem schöpferischen Geist (umfaßt), mit dem Geist der Schönheit der Natur. Ein Mensch des *Fuga* sucht seine Freunde unter Blumen und Tieren, in Felsen und im Wasser, in Regenschauern und im Mond.« [199, 317]

Wegen der Gelassenheit und Reinheit, die für die Tee-Zeremonie erforderlich sind, muß alles, was mit ihr zusammenhängt, diese Qualitäten aufweisen. Die Räume bestehen aus unbemaltem, glattem Holz. Die Wände bestehen aus Lehm in seiner natürlichen Farbe. Diese besonderen Räume wurden Sukiya genannt, man erreichte sie über sorgfältig angelegte Pfade, die sich zwischen Felsen hindurchwanden, die wegen ihrer Form aufgestellt waren oder um eine bestimmten Anblick zu betonen – wie den des Fuji zum Beispiel. Dies erinnert uns an die griechischen Tempel, deren Steinsäulen so plaziert waren, daß sie den Anblick eines Berges der Muttergöttin umrahmten.

Das Wort *Sukiya* hat viele Bedeutungen, die von dem japanischen Schriftzeichen abhängt, das benutzt wird. Nach Okakura bedeuteten die ursprünglichen Ideogramme »Stätte der Phantasie«, was, wie der Herausgeber erklärt, in etwa soviel heißt wie das englische Wort *pleasure house* (Lusthaus). Aber mehr in Anlehnung an die anderen Bedeutungen des Wortes und des Geistes der Teezeremonie, können wir hier den Einfluß des *Weges der Götter* sehen, da dies ein Platz ist, wo der irdische schöpferische göttliche Geist und der himmlische göttliche Geist miteinander in Wechselwirkung treten können, um die »Wirklichkeit« dieser besonderen Erfahrung zu erschaffen. Eine weitere Reihe von Ideogrammen übersetzen das Wort *Sukiya* als »Wohnort der Leere«, was den buddhistischen Einfluß zeigt. [199, 313] Das »klare Licht der Leere« ist eine Bezeichnung für die »letzte Wirklichkeit« oder das Sein selbst.

Im Teehaus wird die menschliche Gestalt nirgendwo, weder auf einer der Schriftrollen noch auf einem Gemälde, dargestellt. Das Menschenwesen ist als der Gast oder Gastgeber schon da, während die Blume oder der Bonsai die Erde darstellt. Die Kunst des Blumensteckens erwuchs aus der Teezeremonie.

Wie in jedem Ritual ist die Naturpoesie von größter Wichtigkeit. Tatsächlich ist die älteste Gedichtsammlung in Japan, die am Ende der Nara-Zeit zusammengestellt wurde, das Manyōshū, das die wechselnden Jahreszeiten zur Grundlage hat. [316, 80] Die Dichtkunst ist in Japan eine schöpferische Beziehung zwischen dem Dichter und dem, der zuhört. Dies ist das Wesen des *Haiku*. Der Zuhörer muß die Einzelheiten mit seiner eigenen Erfahrung ausfüllen.

Anweisungen für die Tee-Zeremonie

Das folgende sind vereinfachte Anweisungen, die ich von einem Freund in Japan übernahm. In Japan sind die wirklichen Tee-Meister fast immer Männer – voll leidenschaftlicher Hingabe, aber ruhige Asketen. Zuallererst ist das Wesen der Tee-Zeremonie die Einfachheit – aber eine Einfachheit, die in ritueller Vollkommenheit ausgeführt wird. Dabei dürfen keine unnötigen Geräusche verursacht oder Gesten vollführt werden, die nur die Ruhe stören würden. Stille ist notwendig, um das Gewahrsein zu erweitern, und damit die Laute der Tee-Zeremonie, etwa das Eingießen des Wassers, klar hervortreten. (Zur japanischen Tee-Zeremonie gehört auch der rituelle Austausch von Geschenken zwischen dem Gastgeber und dem Gast.)

Alles im Teeraum muß zu der Jahreszeit oder dem besonderen Anlaß der Zeremonie (zum Beispiel die Betrachtung des Mondes) passen. Tanaka erwähnt, daß es fast scheint, als ob die Tee-Zeremonie geschaffen worden sei, um »insbesondere das Lob der vorüberziehenden Jahreszeiten zu singen.« [315, 14] Die Blumen sollen der Jahreszeit entsprechen so wie auch Zeichnungen, Gemälde oder Schriftrollen. Sie sollen die Verehrung für die Natur ausdrücken. Jede Tee-Zeremonie sollte eine einzigartige Erfahrung mit der ihr eigenen Stimmung sein, die nicht wiederholbar ist. Die Gesten sind jedesmal dieselben (erinnere sich an die Bedeutung der Wiederholung bei den Hopi); aber die Blumen oder Zweige, die in dem Raum aufgestellt werden, sind immer andere, auch die Kunstwerke wie auch die Jahreszeit.

Die Zahl der Gäste ist klein – meistens fünf – aber auch vier oder sechs. Es wird nur eine Teeschale benutzt, denn es ist eine gemeinschaftliche Zeremonie. Der Gast schlürft den »Schaum des flüssigen Jade«, wie Okakura ihn nennt. Und es ist wahr, nachdem man den letzten Schluck getrunken hat, erinnern die Reste des grünen Schaums merkwürdigerweise an Schnitzereien aus Jade. Die Reinigung des Löffels, der verwendet wird, um den Tee abzumessen, und das Abwischen der Schale nach jedem Gast, wenn er daraus getrunken hat, sind sehr wichtig. Dies wird mit einem kleinen zusammengefalteten Stück Seidenstoff vorgenommen und bezeichnet eine »geistige Reinigung von Herz und Geist«; oder mit anderen Worten, ein sich Freimachen von allen unwesentlichen Gedanken des Geistes und eine völlige Gewahrung des Augenblicks.

Gewöhnlich werden vor dem Beginn der Zeremonie Kuchen gereicht. Diese zu verzehren leitet die Vorbereitung der Zeremonie ein. Der Gast betrachtet die Blumen, lauscht dem Knistern des Feuers und geht in die Stimmung des Raumes ein. Es wird immer Räucherwerk zu der Zeremonie abgebrannt.

Benötigte Utensilien

Alle Zutaten und Werkzeuge werden in der Reihenfolge des Gebrauchs zurechtgelegt:

1. Der Teeschlagbesen ist das einzige Gerät, das man kaufen muß. Er besteht aus gebogenem Bambus. Wenn man keinen Originalbesen kaufen kann, dann kann man den Schlagbesen aus einem natürlichen, pflanzlichen Material selbst herstellen. Kurze, starke und dünne Zweige zu einem Besen zusammenbinden. Der eigentliche Besenteil sollte ungefähr 7 - 8 cm lang sein.

2. Die Teeschale ist gewöhnlich ungefähr 10 cm im Durchmesser und 8 cm tief. Sie hat gerade Seitenwände und einen flachen Boden. Auf der Vorderseite sollte eine Zeichnung sein, um das Drehen der Schale zu erleichtern. (Siehe unten)
3. Der Teemeßlöffel faßt einen guten halben Teelöffel voll Tee. In Japan wird er aus Bambus hergestellt. Die gebogene Spitze des Löffels ist nicht muldenförmig, wie bei unseren Löffeln, sondern flach, weil das Teepulver daran festhängt. Man sollte einen Holzlöffel benutzen, der ungefähr 3/4 Teelöffel faßt.
4. Heißes Wasser in einer offenen Pfanne. Dies könnte in einem Fonduetopf über dem Fondue-Brenner oder auf einer heißen Platte erhitzt werden.
5. Der Schöpflöffel besteht in Japan aus Bambus. Er faßt ungefähr 1/4 Tasse. Jeder langstielige Schöpflöffel ist geeignet.
6. Der Tee wird in einer dekorativen Teedose aufbewahrt. (Tee in Pulverform gibt es in japanischen Spezialgeschäften, auch manche Teeläden bei uns führen ihn.)

Die Zubereitung

Wenn sich die Gäste alle auf dem Boden niedergelassen haben, beginnt die Zeremonie.
1. Die Schale mit dem heißen Wasser ausspülen, dann einen Schöpflöffel heißes Wasser hineingießen.
2. Den Schlagbesen in die Schale tauchen, um ihn zu erwärmen.
3. Das Wasser ausgießen und die Schale mit einem Tuch abtrocknen.
4. 1 1/4 Löffel des Pulvertees (aus der Teedose) in die Schale geben.
5. 2 Schöpflöffel heißes Wasser dazugeben.
6. In ritueller Weise mit dem Schlagbesen in der Schale umrühren, damit das Teepulver sich verteilt. Dies wird vollzogen, indem man einmal in der Schale herumrührt und V-förmig zweimal durch die Mitte der Schale fährt. Dann hebt man den Schlagbesen leicht vom Boden der Schale ab und schlägt damit 15 oder 20mal sehr schnell, bis der Tee schaumig ist. Dann vollführt man den Schlußkreis in der Schale, wobei der Schlagbesen den Boden berührt. Das Unterteil des Besens nach oben drehen und ablegen.

Das Servieren

1. Die Schale dreimal drehen. Die Rechte Hand ist am Rand der Schale; die linke Hand hält die Schale, wobei der Boden der Schale in der Handfläche ruht. Dann

die Schale dem ersten Gast reichen, die Verzierung ihm zugewendet.
2. Der Gast dreht die Schale dreimal und trinkt dann den Tee in drei Schlucken. Vor dem letzten Schluck tief atmen und mit einem Zug austrinken. Dies dient dazu, den Schaum zu trinken. Es sollte ein richtiges Schlürfen sein, denn dies ist ein Teil der Tee-Zeremonie.
3. Der Gast wischt den Rand der Schale ab und dreht die Schale dreimal von sich weg und reicht sie dann an den Gastgeber zurück.
4. Der Gastgeber wiederholt die Teezubereitung wie oben beschrieben für jeden Gast.
5. Die Zeremonie ist beendet, wenn der Gastgeber den Deckel der Teedose wieder schließt. Die Zeremonie dauert etwa 12 bis 15 Minuten.

Das Eingießen des Wassers aus dem Schöpflöffel hat in einer besonderen Weise zu erfolgen. Es muß in einem ununterbrochenen Strom vorgenommen werden, wie in einem Guß. Es sollte wie ein Wasserfall aussehen, aber es sollte nicht aus der Schale herausspritzen. Im früheren Teil dieses Buches wurde in dem Abschnitt über Eleusis erwähnt, daß in der Höhle Kippkessel standen. Diese wurden umgekippt, so daß die darin befindliche Flüssigkeit auf den Boden gegossen wurde. Erinnere dich auch an den Nachdruck, den Heidegger auf den Krug an Festtagen gelegt hat. Dieser plötzliche Fluß der Fülle, der durch den Guß der Flüssigkeit versinnbildlicht wird, ist für das Fest bedeutsam, denn er ist ein Zeichen des Glaubens an die mit allem Notwendigen versorgende Güte der Erde.

Während der Zeremonie bewahren alle Anwesenden völlige Stille, während sie den Gastgeber bei der Teezubereitung beobachten, das Licht auf der Blume betrachten, oder wie es von den Gerätschaften widerschimmert, und dem Klang des Wassers lauschen und dem Schlürfen dessen, der Tee trinkt. Ein berühmter *Haiku* beschreibt diese Stille:

> Sie sprachen kein Wort –
> der Gastgeber, der Gast und die weiße Chrysantheme.

Die Tee-Zeremonie ist das reinste Ritual für das »Sein-lassen des Seins«, wie Heidegger es nennt. Sie macht auch die Erfüllung von Gary Snyders Hoffnungen möglich, wenn er sagt: »Wir müssen also einen Weg finden, um die anderen Völker – welche die Sioux-Indianer die ›kriechenden Völker‹ und die ›stehenden Völker‹ und die ›fliegenden Völker‹ und ›die schwimmenden Völker‹ nennen – in die Gemeinschaft aufzunehmen . . . Wenn wir es nicht tun, werden sie gegen uns revoltieren. Sie werden, was unseren weiteren Aufenthalt auf Erde betrifft, bedingungslose Forderungen stellen.« [302, 124 - 125]

Das Schwitzhüttenritual der Reinigung

Nach Schwarzer Hirsch kamen im heiligen Schwitzhüttenritual alle »Kräfte des Weltalls zusammen«. Die Erde ist in den heiligen Steinen anwesend, der Himmel ist im Wasser gegenwärtig, das auf die Steine, die Knochen der Erde, gegossen wird, und in dem Dampf, der durch die Beziehung zwischen den heißen Steinen und dem Wasser entsteht. Das Feuer vor der Hütte, das die Steine erhitzt, stellt die Sonnenkraft dar, denn es brennt das im Holz gespeicherte Sonnenlicht unter Beteiligung des aus der Atmosphäre gezogenen Sauerstoffes. Die Schwitzhütten-Zeremonie ist ein ständiges sich einander Darbringen dieser Elemente. Das Menschenwesen ist innig in dieses Darbringen einbezogen, und aus dieser allumfassenden Bezogenheit kann der Schimmer der göttlichen Botschaft hervortreten.

Die ersten vier Weidenäste werden je einer in jeder Richtung aufgestellt. Die Tür geht immer nach Osten, denn dort geht die Sonne »über dem Rand der Welt« auf.

Das Feuerholz wird auch nach den Richtungen ausgelegt. Die ersten vier Stöcke werden in ost-westlicher Richtung gelegt; darauf vier in nord-südlicher Richtung. Der Rest des Holzes wird in Form eines Tipis aufgehäuft. Die Ostseite des Feuers wird immer zuerst angezündet.

Innerhalb des Tipis wird in der Mitte ein Stock in den Boden geschlagen und mit Hilfe einer daran befestigten Schnur zieht man einen vollkommen Kreis für das heilige Zentrum. In der Mitte wird ein rundes Loch ausgehoben, und unter Verwendung der Erde aus diesem Loch wird ein Pfad nach Osten durch die Tür zum Feuer angelegt. Schwarzer Hirsch betet hier: »Mit der Hilfe aller Dinge und aller Lebewesen schicken wir unsere Stimme zu Dir. . . . Ich stelle mich auf diesen heiligen Pfad und schicke meine Stimme zu Dir durch die vier Mächte, von denen wir wissen, daß sie nur eine Macht sind.« [41, 50-51] Der Ritualleiter legt eine glühende Kohle in dieses Loch und darauf wird Süßgras (oder Salbei) verbrannt. Der Rauch wird mit den Händen über den ganzen Körper verteilt. Der Leiter zündet die heilige Pfeife an und bläst den Rauch in die vier Himmelsrichtungen, nach oben und unten, und dann kommen alle Leute hinein, indem sie sich im Sonnensinn nacheinander auf dem heiligen Salbei niederlassen. Die glühendheißen Steine werden auf dem heiligen Pfad hereingebracht. Die Tür wird geschlossen, und es ist dunkel.

Während der Zeremonie wird die Tür viermal geöffnet, und die heilige Pfeife wird viermal geraucht. Wer die Pfeife nicht rauchen will, kann ein Räucherstäbchen in den Händen halten. Nakatcit, ein Delaware-Indianer, erklärte einmal, wie wichtig eine Zeit des gemeinsamen Schweigens und Rauchens war: »Siehe, unser Rauch hat den Raum angefüllt. Zuerst war er in Streifen, und mein Rauch und dein Rauch gingen jene Wege, aber jetzt sind alle zu einem vermischt. Genauso ist es mit unseren Geistern, wenn wir sprechen müssen. Jetzt sind wir bereit, denn wir werden uns jetzt besser verstehen.« [23] Die Vermischung des Rauches aller Einzelpersonen mit dem Dampf, der aus der Beziehung zwischen Fels (Erde) und Wasser empor-steigt, bringt alle Mächte der Erde zusammen und bietet ein greifbares Sinnbild der Beziehungen, die in Schwarzer Hirschs Gebet ausgedrückt werden: »Altmutter Erde, höre mich!... Die Zweibeinigen, die Vierbeinigen, die Geflügelten und alles, was sich auf Dir bewegt, sind Deine Kinder. Mit allen Wesen und allen Dingen wollen wir als mit Verwandten umgehen; geradeso wie wir mit Dir, o Mutter, verwandt sind.« [41, 148] Die Schwitzhütten-Zeremonie ist besonders wirksam am Morgen der Sommersonnenwende, oder wenn der Morgenstern am Himmel steht. Zu solchen besonderen Zeiten, eben bevor die Tür zum erstenmal geöffnet wird, liest der Anführer die rituellen Worte Tahirussawichis, des Priesters der Pawnee:

Wir rufen die Mutter Erde an, die im Maiskolben dargestellt ist. [In deiner Schwitzhütte kannst du die Steine als ihr Sinnbild nehmen, eine Pflanze oder einen Baumzweig.] Sie hat die Nacht hindurch geschlafen und ausgeruht. Wir bitten sie, zu erwachen, sich zu regen, sich zu erheben, denn die Anzeichen der Morgendämmerung sind im Osten zu sehen und der Atem des neuen Lebens ist hier ... Mutter Erde ist die erste, die aufgerufen wird zu erwachen, damit sie den Atem des neuen Tages empfangen möge.

Mutter Erde hört den Ruf; sie regt sich, sie erwacht, sie bewegt sich, sie fühlt den Atem der neugeborenen Dämmerung. Die Blätter und das Gras rühren sich; alle Dinge regen sich mit dem Atem des neuen Tages, überall ist das Leben erneuert. Dies ist sehr geheimnisvoll; wir sprechen von etwas sehr Heiligem, obwohl es jeden Tag geschieht ... Die Nacht ist die Mutter des Tages ... Die Morgendämmerung ist das Kind ... Sie gibt die Segnungen des Lebens; sie kommt, um den Menschen zu wecken, um Mutter Erde zu wecken und alle Dinge, die das Leben empfangen mögen, den Atem der Morgendämmerung, der durch die Macht Tirawas [Name der Pawnee für den Großen Geist] aus der Nacht geboren ist.

Dann wird die Tür wieder geschlossen, und es ist für den nächsten Wasserguß auf die heißen Steine wieder alles dunkel. Wenn der Morgenstern erwartet wird, werden kurz vor dem zweitmaligen Öffnen der Tür diese Worte des Pawnee-Priesters gesprochen:

Der Stern kommt aus so weiter Ferne, daß wir den Ort nicht erkennen können, von dem er aufbricht. Zuerst können wir den Stern kaum sehen; wir verlieren ihn wieder aus den Augen, denn er ist noch zu weit entfernt; dann erblicken wir ihn wiederum; er kommt stetig auf uns zu. Wir sehen zu, wie er sich uns nähert – langsam – und sein Licht hell und heller wird. ... Der Morgenstern nähert sich mehr und mehr, und wir sehen ihn jetzt am Himmel stehen, ein starker Mann, der heller und heller erstrahlt. Die weiche Feder in seinem Haar bewegt der Hauch des neuen Tages, und ein Sonnenstrahl färbt sie zart. In all seinem Glanz bringt er uns Kraft und neues Leben. Wir blicken auf ihn, wie er wieder verblaßt; er schwindet langsam und kehrt dorthin zurück, von wo er gekommen ist. Er hat uns das Geschenk des Lebens zurückgelassen, das er uns im Auftrag Tirawas brachte. . . . Der Tag folgt unmittelbar, er kommt daher auf der Bahn des Morgensterns und der Morgendämmerung.

Die Tür wird ein zweites Mal geschlossen. Wenn die Tür das nächstemal geöffnet wird, sind dies die Worte: »Wir singen dieses Lied mit lauter Stimme; wir sind glücklich. Wir rufen: ›Das Licht des Tages ist da!‹ Das Licht ist über der Erde . . . Wir rufen die Kinder; wir heißen sie erwachen . . . Wir erzählen den Kindern, daß alle Tiere erwacht sind. Sie kommen hervor aus den Plätzen, wo sie geschlafen haben. Unsere Herzen sind glücklich, wenn wir singen: ›Das Licht des Tages ist gekommen! Das Licht des Tages ist da!‹« Die Tür wird zum drittenmal geschlossen.

Bevor sie ein viertes und letztes Mal geöffnet wird, werden wieder die Worte des Pawnee-Priesters gelesen: »Wer immer von den ersten Strahlen der Sonne am Morgen berührt wird, empfängt neues Leben und neue Kraft, die von der Macht droben zugeführt worden ist.« Dann wird, genau wenn die Sonne aufgeht, die ganze Seite der Schwitzhütte geöffnet. Alle stehen in der Stille, wenn die Sonne sich erhebt und mit ihrem Licht die Schwitzhütte durchflutet. Und die Anwesenden werden sich wahrhaft »gesegnet« fühlen, wie es die Initianden in den alten Mysterien empfanden. Nachdem die Sonne aufgegangen ist, spricht der Anführer Tahirussawichis Schluß-worte: »Während wir singen, tritt dieser Strahl durch die Tür der Hütte, um allen Kraft und Stärke zu geben . . . Jetzt wandert der Strahl in der Hütte hierhin und dorthin und berührt verschiedene Plätze. Wir wissen, daß der Strahl, da er in der Hütte umherwandert, Kraft und Stärke von unserem Vater, der Sonne, bringen wird. Unsere Herzen sind glücklich und dankbar, da wir singen.«

Für eine Sonnenuntergangs-Zeremonie, wird die Reihenfolge umgekehrt. Die Tür wird zum erstenmal geöffnet, wenn die Sonne die Schwitzhütte nicht mehr bescheint; zum zweitenmal, wenn sie die Spitzen der umliegenden Bäume nicht mehr berührt, und es werden diese Worte gesprochen: ». . . Unser Lied kann den Strahl begleiten, wenn er die Hütte verläßt, die Berge berührt und schließlich zur Sonne zurückkehrt.« Die Tür wird wieder geschlossen. Sie wird ein drittesmal geöffnet: ». . . Die Sonne sinkt im Westen, das Land liegt in Schatten, nur auf den Gipfeln der Berge im Osten sind die hellen Flecken, das Zeichen der Berührung des Strahles, noch zu sehen . . . Der Strahl von Vater Sonne, der Leben atmet, steht auf der Kante der Berge, die, wie die Wände einer Hütte, das Land umschließen, wo die Menschen wohnen.« Beim viertenmal wird die Westwand der Hütte geöffnet und die Worte des Pawnee-Medizinmannes werden gesprochen: »Wenn der Lichtfleck, das Zeichen des Strahls, die Gipfel der Berge verlassen hat und aus unserem Blickfeld verschwunden ist ... wissen wir, daß der Strahl, der uns gesandt wurde, um uns Kraft zu geben, jetzt zu dem Platz zurückgekehrt ist, von wo er kam. Wir sind unserem Vater, der Sonne, dankbar für das, was er uns durch seinen Strahl gesandt hat.« Wenn der Abendstern erwartet wird, können alle still auf sein Kommen warten; andernfalls endet die Zeremonie mit dem Sonnenuntergang. [Alle Zitate von Tahirussawichi sind aus Quelle 89 entnommen].

Stille

Die rituelle Stille ist Teil all dieser Zeremonien. Stille ist in unserer heutigen Welt sehr schwer zu erreichen. Die Menschen umgeben sich ständig mit Lärm, Stille erschreckt sie. Wendell Berry sagt, daß sie »all die alten, unbeantwortbaren Fragen von Ursache und Folgen [aufkommen läßt]. Sie fragt einen Menschen, was er glaubt, wo er hingeht. In der Stille kann ihm die Welt gegenwärtig werden, das Leben des Wassers und der Bäume und der Sterne umgeben sein Leben und stellen ihre unbekannten Forderungen. Die Erfahrung jener Stille muß für jedes religiöse Gefühl die Grundlage sein. Wenn ihr einmal Aufmerksamkeit geschenkt wird, wenn ihr der Zutritt in den Kopf einmal gewährt worden ist, dann muß man eine größere Last an Bewußtsein und Wissen tragen – man muß sein Leben ändern... « [27, 41]

Ich hatte mehr Glück als die meisten, da ich die Stille in der Natur erfahren konnte, aber dann zeigte mir eine Erfahrung, daß das, was ich für Stille hielt, keine wirkliche Stille war. Ich hatte mich daran gewöhnt, daß es immer mal ein plötzliches Brummen von einem Flugzeug gab, das die Stille der Natur selbst in der Wüste des Südwestens unterbrach. Ich dachte, das mache nichts. Dann aber erfuhr ich im äußersten Norden von Japans nördlichster Insel, Hokkaido, die ganze Herrlichkeit der Stille. Mit einem japanischen Professor und einigen Studenten fuhren wir mehrere Stunden mit einem Jeep, bis wir von jeder menschlichen Ansiedlung Meilen entfernt waren. Wir waren weit nördlich von allen Flugrouten. Die Männer arbeiteten an Schneetests auf dem anderen Abhang des Berges. Ich saß allein auf der Spitze des Berges und blickte über den Ozean hinaus auf eine kleine vulkanische Insel, eine burgähnliche Anhäufung aufragender Felsen. Und ich saß und schaute hinaus über diese erregende Landschaft und war dankbar für die völlige Stille. Sie dauerte und dauerte, und ich versank immer tiefer darin. Nichts brach diese Stille. Es war völlige Stille. Ich entdeckte, daß völlige Stille völliges Gewahrsein ist und völliges Leben. Es gibt keine Möglichkeit, es zu erklären, außer daß ich nichts weiter brauchte, als weiter in dieser Stille zu sein. Es dauerte Stunden – bis die Männer zurückkehrten. Aber jetzt kenne ich die Macht der Stille. Etwas von dieser Stille kann in Peter Matthiessens Beschreibung von einem jungen Indianer in heutiger Zeit empfunden werden. Ihm wurde anempfohlen, »am ersten Tag dein Angesicht nach Osten zu wenden, am zweiten nach Süden, am dritten nach Westen und am vierten nach Norden, bis du in der Mitte des Kreises bist, und dann wirst du die Macht der Welt kennen.« Er glaubte es nicht richtig, jedoch sein Vater. Sein Magen schmerzte und ihn fröstelte, aber er blieb einen zweiten Tag und eine zweite Nacht auf dem Felsen.

... und am dritten Morgen fühlte er sich nicht mehr hungrig und saß dort bewegungslos und ließ die Sonne und den Wind durch sich hindurchblasen. Er war fest im Boden verwurzelt wie eine junge Kiefer. Gegen nachmittag wurde er langsam schwächer und von Furcht erfüllt: es geschah etwas. Die Eichelhäher und Eichhörnchen hatten alle Scheu vor ihm abgelegt, sie hüpften auf ihm und um ihn herum, als ob er zu Stein geworden wäre, und der durchdringende Laut der Insekten kritallisierte in einer gewaltig schallenden Stille. Der Himmel schallte und die Kiefern auf den Felsen zeigten ein helles, stechendes Grün, jede Nadel schimmerte; und die Kiefern schallten, und neben ihm öffnete sich eine blaue Lupine, atmend. Dann wurde der Fluß silbern und hörte auf zu fließen. Die Eichelhäher flatterten auf den Felsen, ihre Augen waren sehr freundlich, und das Eichhörnchen war still, die goldenen Haare umflossen seinen Schwanz. Er blickte gebannt auf den allgewaltigen Himmel, und der Himmel kam hernieder und die Erde hob sich empor, und er schwebt auf die Mutter zu –

Dann erhob sich in dem Tönen weit entfernt ein schwaches Summen. Das Flugzug zerfaserte die hohe Stille, als es den Himmel durchzog; es verschwand ohne je zu erscheinen, und als es fort war, tönte der Himmel nicht mehr. Er saß eine lange Zeit auf dem Felsen, aber der Himmel hatte sich erhoben und ließ ihn allein zurück...

Und später lachte er über seine Visionssuche, versuchte er sich einzureden, daß er nicht ›eine entsetzliche Traurigkeit‹ empfunden hätte. [209, 89-90]

Persönliche Rituale

Rituelle Feiern schließen die Gemeinschaft ein, aber vielleicht hast du keine Freunde, die sich für Rituale interessieren; so meinst du, daß es keine Möglichkeit gibt, anzufangen. Du bist aber nicht allein, wenn du ein Naturritual feierst, weil wir, wie Aldo Leopold ausführte, zum Land gehören. Es *ist* unsere Gemeinschaft. Es liegt nur daran, es kennenzulernen. Edward Abbey sagt:

Die einzige Weise, dieses Land (ein jedes Land) kennenzulernen, ist die, es mit dem Körper zu tun. Auf den Füßen. Am besten – nach dem Besteigen eines hochgelegenen Platzes – auf der Erde sitzend. Suche dir einen guten Platz und sitze dort bewegungslos ein Jahr lang. Halte deine Augen offen und sitze einfach da, stundenlang, tagelang, nächtelang, die Jahreszeiten hindurch – den Frost des Winters, die blendende Grelle und Hitze des Sommers, die Anmut und Herrlichkeit des Frühlings und des Herbstes – und beobachtete, was geschieht. Nimm deinen Platz ein und verharre dort. Du wirst ein Gott werden. [2, 36-37]

Beginne deinen Tag, indem du das große Wesen, die Sonne begrüßt. Frank Waters berichtet von John Lansa, einem siebzigjährigen Hopi, dessen seelische Energie . . .

durch lange Zeiten des Nachsinnens allein unter Sonne und Sternen wieder aufgefüllt wurde . . . Er stand in der offenen Tür nach Osten gewandt und nackt bis zur Hüfte. Das erste tiefe Gelb, das am Himmel erschien, war der Sonnenpollen. Viermal kratzte er ihn mit seiner gewölbten Hand vom Horizont und tat ihn in seinen Mund. Dies nährte seinen Körper. Als die Sonne zu steigen anfing, atmete er viermal tief, um sein Herz und seine Innereien zu reinigen. Dann verteilte er viermal die ersten Strahlen der Sonne von Kopf bis Fuß über seinen Körper, kleidete sich in ihre Macht. Schließlich führte er sich, der nun ganz aufgegangenen Sonne zugewandt, vor Augen, wie er sein Gemüt in Fülle, Güte und Heiterkeit halten würde, so wie das Gesicht der Sonne war. [351, 76]

In dem Film *Black Orpheus* spielte der Held mit seiner Guitarre die Sonne für seine Nachbarn herauf. Er starb am Ende des Films. Ein kleiner Junge nahm die Guitarre des toten Mannes auf und klimperte durch den Staub gehend die Sonne herauf. Eine Schallplatte mit indianischer Flötenmusik aus Südamerika enthält ein Lied, »Pescadores«, das die vollkommene Musik darstellt, um die Sonne über »den Rand der Welt« zu heben.

Wenn du die aufgehende Sonne nicht durch deine Fenster sehen kannst, dann bohre ein Loch durch die Wand. Dies wird in primitiven indianischen Behausungen und in den Hofmauern im heutigen Japan so gehalten. In Japan ist die aufgehende Sonne so bedeutsam, daß an einem berühmten Shinto-Heiligtum an der Küste von Ise ein *Tori* den genauen Fleck markiert, an dem man stehen muß, um den Sonnenaufgang über dem Fudschijama zu sehen.

Noch zu Beginn dieses Jahrhunderts war es in einigen russischen Dörfern die Aufgabe eines Mannes, den Sonnenuntergang eines jeden Tages zu beobachten und den Untergangspunkt im Laufe des Jahrgangs zu markieren. »Die Dorfältesten versammeln sich des Abends neben der Kirche, um die Angelegenheiten der Gemeinde zu besprechen, und da war immer eine Bank, die auf die Berge ausgerichtet war. Die Berggipfel am Horizont bildeten ein Profil, das der Beobachter, der auf der Bank saß, leicht im Gedächtnis behalten konnte, und auf diese Weise erkannte er die Wendemarken des Jahres.« [124, 124] So waren die Dorfangelegenheiten mit dem Lauf der Sonne verknüpft. Der Unterschied zwischen diesem erweiterten Gesichtspunkt und dem heute üblichen zeigt Henry Beston auf, wenn er erklärt: »Ein Jahr in Innenräumen ist eine Reise am Papierkalender entlang; ein Jahr in der Natur draußen ist die Ausführung eines allgewaltigen Rituals. Um daran teilzuhaben, muß man ein Wissen über die Reise der Sonne und eine Art natürliches Gefühl und Empfinden für sie haben. . .« [363, 59]

Eines der ersten Dinge, die man lernen muß, um in wahrer Gemeinschaft zu leben, indem man die anderen Wesen des *Platzes* einschließt, ist aufzuhören, ein »tragischer Held« zu sein. Sowohl unser griechisches wie christliches Erbe haben uns gelehrt, daß der Mensch nicht Teil der Natur sei, sondern höhere Ideale habe, nach denen er leben und streben sollte. Wie jedoch Joseph Meeker in seinem Buch *The Comedy of Survival* sagt: »Die tragische Betrachtungsweise des Menschen hat, trotz seines trügerischen Optimismus', zu einer kulturellen und biologischen Katastrophe geführt und es ist an der Zeit, daß wir nach Alternativen Ausschau halten, die das Überleben unserer und anderer Arten besser ermöglicht.« [214, 24] Viele menschliche Kulturen haben die philosophische Vorstellung der Tragödie niemals hervorgebracht, während die Komödie praktisch überall vorkommt. Der Koyote ist der indianische schelmische Held, während die chinesische taoistische Literatur voll ist von weisen, komischen Einsiedlern, die sich in die Natur zurückgezogen haben. Josepf Meeker führt Felix Krull, eine von Thomas Mann geschaffene Figur, als ein Beispiel für einen schelmischen Helden an. Felix Krull sagt: »Wer die Welt wirklich liebt, muß sich so ausformen, daß er sie erfreut.« Der Vorteil des aus der Komödie entwickelten Gesichtspunktes ist klar. »Tragödien verlangen, daß man unter Alternativen eine Wahl trifft; die Komödie versichert uns, daß jede Wahl wahrscheinlich ein Irrtum ist und daß das Überleben darauf beruht, Übereinkünfte zu finden, die es allen Teilen gestatten, fortzubestehen.« [214, 33]

In unserem persönlichen Leben können wir damit aufhören, weiter für unsere Ideale »zu sterben bereit« zu sein und statt dessen anfangen, so zu leben, daß alle Wesen in unserer Gemeinschaft sich entfalten können. Dies ist Don Juans »Weg mit Herz«. Er sagt: »Ein Wissender wählt den Weg mit Herz und folgt ihm; dann schaut er und freut sich und lacht; dann sieht er und weiß. Er weiß, daß sein Leben ohnehin gar zu bald enden wird. Er weiß, daß er, wie jeder andere auch, nirgendwo hingeht. Weil er sieht, weiß er, daß nichts wichtiger ist als alles andere. Mit anderen Worten, ein Wissender hat keine Ehre, keine Würde, keine Familie, keinen Namen, kein Land - sondern nur ein Leben, das er leben muß.« [51, 75]

In den Städten ist es manchmal schwierig, eine Verbindung mit der Erde aufrechtzuerhalten. David Leveson, ein Geologe, stellt fest: »Aber in Wirklichkeit ist die Erde überall und von ihr geht, wenn wir es nur empfinden können, ständig das für den Menschen zu wissen Nötige aus, was er ist und wo er hingehört ... Selbst inmitten der Städte sind die Mauersteine aus Ton, der Zement besteht aus Kalkablagerungen voreiszeitlicher Meere. In Augenblicken des Zauderns oder Verzweifelns kann eine solches Wissen ein Schritt zur Gesundung sein, eine Straße zur Wirklichkeit. Die ›natürliche‹ Welt ist die Welt, und die Erzeugnisse des Menschen sind ihre Erweiterungen – immer. Es ist gut, sich dessen eingedenk zu sein.« [179, 18 + 26] Er fährt fort: »Wir müssen alle unseren eigenen Traum von der Erde entwickeln und einen Weg zu ihm finden – mystisch oder empirisch – durch Offenbarung oder Entwicklung – und unsere Erkenntnisse miteinander teilen. Wenn wir es nicht tun, kann es sein, daß weder wir noch die Erde jemals wieder sprechen werden.« [179, 146]

Nicht nur die Erde ist mit uns verwandt, sondern auch, wie Kablays, der mythische Begründer des Sonnentanzes, sagte: »Die vier Pfade der vier Mächte sind eure nahen Verwandten. Die Morgendämmerung und die Tagessonne sind eure Verwandten. Der Morgenstern und alle Sterne der heiligen Himmel sind eure Verwandten. Denkt immer daran!« [41, 153]

Religion

Eine unermeßliche, alte Religion, die einst die Erde beherrschte, hält sich in ununterbrochener Anwendung dort in Neumexiko ... Denn es galt die ganze Lebensmühe des Menschen, sein Leben in eine unmittelbare Berührung mit dem elementaren Leben des Kosmos zu bringen: dem Bergleben, dem Wolkenleben, dem Donnerleben, dem Luftleben, dem Erdenleben, dem Sonnenleben – in eine direkt empfundene Berührung, und so Kraft, Macht und eine dunkle Art der Freude zu gewinnen. Diese Bemühung, zu einer schieren, nackten Berührung ohne ein Zwischenglied oder einen Mittler zu kommen, das ist die wirkliche Bedeutung der Religion... [170, 9 und 11 - 12]

An einer früheren Stelle in diesem Buch zitierte ich Gertrude Lévy: »Religion ist die Aufrechterhaltung einer bleibenden Bezogenheit.« [180, 35] Selbst noch in der klassischen römischen Zeit war es eigentlich nicht erforderlich, etwas, wie die Religion, zu definieren, weil sie eng mit dem Leben verbunden war. Das Wort *Religio* gab es, das mit dem Wort *religere* zusammenhängt, was *sich rückbinden* oder *einbinden* bedeutet und sich auf gewisse religiöse Praktiken bezog, durch die man an bestimmten Plätzen oder zu bestimmten Jahreszeiten eine Sicherheit gewährleisten wollte. In späteren Zeiten Roms schrieb Cicero: »Alle jene Dinge, die mit der Verehrung der Götter zu tun haben, werden religiös genannt.« [297, 17] Zu dieser Zeit war die Kultur bereits auf die Stadt Rom konzentriert und hatte die Bindungen der Menschen zu ihrem heimatlichen *Platz* gelöst. Mit dieser Entwicklung war die weitere Bedeutung der Religion – die die allumfassende Bezogenheit von Menschen, dem *Platz*, den Göttern und dem Ritual meinte – schon durch die Verehrung von ganz bestimmten Göttern eingeengt worden, da die Religion von ihrer Wurzel, der lebendigen Erde, abgeschnitten war.

Das 2. Kapitel hat erwiesen, daß alle wichtigen Verkündungsreligionen in der Beziehung eines Menschen zu einem besonderen *Platz* ihren Ursprung hatten. Jetzt fangen wir an zu begreifen, daß die Bezogenheit eines jeden von uns auf *unseren Platz* nicht nur unser Leben ist, sondern auch unsere Religion. Für die Menschheit gibt es keine andere. Krishnamurti erklärt, »Religion ist eine Art zu leben, in der eine innere Harmonie und das Gefühl völligen Einsseins herrscht. Wie wir schon sagten, wenn ihr im Wald geht, still, und das Licht der untergehenden Sonne liegt auf den Bergenspitzen oder auf einem Blatt, dann herrscht völlige Einheit zwischen euch und diesem. Es gibt ein ›Ich‹ gar nicht mehr... es gibt keinen ›Beobachter‹. ... Also ist eine religiöse Lebensweise die allumfassende Handlung, in der es überhaupt keinen Bruch gibt.« [164, 103] Krishnamurti definiert den religiösen Geist als »jenen Zustand des Schweigens,... der nicht durch das Denken hervorgebracht wird, sondern der das Ergebnis unmittelbarer Wahrnehmung ist...« [162, 103]

Götter sind nicht als etwas zu sehen, an das man glaubt: Götter sind »die transzendentalen Kräfte der Natur«, die mit der responsiven Offenheit des Menschen in Berührung kommen und auf diese Weise in die Welt des Menschen beschlossen werden. [343, 36] Götter sind nicht einfach die Erde oder der Himmel oder der Wind oder der Regen. Die Energie der Beziehung zwischen allen diesen Dingen an einem bestimmten *Platz* bezeichnet den Gott. Vielleicht hilft uns hier eine Analogie weiter. Du oder ich, wir sind eine Ansammlung vieler verschiedener Teile (Zellen auf einer Wirkungsebene und Armen und Beinen auf einer anderen Wirkungsebene) und vieler verschiedener Abläufe (Blutkreislauf, Atmungssystem usw.). Das Menschenwesen ist in diesem Fall der hierarchisch gegliederte Organismus. Es kann nicht von jedem einzelnen Teil erwartet werden, daß es den ganzen Organismus versteht, der das Menschenwesen ausmacht; dennoch arbeiten die einzelnen Teile als Teil einer allumfassenden Bezogenheit, aus der der Mensch besteht. Genauso sind auch wir Menschenwesen Teile des ganzen Systems, das der Erde und das des Weltalls. Wir können nicht das Ganze erkennen, aber wir können anfangen, unsere Bezogenheit zu den anderen Teilen dieses Ganzen zu erkennen, indem wir diese Beziehungen benennen. Dies ist es, was die Primitiven taten, und was in Kulturen, wie bei den Pueblos, noch heute vollzogen wird. Wenn wir etwas nicht benennen, können wir uns darüber nicht verständigen. Verwickelte Beziehungen zwischen Menschenwesen und diesen anderen Wesen haben in unserer Kultur keine Benennungen. Sobald aber ein Gott einen Namen hat, können sich Bedeutungen um diesen Gott bilden. Das mangelnde Verständnis an diesem Punkt ist der Grund, weshalb der moderne Mensch nicht vermag, die Götter der Griechen oder der Pueblos zu erfassen. Wie kann Masau'u, der Skelettmann der Hopis, der Gott des Todes und des Feuers und zugleich der Fruchtbarkeit und der Grenzen sein? Wir suchen eine Ursache-Wirkung-Relation, wo es in Wahrheit eine verwobene Bezogenheit gibt. [332, 3, 4 und 25-27] Bei dem griechischen Gott Hermes gab es ebenfalls eine solche Zusammenballung von Bedeutungen. Er war der Gott der Meilensteine, der Händler, Diebe und Hirten, und der Seelengeleiter. »Er ist die Macht, die alles hält, was in Einheit an seiner Welt teilhat ... Alle Dinge gehören ihm [d.h. seiner Welt] an, aber sie erscheinen in einem anderen Lichte, als in den Reichen anderer Götter.« [242, 122] Frank Waters zitiert die Erklärung der Navajos: »Wenn du ein Ding in die Ordnung fügst, gib ihm einen Namen, und ihr seid ganz in Übereinstimmung: es wird.« [350, 164]

Unsere Kultur hält die Natur für einen Komplex aus sinnlosen, seelenlosen, blinden Kräften, in einer wirklichen Kultur jedoch nehmen diese Naturkräfte an Festtagen ihren Platz ein. Bei manchen Indianerstämmen spricht der Schamane im Fell und mit dem Geweih »für wilde Tiere, die Geister der Pflanzen, die Geister der Berge und Wasserläufe. Er oder sie singt für sie. Sie singen durch ihn.« In den Ritualtänzen der Pueblo-Indianer »konsultiert die ganze Gesellschaft die nicht-menschlichen (inner-menschlichen?) Kräfte und erlaubt es manchen Individuen völlig aus ihrer menschlichen Rolle hinauszutreten und die Maske, das Kostüm und den *Geist* von Büffel, Bär, Kürbis, Mais oder den Plejaden anzunehmen; den menschlichen Kreis in jener Gestalt wieder zu betreten und durch Gesang, Mimik, Gebärde und Tanz einen Gruß aus dem anderen Reich zu übermitteln.« [300, 13]

Auch wir können Rituale haben, die unsere Gemeinschaft in Ausgewogenheit bringen – nicht nur den menschlichen Teil. Durch Rituale können wir diese anderen Völker aufnehmen:

> Ihr, die ihr ewig steht,
> die ihr aufwärts durch die Erde stoßt
> und selbst bis an den Himmel reicht, ihr Baumvölker!
> Jene-die-auf-dem-Licht-wandeln, die Vögel,
> die »Vierbeiner« und die »Zweibeiner«. [41, 55; 366, 83; 234]

Letzten Endes ist es die Erde selbst, die uns diese Ausgewogenheit lehrt.

Wie ich über die Berge gehe, zolle ich den Bäumen und dem Boden meine Aufmerksamkeit. Der Fluß kommt in Sicht, und plötzlich werde ich von der Erkenntnis überrascht, daß ich nicht dieselbe Person bin, die den Gang angetreten hat! Ich bin durch eine Zeremonie verwandelt,

die im Land selbst wohnt. Der Platz legt den Auftrag für die menschlichen Aktivitäten fest, und dieser Auftrag kann unmittelbar durch eine Zeremonie wahrgenommen werden, die in den Wäldern wie ein fast greifbares Geschöpf lebt. Ich bin verwandelt, erstarrt... Wir sind zu dem Reichtum und der Verwobenheit des primitiven Geistes erwacht, welcher Heiligkeit, Nahrung, Leben und Tod verschmilzt – wo die Kultur mit der Natur integriert ist auf der Basis des *besonderen Ökosystems*, und die für ihr Erkenntnisvermögen einen Bestand von Metaphern einsetzt, die aus jenem Ökosystem heraus entwickelt und in einer Beziehung mit ihm strukturiert worden sind. Wir haben darin eine Denkungsart gefunden, die parallel zur modernen Wissenschaft verläuft, jedoch auf der völlig anderen Ebene der empfindsamen Eingebung arbeitet; eine Tradition, die den Boden für die jungsteinzeitliche Revolution vorbereitete; eine Wissenschaft des *Konkreten*, wo die Natur das Vorbild für die Kultur ist, weil der Geist von der Natur genährt und entwöhnt worden ist; eine *Logik*, die die Bodenfruchtbarkeit, die Magie der Tiere, das Geistkontinuum der Arten anerkennt. Eine erfolgreiche Kultur ist eine halbdurchlässige Membran zwischen Mensch und Natur. Wir sind eben jetzt Zeugen von Nordamerikas postindustrieller Phase, während der die menschliche Gesellschaft darum ringt, der Natur überlegen zu bleiben. Eine bloße Extrapolation von der Gegenwart zur Zukunft erscheint nicht möglich. Wir befinden uns im Übergang von einem Zustand symbiotischen Gleichgewichtes – dem primitiven – zu einem anderen, den wir den *zukünftigen primitiven* nennen wollen... ein Zustand, der die Eigenschaften eines reifen Ökosystems hat: stabil, verschiedenartig, in symbiotischer Ausgewogenheit. ... Es ist sehr frühes Frühjahr. Regenwald. Schierling-Wapitihirsch-Rotzeder-Sitkafichten-Biotop. Mulch und organischer Boden ist tief. Wapiti-Äsung, Rehäsung. Wildwechsel durch den Wald. Betten, wo sie schlafen. Die Herausforderung ist, daß wir uns in diesen Bereich in einer Weise einpassen, die der Strategie und den Einzelheiten ihrer regionalen Folge entspricht, damit unsere Kultur wieder eine Zeremonie der Wechselwirkung zwischen den Arten und dem Ökosystem bildet, die auf die örtlichen Verschiedenheiten abgestimmt ist... Eine Gemeinschaft von Wesen, die durch Rand und Mulde, Form und Inhalt, Luft und Flußlauf, Nahrungsketten – und Zeremonien vereint ist. ... Wir werden durch Regenwürmer und Plankton unterrichtet. Wir werden jene Autorität (Waltung) studieren, die in dem Platz wohnt, und unser Leben entsprechend ausrichten. Es gibt kein abgetrenntes Dasein.
Aus Jerry Gorsline und Linn House: »Future Primitive«, veröffentlich in *Planet Drum* [102]

18. Synergetisches Leben und Lernen

Vielleicht wird man, wenn die neue Bibel der Wissenschaft geschrieben wird, vom verlorenen Sohn der Mutter Natur lesen, der eine Zeitlang ihrer Mahnungen und ihrer Weisheit spottete, der sein Erbe in einem ausschweifenden Leben verpraßte; der aber schließlich, auf die äußerste Kargheit einer leeren Ödnis zurückverwiesen, die er selbst geschaffen hat, zum Herd seiner alten Mutter zurückkriecht und gehorsam der Geschichte von einem gewissen Menschen lauscht, dessen Name Ökologie war.

Clark Wissler,
In einer Rede vor der Ökologischen Gesellschaft, Dezember 1923

In der Natur hat ein stabiles Ökosystem zwei Aspekte: große Vielfalt, aber auch symbiotische Beziehungen zwischen allen betreffenden Organismen. Die allgemeine Wirkung ist synergetisch. Wenn Menschenwesen sich in diese natürliche Gemeinschaft einpassen wollen, dann müssen sie anfangen, ähnliche Strukturen zu entwickeln. Solche Strukturen sollten die Vielfalt der Betrachtungsweisen betonen und zugleich der Definition von Synergie von Ruth Benedict entsprechen, »sozial-institutionelle Bedingungen, die Egoismus und Selbstlosigkeit verschmelzen, indem sie es so einrichten, daß, wenn ich nach ›egoistischen‹ Vorteilen strebe, ich automatisch anderen helfe, und wenn ich versuche, altruistisch zu sein, ich mich automatisch selbst belohne und mir Vorteile verschaffe.« [204, 140]

Kulturen wie jene der Pueblo-Indianer, die Jahrtausende erlebt haben, haben eine synergetische Einstellung. Der taoistische Einschlag der chinesischen Kultur ist ein weiteres Beispiel. Needham zitiert einen alten taoistischen Text, der dieses Konzept verdeutlich:

Flußgeist sprach: »Wenn wir über das Äußere von Dingen Überlegungen anstellen, oder über ihr Inneres, wie sollen wir Unterscheidungen treffen, ob sie edel oder gemein seien, groß oder klein?« Der Gott des Nördlichen Meeres antwortete: »Wenn wir sie betrachten im (Lichte des) Tao, sind sie alle weder edel noch gemein... Zu wissen, daß Himmel und Erde nicht größer sind als das kleinste Reiskorn, und das die Haarspitze so groß ist wie die Masse des Berges – das heißt die Verhältnismäßigkeit der Maßstäbe zu verstehen... Wenn wir also auch wissen, daß Osten und Westen sich gegenüberstehen, so kann (die Idee) des einen nicht ohne (die Idee) des anderen existieren – dergestalt ist ihr *gegenseitiges Dienen* festgelegt...

Needham fährt fort: »Die Taoisten waren dagegen, das Konzept von edel und gemein auf die Natur anzuwenden, aber auch dagegen, es auf die Menschen anzuwenden... Genauso, wie es in der Natur keine wirkliche Größe oder Kleinheit gab, so sollte es sie auch in der menschlichen Gesellschaft nicht geben. Die Betonung sollte auf dem gegenseitigen Dienen liegen.« [229, 105] Unter Bezug auf eine Studie von Granet, glaubte Needham, daß der Brauch des »Potlatch« in der alten chinesischen Gesellschaft von großer Bedeutung war. Potlatch war auch in unserer Nordwestküsten-Kultur wichtig; das Ansehen beruhte darauf, wieviel Speisen, Decken und Zeremonialgegenstände jemand der Gemeinschaft zu den jahreszeitlichen Festen spendete. Abwandlungen dieser Kultur erstreckten sich auf viele Indianerstämme der Prärie – bis hin zu Hyemeyohsts Storms Konzept vom »Darbringen«. In China ist das Grundelement des »Potlatch«, des Abgebens und Teilens, eine vorherrschende Kulturgrundlage geworden. Diese Vorstellung vom Teilhabenlassen, vom Geben um zu bekommen, was einer grundlegenden Besitzlosigkeit entspricht, wird von Lao-Tse in einer den Weisen betreffenden Frage ausgedrückt:

Ist es nicht eben *weil* er nicht nach persönlichem Vorteil strebt, daß alle seine persönlichen Bedürfnisse erfüllt werden?

Wie aber Dr. Schumacher, Autor von *Small is Beautiful*, sagte: »Ideen können die Welt nur durch eine Art Inkarnationsprozeß ändern.« [368, 108] Dieses Kapitel nennt einige besondere Beispiele für Lebens- und Lernstrukturen, die verschiedene Elemente an einem bestimmten Ort in eine synergetische Beziehung zusammenfügen.

Das Briarpatch Netzwerk

Das Briarpatch Netzwerk besteht aus Hunderten von Leuten, die im Gebiet der San Francisco Bay kleine Geschäfte betreiben und »lernen, in den Nischen der Gesellschaft in einem freudigen Bewußtsein der Fülle zu leben.« [112] Seine Anfänge reichen in die Zeit zurück, als Michael Phillips noch Leiter der Marketing- und

Planungsabteilung in der Bank of California war. Er begegnete Dick Raymond, einen Kunden der Bank, als dieser versuchte, die Bank dazu zu bewegen, einen Platz für die Kunden zu schaffen, wo sie sich kennenlernen könnten. Michael und Dick initierten diese Treffen. Um aber das Briarpatch in Gang zu bringen, kündigte er seine Stellung bei der Bank. Dick Raymonds Hintergrund war unter anderem die Leitung einiger Firmen, die mit Werkzeugmaschinen zu tun hatten. Der dritten Mitbegründer, Andy Alpine (jetzt Bahaudin) hat einen Doktor der Wirtschaft, ein Diplom in Internationalen Beziehungen und in Chinesischer Politik und einen Doktor derer Jurisprudenz; er arbeitete im UN-Sekretariat und erforschte Gesetze und Wirtschaft von Küstenregionen. [112] Als ich ihm begegnete, erfuhr ich, daß er Tai Chi und Sufitanz ausübte. Alles in allem ist er ein einmalig ausgeglichener Mensch.

Jeder dieser Männer würde mehr Geld verdienen, wenn er noch Teil der amerikanischen Konkurrenzgesellschaft wäre, aber sie haben eine ganzheitliche Einstellung zu richtiger Lebensführung. Briars »will ihr Leben zusammenfügen, so daß alle notwendigen Elemente des Lebens Teil ihrer geschäftlichen wie nichtgeschäftlichen Aktivitäten sind. Natürlich ist eines dieser notwendigen Elemente Spaß, also wird Spaß in das Geschäft einbezogen.« [7] Wenn sie etwas vom Netzwerk als Ganzem brauchen »dann werden etwa fünfzehn Briars ausgelost und eingeladen zusammenzukommen um diesen Punkt zu beraten . . . mit heißem Bad, einem hübschen Feuer und Apfelkuchen mit Honigeiskrem . . . « [372] Besondere Feste werden an Briar-Feiertagen abgehalten, wie etwa Murmeltier-Tag, Vatertag, Brasilianischer Karneval und Sprungtag.

Die einzelnen Geschäfte, die Teil dieses Netzwerkes sind, helfen einander mit Kenntnissen und Fertigkeiten aus und sogar mit zinsfreien Darlehen, falls erforderlich. Die Mitglieder des Netzwerkes meinen, daß Leben Lernen ist. Wenn ein Geschäft nichts wird, aber die beteiligten Leute viel gelernt haben, dann wird das ganze Unternehmen als Erfolg betrachtet. Michael Phillips und Bahaudin besuchen an einem Tag in der Woche einzelne Firmen, um in Finanzfragen Rat zu geben.

Dick Raymond war Oberhaupt der Point Foundation, die er und Stewart Brand gründeten, um das Geld, das mit dem *Last Whole Earth Catalog* verdient worden war, zu verteilen. Sie unterstützten viele Unternehmungen, von denen die meisten fehlschlugen, und das Portola Institute erlebte einen Niedergang. Im Juli 1974, als er über Briarpatch nachgedacht hatte, rief Dick Raymond ein Treffen mit 25 anderen zusammen. Paul Hawken faßt es so zusammen: »Dieses Treffen war für Raymond der Anfang der Neudefinition des Portola Instituts von seiner die ganze Erde umfassenden Einstellung, die nicht mehr zu funktionieren schien, hin auf die anwendbaren und örtlichen Belange von Briardom.« [112] Dies war natürlich Raymonds wachsende Gewahrung, daß es der *Platz* ist, um den es geht. Du kannst nur durch deinen örtlichen *Platz* lernen, dich mit der Erde in Beziehung zu setzen.

Das grundlegende Prinzip, auf dem Briarpatch beruht, ist, »daß es eine Alternative zu der Gier geben müßte, und der beste Ersatz, den sie bisher dafür gefunden haben, wird in dem Wort *teilen* zusammengefaßt.« Das Briarpatch Netzwerk ist eine Anerkenntnis der wechselseitigen Beziehung zwischen Gesellschaft und der »Bereitschaft eines jeden Gliedes, ein offenes und dynamisches Ineinanderfließen von Ideen, Hilfen und Erfahrungen zu sein.« [112]

Bahaudin und Sherman Chickering brachten zu jeder Jahreszeit eine Ausgabe von *Common Ground* heraus, das alle Arten von Zentren und Diensten für ein ganzheitliches Leben in der Bay-area auflistete. Jedes teilnehmende Mitglied muß auch den *Common Ground* vertreiben, was nicht nur die Kosten senkt, sondern auch eine weite Verbreitung sichert. *Common Grounds* einzigartiger Service ist sein Sachverzeichnis, das es jedem Zentrum erlaubt, unter jeder Dienstleistung aufgeführt zu werden, die es anbietet. *Common Ground* bietet ein ausgezeichnetes Beispiel für andere Gebiete. Tatsächlich bieten Briarpatch und *Common Ground* jenen, die sich daran beteiligen, Lernerfahrungen, denn sie helfen ihren Mitgliedern zu erkennen, daß es von beiderseitigem Vorteil ist, zusammenzuarbeiten. Das Teilen von Ressourcen ist ein notwendiger erster Schritt, um der Umweltzerstörung Einhalt zu gebieten.

Waldarbeiter

Die Waldarbeiter-Bewegung befaßt sich unmittelbarer mit der Bewahrung der gesamten Umwelt. Obwohl ich einen Artikel in der *Coevolution Quarterly* über die Hoedad-Bewegung in Oregon gelesen hatte, habe ich die Bandbreite dieser Bewegung nicht begriffen, bis ich Linn House begegnete, dem Autor von *Future Primitive*. Als wir über Rituale sprachen, stimmten wir beide darin überein, daß die Dichterlesung von Gary Snyder in Seattle in jenem Mai eines der stärksten Rituale war, an dem wir je teilgenommen hatten (siehe Schluß des 11. Kapitels). Ich befragte Linn zu den Arbeitern, die da waren. Er erzählte mir etwas, und später bat ich Jerry Gorsline, seinen Freund und Mitautor von *Future Primitive*, um mehr Informationen.

Jerry antwortete mir in einem mit Fakten vollgestopften zweiseitigen Brief, der mir viel von dem Hintergrund der Bewegung erklärte. Er war gerade von der Konferenz der Northwest Forest Workers Association in Oregon zurückgekehrt. Die NFW ist eine regionale Organisation, die Arbeitsgemeinschaften, die mit dem

Wald im Nordwesten zu tun haben, verbindet. Dieser Bereich umfaßt Oregon, Washington, Kalifornien, Britisch Kolumbien, Idaho und Montana. Diese Arbeiter verwalten die Profite ihrer Arbeitsgemeinschaften, die Frauen wie Männer umfassen, selbst. Sie arbeiten in ihren regionalen Gebieten auf der Basis der Gemeinden. Jerry sagt, sie versuchen, »eine biologisch-sensitive Waldarbeit zu erarbeiten: eine Wirtschaft, die dem Land und den Gegebenheiten der Ressourcen angepaßt ist und eine Wirtschaftsplanung, die die wirtschaftliche Stabilität ländlicher Gemeinden würdigt und doch den regionalen und nationalen Bedürfnissen entspricht.« [101] Sie sind keine Holzfäller, werden sie aber schließlich einschließen. Sie sind in den arbeitsintensiveren Bereichen der Wirtschaft tätig: Wiederaufforstung, Auslichtung, Weginstandsetzung und Wasserwirtschaft. Die Holzwirtschaft andererseits geht mit hohem Energieaufwand und schweren Maschinen vor, so daß Arbeitskräfte eingespart werden und eine große Anzahl der örtlichen Bevölkerung ohne Beschäftigung bleibt. Gerald Myers, vom Redwood Creek Renewal Project in Kalifornien, schätzt, daß nicht weniger als 60 Prozent der Arbeiter arbeitslos sind.

Die Probleme, welche diese Waldarbeiter zu lösen versuchen, sind vielschichtig. So schützt zwar die Neuanpflanzung den Boden und schafft einen neuen Wald, aber unter der derzeitigen Kontrolle von Privatfirmen werden Monokulturen gefördert, die von einer Verarmung der Artenvielfalt begleitet werden. Linn House weist darauf hin, daß zum ersten Mal die jüngsten Forschungen auf diesem Gebiet unmittelbar von höheren Ebenen an die Arbeiter im Wald geht, denn diese Waldarbeiter, die mit Hingabe dabei sind, forschen und arbeiten, um die für den Wald besten Methoden zu finden und nicht die, die für die Eigentümer der Privatfirma am besten sind. So werden große Veränderungen langfristig unausweichlich. Einige Methoden, die sie anstreben, sind der Einsatz von Arbeitskräften statt chemischer Herbizide bei der Eindämmung des Unterholzes, die Wiederherstellung der Wasserkreisläufe und langfristige Änderungen in der Steuerstruktur, um die Einstellung von Arbeitskräften zu fördern und die Arbeit als eine soziale Wohltat zu definieren, nicht als eine Last. Das jetzige System, wo Arbeit als Belastung angesehen wird, nennt man »steigende Produktivität pro Arbeiter«, aber es bedeutet in Wirklichkeit »Reduzierung der Anzahl von Beschäftigten«. [224] Dies beraubt die Leute der Möglichkeit, an dem Platz ihrer Wahl zu leben und zu arbeiten.

Als ich auf der Fähre zurückfuhr, nachdem ich mit Linn House über die Waldarbeiter gesprochen hatte, da machte sich in mir plötzlich ein gewaltiges Wohlgefühl breit und ich erkannte, daß sich mein zugrunde liegendes Denken irgendwie gewandelt hatte. Es dämmerte mir, daß die Zweifel und der Pessimismus der vergangenen Jahre, ob der krankhafte Kurs der Ausbeutung der Menschen und des Landes jemals geändert werden könnte, jetzt verschwunden war, mit diesen in den Hinterwäldern zerstreuten Waldarbeitsgemeinschaften. (Linn meinte, es gäbe 2.000 oder 3.000 allein in Washington und ich wußte bereits von den Hoedads in Oregon und einer Gruppe in Colorado.) Es gibt Nester mit vernünftigen Arbeitern, die dem Land hingegeben und ziemlich autark sind, überall im ganzen Westen verstreut. Es gibt keine Möglichkeit, wie sie alle vom System unterwandert oder durch irgendeine zentrale Macht beseitigt werden könnten, denn sie sind nicht zu finden – sie sind verborgen an ihrem *Platz* auf ihrem Land, nicht in den Städten konzentriert. Eine große Zahl dieser Arbeiter sind Universitätsabsolventen, manche mit hohen Graden.

Die Gruppe in Colorado stellt eine etwas abweichende Form der anderen Forstgruppen dar. Sie trägt den Namen Healing Light Foundation. Die Cottage Industries mit ihrem Zweig der Forstspezialisten gibt freiwillig den Zehnten, um die Arbeit der Healing Foundation zu unterstützen. Die Cottage Industries ist eine familienorientierte Gemeinschaft und jetzt fünf Jahre alt. Es ist eine Waldarbeiterkooperative, die sich mit dem Auslichten, der Neuanpflanzung, der Krankheitsbekämpfung und der Brandbekämpfung beschäftigt. Ihre Mitglieder arbeiten in Colorado, Wyoming und New Mexico. Der Zweig, der sich mit Heilung befaßt, besteht aus Leuten, die auf dem Gebiet des Vegetarismus, der Ernähung, des Yoga, der Polarity-Massage, der Akupunktur, der Massage und als Hebammen tätig sind. Sie nehmen Leute an, die in den Wäldern arbeiten wollen, es ist allerdings eine Verpflichtung auf einen Monat erforderlich. Als ich mir die aufregenden Möglichkeiten dieses Konzeptes des miteinander Teilens von Mensch und Natur ansah, bei dem sowohl der Mensch wie die Erde von ihrer Beziehung profitieren, fiel mir Erik Eriksons Vorstellung ein, daß in der Zeitspanne zwischen der späten Reifezeit und dem frühen Erwachsensein »die Quellen der Überlieferung mit neuen inneren Quellen zusammenfließen, um etwas potentiell Anderes zu schaffen: eine neue Person – damit eine neue Generation und mit ihr ein neues Zeitalter.« [81, 20]

Dieses neue Zeitalter wird heraufkommen, wenn die Menschen erkennen, daß sie sich selbst heilen können, indem sie das Land durch eine Beziehung des miteinander Teilens heilen. Es gibt keine nützlichere Arbeit zu tun, als Bäume zu pflanzen, um das Land zu heilen. In meiner Heimatstadt Silverton hat der hier ansässige San Juan Women's Club die Spenden für den San Juan Memorial Forest von den staatsweiten Mitgliedern des Colorado Federation of Women's Club gesammelt. Allein 1977 konnten dem US-Forstdienst 4.065 Dollar übergeben werden. Die meisten Anpflanzungen, die aus diesem Fond bezahlt wurden, wurden im »Lime Creek Burn« am Molas-Pass in der Nähe von Silverton vorgenommen. Dieses Gebiet brannte in dem trockenen Jahr 1879 nieder, und weil es sich so nahe an der Baumgrenze befindet, setzt sich hier selten natürlicher Nachwuchs durch. Seit dem Beginn des Projektes sind fast 1,5 Millionen Bäume im Gebiet des Lime Creek gepflanzt worden. [326] Einige der gepflanzten Bäume sind Bristlecone-Pinien, die noch in Jahrtausenden ebenso schön sein werden, wie die viel photographierten, altehrwürdigen Bäume der Baumgrenze, die noch heute an einigen Stellen in den Bergen von Colorado und in den Sierras stehen.

Rat für die Bewahrung deines Platzes

Ich empfehle hier zwei Bücher, die besten, die ich für die Soforthilfe gefunden habe. Das erste ist für Leute, die in einer kleinen Stadt wohnen und die Kontrolle über ihr dortiges Leben wiedergewinnen wollen. Es ist *The Town That Fought to Save Itself* von Orville Schell. Es ist die wahre Geschichte einer Stadt, welche ihre Einwohner lieber Briones nennen, um nicht von Neugierigen überschwemmt zu werden. Dieser Tatsachenbericht mit vielen Fotos erzählt von den tagtäglichen Kämpfen, die die Einwohner geführt haben, um die Herrschaft über ihr Leben zu gewinnen: Kämpfe, die unrealistische, Energie verschwendende Bauvorschriften betrafen, und andere »Verbesserungen«, die unsere Kultur uns aufzwingt, von denen wir aber jetzt wissen, daß sie wertlos sind, weil die Ressourcen unserer Erde begrenzt sind. Die Tiefe der Überzeugung zeigt sich am Anfang des Buches, wo Schell schreibt: »Wir können dem, was die Menschen sich gegenseitig antun, nicht entgehen, denn sie tun es genauso der Erde und all ihren Kreaturen an. Diese Erkenntnis wird eines Tages Revolutionäre und Fanatiker hervorbringen, die für die Erde sterben werden und nicht für den Kommunismus oder die Demokratie.« [283, 42] Später schreibt Schell: »Also ist vielleicht das, womit wir anfangen sollten, zu entscheiden, wo Häuser gebaut werden sollen, falls überhaupt, und dann es in Angriff nehmen, sei es durch Landschaftsplanung, Nutzungsbindung, Wasserprojekte, Kanalisation oder noch nicht erfundene Mittel. Stelle dich! Wir sind Gesetzlose. Wenn wir allen heutigen Gesetze befolgen, dann enden wir wie Los Angeles. Beim Bau von Los Angeles wurde alle Gesetze eingehalten! ... Wasser und Abwasser sind immer noch die Stelle, wo man den Drachen des Wachstums zu fassen bekommen kann. Die Gerichte können nicht eine ganze stimmberechtigte Bevölkerung belangen, wenn sie sich weigert, ein Übereinkommen zur Erweiterung der Versorgungssysteme anzunehmen.« [283, 63 und 153]

Für deine unmittelbare Nachbarschaft gibt es den *Grass Roots Primer*, veröffentlicht vom Sierra Club, mit den vollständigen Geschichten davon, wie die örtliche Bevölkerung Kämpfe zur Rettung ihrer Straße, ihrer Nachbarschaft, ihr Stück offenen Landes austrug und gewann – mit legalen Mitteln. [276] Die ortsansässige

Bevölkerung ist gezwungen, alle Wege zur Rettung ihres Platzes zu lernen. Gerade in diesem Sommer ereignete sich im reichen, konservativen Bellevue, Washington, einer Schlafstadt für höhere Angestellte, eine historische Konfrontation zwischen einer Nachbargemeinschaft und dem »System«. Der Artikel in örtlichen *Daily Journal American* berichtet: »Um halb zwölf mittags trat ein Mann in einem weißen, kurzärmeligen Hemd und Jeans aus einem Waldstück von Bellevue und ging zu dem Fahrer des Bulldozers, der gerade einen Baum umgerissen hatte.

›Es könnte jemand erschossen werden, wenn noch ein Baum fällt‹, sagte er. Er drehte sich um und verschwand zwischen den Bäumen.«

Weiter wird in dem Artikel erklärt, daß mehr als ein Jahr zuvor, im Mai 1976, die Planungsabteilung von Bellevue einer Gruppe von Nachbarn mitgeteilt hatte, daß sie keine Möglichkeit hätten, den Neubau von neun Häusern zu verhindern, der den einen Hektar Wald in ihrer Nähe zerstören würde. Sechs Monate später wies der Stadtrat den Antrag der Nachbargemeinschaft, den Wald für 55.000 Dollar zu kaufen, zurück. Also rückte im Februar der Bulldozer an und begann damit, Bäume niederzureißen, aber am nächsten Morgen fand man den Bulldozer beschädigt, die Einrichtung war zerschlagen und der Treibstoff verschmutzt.« Sechs Monate lang passierte nichts bis zu dem Tage, als das geschah, was am Anfang des Artikels beschrieben wurde. Der Fahrer jenes Bulldozers »packte seine Sachen und verschwand«. Die Polizei nannte es eine »ziemlich höfliche Drohung«. Der Bauunternehmer, gefragt ob er weitermachen würde, antwortete: »Nein, wir würden überhaupt nichts mehr bauen, wenn wir ständig solche Störungen hätten.« [322]

Leider wurde diese Siedlung schließlich gebaut, aber der Versuch, sie zu verhindern, wurde unternommen, und die Baugesellschaft hat nicht so viel Geld verdient, wie sie eingeplant hatte.

Die in der Zeitung von Bellevue beschriebenen Vorfälle heißen allgemein *Ökotage*, Sabotage zugunsten der Umwelt, was eine sehr vielschichtige Sache ist. Ralph Borsodi weist auf die Anfänge des Problems, das die Ökotage zu bekämpfen versucht, hin:

Viele der Krankheiten, die die Menschheit und den Planeten heute quälen, wißt ihr, rühren von einem Statut her, das von der Legislative des Staates New York im Jahre 1811 verabschiedet wurde. Jenes Gesetz erlaubte zum ersten Mal die Bildung von Körperschaften zum Zweck des privaten Profites. Bis dahin konnte man Körperschaften nur für öffentliche oder halböffentliche Zwecke organisieren: Den Bau einer gebührenpflichtigen Straße oder einer Brücke oder von etwas in der Art. Im Jahre 1811 jedoch gewährte das Statut von New York Körperschaften den Status von (juristischen) Personen... mit besonderen Privilegien, die natürlichen Personen verweigert wurden. Und das war der Beginn der gewaltigen Ausbeutung durch die Korporationen, an der wir jetzt leiden«.[264]

Seit den Anfängen dieses Landes haben sich Menschen und Körperschaften bereichert, indem sie unser Wasser, unsere Luft, unsere Bäume und unseren Boden ausbeuteten. Wir stehen jetzt am Beginn eines neuen Zeitalters, wo die Benutzer für diese bisher kostenlosen Ressourcen werden bezahlen müssen, wie auch für die Schadstoffreduzierung und die Abfallbeseitigung. [11,162] Ganz offensichtlich werden sie das nicht freiwillig tun, und Rechtsstreitigkeitenwerden noch lange andauern, bevor dieses Konzept angenommen wird, denn die Korporationen haben viel Geld. In der Zwischenzeit wird vielleicht dein *Platz* zerstört. Also muß die »Ökotage« unabhängig an einzelnen Plätzen überall auf der Erde entwickelt werden – von den USA bis Norwegen, Frankreich und Japan. Es ist eine Art, die Körperschaften zu zwingen, zumindest etwas in Form von Zeitverlust und Rechtskosten usw. zu zahlen für den Gebrauch der Luft, die wir atmen und des Wassers, das wir trinken. Eine Art von Aufschubhandlung, bis das Gesetz die heutige Zeit einholt. Sie hat viele Aspekte: manche sehr gewalttätig, wie einige der sogenannten »Befreiungs«-Gruppen, die sich nicht darum kümmern, wer oder was verletzt wird, manche, die zur Gewalt neigen, wie Edward Abbeys *Monkey Wrench Gang* und andere völlig gewaltlose.

Arne Naess ist ein hervorragendes Beispiel für gewaltlose ökologische Demonstrationen im Geiste Gandhis, bei welcher der Demonstrant fähig sein kann, dem Gegner mehr Gewahrsein beizubringen. Naess, ein norwegischer Kenner der Philosophie Spinozas, hat viel dazu beigetragen, eine neue philosophische Ökologie zu definieren, die er als »Ökosophie« bezeichnet, eine Kombination aus den griechischen Wörtern *oikos* und *sophia*, die Haushalt und Weisheit bedeuten. Haushalt bedeutet hier letztlich die Biosphäre. [225,15]

In seinem Buch *Gandhi and Group Conflict* gibt Arne Naess eine hilfreiche Beleuchtung der gewaltlosen Gruppenaktionen für die Ökotage. »Der wesentliche und wichtigste Punkt in Gandhis Lehre, als Ganzes genommen, ist nicht ein Prinzip oder Gebot, sondern die Arbeitshypothese, daß die gewaltlose Lösung von Gruppenkonflikten ein erreichtbares Ziel ist – trotz unserer eigenen Unvollkommenheit und der unseres Gegners; daß gewaltlose Mittel langfristig wirksamer und verläßlicher sind als gewaltsame, und daß man deshalb auf sie vertrauen sollte, auch wenn sie im Augenblick unbefriedigend zu sein scheinen.« [226, 15]

Nach Gandhi ist das höchste Ziel eines jeden Individuums die Selbstverwirklichung. Um das zu verstehen, muß man wissen, daß Gandhi sich hier auf das »Selbst« im großen Sinne bezieht (desselbe »Selbst« das Jung postuliert). Dieses größere »Selbst« sollte und »kann so weit wie möglich erkannt und kultiviert werden«. Das kleinere Selbst, das Ego, »sollte und kann bis auf Null vermindert werden... Wenn das egoistische Ego verschwindet, dann wächst etwas anderes, das Eigentliche der

Person, das dazu neigt, sich mit Gott, der Menschheit und allem, was lebt, zu identifizieren.« [226, 38] Je mehr man lernt, klar zu unterscheiden, desto mehr sieht man die »Universalität des Selbst« – die Wesenseinheit von allem. Naess sagt: »Ich glaube an die Wesenheit des Menschen und deswegen an die von allem, was lebt . . . Die eigene Selbsterkenntnis muß daher irgendwie jene der anderen einschließen. Die Forderung, die Selbsterkenntnis anderer zu unterstützen . . . und niemanden zu verletzen folgt daraus ohne weiteres.« [226, 42] Mit Gary Snyders Worten: »Mögen alle Wesen sich entfalten«. Wenn man gegen die Gier der Korporationen aufsteht und sieht, wie alle Wesen vernichtet werden, ist es schwer Gandhis Gedanken zu folgen. Der Punkt, um den es Arne Naess geht, ist jedoch, daß unsere völlige Selbsterkenntnis nicht ohne die Selbsterkenntnis der anderen vollkommen ist – einschließlich unserer Opponenten in der ökologischen Krise. Sein Rat für besondere Situationen ist: »Wähle jene Handlung oder Haltung, die am wahrscheinlichsten die Neigung zur Gewalt bei den Teilnehmern der Auseinandersetzung vermindert«. [226, 59]

Dies ist keine leichte Sache, weil, je mehr man die Einheit allen Lebens erkennt, desto mehr leidet man, wenn ein Leben unnötig vernichtet wird – selbst eine Blume oder ein Insekt – und desto mehr hat man den Wunsch, die Zerstörung aufzuhalten. Dieses Bemühen kann zu Gewalt führen, aber wegen der eigentlichen Natur deines Gefühls der Einheit allen Lebens kannst du, bewußt, anderen keine Gewalt antun – auch denen nicht, die für die Zerstörung verantwortlich sind.

Eine neue Art der Erziehung ist nötig, eine Erziehung, die die Dinge zu Ganzen zusammenfügt, anstatt sie auseinanderzunehmen, um sie zu analysieren und zu zergliedern. Wenn wir ganz begreifen, daß die Welt des Menschenwesen aus seiner Interaktion mit der Erde, dem Himmel und den Göttlichen seines *Platzes* hervorgeht, dann muß sich die Erziehung mit dem *Platz* befassen, nicht mit Abstraktionen und Verallgemeinerungen. Wir sind dabei, umwälzende Veränderungen auf dem Felde der Erziehung zu sehen.

Erziehung

In der Kindheit

In der Erziehung gibt es einen immer wieder aufkommenden Ruf »Laßt uns zu den Grundlagen zurückkehren«. Ich bin dafür – aber mit Grundlagen meine ich wirkliche Grundlagen, nicht bloß eingeschränktes, *halbhirniges* Lernen, das sich auf Lesen und Schreiben konzentriert, und unsere Kinder auf diese Weise zu in der rechten Hirnhälfte nicht Gebildeten macht, ein Zeichen für ein weit ernsteres Defizit, als jenes, das durch das Wort *ungebildet*, das sich auf die linke Hirnhälfte bezieht, bezeichnet wird. Um diesem halbhirnigen Zustand vorzubeugen, sollten Kindern nicht vor dem Alter von elf Jahren das Lesen beigebracht werden, fordert Joseph Chilton Pearce in seinem Buch *Die magische Welt des Kindes*, so daß mehr Zeit bleibt, die viel wichtigeren Gehirnfunktion voll zu entwickeln (siehe Kapitel 8). John Holt geht noch weiter. Nach mehr als einem Jahrzehnt, in dem er versuchte, Schulen zu reformieren, ist Holt zu dem Schluß gekommen, daß *keine* Schule für die Kinder die Antwort sei. Er hat einen Rundbrief begonnen, *Growing Without Schooling*, der sich mit »Methoden, nach denen junge wie alte Menschen lernen können, sich Kenntnisse anzueignen und interessante und nützliche Arbeit zu finden, ohne durch den Prozess der Schulung gehen zu müssen« befaßt. In der ersten Ausgabe (August 1977) schreibt Holt, daß *GWS* nach »Wegen Ausschau halten will, auf denen Personen, die sie wollen oder brauchen, Schuleintrittskarten bekommen können – Beglaubigungen, Zeugnisse, Grade und Diplome usw. – ohne Zeit auf einer Schule zu verbringen. Und wir werden, da die Schulen und die Pädagogischen Hochschulen es nicht zu sein scheinen, sehr an der Ausübung und der Kunst der Unterrichtung interessiert sein, das heißt an allen Arten und Weisen, auf die Leute jeden Alters in oder außerhalb der Schule auf wirksamere Weise Informationen, Vorstellung und Kenntnisse miteinander teilen können«. [126]

Im Kapitel 12 befaßte ich mich mit der Bedeutung der Natur in der Erziehung kleiner Kinder. Ich meine nicht die herkömmlichen Arten des Studiums der Natur, die nicht die ganze Person einbeziehen. Zum Glück gibt es ein Buch, das eine deutliche Hilfestellung gibt, so daß jedermann mit einer wirklichen Naturerziehung anfangen kann. Dies ist Steve van Matres Buch *Acclimatization, a Sensory and Conceptual Approach to Ecological Involvement*. Am Anfang des Buches schreibt er: »Wir haben erkannt, daß ein Gefühl für die wechselweise Bezogenheit des Lebens, eine Achtung für die Ganzheit der Umwelt, nicht stückweise durch die Zergliederung seiner Teile erlangt werden kann«. Auch wird uns nicht geholfen durch die prophetischen Erklärungen vom Weltuntergang, der die Folge sein wird, wenn wir die Umwelt nicht respektieren: »All die Statistiken über die Umweltverschmutzung, die immer beschworen werden, werden die Seele nicht eines tatkräftigen Jünglings aufrühren«.[338,9]

Seine Lösung ist: »Wir sollten unseren Lagerteilnehmern helfen, sich an ihre Umwelt zu gewöhnen. Damit sie sie in ihren eigenen Begriffen, für sich selbst verstehen... Laßt uns den Lagerteilnehmer der sinnlichsten Erfahrung aussetzen, die man sich vorstellen kann: Schlammbäder, durch Morast waten . . . der Lagerteilnehmer sollte dahin kommen, seine Umwelt zu ›spüren‹ ihr nahezukommen; sie zu lieben; sie zu verstehen – nicht aufgrund ihrer Etikettierungen, Fabeln und Ängste –

sondern als wesentlichen Teil von sich selbst . . . Die Ergebnisse: man sieht die Wissenschaft der Ökologie aus dem Bereichen der zeitunterworfenen Mode hinausgehoben; herausgeholt aus der Welt des Textbuches, um eine bedeutsame, natürliche Bindung im Leben der jungen Menschen zu werden«.[338, 10-11] Das Ziel des Eingewöhnungsprogramms ist das »Einreißen von Schranken bis zu dem Punkt, wo sich ein Menschenwesen nicht nur als vollkommen von der Umwelt umgeben empfinden kann, sondern zugleich mit ihr ganz innig verbunden. Wenn er einmal diese Einheit mit der Natur erfahren hat, dann wird er sich eher zurückhalten, sie zu zerstören; er erkennt, dies zu tun hieße, sich selbst zerstören.« [338, 17] Der Grund, weswegen ich dieses Buch für eine besondere Erwähnung heraustelle, ist, daß van Matre Techniken aus der humanistischen Psychologie und Encountergruppen übernommen hat, und sie nicht nur dazu benutzt hat, Interaktionen zwischen den Beteiligten zu fördern, sondern, ungewöhnlicher, um Interaktionen zwischen den Menschenwesen und den nicht-menschlichen Wesen in seiner Umgebung zu fördern – Tieren, Pflanzen und der Umwelt als ein lebendiges Wesen.

Eigentlich ist das, womit wir uns hier befassen, die Erziehung zu völligem Gewahrsein. Eine solche Erziehung umfaßt das ganze Leben, nicht bloß jenen besonderen Ausschnitt, der in der Schule verbracht wird. Daher spielen die Eltern bei der Erziehung ihrer Kinder eine große Rolle. Der wichtigste Rat, den ich hier geben kann, beruht auf John David Garcias Prämisse in seinem Buch *The Moral Society*: »Eine gütige Person ist unmoralisch, wenn sie absichtlich bereit ist, irgend jemandes Gewahrsein, einschließlich des eigenen, für das Glück von irgend jemandem, auch für das eigene, zu opfern«. [95, 39] Das Gewahrsein zugunsten des Glücks zu opfern, bringt mit Sicherheit auf lange Sicht Unglück, weil eine solche Methode einen Puffer zwischen die Einzelperson und die Wirklichkeit jenes Einzelwesens, als eines Organismus in der Welt, stellt. Die folgende Abwandlung von Garcias Maxime gibt eine Richtlinie für Eltern: Ich werde nicht das Gewahrsein meines Kindes für sein oder ihr Glück opfern. Oder noch zutreffender, soweit es die Eltern-Kind-Beziehung angeht: Ich werde mein Glück nicht über unser Gewahrsein stellen. Dies sollte natürlich in jeder Beziehung, einschließlich der zwischen Mann und Frau, gelten.

Nach der Kindheit

Wenn man die Bedeutung des *Platzes* versteht, führt uns das zu einer noch verblüffenderen Neueinschätzung der späteren Stufen der Erziehung. John Todd gibt einige der Begründungen, wenn er schreibt:

Ich bin seit 1957 an der Universität gewesen, dreizehn oder vierzehn Jahre in der akademischen

Welt – und viele Studenten waren fast so lange da wie ich – und wir waren einfach nicht in empfindsamer Verwaltungsführung geübt. Wir wußten überhaupt nichts. Die Wissenschaft hat uns nicht beigebracht, die grundlegendsten Fragen zu beantworten: Wie bringst du jenes Stück Erde zum Singen, und wie bringst du es dazu, jene zu ernähren, die dort leben? Abschlüsse in der Agrarwissenschaft, Krankheits-Ethologie, Ökologie ... nichts! Also entschloß ich mich, daß wir einen Weg finden müßten.

Er ging daran, das New Alchemy Institute zu gründen unter dem Motto: »Das Land wieder herstellen, die Meere beschützen und die Verwalter der Erde informieren.« Seine Mitglieder streben eine Welt mit »dezentralisierter Technologie an, die auf ökologischen Grundsätzen beruht«, und sie haben völlig autarke Kommunen entwickkelt, die Wind- und Sonnenkraft nutzen und Fischzucht betreiben. Ihr neues Buch *The Book of the New Alchemists* liefert ausreichende Informationen, mit denen auch andere anfangen können, in einer ähnlichen Weise an ihrem *Platz* zu lernen und zu leben.

Eine andere Einstellung wird in dem Artikel »Some Utopian Coniderations« (einige utopische Überlegungen) in Manas erwähnt, wo Vinoba Bhave ein indischer Landreformer, mit seiner radikalen Idee für eine dezentralisierte Erziehung zitiert wird:

Die Menschen glauben heute, daß jedes Dorf eine Grundschule haben muß, jedes große Dorf oder jede Stadt eine Oberschule und eine große Stadt eine Universität ... Wenn aber das ganze Leben von der Geburt bis zum Tode in Dörfern vonstatten geht, warum sollte dann nicht auch das ganze Lernen des Lebens in den Dörfern stattfinden können? ... Ich sollte doch in der Lage sein, in meinem Dorf eine vollständige Ausbildung zu erhalten, denn mein Dorf ist nicht ein Bruchstück, es ist ein in sich geschlossenes Ganzes. Ich habe einen Plan für eine vollständige und in sich geschlossene Dorfgemeinschaft, wo jeder Aspekt des Lebens vollkommen ist ... Unser Motto muß deshalb sein: Erziehung zur Selbstversorgung bis sechzehn, Erziehung durch Selbstversorgung ab sechzehn. Solange wir unsere Erziehungspläne nicht auf dieser Grundlage erstellen, werden die Übel unseres gegenwärtigen Systems nicht überwunden.
... Wir müssen diese Institution des umherwandernden Lehrers wieder herstellen. Auf diese Weise kann jedes Dorf seine Universität haben, und alles Wissen der Welt kann seinen Weg in die Dörfer finden. Wir müssen auch die Tradition des *Vanaprasthashram* (ein Zustand der Freiheit von weltlicher Verantwortung) von neuem stärken, so daß jedes Dorf seinen ständigen Lehrer bekommt, für den nicht allzu große Kosten aufgewendet werden müssen ... [303]

Die utopischste und theoretisch unwahrscheinlichste von Bhaves Ideen, ist die von einem wandernden Lehrer; doch im heutigen Amerika haben wir einen solchen Mann, und zwar einen, der auf seinem Feld hervorragend ist. Paul Erdös, einer der großen Mathematiker, behauptet, den Weg seiner »Fähigkeit, zu beweisen und zu mutmaßen« einzuschlagen heißt, dem höchstmöglichen Ruf zu folgen, und so lebt er seinen einzigartigen Lebensstil. Er hat keinen Besitz, keine feste Anschrift, er geht weder mit Geld um noch füllt er Einkommensteuererklärungen aus. Seit seinem einundzwanzigsten Lebensjahr (er ist jetzt 64), hat Erdös die ganze Welt bereist und mit anderen Mathematikern zusammengearbeitet und an Colleges und Universitäten Vorlesungen gehalten. Er wohnt bei anderen Mathematikern. Alles Geld, das er verdient, wird direkt zu einem Freund bei den Bell Laboratories in New Jersey geschickt, der sich um seine Verbindlichkeiten kümmert und auch das entsprechende Formular einem anderen Freund schickt, der die Einkommensteuer ausrechnet. Nach Persi Diaconis von der Stanford University, der einmal Erdös Gastgeber war: »Erdös gibt dir auch alles. Er erzählt dir, was in ihm vorgeht, und hilft dir bei deinen Problemen.« [157]

In einer echten Kultur könnte jeder *Platz* solche wandernden Gelehrten ernähren und unterbringen, und dem Gelehrten völlige Freiheit lassen, sein Leben dem zu widmen, woran ihm am meisten liegt, seinen eigenen weiteren Forschungen und seinem Unterricht. Auch Bildung ist synergetisch; wenn der Lehrer nicht lernt, dann lernen auch die Studenten nicht wirklich.

Das International College hat bereits ein Programm eingeführt, das einen ersten Schritt darstellt, ein weiteres von Bhaves »utopischen« Idealen zu erfüllen. Dieses Programm geht mit seinem Bildungsmodus auf die Anfänge der Universitäten in Europa zurück. Wenn etwa ein Student bei Peter Abelard (1079 - 1142) studieren wollte, dann reiste der Student nach Paris, wo Abelard lebte, und blieb da, bis er gelernt hatte, was er wollte. Dann ist er vielleicht zu einem anderen Ort weitergereist, wenn nötig, um in der Nähe eines anderen Meisters zu lernen.

Das International College, 1970 gegründet, beruht auf der Idee, daß jene, die die Fakultät bilden, zuhause unterrichten – wo auch immer ihr Zuhause ist. Der Student lebt in der Nähe. Es gibt keinen Klassenraum und keine ansässige Fakultät. Die Fakultät wird von über 150 Tutoren gebildet – viele von ihnen sind international bekannte Denker, Schriftsteller oder Künstler wie Buckminster Fuller und Yehudi Menuhin. Das Verwaltungsbüro ist in Los Angeles und die Schreibarbeit wird dort erledigt; das tatsächliche Lehrverhältnis ist jedoch zwischen dem Tutor und dem Studenten am Platz des Tutors, wo beide von ihrer Umwelt ernährt werden könnten.

Ein neues Projekt, das vom College gefördert wird, ist für die Beziehung zwischen der Erde und Menschenwesen besonders wichtig. Im April 1977 trafen sich drei Tutoren vom International College, Josepf Meeker aus Kanada, Paul Shepard aus Kalifornien und Arne Naess aus Norwegen, mit Vertretern des College, um den Anfang zu machen, die *Neue Naturphilosophie* auszuarbeiten. Die Naturphilosophie ist in ihrer klassischen Form eine halbreligiöse Suche nach der göttlichen

Ordnung, wie sie in der natürlichen Schöpfung offenbart wird. Die Neue Naturphilosophie ist die Untersuchung des menschlichen Denkens und Handelns im Zusammenhang mit der Evolutionsgeschichte und der heutigen Ökologie. Im Jahre 1978 sind die Pläne ausgereift und das International College hat jetzt »eine Gruppe ausgezeichneter Tutoren versammelt, die darauf vorbereitet sind, gemeinsam ernsthafte, graduierte Studenten durch das Studium der Neuen Naturphilosophie zu einem ganzheitlichen Verständnis der Beziehungen zwischen der Menschheit und Natur zu führen.« [371] Einige der anderen Autoren, die an der Planung beteiligt waren, waren außer den oben genannten und der Autorin dieses Buches Sigmund Kvaløy aus Norwegen, Vine Deloria, Peter Marin, Loree Rackstraw, Gary Snyder und Paolo Soleri.

Ich habe hier nur Platz für zwei weitere neue Ideen, die mit dem »Lernen von der Erde« zu tun haben. Das eine ist ein Kursus, der »Mystische Ökologie« heißt und am Antioch-New England College von Mitchell Thomashow an der Fakultät für Umweltstudien gegeben wird. Im Studienverzeichnis schreibt er, »die Mystische Ökologie will die freie Natur als einen Pfad der Transzendenz erforschen.« Ich finde den ersten Fragenkomplex, den der Kurs abdeckt, für dieses Buch sehr relevant: Wann hast du zum ersten Mal bemerkt, daß die Dinge nicht so waren, wie sie dir deine Eltern erklärt hatten? Wann bist du zum ersten Mal der Unendlichkeit oder Gott begegnet? Woraus besteht eine mystische Erfahrung? Wie ist jeder von uns mit der natürlichen Umwelt verknüpft? Der Kurs befaßt sich mit dem Taoismus und moderner Wissenschaft, der Kunst zu sehen, der indianischen Kosmologie, Jagen als Lebensweise und mit dem Tod und Sterben. [319]

Jose Arguelles, Autor von *Mandala*, hat einige interessante Dinge über die völlig neue Richtung zu sagen, die die Erziehung einschlagen muß. Arguelles erklärt, daß unsere technische Kultur uns »besonders empfänglich für die Annahme« gemacht hat, »daß die Übermittlung von Informationen mit der Übermittlung von Wissen gleichzusetzen ist.« Er weist weiter darauf hin, daß mit der modernen Informationsindustrie und den Computern, die die Übermittlung von Wissen (als Information) übernommen haben, der Lehrer eine völlig neue Rolle inne hat. Der Lehrer muß die »Rolle eines Katalysators für eine neue, oder erweckende, Erfahrung annehmen«, was das Gehen in die inneren Tiefen des Selbst und die Arbeit auf den verschiedenen Bewußtseinsebenen einschließt, anstatt nur mit dem linkshirnigen Bewußtsein umzugehen. Der Lehrer wird mehr ein Führer, der anderen hilft, ein Gleichgewicht zu erreichen: zwischen dem Wissen, das jede Seite des Gehirns gewinnt, wie auch mit dem Wissen von der Erde.

Der Lehrer muß den Studenten helfen, multidimensional sehen zu lernen, weil, wie Fritjof Capra in seinem Buch *Das Tao der Physik* erläutert, uns die Physik zeigt, daß das Universum ein »dynamisches Gewebe von wechselseitig aufeinander bezogenen Ereignissen« ist, nicht eine Masse unzusammenhängender Fakten. Einer der Wege, mit dieser Art Material umzugehen, ist das Ritual, wie es Stammesmenschen in der Vergangenheit immer getan haben. Durch das Ritual lernen die Studenten nicht nur vom Lehrer, sondern von einander und von allen Wesen der Örtlichkeit, einschließlich der Erde. Arguelles erklärt, daß das »Gruppenritual in einer verdichteten, symbolischen Form bzw. einem solchen Prozeß, die Struktur des aufeinander Angewiesenseins und des Wandels offenbart, die allen Erscheinungen zugrunde liegt.« [8]

Alan Watts ersann eine Bildungsidee, die auf der Vorstellung vom Lehrer als einem Katalysator basiert, der die Menschen zu neuen Erfahrungen erweckt. Für viele war die erste Einführung in den Zen das Lesen von Alan Watts' Buch *The Way of Zen*. Während seines Lebens half Alan Watts vielen in Richtung auf ein nicht-dualistisches Verständnis von Mensch und Natur; außerdem hatte er die Idee, daß es durch die Elektronik eine völlige Befreiung vom Bildungsprozeß geben könnte. Im Jahr 1973 gründete er die Electronic University mit der Vorstellung, daß sein Sohn, Mark, und Marks Partner, Sandy, von Alan Watts Videoaufnahmen machen, in denen er den Kern seiner Philosophie vermittelt. Dann stünde Allan Watts, nachdem eine Gruppe sie gesehen und über sie gesprochen hätte, zur Verfügung, um in einem Ferngespräch die einzelnen Fragen zu beantworten. Solange er lebte klappte das nie, aber die Electronic University macht unter Marks Aufsicht weiter, verteilt Filme und Tonbänder an Schulen und Büchereien, die von Alan Watts und anderen stammen, und sie leiten Workshops, wie man von den elektronischen Medien für die eigene Bildung besseren Gebrauch machen kann.

Die Auswirkungen der neuen Einsichten, die aus der modernen Physik und weiteren Zweigen der Ökologie gewonnen werden, führen zu einer neuen Betrachtungsweise der Welt, Fred Hapgood erklärte die neue Art wissenschaftlichen Schreibens und bündelt das wie folgt:

Nach meiner Meinung empfinden wir, daß sich die Welt genug gewandelt hat, und es nun notwendig ist, nach neuen Wegen zu suchen, die Realitäten anzusprechen, – und was wir jetzt sehen, sind sowohl die Zeichen der Suche wie die auftauchenden Antworten ...

Vielleicht war das der entwicklungsgeschichtliche Ursprung der Religion. Wenn das wahr ist, dann ist vielleicht das, was wir jetzt tun, lauschen: uns zurückziehen von jenen Sinnesorganen, die die Natur wahrscheinlich aussperren würden, und andere entwickeln, die empfindsamer und offener sind, versuchen zu lernen – wie wir es zweifellos zuvor tausend Mal getan haben – was es ist, das uns die Welt dieses Mal zu werden wünscht. [285]

So sind wir wieder bei Gary Snyders dichterischem Ruf an uns zu »lauschen«. Dies muß der Kern der neuen Bildung sein. Wenn wir dies ernst nehmen wollen, dann können wir das Lernen nicht allein im Gehirn überlassen; das Lernen muß nicht nur ein ganzheitliches Lernen sein, sondern ein ganzkörperliches Lernen. Dies ist auch der Grund für die wachsende Bedeutung gewisser Sportarten, die ich Balance-Sportarten nenne.

19. Im Gleichgewicht mit der Erde: Skilaufen, Surfen, Dauerlauf und Tai Chi

Beim Skilaufen und Surfen gibt es eine heilig genannte Linie – den Slalom – eine Linie des sich bewegenden, dynamischen Gleichgewichtes mit den Energieflüssen an dem Ort. Dort kann man, einige Augenblicke lang, den Energieströmen nahe sein, die unser Universum bilden.

Tom Bender [23, 55]

Ein gesundes, vielfältiges Ökosystem befindet sich im Zustand eines dynamischen Gleichgewichtes. Jedes Wesen im System nimmt an den großen Kreisläufen der Erde Teil: am Energiekreislauf (Sonne), am Wasserkreislauf und am Bodenkreislauf. Nahrungsketten von der Pflanze zum Tier zum Beispiel leiten die Energie nach oben; Tod und Verfall führen sie zum Boden zurück. Wenn in einem Teil dieses fortwährenden Energiekreislaufes eine Veränderung eintritt, passen sich die anderen Teile der Veränderung an, so daß das allgemeine Gleichgewicht aufrecht erhalten wird. Ein Zuviel ist ebenso schlimm wie ein Zuwenig.

Die Werteskala der Säugetiere ist gleichfalls äußerst komplex und nicht beliebig veränderbar. Physiologisch gesehen, wird zum Beispiel Kalzium Vitamine nicht ersetzen. [13] Menschenwesen sind Säugetiere und haben deshalb eine Werteskala, die mehrdimensional ist, und ein Wert ist nicht beliebig vergrößerbar. Heute jedoch bestehen die meisten Menschen darauf, nach der Vergrößerung einer oder zweier Variablen zu streben, wie Geld oder Macht.

Auf lange Sicht führt dies zur Vernichtung. Anstatt eine Variable zu vergrößern, wie etwa Geld, versucht die balinesische Kultur eine dynamische Ausgewogenheit zwischen allen Werten aufrecht zu erhalten – mit anderen Worten, einen stabilen Zustand.

Die balinesische Kultur hat über eine sehr lange Zeit äußerst erfolgreich der modernen technischen Zivilisation standgehalten. Das Geheimnis ihres Erfolges liegt in dem Wert, den die Balinesen auf bestimmte räumliche Orientierung und auf Balance legen. Bateson sagt, daß sie »Haltungen auf menschliche Beziehungen ausdehnen, die auf körperlichem Gleichgewicht beruhen, und daß sie die Vorstellung verallgemeinern, Bewegung sei für das Gleichgewicht wesentlich.«

Dies führt zu einer gut funktionierenden Gesellschaft, die »kontinuierlich zeremonielle und künstlerische Aufgaben auf sich nimmt, die nicht ökonomisch oder konkurrenzorientiert sind. Dieser ausgeglichene Zustand wird durch kontinuierliche, nicht auf Fortschritt ausgerichtete Veränderung beibehalten.« [13]

Ihr ritueller Tanz erfordert völliges Gleichgewicht, und ihre Musik schreitet nicht auf einen Höhepunkt zu wie die westliche Musik, sondern bewegt sich in einer kontinuierlichen, nicht auf Fortschritt ausgerichteten Veränderung dahin.

Die weitblickenderen Ökonomen sagen, daß wir uns auf eine stabile, in sich ruhende Ökonomie hinbewegen müssen, um zu überleben. Allgemein glaubt man, dies bedeute Stillstand und Langeweile. In Wirklichkeit kann es genau das Gegenteil sein. Wir brauchen zum Beispiel nur auf jene Sportarten zu schauen, die auf körperlichem Gleichgewicht beruhen – mit anderen Worten auf kontinuierlicher, nicht auf Fortschritt gerichteter Veränderung in der Bezogenheit zwischen dem menschlichen Körper und der Erde – Sportarten wie Skilaufen, Surfen und Dauerlaufen.

Skilaufen, Surfen und Schwerkraft

Das Skilaufen, besonders im Pulverschnee, vermittelt die Grunderfahrung einer dynamischen, vielschichtigen Bezogenheit zwischen den Mitgliedern einer Menschengruppe, der Schwerkraft der Erde und dem Schnee des Himmels. Wie wir bereits früher in diesem Buch gesagt haben, kann eine Gruppe sehr nahe beieinander in vollkommener Sicherheit Skilaufen, wenn sie sich der nichtmenschlichen Faktoren der Umgebung gewahr ist, denn für jede gegebene Stellung am Hang gibt es nur eine Fallinie. Das Skilaufen auf der Fallinie erlaubt es den Skiläufern eben wegen der Natur des Geländes fast dieselbe Bewegung zu haben wie der Flug von Vögeln – scheinbar zufällig aber nie zusammenstoßend. Der Erde gehorchen, führt zu vollkommmener Freiheit. »Wirkliche Freiheit heißt, keine Wahl zu haben,« wie Kramer sagt.

Im Pulverschnee Ski zu laufen kann niemals langweilig sein, denn es ist ein besonderes Geschenk aus der Beziehung zwischen Erde und Himmel. Er kommt in ausreichender Menge nur an bestimmten Plätzen und zu gewissen Zeiten auf dieser Erde vor; er bleibt nur eine begrenzte Zeit liegen, bevor die Sonne oder der Wind ihn verwandeln. Menschen widmen ihm ihr Leben »wegen der Freude, auf so reine Art gespielt zu werden« von Schwerkraft und Schnee.

Auch wenn ich nie gesurft habe, kenne ich genügend Surfer, um zu wissen, daß es dieselbe Art Bezogenheit mit der Natur vermittelt. Beim Surfen reitet man auf einer Linie zwischen dem Chaos brandender Wellen in einer ausgeglichener Bezogenheit mit Wellen und Schwerkraft. Jeder Surfer ist mit den Wellen allein, Surfer können sich nicht in derselben Weise wie Skiläufer in einer Gruppe bewegen.

Dieses Spiel mit der Schwerkraft ist für Menschenwesen grundlegend. Wie früher gezeigt, befindet sich der Embryo im Bauch der Mutter in einem ständigen Wechselspiel mit der Schwerkraft. Kleine Kinder spielen mit der Schwerkraft, indem sie auf Baumstämmen oder Zäunen balancieren oder von etwas Hohem herunterspringen. Alle Altersstufen haben Freude am Skilaufen, Surfen, Laufen und Bergsteigen, die alle in sehr enger Beziehung mit dem Spiel mit der Schwerkraft stehen. Tatsächlich »kann ein Körper durch die Schwerkraft gestützt und seine Funktionen erweitert und vervollkommnet werden«, so Ida Rolf, die Begründerin des Rolfing (strukturelle Integration). Manche würden behaupten, daß die Schwerkraft einen Körper zusammenbrechen läßt, Rolf aber sagt in einem kürzlich erschienenen Interview mit dem *Brain Mind Bulletin*, »das trifft nur für ungerichtete Körper zu. Wenn ein Körper vertikal ausgerichtet ist, wird er durch die Schwerkraft unterstützt und bestärkt ... Der Körper ist ein Kraftfeld, und die Erde kann das Feld des einzelnen Menschenwesens in Übereinstimmung mit den Kraftlinien verstärken, unterstützen und erweitern.« [83] In ihrem neuen Buch *Rolfing: The Integration of Human Structure* schreibt Rolf:»In dem Maße, in dem ein Kraftfeld gleichmäßig bleibt, wird der ungerichtete Verschleiß eines organischen Systems ... verlangsamt. Die biologische Zeit vergeht in einem solchen System langsamer als die chronologische Zeit.« [277] Dies hilft zu erklären, warum alte Bergsteiger, alte Skiläufer, Tänzer und besonders Tai-Chi-Lehrer selbst bis ins hohe Alter im wesentlichen jugendlich sind.

In primitiven Zeiten und selbst im alten Griechenland waren heilige Sportarten und Spiele ein Teil der Kultur. Die Primitiven in der Neuen Welt hatten heilige Ballspiele, die Polynesier hatten das Surfen und was die Griechen betrifft schreibt H. D. F. Kitto:

Die scharfe Trennung, die der Christ und der Orientale gewöhnlich zwischen dem Leib und der Seele, dem Physischen und dem Geistigen, gezogen haben, ist dem Griechen fremd – oder war es zumindest bis zu Sokrates' und Platons Zeit. Für ihn gab es einfach den ganzen Menschen. ... Am besten illustrieren die lokalen und die internationalen Wettkämpfe diese Seite des griechischen Geistes. Bei uns hört man es manchmal als Vorwurf, daß jemand »eine Religion« aus den Sportwettkämpfen macht. . . . der Grieche tat etwas vielleicht noch Erstaunlicheres: er machte die Sportwettkämpfe zu einem Teil seiner Religion. . . . die Olympischen Spiele wurden zu Ehren des Zeus von Olympia . . . abgehalten. Außerdem fanden sie in einem geheiligten Bezirk statt. Das alles entstammt einer völlig natürlichen Empfindung: Die Wettkämpfe dienten dem Ansporn und der Entfaltung von menschlicher *Aretē*, und das war ein würdiges Geschenk an die Gottheit. [153, 301-2]

Nur in einer gespaltenen Kultur, wie der unseren, wird der Körper außer Acht gelassen. Castaneda erklärt die Haltung, die bei Don Juans vom Zauberer eingenommen wird:

Das Problem der Zauberei liegt darin, den Körper einzustellen und zu trainieren, um ihn zu einem guten Empfänger zu machen. Europäer befassen sich mit ihren Körpern, als wären es Objekte. Wir füllen sie mit Alkohol, schlechter Nahrung und Angst. Wenn etwas schiefgeht, glauben wir, Krankheitskeime seien von außen in den Körper eingedrungen und so importieren wir Medizin, um zu heilen. Die Krankheit ist somit nicht Teil unserer selbst. Das glaubt Don Juan nicht. Für ihn ist Krankheit eine Disharmonie zwischen dem Menschen und seiner Welt. Der Körper ist eine Bewußtheit und muß untadelig behandelt werden. [150, 30-31]

Früher in diesem Buch, im 8. Kapitel, sahen wir, wie das Denken mit dem ganzen Körper und dem ganzen Geist dazu führt, die Dinge in Gesamtheiten zu sehen. Die gegebenen Beispiele bezogen sich auf Giordano Bruno, der einer der ersten nicht-dualitischen Denker Europas war und schließlich auf dem Scheiterhaufen verbrannt wurde, und die Taoisten. Später sahen wir, wie Martin Heidegger in seinem Denken vom Skilaufen in seinen Bergen beeinflußt worden war und Aldo Leopold durch den Blick in die grünen Augen eines sterbenden Wolfes auf einem Jagdausflug. Das beschränkte linkshirnige Denken, das in unserer Kultur üblich ist, kann Dinge nur sehen, wenn sie für die Analyse aufgebrochen sind.

Laufen

Während das Skilaufen und Surfen eine besondere Beschaffenheit der Erde, des Schnees oder Wassers voraussetzen, spielt das Laufen mit der Schwerkraft und kann überall ausgeübt werden. Der primitive Mensch ist immer gelaufen – bei der Jagd, bei heiligen Ritualen und auch bloß zum Spaß. Die mexikanischen Indianer sind bis zum heutigen Tage phänomenale Läufer, aber als sie kürzlich an einer Olympiade teilnahmen, hatten sie keinen Erfolg. Dies wurde auf falsche Ernährung und andere

Ursachen zurückgeführt, doch mir scheint, daß sie fern von ihrem geliebten Land und dem weiten blauen Himmel nicht frei laufen konnten. Lama Govinda berichtet von einer unglaublichen Erfahrung, die er in Tibet mit dem Laufen gemacht hat. Er hatte sich am Morgen aufgemacht, um das entfernte Ende eines Sees zu erforschen und um zu zeichnen, leicht bekleidet war er und trug nur seine Sandalen, denn es war ein schöner, sonniger Tag. Ein Großteil seines Weges führte auf einer Felsterrasse entlang, die steil zum See hin abfiel und mit Felsbrocken übersät war. Er mußte von Felsblock zu Felsblock springend das Gelände überwinden, aber er war frisch und ausgeruht, und also ging er weiter. Als nächstes mußte er einen Steilhang mit losem Geröll überqueren, das unter seinen Füßen wegrutschte. Schließlich erreichte er eine günstige Stelle, einen blendend weißen Strand, »gegen den das Wasser wie ein grünblauer Opal schimmerte«, dahinter in weiter Ferne die schneebedeckten Berge. Er war so in seine Arbeit vertieft, daß er die sich über den Bergen sammelnden Wolken nicht bemerkte.

Als er fertig war, wurde es sehr dunkel, nicht nur wegen der Wolken, sondern auch, weil die Sonne unterging. Er hatte jedes Zeitgefühl verloren. Er fing an zu laufen und erreichte den Abhang mit dem losen Geröll, aber er war sehr müde. Das letzte Tageslicht verschwand rasch. Er schaffte es mit letzter Kraft, den Hang zu überwinden und setzte sich für einen Augenblick hin. Als ihm klar wurde, daß er in der zunehmenden Kälte und Dunkelheit ohne warme Kleider einschlafen und sterben würde, »sprang ich also schnell wieder auf, in dem Bewußtsein, daß mein Leben auf dem Spiel stand.« Er hatte seit dem Morgen nichts gegessen noch Wasser getrunken, da der See von ihm durch lotrechte Steilwände getrennt war. Es war völlig dunkel; es gab keine Möglichkeit, vorsichtig einen Weg zwischen den Felsen zu finden, die »den Boden für die nächsten Meilen meines Rückwegs bedeckten . . . «. Er war erschöpft und voller Furcht, aber er ging los und zu seinem Erstaunen »sprang ich . . . mit nachtwandlerischer Sicherheit von Block zu Block, ohne ein einziges Mal mein Ziel zu verfehlen, auszurutschen oder meinen Halt zu verliegen,« trotz der Tatsache, daß er Sandalen trug. »Plötzlich wurde mir bewußt, daß sich eine merkwürdige Kraft meiner bemächtigt hatte, ein Bewußtsein, das nicht mehr von meinen Augen oder meinem Gehirn geleitet wurde, sondern von einem mir unbekannten ›Sinn‹. Meine Glieder bewegten sich wie in einem Trancezustand, als ob sie mit einem ihnen innewohnenden von mir unabhängigen Wissen handelten. . . . Mein eigener Körper schien mir fern und nicht ganz zu mir gehörig, getrennt von meinem Willen. . . . Zugleich war ich überzeugt, daß ich unter keinen Bedingung den Bann brechen durfte, der mich ergriffen hatte.« [103, 129-130] Wie in einem Traum legte er Meile auf Meile über Felsblöcke zurück und fand sich am darunterliegenden Abhang wieder, als der erste Stern über den Bergen erschien; so konnte er sich von ihm leiten lassen und erreichte sicher sein Ziel.

Erst später erkannte er, daß er »ohne es zu wissen, unter dem Zwang der Umstände und einer unmittelbaren Gefahr, in den Zustand eines Lung-Gom-pa, eines Tranceläufers gefallen [war], der unbewußt aller Hindernisse und körperlicher Anstrengung sich seinem vorgesetzten Ziel entgegenbewegt und kaum den Boden berührt, so daß es einem entfernten Beobachter erscheinen könnte, als ob der Lung-Gom-pa durch die Luft [Tib.: *rLung*] getragen würde und dicht über der Oberfläche der Erde dahinschwebte.« [103, 130] Govinda bezieht sich auf Alexandra David-Neel, die in ihrem frühen Buch über Tibet dem Westen eine Beschreibung dieses Phänomens lieferte. Mit ihrem Feldstecher sah sie in weiter Ferne ein sich bewegendes Etwas, das mit unglaublicher Geschwindigkeit auf sie zukam. Als es näher kam, sah sie, daß es ein Mann war und sein Gesicht vollkommen ruhig, seine Augen mit starrem Blick weit geöffnet. Er »schien sich sprungweise vom Boden zu schnellen. . . . Seine Schritte hatten die Regelmäßigkeit eines Pendels.« [103, 133]

Lung-gom

Lama Govinda sagt, daß Anfänger in in der Kunst des *Lung-gom* »oft empfohlen [wird], ihren Geist nicht nur auf das visuelle Vorstellungsbild ihres Ziels zu konzentrieren, sondern ihre Augen während der Nacht auf einen besonderen Stern zu richten... « [103, 133-134] Auch seine Füße waren nicht zerschunden oder verletzt, wie man es erwarten würde. Govinda sagt, »es ist die Nichteinmischung des normalen Bewußtseins, was die Immunität des Trancewandlers und die instinktive Sicherheit seiner Bewegungen garantiert.« Die Einübung dieser Kunst bei den tibetanischen Mönchen umfaßt strenge Abgeschlossenheit und die geistige Konzentration auf gewisse Mantras und alle Aspekte der Luft. *Lung* heißt Luft und *Gom* bedeutet »sowohl Mediation, Konzentration, Kontemplation aller geistigen und seelischen Kräfte auf ein bestimmtes Objekt, als auch die allmähliche Entleerung des Geistes von jeder Subjekt-Objekt-Beziehung, bis eine vollständige Identifikation von Subjekt und Objekt erreicht ist.« [103, 135] Mit anderen Worten, indem man den bewußten, rationalen, kleinen Geist abschaltet, stellt man einen Kontakt zwischen dem Rest des menschlichen Geistes und dem Geist außerhalb des Schädels her – dem Körper und der Umwelt – so daß alles »fließt«.

Govinda stellt fest, daß der *Lung-Gom-pa*, im Gegensatz zu manchen Berichten, nicht durch die Luft fliegt, vielmehr könnte *Lung-gom* »treffend als ›Konzentration auf das dynamische, vitale Prinzip‹ wiedergegeben werden. Es enthält die dynamische Natur unseres physischen Organismus und aller materiellen Aggregatzustände

– jedoch nicht im Sinne getrennter, in sich geschlossener Dynamismen, sondern als etwas, das vom Zusammenwirken verschiedenster Vorgänge und vor allem von den Urkräften und den universellen Eigenschaften des Bewußtseins abhängt.« Er sagt auch, daß es notwendig sei, »einen Rhythmus« zu haben, »der alle verfügbaren Kräfte des Individuums in seinen Dienst nimmt.« Dies gilt sicherlich auch für das Skilaufen und Surfen. Eine weitere Entsprechung zwischen dem Laufen in Pulverschnee und *Lung-gom* ist die Tatsache, daß manche erfahrene Skiläufer, und selbst Rennläufer, es nie lernen, in wirklich tiefem Pulverschnee zu fahren. Sie versuchen es, aber ihr Kontrollfaktor ist so stark, daß sie die Kontrolle nicht an den Schnee abtreten – damit er mit ihnen tun kann, was er will – und schließlich stürzen oder so viel Kraft aufwenden, daß sie sich erschöpfen.

Mounty West, dessen Bericht über die Jagdmethoden der australischen Ureinwohner an früherer Stelle erwähnt wurde, hatte eine der von Govinda ähnliche Erfahrung, die auch als *Lung-gom* bezeichnet werden könnte. Er hatte am Glacier Peak in den hohen Cascades gezeltet. Er faßte plötzlich den Entschluß, kurz bevor die Sonne unterging, daß er den Sonnenuntergang vom Image Lake, der einige Meilen entfernt war, beobachten wollte. Er fing an zu laufen, nicht aus dringendem Grund, aber er dachte, daß er den Sonnenuntergang wirklich gerne dort sehen würde. Er gelangte in einen seltsamen Zustand und war plötzlich überrascht, sich zum Sonnenuntergang am Image Lake wiederzufinden. Er hielt sich nur einen kurzen Augenblick auf und erkannte, daß er in Schwierigkeiten war, da die Wärme der Sonne fort war, denn er hatte nur sein Lendentuch um und war barfuß, und die Dunkelheit zog herauf. Er drehte sich auf der Stelle um und fing wieder an zu laufen. Es gelang ihm, wieder in denselben Zustand zu verfallen, und er schwebte über den Boden. Dann bemerkte er ein kleines Tier auf seinem Pfad, genau da, wo sein Fuß als nächstes niederkommen würde; weil er es nicht töten wollte, unterbrach er seinen Rhythmus – sofort fiel er aus dem besonderen Bewußtseinszustand heraus und bemerkte, daß ihm kalt und daß er müde war. Noch in einiger Entfernung von seinem Lager, kämpfte er sich die letzten paar hundert Meter mühsam vorwärts, obwohl er eben noch einige Meilen in weniger Zeit zurückgelegt hatte. [355]

Carobeth Laird berichtet von einer ähnlichen Begebenheit, die zu Lebzeiten ihres Mannes bei den Chemehuevi-Indianern in der Wüste von Kalifornien stattfand. Carobeth Laird, jetzt 83, war zuerst mit John Peabody Harrington verheiratet, dem berühmten Ethnologen; nach der Scheidung heirate sie einen Chemehuevi, George Laird, der zwanzig Jahre älter war als sie, und lebte mit ihm bis zu seinem Tode im Jahre 1940 zusammen. Sie ist eine ausgebildete Völkerkundlerin und Sprachwissenschaftlerin, und deshalb stammen ihre Zeugnisse – durch ihren Mann – aus einer tiefen persönlichen Beziehung mit dem Stamm, wie auch aus einem wissenschaftlichen Hintergrund. Ihr Mann, George Laird, berichtete von einer besonderen Gruppe junger Männer, die »die Läufer« genannt wurden, die Reste einer alten Gilde, die in den letzten beiden Jahrzehnten des 19ten Jahrhunderts aus Spaß an der Sache in Begleitung eines anderen liefen. Nur einer, den ich K. nennen will, war ein wirklicher »Läufer« im alten Sinne. Wenn er mit den anderen lief, lief er wie sie, aber allein gebrauchte er die »alte Weise«. Sie ermöglichte ihm, »ohne Zeitverzug an sein Ziel zu gelangen«. George Laird bestand darauf, daß es nicht durch Zauberei, sondern durch die »alte Weise« erreicht wurde.

Eines Morgens, berichtet George Laird, waren sie alle in der Nähe von Cottonwood Island in Nevada. Die Sonne war noch nicht aufgegangen, als K. ankündigte, daß er nach Yuma gehen würde. Sie sahen ihn aufbrechen, in langen Schritten davonlaufen und hinter einer Sanddüne verschwinden. Jemand schlug vor, ihn zu verfolgen.

Sie folgten seinen Spuren die Düne hinauf und über ihren Kamm . . . Die Spur ging weiter, aber jetzt war sie anders. Sie sah aus, als wäre er »bloß längsgetaumelt« mit riesigen Schritten, seine Füße berührten dabei den Boden in weiten, unregelmäßigen Abständen und ließen Spuren zurück, die immer weiter voneinander entfernt und immer feiner und feiner auf dem Sand wurden. Schweigend liefen die anderen Läufer im Einvernehmen weiter flußab. Als sie endlich das Dorf an der Einmündung des Gila erreichten, fragten sie: »Ist K. hiergewesen?« »Ja,« antworteten die Leute »er kam an dem und dem Tag (der Tag, an dem er sie verlassen hatte) als die Sonne eben aufging.« . . . K. starb an Windpocken, als er noch jung war, möglicherweise unter zwanzig, und weder eine Frau gekannt noch sein Geheimnis weitergegeben hatte; angesteckt schließlich von der Krankheit der Weißen, aber nie von seiner Kultur. [166, 147-149]

Was beim *Lung-gom* und gewiß beim Skilaufen aufkommt, ist das Vertrauen in die Erde. Dieses Gefühl ist ein Teil der Heiterkeit beim Skilaufen im Schneesturm. Natürlich ist ein Vorteil, daß man während eines Schneesturmes dasselbe Gelände immer wieder in frischem, ungebrochenen Schnee laufen kann; doch ein Schneesturm ist eigentlich eine der schreckenerregendsten Mächte, denen ein Mensch begegnen kann – schreiende Winde, Blindheit, waagerecht fliegender Schnee und Kälte. Beim Abfahren in der Glorie des Pulverschnees ist alles völlige Seligkeit; beim Auffahren mit dem Lift leide ich, aber ich stemme mich gegen den Wind und sinne über die unglaublichen Paradoxien des Lebens nach.

Gleichgewicht

Einsichten in die tieferen Zusammenhänge, die hinter dem körperlichen Gleichgewicht zwischen der Erde und dem Menschen stehen, vermittelt uns Barbara Meyerhoff in ihren Untersuchungen über mexikanische Schamanen. [219] Sie erklärt, daß der Schamane im Paradox lebt. Seine Aufgabe ist es, »der lebendige Kreislauf zu sein, der gegensätzliche Kräfte verbindet. Sein Problem und sein Beruf fallen zusammen – die Aufrechterhaltung des Gleichgewichtes und der Ausgleich.« Der Schamane ist für sein Volk eine Brücke zwischen der Welt des Stammes an seinem *Platz* und der Welt der großen Städte der heutigen Zivilisation. Er reist zwischen allen diesen Welten »in vorzüglichem Gleichgewicht« hin und her. Er vermittelt zwischen dem Bewußten und dem Unbewußten, und er »schafft auch soziale Ausgewogenheit, indem er ein Gleichgewicht zwischen dem Einzelnen und der Gruppe herstellt.«

Barbara Meyerhoff arbeitete mit einem Schamanen, Ramón Medina Silva von den primitiven Huichol in Mexiko zusammen. Eines nachmittags unterbrach er ganz plötzlich ihre Tonbandaufnahme, um einige Freunde in eine nahegelegene Gegend mitzunehmen, wo von einem Wasserfall steile Böschungen eingekerbt waren. Der Wasserfall »fiel vielleicht tausend Fuß tief über gezackte, glitschige Felsen herab.« Indem er verkündete, daß dies für Schamanen ein besonderer Platz sei, zog er seine Sandalen aus und hüpfte von Stein zu Stein über den Fluß, wobei er oft auf nur einem Bein am Rand des Abgrundes stand. Meyerhoff hatte Angst, nicht aber die Indianer. Am nächsten Tag fing sie an zu verstehen, was er getan hatte, als er ihr erzählte, daß ein Schamane »vorzügliches Gleichgewicht haben muß . . . andernfalls wird er seine Bestimmung nicht erreichen und auf diese oder jene Art fallen«; als er sprach krabbelten seine Finger an seinem Geigenbogen hinauf. Sie erwähnt auch einen Luiseno-Schamanen auf einer Reservation in Südkalifornien, der oft auf das Dach kletterte und lange Zeit bewegungslos auf einem Bein dastand, das andere hochgezogen und um das Standbein gelegt. Er machte das am Wochenende, wenn viele Leute ihn besuchen kamen, und »demonstrierte auf diese Weise seine Vermittlerfähigkeit, indem er sich als Spezialist in Gleichgewichtsfragen darstellte.« Eine Demonstration für das Gleichgewicht, ähnlich der des mexanischen Schamanen Ramón, kommt in *Eine andere Wirklichkeit* vor. Don Genaro hüpft oben am Rand eines Wasserfalles von Fels zu Fels und stürzt Castaneda damit in »einen außergewöhnlichen und geheimnisvollen Schrecken«. Später erklärt Don Juan, daß für jene, die sehen konnten, das Menschenwesen aus so etwas wie Lichtfasern bestand, die aus der Nabelgegend herauskamen, und Don Genaro hatte sie benutzt, um das Wasser zu überqueren, indem er sie auf die Felsen richtete. Er nennt Genaro einen

»Meister des Gleichgewichts«. [51, 126-130] Die verschiedenen Aufgaben eines Schamanen werden in unserer Kultur aufgesplittert: Priester, Dichter, Künstler, Therapeut und Lehrer. Die wirkliche Rolle des Schamanen geht durch diese Aufsplitterung verloren, denn »die Aufgabe des Schamanen ist eben jene der Integration«. Diese Integration der Person mit der Gruppe, des Geistes mit dem Körper und des Bewußten mit dem Unbewußten ist die Grundlage aller Formen der Heilung, sowohl der seelischen wie der körperlichen, weil sie eine »gemeinsame Kausalität für Mensch und Natur« anerkennt; am wichtigsten aber: »Der Schamane erinnert uns an eine andere Weltsicht, eine ganzheitliche Schau, in der es möglich ist, den Doppelsinn und das Paradox zu akzeptieren, ja sich zu eigen zu machen«. [219]

In der Betonung des Gleichgewichts durch den Schamanen, wie auch in der Integration, die er scheinbar getrennten Einheiten bringt, werden wir an die balinesische Kultur und an ein ausgereiftes Ökosystem, wie einen Wald, erinnert. Beide stellen sich als Prozeß von »kontinuierlicher, nicht auf Fortschritt gerichteter Veränderung« dar, in welchem die Energien eines jeden Wesens das ganze System durchlaufen, so daß alles zu einem riesigen in Symbiose lebenden Organismus wird. Wie Steven van Matre schreibt: »Das Leben unterteilt sich in Erzeuger, Verbraucher und Zersetzer. Alles wird zu etwas anderem. Alles hat ein Zuhause. Häuser in einer bestimmten Gegend bilden eine Gemeinde...« [338, 18] Wenn Menschenwesen wahrhaftig ein Teil der natürlichen Gemeinde werden wollen, muß jede Person lernen, wie sie im Gleichgewicht am »Tanz des Lebens« teilnehmen kann.

Tai Chi

Zum Glück gibt es eine besondere Disziplin, um den Gleichgewichtssinn im »Tanz des Lebens« zu entwickeln. Dies ist das tanzartige Tai Chi, dessen Ursprünge auf das Engste mit der Natur und insbesondere mit Bergen verknüpft sind. Möglicherweise gehen die ersten Anfänge dieser Disziplin auf jene alten chinesischen Schamanen zurück, von denen sich der Taoismus herleitet. Needham meint, daß *shaman* ein sehr altes tungusisches Wort ist, das als *saman* nach Persien gelangte. Die frühe Transkription ins Chinisische lautet *hsien-mên*, die uns in Schriftform bereits in der Ch'in-Dynastie (255-207 v. Ztr.) begegnet. In dem alten Klassiker Shih Chi (215 v. Ztr.) steht geschrieben, daß der Kaiser Chhin Shih Huang Ti »an der Küste des östlichen Meeres herumwanderte und den berühmten Bergen und den großen Strömen und den acht Geistern Opfer darbrachte und nach *hsien* und *hsien-mên* suchte.« [229, 133] Die Chinesen hatten ihr eigenes Wort für Schamane, das Wort *wu*. Needham sagt, daß es »interessant ist, daß es die Vorstellung des Tanzes ist, die alle diese Worte verbindet.« Das Schriftzeichen für *wu* bedeutet tanzen oder auftreten und geht auf die Orakelknochen-Form zurück, »die alle einen wundertätigen tanzenden Schamanen abbilden... Doch dieselbe Vorstellung ist auch in dem Schriftzeichen *hsien* gegenwärtig, das hüpfen oder herumspringen bedeutet...« [229, 134]

Chang San-Feng nun wird es zugeschrieben, diese Elemente alle zum Tai Chi verknüpft zu haben. Weil er ein Taoist und Konfuziunist war, legt er die Betonung auf das Atmungssystem, »das in China seit den Tagen von Dschuang Dsi (369-286 v. Ztr.), dem größten der frühen Taoisten nach Lao-Tse, zunehmend geübt worden war.« [131, 45] Er verband diese alte Atemtechnik mit der Kunst von Shao-Lin, die in dem berühmten buddhistischen Kloster von Shao-Lin entwickelt worden war. Die Kunst des Shao-Lin richtete sich auf die Übung der Sehnen und Knochen und beruhte auf den drei Klassikern, die vom Bodhidarma, der den Buddhimus von Indien nach China brachte, geschrieben worden waren. Er sprach sich dagegen aus, daß die Mönche aus Büchern lernten, da er es als wichtiger erachtete, daß sie körperlich fit wären, weil sie viele Stunden mit der Meditation zubrachten. [131, 43]

Chang San-Feng war ein berühmter Gelehrter, der zum Distriktmagister von Chung Shan (*Shan* heißt Berg!) ernannt worden war. »In seiner freien Zeit besuchte er oft den Berg K'o Hung, das Zentrum der Taoisten, und schließlich baute er sich am Berg Wu Tang eine Hütte, wo er seinen Geist auf das Studium des Tao verwandte und endlich seine größte Leistung vollbrachte, die Schaffung der als Tai Chi bekannten Kunst.« [131,43]

Einer Legende nach, hörte Chang San-Feng beim Meditieren ein zischendes Geräusch, und als er aus dem Fenster blickte, sah er eine Schlange mit erhobenem Kopf, die einen oben auf dem Baum sitzenden Kranich herausfordernd anzischte. Der Kranich flog herab und griff an, aber die Schlange drehte ihren Kopf zur Seite und schlug mit ihrem Schwanz nach dem Hals des Kranichs. Der Vogel stieß mit seinem Schnabel immer wieder zu, doch die Schlange, die sich drehte und wand, wich ihm stets aus. Chang San-Feng »erkannte den Wert des Nachgebens im Angesicht der Stärke.« In diesem Kampf zwischen dem Kranich und der Schlange sah er das angewandte Prinzip des I Ging: das Starke wandelt sich in das Nachgebende und das Nachgebende in das Starke. [188, 4]

Nach Da Liu »ist das I Ging eine der ersten Bemühungen des menschlichen Geistes, sich selber in das Weltganze zu stellen.« Es hat China 3.000 Jahre lang beeinflußt. »Die einzelnen Hexagramme wurden auf Holztafeln bewahrt, lange bevor sie im Jahre 1150 v. Ztr. von König Wen aufgezeichnet wurden.« Das I Ging ist die Sammlung einer Reihe von 64 Figuren aus sechs Linien, die Hexagramme genannt werden. Jedes Hexagramm besteht aus zwei Figuren von je drei Linien, die Trigramme genannt werden; sie bestehen aus ganzen und unterbrochenen Linien. »Die Schaffung der acht Trigramme wird Fu Shi zugeschrieben, dem legendären chinesischen Weisen, der wahrscheinlich im Zeitalter der Jagd und des Fischfangs vor etwa 5000 Jahren gelebt hat. Durch das Studium und die Beobachtung des Himmels, der Erde, von Tierspuren und von seinem eigenen Körper, ersann er die unterbrochene und die ganze Linie als Symbole für die grundlegende Natur des Universums.« Jedes der acht Trigramme steht für einen Aspekt der Natur, der Gesellschaft und des Einzelnen. [188, 5-6] Hier sehen wir wieder, was wir der Jäger-und-Sammler-Kultur verdanken.

Tai Chi verbindet zwei Techniken: die Übung der Sehnen und Knochen und das taoistische Atmen, wobei das Schwergewicht auf Weichheit und Geschmeidigkeit gelegt wird. T. T. Liang berichtet von dem berühmten Meister Yang Lu Chan in Peking, der zu der »Leichtigkeit und Behendigkeit« des Tai Chi befragt wurde. Er wollte gerade antworten, als eine Schwalbe durch den Vorhang hereinflog. Er stieß mit der Hand vor und fing sie. Dann berichtet Liang, was als nächstes geschah:

Er hielt sie auf einer rechten Handfläche und streichelte sie mit der linken Hand. Dann zog er seine linke Hand zurück. Die Schwalbe breitete ihre Flügel aus, bereit zu fliegen. Die Handfläche des Meisters bewegte sich leicht, ihre Kraft war »bald verborgen, bald sichtbar«. Die Schwalbe konnte jedenfalls nicht fortfliegen. Denn jeder Vogel, gleich welcher Art, braucht die Abstoßkraft seiner Füße, um mit seinem Körper abheben zu können. Die Füße der Schwalbe hatten keinen Platz, wo sie die Kraft hätte einsetzen können; deshalb konnte sie, obwohl sie Flügel hatte, nicht fortfliegen.

Der Meister lachte und erklärte: »Wenn man über lange Zeit Tai Chi geübt hat, und der ganze Körper leicht und beweglich geworden ist, dann kann weder das Gewicht einer Feder hinzugefügt werden, noch kann eine Fliege sich niederlassen.« [182, 55-56]

Diese Verbindung von Bewegung und Atmung zusammen mit Weichheit und Geschmeidigkeit, »ermöglicht es dem Menschen, mit den Schwingungen der Natur übereinzustimmen, während er in Bewegung ist... Wenn alle Grundsätze, Techniken und Regeln gemeistert sind, werden die Ergebnisse und Auswirkungen Geist und Körper umwandeln und zu einem neuen Gefühl für die Harmonie und Ausgewogenheit der Yin- und Yang-Kräfte im Körper führen.« [131, 31-32]

Alle Bewegung im Tai Chi rührt vom Körpermittelpunkt her – eben unterhalb des Bauches (auf japanisch *hara*, auf chinesisch *tan tien* genannt). Wörtlich bedeutet Tai Chi »der große Firstbalken«, mit anderen Worten jener, an dem alles andere hängt oder von dem alles getragen wird. Und so sind in dieser Beckenregion alle Hauptmuskeln befestigt.

Ich habe Tai Chi acht Jahre lang studiert und vier Jahre lang unterrichtet. Ich habe herausgefunden, daß Tai Chi mir dasselbe Gefühl vermittelt, wie Skilaufen in Pulverschnee, aber mit Tai Chi kann man es an jedem *Platz* erreichen und nicht nur beim Skilaufen in den Bergen. Tai Chi stellt von selbst die Gedanken ab und erlaubt es dem ganzen Körper, dem Wind und der Schwerkraft die Führung zu überlassen, und man ist ganz. Lieh Tzu schrieb in einem alten Klassiker: »Ich kann nicht ausmachen, ob der Wind auf mir oder ob ich auf dem Wind reite.«

Das Wort *chi*, das für den Energiefluß, der beim Tai Chi entfaltet wird, gebraucht wird, taucht in den frühesten taoistischen Klassikern auf. Lao-Tse sagt: »Zehntausend Dinge tragen Yin in sich und umfassen Yang; durch die Vereinigung durch *chi* erlangen sie Harmonie.« In jüngerer Zeit sagte Don Juan: »Jeder Mensch (steht) mit allen anderen Dingen in Berührung, doch nicht durch seine Hände, sondern durch ein Büschel langer Fasern, die aus dem Mittelpunkt seines Leibes sprießen. Diese Fasern verbinden den Menschen mit seiner Umgebung. Sie halten ihn im Gleichgewicht. Sie geben ihm Stabilität.« [51, 23] Nach ein paar Jahren Tai Chi fing ich an, jene Fasern wirklich zu erfahren. Daran gibt es nichts Übernatürliches. Es ist lediglich ein Teil der natürlichen Bezogenheit von Mensch und Erde.

Das Tai-Chi-Atmen läßt die Chi-Kraft kreisen und scheint fast immerwährende Jugend zu schenken. Mein erster Lehrer, Raymond Chung, war über fünfzig und sah aus wie ein Mann in seinen Dreißigern; mein zweiter Lehrer, Tchoung ta Chen, ist gut über sechzig und geht fast wie ein Kleinkind, jedes Gelenk ist locker und schwingt hin und her. Meister T. T. Liang, der *Tai Chi for Health and Self-Defense* verfaßte, war 75 Jahre alt, als er es schrieb und noch Tai Chi unterrichtete. Er sagt: »Solange man drei Quadratfuß Raum hat, kann man eine Reise ins Paradies unternehmen und für eine halbe Stunde dort verbringen, ohne einen einzigen Cent auszugeben.« [182, 7]

Das besondere im Tai Chi angewandte Atmen, das das Tiefatmen umfaßt, wird »Die große himmlische Zirkulation« genannt. Dschuang Dsi sagte, daß der vollkommene Mensch »durch seine Fersen« atmet, so tief atmet er. Don Juan lehrt diese Technik dem ängstlichen Castaneda mit den Worten: »Drücke deinen Magen hinunter, hinunter.«

Tai Chi ist eine fortwährende Entdeckung neuer Energien und die Wandlung dieser Energien auf höhere Ebenen. Erinnern wir uns: Ida Rolf sagt, daß »der Körper ein Kraftfeld (ist), und die Erde hat ihr eigenes Kraftfeld um sich herum. Das größere Kraftfeld der Schwerkraft kann das Feld des einzelnen Menschenwesen verstärken, unterstützen und erweitern . . . « [85]

Worum es uns hier also geht, in den kreisenden Bewegungen des Tai Chi, ist eine Art und Weise, die Energie des Körpers und des Geistes mit der Energie der Erde, wie sie als Schwerkraft uns gegenübertritt, ins Gleichgewicht zu bringen – alle diese Energien fließen in einem dynamischen Gleichgewicht zusammen und schaffen wahre Weisheit der Erde.

Es gibt im Tai Chi eine Bewegung, die man am Ende der 108 Schritte macht, die gewöhnlich der »Große Abschluß« oder Beendigung des Tai Chi genannt wird. Al Huang hat den passenderen Namen »Umarme den Tiger, kehre zum Berg zurück«, der normalerweise für einen anderen Schritt in der Folge gebraucht wird, für diese allumfassende Beschließung benutzt. [129] In China bezieht sich Tiger auf Kraft. Der Berg, der hier gemeint ist, ist das Rückgrat. Die indischen Yogis nennen das Rückgrat Berg Meru. In der indischen Kosmologie dreht sich die Welt um den Berg Meru; wir drehen uns um unseren Berg Meru, das Rückgrat. Zur Beschließung des Tai Chi öffnet man also die Arme, als wollte man die ganze Welt mit all ihren Kräften umarmen.

Wenn ich hier in Silverton Tai Chi mache, wende ich mich nach Süden – der heiligen Richtung beim Tai Chi – in Richtung auf den 4.077 m hohen Sultan Mountain. Während der 108 Schritte, die die Form bilden, habe ich mich geöffnet, so daß die ganze Energie der mich umgebenden Natur durch mich hindurchfließt. Es scheint zwischen dem, was innerhalb meiner Haut und dem, was außerhalb von ihr ist, keine Trennung zu geben. Ich komme zur letzten Bewegung, »Umarme Tiger« und ich umarme alle Kräfte meiner Welt. Dann beugen sich meine Arme abwärts, und ich schöpfe diese ganze Kraft und hebe sie, wenn sich meine Arme kreuzen und sich zu meiner Hüfte erheben, nach oben. Ich drehe meine Hände nach unten und drücke die ganze Kraft in meinen Mittelpunkt, den *tan tien*. Dann, weil meine Lehrer mir gesagt haben, ich solle mich vor allen Anwesenden verbeugen, verbeuge ich mich vor jedem unserer Berge: vor Kendall im Osten, dem Berg Anvil im Westen, dem Boulder Mountain im Norden und Sultan Mountain im Süden, womit ich der Weisheit der Erde, die hier an meinem Platz anwesend ist, huldige. Auf diese Weise lernte ich verstehen, was die Tewa-Indianer meinen, wenn sie sagen: »...innerhalb und außerhalb der Berge, deine Macht kehrt zu dir zurück.«

20. Der Tanz der Welt

In der westlichen Kultur geht unsere Vorstellung von einem höchsten Wesen, das für die ganze Welt Gesetze erläßt, eindeutig auf die Babylonier zurück – auf den Gott Marduk, der den Sternen Gesetze gibt. Die Taoisten Chinas hielten eine solche Vorstellung für viel zu naiv »angesichts der Feinheit und Vielschichtigkeit des Weltganzen, wie sie es empfanden«. [229, 581] Gesetze, die sich auf die nichtmenschliche Natur bezogen, wurden in China *lü* genannt. Der Ursprung hat mit den Pfeifen aus Bambus zu tun, die bei rituellen Tänzen verwendet werden; daher hat *lü* mehr die Bedeutung von einträchtiger Zusammenarbeit aller Wesen. Needham erklärt, daß dieses einträchtige Zusammenwirken von der Tatsache herrührte, »daß sie alle Teile einer Hierarchie von Ganzen waren, die ein kosmisches Muster bildeten...« [229, 582] Wir im Westen kommen, dank der neuen Biologie und der neuen Physik, endlich auch zu dieser Vorstellung.

Die Vorstellung, daß die Beziehungen unter den Wesen der Erde einem Tanz gleichen, war in der Vergangenheit fast universell. Zum Beispiel sind Darstellungen von den Anfängen der Religion in den altsteinzeitlichen Höhlen zu finden, wo wir Bilder von tanzenden und maskierten Medizinmännern finden, die vor 15.000 Jahren entstanden sind. Ein heutiger Buschmann erklärte, »Tänze sind für uns, was für euch Gebete sind«, und Lame Deer, der Medizinmann der Sioux sagte: »All unsere Tänze haben ihre Anfänge in unserer Religion... Tanzen und beten – das ist dasselbe.« [180, 42 und 167, 243-244] Die Tänze der im Südwesten der USA beheimateten Pueblos umfassen nicht nur alle Wesen ihrer gegenwärtigen Welt: Mais, Kürbisblüten, Tiere, Gewitterwolken, Göttliche und Menschenwesen, sondern auch die der alten Vergangenheit des Stammes.

Der Tanz offenbart »die Einheit der Transzendenz in der Immanenz. Denn der

Tänzer erfährt in der Ekstase des Tanzes sowohl vollständige Selbstdarstellung wie vollständige Selbstaufgabe.« [298] oder, wie Isadora Duncan sagte: »Könnte ich Ihnen sagen, was es bedeutet, dann bestünde kein Anlaß, es zu tanzen.«

Das rituelle Tanzen ist eine Botschaft von der Beziehung zwischen dem Bewußten und dem Unbewußten, der Vergangenheit und der Zukunft, dem menschlichen Bewußtsein und dem Bewußtsein der Tiere, der Pflanzen und sogar der Erde selbst; wie auch die Beziehung zwischen der Erde, dem Himmel, den Göttlichen und den Menschenwesen: das, was Heidegger den »Rundtanz« der Vierfalt nennt.

In Indien wird dies der Tanz Shivas genannt. Gregory Bateson bezog sich auf diesen Begriff, als er sagte: »Die Wahrheit, die bedeutsam ist, ist nicht eine Wahrheit des eigenen Vorteils, es ist eine Wahrheit der Komplexität . . . eines völlig öko-interaktiven, immer fortbestehenden Netzes . . . in welchem wir tanzen – der Tanz Shivas . . . « [37, 33]

Und hier in den Vereinigten Staaten, in der Welt von George Sibley vom Crested Butte, sagte ihm Gal Starika,

daß sie mir entweder beibringen würde, richtig zu tanzen, oder sie würde mich hinauswerfen. Da lernte ich, daß richtig tanzen heißt, dein Ding in völligem Gewahrsein der Tatsache zu machen, daß auch *alle andern* ihr Ding machen. Wenn ein Raum voller Leute ist und sie wirklich tanzen, dann wirbelt jeder mit höchster Schnelligkeit herum, bewegt sich durch den ganzen Fluß, schlüpft durch die engstmöglichen Zwischenräume, und es gibt kein Puffen, Bumsen oder Zusammenstoßen . . . Es gibt kein festgelegtes Muster, doch es entsteht eine Art dynamischer Struktur, die gänzlich von der Empfindsamkeit eines jeden für alle anderen anhängt . . . Einer von zwölfen, der sich ausgeschlossen fühlt, kann den Tanz verderben . . .   [294]

Und was ist die Bedeutung von dem ganzen? Alan Watts erklärt:

Es gibt etwas gemeinsames in der Dichtung und in der Musik. In gewisser Weise sind beide die Sprache der Verrücktheit – was heißen soll, daß beide, der Dichter und der Musiker, die natürliche und universelle Sprache sprechen, die Yuerba Buene die ursprüngliche Sprache nennt, welche vor dem Fall des Menschen alle Geschöpfe sprachen. Denn im Garten Eden verstanden Adam und Eva, bevor sie die Frucht vom Baum der Erkenntnis gegessen hatten, die Sprache aller Tiere und sprachen eine solche Sprache, welche die göttliche Sprache seit dem Anfang war. Diese Sprache ist natürlich die Sprache der Vögel. (pfeift wie ein Vogel)

Und was bedeutes es? Was bedeutet die Gestalt eines Baumes? Was bedeuten die Wolken? Was ist die Bedeutung der Buchstaben, die du in dem Schaum auf brandenden Wellen ausmachen kannst? Was ist die Bedeutung der Bahnen der Sterne, auf denen sie über den Himmel wandern? Natürlich haben wir versucht, in den Sternen einen Sinn zu sehen – den wir auf das Verstreute projiziert haben – mythologische Formen, so wie wir im Großen Bären einen Bären oder Wagen sehen. Aber in Wirklichkeit könnte Musik die Anordnung jener Sterne richtiger ausdrücken. (summt ein oder zwei Tonfolgen) Und was würde das aussagen? Was sagt Bach? (summt ein paar Takte Bach) Was ist die Bedeutung davon? Und wenn ein Baum wächst – ihr wißt, es geht so in der Art der z - z - z - uk - ga, und danach geht es tschikietie, tschikietie, tschikietie. Und wir sagen: »Oh, ist das nicht schön?« So sehr, daß ein Maler ihn abmalen kann und sagen: »Warum, es ist ein Bild!« Und wenn Künstler Bäume und die Formen der Berge und Wolken lange genug abgemalt haben; warum gibt es in jedem Naturpark einen Inspirationspunkt genannten Ort, wo die ganzen Touristen hinkommen und die Aussicht betrachten und sie sagen: »Oh, es ist genau wie ein Bild.« (kichert)

Weil, seht ihr, sowohl Dichtung wie Musik uns zum Verständnis dessen, wofür diese Welt bestimmt ist, hinführen. Das ist – daß sie für gar nichts bestimmt ist. Wißt ihr, die beste Musik – sowohl in der östlichen wie in der westlichen Tradition – ist keine beschreibende Musik. Diese Musik kann nicht in Begriffen von etwas *anderem* als Musik verstanden werden. Du sollst bei indischen Ragas nicht den Klang von Regen auf dem Dach hören, den Klang von gallopierenden Pferden, den Klang des Murmelns des Sees. Du lauschst einzig den Arabesken von höchster Komplexität – dem mit dem Rhythmus spielenden Rhythmus – und genau auf dieselbe Weise wird bei unseren großen Musikern im Westen dasselbe Spiel gespielt. Und wenn es denn überhaupt eine Bedeutung hat, dann bloß die, unsere Aufmerksamkeit auf die Tatsache zu lenken, daß das ganze Universum genau dasselbe macht. Wir möchten natürlich immer eine Erklärung für das, was vorgeht, finden. Wir sagen, daß Schmetterlinge große Augen auf ihren Flügeln haben, um Vögel abzuschrecken, damit sie denken, daß etwas wirklich gefährliches sie anblickt. Oder daß ein Tausendfüßler so viele Beine hat, damit er besser *voran*kommt als ein Insekt mit nur sechs oder einem Mensch mit nur zwei Beinen. Wir finden immer einen Weg, die Natur in Begriffen einer Art – sozialer Technik zu erklären – daß sie einen Zweck hat, und dieser Zweck ist, natürlich, das Überleben.

Es gibt hierzu zwei Denkschulen, grundsätzlich. Die Denkschule vom Sinn des Lebens, die heute im Westen weitestgehend anerkannt wird, ist, daß es das letztliche Ziel der körperlichen Anstrengung sei, zu überleben. Im Mittelalter glaubte man, daß das letzte Ziel des Lebens die Schau Gottes war. Am Ende von Dantes *Paradies* kommen wir zur Schau der Liebe, die die Sonne und andere Sterne bewegt. Aber als Dante diese Vision sah, machte er die Bemerkung, daß die Engel, die die Vision umgaben und Lieder sangen, einen Klang erzeugten, den er mit dem Gelächter des Weltalls verglich, denn sie sangen das Wort Halleluja! Halleluja! Halleluja! Und was *bedeutet* das? Halleluja! Das ist wie Hare Krishna. Ihr wißt – wenn man es oft genug sagt – welch ein lustiger Klang. Hare Krishna. Ich mache weiter – Krishna, Krishna, Krishna rum - a - rum - a -rum - a - rum - a - rum - a - rum - a - rum. Was bedeutet das? (pfeift wie ein Vogel) Etwas wie das. Denn, seht ihr, in was wir, im Grunde, einbezogen sind in diesem Kosmos, ist ein Tanz – ein Rhythmus.

Ob ihr es in der Form der Musik oder ob ihr es in einer poetischen Form ausdrücken wollt, wobei die Worte etwas mehr darstellen als Worte, mehr als bloße Bezeichnungen; denn in der Dichtung ist die Form der Worte selbst das Ding, das wir hören sollen – nicht einfach seine Bedeutung – denn dann könntest du Prosa schreiben. So öffnen uns diese beiden Künste die Augen für die Tatsache, daß unser physischer Organismus, zum Beispiel, mit dem wir denken – was bedeutet *Ich*? Als wenn *ich* nur ein Wort wäre. Es ist unser physischer Organismus – mit seinem wunderbaren Haar, mit seinen beiden Juwelen, den tiefen Augen und seinem Atmungsapparat, seinem Küssapparat, seinem Essenapparat. All dies – ist eine Art fundamentaler Jazz – der, genau wie der Baum ging z - z - zonk - uup - ii - uup und tschiketie, tschiketie, geht – uh – wie dies, siehst du. Genau wie die Sterne in jener Weise angeordnet sind und wie das Ziel der Musik nicht das Ende ist, das Finale, sondern der ganze Verlauf. So, auf genau dieselbe Weise, ist das Ziel des Daseins nicht fühlbar; hat keinen Endpunkt; ist nicht ernsthaft. Es gibt nicht irgend einen WIRKLICHEN GRUND warum dies alles geschehen mußte. (kichert)

Warum spielen die Engel Harfe? Was ist die Harfe der Engel? Wenn du eine Harfe betrachtest, siehst du viele, viele Saiten, oft von verschiedener Farbe und so gibt es in diesem Universum viele, viele möglichen Schwingungen – wie den Unterschied zwischen kosmischen Strahlen, Röntgenstrahlen, Gammastrahlen, ultravioletten Strahlen, roten Strahlen usw. – die ganze Spanne – all die verschiedenen Wellenlängen der verschiedenen Radiosender – sie alle sind die Saiten auf den Harfen der Engel. Und die Engel sagen: »Nun, welche Saite sollen wir heute anschlagen, und rufen diese Art von Universum ins Dasein – boing – diese Art Universum – diese Art Universum. Und laßt uns auf der Harfe mit den Saiten nicht nur auf diese Weise sondern auch auf *diese* Weise spielen, und dann werden wir viele Dimensionen haben, in denen alles geschehen kann. Warum?

Wenn du warum fragen mußt, dann hörst du nicht zu. Wenn du zuhörst, dann tanzt du mit. Du fragst nicht warum. Dann . . . wenn . . . gut – du sagst, warum erzählst du mir das alles – daß all dies, was wir *tun*, was wir *sind*, bloß eine Art »Rummel« ist? Was ist der Punkt dabei, das zu sagen?

Warum brauchst du einen Grund? Wenn du ihn brauchst, kann ich sagen, nun, wenn du *mit*tust, dann bekommst du keine Schwierigkeiten; denn alle Schwierigkeiten werden von Leuten verursacht, die die Welt so einrichten wollen, daß sie einen Sinn ergibt – die sie verbessern wollen – die alle veranlassen wollen, ernst zu sein und dabei mitzumachen. Das sind die, welche die Schwierigkeiten machen . . .

Von einem Tonband von Big Sur, »Divine Madness«
(Mit Erlaubnis der Electronic University) [353]

Alte Jahreszeitenfeste und heutige christliche Feiertage

Seit Jahrtausenden haben die Menschenwesen die Feste der Erde etwa zur Zeit der Sonnenwenden und Tagundnachtgleichen gefeiert. Frühere Stammesfeste wurden nach und nach in die Feiern der klassischene Zivilisationen von Griechenland und Rom übernommen. Während der ersten Jahrhunderte des Christentums wurden diese heidnischen Feste von der Kirche übernommen, um die mit diesen Festen verbundenen Bräuche in die neue christliche Kirche zu übernehmen.

Als Hilfe bei der Offenlegung der Bedeutung der ursprünglichen Erdsymbolik ist es aufschlußreich zu sehen, wie die kirchliche Liturgie die Natursymbolik auf die christlichen Feiertage überträgt.

1. Feiern zur Wintersonnenwende. Diese setzten sich von primitiven bis in griechische und römische Zeiten fort. In den letzten Tagen des Römischen Reiches war der 25. Dezember dem Gott Mithras geweiht, dem Stiertöter und von den römischen Soldaten geliebten Erlöser. Mithras war ein indoiranischer Lichtgott gewesen, doch mit seiner Einführung in das Römische Imperium wurde er eine Mysteriengottheit und ein unbesiegbarer Lichtgott, die *sol invictus*. [134, 195] Die christliche Feier der Geburt Jesu wurde auf diesen Tag gelegt, um die Mithras-Verehrung zu verdrängen. Von den Sonnengöttern, Apollo und Dionysos, hieß es, daß sie auf oder nahe der Wintersonnenwende geboren seien. Das römische Fest der Saturnalien, das ursprünglich vom 17. Dezember an 7 Tage lang begangen wurde, galt der Ehrung Saturnus, der der Überlieferung nach als der erste König Latiums, der den Ackerbau einführte, angesehen wird. [134, 175]

Dem Weihnachtsfest voraus ging die Adventszeit, die wegen der Bedeutung der Mysterien in Eleusis so genannt wurde. Das Wort *eleusis* heißt Ankunft (Advent)

[147, 159] Die Verehrung des Göttlichen Kindes geht mindestens bis ins minoische Kreta zurück. [104, 347]

2. Winter-Vierteltag. Lichtmeß ist bei uns nicht so gut bekannt wie in Europa, wo dieser große Feiertag die Weihnachtszeit abschließt. Bei der Erläuterung der kirchlichen Liturgie führt Parsch aus, daß es über die Weihnachtszeit hin eine »allmähliche Erhöhung im ›Licht‹-Motiv der Jahreszeit und in der Antwort des Menschen darauf (gegeben hat) … Zu Weihnachten ›scheint das Licht in der Finsternis‹ und nur wenige ›empfingen es‹ … Zu Lichtmeß wird uns das Licht direkt in die Hand gegeben, damit wir es während der Prozession und der Messe halten.« [246, v. 5, 370]

Der biblische Hintergrund der Lichtmeßfeier ist, wie Maria das Baby Jesus zum Reinigungsritus (einem jüdischen Ritual für junge Mütter) zum Tempel bringt. Simeon, ein alter Mann im Tempel, sagte von Jesus, daß er »ein Licht [sei], zu erleuchten die Heiden«. In der christlichen Kirche wurden den Gläubigen an diesem Tag gesegnete Kerzen für zu hause mitgegeben.

Die zugrundeliegende Sonnensymbolik ist hinter Worten in der kirchlichen Liturgie, wie »heute kommt er als ›König des neuen Lichtes‹«, allgegenwärtig. [246, v. 5, 375] Zur Wintersonnenwende kehrt die Sonne ihre Bahn und beginnt, auf den Sommer zuzugehen. Es gibt eine Verzögerung von einigen Wochen, bevor diese Veränderung in der Beziehung von Sonne und Erde bemerkbar wird. Etwa zur Zeit dieses Vierteltages Anfang Februar wird die Sonnenwärme kraftvoller und die Sonne hat wieder ihre ganze Kraft, und es kann gesagt werden, daß der König des Lichtes wieder vorherrschend ist.

Das römische Fest Lupercalia (15. Februar), das das Ende des alten römischen Jahres bezeichnet, geht auf sehr alte Zeiten zurück, als das Volk der frühen römischen Gemeinden Schafhirten waren. Der Ritus begann in der Höhle von Lupercal auf dem Hügel, wo Remulus und Remus, die legendären Gründer der Stadt, von der Wölfin gesäugt worden waren. Ein Ziegenopfer wurde dargebracht und ein Opfer von Getreide (die Rückgabe der Gaben der Erde an die Erde). Zwei junge römische Edle, mit dem Blut des Opfers beschmiert und fast ganz nackt, rannten ganz um den Hügel herum, wobei sie alle Frauen, die sie trafen, mit Riemen aus der Haut der geopferten Ziege schlugen. Dies sollte die Fruchtbarkeit der Frauen sicherstellen. Die Hautstreifen wurden *februa* genannt, von wo sich »Februar« herleitet. Der magische Kreis, den die jungen Menschen durch die Umkreisung des Hügels schlugen, war eine Barriere gegen alle schlechten Einflüsse während des kommenden Jahres. James sagt, daß das Fest gefeiert wurde, »bis es, in christlicher Zeit, von Papst Gelasius im Jahre 494 in die Lichtmeß umgewandelt wurde.« [134, 179-180]

Ein weiterer Aspekt von Lichtmeß hat mit St. Brigit zu tun, die in Wirklichkeit nur ein neuer Name für eine Manifestation der Muttergöttin in Irland ist. Robert Graves berichtet, daß das heilige Feuer von St. Brigit in einem Kloster in Kildare bis in die Zeit Heinrich VIII. ständig unterhalten wurde. [104, 144] In Rom gab es am 1. Februar ein Lichtfest mit einer Feuerzeremonie und Fackeln, um die Rückkehr der Göttin aus der Unterwelt und die Wiedergeburt der Natur im Frühling zu feiern. [134, 233]

3. Frühlingstagundnachtgleiche. Nahe an der Frühlingstagundnachtgleichen gibt es das Fest Mariä Verkündigung, am 25. März. Dieser Feiertag hat mit der Verkündigung Mariens durch einen Engel zu tun, daß sie Mutter Gottes werden würde. Am 25. März feierte das alte Rom den Hilarien-Karneval zu Ehren der großen Muttergöttin, Cybele. Auch hier sehen wir wieder, wie ein Muttergöttinnenfest durch einen Maria geweihten kirchlichen Festtag ersetzt wird.

Das christliche Ostern ist am Sonntag, der auf den Vollmond nach der Tagundnachtgleichen folgt. Der Vollmond nach der Frühlingstagundnachtgleichen war im alten Mesopotamien das Neujahrsfest. Israel folgte, wie andere Länder im Nahen Osten, diesem Brauch. Ostern beruht auf dem jüdischen Passahritual, so folgt auch dies diesem alten System. [134, 216]

4. Frühlingsvierteltag. Der Maifeiertag und Maibäume haben ihren Ursprung in sehr alten Ritualen des Nahen Ostens, die die Wiedergeburt der Natur im Frühling bezeichnen. In späteren römischen Zeiten figurieren Cybele, die Große Göttin, und Attis in diesen Riten. Am Tempel der Großen Mutter auf dem Palatin-Hügel wurde für dieses Ritual in Rom eine Pinie aufgestellt. Cybele war für die Fruchtbarkeit der Felder verantwortlich, deshalb wurden ihr Blumenopfer gebracht. Die späteren Maiköniginnen in Europa saßen in einer mit Blumen umwundenen Laube.

Auf den britischen Inseln entzündeten die Kelten zum Maianfang rituelle Freudenfeuer. Diese Übung erhielt sich bis ins 18. Jahrhundert. Diese Feuer waren als Beltane-Feuer bekannt, und in der Walpurgisnacht, dem Vorabend des 1. Mai, gab es Tänze um das Feuer. Jene, die daran teilnahmen, sprangen so hoch wie sie konnten, damit die Feldfrüchte höher wüchsen, und es wurden brennende Fackeln durch die Felder getragen, um die Erde fruchtbar zu machen. [134, 312-313] Das Tanzen um den Maibaum geschieht noch heute auf den britischen Inseln oft mit jungen Leuten, die beim Tanz um den Baum Blumengirlanden oder Schnüre verflechten.

Heutige christliche Rituale enthalten die Krönung einer Marienstatue mit Blumen. Diese Statuen befinden sich gewöhnlich in einer Felsengrotte draußen. Diese Grotten sind wieder Überbleibsel der vielen Rituale, die mit der Göttin zu tun haben, die vermittels der heiligen Höhle (wie der plutonischen Höhle in Eleusis) aus der Unterwelt zurückkehren.

5. Sommersonnenwende. Dies ist die Vigilie des Festes von Johannes dem Täufer, dem Vorboten von Christus. In der Nacht vorher wird eine Nachtwache gehalten, und am folgenden Tag ist das Fest der Geburt von Johannes dem Täufer. Parsch stellt fest, daß dieses Fest Teil »der Grundstruktur des Kirchenjahres (ist)... Es ist eine Art Advent... eine freudige Erwartung der herannahenden Erlösung.« [246, v. 4, 204] Auf diese Weise hielt die christliche Deutung die Grundbeziehung von Sommer- und Wintersonnenwende aufrecht. Die Sommersonnenwende war die Geburt von Johannes, der vom Kommen Jesu, dem Erlöser, berichtete; und die Wintersonnenwende war die Geburt Jesu.

Vor einigen Jahren, als wir in Europa Berge bestiegen, waren wir in einer Hütte, um das Matterhorn zu besteigen. Zufällig waren wir zur Sommersonnenwende da. Alle Bergsteiger in der Berghütte gingen in der Abenddämmerung hinaus und warteten erwartungsvoll im Zwielicht. Dann sahen wir weit auf einem entfernten Berg plötzlich ein Feuer aufscheinen. Darauf entzündete unser Hüttenwart das Feuer an unserer Hütte und bald wurde, weit unten im Tal, ein weiteres Feuer angezündet. Es war eine bewegende Zeremonie dort in der Wildnis aus Schnee und Fels. Ich fragte den Hüttenwart und schweizer Bergsteiger, was es zu bedeuten hätte. Sie sagten: »Das machen wir am Abend vor Johanni immer so.« Es ist natürlich das, was die meisten Menschen zur Sommersonnenwende getan haben, aber keiner von ihnen kannte die Verbindung. Pius Parsch stellt jedoch die Verbindung mit der kirchlichen Liturgie her: »Die Geburt Jesu wird am 25. Dezember zur Wintersonnenwende beobachtet, während die Geburt seines Vorläufers sechs Monate früher zur Zeit der Sommersonnenwende beobachtet wird. Weihnachten ist ein ›Licht‹-Fest; dasselbe trifft heute zu. Der volkstümliche Brauch, der sich um das Johannisfeuer dreht, entstammt der reinsten christlichen Lehre... das Johannisfeuer versinnbildlicht das Licht Christi; Johannes war eine Lampe die brannte und schien...«[246, v. 4, 207]

Feuer wurden in primitiven Kulturen zur Sommersonnenwende entzündet, weil, da es der Wendepunkt der Sonne ist, ihre Energie erneuert werden muß. Der Sonnentanz der Prärieindianer in unserem Land hat einen ziemlich ähnlichen Zweck – die Kraft der Sonne, der Vegetation und des Volkes zu erneuern. Der Sonnentanz ist ein recht junger Ritus, der sich wahrscheinlich im späten 18. Jahrhundert entwickelte. Als die Stämme sahen, daß sich ihre Kultur durch das Eindringen der Weißen auflöste, versuchten sie, ihre Kräfte durch den Sonnentanz zu erneuern, der in Wirklichkeit verschiedene ältere Riten verbindet.

Trotz der Bemühungen der Kirche, die alten Sonnenwendrituale zu tilgen, mußte man feststellen, daß viele Kirchenschiffe von den Maurermeistern so ausgerichtet worden waren, daß sie die Sonnenwenden markierten. Ein Beispiel dafür ist das Kirchenschiff im romanischen Stil aus dem 12. Jahrhundert in Vezelay, Frankreich. Das Sonnenlicht tritt zur Wintersonnenwende durch die oberen Fenster des Schiffes ein und scheint genau auf die oberen Kapitäle der Säule; zur Sommersonnenwende »strömt (das Sonnenlicht) in das Kirchenschiff und ruft Fußspuren hervor, genau von der Mitte« bis zum Altar. [201]

6. Sommervierteltag. Der 15. August ist Mariä Himmelfahrt. Parsch schreibt, daß an diesem Tag »die Kirche das glänzendste ›Erntefest‹ in der Gemeinschaft der Heiligen feiert.« [246, v. 4, 327] Das Morgenoffizium für diesen Tag lautet:»Wer ist es, der hervortritt wie die sich hebende Morgendämmerung, rein wie der Mond, strahlend wie die Sonne, ehrfurchtgebietend...« Die Himmelfahrt betrifft Mariens Aufstieg in den Himmel, um dort als Mutter Gottes zu herrschen. Ein in der heutigen Liturgie oft wiederkehrender Satz ist: »Wie könnte jener den Tod schmecken ... von dem das wahre Leben zu allen ausströmte.« Dies könnte fast eine Beschreibung der Muttergöttin sein, der Natur. Parsch gibt zu: »Seit alten Zeiten wurden Früchte an diesem Tag gesegnet, auch wenn ihre Beziehung zu dem Fest nicht endgültig bewiesen ist... Höchstwahrscheinlich wurden einige vorchristliche germanische Erntefeste verchristlicht und mit ihrer Himmelfahrt verknüpft.« Im die Messe einleitenden Gesang kommt der Satz aus der Apokalypse vor:»Die Frau, bekleidet mit der Sonne, den Mond zu ihren Füßen, eine Krone aus zwölf Sternen über ihrem Kopf.« Vielleicht bezieht sich dieses Überbleibsel auf die zwölf Monde des Jahres der Muttergöttin. Am 13. August feiert Rom das Fest der Diana, als die Bäume voll reifender Früchte hingen und die Weintrauben reif waren. Sie wurde als »Unsere Frau der Ernte« angesprochen. [134, 238]

In keltischen Ländern wird Lammas am 2. August gefeiert. Es hat mit *Lugh*, dem gälischen Sonnengott zu tun, dessen Tod man sich am ersten Sonntag im August, dem *Lugh Nasadh*, »Gedenken an Lugh«, erinnerte, das später »Lugh-mass« oder »Lammas« wurde. Llew Llaw Gyffes, ein dionysischer Gott, wurde auch mit Lugh in Verbindung gebracht. Im Mittelalter gab es Wagenrennen und die »Teltown«-Heiraten zu Ehren von Lugh. Dies waren probeweise Heiraten für »ein Jahr und einen Tag«, die durch ein Ritual am selben Platz, wo sie vollzogen wurden, wieder geschieden werden konnten. Der Mann und die Frau standen Rücken an Rücken und gingen nach Norden und Süden auseinander. Lugh stammt wahrscheinlich von den in der Bronzezeit nach Irland Eingewanderten, die männliche Götter einführten, um die matriarchalen Göttinnen zu ersetzen. Sie brachten auch die Institution der Vaterschaft mit, so das walisische Mabinogion. [104]

7. Herbsttagundnachtgleiche. In der Nähe der Herbsttagundnachtgleichen ist das herausragende Fest in England Michaeli, das Erntefest zu Ehren von St. Michael, dem Erzengel, dem Drachentöter. Ich bemerkte im ersten Teil dieses Buches, daß kleine, dem St. Michael geweihte Kapellen an besonders wilden oder felsigen Stellen Europas erbaut wurde. Dieselbe Symbolik liegt diesem Fest zugrunde: Michael tötet den Drachen des Heidentums. Dieses Fest stand auch mit dem Beginn der dunklen Jahreszeit und dem Tod der Vegetation in Zusammenhang. In der Kirche gibt es zwei Feste in der Nähe der Herbsttagundnachtgleichen: den 24. September, »Unserer Frau der Erlösung«, zum Gedenken an den »Orden Unserer Frau der Erlösung«, die von den Sarazenern gefangene christliche Sklaven loskaufte, und den 25. September, das Fest der Judith des alten Testamentes. Das assyrische Heer rückte auf das Mittelmeer vor und eroberte neues Land für den König von Niniveh. Judith war eine israelische Witwe, die sich zum Lager der Assyrer Zutritt verschaffte und dem Anführer, Holofernes, den Kopf abschnitt. Diese Tat machte sie zur »Glorie Jerusalems, der Freude Israels«. Nach Parsch war Judith ein »Typus« der Maria, »also erreichte Judith die Befreiung ihres Volkes. Und ganz Israel nannte sie eine Heilige«. [246, v. 5, 232] Der Sieg Judiths über die bösen Assyrer wird als ein Sinnbild für Marias Sieg über die Sünde, oder man könnte sagen, das Heidentum, angesehen.

8. Herbstvierteltag. Der Vorabend des Festes von Allerheiligen fällt auf den 31. Oktober. Dies war das Ende des keltischen Jahres. Am 1. November wurde das Vieh von den Weiden in den Stall zurückgebracht, und ihr neues Jahr fing an. An Samhain, was »der Sommer endet« bedeutet, wurden Feuer angezündet, um der Dunkelheit des Winters mit ihren Ängsten und Gefahren für Mensch und Tier zu begegnen. In anderen Teilen Europas gab es etwa zu dieser Zeit Riten für die Toten. Auf diese Weise können wir sehen, warum Halloween mit Geistern und Hexen in Verbindung gebracht wurde. Die heidnischen Riten für die Toten gedachten sowohl des vergangenen wie des zukünftigen Leben des Stammes. Daher stellt die kirchliche Epistel für Allerheiligen fest, daß sich der Himmel vor uns öffnet und daß »wir eine große himmlische Heerschar um Gottes Thron herum sehen, die heilige Lieder singen.« [246, v. 5, 321]

Nachwort des Verlages

Diese deutsche Ausgabe von WEISHEIT DER ERDE ist nun endlich im Jahre 1990 erschienen, genau 12 Jahre nach der Veröffentlichung in den USA. Bereits 1982 hatte ich mit dem damaligen Mutter Erde Verlag die deutschen Rechte an dem Titel erworben, aber leider ging dieser Verlag wegen seines unzureichenden finanziellen Polsters in Konkurs. Nachdem viele andere Verlage das Buch abgelehnt hatten, entschloß sich der Verlag Dianus-Trikont zu einer Veröffentlichung, ließ das Buch auch durch mich übersetzen. Doch wieder verhinderte ein Verlagskonkurs das Erscheinen des Buches.

Nun war der Goldmann-Verlag, der viele Dianus-Trikont-Titel übernommen hatte, auch an WEISHEIT DER ERDE interessiert, aber als schon alles geklärt schien, fand ein Wechsel im Lektorat statt, und das Projekt wurde gestrichen.

Ich hatte inzwischen den Verlag NEUE ERDE, und es lag nun wieder an mir, das Buch, von dessen immenser Wichtigkeit ich überzeugt bin, herauszubringen. Ohne großes Kapital ein schwieriges Unterfangen, das aber gelang, weil viele hundert Menschen in das Projekt soviel Vertrauen gefaßt hatten, daß sie das Buch verbindlich vorbestellten. Sie haben die Herausgabe ermöglicht, und deshalb soll ihnen hier noch einmal mein besonderer Dank ausgesprochen werden.

Danken muß ich auch für das Verständnis der vielen, die mehrere Verzögerungen des Erscheinungstermins hinnahmen. Verzögerungen, die recht obskure Gründe hatten, so verschwanden Disketten mit erfaßten, fertigen Texten spurlos...

An dieser Stelle finden sich in der amerikanischen Ausgabe Hinweise auf Organisationen und Bücher, die mit den hier angepackten Themen zu tun haben. Dem deutschen Leser werden sie wenig nützen, daher wäre hier eigentlich eine Nennung deutscher Organisationen am Platze gewesen. Doch die damit aufzuwendende Arbeit übersteigt zur Zeit die Möglichkeiten des Verlages.

Was bleibt ist, die Leser/innen aufzufordern, uns mitzuteilen, auf welche Organisationen und weiterführenden Bücher (auch zu bestimmten Aspekten) hingewiesen werden sollte. Es gibt ja heidnisch-naturreligiöse Gruppen, Ökosophen, eine Gruppe bei den GRÜNEN, die die Verbindung zu esoterischen Gruppen herzustellen versuchen, es gibt die Aktivisten von Robin Wood, Graswurzelrevolutionäre und... und...

Wir vom Verlag werden uns bemühen, aus den eingehenden Informationen eine Zusammenstellung zu machen, die dann in einer Neuauflage von WEISHEIT DER ERDE veröffentlicht werden kann. Umgekehrt können die Leser dieser Ausgabe auch diese Zusammenstellung als Nachtrag kostenlos beim Verlag anfordern. Solange dieser Nachtrag nicht vorliegt, werden eingehende Bestellungen vorgemerkt.

Eine sinnvolle Ergänzung zu diesem Buch ist in jedem Fall der REGENBOGEN-KALENDER, der für jedes Jahr neu bei NEUE ERDE erscheint. Hier gibts Anregungen und Hinweise für das Feiern der Feste im Rhythmus des Jahreskreises – etwas, dessen Wichtigkeit in diesem Buch ja zum Ausdruck kommt, und wie heißt es so schön: »Es gibt nichts Gutes, es sei denn, man tut es!«

Zum Schluß noch der Hinweis, daß es einen Vortrag von etwa zwei Stunden gibt – mit Dias und Musik (Life oder vom Band) –, der die wichtigsten Aussagen dieses Buches zusammenfaßt. Ich halte diesen Vortrag gerne gegen Übernahme der Kosten und ein jeweils angemessenes Honorar. Auch für Wochenendseminare stehe ich zur Verfügung. Wer also interessiert ist, so etwas zu organisieren, sollte sich bitte mit uns in Verbindung setzen. Bei Vortrag und Seminar handelt es sich um Wissensvermittlung in dem Sinne, wie es hier in diesem Buch zum Ausdruck kommt: nicht nur durch Fakten, sondern auch durch Dichtung, Bilder und Musik und ggf. kleine Rituale.

Seien die Bücher nun also gedruckt und unter die Leute gebracht mit dem Wunsch, daß diese Samen aufgehen zu einem Gewahrsein der WEISHEIT DER ERDE. Denn »wo Gefahr ist, wächst das Rettende auch!«

Andreas Lentz

WAY OF THE MOUNTAIN CENTER

Dolores LaChapelle lebt, was sie lehrt, und lehrt, was sie lebt.
Sie unterrichtet Tai Chi, Bergsteigen, »Tiefe Ökologie«, Leben in der Wildnis und
Skilaufen. Sie leitet Erd-Zeremonien und Rituale.

Sie lebt und lehrt im

WAY OF THE MOUNTAIN CENTER

P. O. Box 542
Silverton, Colorado 81433, USA
(Es liegt in den San Juan Mountains von Colorado in den Rocky Mountains.)

Ihre Bücher: Earth Wisdom *und* Earth Festivals.

Informationen:

Veranstaltungen in den USA
Englischsprachige Literatur:
bei obiger Adresse.

Veranstaltungen in Deutschland, Österreich, Schweiz
Deutschsprachige Literatur:
Earth Festivals (DM 29,80).
beim Verlag

Bibliographie

1. Abbey, Edward. *Monkey Wrench Gang.* Philadelphia: J. B. Lippincott Co., 1975.
2. _____. *Slickrock.* San Francisco: Sierra Club, 1971.
3. Aiken, Conrad. *A Letter from Li Po and Other Poems.* New York: Oxford University Press, 1955.
4. Alexander, Hartley Burr. *The World's Rim, Great Mysteries of the North American Indians.* Lincoln: University of Nebraska Press, Bison Book edition, 1967.
5. Anderson, Edgar. "Man as a Maker of New Plants and New Plant Communities." In *Man's Role in Changing the Face of the Earth,* edited by William L. Thomas Jr. Chicago: University of Chicago Press, 1956, pp. 763-777.
6. Anonymous letter. *Seattle Flag,* June 7, 1972.
7. Anundsen, Kristen, and Michael Phillips. "Fun in Business." *Briarpatch Review* (Spring, 1977).
8. Argüelles, José A. "The Believe In—An Aquarian Age Ritual." *Main Currents in Modern Thought,* vol. 26 (June, 1970), pp. 140-145.
9. Aston, W. G. *Shinto, the Way of the Gods.* London: Longmans, Green and Co., 1905.
10. Ballard, Edward G. and Charles E. Scott, editors. *Martin Heidegger: in Europe and America.* The Hague: Martinus Nijhoff, 1973.
11. Barbour, Ian G., editor. *Earth Might Be Fair.* Englewood Cliffs: Prentice Hall, 1972.
12. Bateson, Gregory. "Alfred Korzybski Memorial Lecture 1970." *General Semantics Bulletin,* vol. 37 (1970), pp. 5-13.
13. _____. "Bali: The Value System of a Steady State." In *Social Structure: Studies Presented to A. R. Radcliffe-Brown,* edited by Meyer Fortes, New York: Russell & Russell, Inc., 1963.
14. _____. "Cybernetic Explanation." *American Behavioral Scientist,* vol. 10, no. 8 (April, 1967), pp. 29-32.
15. _____. "The Cybernetics of 'Self': A Theory of Alcoholism." *Psychiatry,* vol. 34, no. 1 (1971), pp. 1-18.
16. _____. "The Logical Categories of Learning and Communication." In *Steps to An Ecology of Mind,* Gregory Bateson. New York: Ballantine Books (1972), pp 279-308.
16.a _____. *Ökologie des Geistes.* Frankfurt a.M., Suhrkamp 1983.
17. _____. "Pathologies of Epistemology." *Second Conference on Mental Health in Asia and the Pacific,* 1969. Hawaii: East-West Center Press, 1972.
18. _____. "Problems in Cetacean and Other Mammalian Communication." In *Whales, Dolphins and Porpoises,* edited by Kenneth S. Norris. Berkeley: University of California Press, 1966.
19. _____. *Steps to an Ecology of Mind.* New York: Ballantine Books, 1972.
20. _____. "Style, Grace, and Information in Primitive Art." In *Primitive Art and Society,* edited by Anthony Forge. Oxford: Oxford University Press, 1974.
21. _____, and Jurgen Ruesch. *Communication: The Social Matrix of Psychiatry.* New York: W.W. Norton & Co., 1951 (reprint 1968).
22. Beal, James B. *Electrostatic Fields and Brain/Body/Environment Interrelationships.* Lecture delivered at The Rhine-Swanton Interdisciplinary Symposium, "Parapsychology and Anthropology." American Anthropological Association 73rd Annual Meeting, Mexico City, November, 1974.
23. Bender, Tom. *Environmental Design Primer.* Privately published by Tom Bender, 2270 N.W. Irving, Portland, Oregon, 97210.
24. Benedict, Ruth. "Patterns of the Good Culture." *American Anthropologist,* vol. 72 (1970).
25. Benet, William Rose, editor. *The Readers's Encyclopedia.* New York: Thomas Y. Crowell Co., 1948.
26. Berenson, Bernard. *Sketch for a Self-portrait.* New York: Pantheon Books, 1949.
27. Berry, Wendell. *The Long-legged House.* New York: Harcourt Brace & World, 1969.
28. Bettelheim, Bruno. *The Children of the Dream.* Toronto: The Macmillan Co., 1969.
29. Biemel, Walter. *Martin Heidegger.* Reinbek bei Hamburg, Rowohlt 1973.
30. Black, Donald M. "The Brocken Spectre of the Desert View Watch Tower, Grand Canyon, Arizona." *Science,* January 29, 1954.
31. Bogen, Joseph E. *"Educating Both Halves of the Brain."* Symposium, May 1, 1977, School of Education and College of Continuing Education, The University of Southern California, in cooperation with The Institute for the Study of Human Knowledge, Los Angeles, Unpublished.
32. _____. "Hemispheric specificity, complementarity, and self-referential mappings." *Proceedings of the Society of Neuroscience,* vol. 3, no. 413 (1973).
33. _____. "The Other Side of the Brain: An Appositional Mind." *Bulletin of the Los Angeles Neurological Societies,* vol. 34, no. 3 (July 1969), pp. 135-162.
34. _____. "The Other Side of the Brain IV. The A/P Ratio." With Dezure, Tenhouten, and Marsh. *Bulletin of the Los Angeles Neurological Societies,* vol. 37, April 1972.

35. _____. "Some Educational Aspects of Hemispheric Specialization." *UCLA Educator*, vol. 17 (Spring, 1975), pp. 24-32.

36. Brand, Stewart. "'For God's Sake, Margaret,' Conversation with Gregory Bateson and Margaret Mead." *Coevolution Quarterly* (Summer, 1976) pp. 32-44.

37. _____. *II Cybernetic Frontiers*. New York: Random House, 1974.

38. Bredon, Juliet, and Igor Mitrophanow. *The Moon Year*. Shanghai: Kelly & Walsh, Ltd., 1927.

39. Briffault, Robert. *The Mothers*. New York: The Universal Library, Grosset & Dunlap, 1963. (First published in 1927.)

40. Brodsky, Greg. "Workshop on Neural-linguistic Programming." Lecture delivered at Boulder, Colorado, December, 1977.

41. Brown, Joseph Epes, Hrsg. *Die heilige Pfeife*. Olten, Walter 1951.

42. Bruin, Paul, and Phillip Giegel. *Jesus Lived Here*. New York: William Morrow & Co., 1957.

43. Bryant, Howard C., and Nelson Jarmie. "The Glory." *Scientific American* (July 1974), pp. 60-71.

44. Buonaiuti, Ernesto. "Ecclesia Spiritualis." In *Spirit and Nature, Papers from the Eranos Yearbooks*, vol. 1, Joseph Campbell, editor. Princeton: Princeton University Press, 1954.

45. Burckhardt, Jakob. *Die Kultur der Renaissance in Italien*. Leipzig, Kröner 1928 und Herrsching, Pawlak.

46. "The Burdens of the Utopians." *Manas*, vol 30 (February, 1977).

47. Campbell, Joseph. "Bios and Mythos, Prolegomena to a Science of Mythology." *Psychoanalysis and Culture*, edited by G. Wilbur and Warner Muensterberger. New York: International Universities Press, Inc., 1951.

48. Capra, Fritjof. *Der kosmische Reigen*. Bern, Scherz 1977.

49. Cardenal, Ernesto. *Homage to the American Indians*. Baltimore: The John Hopkins University Press, 1973.

50. Castaneda, Carlos. *Reise nach Ixtlan*. Frankfurt a. M., Fischer 1975.

51. _____. *Eine andere Wirklichkeit*. Frankfurt a. M., Fischer 1973.

52. _____. *Der Ring der Kraft*. Frankfurt a. M., Fischer 1976.

53. _____. *Die Lehren des Don Juan*. Frankfurt a. M., Fischer 1972.

54. *China, Land of Splendor*. Taipei, Republic of China: Globe International Corp., 1975.

55. Chizhevskii, A.L. "Atmospheric Electricity and Life." In *The Earth in the Universe*, edited by V.V. Fedynskii, translated from the Russian. Jerusalem: Israel Program for Scientific Translations, 1968. (Available from the U.S. Dept. of Commerce, Clearinghouse for Federal Scientific and Technical Information, Springfield, Va. 22151).

56. Chowka, Peter Barry. "The Original Mind of Gary Snyder, Part I." *Eastwest*, vol. 7, no. 6 (1977), pp. 24-38.

57. _____. The Original Mind of Gary Snyder, Part III." *Eastwest*, vol. 7, no. 8 (1977), pp. 18-30.

58. Cobb, Edith. *The Ecology of Imagination in Childhood*. New York: Columbia University Press, 1977.

59. _____. "The Ecology of Imagination in Childhood." *Daedalus*, vol. 88 (Summer, 1959), pp. 537-548.

60. Coleridge, Ernest Hartley, editor. *The Complete Poetical Works of Samuel Taylor Coleridge*. Oxford: Clarendon Press, 1912.

61. Collier, John. *American Indian Ceremonial Dances*. New York: Crown Publishers, Inc. (A revised edition of *Patterns and Ceremonials of the Indians of the Southwest*), no date.

62. Commager, Steele, editor. *Vergil: A Collection of Critical Essays*. Engelwood Cliffs: Prentice Hall Inc., 1966.

63. Coon, Carleton S. *The Hunting Peoples*. Boston: Little Brown & Co., 1971.

64. Couling, Samuel, editor. *Encyclopedia Sinica*. London: Oxford University Press, 1917.

65. Cozza, L., and R. A. Staccioli. *Rome Past and Present*. Rome: Vision Publications, (no date).

66. Csikszentmihalyi, Mihaly. "Play and Intrinsic Rewards." *Journal of Humanistic Psychology*. (Summer, 1975), pp. 44-63.

67. Cushing, Frank Hamilton. "Zuni Breadstuff." In *Indian Notes and Monographs, Vol. VIII*. New York: Museum of the American Indian, 1920.

68. de Angulo, Jaime. *Indian Tales*. New York: Hill and Wang, 1953.

69. Deevey, Edward. "The Human Population." *Scientific American*, vol. 203 (September, 1960), pp. 195-204.

70. de Givry, Grillot. *Witchcraft, Magic and Alchemy*, translated by Locke. London, 1931.

71. Di Cesare, Mario. *The Altar and the City, a Reading of Vergil's Aeneid*. New York: Columbia University Press, 1974.

72. Dickson, Lovat. *Wilderness Man, the Strange Story of Grey Owl*. Scarborough, Ontario: New American Library of Canada Ltd., 1975.

73. Dillard, Annie. *Pilgrim at Tinker Creek*. New York: Harper & Row, 1974.

74. Douglas, William O. *Of Men and Mountains*. New York: Harper & Row, 1950.

75. Dyson, Verne. *Forgotten Tales of China*. Shanghai: The Commercial Press Ltd. (undated)

76. Eliade, Mircea. *Images and Symbols*. New York: Sheed and Ward, 1969.

77. _____. "Mystery and Spiritual Regeneration in Extra-European Religions." In *Man and Transformation, Papers from the Eranos Yearbooks*, vol. 5, edited by Joseph Campbell. Princeton: Princeton University Press, 1964.

78. Emmitt, Robert. *The Last War Trail*. Norman: University of Oklahoma Press, 1954.

79. Erdoes, Richard. *The Sun Dance People*. New York: Alfred A. Knopf, Inc., 1972.

80. Erikson, Erik. *Kindheit und Gesellschaft*. Stuttgart, Klett-Cotta 1982.

81. Erikson, Erik. *Der junge Mann Luther*. Frankfurt a. M., Suhrkamp.

82. _____. "Youth: Fidelity and Diversity." *Daedalus*, vol. 91 (Winter, 1962), pp. 5-27.

83. Farnell, L. R. *Cults of the Greek States*, vol. 3. Oxford: Oxford University Press, 1907.

84. Ferguson, Marilyn. "An Editorial." *Brain Mind Bulletin*, vol. 2, no. 16.

85. _____. "Ida Rolf at 81: Still building on the earth." *Brain Mind Bulletin*, vol. 3, no. 2.

86. _____. "Physicists invade psychology, look at mind-brain relationship." *Brain Mind Bulletin*, vol. 2, no. 6.

87. _____. "Theoretical physics must deal with thought—Bohm." *Brain Mind Bulletin*, vol. 2, no. 21.

88. Flader, Susan, L. *Thinking Like a Mountain: Aldo Leopold and the Evolution of an Ecological Attitude Toward Deer, Wolves, and Forests*. Columbia: University of Missouri Press, 1974.

89. Fletcher, Alice C. "The Hako: A Pawnee Ceremony." Bureau of American Ethnology, *Twenty-second Annual Report*, Part 2 (1904).

90. _____, and Francis La Flesche. "The Omaha Tribe." Bureau of American Ethnology, *Twenty-seventh Annual Report*, (1911).

91. Fiske, Edward B. "Martin Heidegger, A Philosopher Who Affected Many Fields, Dies." *The New York Times,* May 27, 1976.

92. Fraser, Alistair B. "Theological Optics." *Applied Optics,* vol. 14 (April 1975), pp. 92–93.

93. Freeman, Kathleen. *Ancilla to the Pre-Socratic Philosophers.* Cambridge: Harvard University Press, 1966.

94. Furst, Alan. "Have you ever wanted to keep on walking until something happened?" *The Weekly* (Seattle), vol. 2, no. 11 (1977).

95. Garcia, John David. *The Moral Society, A Rational Alternative to Death.* New Nork: The Julian Press Inc., 1971.

96. Gazzaniga, Michael S. "The Split Brain in Man." *Scientific American,* vol. 217, no. 2 (August, 1967), pp. 24–29.

97. Geil, William Edgar. *The Sacred Five of China.* London: John Murray, 1926.

98. Gesell, Arnold L. *The Embryology of Behavior: The Beginnings of the Human Mind.* New York: Harper & Row, 1945.

99. Gesner, Conrad. *On the Admiration of Mountains,* translated by H. B. D. Soulé, edited by W. Dock. San Francisco: Grabhorn Press, 1937.

100. Giles, Herbert A. *A Chinese-English Dictionary.* London, 1912.

101. Gorsline, Jerry. Personal communication, 1977.

102. _____, and Linn House. "Future Primitive." In *North Pacific Rim Alive.* Planet Drum, Box 31251, San Francisco, California.

103. Govinda, Lama Anagarika. *Der Weg der weißen Wolken.* Bern, Scherz 1973

104. Graves, Robert. *Die weiße Göttin.* Reinbek bei Hamburg, Rowohlt.

105. Grene, Marjorie. *Martin Heidegger.* London: Bowed & Bowed, 1957.

106. Haga, Hideo. *Japanese Folk Festivals, Illustrated,* translated by F. H. Mayer. Tokyo: Miura, 1970.

107. Hapgood, Fred. "The New Reformation in Science." *Atlantic* (March, 1977).

108. Hardin, Garrett. "Nobody Ever Dies of Overpopulation." *Science,* February 12, 1971.

109. _____. *Exploring New Ethics for Survival, the Voyage of the Spaceship Beagle.* New York: The Viking Press, 1972.

110. Harris, T. George. "About Ruth Benedict and Her Lost Manuscript." *Psychology Today* (June, 1970), pp. 51–52.

111. Haug, Martin. *Essays on the Sacred Language, Writings, and Religion of the Parsis.* London: Kegan Paul, Trench, Trubner and Co., Ltd., 1878.

112. Hawken, Paul, Kay Rawlings and Brer Rabbit. "Briarpatch." *New Age* (July/August, 1976), pp. 34–40.

113. Hawkes, Jacquetta. "Paleolithic Art." *History Today,* vol. 8 (1958).

114. _____. *A Land.* New York: Random House, 1951.

115. "Heidegger, Martin." *Current Biography, 1972.* Chicago: Wilson Publication, 1972.

116. Heidegger, Martin. *Early Greek Thinking,* translated by David F. Krell and Frank A. Capuzzi. New York: Harper & Row, 1975.

117. _____. *Poetry, Language, Thought,* translated by Albert Hofstadter. New York: Harper & Row, 1971.

117.a. .... *Aus der Erfahrung des Denkens.* Pfullingen, Neske 1954.

117.b. .... *Holzwege.* Frankfurt a. M., Klostermann 1950.

117.c. .... *Vorträge und Aufsätze.* Pfullingen, Neske 1954.

118. _____. *The Piety of Thinking,* translated by James G. Hart and John C. Maraldo. Bloomington: Indiana University Press, 1976.

119. _____. "Preface." In *Heidegger, Through Phenomenology to Thought,* William J. Richardson, S.J. The Hague: Martinus Nijhoff, 1963.

119.a. .... *Zur Sache des Denkens.* Tübingen, Niemeyer 1976.

120. _____. *Über den Humanismus.* Frankfurt a.M.: Vittorio Klostermann, 1949.

121. _____. *Unterwegs zur Sprache.* Translated in *Search for Gods,* by Vincent Vycinas. The Hague: Martinus Nijhoff, 1972.

121.a. .... *Unterwegs zur Sprache.* Pfullingen, Neske 1959.

122. Heisenberg, W. *Physics and Philosophy: the Revolution in Modern Science.* New York: Harper & Row, 1958.

123. Heyerdahl, Thor. "How Vulnerable Is the Ocean?" In *Who Speaks for Earth?* edited by Maurice F. Strong. New York: W. W. Norton & Co. Inc., 1973.

124. Hitching, Francis. *Earth Magic.* New York: William Morrow & Co., 1977.

125. Hodous, Lewis. *Folkways in China.* London: Arthur Probsthain, 1929.

126. John Holt, editor. *Growing Without Schooling,* vol. 1, no. 1 (1977).

127. Hopkin, J. "Periodicity and Natural Law as a Basis for Agriculture." *Missouri Weather Review* (July, 1910).

128. House, Linn. "Totem Salmon." In *North Pacific Rim Alive.* Planet Drum, San Francisco, California.

129. Huang, Al Chung-liang, *Embrace Tiger, Return to Mountain, the Essence of Tai Chi.* Moab, Utah: Real People Press, 1973.

130. Huang, Shou-fu and T'n Chung-yo. *A New Edition of the Omei Illustrated Guide Book.* With an English introduction and translation by Dryden Linsley Phelps. Chengtu, Szechuan, 1936.

131. Huang, Wan-Shan. *Fundamentals of Tai Chi Chuan.* Hong Kong: South Sky Book Co., 1973. (Available from U.S. Branch, 5501–5503 University Way N.E., Seattle, Washington 98105).

132. *International Journal of Biometeorology,* vol. 18, pp. 313–318.

133. Jackson, A. V. Williams. *Zoroaster, the Prophet of Ancient Iran.* New York: Macmillan Co., 1901.

134. James, E. O. *Seasonal Feasts and Festivals.* London: Barnes & Noble, Inc. 1961.

135. Johnstone, R. F. *From Peking to Mandalay.* London: John Murray, 1908.

136. "Joseph W. T. Mason, Columnist on War." *The New York Times,* May 14, 1941, p. 21.

137.a. .... *Über Grundlagen der analytischen Psychologie. Die Tavistock Lectures 1935.* Frankfurt a. M., Fischer 1975.

138. .... »Der Kommentar.« Aus *Das Geheimnis der Goldenen Blüte* von Richard Wilhelm. O. W. Barth.

139. .... *Seele und Erde.* Ges. Werke 10. Band. Olten, Walter 1974.

140. .... *Erinnerungen, Träume, Gedanken.* Hrsg. Aniela Jaffé. Olten, Walter 1982.

141. .... *Die Erdbedingtheit der Psyche.* Aus: *Mensch und Erde.* Hrsg. Graf Hermann Keyserling. Darmstadt, Reichl 1927.

142. .... *Über die Energetik der Seele.* Ges. Werke, 8. Band. Olten, Walter 1971.

143. .... *Über die Energetik der Seele.* Ges. Werke, 8. Band. Zürich, Rascher 1967.

144. .... *Die Phänomenologie des Geistes im Märchen.* Aus *Geist und Natur,* Eranos Jahrbuch Band 8. Zürich, Rhein-Vlg. 1946.

145. .... *Der Geist der Psychologie.* Aus *Geist und Natur,* Eranos Jahrbuch Band 8. Zürich, Rhein-Vlg. 1946.

146. .... *Die Frau in Europa.* Ges. Werke, 10. Band. Olten, Walter 1965.

147. Kahn, Herman. *The Emerging Japanese Superstate.* Englewood Cliffs: Prentice Hall Inc., 1970.
148. Karlgren, B. "Grammata Serica: Script and Phonetics in Chinese and Sino-Japanese." *Bulletin of the Museum of Far Eastern Antiquities* (Stockholm), vol. 12, no. 1 (1940).
149. Kazantzakis, Nikos. *Rechenschaft vor El Greco.* München, Herbig 1978.
150. Keen, Sam. "Sorcerer's Apprentice, A Conversation with Carlos Castaneda." *Psychology Today* (December, 1972), pp. 90-102.
151. Kerényi, C. *Eleusis,* translated by Ralph Manheim. New York: Pantheon Books, 1967.
152. Kern, Otto. *Die griechischen Mysterien der klassischen Zeit.* Berlin, 1927. Quoted in Paul Schmitt, "The Ancient Mysteries in the Society of Their Time, Their Transformation and Most Recent Echoes." In *The Mysteries, Papers from the Eranos Yearbooks,* vol. 2, edited by Joseph Campbell. Princeton: Princeton University Press, 1955.
153. Kitto, H. D. F. *Die Griechen.* München, Prestel 1978.

154. Klausner, S., editor. *Why Men Take Chances: Studies in Stress Seeking.* Garden City: Doubleday, 1968.
155. Knight, W. F. Jackson. *Vergil: Epic and Anthropology, Comprising Vergil's Troy, Cumaean Gates and The Holy City of the East,* edited by John D. Christie. London: George Allen & Unwin Ltd., 1967.
156. Kolata, Gina Bari."!Kung Hunter-Gatherers: Feminism, Diet, and Birth Control." *Science,* September 13, 1974, pp. 932-934.
157. _____. "Mathematician Paul Erdos: Total Devotion to the Subject." *Science,* vol. 196, 1977.
158. Kopp, Sheldon B. *Kopf unter hängend sehe ich alles anders.* Köln, Diederichs 1982.
159. Kramer, Joel. *Die Leidenschaft der Erkenntnis.* München, Hugendubel 1981.
160. .... *Yoga Workshop.* Vancouver: Cold Mountain Center, August 1971.
161. Krishnamurti, J. *Commentaries on Living, 1st Series.* Wheaton: Theosophical Publishing House, 1967. [dt. *Leben!* Frankfurt a. M., Fischer 1977.]
162. .... *Freedom from the Known.* New York: Harper and Row, 1975. [dt.: *Einbruch in die Freiheit.* Frankfurt a. M., Ullstein 1973.]
163. .... *Talks and Dialogues.* New York: Avon Books, 1970.
164. .... *Talks and Dialogues, Saanen, 1968.* Berkeley: Shambala, 1970. [dt.: *Der Ruf des Lebens.* Höchheim, Erich Schmidt.
165. LaChapelle, Dolores, and Janet Bourque. *Earth Festivals.* Silverton: Finn Hill Arts, 1977.
166. Laird, Carobeth. *The Chemehuevis.* Banning, California: Malki Museum Press, 1976.
167. Lame Deer, John, and Richard Erdoes. *Lame Deer, Seeker of Visions.* New York: Simon and Schuster, 1972.
168. Lane, Ferdinand C. *The Story of Mountains.* Garden City: Doubleday and Co. Inc., 1951.
169. Laski, M. *Ecstasy, A Study of Some Secular and Religious Experiences.* London: Cresset Press, 1961.
170. Lawrence, D. H. "New Mexico." In *Phoenix I: The Posthumous Paper of D. H. Lawrence,* edited by Edward McDonald. New York: The Viking Press, 1936.
171. Lee R. B. "What Hunters Do for a Living, or How to Make Out on Scarce Resources." In *Man the Hunter,* edited by R. B. Lee and I. Devore. Chicago: Aldine Press, 1968.
172. _____, and I. Devore. *Man the Hunter.* Chicago: Aldine Press, 1968.
173. Legge, James, translator. *The Texts of Confucianism: Part 3. The 'Li Chi'.* In the Sacred Books of the East Series, vol. 27. Oxford: Oxford University Press, 1885.

174. Le Guin, Ursula K. *The Dispossessed.* New York: Harper and Row, 1974.
175. Leonard, J. N. *Early Japan.* New York: Time-Life Books, 1968.
176. Leopold, Aldo. "A Biotic View of Land." *Journal of Forestry,* vol. 37 (September 1939), pp. 727-730.
177. _____. "A book review." *Journal of Forestry,* vol. 32 (October 1934), p. 775.
178. _____. *A Sand County Almanac.* London: Oxford University Press, 1966.
179. Leveson, David. *A Sense of the Earth.* New York: Natural History Press (Division of Doubleday and Co.), 1971.
180. Levy, Gertrude R. *The Gate of Horn, A Study of the Religious Conceptions of the Stone Age and their Influence upon European Thought.* London: Faber & Faber (no date).
181. Lewis, C. S. *Surprised by Joy: The Shape of My Early Life.* London: Collins, 1965.
182. Liang, T. T. *T'ai Chi Chu'an for Health and Self Defense: Philosophy and Practice.* New York: Random House, 1977.
183. *The Life of Muhammad, a Translation of Ishaq's Sirat Rasul Allah.* Karachi: Oxford University Press, 1955.
184. Lilly, John. New Dimensions Tapes, 267 States St., San Francisco.
185. Lindsay, Ron. Personal communication, 1977.
186. Link, Paul. "A book review of *Hamada-Potter,* by Bernard Leach," published by Tokyo Kodansha International, 1975. *Eastwest* (August, 1976).
187. Linton, Ralph. "Marquesan Culture." In *The Individual and His Society,* edited by A. Kardiner. New York, 1949.
188. Liu, Da. *Tai Chi Ch'uan and I Ching.* New York: Harper & Row, 1972.
189. *Living Here.* Frisco Bay Mussel Group, Planet Drum, Box 31251, San Francisco, California.
190. Lorenz, Konrad. "The Role of Gestalt Perception in Animal and Human Behavior." In *Aspects of Form,* edited by L. L. Whyte. London: Lund Humphries, 1951.
191. Lunn, Arnold. *A Century of Mountaineering, 1857-1957.* London: George Allen and Unwin Ltd., 1957.
192. Lutyens, Mary. *Krishnamurti. Jahres des Erwachens.* München, Hugendubel 1981.
193. MacLean, Paul D. *A Triune Concept of the Brain and Behaviour.* Toronto: University of Toronto Press, 1973.
194. Magid, J. "Child Abuse May be Sorriest Problem of All." *Salt Lake Tribune,* February 13, 1977.
195. Mandelbaum, Allen. *The Aeneid of Vergil, a Verse Translation.* Berkeley: University of California Press, 1971.
196. Mann, Thomas. *Der Zauberberg.* Stockholm, Berman-Fischer 1939.
197. Maraini, Fosco. "Introduction." In *On Top of the World,* by Showell Styles. New York: Macmillan Co., 1967.
198. _____. *Japan, Patterns of Continuity.* Tokyo: Kodansha International Ltd., 1971.
199. _____. *Meeting with Japan.* New York: Viking Press, 1959.
200. Marianoff, Dmitri. *Einstein—An Intimate Study of a Great Man.* New York: Doubleday, 1944.
201. Marlin, William. "A View When Ancient Basilica Becomes a Sundial." *Christian Science Monitor,* January 21, 1977.
202. Marsh, George. *Man and Nature.* Cambridge: Harvard University Press, 1977.
203. Marx, Werner. *Heidegger und die Tradition.* Hamburg, Meiner 1980.
204. Maslow, Abraham H. *The Farther Reaches of Human Nature.* New York: Viking Press, 1971.
205. _____. "Metamotivation: The Biological Rooting of the Value-Life." *Journal of Humanistic Psychology,* vol. 7, no. 2, pp. 93-127.

206. _____. *New Knowledge in Human Values.* New York: Harper & Row, 1959.
207. _____. *Toward a Psychology of Being,* 2nd edition. New York: D. Van Nostrand Co. Inc., 1968.
208. Mason, J.W.T. *The Meaning of Shinto.* New York: E. P. Dutton & Co., 1935.
209. Matthiessen, Peter. *At Play in the Fields of the Lord.* New York: Random House, 1965.
210. McCluggage, Denise. *The Centered Skier.* Waitsfield, Vermont: Vermont Crossroads Press, 1977.
211. McHarg, Ian. *Design with Nature.* New York: Natural History Press, 1971.
212. McKenzie, John L. *Dictionary of the Bible.* Milwaukee: Bruce Publishing Co., 1965.
213. Mead, Margaret. *Coming of Age in Samoa.* New York: William Morrow, 1971.
214. Meeker, Joseph W. *The Comedy of Survival: Studies in Literary Ecology.* New York: Scribner, 1974.
215. Menninger, Karl A. "Totemic Aspects of Contemporary Attitudes Toward Animals." In *Psychoanalysis and Culture, Essays in Honor of Géza Róheim,* edited by G. Wilbur and W. Muensterberger. New York: International Universities Press Inc., 1951.
216. Merrell-Wolff, Franklin. *Pathways through to Space.* New York: Julian Press, 1973.
217. _____. *The Philosophy of Consciousness without an Object.* New York: Julian Press, 1973.
218. Merton, Thomas. "The Wild Places." *The Center Magazine* (July, 1968).
219. Meyerhoff, Barbara G. "Balancing Between Worlds: The Shaman's Calling." *Parabola,* vol. 1, no. 2 (Spring, 1976), pp. 6-13.
220. Miller, Henry. *Big Sur and the Oranges of Hieronymus Bosch.* New York: New Directions, 1957.
221. Minnaert, M., *The Nature of Light and Colour in the Open Air.* New York: Dover, 1954.
222. Miura, Yuichiro. "The Great Ski Caper" (as told to Darrell Houston). *Seattle Times,* June 18, 1972.
223. Morgan, Arthur. *Nowhere was Somewhere.* Chapel Hill: University of North Carolina Press, 1946.
224. Myers, Geral. "Healing the Land." *CoEvolution Quarterly* (Winter, 1976/77), pp. 74-77.
225. Naess, Arne. *Ecology, Community and Lifestyle: A Philosophical Approach.* Manuscript, Oslo, 1977.
226. _____. *Gandhi and Group Conflict.* Oslo: Universitetsforlaget, 1974.
227. Nasr, Seyyed Hossein. *The Encounter of Man and Nature.* London: George Allen and Unwin Ltd., 1968.
228. Needham, Joseph. *Science and Civilization in China,* vol. 1. Cambridge: Cambridge University Press, 1954.
228.a. _____ *Wissenschaft und Zivilisation in China.* Frankfurt a. M., Suhrkamp 1984.
229. _____. *Science and Civilization in China,* vol. 2. Cambridge: Cambridge University Press, 1956.
230. _____. *Science and Civilization in China,* vol. 3. Cambridge: Cambridge University Press, 1959.
231. _____. *Science and Civilization in China,* vol. 4, pt. 1. Cambridge: Cambridge University Press, 1962.
232. _____. "Laws of Nature in China and the West." University of Washington, John Danz Lecture, June 28, 1977.
233. Neel, James V. "Lessons from a 'Primitive' People." *Science,* November 20, 1970.
234. Neihardt, John G. *Schwarzer Hirsch: Ich rufe mein Volk.* Olten, Walter 1955.
235. Nussenzveig, H. Moysés. "The Theory of the Rainbow." *Scientific American* (April 1977), pp. 116-127.
236. Odum, Eugene P. "The Strategy of Ecosystem Development." *Science,* vol. 164 (1969), pp. 262-270.
237. Okakura, Kakuzo. *Das Buch vom Tee.* Frankfurt a. M., Insel 1972.

238. Ornstein, Robert E. *Educating Both Halves of the Brain.* Symposium sponsored by the School of Education and College of Continuing Education, University of California, in cooperation with the Institute for the Study of Human Knowledge. Los Angeles, May 1, 1977.
239. _____. *The Psychology of Consciousness.* San Francisco: W. H. Freeman & Co., 1972.
240. Ortega y Gasset, José. *Über die Jagd.* Stuttgart, DVA 1978.
241. Ortiz, Alfonso. *The Tewa World.* Chicago: University of Chicago Press, 1969.
242. Otto, Walter. *Die Götter Griechenlands.* Frankfurt a.M.: Verlag G. Schulte-Bumke, 1947. Quoted in *Earth and Gods,* by Vincent Vycinas. The Hague: Martinus Nijhoff, 1961.
243. _____ *Der Sinn der eleusinischen Mysterien.* Aus *Eranos-Jahrbuch Band 7.* Zürich, Rhein-Vlg. 1939.
244. Pallis, Marco. *The Way and the Mountain.* London: Peter Owen Ltd., 1961.
245. Parry, Adam. "The Two Voices of Vergil's *Aeneid.*" In *Arion,* vol. 2, no. 4 (Winter, 1963), pp. 66-80.
246. Parsch, Pius. *The Church's Year of Grace,* translated by William G. Heidt, O.S.B. Collegeville, Minnesota: The Liturgical Press, 1954.
247. "A Pattern Laid Up in Heaven." *Manas,* vol. 30, no. 2 (January 12, 1977).
248. Pearce, Joseph Chilton. *The Crack in the Cosmic Egg.* New York: Julian Press, 1971.
249. _____. *Exploring the Crack in the Cosmic Egg.* New York: Julian Press Inc., 1974.
250. _____ *Die magische Welt des Kindes.* Düsseldorf, Diederichs 1978.
251. Pelletier, Wilfred, and Ted Poole. *Frei wie ein Baum.* Köln, Diederichs 1983.
252. Penfield, Wilder. *The Mystery of the Mind.* Princeton: Princeton University Press, 1975.
253. "People and Places." *Rocky Mountain News,* February 26, 1977, p. 34.
254. Perlman, Eric. "I Rescued from Great Danger the Man Who Skied Everest." *Ski Magazine* (October, 1977).
255. Petersen, James. "Lessons from the Indian Soul, A Conversation with Frank Waters." *Psychology Today* (May, 1973).
256. Phillips, Michael. "The American Anti-Whaling Movement is Racist." *CoEvolution Quarterly* (Fall, 1976), pp. 120-123.
257. Piaget, Jean. Quoted in *Thinking without Language,* by Hans G. Furth. New York: Free Press, 1966.
258. Pieper, Josef. *In Tune with the World, a Theory of Festivity.* New York: Harcourt, Brace & World, Inc., 1965.
259. Pietsch, Paul. "Hologramic Mind." *Quest* (November-December 1977), pp. 124-125.
260. Pinkson, Tom. *A Quest for Vision.* Forest Knolls, California: Freeperson Press, 1976.
261. Pirsig, Robert. "Cruising Blues and Their Cure." *Esquire* (May, 1967).
262.a. _____ *Zen und die Kunst, ein Motorrad zu warten.* Frankfurt a.M., Fischer 1976.
263. Platt, John R., *Perception and Change.* Ann Arbor: University of Michigan Press, 1970.
264. "Plowboy Interview with Dr. Ralph Borsodi." *Mother Earth News,* no. 26, pp. 6-13.
265. Post, Austin, Personal communication, 1977.
266. Pribram, Karl H. "Holonomy and Structure in the Organization of Perception." In *Images, Perception and Knowledge,* edited by John M. Nicholas. Dordrecht, Holland: D. Reidel Publishing Company (1977), pp. 155-186.
266.a. _____ s. a.: *Worum geht es beim holographischen Paradigma?* Aus: *Das holographische Weltbild* hrsg. v. Ken Wilber. Bern, Scherz 1986.

294. Sibley, George. "Part of a Winter." *Mountain Gazette*, no. 40.

295. Singer, Dorothea W. *Giordano Bruno, His Life and Thought*. New York: Henry Schuman, 1950.

296. Singer, June. *Boundaries of the Soul, The Practice of Jung's Psychology*. Garden City: Doubleday and Co., 1972.

297. Smith, John Holland. *The Death of Classical Paganism*. New York: Charles Scribner's Sons, 1976.

298. Smith, Robert A. "Synchronicity and Syntropy: the Cosmic Psychodrama." In *Fields within Fields—within Fields: the Methodology of Pattern*. vol. 5, no. 1, from The World Institute Council, Julius Stulman, Publisher, 1972.

299. Smith, W. Robertson. *Lectures on the Religion of the Semites*, 1927.

300. Snyder, Gary. *The Old Ways*. San Franciso: City Lights Books, 1977.

301. _____. *Riprap and Cold Mountain: Poems*. Berkeley: Four Seasons Foundation, 1965.

302. Snyder, Gary. *Schildkröteninsel*. Berlin, Schickler 1980. , Gespräche und Reden auf deutsch in: *Landschaften des Bewußtseins*. München, Trickster 1984.

303. »Some Utopian Considerations.« *Manas*, vol. 30 (1977), pp. 1 - 2.

304. Spengler, Oswald. *The Decline of the West*. London: Allen and Unwin, 1918. [dt. *Der Untergang des Abendlandes*.]

305. Spiegelberg, Frederic. *Spiritual Practices of India*. Secaucus, N.J.: The Citadel Press, 1962.

306. Stanner, W. E. H. "Religion, Totemism, and Symbolism." In *Aboriginal Man in Australia*, edited by R. M. and C. H. Berndt. Sydney: Angus and Robertson, 1965.

307. Steiger, Brad. *Medicine Talk*. Garden City: Doubleday & Co., 1976.

308. Steiner, Stan. "The Sun Is Becoming Darker, the Ultimate Energy Crisis." *Akwesasne Notes*, (Autumn, 1974).

309. Stevens, Henry Bailey. *The Recovery of Culture*. New York: Harper & Row, 1949.

310. Stiskin, Nahum. *The Looking-Glass God*. New York: Weatherhill, 1972.

311. Storm, Hyemeyohsts. *Sieben Pfeile*. München, Fink 1980.

312. Styles, Showell. *On Top of the World*. New York: Macmillan Co., 1967.

313. Sze, Mai-Mai. *The Tao of Painting: A Study of the Ritual Disposition of Chinese Painting*. New York: Pantheon Books, 1956.

314. Taimni, I. K. *The Science of Yoga, A Commentary on the Yoga-Sutras of Patanjali in the Light of Modern Thought*. Wheaton: The Theosophical Publishing House, 1967.

315. Tanaka, Sen'ō. *The Tea Ceremony*. Tokyo: Kodansha International, 1977.

316. Taylor, Peggy, and Rick Ingrasci. "'Out of the Body,' A New Age Interview with Elisabeth Kubler-Ross." *New Age* (November, 1977), pp. 39-43.

317. Tennet, Sir James Emerson. *Ceylon*. London: Longmans, 1859. (Quoted in *From Peking to Mandalay*, R. F. Johnstone. London: John Murray, 1908.)

318. Thomas, Edward J. *The Life of Buddha as Legend and History*. London: Kegan Paul, 1960.

319. Thomashow, Mitchell. "Mystical Ecology." Environmental Studies, Antioch/New England, One Elm St., Keene, New Hampshire 03431.

320. Thompson, Ian. Letter in the Telluride, Colorado, *Deep Creek Review*, (Summer, 1975).

321. Thorpe, W. H. *Learning and Instinct in Animals*. New York: Methuen Inc., 1963.

322. "Threat stops bulldozer, another chapter in neighbors vs developed saga." *The Daily Journal American*, Bellevue, Washington, July 2, 1977.

323. Tietjens, Eunice. "The Most Sacred Mountain." In *New Voices*, edited by Marguerite Wilkinson. New York: Macmillan Co., 1929.

267. _____. *Languages of the Brain*. Englewood Cliffs, N.J.: Prentice-Hall, Inc., 1971.

268. _____. "Proposal for a Structural Pragmatism: Some Neuropsychological Considerations of Problems in Philosophy." In *Scientific Psychology*, edited by B. Wolman. New York: Basic Books (1965), pp. 426-459.

269. Pritchard, James B., editor. *Ancient Near Eastern Texts Relating to the Old Testament*. Princeton: Princeton University Press, 1955.

270. Rahner, Hugo. *Man At Play*. New York: Herder and Herder, 1967.

271. Rappaport, Roy A. "Energy and the Structure of Adaptation." *CoEvolution Quarterly* (Spring, 1974), pp. 20-28.

272. Rébuffat, Gaston and Pierre Tairraz. *Between Heaven and Earth*. London: Kaye and Ward, (no date).

273. Rexroth, Kenneth. *An Autobiographical Novel*. New York: New Directions, 1969.

274. Richards, M.C., *Crossing Point*. Middletown: Wesleyan University Press, 1973.

275. Richardson, William J. *Heidegger, Through Phenomenology to Thought*. The Hague: Martinus Nijhoff, 1963.

276. Robertson, James, and John Lewallen, editors. *Grass Roots Primer*. San Francisco: Sierra Club, 1975.

277. Rolf, Ida. *Rolfing: the Integration of Human Structures*. Santa Monica, Cal.: Dennis-Landman, 1977. [dt.: *Rolfing – Strukturelle Integration*. München, Hugendubel 1989.

278. Rolston, Holmes. "Hewn and Cleft from this Rock." *Main Currents in Modern Thought*, vol. 27, no. 3 (1971), pp. 79-83.

279. Sahlins, Marshall. *Stone Age Economics*. Chicago: Aldine-Atherton Inc., 1972.

280. Sallis, John, editor. *Heidegger and the Path of Thinking*. Pittsburgh: Duquesne University Press, 1970.

281. Sanchez, Thomas. *Rabbit Boss*. New York: Alfred A. Knopf Inc., 1973. (Page references to Ballantine Books edition, 1974.)

282. Sauer, Carl O. "Theme of Plant and Animal Destruction in Economic History." *Journal of Farm Economics*, vol. 20 (1938), pp. 765-775.

283. Schell, Orville. *The Town that Fought to Save Itself*. New York: Pantheon Books, 1976.

284. Schmitt, Paul. "The Ancient Mysteries in the Society of their Time, their Transformation and Most Recent Echoes." In *The Mysteries, Papers from the Eranos Yearbooks*, vol. 2, edited by Joseph Campbell. Princeton: Princeton University Press, 1955.

284.a. . . . . *Die antiken Mysterien*. Aus: *Eranos Jahrbuch* Band 11, Zürich 1944.

285. "Science for Tomorrow." *Manas*, vol. 30, no. 21 (1977).

286. Scully, Vincent. *The Earth, the Temple, and the Gods; Greek Sacred Architecture*. New Haven: Yale University Press, 1962.

287. Searles, Harold F. *The Nonhuman Environment in Normal Development and in Schizophrenia*. New York: International Universities Press Inc., 1960.

288. Seidel, George J. *Martin Heidegger and the Pre-Socratics*. Lincoln: University of Nebraska Press, 1964.

289. Sharp, Cecil J., and A. P. Oppe. *The Dance, an Historical Survey of Dancing in Europe*. Totowa, N.J.: Rowman and Littlefield, 1972. (Reprint of the book published in 1924 by Halton & Truscott Smith Ltd,, London.)

290. Shepard, Paul. "The Cross Valley Syndrome." *Landscape*, vol. 10, no. 3 (Spring, 1961), pp 4-8.

291. _____. *Man in the Landscape, A Historic View of the Esthetics of Nature*. New York: Alfred A. Knopf, 1967.

292. _____. *The Tender Carnivore and the Sacred Game*. New York: Charles Scribner's Sons, 1973.

293. _____, and Daniel McKinley, editors. *The Sub - versive Science, Essays Toward an Ecology of Man*. Boston: Houghton Mifflin Co., 1969.

324. Tillich, Paul. "The Importance of New Being for Christian Theology." In *Man and Transformation. Papers from the Eranos Yearbooks,* vol. 5, edited by Joseph Campbell. Princeton: Princeton University Press, 1964.
325. Todd, Michael. "Sacred Ecology." In *Earth's Answer,* edited by M. Katz, W. P. Marsh, and G. G. Thompson. New York: Lindisfarne Books/Harper and Row, 1977.
326. "Tree Gifts Hit New High Level." *Silverton Standard,* July, 1977.
327. Tricker, R. A. R. *Introduction to Meteorological Optics.* Quoted in H. Bryant and N. Jarmie, "The Glory." *Scientific American* (July, 1974).
328. Tsunada, R., W. de Bary, and D. Keene. *Sources of Japanese Tradition.* New York: Columbia University Press, 1958.
329. Tsunetsugu, Muraoka. *Studies in Shinto Thought,* translated by Delmer M. Brown and James T. Araki. Berkeley: University of California Press, 1964.
330. Tucci, Giuseppi. *The Theory and Practice of the Mandala.* New York: Samuel Weiser, 1973.
331. Turnbull, Colin M. *The Forest People.* New York: Simon and Schuster, 1961.
332. Tyler, Hamilton A. *Pueblo Gods and Myths.* Norman: University of Oklahoma Press, 1964.
333. Underhill, Ruth M. *Redman's Religion.* Chicago: University of Chicago Press, 1965.
334. Unsoeld family. *Memorial.* Olympia, Washington, 1975. (All quotations from Devi Unsoeld are from the *Memorial.* It is not kown whether she was the author of the poem found in her journal.)
335. Unsoeld, Willi. Personal communication, 1978.
336. Utne, Eric. "Coming of Age on Earth, A New Age Interview with Margaret Mead." *New Age* (May, 1977), pp. 22-29.
337. Van Gennup, Arnold. *Rites of Passage.* Chicago: University of Chicago Press, 1960.
338. Van Matre, Steve. *Acclimatization: A Sensory and Conceptual Approach to Ecological Involvement.* Martinsville, Indiana: American Camping Association, 1974.
339. Vasil'ev, B.D. "Atmospheric Air, Life, and the Blood." In *The Earth in the Universe,* edited by V. V. Fedynskii. Jerusalem: Israel Program for Scientific Translations, 1968. (Available from the U.S. Dept. of Commerce, Clearinghouse for Federal Scientific and Technical Information, Springfield, Virginia 22151.)
340. Vincent, John J., J. Lee, and R. Bain. *Earthly Footsteps of the Man of Galilee.* New York: N. D. Thompson Publishing Company, 1894.
341. Vycinas, Vincent. *Earth and Gods, an Introduction to the Philosophy of Martin Heidegger.* The Hague: Martinus Nijhoff, 1961.
342. ⸻. *Our Cultural Agony.* The Hague: Martinus Nijhoff, 1973.
343. ⸻. *Search for Gods.* The Hague: Martinus Nijhoff, 1972.
344. Wahl, Jean. *La Pensée de Heidegger et la Poésie de Hölderlin.* Sorbonne: Tournier & Constans, 1952. Quoted in *Earth and Gods,* by Vincent Vycinas. The Hague: Martinus Nijhoff, 1961.
345. Waley, Arthur, translator. *The Analects of Confucius.* London, 1939.
346. Waller, Robert, "Out of the Garden of Eden." *New Scientist and Science Journal* (September 2, 1971), pp. 528-530.
347. Walton, Evangeline. *Island of the Mighty.* New York: Random House, 1970. [dt.: *Die vier Zweige des Mabinogi,* Stuttgart, Klett-Cotta]
348. Ward, Bernie. "The Scandal of America's Drunken Schoolchildren." *National Enquirer,* 1975.

349. Warshall, Peter. "Turtle Island—1976." *CoEvolution Quarterly* (Winter, 1976/77), 63.
350. Waters, Frank. *Masked Gods.* New York: Random House, 1975. (Page references are to the Ballantine edition.)
351. ⸻. *Pumpkin Seed Point.* Chicago: Sage Books, 1969.
352. Watkins, T. H. *John Muir's America.* New York: Crown Publishing Company, 1976.
353. Watts, Alan. "Divine Madness." Tape from Big Sur Recordings.
354. ⸻. "The Individual as Man/World." *The Psychedelic Review,* vol. 1, no. 1 (June 1963), pp. 55-65.
355. West, Monty. *Eyesight Clinic.* Workshop, Experimental College, University of Washington, July 9, 1976.
356. Whorf, Benjamin L. *Sprache, Denken, Wirklichkeit.* Reinbek bei Hamburg, Rowohlt.
357. Whymper, Edward. *Scrambles Amongst the Alps in the Years 1860–1869.* London: John Murray, 1871.
358. Wieger, Leon. *Chinese Characters, their Origin. Etymology, History, Classification and Signification,* translated by L. Davrout. Peking, 1940. (Lithographic reissue of the second edition, 1927.)
359. Wissler, Clark. "The Relation of Man to Nature as Illustrated by the North American Indian." *Ecology,* vol. 5, no. 4 (1924), pp. 311-318.
360. Wittfogel, Karl A. "The Hydraulic Civilizations." In *Man's Role in Changing the Face of the Earth,* edited by William L. Thomas Jr. Chicago: University of Chicago Press, 1956.
361. Zaehner, R. C. *The Dawn and Twilight of Zoroastrianism.* New York: G. P. Putnam's Sons, 1961.
362. Zeckel, Adolf. "The Totemistic Significance of the Unicorn." In *Psychoanalysis and Culture, Essays in Honor of Géza Róheim,* edited by G. Wilbur and W. Muensterberger. New York: International Universities Press Inc., 1951.
363. Beston, Henry. *The Outermost House.* New York: Holt, Rinehart and Winston, Inc. (Paging from the Viking Explorer edition, 1961.)
364. Borland, Hal. *When the Legends Die.* Philadelphia: Lippincott, 1963.
365. Deloria Jr., Vine. *God Is Red.* New York: Grosset and Dunlap, 1973. [dt.: *Gott ist rot,* München: Goldmann.]
366. Douglas, J. Sholto, and Robert A. de J. Hart. *Forest Farming.* London: Watkins Publishing, 1976.
367. Giono, Jean. "Trees." *CoEvolution Quarterly.* (Summer, 1976), pp. 54-59.
368. Katz, Michael, W. P. Marsh and G. G. Thompson, editors. *Earth's Answer.* New York: Lindisfarne Books/Harper and Row, 1977.
369. Lord, Russell. *The Care of the Earth.* New York: Thomas Nelson & Sons, 1962.
370. Margulis, Lynn, and J. E. Lovelock. "Biological Modulations of the Earth's Atmosphere." *Icarus,* vol. 21 (1974), pp. 471-489.
371. Meeker, Joseph, editor. "The New Natural Philosophy." Interim paper, Claremont, California, April, 1977.
372. Parsons, C. "Brer Rabbit Speaks." *Briarpatch Review* (Spring, 1977).
373. Petersen, James. "The Beholder, A Sketch of Rudolf Arnheim." *Psychology Today* (June, 1972), p. 59.
374. Radin, Paul. *The Road of Life and Death, A Ritual Drama of the American Indians.* New York: Pantheon Books, 1945.
375. Sears, Paul B. "Utopia and the Living Landscape." *Daedalus,* vol. 94, no. 2 (Spring, 1965), p. 485.
376. Thompson, Laura. *Culture in Crisis.* New York: Harper and Row, 1950.
377. Warshall, Peter, editor. "The Voices of Black Lake." *CoEvolution Quarterly.* (Winter, 1976/77), pp. 64-69.

393

Index

Personen-, Orts- und Sachregister

394